彩圖 1　衛城的正射影像鑲嵌圖，二〇〇九年。© 衛城修復工作隊

彩圖 2　從東南方看到的雅典衛城。圖中可看到東洞穴和南山坡。

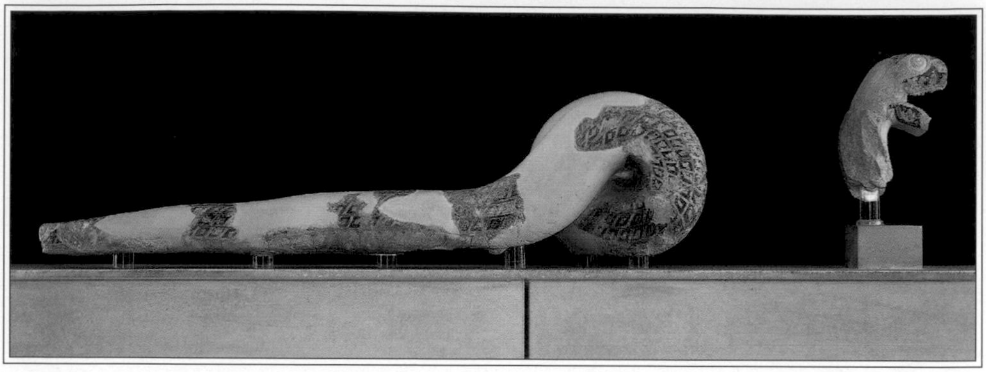

彩圖 3　原見於藍鬍子神殿三角楣牆（百尺殿？）的石灰石蛇雕，現藏雅典的衛城博物館。© 衛城博物館

彩圖 4　古風時代雅典衛城的假想圖。南面（上方）的建築是百尺殿，北面（下方）的建築是舊雅典娜神殿。察爾坎尼斯（D. Tsalkanis）繪圖

彩圖5 藍鬍子怪物。原見於藍鬍子神殿三角楣牆（百尺殿？），現藏雅典的衛城博物館。© 衛城博物館

彩圖6 宙斯大戰堤豐。見於一個卡勒基迪刻水罈，現藏慕尼黑博物館。

彩圖7　海克力士與妥里同摔角。原見於藍鬍子神殿三角楣牆（百尺殿？），現藏雅典的衛城博物館。© 衛城博物館

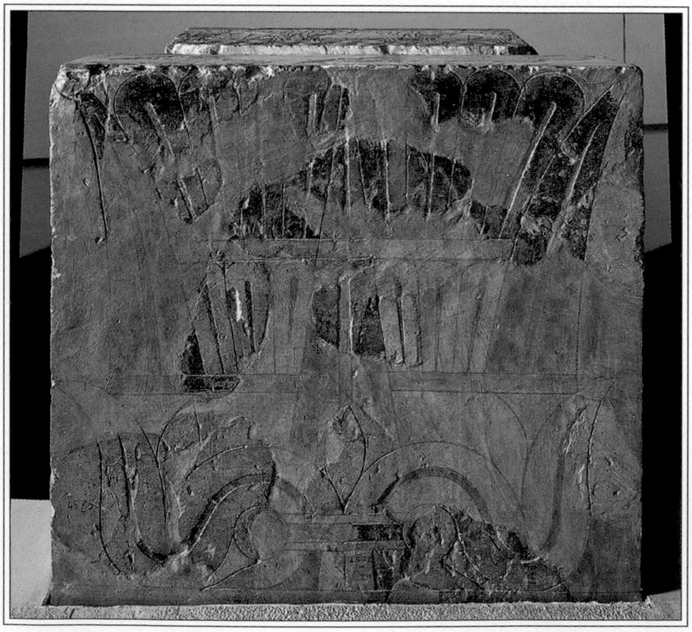

彩圖8　刻有蓮花圖案的斜挑簷，原見於藍鬍子神殿三角楣牆（百尺殿？），現藏雅典的衛城博物館。© 衛城博物館

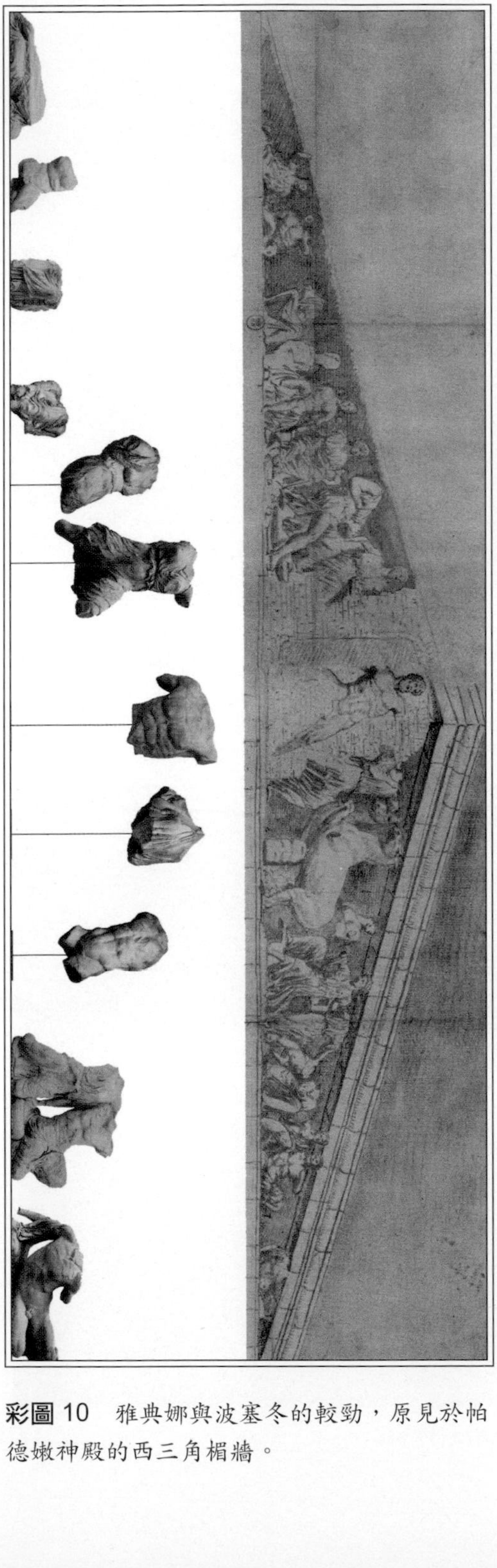

彩圖 10　雅典娜與波塞冬的較勁，原見於帕德嫩神殿的西三角楣牆。

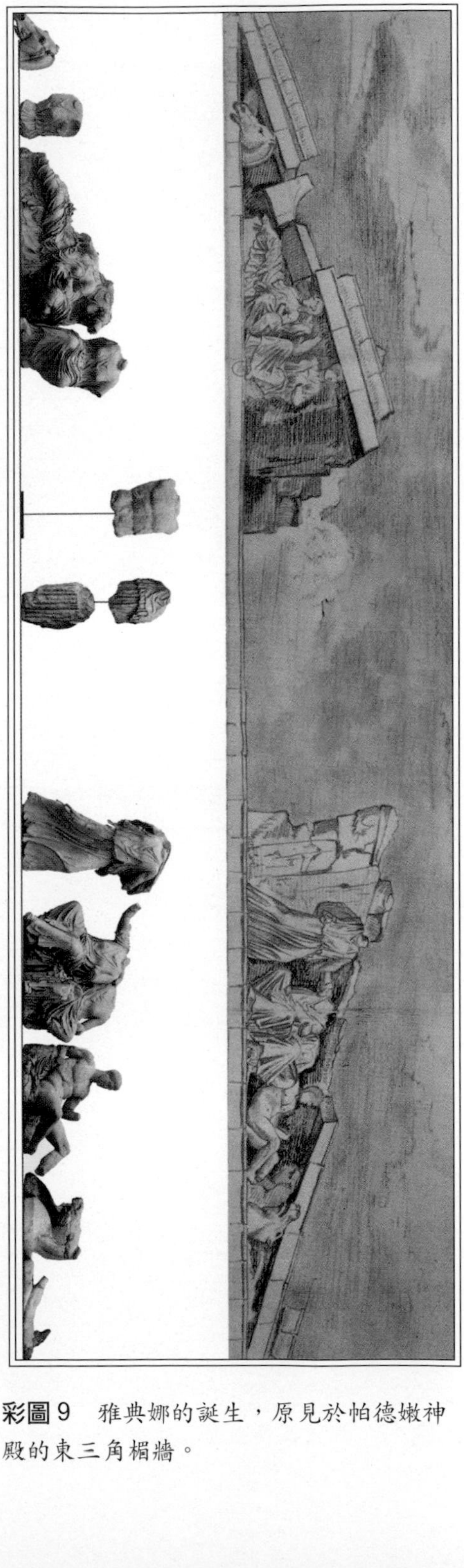

彩圖 9　雅典娜的誕生，原見於帕德嫩神殿的東三角楣牆。

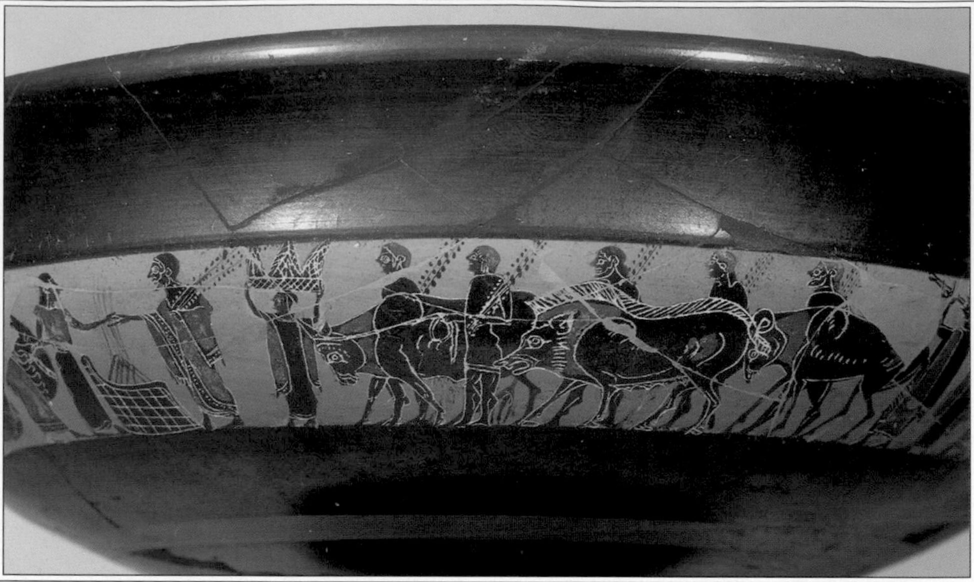

彩圖 11　一個提籃閨女帶領獻祭隊伍走向雅典娜神殿最左邊的祭壇，她後面站著雅典娜和其女祭司。見於一個年代約為西元前五五〇年的黑繪廣口杯（私人收藏）。

彩圖 12　帕德嫩神殿莨苕造型的頂端飾。© 衛城博物館

彩圖 13　泛雅典節的遊行路線：從凱拉米克斯公墓出發循著泛雅典大道前往衛城。

彩圖 14　菲迪亞斯的「帕德諾斯雅典娜」神像的原尺寸複製品。見於田納西州納什維爾市百年紀念公園。

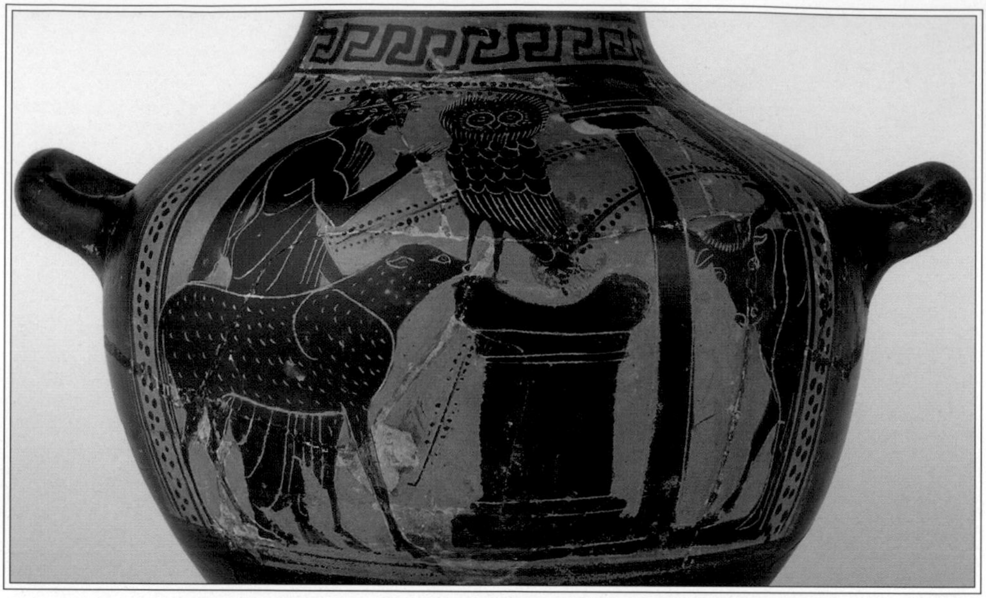

彩圖 15　一個男人走近有貓頭鷹站在頂端的祭壇，綿羊和公牛站在一旁等著獻牲。黑繪提水罐。烏普薩拉大學文物博物館。

彩圖 16　《菲迪亞斯帶朋友參觀帕德嫩橫飾帶》，勞倫斯爵士繪於一八六八年。現藏伯明罕博物館暨美術館。© 伯明罕博物館理事會。

貓頭鷹書房

有些書套著嚴肅的學術外衣，但內容平易近人，非常好讀；有些書討論近乎冷僻的主題，其實意蘊深遠，充滿閱讀的樂趣；還有些書大家時時掛在嘴邊，但我們卻從未看過……

如果沒有人推薦、提醒、出版，這些散發著智慧光芒的傑作，就會在我們的生命中錯失——因此我們有了**貓頭鷹書房**，作為這些書安身立命的家，也作為我們智性活動的主題樂園。

貓頭鷹書房——智者在此垂釣

貓頭鷹書房434

帕德嫩之謎

古希臘雅典人的世界

康奈莉（Joan Breton Connelly）◎著

梁永安◎譯

貓頭鷹

The Parthenon Enigma:
A new understanding of the West's most iconic building and the people who made it

貓頭鷹書房 434　　ISBN 978-986-262-325-1

帕德嫩之謎：古希臘雅典人的世界

作　　者　康奈莉（Joan Breton Connelly）
譯　　者　梁永安
審　　定　翁嘉聲
選　　書　陳穎青
責任編輯　張瑞芳
協力編輯　李鳳珠
校　　對　魏秋綢、林昌榮
版面構成　張靜怡
封面設計　江孟達
總 編 輯　謝宜英
行銷主任　林智萱
行銷業務　張庭華
出 版 者　貓頭鷹出版
發 行 人　涂玉雲
發　　行　英屬蓋曼群島商家庭傳媒股份有限公司城邦分公司
104 台北市中山區民生東路二段 141 號 11 樓
畫撥帳號：19863813；戶名：書虫股份有限公司
城邦讀書花園：www.cite.com.tw　購書服務信箱：service@readingclub.com.tw
購書服務專線：02-2500-7718~9（周一至周五上午 09:30-12:00；下午 13:30-17:00）
24 小時傳真專線：02-2500-1990；25001991
香港發行所　城邦（香港）出版集團／電話：852-2508-6231／傳真：852-2578-9337
馬新發行所　城邦（馬新）出版集團／電話：603-9057-8822／傳真：603-9057-6622
印 製 廠　成陽印刷股份有限公司
初　　版　2017 年 4 月

定　　價　新台幣 720 元／港幣 240 元

讀者服務信箱　owl@cph.com.tw
貓頭鷹知識網　http://www.owls.tw
【大量採購，請洽專線】02-2500-1919

城邦讀書花園
www.cite.com.tw

國家圖書館出版品預行編目資料

帕德嫩之謎：古希臘雅典人的世界／康奈莉（Joan Breton Connelly）著；梁永安譯. -- 初版. -- 台北市：貓頭鷹出版：家庭傳媒城邦分公司發行，2017.4
面；　公分.
譯自：The parthenon enigma: a new understanding of the wests most iconic building and the people who made It
ISBN 978-986-262-325-1（平裝）
1. 古希臘　2. 文明史　3. 民主政治
740.215　　106003657

專業推薦

帕德嫩神廟是古希臘建築的經典之作，在紐約大學康奈莉教授的層層分析之下，呈現了神廟的宗教與歷史脈絡，同時也深刻地指出這一棟建築在後代文化中的地位。本書穿越古今多重時空，從驚人的文獻與考古發現建立新的理論，同時也濃縮了古希臘文明豐富的內涵。作者的文筆引人入勝，譯文優雅篤實，值得大力推薦。

——許家琳（牛津大學古希臘羅馬考古與藝術史博士，東海大學歷史系助理教授）

看完《帕德嫩之謎》，我們對這座象徵著民主神殿的印象要徹底改觀。康奈莉成功地展現她的古典學功力，結合考古、人類學及藝術史等學科特色，以圖像、文本與禮儀證據，翻轉了我們的歷來偏見，原來我們總是以現代人的角度在看待古希臘時期的帕德嫩神廟。但事實是，十九世紀以來各種模仿帕德嫩而建的著名建物或人們對這建築的想像與圖騰化，都僅關注在政治與美學面向，而忽略最原本的宗教與神話色彩。現在，該是教科書大幅改寫這部分內容的時候了……。

——蔣竹山（東華大學歷史學系副教授）

常人認識帕德嫩神廟，往往從形式美學角度，關心其環境配置、造型比例與視覺修正的卓越性，但對其存在的道理乃至興衰的意義，則僅粗略地掌握，模糊而膚淺，甚至誤解。這本考古人類學者的專著，針對帕德嫩神廟的雕飾主題，廣徵博引歷史、政治、宗教、神話、傳說等面向的線索，做精闢的詮釋，甚至挑戰傳統論述，正可徹底填補前述缺憾。而優質的翻譯也引領中文讀者，進入堂奧。

——邱博舜（國立臺北藝術大學建築與文化資產研究所副教授、博士）

國際好評

我們是一個愛說故事的物種，而人類的宇宙觀自遠古時代開始便受到故事的形塑。康奈莉的傑出研究顯示出一個神話可以披露的祕密多得不亞於一個考古遺址，也顯示出重新省思我們對古典時代的認識有助於理解我們自己的時代。

——喬治．盧卡斯（《星際大戰》導演及《法櫃奇兵》劇本作者）

令人興奮的見解，偉大遺跡的歷史終於被解密，塵封了幾千年的故事呈現在讀者眼前，令人深陷其中。

——《華爾街日報》

令人振奮並有創新性的一本書……對理解我們所尊敬的古人有非同尋常的意義……書中講述的內容非常罕見：呈現出偉大思想的全貌、講述了一個國家驚心動魄的歷史。

——《紐約時報書評》

別出機杼四個字猶不足以形容……它是迄今對整個帕德嫩方案最有說服力的解釋。

——斯皮維，見於《希臘羅馬研究》

博學而雄心勃勃……充分照顧到近幾十年的傑出理論研究。是時候改寫教科書的內容和博物館的說明文字。

——《泰晤士報文學增刊》

其理論兼具吸引力和說服力，而且得到很多既深且廣的學術證據支持，包括考古學證據、視覺文化證據和文本證據。

——斯托林斯，見於《旗幟周刊》

這部開創性之作將永遠改變我們對西方文明最重要一座建築的觀念。透過敲開帕德嫩神廟的密碼，它讓古典世界暴露在嶄新的光線之中，也讓我們在二十一世紀對帕德嫩神廟的遺緒獲得截然不同理解。

——賴斯（普立茲獎得獎小說《黑伯爵》作者）

對希臘歷史和建築感興趣的讀者會發現《帕德嫩之謎》引人著迷……它就像一部加上嚴謹學術考證的丹・布朗小說。

——《里奇蒙時代快報》

康奈莉的詮釋還傳達出一種正面訊息，讓人明白帕德嫩神廟對建築領域、政府結構和公民社會本質有過的影響。

——《紐約郵報》

博學而典雅……有力論證了帕德嫩神廟原是一宗教性建築的意義，以及何以應該讓它流落世界各地的各部分重新合一。

——卡根（耶魯大學古典學與歷史學榮退教授，《伯羅奔尼撒戰爭》作者）

燭隱發微……康奈莉勇敢而睿智地從零開始，重構帕德嫩神廟的意義……從它所浮現的畫圖讓我們更尖銳意識到，這座永恆的紀念碑對我們麻煩多多的世界可以有什麼意義。

——納吉（哈佛大學古典希臘文學教授暨比較文學教授，希臘研究中心主任）

一九六〇年之前出生的讀者也許會不情願甩掉有關帕德嫩神廟橫飾帶意義的舊「真理」，但這卻是一部供二十一世紀閱讀的書，其中滿是新發現與讓人耳目一新洞見。

——沙里奧蒂斯（普林斯頓大學古代史暨古典學教授）

■導讀

《帕德嫩之謎》

翁嘉聲／成功大學歷史學系教授兼系主任

紐約大學古典考古學教授康奈莉的《帕德嫩之謎》，是近年來對西方最偶像性建物——帕德嫩神廟——做出最系統性的重新詮釋。作者挑戰公認的正統理解：這神廟是希臘理性的代表，是對雅典民主政治的禮讚。她認為這些觀點是十八世紀下半以來歐美人民自我形象的投射，因此建議我們要以「古代人的眼睛」去觀察、感受古希臘的文化氛圍，認為雅典其實比我們所想像的還要「宗教」。她借重希臘悲劇詩人歐里庇得斯悲劇《厄瑞克透斯》殘篇，重新解讀神廟上最關鍵性的東段橫飾帶，認為這不是雅典人民在泛雅典娜節遊行後，獻給守護神雅典娜新的聖衣，而是活人祭祀的原始宗教行為，是雅典國王厄瑞克透斯無私犧牲女兒的愛國心。而這種犧牲小我、追求集體福祉才是民主政治的真諦。

康奈莉在一九九三年美國第九十四次考古學會年會發表的摘要中首度提出這想法*；在一九九六

---

* "The Parthenon Frieze and the Sacrifice of the Erechtheids: Reinterpreting the Peplos Scene," *AJA* 1993, pp. 309-10.

年《美國考古學期刊》以正式論文論述*；她在不同場合提出這論點，設法說服同儕，但質疑的人似乎勝過相信的人。在二〇一四年她同時以學術人士及一般讀者為對象，出版《帕德嫩之謎》，繼續說服學術界懷疑者皈依，但更伸向一般群眾。她對雅典衛城的熟悉幾乎無人能出其右，而在提倡這新觀點的努力及在論述時的熱情，近乎宗教信仰。她筆下的整個雅典氛圍比我們所想像的更陌生、更奇幻，當然這些描繪都有她身為傑出考古學家素養的加持。在論述上她從大到小、從雅典郊區外圍逐漸包圍到衛城、帕德嫩神廟，然後集中在那充滿爭議的橫飾帶，特別是東段的「聖衣場景」，層次經營十分清楚。但她不滿足於此。在第八章，她設法將那以「亞細亞雅典」為目標的希臘化時代別迦摩王國，如何像雅典一樣地把地理、建築及文化等主題結合一起的現象，複製在別迦摩城的規劃上，建立自己的身分。她也論及「埃爾金大理石」被大英博物館收藏及展示的歷史，並建議英國應該一起致力於將那些被割裂到世界不同收藏處的帕德嫩神廟大理石重新團聚，歸還給希臘，因此談及最近風起雲湧的文物歸還問題。

康奈莉在介紹性的第一及第二章中首先讓讀者沉浸在帕德嫩神廟建造時的文化氛圍。雅典人在這時候對天體宇宙、地表景觀及歷史傳統的理解，用一套周而復始、定期舉行的宗教祭典儀式來呈現出雅典人的生命節奏。她敘述宇宙如何出現；奧林匹亞諸神如何擊敗巨人及怪物而掌權，成為希臘人信仰對象；土生土長的雅典人和守護神雅典娜的關係；雅典國王喀克洛普斯及厄瑞克透斯的傳奇故事等等。神話之外，她還呼喚出那種充滿奇花異草、飛禽走獸的雅典郊區，雖然這些與現代雅典都會給人的印象截然不同。例如，她著墨甚多的伊利索斯河（這河神與她要討論的主題有關），現在是條加蓋的下水道，而非充滿小蟲小魚的生態天堂。在她設法還原的地表景觀上隨時會出現小仙女、精靈、河神，點綴著供奉祂們的小神龕；人神在這種環境下互動是自然可期，四處永遠閃爍靈光。康奈莉不是為懷舊而懷舊，而是因為這些文化氛圍及生態景觀會被刻畫在她所要闡釋的神廟石雕上。

接著康奈莉轉向衛城本身。她在衛城四周巡禮，從新石器時代的遺跡談起。任何洞穴、山坡、裂縫及井泉，還有在西元前四八〇年波斯人破壞之前的所有建物，皆鉅細靡遺地陳述。這些描述或許在考古專業未必有新的發現，但對一般讀者則是大開眼界，因為衛城這塊「聖岩」到處充滿記憶、神話，有如法國十九世紀象徵派詩人波特萊爾所言「充滿象徵的森林」，每個地方都會呼喚出一段故事，回響到衛城另個角落。我們必須浸淫在充滿象徵的聖岩，理解層層歷史記憶及回響，包括諸如：雅典娜和海神為爭奪守護神之位而提出的橄欖樹及海水湧泉贈禮；亞馬遜女人進逼到衛城旁的戰神丘時被忒修斯阻擋；公主克瑞烏莎被阿波羅強暴產子伊翁，羞愧地將其隱藏在衛城山洞裡；厄瑞克透斯及普拉克熹提婭獻祭女兒，擊敗海神之子攸摩浦斯和入侵蠻族，以及海神震出大洞吞沒厄瑞克透斯等等，再加上西元前四八〇年波斯所摧毀的衛城所有神廟，一起形成厚厚的記憶沉積層。我們如果能欣賞、神入到這樣的地理及心理記憶，見到每個洞穴或湧泉時，可以本能地呼喚出相關聯想，我們才能以「古代人的眼睛」來看待帕德嫩神廟被創造出時的環境脈絡以及它的意義。

---

* "Parthenon and Parthenoi: A Mythological Interpretation of the Parthenon Frieze", *AJA* 100 (1996), pp. 53-80.

一、浴火重生的鳳凰：帕德嫩神廟

帕德嫩神廟是浴火重生的鳳凰。附近原來聳立著供奉雅典守護神的「雅典娜．城邦」神廟，但這在西元前四八〇年第二次波斯戰爭中被波斯人摧毀；雅典人蓄意保留廢墟，見證這段歷史。經過長達三十年以上的孕育，在西元前四四七年重建；之後又花十五年，才在前四三二年落成，成為「雅典娜．帕德嫩」神廟*。這段從西元前四八〇年到前四三二年的將近半世紀是雅典精力旺盛、國勢巔峰的時期。康奈莉在第三章交代西元前四八〇年之前及之後的歷史發展及相關概念，來協助我們理解這重生鳳凰的意義。但我也希望藉此來闡明雅典神話與政治的密切關係，以及我認為厄瑞克透斯相關神話對雅典之自我認同、政治制度及帝國形成的重要性。

西元前四八〇年波斯人進攻希臘本土。波斯大軍攻破斯巴達三百戰士死守的溫泉關，長驅直入雅典。波斯大王提議結盟，保證安全及未來政治利益，但遭雅典嚴拒。旋即撤離避難的雅典人見到衛城陷入一片火海，衛城神聖建物無一倖免，包括「雅典娜．城邦」神廟。同年九月，希臘人在薩拉米斯島戰役一舉擊潰波斯海軍；大王倉皇逃回波斯；次年希臘重裝武兵聯軍在雅典北方普拉提亞擊敗波斯陸軍；接著希臘人跨海反攻，在小亞細亞本土擊敗波斯駐軍，正式結束戰爭。戰後雅典人初步決定保留衛城廢墟，讓這些遺跡來見證波斯人的野蠻。

當初波斯戰爭爆發是因為小亞細亞希臘城邦遭受波斯帝國威脅，求助希臘本土，特別是雅典。波斯雖在希臘本土受挫，但在亞洲的地位絲毫不受動搖，因此誰要承擔戰後保護東希臘人的任務？斯巴達因種種因素拒絕，但雅典在西元前五〇八年民主改革後，成功經歷西元前四九〇年及前四八〇年兩次波斯戰爭考驗，自信心大增；雅典因承受毀城之痛，決意復仇；雅典是希臘世界唯一擁有強大海軍，能夠長程投射武力，提供實質協助。這些都使雅典義不容辭，但這決定同時也使希臘地緣政治丕變，從之前斯巴達在古風時期獨霸的單軸世界，在波斯戰後成為斯巴達陸路獨霸，而雅典海上稱雄的雙極世界。這分裂的態勢主導接下來古希臘歷史的發展。雅典在政治上的崛起也一起帶動它著名「希臘奇蹟」的出現。

希臘古典文明世界是眾多城邦構成的世界，城邦是由平等男性公民所組成的政治社區。公民之所以為公民是被認為天生具有理性（*logos*），能思索事理（*logos*），並以言詞（*logos*）表達出來；市民廣場／這開放空間是公民交換各種資訊的典型空間，因此城邦可以廣義地理解成是個 *logos* 的空間。民主政治下的每位公民皆享有「言論自由」† 及「法律平等」；所有政治決策是公民經由公開辯論而獲致；政治家必須以理服人，來贏得領導地位。雅典人甚至發展出與這種民主政治理想相關的「土生土長」憲章神話‡：雅典人是半人半蛇厄瑞克透斯的後代，而厄瑞克透斯是大地之母因工匠之

---

* 希臘神明經常是多功能，所以會經常強調某個面向來進行祭祀，這便是祂的祭祀名（cult name）。因此雅典娜有「城邦」或「銅屋」（Chalkioikos，這是祂在斯巴達的祭祀名）。因此希臘有多少神，這要看如何定義，因為同一神明加上不同祭祀名，在某種意義上已經不同。前者在本書中翻成護城雅典娜。

† 這裡的言論自由（is-egoria, equality in speech）應該理解為每位公民都能各以其 logos，為國家福祉獻策，而非我們能暢所欲言的言論自由。

‡ 「土生土長」（autochthony）這種「憲章神話」（charter myth）出現在大約在西元前五世紀下半，似乎是在雅典崛起後所創造出的神話。

神所孕，從地底而生，交由雅典娜撫養長大，因此雅典人也是處女雅典娜後代*。這個土生土長的神話除解釋雅典人民與土地密切的關係，也強調所有公民皆為同胞兄弟，因此採用公民平等的民主政治是自然而然†。這憲章神話解釋雅典人民、土地與政體之間的密切關聯。這與多立安人自稱是「海克力士後代」以征服者姿態入主，沒收土地、將原住民降為農奴，所形成的階層社會自然不同‡。

一位土生土長的雅典公主克瑞烏莎因阿波羅強暴受孕，生下伊翁；伊翁育有四子，成為愛奧尼亞族群四個部落的由來。愛奧尼亞人因此認定雅典是他們的母城，自己是分家。雅典在波斯戰後根據這神話，建立以愛奧尼亞族群為主的海軍聯盟，以共同祖先阿波羅出生地提洛島為聯盟總部，保護盟邦。盟邦貢獻錢財或軍艦，由雅典將領領導運用；聯盟運作十分成功，迫使波斯不敢越過海陸某些界線。但這成功反而使盟邦懷疑是否要繼續負擔，雅典於是強迫不情願的盟邦就範。雅典從盟邦繳交的貢賦及從戰爭獲得的戰利品，當成補助公民參與政治的津貼，使雅典民主政治更為激進，而這又促成雅典公民在對外擴張上更為積極挑釁，甚至干預盟邦內政，駐軍屯墾，剝奪希臘城邦最為自豪的自由。雅典民主政治與帝國主義攜手並進，彼此強化，在西元前四五〇年代國力進入到最強盛的境界。從這兩項發展，可以清楚見到以厄瑞克透斯為中心的土生土長神話及傳說女兒克瑞烏莎生下愛奧尼亞族群，是用來證成、辯護雅典的民主政治及帝國主義。政治與宗教神話關係至為密切。

伯里克利是這黃金時代的領導政治家。外交方面，波斯威脅已經消退，斯巴達反而因為「修昔底德陷阱」陷入恐慌，成為雅典新敵人。在內政上伯里克利繼續強化民主政治，運用國外流入的財富來進行公共工程，使雅典市容能配得上新的國際地位，也同時能提供公民就業機會，分享帝國帶來的經濟果實。建設工程特別集中在雅典衛城，而帕德嫩神廟更是其中最浩大者。帕德嫩神廟這西方最偶像型的建物因此是雅典民主政治最激進及帝國勢力最高點時的產物，並且與伯里克利緊密相連。這是傳統上理解帕德嫩神廟的脈絡。這決定在廢墟上重建神廟，正如美國在「九一一」後的廢墟中重建紐約帝國大廈，不僅是復原，更是宣言：帕德嫩神廟是雅典民主政治以及帝國主義的象徵，禮讚造就這偉大成就的雅典人民。對美國而言，重建帝國大廈則是代表美國無懼現代野蠻人（基地組織、塔利班或任何美國想指定的敵人），堅持西方自由主義的民主政治傳統。

二、帕德嫩神廟的傳統理解

接下來的第四章到第七章則集中在神廟上。康奈莉的書對神廟的結構及美學提及甚多，讀者在詳

＊希臘婦女產子後，會交由孩子父親決定是否接納；如果接納，並在典禮上命名，則這小孩從「生物誕生」（biological birth）變成「社會誕生」（social birth），正式存在。在圖像學我們可以看到大地之母從地上冒出，手抱厄瑞克透斯，而雅典娜欠身接受，兩眼正視嬰兒，就像是雅典父親接納小孩為正嗣。因為雅典是父系社會，所以常以某人（父親名）之子來指稱自己，所以雅典娜雖是女性，但因為扮演這樣的父親角色，所以雅典人皆為雅典娜的孩子或後代。

†希臘民主政治強調的是公民「平等」，而非公民「自由」。古典希臘文 Eleutheria（自由）這個字在這時候常指的是社區自由，亦即城邦的獨立自主。

‡這段落可請參考翁嘉聲，〈土生土長為雅典人之憲章神話〉，《成大西洋史集刊》第九期（一九九九年十二月），頁一二七至一八〇。

讀後會收穫許多。但她花上更多篇幅論述神廟上布滿的浮雕及呈現的主題。雅典公民若從衛城入口進入，繞行帕德嫩神廟時，抬頭可立即看見四方外緣的柱間壁，分別刻畫奧林匹亞諸神戰勝泰坦族、雅典人擊敗亞馬遜女人、希臘聯軍征服特洛伊人，以及希臘北方拉庇泰人搏鬥馬人等主題。這些代表男性與理性的希臘文明戰勝野蠻、女性及野性自然，正如雅典在不久之前擊敗波斯*。西東兩端的三角楣牆則以幾近立體浮雕來分別呈現雅典娜與海神波塞冬爭奪雅典守護神之位，以及雅典娜從宙斯神頭頂出生的故事。

但在這兩個建築部位之間卻夾著一段長度超過五百二十五尺長、環繞神廟四周的連續橫飾帶，上面以淺浮雕方式刻畫遊行隊伍。隊伍從西側往兩邊出發，向東側匯聚。一邊是騎士隊伍，而另邊則是準備進行祭祀的男女老少，列隊遊行；東側橫飾帶上，神明各據兩端，彼此交談，中間則有一對年長男女及三個年紀較幼人物。這裡又分作兩群：婦女似乎向兩位女孩交代事情，而男人正與一位男女難辨的小孩摺疊一塊不知用途的方巾或是獻神的聖衣，簡稱「聖衣場景」。就橫飾帶的構圖結構而言，這場景被認為是整個遊行的目的。

從十八世紀下半起，這連續橫飾帶便被認為是刻畫雅典人慶祝的「泛雅典娜節」（Panathenaia）†；這解釋似乎吻合神廟供奉的主神雅典娜。因此這橫飾帶被解釋為雅典人民在進行祭典遊行，最後以奉獻女神聖衣為高潮。另外，希臘神廟一向被認為只刻畫與神話相關主題，但帕德嫩神廟橫飾帶上的年度公民遊行不僅在希臘絕無僅有，更符合雅典民主政治以民為主的精神，凸顯這神廟的政治意涵以及世俗面向，神話與政治互相加強：神廟雖然是獻給守護神，但也同時禮讚雅典民主政治和雅典人民。整座神廟在規劃及執行上所呈現的準確、幾何及對稱性，更代表雅典民主政治的理性精神：*logos*。

帕德嫩神廟因此代表雅典人對人民整體以及對神明最高的禮讚。我們如果尊崇希臘人的文化成就，那是因為我們在他們的藝術及政治哲學中辨識到那些我們最珍惜之價值的初衷：人性、理性及民主。所有這些都是在雅典最先生根發苗，而在完美的帕德嫩神廟開花結果。

三、舊問題、新解決

如此詮釋看似符合我們所認為當時雅典的時代精神，更遙遙與我們的價值觀互相呼應。這樣的詮釋如此吸引人，很容易忘掉其實這其中有許多存而未論的疑惑需要解答。「雅典娜・帕德嫩」神廟或「雅典娜・處女」神廟（Athena Parthenon）取代之前的「雅典娜・城邦」，但顯然「城邦」的祭祀

＊因此在波斯戰爭之前，特洛伊人從原來與希臘人無論在語言或文化宗教上皆差異不大，在之後突然變成亞洲民族，一支新的野蠻人。

†關於 Panathenaia 的翻譯，中譯者根據原著英文的 all-Athenian 翻譯為「泛雅典節」，而其他譯法多為「泛雅典娜節（或祭）」。我覺得這不一定代表康奈莉解讀 Panathenaia 的 athenaia 為「all-Athenian 慶典」是對的，因為全書通篇一直強調我們要去除掉將雅典人民作為帕德嫩神廟浮雕重點的這種現代偏見。另外，Panathenaia 正如作者所言，也發生在別迦摩這小亞細亞城邦王國，所以翻譯為「所有雅典人」的「泛雅典節」，對非雅典人的別迦摩人顯然不妥；在特洛伊也有相同節慶，而那裡有雅典娜神廟（請查閱LSJ中 Panathenaia 此字）。我個人相信「泛雅典節」及「泛雅典娜節」這兩種譯法都有道理，而何者為優，很難決定，但在此記錄下這問題。

名在如此主流詮釋之下豈非更為恰當？為何要改？即使稱為「雅典娜・處女」，那應該是Athena Parthenos，不是Athena Parthenon。所以「帕德嫩」究竟所指為何？另外柱間壁及三角楣牆很容易從外部觀察到，其「文明vs.野蠻」的文化人類學意涵也殆無疑義，但夾在建築物之間、高聳的三尺寬連續橫飾帶，除非站在鷹架上平視〔如阿爾瑪－塔德瑪（Lawrence Alma-Taldema）的畫作所呈現〕，或如大英博物館將之陳列在我們視線高度的位置，否則不知情的觀賞者應該都不會知道在看什麼。所以這橫飾帶上的浮雕是給人看？還是給神看？至少古代作家似乎都未曾注意橫飾帶這部分，遑論討論內容。另外，騎士所具有的強烈貴族色彩是否與民主政治強調步兵集體作戰互相牴觸？又，如果這是泛雅典娜節的遊行隊伍，那浮雕上何以沒出現最重要的「提花籃少女」（*kanephoroi*），而且遊行隊伍所持的祭器是否正確？如果東段橫飾帶，尤其是「聖衣場景」，是遊行及獻神的最高潮，那麼可能是典禮官員的男性和一位半裸、性別不詳的少年在摺疊一條看似晾曬過的被單，似乎不僅有失體面，甚至是反高潮！為何不是官員及少年一起獻上聖衣給雅典娜本尊？這在呈現上應並非特別困難。

類似問題一直困擾學者，但神廟被視為對雅典民主政治之禮讚的觀點下，這些疑點時常被容忍下來，而容忍的原因是因為如此詮釋實在太方便來自我服務（self-serving）。在邏輯上這傳統說法其實陷入自我證成（self-justification）的循環論證中：我們認為雅典民主政治應該如何，據之來詮釋神廟，而神廟又被認為具現雅典的民主政治理想。除非完全跳出這循環，否則極難撼動這自圓其說。否認這正統詮釋，可能意味著去質疑到目前為止我們對雅典民主政治中的一般認知。這代價實在太大！

敢於追問其中疑點，挑戰全民共識，亟須勇氣。但康奈莉毫不畏懼。她的焦點放在引起最多爭議的東段橫飾帶「聖衣場景」。她自言在牛津訪問時，曾讀過歐里庇得斯於西元前四二二年公演、但逸失的《厄瑞克透斯》殘篇。這殘篇估計約占全劇五分之一。殘篇中部分曾被西元前四世紀下半雅典政治家利庫爾戈斯起訴萊奧克拉特斯時所引用。起訴者在演說詞中引用雅典國王厄瑞克透斯妻子普拉克熹提婭演說，陳述雅典人因為土生土長而出身最為高貴，熱愛祖國，所以她願意犧牲女兒，挽救國家。利庫爾戈斯藉這故事來指控萊奧克拉特斯在西元前三三八年雅典戰敗，棄國逃亡，不願共赴國難。康奈莉所指的悲劇殘篇規模更長、更詳細，而且根據她的判斷，正是東段橫飾帶中「聖衣場景」所指涉的內容。

在《厄瑞克透斯》殘篇中，雅典娜和海神波塞冬爭執雅典守護神之位。後者為報復雅典人民決定，慫恿其子厄琉息斯國王攸摩浦斯與色雷斯蠻族聯手入侵雅典。德爾斐神諭指示雅典國王厄瑞克透斯必須獻祭三位女兒的么女，才能挽救雅典；但三位姊妹已經決定集體行動，隨著么妹犧牲，兩位姊妹也一起自殺。因此東段橫飾帶上的成年男女及三位少年所指的便是《厄瑞克透斯》一劇所說的故事。傳統上認為兩人摺疊獻神的聖衣，其實是即將祭獻之么女準備更衣，換上喪服，這解釋何以她衣冠不整；其他兩位少女頭頂板凳及摺疊布料，傳統上被認為是她們為祭司攜帶休息板凳及坐墊，但這布料或許也是預備好的喪服，暗示兩人將會步上後塵。兩端神明頭別向他處，似乎蓄意避開即將發生的活人祭祀；或是祂們在觀看即將爆發的戰爭（正如荷馬史詩神明常在雲端上觀看特洛伊平原進行的戰爭），或觀看後來人們紀念厄瑞克透斯犧牲的女兒。「聖衣場景」於是乎乃描繪那最具暗示性、最孕育意義的那一刻，預示即將發生的「活人祭祀」以及集體自殺殉國。因此整個橫飾帶所描繪的最高潮反而是在古典時期希臘人在真實上絕不會執行的活人獻祭這原始宗教行為！這要傳達的意旨是強調雅典人無私的自我奉獻，服務國家。

根據這新理解，被認為時代錯置的騎士應是呼應神話中厄瑞克透斯是馬車戰術的發明者以及那時的騎兵作戰主力；另一邊參與祭祀者所攜帶的大水瓶，則是女子婚嫁或喪禮要淨身所用，與東段橫飾帶處女們的犧牲有關。在希臘宗教儀式中，女性婚禮與喪禮在象徵使用上時常相同；亦即，希臘常會將處女祭祀犧牲比喻為她的婚禮。整個橫飾帶所描繪的因此不是泛雅典娜節遊行，獻給女神新的聖衣，而是厄瑞克透斯面臨外敵入侵時，決定犧牲女兒。這橫飾帶的主題不是當代世俗政治，而是遙遠神話故事，是雅典建國的故事。民主政治的最高理想不是個人言論自由及法律平等，而是無私無我的犧牲奉獻。這樣的主題正是利庫爾戈斯在起訴萊奧克拉特斯時所強調的，顯然代表當時流行的看法*。我們可以想像利庫爾戈斯在引用普拉克熹提婭演說詞時，可能擺出指向衛城的手勢，那時或許陪審團會跟著轉頭望去，點頭稱是。

康奈莉根據考古遺跡及史料推測，這神廟是建立在處女的墳塋上，而這在希臘宗教有跡可循，特別是對城邦社區的建立者，因為他們的墳塋常會被蓋廟紀念。如果處女獻祭及無私犧牲是整個神廟主題的精華，那麼康奈莉認為這解釋何以雅典娜會有「帕德嫩」（*Parthenon*）的祭祀名。她認為這墳塋可能是指神廟西側廂房，而 *parthenon* 原意為 those of the *parthenoi*，「那屬於處女的地方」†，是指三姊妹所屬的地方。至於女神雅典娜，祂在其他地方未曾有「處女」（*Parthenos*）的祭祀名，現在則因為祂成為雅典守護神後‡，導致三姊妹自我犧牲殉國，因此和這三姊妹緊密相關，而使得神廟奉獻給Athena Parthenon，這我們可以了解為：「雅典娜・三位犧牲的處女」，並在祭祀女神時，特別強調這犧牲殉國的故事。

這種說法可以進一步與神廟旁有座祭祀厄瑞克透斯的厄瑞克透斯廟及另座供奉海神波塞冬的神廟

相連結。悲劇《厄瑞克透斯》殘篇繼續說，在厄瑞克透斯擊退攸摩浦斯後，地底突然裂出大洞，將他吞沒§，使得原先勝利急轉直下為另場悲劇，而皇后普拉克熹提婭成為唯一的倖存者。最後衛城上供奉厄瑞克透斯的廟宇，或許是蓋在他被大洞吞沒之處；海神也在旁獲得供奉而受安撫。唯一倖存的普拉克熹提婭則成為帕德嫩神廟及厄瑞克透斯廟的共同祭司。

如此說法若言之成理，那何以詩人歐里庇得斯的悲劇《厄瑞克透斯》會在神廟完成之後才出現，而非之前？康奈莉的解釋是一個我們視為當作理所當然的觀念在誤導我們如此去問問題：我們過度依賴文本（text），認為其他呈現方式都是依隨文本而來、都是來解釋文本。但對古代雅典人這不一定如此。在呈現故事時他們有文本外的其他媒介來表達。她大膽認為歐里庇得斯反而可能是看到神廟橫飾帶後，才寫劇本，因為之前的人先用「石雕」來論述厄瑞克透斯的故事。但後來的人依賴文本，因此凡是文本沒提或不常提的神話便會被忽略掉，而我們現在更特別如此，因為文本的產生相對容易。但試想：一旦資訊科技讓圖像或其他表達方式（如音樂）甚至比文字產生還更簡單迅速呢？康奈莉挑戰的不僅是我們對神廟的傳統詮釋，也挑戰我們文本優先論的觀念。這一樣大膽、一樣值得深思。

帕德嫩神廟上的橫飾帶所呈現的因此不是雅典人民進行泛雅典娜節，獻給女神新聖衣，也不是歌

＊但萊奧克拉特斯最後以極小差距被開釋無罪。

†如希臘人常稱室內女眷空間為 *gunaikon* 一樣，that of woman。

‡西側三角楣牆正是刻畫女神與海神爭奪雅典守護神之位，因此與這樣的詮釋呼應。

§顯然是與地震有關之海神的報復。

頌雅典人民及民主政治的勝利，而是呈現厄瑞克透斯女兒們的自我犧牲以及所帶來的宗教儀式結果，象徵個人對國家的絕對奉獻。如之前已述，以厄瑞克透斯為中心的故事（如土生土長神話及克瑞烏莎生下愛奧尼亞族群）與雅典民主政治及帝國主義的證成、辯護關係極為密切，因此在神廟浮雕上刻畫如此主題，是十分恰當。伯里克利若是啟動如此工程，主導呈現的主題，那他要灌輸到每位雅典公民可能是這樣的情懷：無私奉獻的自我犧牲才是雅典民主政治真諦。這種情懷在當時雅典及斯巴達兩大集團日益升高的緊張，以及最後導致西元前四三一年「伯羅奔尼撒戰爭」爆發的政治氣氛下，是可以理解的。如果帕德嫩神廟是民主政治產物，那民主政治的內容十分豐富，包括現在強調的對國家無私奉獻，不是只有那很容易被扭曲為個人主義的法律平等及言論自由。在雅典政治與宗教糾葛不分的光譜中，康奈莉的詮釋明顯更往宗教那一端傾斜，堅持神廟的主題必須是宗教，而活人祭祀是神廟主題的高潮。這大大挑戰我們認為帕德嫩神廟是希臘理性、民主的象徵。整個氛圍在剎那之間變得比我們所習慣的更肅穆、更「宗教」。

四、回應一些對本書論點的質疑

康奈莉將東段橫飾帶與歐里庇得斯劇本《厄瑞克透斯》一起解讀，證明橫飾帶是刻畫厄瑞克透斯家族的故事，透露出為社區共同利益而自我犧牲的核心民主價值。就康奈莉這本書內容的全面性、可能性以及一致性，這是我到目前為止所知對帕德嫩神廟相關議題最有說服力的論述。我也願意接受這種社區遠遠重於個人的雅典民主意識形態說法，因為我們太常讓雅典民主政治沾染自由主義的個人主義色彩，忘掉雅典民主政治是源自於從西元前七世紀末起，雅典一般人民為了對抗豪強貴族欺壓所採取的「集體」自衛行為。或許有人反問：那斯巴達不是更集體、更強調無我無私嗎？的確是，但雅典民主政治不是只有自我犧牲，但斯巴達除此外，其他內容似乎乏善可陳。我們會將帕德嫩神廟看待為對民主政治的禮讚是反映出我們想取用歷史來恭維現在的自己，來凸顯那些我們所珍惜的價值。但另方面我們也必須承認，在古典考古學裡的任何詮釋都注定容有被挑戰的空間，不過康奈莉已經盡量周全。但即使康奈莉的觀點被認為適當，那可能要等上二三十年，甚至更久，才可能逐漸被接受為「正統」或「主流」，因為這不是只關乎「聖衣場景」，而是雅典文化整體的性質。在此我代為回應一些康奈莉這本書可能會面對的質疑。

有人會問，類似活人祭祀不適合我們所認為的雅典理性城邦？但以處女祭祀犧牲來克服政治危機在當時是流行的「常見話題」（*topos*），甚至存在於五六個悲劇中，特別是歐里庇得斯的劇本*。但有人會繼續質疑（如寫 *SPQR* 一書的 Mary Beard）：「反諷的」歐里庇得斯不正是要質疑如此觀點，正如我們從現代觀點可以解構（deconstruct）這些高貴處女的自我犧牲其實是完全相反的意義？我不否認這種解構或許是歐里庇得斯的意圖，但處女祭祀犧牲幾乎是詩人作品中最普遍的 *topos*，豈不正指出這話題在雅典流行，流行到一直有詩人屢屢以之為劇本主題來批判？另外，厄瑞克透斯最後儘管犧牲女兒，擊退敵人，但因為自己的命運而使得勝利變成悲劇，整個家族除普拉克熹提婭外，無

*請見翁嘉聲，〈古代希臘處子的祭祀犧牲〉，《成大歷史學報》四十六期（二〇一四年六月），頁一至五五。

一倖存，衛城浮雕會刻畫悲劇來作為主題？古希臘人在使用希臘神話，常會只取用需要的部分（即「斷章取義」），所以故事反諷的意涵可能不是伯里克利或是雕刻家所要強調的。厄瑞克透斯的死亡似乎讓人質疑處女犧牲的價值被抹除？但他的死亡何嘗不是另種自我犧牲，結束海神對雅典的不滿及怨恨，因此再度傳遞出無私無我犧牲的訊息？

如果以上的質疑可以答覆，有些則難以找到答案。例如，如果厄瑞克透斯的愛國神話是如此核心，不僅對帕德嫩神廟的橫飾帶如此，對衛城上其他神廟亦是，那何以除了歐里庇得斯及利庫爾戈斯外，沒有多少古代史料提及厄瑞克透斯的故事？另外，我們現在因為可以在大英博物館平視這些浮雕，但從地板往上看，幾乎無法看出這些雕刻是什麼，所以羅馬帝國二世紀的保薩尼亞斯雖然提及神廟附件有厄瑞克透斯雕像，但完全沒提及橫飾帶。如果自我犧牲奉獻是如此重要主題，刻畫在當時雅典人的心靈上，何以被安排在如此不便、不明之處？首先，傳統解釋也須對橫飾帶位置不明顯的指責做出回應，但我這裡提出一個嘗試性的解釋：宣告雅典娜誕生及成為雅典守護神的三角楣牆，以及環繞四面象徵雅典文明擊敗種種野蠻象徵（因此也暗示厄瑞克透斯擊敗攸摩浦斯和色雷斯蠻族的主題）的柱間壁，這些都是外在的、可見的，但那隱而不現的橫飾帶及厄瑞克透斯主題，正像人的心靈一樣，是在那裡被感覺到的，但不容易透露出來：無私無我的愛國心解釋那三角楣牆以及柱間壁的成就，正如內在心思解釋外在行為，也正如最原始但被逐漸遺忘的厄瑞克透斯故事預示後來的雅典民主政治及帝國主義。

更有人質疑，既然厄瑞克透斯神話如此重要，何以沒出現在最強調雅典人自我認同的公共喪禮演說詞中*，因為具有里程碑或標的性的神話及歷史事件常會在其中提及，但沒有任何現存喪禮演說詞提到厄瑞克透斯的故事？這確實如此，但在歷史詮釋上，要對沒提及之事件做出解釋，有時不是最好的提問方式。但如果要回答的話，那喪禮演說詞所提及過去神話及歷史事件數量很少、且高度選擇性，多是雅典「勝利」的神話及歷史：厄瑞克透斯的雙重悲劇最終源頭是因為神明之間的衝突，因此不全然是雅典戰勝外敵的歷史。

推薦本書

我相信還有更多可以質問康奈莉的地方，但她的作品確實也解答許多一直困擾學者的問題；整本書的結論更挑戰我們所習慣的傳統理解，甚至引起一些恐慌：我們對雅典歷史及民主政治是否要全面修正？我個人認為我們至少應該勇於接受這種挑戰，尤其是當這挑戰以如此全面、詳細以及有說服力的論述方式呈現。我覺得《帕德嫩之謎》預示著某種典範的轉移。這令人既緊張又期待。

最後，這本書不容易翻譯，但中文譯本克服許多困難，專業上謹守分寸，甚至不放過注釋重要資訊。整體讀起來十分流暢，使得閱讀這本書是欠快樂且有價值的經驗。對那些對希臘文化及帕德嫩神廟感到興趣的學者或讀者，我都鄭重推薦《帕德嫩之謎》。

＊請參考翁嘉聲，〈雅典喪禮演說之性質及詮釋〉，《輔仁歷史學報》二十三期（二〇〇九年六月），頁一至四七。

帕德嫩之謎：古希臘雅典人的世界

目次

前言

人類歷史上從未有一座結構體是那麼舉世矚目、備受頌揚、迭經檢視和權威高聳，卻又包含著一個讓人琢磨不透的核心。被研究和讚嘆過許多世紀之後，帕德嫩神廟許多方面仍是個謎。

落成於近兩千五百年前（西元前四四七至前四三二年），帕德嫩神廟過去三十年來受到審視大概是它的歷來之最。保存和分析神廟的巨大工程——由「衛城修復工作隊」負責——帶來了大量新資訊，讓我們更明白這巨構是如何規劃、施工和建築。一些驚人發現（例如在西門廊天花板花邊上找到的鮮豔顏料痕跡）透露出神廟當初是色彩繽紛。與此同時，從希臘文學、銘文、藝術和考古學浮現的新證據也擴大了我們對帕德嫩神廟建築所屬的那個世界的了解。古雅典人的神話、信仰系統、禮儀、社會實踐、認知結構乃至情緒，如今都受到了一絲不苟的分析。但近年的新發現很多都無法契合於我們過去兩百五十年來對帕德嫩神廟的理解。何以故？

從啟蒙運動開始，我們對帕德嫩神廟及其象徵體系的了解便是建構自研究者與詮釋者的自我形象（self-image）。更何況，帕德嫩神廟已經成了西方藝術的圖騰，乃至西方民主的象徵。基於這些標籤，我們把我們對何謂「文明」的標準一古腦兒投射到帕德嫩神廟。在望向這建築時，西方文化無可避免會看見自己。事實上，它只看到那些會恭維其自我形象的成分，或那些與民主制度有關的成分。

這種相提並論復受到帕德嫩風格一再被公共建築模仿而強化。此風氣開始於新古典主義運動而全盛於「復興希臘運動」：自十九世紀早期開始，金融機構、政府機構、圖書館、博物館和大學便喜歡披上一個古典建築的外觀，以此傳達一套價值觀，暗示自己與雅典民主的全盛時期一脈相承。例子比比皆是，以下只略舉三四：費城的美國第二銀行（一八一一至一八二四年）、大英博物館（一八二三至一八五二年）、華爾街的美國關稅大樓（一八四二年）（四二五頁圖128）、費城吉拉德學院的創校者堂（一八四七年）、華府的財政部大樓（一八三六至一八六九年）、俄亥俄州州議會（一八五七年）、費城藝術博物館（一九二八年）、美國最高法院大廈（一九三五年）[1]。諷刺的是，這些毫不含糊的世俗性場所並不知道它們是在模仿一種宗教性建築樣式。因為只關注政治和美學面向，我們輕易就安於接受帕德嫩神廟的既有圖騰地位，忽略掉它最根本的角色乃是一處聖所。

任何有違傳統理解的觀點都會遭到否定，情形一如當初用來裝飾神廟表面的顏料的殘跡被當成並不存在。對既有認知的批評被視為對西方民主社會整個信念體系的攻擊。帕德嫩神廟與西方政治意識形態的長期連結讓任何新詮釋皆受到激烈抵抗。但對當初創造帕德嫩神廟的人來說，它的意義絕不只是那些會讓我們自我感覺良好的部分。要重新發現其深意，我們必須設法透過古人的眼睛看待這棟宏偉建築。

把帕德嫩神廟和西方民主政體相提並論始自十八世紀。藝術史家溫克爾曼是第一個主張個人自由與全盛古典風格有關的人。一七六四年，在其大有影響力的著作《古代藝術史》裡，溫克爾曼力主藝術風格的盛衰與政治領域的發展亦步亦趨，斷言希臘藝術的巔峰時期正是出現在民主政體領風騷的時候[2]。九年後，他的學生里德澤爾把這個模式更向前推，宣稱帕德嫩神廟是「雅典民主的最高傑作」[3]。

這種感情在希臘獨立戰爭期間（一八二一至一八三〇年）及緊接其後的階段受到熱烈擁抱。隨著現代希臘國家誕生，曾幫助形塑它的歐洲列強建構出一些敘事，希望透過這些敘事讓它們自己的政治制度可回溯至雅典衛城的中心點。一八三四年八月二十八日，新任希臘國王奧托（巴伐利亞國王路德維希之子）正式宣布帕德嫩神廟為一古代紀念碑。在一場精心策畫的典禮中，國王與他的攝政、大臣、國家衛隊騎在馬上，朝衛城前進，尾隨後面的是一支由年長公民、教師，和其他貴人組成的遊行隊伍[4]。一行六十個雅典人，人人手持橄欖枝，而在衛城上，則有一群雅典閨女等著歡迎他們：她們身穿白衣，手持桃金娘花束，高舉著畫有雅

圖 1　《雅典衛城和戰神丘的理想景觀》，克倫澤繪於一八四六年。

典娜女神肖像的橫幅[5]。到達要塞之後，奧托國王從新古典主義建築家克倫澤手中接過帕德嫩神廟大門鑰匙，在其陪同下進入殿內。待國王在一張覆蓋著月桂、橄欖和桃金娘的王座坐定，克倫澤發表了一篇洋溢愛國熱情的演說，倡議修復帕德嫩神廟和夷平衛城上所有鄂圖曼帝國建築。「蠻族的所有遺物都會被移除。」克倫澤宣布。然後，他恭請國王聖化第一塊準備要修復和用來「重生帕德嫩神廟」的柱石。奧托依其所請，在搬到他面前的鼓形大理石塊上敲了三下[6]。一八四六年，克倫澤把他的「理想景觀」（一個沒有野蠻人痕跡的衛城）描繪出來（其作品見上頁圖1），畫作在六年後由奧托之父路德維希一世購去[7]。

接下來那個世紀，隨著考古學的成長和眾人愈來愈意識到古典希臘是西方文明的搖籃，古典文化產品的地位被提升到一個全新高度[8]。一八二六年，一座複製的帕德嫩神廟在愛丁堡東側的

圖2　巴伐利亞的「名人堂」。

卡爾頓山動土，計畫用作為拿破崙戰爭中蘇格蘭陣亡將士的紀念館和最後安息所。這座建築沒有完工，只有立面留存至今，其上面的銘文寫著：「紀念過去的蘇格蘭英雄和激勵未來的蘇格蘭英雄。」[9]同一時期，在巴伐利亞的雷根斯堡，國王路德維希一世築造了自己的帕德嫩神廟（一八三〇至一八四二年），其設計者正是主持衛城典禮的克倫澤。命名為「名人堂」（圖2），這座巴伐利亞帕德嫩神廟用半身像和銘文匾額表彰了日耳曼一千八百年歷史裡的一百多位著名人物。到了一八九七年，美國亦將會以自己的帕德嫩神廟自豪：這複製品落成於田納西州納什維爾，是特地為迎接萬國博覽會（一八九六至一八九七年）而建。本來的木頭結構後來以混凝土重建（一九二〇至一九三一年），至今仍是該市引以為傲的地標（下頁圖3）[10]。

到了二十世紀，則有貢布里希宣稱希臘藝術的「大覺醒」是民主黎明的產物。他主張全盛古典時期的藝術高峰直接反映藝術家在新政治制度中獲得的「新自由」[11]。這種思路在一九九二年美國一個希臘藝術的巡迴展覽獲得回響。名為「希臘奇蹟：來自民主黎明的古典雕塑」，這個為慶祝民主制度誕生二千五百週年而舉行的展覽，讓華府和紐約市市民得以一睹古希臘藝術的最精品[12]。

這種在古代藝術傑作裡看見自己的傾向並不是特定意識形態依附者的專利。例如，羅德斯*便把帕德嫩神廟視為帝國而非民主制度的象徵。「伯里克利透過藝術教會懶惰的雅典人信賴帝國。」他說[13]。馬克思同樣受（希臘）藝術吸引，但認為帕德嫩神廟是社會襁褓期而非高峰期的產物：「希臘藝術的魅力……跟它賴以誕生的未成熟社會條件有密不可分的關係。」[14]全盛古典藝術（特別是帕德

---

*譯注：英裔南非商人，礦業大亨，在大英帝國殖民南非的歷史中扮演舉足輕重角色。

嫩神廟）的魅力同樣讓納粹德國覺得無可抗拒：希特勒早就準備好用它來為他的意識形態、文化和社會方案服務[15]。

我們應該驚訝於佛洛伊德對帕德嫩神廟的反應竟是內疚嗎？他備受一個事實折磨：他自己可以看到帕德嫩神廟，而他父親（一位資財有限的羊毛商人）卻無此機會，也不會懂得欣賞。他內疚於自己比父親幸運[16]。

一九九八年，大英博物館一位資深主管在接受《每日電訊報》主編強森（現任倫敦市長）*訪談時，稱「埃爾金大理石」†是「對英國作為一自由社會和其他民族的解放者的一個圖畫再現（pictorial representation）」[17]。所以，帕德嫩神廟既是磁石又是鏡子。我們被它吸引，又在其中看見我們自己，並依自己的方式竊占它。在此過程中，它本來的意義難免泰半

圖3　納什維爾帕德嫩神廟，位於田納西州納什維爾市百年紀念公園。

隱沒。

確實，我們對帕德嫩神廟的理解和它的接受史有密不可分的關係。當被審視對象被認為美得無以復加和具有圖騰地位，當它已經被各種意義投射了兩千五百年，要還原它的本來意義便難上加難。清楚的是，帕德嫩神廟人人在乎：它的持續光環在不同的文化和不同的世紀一再引起敬畏、奉承和最高禮讚。一個熱情噴湧的典型代表是愛爾蘭藝術家和旅行家多德威爾，他在一八〇一至一八〇六年間住在希臘繪畫和寫作。談到帕德嫩神廟時，他這麼說：「它是世界所見過最無可匹敵的雕刻勝利與建築勝利。」[18]同一種感情也燃燒過埃爾金伯爵，而他又是一個敏於行動的人。事實上，就在多德威爾還住在雅典的時候，埃爾金夫婦和一支工作團隊正忙於肢解神廟，把很多雕刻拆下來運回倫敦。這批雕刻品時至今日仍然流落倫敦。

失去雕刻並未讓帕德嫩神廟的魅惑力降低。一八三二年，法國詩人暨最後浪漫主義者的拉馬丁斷言帕德嫩神廟是「寫在地球表面和刻在石頭上最完美的一首詩」[19]。不多久之後，新哥德主義建築家維奧萊-勒-杜克為了謳歌阿眠的主教座堂，把它譽為「哥德式建築中的帕德嫩神廟」[20]。就連二十世紀現代主義大師柯比意第一次看到帕德嫩神廟時都說它是「神聖標準的寶庫，藝術中所有尺度的基礎」[21]。

就這樣，帕德嫩神廟被過度抬舉的地位便一直深深影響著眾人對它的詮釋，決定了哪些問題該

＊編注：強森二〇一六年七月十三日就任為英國保守黨政府之外交部長。

†譯注：埃爾金伯爵十九世紀從雅典掠奪回英國的帕德嫩神廟雕刻通稱「埃爾金大理石」，詳下文。

問，又決定了（這是更有意思的）哪些問題不該問。因為大家對它太過崇敬和不敢問它太多問題，帕德嫩神廟一直受到圖騰化的傾向所扭曲。另一方面，有關雅典人是怎麼看待他們最神聖神廟的古代資料寥寥無幾，這一點只擴大了原有的真空，讓古代之後的詮釋者有更大自由發揮的空間。

另一個讓帕德嫩神廟本來意義難以還原的原因是，它在晚期古代（當時的雅典已失去獨立地位很久）迭經蹂躪性打擊。西元前一九五年前後，一場大火燒毀了神廟的內殿，即其位於東端的大廳。然後，西元第三或四世紀期間（羅馬人統治的時期），神廟又發生了一場更嚴重的祝融之災。有些學者認為火是日耳曼人的赫魯利部落在西元二六七年所放，其他學者則歸咎於亞拉里克領導的西哥德人，他們曾在西元三九六年洗劫雅典[22]。不管縱火者是誰，這把火都燒垮了帕德嫩神廟的屋頂，摧毀了內殿。內殿的柱廊、東大門、神像底座和屋頂都必須完全更新[23]。

至此，帕德嫩神廟作為一雅典神廟的日子已屈指可數。西元三八九年至三九一年之間，羅馬皇帝狄奧多西一世下達了一系列諭旨，取締傳統希臘多神教的神廟、神像、節日與所有儀式習尚（讓基督教取得合法地位的皇帝固然是君士坦丁，但將之定為國教和打壓競爭者的卻是狄奧多西）。及至六世紀之末（甚至可能更早之前），帕德嫩神廟已被改造成一座奉獻給聖母的基督教堂。這個改造需要改變神廟坐落方向，因此，一個主入口被開在西端，又在東端加入了一座後殿（四二一頁圖124）。原來的西廳至此變成了教堂前廳，而一座三走道的長方形禮堂取代了原來的內殿。一個洗禮池被添加到建築的西北角落[24]。及至七世紀晚期，這教堂已成了雅典的主教座堂，稱為「雅典的神之母教堂」。然後，在一二〇四年，隨第四次十字軍東征入侵的法蘭克人把原來的東正教大教堂改為天主教主教座堂，將其更名為「雅典聖母院」。一個鐘樓被加在其西南角落。隨著雅典在一四五八年落入鄂圖曼帝國土耳其人統治，帕德嫩神廟經歷了另一次改建——這一次是改建為清真寺，被加入了一個「米哈拉布」*、一個講經壇和一座高聳的宣禮塔（位於原來鐘樓的所在）。

經歷兩千年大體無損之後，帕德嫩神廟於一六八七年九月二十八日發生了一場災難性爆炸。一星期前，瑞典公爵柯尼希斯馬克帶著一萬部隊兵臨離雅典只有十四公里的厄琉息斯。在那裡，他們與威尼斯將軍莫羅西尼會師，合圍雅典。這場圍城戰只是更大的摩里亞戰爭的一部分，該戰爭又稱第六次鄂圖曼—威尼斯戰爭，從一六八四年持續戰至一六九九年。隨著威尼斯人逼近雅典，鄂圖曼守軍在衛城建築防禦工事。當時，土耳其人已經把衛城西尖端的勝利女神雅典娜神廟拆毀，改建為砲台，又在帕德嫩神廟內堆放大堆彈藥。有超過六天時間，威尼斯人從附近的繆斯廟丘向帕德嫩神廟進行砲轟，發射了大約七百發砲彈。最後，柯尼希斯馬克的人馬直接命中目標，帕德嫩神廟發生猛烈爆炸，導致牆壁、近十二根立柱（分布於南北兩側）和許多裝飾性雕刻四散紛飛。當天共有三百人死於衛城。戰爭還要再如火如荼打上二十四小時才以土耳其部隊被俘告終[25]。

這場戰爭永遠改變了衛城的形貌，讓它成為了另一種事物的象徵：「廢墟」[26]。到了十八世紀早期，一座小型的正方形清真寺將會建在一度是由帕德嫩神廟內殿構成的瓦礫堆中。由磚頭和回收再利用的石塊興建，這座圓頂清真寺坐落在帕德嫩神廟的殘敗柱廊之內，直到希臘獨立戰爭期間才遭到破

＊譯注：意譯為「祭壇」或「壁龕」，指位於清真寺正殿縱深處正中間的小拱門或小閣，作用是指出麥加方向。

壞，後來又在一八四三年被移除[27]。

某個意義下，我們會老是從政治角度看待帕德嫩神廟，乃是學術發達的結果：對西元前五世紀的雅典，我們知道得最詳細的部分是政治。留存至今的相關文獻和銘文（古雅典人自己寫的或別人寫他們的）數量相對豐富，讓我們可以企及伯里克利所打造的世界——該時代現在被稱為希臘的黃金時代，其與民主的繁榮息息相關。但雅典文化的內涵要遠多於民主，而雅典人對民主概念的理解也不是我們用現代的透鏡所能盡窺。一個理由是，雅典人的 *Politeia*（政治）觀念比我們的寬廣。英語裡沒有完全對等的字眼，事實上，這個單字同時指涉最廣義的公民生活的方方面面。古代 *Politeia* 的涵蓋範圍遠超過現代政治的直徑，同時涵蓋宗教、禮儀、意識形態和價值的領域。亞里斯多德暗示過，「共同福祉」（common good）的優先性在雅典政治裡扮演著決定性角色，指出「那些致力於共同福祉的政體乃是根據絕對正義的原則正確架構」[28]。

居於雅典人「政治」觀念核心的是文化對自身的根本認知，是它的起源觀、它的宇宙觀和它的史前史。這批環環相扣的觀念界定了共同體的價值觀，又衍生出形形色色的典禮祭儀（有超過一千年時間，帕德嫩神廟都是這些典禮儀式的重心）。迄今，從這個角度了解帕德嫩神廟的人並不多。但沒有這種了解，我們又不可能說出帕德嫩神廟除了是一項無可比擬的建築成就或民主的象徵標誌之外，還是些什麼。想要還原帕德嫩神廟的基本和本來意義，我們必須努力以建造它的人的眼光看待它。換言之，我們必須透過古人的眼睛看事情，而這努力除了需要文物考古學，還需要一種意識考古學。

拜近年來在衛城進行的考古和修復努力之賜，也拜嶄新的人類學方法之賜，還原帕德嫩神廟真實面貌的目標已有所進展。希臘文化部的「衛城修復部門」對帕德嫩神廟進行了一絲不苟的解剖，帶來許多具體的考古學發現，大大增加了我們對用於建築神廟的材料、工具、工法和工程學的了解[29]。我們現在知道，帕德嫩神廟在施工過程中曾有過多次計畫修改，其中一個關鍵修改也許是加上一圈絕無僅見且氣勢磅礴的橫飾帶*。現已確知，這橫飾帶本來是要涵蓋整個東門廊。另外的修改包括在帕德嫩神廟東大門的兩旁各開了一扇窗，讓更多的陽光可以傾瀉在雅典娜神像上。在神廟北柱廊，有痕跡顯示該處原設有一個帶祭壇的小神龕，反映出那地方原屬一座更早期帕德嫩神廟的範圍[30]。這打開了我們對前帕德嫩神廟時代祭儀的新了解，也引出了從遠古到伯里克利時代的神廟連續性的問題。

過去十年帶來的不只是大量帕德嫩神廟作為一座建築的設計和演化方面的新資料。它還帶來了整體的觀點轉換，讓我們更加注意到帕德嫩神廟的非物質向度。新的問題被提出，而新的研究模型和方法（借自社會科學、宗教史和文化史）被用來回答這些問題。這一切都帶來了一條全新進路：把帕德嫩神廟置於全部古代脈絡下理解的進路[31]。過去三十年來，對希臘禮儀和宗教的研究蓬勃發展[32]。如今，一個事實已被充分認知：古希臘生活幾乎方方面面都離不開宗教。對古人情緒結構和認知結構的研究也進行得如火如荼，而它們揭示出語言、行為和多重感官經驗在古代世界對情感與思考的影響[33]。因而我們比從前任何時候都處於更有利的位置，可以鑽進古希臘人的腦袋，去明瞭他們對衛城的經驗。

對接受、投射和竊占的研究說明了美學、意識形態和民族主義日程表在過去兩百五十年來是如何

---

*譯注：指牆壁上的長條狀裝飾，由雕刻而成的人事物構成。

形塑了詮釋帕德嫩神廟的架構[34]。今人業已認識到，現代西方對古典古代的鄉愁（一種想要連接於古雅典以證成自己政治與文化理想的願望）長久以來支配著我們對帕德嫩神廟的理解。「另一個衛城」的意識正在浮現，它致力於對衛城及其建築（包括帕德嫩神廟）建立一個多時相和多感知向度的了解[35]。這兩股力量（新證據的發現和新問題的開發）共同模鑄出理解帕德嫩神廟的新範式——一個本書要提倡的範式。

我們得到的發現愈多，帕德嫩神廟就顯得愈謎樣，而後來文化對它的過簡解釋也顯得愈不充分。雖然古雅典龐大複雜的儀式與宗教世界已經浮現，但關於這座位於那麼多陌生、隱晦的宗教活動之最核心處的建築物，有一個問題仍然有待回答：「何謂帕德嫩神廟？」

在所有存留至今的古典時代實體遺物中，能最大幅度和最細緻入微披露出雅典人意識者即是帕德嫩神廟的橫飾帶。這件登峰造極的大理石浮雕作品——又被稱為「寓於石材的禱告」——是雅典人留給我們的最大和最複雜精美敘事圖板，也是通向他們心靈的關鍵途徑。雕刻在橫飾帶上近四百個人物代表著些什麼人是重中之重的問題。

自十五世紀以還，帕德嫩橫飾帶便被認定是西元前五世紀雅典人的生活寫照，而自十七世紀以還，其內容便被詮釋為泛雅典節（或全雅典人）*的遊行活動[36]。但這種解讀有違希臘神廟的標準裝飾成規，因為按照常規，橫飾帶的主題都是取材自神話而不是現實事件。如此一來，那一圈石頭雕刻便成了帕德嫩神廟之謎的謎中謎。

接下來，我將會對帕德嫩橫飾帶提出一個截然有別於正統觀點的新詮釋[37]。我的詮釋是以宗教而非政治作為著眼點。透過從圖像證據、文本證據和禮儀證據歸納的模式，我會挑戰那個認為應該如何看待帕德嫩神廟和蓋它的那些人的舊看法。

我主張，帕德嫩橫飾帶描寫的不是真人實事（即不是歷史上有過的某一次泛雅典節遊行），而是神話中的遠古——一個讓雅典人成為雅典人的遠古。橫飾帶上兩個主要人物（傳說中的國王和王后）出於德爾斐神諭的要求，被迫做出一個無比痛苦的決定，以此拯救雅典讓其不致淪為廢墟。這決定的內容可稱為一次終極的獻祭。以一個開國國王及其家人的故事為藍本，帕德嫩橫飾帶呈現的憲章神話透露出雅典文化遠比後來的文化學家和古典學家願意承認的黑暗和原始。橫飾帶述說的悲慘故事提供了一個關鍵孔眼，讓我們可以窺見雅典人的意識，也直接挑戰了我們對這意識的一向認同。因此，帕德嫩神廟可帶領我們遠離文藝復興與啟蒙運動的刻板印象（一種我們已經很習慣的刻板印象）。事實上，雅典人比我們所願意承認的怪異得多。他們的世界是一個漫天神佛和充滿焦慮的世界，由一種自我中心意識主宰，念茲在茲盡好對神明的應盡之責。他們每天花大量時間問卜、還願和取悅神明，設法與能決定人類命運的神明保持一種平衡、互惠、和諧的關係。這不奇怪，因為雅典人持續受到戰爭、暴力和死亡的威脅。

對雅典人來說，精靈、神明和神話英雄是一種持續的存在，有可能會出現在任何一個路彎處。生命脆弱而不確定，不存在持久的快樂，意外接二連三，唯一可確定的只有死亡總是虎視眈眈[38]。宗教

＊譯注：大部分中文資料都稱這節日為「泛雅典娜節」。但作者明明白白指出 Panathenaic 一詞意指「全部雅典人的（all-Athenian）」，如此則「泛雅典節」方為合宜。席代岳譯的《希臘羅馬英豪列傳》亦是作「泛雅典節」。

儀式、節日、體育競技和戲劇表演的日期和時間都是由年深日久的傳統規定，受天體在夜空的運行軌跡規範。宇宙觀、地形地貌和傳統把雅典人綁在一個宗教遵奉、記憶與儀式的有序循環裡[39]。

雅典人的宗教情懷深刻強烈，以致被稱為所有希臘人中最「敬畏鬼神」的一群，大相逕庭於我們對雅典的一貫理想化印象（一個住滿理性哲學家的城邦）[40]。有些雅典人光是聽到貓頭鷹叫聲就會呼喊：「雅典娜！」有些會小心翼翼避免踩到墓石或拜訪即將臨盆的女人，有些會在十字路口跪下給路石倒油以驅散它們的邪力[41]。不只這樣，他們還會給小人偶針扎，給敵手下惡咒，或給意中人下愛咒[42]。伯里克利一向以理性主義者自居，但他染上瘟疫後一樣在脖子上戴上寫了咒語的護身符[43]。有關雅典人是如何下咒、施蠱、求神諭、解夢和鳥卜的引人入勝記載讓我們可以更加貼近他們的真實生活經驗。我們對哲學與宗教的二分法一直讓雅典人的真實模樣隱而不彰。

儘管有種種迷信，雅典人仍然矢志成為「最漂亮和最高貴者」，而這觀念主宰了他們的世界觀。他們努力追求卓越，與此同時內心又隱隱不安，唯恐命運會突然翻轉。「雅典人最棒」的信念決定了他們和其他人的關係，亦深深影響著他們彼此的關係。

憑藉一個新範式，我們致力於擺脫過去兩百年來的偏見，更深入和確實地體驗古代雅典人對帕德嫩神廟的體驗。我們想知道的不只是「何謂帕德嫩神廟？」，還是「何謂雅典人？」這更大的問題。後者的答案同樣一直被那些搶著繼承古代衣缽的後世人所模糊和化約。要回答第二個問題，必須先回答第一個問題，因為帕德嫩神廟是形塑和維繫雅典人身分認同的關鍵。

帕德嫩神廟首先和最主要是一棟宗教建築，一座神廟中的神廟。它在西方藝術的崇高地位一直不鼓勵人們去問一些我們會對別的神廟提出的問題。在本書，我會檢視帕德嫩神廟與衛城乃至希臘世界其他地方宗教性建築的關係。我會聚焦在定義身分的建國神話和族譜神話*，聚焦在那些象徵雅典公民共同源頭的符號和圖案。我會望向地方英雄和神祇，望向他們的墓塚與神廟的關係，以及望向橋接這兩者的儀式。這些宏偉建築讓公民可以直接接觸他們的祖先，提醒他們，他們的共同體賴以奠基的價值觀。在一個沒有媒體、沒有神聖經典的社會，宏偉建築在打造群體凝聚力所起的作用再怎麼強調都不為過。對雅典人而言，帕德嫩神廟是一個非常特別的關係網絡，在這之中，獻祭、禮儀、記憶和民主（不錯，是「民主」）彼此緊密交織在一起。

我們會先從衛城的自然環境談起，看看它的宇宙觀和神話傳說如何有力地形塑了雅典人的意識。我們會考察在地神話如何源出於在地風景，考察帕德嫩神廟如何密不可分地與雅典的自然環境、記憶結構和信仰系統交織在一起。然後我們會進而考察衛城如何從一個邁錫尼時代要塞†轉化為一處雅典娜聖址，此時焦點會放在帕德嫩神廟之前的神祠和神廟，放在它們的裝飾性浮雕所敘述的宇宙神話。然後我們會談到波斯人在西元前四八〇年對衛城的蹂躪，以及伯里克利在大約三十年後所推動的全面改建計畫。這時，我們會以貼近並聚焦的方式審視帕德嫩神廟的雕刻，特別是它的橫飾帶，提供了理解該建築之核心意義的關鍵。

在其後各章，我們將會檢視這種解讀對我們理解雅典人的意涵，指出它如何可以幫助我們更好理

＊譯注：指這些神話起著族譜作用，可讓人明瞭自己最早的祖先是誰。
†譯注：邁錫尼文明為希臘青銅時代晚期文明，年代約為西元前一六〇〇年至前一一〇〇年。

解他們的禮儀、節日和競技。居於這一切之核心的是他們在泛雅典節上為紀念已故男女英雄而舉行的祭典，而那也是一個他們慶祝自己身分認同的慶典——可以說，那是一個他們最強烈、最自覺和最迷醉地意識到自己是個雅典人的時刻。最後，我們會考察雅典人最早期的自覺模仿者，間接透過雅典人同時代人的眼睛來觀看他們。我說的是希臘化時代*的別迦摩†諸王：雖然就像文藝復興和啟蒙運動一樣，他們對雅典的崇拜也同時帶來了對雅典的扭曲，但他們至少沒有跟雅典人在時間上相距兩千年。在探討別迦摩的英雄敘事和開國神話（見於「致勝者護城雅典娜」神廟）如何受帕德嫩神廟影響時，我們會努力貼近古人的經驗，特別是貼近那些形塑地方記憶的地形地貌，貼近那些支配地方思想感情的海、陸、空敘事。威克姆說過：「地理就像禮儀，會對人起潛移默化作用。」44這話特別適用於雅典人，因為他們是一個海與陸並重的民族，一個貿易與農業並重的民族，簡言之是把波塞冬‡和雅典娜集於一身的民族。

但讓我們從開始處開始，即從那座宏偉、神祕且對雅典人身分有著終極定義性的建築的舞台背景開始。當年，一如今日，坐落地點是評價任何房地產的關鍵，所以讓我們首先來探索衛城及其周遭的環境。

*譯注：希臘化時代（Hellenistic period），指希臘文明主宰整個地中海東部、埃及和西亞的時期，始自亞歷山大大帝逝世（西元前三二三年），結束於羅馬征服希臘本土（西元前一四六年）。

†譯注：希臘化時代的小亞細亞王國。

‡譯注：希臘神話中的海神。

帕德嫩之謎

第一章 聖岩

——神話與地點的力量

「最簡單的方法就是直接走在水裡。這樣，我們的腳就會沾溼。夏天這個鐘點溼著腳走路最是愉快。」斐德羅這樣向蘇格拉底建議。他原打算一個人走到伊利索斯河河畔，找處僻靜地點回味剛剛從作家呂西亞斯聽來的演說。但出雅典城途中，他巧遇蘇格拉底，後者表示樂於與他作伴，聊聊那篇談同性之愛的演講1。

過伊利索斯河之後，這兩位朋友在阿達托斯丘山麓找了個地方坐下，其地離今日的泛雅典體育場不遠。蘇格拉底非常喜歡周遭的自然環境，大大讚美了一番。在寫成於西元前三七〇年左右的對話錄《斐德羅篇》中，柏拉圖藉蘇格拉底之口極其鮮明地描述了古典雅典地貌的視、聽、味、觸之娛：

> 這真是個休憩的好地方。你瞧那棵懸鈴木多高大，還有那棵貞樹，它長得好高，正好遮陰，由於花開正盛，整個地方都瀰漫著它的芬芳。懸鈴木下面流著的泉水好可愛、好清涼——不信的話可以把腳踩下去，一試便知。從留在這裡的人像（女孩像）和還願供品

> 判斷，此地是奉獻給阿刻羅俄斯*和一些水仙女†。感受一下空氣有多清新，風景有多漂亮宜人，蟬聲齊鳴和夏天多麼應和！但最棒不過的當然是這片草坡，它緩緩向上斜起，讓人躺下時頭正好可以枕在上面。
>
> 柏拉圖，《斐德羅篇》230b-c [2]

在這段描寫蘇格拉底有多享受單純之樂的文字裡，柏拉圖栩栩如生喚起的不只是乃師的真淳心性，還是雅典城牧歌般的自然環境。

隨著他們走近河邊的樹蔭，斐德羅的思緒一下子轉向了神話：「告訴我，蘇格拉底，傳說中珀瑞阿斯（北風之神）‡抓走奧萊蒂婭一事……是否就發生在這段伊利索斯河附近？」「不是。」蘇格拉底回答說，指出確切地點要「往下游再走兩三百碼，位於河對岸的阿格拉地區§。我沒記錯的話，那裡甚至有個珀瑞阿斯的祭壇。」望向信徒掛在樹上的洋娃娃般的小雕像，蘇格拉底猜測此地必然是河神阿刻羅俄斯和一些水仙女的聖地。不多久，他便感受到四周充滿神祕力量：「這地方真有點有神臨在的氛圍，所以，別怪我說話的調調像是被水仙女附體。我幾乎是在唱酒神讚歌了◎。」[3]

我們應該原諒蘇格拉底情不自禁為酒神唱讚歌的，因為《斐德羅篇》的這些段落透露出神話、地景、記憶和聖地在雅典人的意識裡有多麼密不可分，以及它們對情緒可以發揮多大集體力量[4]。蘇格拉底所經歷的一小會兒「水仙女附體」讓我們具體感受到地點的力量[5]。雖然他和斐德羅都是受過高等教育的菁英，但神的臨在對兩人來說乃是真真實實。蘇格拉底既討厭用理性方法分析珀瑞阿斯和奧萊蒂婭（傳說中國王厄瑞克透斯和王后普拉克熹提婭的女兒）的神話，又樂於接受一般人對這神話發生地點的認定[6]。一代又一代的雅典人（不管貧或富，不管有沒有受過教育）莫不如此，莫不對同一類的聖蹟聖址心生感應，產生強烈的思古幽情。

我們對帕德嫩神廟的檢視會從它所坐落的更大地理環境談起，這環境有力地形塑了希臘人的時間意識，形塑了他們對真實（reality）的意識（五二頁圖4）。大自然和神明的力量，還有人類戲劇與歷史的力量，莫不是流瀉自雅典所坐落於的那個更大地理地域，即阿提卡※。要能充分紀念他們最偏愛的一種能力，即果斷，唯一方法是蓋一座帕德嫩神廟：雅典人所蓋過最大型、最做工精細、最裝飾繁麗和最氣勢撼人的一座神廟。它是一座紀念碑，布滿神話時代雅典的故事和圖像。對希臘人而言，神話（一個沒有理性基礎的「故事」）與歷史（對往事的經驗研究）[7]常常是不可區分：兩者都是銘刻在史詩和族譜性敘事裡，而這些敘事的背景又是一片被認定為混沌初開以來便存在的地形地貌。位

＊譯注：阿刻羅俄斯為阿刻羅俄斯河的河神。但必須注意，在古希臘人的觀念裡，河神只是河流的化身，不是在阿刻羅俄斯河之外別有一位河神。下文提到的一些風神亦是同樣情形。

†譯注：水仙女是希臘神話中位階較低的神祇，主要是與山林水澤有關。她們人數眾多且分為海仙女、泉仙女、河仙女、山谷仙女、原野仙女等不同範疇。

‡譯注：希臘神話中的風神，代表北風（或東北風）。他的妻子曾經贈給純女性部族亞馬遜人的首領彭忒西勒亞一對名駒（這位首領最終在特洛伊城下為阿喀琉斯所殺）。

§譯注：相當於後文提到的阿格賴地區。

◎譯注：指他對同性之愛的意見像酒神讚歌一樣激情澎湃。

※譯注：雅典城所在的半島，也是城邦雅典的總範圍。

於這片地理環境內的眾多記憶存取地點對一代又一代的居民別具意義，而他們也把年深日久的敘事代代相傳下去。

希臘人根據某些「分界性災難」（boundary catastrophe）了解他們的遙遠過去，用它們把時間打斷和劃分為不同的時代和紀元[8]。天界大戰、滔天洪水和史詩記載的戰爭都是標誌時代嬗遞的主要災難事件。在本書頭兩章，我們會逐一考察這三股改天變地的力量（它們全都顯示出古代近東的影響，有些影響是直接傳入，但更多是透過敘利亞－巴勒斯坦人和腓尼基人間接傳入）[9]。在這三大擾亂性力量中，最能夠形塑地貌和文化意識的莫過於大水的漲退。大洪水的反覆

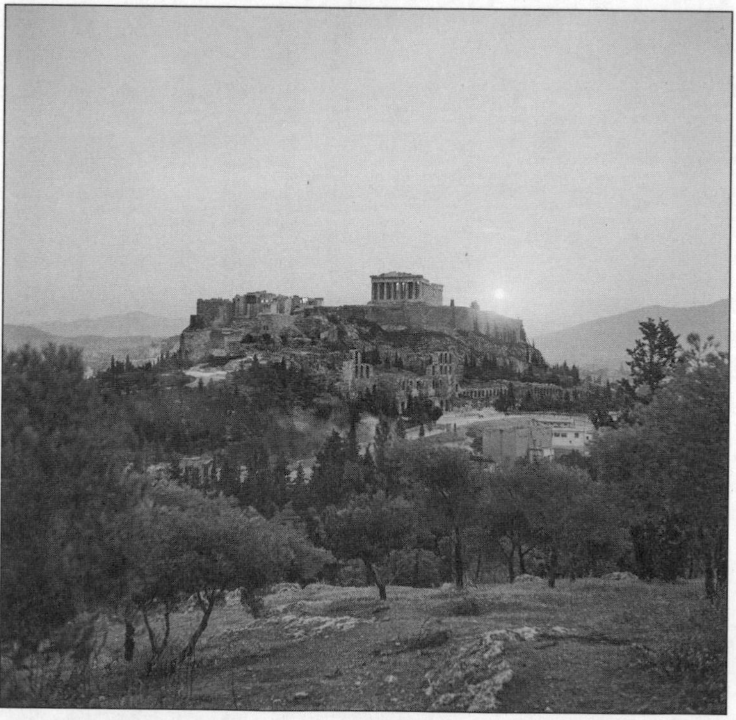

圖4　從西面看到的破曉時分衛城。©Robert A. McCabe, 1954-1955.

發生變成了一個斷代的權威方法，而「前洪水期」與「洪水期」的區分對希臘人的重要性並不亞於對蘇美人或希伯來人。

大洪水的故事、天界大戰的故事和對抗「他者」（亞馬遜人、馬人、特洛伊人和色雷斯人等）的故事對了解雅典人的教育和敬虔至關重要。由於這些故事上演的舞台（古代地貌）是歷史時期的雅典人仍然看得見，這讓他們與神話時代保持著一種強烈程度幾乎非我們所能想像的聯繫。對他們來說，遠古並不遙遠，反而是內在於一切。帕德嫩神廟的意義（從它的選址到設計裝飾）必須是從這聯繫中探求。要做到這一點，我們又必須從古代雅典城的自然生態與地形談起。

阿提卡是一個三角形半島，從希臘大陸的東南角伸入愛琴海，面積大約兩千四百平方公里（下頁圖5）。

其最西北的基塞龍山脈長約一〇四公里，是阿提卡與毗鄰地的波奧提亞地區的界山。帕尼斯山和阿哥雷歐斯山分別位於雅典以北和以西；彭代利孔山和伊米托斯山位於其東北和以東；塞拉托沃尼山和潘尼翁山坐落於東南近拉夫里翁之處。介於這些山脈之間是四片流域和三座平原：伊米托斯山以東的梅索吉亞平原、雅典西北的佩迪翁平原（Pedion 字面意義即為平原 Plain），以及雅典與厄琉息斯之間的特里阿斯翁平原。衛城（字面意思是城市的高峰或高點）是雅典城內一系列較矮山丘的其中之一（五六頁圖6）[10]。戰神丘緊臨衛城西側，廣場丘位於衛城西北，與古代的市集毗鄰*。位於更西

---

*譯注：「古代的市集」指阿戈拉廣場。

阿提卡
尤比亞島
坦納格拉
波奧提亞
普拉提亞
基塞龍山脈
基菲索斯河
帕尼斯山
馬拉松
彭代利孔山
特里阿斯翁平原
厄琉息斯
佩迪翁平原
基菲索斯河
愛琴海
厄琉息斯灣
阿哥雷歐斯山
艾瑞丹諾斯河
梅索吉亞平原
呂卡維多斯山
雅典
雅典長城
伊利索斯河
伊米托斯山
比雷埃夫斯
法里龍
薩拉米斯島
布勞倫
法里龍灣
阿提卡
薩龍灣
潘尼翁山
塞拉托沃尼山
埃伊納島
拉夫里翁
蘇尼翁
地中海
8 公里
8 英里

圖5　阿提卡地圖。

面的是普尼克斯丘和水仙女丘，而衛城西南有繆斯神廟丘。阿達托斯丘坐落在圍城東南，不在城牆內，在其東北更遠處是呂卡維多斯山和斯特雷菲丘。更北方聳立著土耳科沃尼亞丘（土耳科沃尼亞這名稱得自鄂圖曼時代），古稱尖頂丘和狼山。阿提卡半島的南面朝向薩龍灣，沿岸是一連串的良港和小灣（圖5）。據估計，西元前四三〇年的阿提卡人口介於三十萬至四十萬之間，其中一半大概是住在雅典城和緊鄰地區。

現代雅典的人口稠密與過度開發讓人難於想像古代阿提卡的生態系統有多麼豐富多樣。早在柏拉圖的時代，人已意識到鄉村地區的形貌發生了重大改變，非常不同於先前的幾千年。柏拉圖在《克里底亞篇》中告訴我們，阿提卡的山丘一度布滿可耕地，平原覆蓋著肥沃深厚的泥土，到處都是茂密的森林[11]。不過，即便在柏拉圖當日，鄉村地區仍然滿目是橄欖樹、懸鈴木、櫟樹、柏樹、地中海松、雲杉、月桂、柳樹、白楊、榆樹、檸檬樹、胡桃木、乳香樹，以及常綠的桃金娘和夾竹桃。結果子的樹木讓雅典人可以大啖無花果、梨子、蘋果、李子、櫻桃、石榴，等等。葡萄樹和葡萄園生產的葡萄可供直接食用，或是曬乾成葡萄乾和釀酒。毫無疑問，就像今日一樣，纏繞著葡萄藤的涼亭棚架可以供人在戶外遮蔭。大型的茴香連同金雀花、野薔薇、長春藤、鼠李、毒芹、莨菪和芹菜蔓生於野外[12]。菜園提供了大蒜、洋蔥、野萵苣、蠶豆、小扁豆、鷹嘴豆和其他豆類。各色各樣的香草，包括百里香、鼠尾草、牛至和薄荷等，讓當地料理更形生色。

阿提卡鄉村地區土壤肥沃，農業欣欣向榮，盛產橄欖、穀物和葡萄（五二頁圖4）。大麥和小麥是當地人的主食（小麥占的比例略小），根據一個輪作系統栽種，每年都有一半土地休耕[13]。最重要的是，雅典人非常看重農田、原野、種植園和小樹林帶給他們大家庭的自給自足[14]。事實上，雅典農

雅 典
0.25 公里
0.25 英里
學院
學院路
往厄琉息斯的聖道
公墓
斯特雷菲丘
呂卡維多斯山
帝米斯托克利修築的城牆
凱拉米克斯
墓園
狄庇隆門
雅 典
艾瑞丹諾斯河
廣場丘
阿戈拉廣場
水仙女丘
黑淮斯托斯
神廟
泛雅典節大道
城邦厄琉息斯神廟
呂刻昂
戰神丘
帕德嫩神廟
衛城
伯里克利
音樂廳
牧神潘、
阿刻羅俄斯和
水仙女神祠
伊利索斯河
北城牆
普尼克斯
丘
戴奧尼索斯
劇場
奧林匹亞宙斯神廟
卡利洛厄泉
繆斯神廟丘
林奈
阿達托斯丘
阿格賴
女獵者阿耳忒彌斯
神廟
泛雅典
體育場
南城牆
阿格賴丘
法里龍城牆

圖6　雅典地圖。

業的最重要產品正是它帶給人的自主和獨立感，而雅典的公民權也正是以土地擁有為基礎。毫無疑問，在伯羅奔尼撒戰爭*期間，雅典得靠著進口外國食物（特別是穀物）以補充在地生產的不足[15]。不過，雅典仍然以身為一個「自足的城邦」自豪，而亞里斯多德也讚揚「自足」是該城邦一項金光閃閃的美德[16]。

很多方面，私有農田帶來的穩定和安全都為前所未有的民主制度創造出有利條件——最終又為民主的肆無忌憚創造出條件。雅典人口在西元前八世紀大肆膨脹，土地也愈來愈集中到超級富有的貴族之家手中，讓雅典的平等和穩定備受威脅，直至政治家（兼詩人）梭倫在西前五九四年左右獲得授權進行改革，情形方始轉危為安[17]。他幫助農民的方法包括禁止把欠債人賣為奴、限制每個家族能擁有的田畝數量，以及大大放寬公民資格。然而，一個人的公民參與程度仍然與他持有的土地數量直接相關。在梭倫引入的社會階級新架構中，唯有「五百斗者」（即擁有可年產五百斗穀物土地者），才有資格出任財政總監和名年執政官†這兩個最高公職。次一階級是擁有可年產三百斗穀物土地的人，他們因為養得起一匹馬有資格加入騎兵而被稱為「騎士」階級。第三個階級「雙牛者」，由擁有可年產兩百斗穀物土地的人構成（「雙牛者」這名稱意謂他們負擔得起養一雙牛負軛犁田）。最低一個階層是「普通勞工」，他們沒有半片土地，只有資格參加公民大會和擔任「審判團」成員。擁有土地和種植穀物，因此居於雅典公民參與的最核心事務。事實上，對雅典公民的身分來說，財產的重要性幾乎

＊譯注：雅典與斯巴達兩個宿敵的終極大戰，斷續持續近二十七年，以雅典戰敗告終。

†譯注：古代雅典不以數字紀年，而以「名年執政官」的名字紀年（「名年」二字指此）。

不亞於血統，而兩者都是一項世襲特權。西元前四世紀的「軍訓生誓言」（十八歲青年誓死捍衛城邦的誓言）道出了務農和宗教都是一種祖傳遺物：

我誓言尊榮我父親的宗教。
我被召為諸神的見證……
我祖國邊界的見證，
其大麥、小麥、葡萄藤的見證
還有橄欖樹與無花果樹的見證。[18]

阿提卡也是繁花似錦之地。其街道、花園和露天空間裡開滿風信子、番紅花、銀蓮花、水仙、仙客來、金穗花、鳶尾花、玫瑰、百合、鐵筷子、飛燕草和其他許許多多品種的鮮花[19]。一圈綠色地帶繁榮於雅典城的邊緣，盛放於城牆內外（五六頁圖6）。小樹林和花園被栽種於天然水源附近。很多這一類地點都漸漸被視為聖地，各有專屬的神祠和神祇。出城西北走上二十分鐘，在離基菲索斯河不遠處有一個叫阿卡迪莫斯的地方長著十二棵奉獻給雅典娜的大樹。「阿卡迪莫斯」原是一位阿卡迪亞人英雄的名字，他曾向卡斯托爾和波呂杜克斯透露忒修斯把他們妹妹海倫藏在那裡。柏拉圖在西元前三八七年把他的學派創立於這個綠葉扶疏的環境，稱之為「學院」[20]。「學院」的小樹林據信是雅典娜女神栽於衛城的神聖橄欖樹的分株。據信任何膽敢砍下「學院」橄欖樹的人都會受到詛咒，犯者會被判死刑或放逐。從這些樹取得的橄欖油是泛雅典節運動會優勝者的獎品之一。在西元前四七〇年代，當雅典正從波斯戰爭復原和享受著新嫩的民主制度之際，政治家兼將軍的基蒙給「學院」築了一圈圍牆，又引基菲索斯河河水灌溉，以作為其慷慨資助的公共工程計畫的一部分（目的是鞏固政治上的支持，籠絡人心）。為了讓「學院」的小樹林有更多水灌溉（他在其中種了更多的橄欖樹和懸鈴木），他甚至修築了一條長二公里的輸水渠，把水從阿戈拉廣場*的西北角引過來。位於雅典城外和基菲索斯河河谷中，「學院」的花園、步道和樹木為柏拉圖和弟子提供了完美的沉思與討論場所。當普魯塔克†於第二世紀在著述中提到此地時，「學院」已是雅典最綠樹成蔭的所在[21]。

同樣吸引哲學家親近的林蔭之地還有雅典東北的呂刻昂（五六頁圖6）。我們有理由相信，這地名源自附近一座「呂刻昂阿波羅」（意為「狼神阿波羅」）的聖所[22]。整個希臘世界的阿波羅神廟都找得到奉獻給他的小樹林，所以，呂刻昂的小樹林最初大概也是跟阿波羅崇拜有關[23]。早在西元前六世紀，此處便建有一棟供進行體育活動的運動館。我們從柏拉圖得知，呂刻昂是蘇格拉底喜愛流連的地方——對話錄《歐緒德謨篇》的場景就設在此處，而在《呂西斯篇》，蘇格拉底要從「學院」到呂刻昂的中途被人叫住，最後跟他們去了一間新建的角力學校。到了西元前三三五年，亞里斯多德將會於呂刻昂建立自己的哲學學派（當時他剛當完年輕亞歷山大大帝的宮廷御師，從馬其頓返國）。差不多同一時期，出身雅典最古老、最顯赫氏族厄特奧布忒斯氏族的政治家且富於遠見的利庫爾戈斯登上權力巔峰，出任財政總監。他撥款在呂刻昂種了更多樹木[24]。亞里斯多德習慣在呂刻昂的樹蔭和列柱

*譯注：希臘文「阿戈拉」一詞本身便是指「廣場」、「市集」，中譯加上「廣場」二字方便理解。

†譯注：羅馬時代的希臘著作家，最著名作品為《羅馬希臘英豪列傳》。

廊邊散步邊討論，他的學派遂被人稱為「逍遙學派」。待亞氏在西元前三二二年從雅典遭放逐之後，他的繼承人泰奧弗拉斯托斯在其他事務之餘，繼續在呂刻昂綠樹成蔭的環境從事植物學的研究和組織工作[25]。

在衛城下方一個面朝伊利索斯河的所在，有兩百棵橄欖樹生長於珂德洛斯、涅琉斯暨巴西勒神祠的範圍內[26]。珂德洛斯屬於「黑暗時代」（約西元前一一〇〇至前七五〇年），其時雅典仍是由國王統治；珂德洛斯是列王的最後一位，涅琉斯是他兒子[27]。在衛城東南找到的一段羅馬時代銘文被認為是珂德洛斯的墓誌銘[28]。它告訴我們，國王的屍體（他為阻遏多立安人軍隊的挺進而英勇犧牲）先是被塗抹香膏，再被葬於衛城山腳[29]。先前，德爾斐神諭預言，多立安人想要入侵成功，必須避免殺死雅典國王。得知這預言後，珂德洛斯打扮成農民，漫步在城牆外假裝打柴。走到伊利索斯河附近的敵營之後，這位國王故意惹兩個守衛不快，雙方發生爭執。在接下來的打鬥中，珂德洛斯殺死一個士兵，最後自己也被另一個士兵殺死。得知發生什麼事情之後，雅典人要求侵略者歸還國王屍體。多立安人看見珂德洛斯被殺，自揣必敗，決計退兵。

及至西元前五世紀，雅典離珂德洛斯和王政（「由一人統治」）的日子已相當遙遠。事實上，邁錫尼希臘時代（約西元前一六〇〇至前一一〇〇年）的王國並未能在青銅時代文明的崩潰中存活下來，而其後崛起的各地諸王看來權勢都遠不如他們的邁錫尼前輩。西元前七、八世紀期間，這些國王的統治必須得到貴族家族的同意和支持，而這一點大有可能是透過通婚而達成。王權雖然衰落得很慢，但最終還是被貴族政體（「由最優秀的一群人統治」）和寡頭政體（「由少數幾個人統治」）取而代之[30]。在雅典，幾個顯赫的世家大族靠著土地的豐產而變得極其富有。被稱為「門閥」

（Eupatrids，意指「出身名門者」）的這些氏族彼此激烈競爭，種下連綿幾代的敵對關係。在西元前八世紀，他們壟斷了「軍事執政官」和「名年執政官」（首席執政官）兩大公職。西元前七一二年，他們又取得了出任宗教執政官（又稱「王執政官」）的資格。至此，「門閥」的勢力已遍及政府的所有部門（包括法庭）。但雅典人看來天生就對權力的壟斷感到反感。起初，三大執政官都是一任十年，但到了西元前六八四／六八三年，任期削減至只有一年，讓任何人都無法壟斷權力。在梭倫的改革下（他在西元前五九四年出任名年執政官），執政官的數目一度增至十位，但後來隨著軍事執政官被歸入「十將軍團」，執政官的人數復減為九。公民對政府的擴大參與始自梭倫，又隨著克里斯提尼在西元前六世紀之末推行的「民主革命」（西元前五〇八／五〇七年）而達至頂峰。

當安梯豐在西元前四一八／四一七年出任名年執政官之時，雅典人已享受了九十年的民主，而它那九位一年一任的執政官現在都是從一份短名單中抽籤決定。一道安梯豐執政時發布的詔令列出了出租珂德洛斯聖域的條件[31]。這神祠的確切地點引起過一番爭論。一些學者認為它位於城牆到衛城東南之間某處，另一些則主張它位於城外的伊利索斯河河岸[32]。不管怎樣，詔令銘文規定承租者得為聖域建造一圈圍牆，還得栽種不少於兩百棵橄欖樹幼樹（喜歡多種者悉隨尊便）。作為回報，他有權控制「從戴奧尼索斯神祠至受渡者（指厄琉息斯祕儀*中的受渡者）前往大海途中所經過的城門之間的溝渠和所有雨水」。這裡的「大海」指法里龍灣。承租者還可控制「從酒館至伊斯特摩浴場之間」的所有水流。

＊譯注：見七一頁譯注＊。

這銘文佐證了水源在古代雅典極其珍貴，而雅典人會利用露天空間收集這種珍貴資源。承租者很划算：只要築一圈圍牆和栽種小樹林，他就可以擁有集中在珂德洛斯神祠的清水。在這個過程中，他也透過美化聖域而尊榮了諸神和雅典人最高貴和最無私的其中一位祖先。事實上，在珂德洛斯死後（根據傳說是死於西元前一〇六八年前後），雅典人認定沒有人再有資格使用國王頭銜。他的兒子墨冬（字面意義為「統治者」）因此成了雅典的第一位執政，正式頭銜是「統帥」[33]。

古雅典的市集稱為阿戈拉廣場，位於衛城西北一片低矮平坦的地面（五六頁圖6）。這空間充滿鮮花與綠草。據說，在「學院」栽種小樹林的那位將軍基蒙也在阿戈拉廣場種了許多懸鈴木，以此重新美化在波斯兵燹中受到大肆破壞的市容[34]。於西元前四八〇年入侵的波斯人摧毀了正在施工中的帕德嫩神廟前身（通稱舊帕德嫩神廟）。但波斯人的怒火並沒有止熄於衛城之巔，還一直延燒到下方的城市，導致阿戈拉廣場需要花一段非常長的時間方能恢復舊觀。一座月桂樹和橄欖樹小樹林被種植在阿戈拉廣場東北角，把「十二神祭壇」環繞其中。出土的樹坑透露，這些樹木的直徑約為一公尺[35]。小樹林由引至南面高地兩棟噴泉屋的運河加以灌溉。

普魯塔克講述了一則與阿戈拉廣場最中央一棵懸鈴木有關的故事，該樹就位於大演說家狄摩斯提尼的銅像旁邊[36]。話說有個士兵因為犯錯而被長官召去申斥，途中，他在銅像前停下腳步，把身上僅有的黃金放在狄摩斯提尼交叉的雙掌中。懸鈴木的葉子被風吹落，遮蓋住銅像手中的黃金。待該士兵挨罵回來，發現他的黃金完好無缺。這事情被認為是狄摩斯提尼為人誠正不欺的證明*。

雅典的樹木、花園、樹林和溼地棲息著大量野生動物。我們可以想像野鴿、寒鴉、雨燕、夜鶯、燕子、杜鵑、烏鴉、鵰、鷹和其他猛禽在頭頂上飛來飛去的情景[37]。最令該城引以為傲的一種鳥類當然是小貓頭鷹†，因為牠既是雅典的象徵又是其守護女神的象徵。阿里斯托芬‡的《鳥》一劇（首演於西元前四一四年）堪稱雅典的鳥類手冊，提及的羽族洋洋大觀：戴勝、夜鶯、喜鵲、斑鳩、燕子、鷲、鴿子、隼、環頸鳩、杜鵑、紅腳隼、紅頭鳥、紫頭鳥§、紅隼、潛鳥、環頸鶇、魚鷹、黃褐森鶇、鵪鶉、野雁、鵜鶘、琵鷺、歐亞鴝◎、孔雀、松雞、大鵰鴞、水鴨、天鵝、小鷺、蒼鷺、海燕、園林鶯、禿鷲、海鵰、山雀、紅雀、燕雀、海鷗、白冠雞、小雞和鷦鷯。縱使這份名單中只有一小部分真的是棲居於阿提卡，城邦雅典的鳥類群聚仍算得上非常豐富多樣[38]。

我們絕不可低估鶯啼鳥囀對古代雅典人的意義。在沒有汽車、警笛、火車、飛機和工廠噪音時代，伴隨眾人度過每一天每一刻的正是鳥的鳴唱、啼囀和聒噪聲。在我們這個耳機大行其道的時代，大自然的音效很容易會被忽略。但鄉村地區的各種聲音（從早上的鳥叫蟲鳴到薄暮的蛙聲再到晚間貓頭鷹的咕咕叫）在古希臘人耳中卻直如報時鐘聲。這就不奇怪阿里斯托芬會讓羽族和爬行動物在他的

＊譯注：狄摩斯提尼曾被指控侵吞一筆交由其看管的款項。
†編注：縱紋腹小鴞（Athene noctua）。
‡譯注：阿里斯托芬（約西元前四四八－前三八〇），古希臘喜劇作家，雅典公民。他被看作是古希臘喜劇尤其是舊喜劇最重要的代表。相傳寫有四十四部喜劇，有「喜劇之父」之稱。
§編注：紅頭的鳥可能是 Redpoll 朱頂雀。紫頭鳥尚無法考證對應為何。
◎編注：俗稱知更鳥。

劇作《鳥》和《蛙》裡扮演角色。任何曾在地中海地區海鷗群底下消磨過長日，或在溼地伴過濃密蛙鳴而眠的人，都會知道這些蟲鳥齊鳴聲像極了一大群人群的交談。想要了解古代的氛圍，我們必須把我們的心靈之耳調至可以欣賞大自然的美妙樂音和噪音。

雖然人工種植的小樹林和花園可以美化都市環境，但能夠把若干道地鄉野風味帶入城市的卻是城市範圍內一些放任不管的野地。從衛城東南出發，出城門再走到伊利索斯河河岸，便會去到一片沼澤和林木區，稱為「阿格賴」（字面意義為「荒原」或「獵場」）（五六頁圖6）[39]。布滿溼地和未砍伐過的植物，這地區是水禽、獵鳥和其他小動物的天堂。「阿格賴」離城市只有幾十分鐘腳程，想要捕捕魚、打打獵的市民都輕易可以到達。這裡還處處是神祠和神聖地標，用於紀念凡人和神明往昔的相遇。一些神明的外號反映著這片地貌的特色：「林奈（沼澤）的戴奧尼索斯」、「女獵者阿耳忒彌斯」）、「阿格賴（荒原）之母」[40]。衛城的山坡同樣富於各種天然的小型生態區（至今如此）：山洞、噴泉、巨石、危岩和灌木叢。它們各自承載著有關雅典遠古最引人敬畏的故事。

雅典會有那麼多記憶存取地點與水有關並不奇怪。據說，西元前六世紀哲學家泰利斯說過：「萬物源於水。」[41]雅典的情形正是如此，在那裡，那些賜予生命的古代泉源（泉、湖、塘、河、溪、沼澤、山洞和滴水隙縫）把一代又一代公民引向同一批地點，提供他們躲避地中海的炎熱和解渴的去處。隨著時間推移，一些井和噴泉屋被蓋在天然水泉上方，用於接住湧出的可飲用水。它們變成了主要社交場所，也是少數容許希臘年輕婦女拋頭露面的公共場所。她們可大大方方到這些地點為家人打水。久而久之，這些地點很自然成了水仙女和閨女故事的舞台背景。泉仙女在雅典人的身世認知上占有核心地位，一再被說成曾透過嫁入王室而成為雅典人的最早祖先。由此，雅典人一方面可以與他們的自然環境發生聯繫，另一方面可以維持他們隱而未宣的土地所有權主張[42]。

神話誕生於在地的自然地貌，是用來解釋事情為什麼是現在的樣子。一代又一代雅典人都相信他們有一批共同祖先，而這批祖先又受到住在他們熟悉地形地貌的在地神明護庇。這個共同起源是雅典人身分認同和團結的關鍵。它讓雅典人表現出公共精神的同時又對其他希臘人（遑論更低一等的人種）表現出沙文主義。這一類信念（不管是符合事實還是幻想出來）支配著集體想像力，形塑出一種有關往昔、當前和未來的世界觀。站在自己曾曾曾祖母站過的同一個山洞洞口，向遠祖奉獻過的同一個祭壇奉獻水果、穀物、肉類和蜂蜜，認定自己與國人同胞分享著可溯至遠古的血緣——凡此種種都會對一個人的身分歸屬有決定性的影響[43]。又由於人類理解自身定位的最佳的方法是透過敘事，所以，雅典人對自己講述的故事，以及這些故事的舞台背景，乃是了解雅典人怎樣看待自己的關鍵，也是了解他們最雄心勃勃的一項集體努力的關鍵。

現代雅典的都市景觀無可避免會遮蓋住豐富的古代水文網絡，把它們掩埋在交通擁擠的通衢大街下面。但一些街道的名稱和走向仍然保存著古代河流的記憶。位於衛城以西約三公里的基菲蘇大街下面流淌著基菲索斯河，而衛城東南方的卡利洛厄街則是起自卡利洛厄泉附近，然後沿著伊利索斯河昔日的河道伸展，讓伊利索斯河變成了地下水道。基菲索斯河的支流艾瑞丹諾斯河今日也是以地下水道的形式流過衛城西北方再流經阿戈拉廣場北側。一九九〇年代，當憲法廣場地鐵站開挖站體時，艾瑞丹諾斯河一段寬河床（約五十公尺）在奧托諾斯街與阿瑪里亞大道交界的下方被重新發現[44]。從這裡，艾瑞丹諾斯河繼續流向米特羅普洛斯廣場，然後現蹤於廣場裡一些古老懸鈴木和露天咖啡座之間。

在衛城以東，早被改為地下集水庫的伊利索斯河沿著它的原來路徑從地下流過大道梅索吉翁大道、米哈拉科普洛斯大道和皇家康士坦丁大道。在這裡，它會經過古代的卡利洛厄泉這裡，繼而沿著卡利洛伊斯大道下方穿過卡利地亞的郊區，然後被直接引入法里龍灣。不過，在古代，伊利索斯河會先繞到衛城南面，然後折而向西與艾瑞丹諾斯河匯合，再注入基菲索斯河後始流入法里龍灣。

雅典的三條河流分別源出城市以北的三座山脈：基菲索斯河源自帕尼斯山，伊利索斯河源自伊米托斯山，艾瑞丹諾斯河源自呂卡維多斯山（五四頁圖5、五六頁圖6）。這些水道曾經是城市的主要方向座標，支撐著生氣勃勃的生態系統，提供了人類活動一個焦點，並充當運輸人員與貨物的通衢。雖然柏拉圖的《斐德羅篇》把伊利索斯河的草岸描寫得如詩如畫，但實際情形有可能是大相逕庭。一段西元前五世紀晚期的銘文禁止民眾在伊利索斯河染皮革或丟垃圾，又進一步規定不可把動物毛皮留在海克力士神廟上方的河段任其腐爛[45]。類似地，艾瑞丹諾斯河是那麼髒，以致據說沒有雅典閨女可以「從它打到純淨液體」，而且「就連牛隻都會掉頭而去」，不喝它的水[46]。

基菲索斯河是三條河流中最長的一條。它發源自帕尼斯山（一座有野豬和熊出沒的大山）山麓以南約二十七公里處[47]，然後向南穿過特里阿斯翁平原再流過雅典以西，最終注入法里龍灣。如今，它被收束在雅典-拉米亞高速公路旁邊的人工水道裡，而它最南的十五公里路段位於一條四線道高架道路（稱為基菲蘇大道）下方，是一個被人亂丟垃圾和傾倒有毒廢棄物的所在。淨化河水的努力正在進行中[48]。但就目前，基菲索斯河和它從前的高貴樣子沒多少相似之處。在古代，它是那麼清澈，乃至於有自己的專屬神祠。

該神祠緊鄰伊利索斯河和基菲索斯河的交匯處，地處比雷埃夫斯和法里龍之間的半路上。西元前四〇〇年前後，一個叫基菲索多德斯的男人在這裡奉獻了一塊大理石浮雕石碑[49]。他的名字（意指「基菲索斯河所賜予」）很可能反映他是父母向河神求子之後喜獲的麟兒。希臘人有向河流求子的習俗，而我們也在那些與河為鄰的社群中間看到一種「以河命名」的傾向[50]。

溼潤對受胎和成長攸關重要，所以，眾河神和他們的女後裔（即水仙女）被緊密聯想於懷孕和育嬰[51]。在上述那塊石碑中，基菲索多德斯（左起第二人）以捐贈者身分站在一個身分不明的女性（阿耳忒彌斯？）和擬人化的基菲索斯河之間，其右邊是三

圖7　基菲索多德斯奉獻的浮雕石碑，左起第三人（有角者）代表基菲索斯河，他右邊是三個水仙女。

位泉仙女（上頁圖7）。事實上，基菲索多德斯向之奉獻的那間神祠是僅僅十年前才由一位叫色諾格拉蒂婭的婦女所建造。看來她曾發誓要把幼子獻給河神，但由於當時斯巴達人正入侵阿提卡，讓她無法出城。為解決這個難題，她便在「長城」*內一個基菲索斯河流經之處蓋了一間新神祠。色諾格拉蒂婭也向基菲索斯河和「其他分享祭壇的神明」奉獻了一塊大理石浮雕石碑（圖8），以作為請他們教養其子色尼阿德斯的禮物[52]。這石碑顯示色諾格拉蒂婭站在幼子後面（圖8），而色尼阿德斯則向一個男人（想必就是基菲索斯河）伸出一隻手。在畫面最右邊，我們看見了人首牛身的阿刻羅俄斯——他的年高德劭讓他最夠資格代表希臘所有河流†[53]。所以，他會出現在石碑上，是為表示該神祠（就像蘇格拉底與斐德羅去過的那地點那樣）是個近河聖地，而與他作為阿卡納尼亞古老大河的身分無甚相關。

圖8　在色諾格拉蒂婭奉獻的大理石浮雕石碑正面，左邊幼子向著基菲索斯河。牛身的阿刻羅俄斯位於最右邊。

基菲索斯河的賜子大能還顯示在保薩尼亞斯‡於二世紀行經其河岸時看見的大理石群像[54]。這些雕刻刻畫一個叫謨奈西梅姬的女人正在割下幼子一束頭髮，以用作還願供品。我們從很多文獻資料得知，把小孩一束頭髮奉獻給河神是要「象徵一切皆源自水」[55]。在這裡，我們看見雅典人與讓生命成為可能的河流的親密關係。

在基菲索多德斯奉獻的石碑裡，基菲索斯河以短角男人的形象出現。歐里庇得斯§在《伊翁》一劇中把基菲索斯河稱為「牛臉者」[56]。就連河水的奔流聲都被他比作低沉深遠的牛鳴聲。在色諾格拉蒂婭的還願浮雕裡，阿刻羅俄斯河也是被刻畫成牛角人臉。阿刻羅俄斯河是希臘第二大河，位於希臘西部的阿卡納尼亞和埃托利亞之間——在陶瓶繪畫裡，它一貫被畫成人臉牛身，蓄著大鬍子（用以表示其年高德劭）[57]。

希臘另有三條叫基菲索斯河的河流：一條發源自德爾斐附近的帕納塞斯山，一條發源於基塞龍山再流過厄琉息斯附近的尼西安平原，第三條位於阿爾戈斯。埃里安◎告訴我們，阿爾戈斯人在畫他們的基菲索斯河時，都是「畫成牛的樣子」[58]。

＊譯注：從雅典城一直通至十二公里外港口比雷埃夫斯的防護牆，用以確保雅典城在被圍困時可透過比雷埃夫斯輸入食物。

†譯注：荷馬史詩把阿刻羅俄斯說成是第一批神明之一。

‡譯注：生活在第二世紀羅馬時代的希臘地理學家、旅行家，著有《希臘志》十卷。

§譯注：古希臘三大悲劇作家之一。

◎譯注：第二、三世紀羅馬時代的希臘修辭學家和著作家。

雅典的基菲索斯河就像其他基菲索斯河一樣，常被刻畫為牛的樣子，而且早在西元前七世紀起便在從雅典到厄琉息斯的大遊行中扮演搶眼角色——遊行是要把「受渡者」引入厄琉息斯祕儀*。有長達一千年時間的每年九月，信眾都會沿著雅典西面一條十四公里長的「聖道」前往德美特和科蕊母女的神廟。雅典的年輕人和無賴無不翹首期盼這一天的來臨。因為在遊行當天，他們被容許站在基菲索斯河的橋上向默默遊行的長輩罵髒話，而被罵者不得回嘴。享受這時刻的人有男有女，還有些男扮女裝，他們戴著面具，向過橋的遊行行列口吐汙言[59]。這種惡搞獲得神聖儀式的認可，它顛倒角色，授權身分地位較低的人嘲笑身分地位較高者，目的也許是為了讓朝聖者抱著相適的謙卑心態朝覲德美特和科蕊[60]。不管怎樣，「汙言穢語」和「橋樑」自此形成了關聯。希臘文甚至把「取笑謾罵」稱為「橋罵」，而在普魯塔克的用法裡，「橋語」相當於今日的「三字經」[61]。

就像其他所有河流一樣，基菲索斯河被認為是俄克阿諾斯和忒提絲的兒子。俄克阿諾斯為環繞大地一圈的淡水河†，其妻子忒提絲是一位大海水神，名字意謂「哺育」[62]。據一些記載，基菲索斯河有一女兒名叫戴奧吉妮婭，後者又是河仙女普拉克熹提婭的媽媽。在另一些記載裡，普拉克熹提婭是基菲索斯河之女而非外孫女[63]。不管怎樣，普拉克熹提婭後來嫁給了雅典國王厄瑞克透斯‡。這個結合表現出希臘神話一個常見模式：水仙女嫁入王室，從而在地方系譜中扮演重要角色。閨女奧萊蒂婭（即斐德羅提到的那個被北風神擄走的雅典公主）是普拉克熹提婭的女兒，也因此是基菲索斯河的外孫女或曾外孫女。所以，雅典的王族是直接源自它最大一條河流和他的水仙女女兒。作為一名河仙女，普拉克熹提婭哺育了她的家人，提供了精子發育所必需的溼潤，從而保證了王室血裔的豐饒和繁榮茁壯。

據阿波羅多洛斯§記述，普拉克熹提婭有一個水仙女姊妹宙克絲帕嫁給了雅典國王潘狄翁。宙克絲帕生下普洛克涅和菲羅墨拉，又生了孿生子布忒斯和厄瑞克透斯[64]。這個厄瑞克透斯正是娶普拉克熹提婭（即他的阿姨）那個人。許癸努斯◎則把宙克絲帕說成是艾瑞丹諾斯河的女兒[65]。要從不同的記述中整理出融貫的系譜是辦不到的，因為它們往往是出於特定目的而進行的敘述，出現的時間也橫跨幾百年，會出現混淆和矛盾在所難免[66]。神話創造是不停歇的動態過程，沒有明確的誰對誰錯可言。儘管如此，一種近似天擇的力量看來還是會把神話中最關鍵的成分保留下來。

艾瑞丹諾斯河（意指「晨河」或「暮河」）是雅典的最短河流，發源自呂卡維多斯山之後向西南奔流，然後切過阿戈拉廣場北側[67]。到了西元前六世紀晚期，眾人用一條石頭運河（考古學家稱之為「大排水溝」）把廣場廢水和溢流雨水引流至艾瑞丹諾斯河[68]。當將軍帝米斯托克利為雅典修築新城牆之時（舊城牆毀於西元前四八〇年的波斯兵燹），艾瑞丹諾斯河被收束到一條石頭運河，河水被引

＊譯注：環繞德美特和科蕊兩位女神舉行的神祕儀式（因為儀式內容和意義不對外人公開，故稱「祕儀」），一年一度在離雅典不遠的厄琉息斯的德美特暨科蕊神廟舉行。這些儀式使參與者彷彿身臨其境地進入神話場景，領略生命、靈魂、死亡和再生的全過程，並實現與冥神溝通的願望。

†譯注：這條大河被稱為「大洋河」。事實上，英語的「大洋」（ocean）一詞就是源自Okeanos。

‡譯注：普拉克熹提婭和厄瑞克透斯是本書的關鍵人物。

§譯注：西元前二世紀希臘神話作家，著有《書庫》（*Bibliotheca*），類似神話大全。不過，眾多學者考證，認為可能是託名之偽作。

◎譯注：西元一世紀羅馬帝國初期著作家。

導至「狄庇隆門」（意為「雙扇大門」）*之外的凱拉米克斯墓園。

自很早期（至少不晚於西元前十二世紀晚期），雅典人就把去世者埋葬於艾瑞丹諾斯河兩岸。一百個後邁錫尼時代的墓穴曾出土於河的北岸，還有一些出土於南岸。在西元前十世紀期間，南岸的墓葬變得愈來愈多。到了「古風時代」，即大約是西元前七世紀至六世紀之交，一個主要公墓在這裡牢牢生根。它慢慢被人稱為凱拉米克斯墓園，而這是因為附近有一個為城市燒製陶器的窯場，有很多製陶工在窯場工作（五六頁圖6）[69]。說不定，雅典人是把艾瑞丹諾斯河看成一條冥河，認為它就像斯提克斯河那樣，可以把死者渡至陰曹地府[70]。

雅典第三大河伊利索斯河發源自城市東北方的伊米托斯山，繞衛城一圈後再往南流。晚至一九五〇年代，這河流還可以從泛雅典體育場的山麓看得見†。在神話中，伊利索斯河被說成是海神波塞冬和大地女神德美特的兒子。作為海與陸之子，伊利索斯河在雅典的生態系統扮演著重要角色，也是眾多神祠之所在。《斐德羅篇》提到的阿刻羅俄斯與水仙女神祠位於河東岸的阿達托斯丘山麓（五六頁圖6）。往下游走大約五百公尺，在河西岸有一口水泉，稱為卡利洛厄泉。今天，它只是小教堂「阿吉亞福丁尼」旁邊的涓涓細流，但在早期，這一帶到處都是沼澤地，因而被稱為「蛙島」[71]。據修昔底德‡所述，卡利洛厄泉是早期雅典城的主要水源[72]。後來，泉上方蓋了一棟正式的噴泉屋，這地方也被改稱為「九頭泉」——以噴泉屋設有九個噴孔以方便取水之故。最終，它又成了雅典新娘偏愛的婚前沐浴更衣之處[73]。就在泉正對面的伊利索斯河河岸上，坐落著牧神潘§的一所小神龕。他的神像至今還看得見，刻在一片殘存牆壁的岩面上[74]。

卡利洛厄是俄克阿諾斯和忒提絲的女兒，而據赫西俄德◎的說法，忒提絲共生有四十一個水仙女女兒，一如阿波羅和眾河神是專責保護男童和少年，她們專門保護小女孩與閨女[75]。一個記載說，卡利洛厄嫁給了美杜莎※的兒子克律薩俄耳，生出一個可怕的三頭巨人。這個叫戈呂翁的怪物後為海克力士所殺。詩人斯特西克魯斯在西元前六世紀寫了《戈呂翁之歌》描寫巨人與英雄雙方的大戰。在這場衝突中，波塞冬站在怪物孫子一方，而雅典娜則保護她的寵兒海克力士[76]。這是一個我們將會一見再見的模式：雅典娜與波塞冬透過代理人作戰。根據一些更後來的說法，卡利洛厄嫁的是波塞冬，兒子是彌倪阿斯，而彌倪阿斯後來在波奧提亞創建了城邦奧爾霍邁諾斯[77]。波塞冬與泉仙女們並不總是相處融洽，每當她們惹他生氣，他就抽走水源，讓泉仙女們的水泉枯竭。

在伊利索斯河東南岸，就在卡利洛厄泉的正對面，是一個叫阿格賴的地區（五六頁圖6）。我們會在這裡找到女神阿耳忒彌斯的神祠一點都不奇怪，因為沼澤和偏遠山林正是其最愛[78]。在這個聖域

＊譯注：雅典的西北城門。

†譯注：泛雅典體育場為馬蹄型，亦是世界唯一全部用大理石興建的大型體育場。它在古希臘時期主要用來舉辦紀念雅典娜女神的泛雅典節運動會，直至一八九六年為舉行第一屆現代奧林匹亞運動會而重建。

‡譯注：西元前五世紀雅典人，古希臘著名史家，著有《伯羅奔尼撒戰爭史》。

§譯注：半人半羊的山林之神。

◎譯注：古希臘詩人，可能是生活在西元前八世紀，時代比荷馬更早。

※譯注：希臘神話中的蛇髮女妖三姊妹之一。她們頭上和脖子布滿鱗甲，頭髮是成群毒蛇，長著獠牙，還有一雙鐵手和金翅膀，任何看到她們的人會立即變成石頭。

裡，她的祭名是「女獵者」。她在馬拉松也是被如此稱呼——她曾在西元前四九〇年的馬拉松戰役幫助雅典人打敗波斯。馬拉松灣的溼地及其西面的沼澤平原（馬拉松戰役的戰場）正是阿耳忒彌斯女神最樂在其中的自然環境。同樣地，在伊利索斯河的多沼澤河岸，也有一個屬於女獵者阿耳忒彌斯的家。

在伊利索斯河南岸，大約是卡利洛厄泉的對面，有一座八成是建於西元前四三五至前四三〇年之間的愛奧尼亞風格小神廟（五六頁圖6）[79]。它是「女獵者」阿耳忒彌斯的神廟，也是最絕無僅見的獻祭儀式的上演之處。話說在馬拉松戰役的前夕，

圖9　從西南看到的衛城，更遠處是呂卡維多斯山。@Robert A. McCabe, 1954-1955.

雅典人曾立誓每殺死一個波斯人就會向阿耳忒彌斯女神獻一隻山羊。這種戰前向神明發誓許願是一種行之有年的傳統[80]。結果，雅典人戰果輝煌，共殺死了六千四百名波斯人（本身則只折損一百九十二人），但這也讓他們找不到足夠的山羊兌現承諾。最後採行了一個折衷方案：自此每年獻祭六百頭山羊。獻祭儀式在每年的馬拉松戰役週年紀念日舉行，即每年「波德羅米昂月」（西曆九月）的第六天。這祭典至少被奉行至第一世紀[81]。很少有儀式能這麼場面壯觀：每年都看見六百頭山羊被驅趕至伊利索斯河河邊宰殺，想必讓印象深刻烙印在雅典人的意識裡。

隨著我們回顧過古代的雅典城，我們意識到它的環境有多優美，位置有多優越：因為位於內陸而易於防守，但又離一系列良港不遠（全位於城市以南約六公里），讓它可以連接於更廣大的世界。早期定居者在建立要塞時有很多山丘可供選擇，他們沒選最高一座而是選了水源最豐富者。高一百五十公尺的衛城是眾多候選山丘中條件最好的一座。它三面是陡峭山壁，只有西坡有一條路徑可以通抵，這讓它易守難攻。位於其北面的呂卡維多斯山雖是雅典的最高峰（高兩百七十七公尺），卻缺乏水源、險要性和容易剷平的峰頂。凡此皆讓衛城對雅典城的早期打造者深具吸引力（圖9）。

希臘許多城邦都是以一個建於高處的要塞為中心，但論醒目和特出，卻很少有哪個要塞及得上雅典衛城。它陡地拔起於四周一片低地之中，站在城市任何地點皆可看見。這座光禿禿的石灰岩「碉堡」（面積僅七點四英畝）自西元前第四個千年（fourth millennium）*以迄今日都是雅典的聚睛焦

*譯注：指西元前四千年至前三千年的一千年期間。又稱千紀。

點（七四頁圖9、書前彩圖1）[82]。

衛城西北的山坡富含水源，不管是和平時期或被圍困時期都適合人居。先後有二十二口新石器時代晚期（約西元前三五〇〇至前三〇〇〇年）的淺井在此出土，理應是住在附近的居民所鑿[83]。出於不明理由，這些水井在後來的一千年間被棄置（也許是氣候變遷導致的乾旱和人口銳減之故）。要直到中期青銅時代（約西元前二〇五〇至前一六〇〇年），才有人重新在衛城的這一面山坡（還有南面山坡）開鑿新井。同一時期，一些房屋被蓋在南面山坡（可能山頂亦蓋有房屋）。一些小孩的墳墓在衛城頂部被發現，南面出土了更多的墓穴與墳塋[84]。

衛城的豐富水脈是拜其地質構造所賜。它的最表面是一層多孔石灰岩，然後是一層碳酸鈣泥灰土，更下面的是所謂的「雅典片岩」[85]。雨水滲入石灰岩縫隙後會往下流，積聚在泥灰土上方。由於衛城的岩層是東南向西北傾斜，所以，積聚在泥灰土頂部的雨水會向西流，形成一系列的天然水泉。

西元前一四〇〇至前一三〇〇年之間，一座邁錫尼宮殿蓋在了衛城頂端（圖10）[86]。到了西元前一二五〇年，整個要塞業已受到厚重防護牆的保護，一些牆段殘存至今。它們高可達十公尺，最厚處厚五公尺，直接以未打磨過的石頭壘起，被戲稱是以獨眼巨人工法建成：因為構成城牆的石頭極其巨大，在在看來只有獨眼巨人搬得動（七八頁圖11）。

在下方的山腳處，似乎曾另有一圈防護牆環繞整個圍城的西端，以進一步保護要塞入口和水資源。據信，這堵防護牆北起邁錫尼水泉以西，南迄「南水泉」以東（後來的阿斯克勒庇俄斯神廟的所在地）（圖10）[87]。古代文獻又把這堵防護牆稱為「佩拉吉康」和「佩拉斯吉康」，前者意指「鸛之地」，後者得名自我們知之甚少的前希臘時代居民佩拉斯吉人[88]。不管衛城頂部和山腳的石牆是誰在青銅時代晚期所築，它們的巨大厚重都透露出當時人得面對嚴峻威脅。由於石牆沒有遭火燒或破壞的痕跡，它們看來充分發揮功能，直到近八百年後才被波斯人突破。

邁錫尼人對衛城北坡的一道天然裂縫做出了精采利用，經由它可抵含水豐富的地下岩層[89]。該垂直裂縫深約三十五公尺，是衛城一塊巨大基岩斷裂後所導致。西元前一二〇〇年前後，一道八節的梯道蓋在了裂縫的狹窄通道裡面。嵌入岩壁的木頭梯級讓人可以一路往下走，在最下面幾節階梯的木頭梯級另墊著嵌入岩壁的石頭梯級。最底部是一口深入泥灰土八公尺的圓形豎井，形成一個蓄水池。考古學家稱這建築為「邁錫尼水泉」（圖10）。雖然只使用了大約二十五

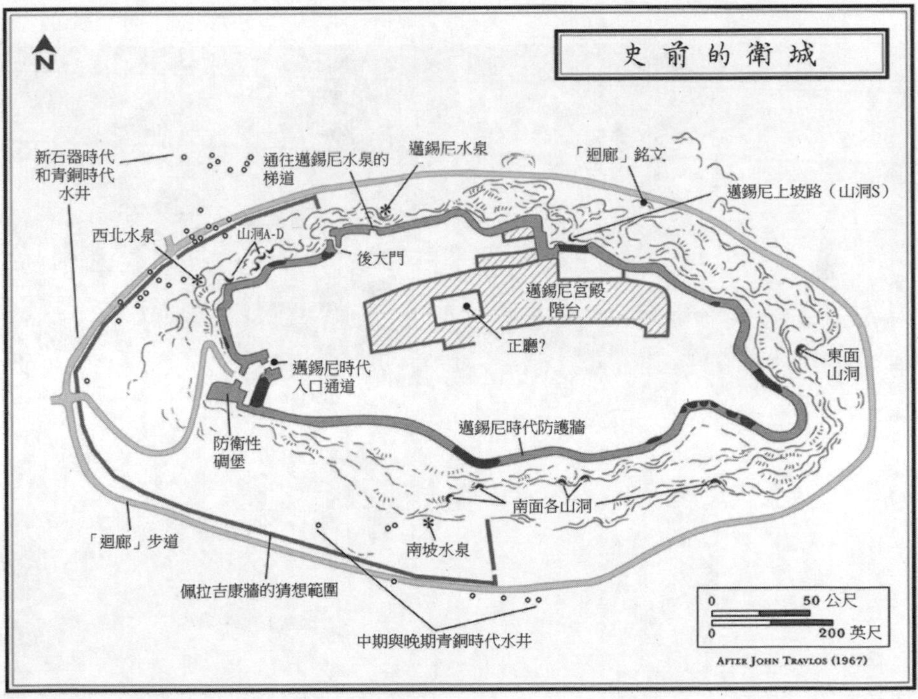

圖10　史前的衛城。

年便坍塌，這水源無疑讓早期的雅典人在遭受敵人包圍時不必擔心缺水[90]。

七百年之後，在大約西元前四七〇至前四六〇年之間，一棟巨大噴泉屋蓋在了「邁錫尼水泉」以西約九十公尺另一口水泉上（上頁圖10中的「西北水泉」）[91]。很有可能，這噴泉屋是由政治家基蒙斥資興建，同一時期他還贊助修築衛城南坡防護牆的計畫。基蒙噴泉屋蓋在一個洞穴的岩簷內，可讓人打到深處的流水。施工者小心翼翼保護它的原始風貌，沒去破壞它的岩洞風味。從新石器時代便開始被人使用[92]，「西北水泉」很有可能與水仙女安培多絲有關。她的名字意指「牢牢固定住」或「在地裡」。確實，「西北水泉」的水源位於極深處，引水口與汲水處相距六公尺。阿戈拉廣場附近出土的一篇銘文

圖 11　從西面看到的帕德嫩神廟，前景是邁錫尼時代的防護牆。

（西元前五世紀前半葉）提到「水仙女神祠的邊界」[93]，咸信銘文中的「水仙女」就是指安培多絲。久而久之，這水泉被稱為「隱水處」，原因是它的地點偏僻，隱於岩石峭壁之中[94]。它是雅典人的重要水源，這特別是由於好些先前存在的水井業已塞滿瓦礫，在西元前六世紀晚期和前五世紀早期已無法使用。隨著「隱水處」噴泉在西元前四六〇年代的開發，衛城北坡開始對遊人開放，不像古風時代那樣，凡是珍貴的水源都設有圍牆和守衛[95]。這標誌著北坡功能的重要轉換：不再只是一個水源豐富的所在，還是一片神祠、崇拜和遊覽之地。從此，衛城神聖空間的範圍向下擴大至涵蓋它的山坡，也向更多人開放。這個發展與席捲雅典的新民主精神相呼應，而整個過程將會在幾十年後隨著帕德嫩神廟的建成而臻於頂峰。

今日一如古代，有一條步道在大約半坡的高度環繞衛城一圈。它讓遊人可以繞行「聖岩」*，參觀許多被視為聖地的山洞和危岩。西元前四世紀中葉，有人在步道北段的岩床上刻上銘文，我們由此得知步道的名稱與長度：「迴廊：長五個賽跑場又十八尺。」[96]換算下來，這條稱為「迴廊」的步道長約八百九十三公尺。銘文至今還看得見，就位在阿芙羅黛蒂和厄洛斯母子聖所的東邊（七七頁圖10）。自二〇〇四年起，「迴廊」步道重新對大眾開放，讓人可以一面觀看原始風景一面從雅典的中心眺望整座城市，非常賞心悅目。溜達「迴廊」和到它的山洞、危岩和水泉尋幽探勝是最能讓人體驗古代自然環境的方法。

---

*譯注：即衛城。

衛城岩石纍纍磊磊的山坡分布著十來個山洞，其中至少一半被視為聖地。這些山洞（如阿波羅山洞、牧神潘山洞、水仙女山洞），還有設在山洞附近懸岩的阿耳忒彌斯神祠、阿格勞蘿絲神祠和阿斯克勒庇俄斯神祠，全都是記憶存取地點[97]。在整個阿提卡，已被驗明正身的聖山洞共二十八個。雅典是唯一容許在城市範圍內設立山洞神祠的城邦，這讓人更容易親近本是以偏遠山林為家的神明[98]。由此，我們也能夠一窺雅典人的強烈宗教情懷，以及他們有多迫切想要連結於史前時代的洞穴居民，連結於他們以岩棚為家的新石器時代祖先。讓我們從衛城西北山肩開始，一一造訪這些離海平面約一百二十五公尺的山洞。在這裡，在「隱水處」噴泉上方高處一片又寬又平的岩床上，洞開著四個山洞，分別被命名為山洞A、山洞B、山洞

圖12 從西北面看見的衛城北坡及其四個山洞。

C和山洞D（圖12、七七頁圖10）。山洞A位於最西首，其用途不明，內有一張從岩石鑿出的低矮長凳。山洞B是奉祀阿波羅，山洞D是奉祀牧神潘。有人把山洞C判定為宙斯的神祠，但不是所有學者都同意。

被稱為山洞B的淺岩棚（西起第二個山洞）是一極著名希臘神話的場景（下頁圖13）。很早就被學者判定為「長岩下阿波羅」或說「岩頂下阿波羅」的神祠，這山洞是阿波羅強迫國王喀克洛普斯女兒克瑞烏莎交歡之處。兩人的結合誕生出伊翁。為免醜事外揚，克瑞烏莎祕密產子後把小嬰兒帶回山洞遺棄[99]。阿波羅出手干預，命赫耳墨斯*把兒子帶到德爾斐，交由阿波羅女祭司撫養，並讓其稍長後充當父親神廟的廟僮[100]。

我們從歐里庇得斯的《伊翁》一劇得知，克瑞烏莎後來嫁給了克蘇托斯。因為始終無子，兩夫妻前往德爾斐求神問卜。經過一連串誤會和衝突，伊翁和克瑞烏莎終於母子相認。伊翁長大後娶愛雅利亞國王塞利努斯女兒（也因此是波塞冬孫女）赫莉刻，後又在伯羅奔尼撒東北海岸的阿哈伊亞建立一個以妻子為名的城邦。在這地方，「波塞冬－赫莉刻」一直被奉祀到羅馬時代[101]。伊翁（Ion）夫妻的幾個孩子，還有他們的所有後代子孫，都被稱為愛奧尼亞人（Ionians），就這樣，我們的英雄建立了所謂的愛奧尼亞族群。透過這個神話，雅典人得以聲稱他們和他們的東希臘鄰居愛奧尼亞人有著血緣關係，在戰爭中爭取愛奧尼亞人奧援時也可抬出這層關係。重要的是，伊翁曾在雅典人的支持下率領一次遠征，進攻畢生宿敵厄琉息斯。他在這場戰爭中喪生，就死在德美特暨科蕊神廟外頭。

＊譯注：希臘諸神之一，職司之一是充當神界與人界的信使。

「長岩下阿波羅」山洞自十九世紀晚期就迭經考古學家的挖掘和研究[102]。有超過一百個小龕刻鑿在山洞岩壁和把它與山洞C分隔的岩牆[103]。事實上，有證據顯示，早至西元前十三世紀便有人類在山洞裡活動。克瑞烏莎和阿波羅的神話也許是新石器時代生活在這些岩棚與深洞的居民的某種寫照。在這裡，那些後來會變成雅典人的最早期居民繁衍生息，最終像伊翁的子孫那樣壯大為一個大族。細心保護這些與金碧輝煌神廟毗鄰的原始時代岩棚可以讓某些遙遠的過去近在咫尺。這些記憶存取地點恆常提醒雅典人他們的鄉野出身。

山洞C也是一個淺岩棚，緊鄰在阿波羅長岩東邊。有些學者認為它是「閃電神宙斯」的神祠。這主張證據薄弱，靠的只是斯特拉波*一則記述：「皮泰

圖13　從北面看到的「長岩下阿波羅」山洞（山洞B）。

斯泰」（德爾斐獻祭隊的主事者）都是從衛城的「閃電神宙斯」神祠眺望遙遠的帕尼斯山，待看見出發信號從哈馬射向天空後才遣獻祭隊上路104。

再往東走是一個被判定為奉獻給牧神潘和水仙女們的山洞。它事實上是三個相連的洞穴，分別被編號為D_1、D_2和D_3。它們的岩面階布滿供擺放還願供品的凹槽和凹龕。這裡出土過許多刻畫著牧神潘和水仙女的大理石還願浮雕105。牧神潘祭祀是為感謝牧神潘在馬拉松戰爭出力而引入雅典，出現時間相對較晚（西元前四九〇年前後）。不過，它在阿提卡傳播迅速，以致除了在馬拉松和厄琉息斯丘以外，還可以在帕尼斯山、阿哥雷歐斯山、彭代利孔山和伊米托斯山找到牧神潘的神龕106。

北坡的牧神潘和水仙女山洞讓雅典人不用大費周章前往偏遠的山林朝聖，對牧神潘崇拜有促進之功。雅典家庭定期會到遠方的牧神潘神祠上香，但衛城的山洞讓人可以更時常向神明表示敬意。我們聽說，柏拉圖出生不久，父母就帶他到伊米托斯山，向牧神潘、水仙女們和「牧人阿波羅」獻祭。柏拉圖的父親一度走開去準備一份祭品，將小嬰兒留下一會兒，回來時發現蜜蜂群聚在小柏拉圖的嘴唇之上，而滿嘴唇蜂蜜：一個表示前途光明的吉兆107。毫無疑問，其他雅典父母一樣會把小孩帶到離家更近的牧神潘山洞向神祇表達忠誠。

歐里庇得斯在《伊翁》一劇提到過這山洞，指出附近有一個雅典閨女們跳舞的處所。我們聽到牧神潘的笛聲應和著她們的曼妙舞步：

＊譯注：西元前一世紀古希臘歷史學家、地理學家。

啊，離牧神潘坐處和布滿洞窟的長岩不遠的山崖上，阿格勞蘿絲三個女兒正在帕拉斯神廟（即雅典娜神廟）前的綠色草地跳舞。牧神潘啊，當你在你那陽光照不到的山洞裡吹奏排笛時，她們應和著變換的笛音，翩翩起舞，高唱讚美歌……

歐里庇得斯，《伊翁》492-502[108]

這可能表示，泛雅典節的「守夜」活動就是在牧神潘山洞和阿波羅山洞附近舉行。這個話題我們會在第七章回過頭再次討論。

循著「迴廊」步道更往東走，過北坡一半之後，我們會去到在山洞S入口附近一個寬闊階台。山洞S是一道天然的岩石裂隙，裡頭有一口通向含水地層的豎井和一條通向山頂的邁錫尼時代上坡路（七七頁圖10）。有超過二十個小凹龕刻鑿在鄰接懸崖的壁面，它們一度放置過大理石還願供品。兩段刻在岩石上的西元前五世紀中葉銘文讓學者判定此地為阿芙羅黛蒂和厄洛斯母子神祠。一段銘文明確提到阿芙羅黛蒂的名字和一個厄洛斯的節日[109]。附近一個坑裡堆滿石頭陽具、陶器和赤陶土小人像，進一步佐證了山洞與阿芙羅黛蒂有關。保薩尼亞斯提過，在阿瑞福拉節，兩位阿瑞福拉童女會把「祕物」帶到「花園中阿芙羅黛蒂」的神祠，有人據此認為，山洞S就是該神祠的所在地[110]。但這只是猜測，完全無法證實。

在阿芙羅黛蒂神祠下方（從「迴廊」步道往下走二十公尺之處），是一個人工剷平的階台，被稱為「觴聖所」，它難得地留下了西元前三世紀早期的宗教儀式痕跡[111]。在這裡，有大約兩百二十一個迷你飲杯（全是「觴」的造型）整齊排成一排排，出土位置和信徒幾千年前小心翼翼擺放它們的位置一模一樣。

從阿芙羅黛蒂暨厄洛斯神祠抬頭眺望，可看見其上方不遠處有一些從舊帕德嫩神廟（毀於西元前四八〇年的波斯兵燹）回收再利用的鼓形柱石*：它們構成新防護牆的一部分，並起著紀念和展示作用（一二七頁圖24）。類似地，從舊雅典娜神廟廢墟找到的柱間壁和楣樑也被砌入了同一道防護牆的較西段落。這些建築構件全見證著雅典歷史上最慘烈的事件：波斯洗劫。它們的展示是為了讓雅典人對這段慘痛歷史永遠記憶猶新。誠如我們在下面將會看見，保留創傷的傷疤乃是雅典公共藝術與集體心靈的一個決定性特徵。

衛城以東壁最為陡峭（書前彩圖2），山壁上洞開著一個寬十四公尺、深二十二公尺的深山洞。一九三六年，布羅尼爾對山洞進行第一次挖掘，但沒有多少發現[112]。若干年後，當工人要在山洞前方修築一條現代「迴廊」時，在下坡處（一個海拔低得多的地方）找到了一塊還連著底座的銘文石碑。銘文釋文在一九八三年由唐陶斯發表，內容關於祭祀水仙女阿格勞蘿絲的事宜，她是傳說中國王喀克洛普斯的三個女兒之一[113]。銘文記錄了雅典在西元前二四七／二四六年（或西元前二四六／二四五年）對阿格勞蘿絲女祭司提摩克娣的表彰，又特別交代這詔令須高懸在「阿格勞蘿絲聖所」上方[114]。該聖所的坐落地點與希羅多德所描寫波斯人對衛城展開突襲處吻合：

---

*譯注：希臘人的石頭立柱通常由十塊左右的鼓形柱石構成。

> 衛城正前方，在其大門與上坡山路的後方，是一個沒有人看守之處，因為誰都沒料到有人可以從這裡往上爬。但一些（波斯）人從這裡（附近是喀克洛普斯的女兒阿格勞蘿絲的聖域）爬了上去，無視它是一片峭壁。
>
> 希羅多德，《歷史》（*Histories*）8.52-53 [115]

這處聖所也是十八歲的軍訓生*肅穆宣誓效忠於雅典之處。在領到武器之後，他們會來此處向阿格勞蘿絲、戰神阿瑞斯和其他神祇發誓（稱為「軍訓生誓言」），承諾以新士兵的身分捍衛城邦[116]。因為就位在波斯人突破衛城的地點的旁邊，阿格勞蘿絲聖所成了年輕人宣誓效忠的最理想場所。希羅多德接著指出，在波斯人登上衛城之後，有些雅典人因為不願遭受敵人凌虐，遂從東面的懸崖跳崖自殺：

> 當雅典人看到他們（波斯人）已登上衛城，有些人便從防護牆跳下懸崖，自殺身亡。其他人則逃入了內殿。
>
> 希羅多德，《歷史》8.53 [117]

一份較後期的資料文獻指出，阿格勞蘿絲當初為解救被攸摩浦斯圍困的雅典，曾遵照德爾斐神諭的指示從同一處懸崖跳崖犧牲。這個故事（見於一篇評論狄摩斯提尼演說的文章）指出，自此以後，雅典人在懸崖下方建立一座阿格勞蘿絲神祠，而「軍訓生」也是在這裡發誓[118]。文章作者顯然是把阿格勞蘿絲和另一位雅典公主（國王厄瑞克透斯的女兒）搞混了，因為後者才是那個為解攸摩浦斯之圍而自願犧牲的人。在後面幾章，我們將會看到有關不同雅典閨女公主的神話是怎樣被一再混淆和融合。但不管怎樣，一個有關公主女英雄三人組†的記憶留存了下來（她們其中一個為城邦獻出生命，從此成了年輕雅典士兵的精神鼓舞）。總之，在衛城的東懸崖，風景、地形、神話、歷史和記憶被有力地結合為一，讓這地方成為一個充滿情緒張力之所在。

循著迴廊步道走到衛城的南坡，我們會找到類似的山洞與岩架，它們早在西元前第四個千年便已是新石器時代居民的家119。最東一側的山洞特別深（七七頁圖10），出土過一些重要的新石器時代物品。離山洞不遠處的下方坐落著「解放者戴奧尼索斯劇場」的遺址120。建於西元前六世紀中葉之後的某個時候，這劇場是利用山坡上的天然凹地築成，供觀賞戲劇表演之用（另有一建成於西前五三〇年左右的戴奧尼索斯神廟與之相連）。到了西元前五世紀中葉，連半圓形貴賓席在內，這木構的劇場可容納五六千名觀眾121。西元前三三〇年，政治家暨演說家利庫爾戈斯用大理石把劇場完全翻新，把座位數大大擴充至約一萬七千個（同時動工的還有一座新的戴奧尼索斯神廟）。緊接在劇場左邊的伯里克利音樂廳據信是伯里克利本人在西元前四四〇年下令興建（三八六頁圖109）122。

在西元前三二〇／三一九年，一個叫特拉希洛斯的戲劇贊助人在戴奧尼索斯劇場旁邊的衛城山坡

＊譯注：雅典男子年滿十八歲後得接受為期兩年的軍事訓練，以為未來的公民責任做好準備。

†譯注：這裡的「三人組」是指自願犧牲的公主和她兩位姊姊，詳見下文。

上立了一座紀念碑以表彰自己的貢獻，位置就在新石器時代山洞的正前方[123]。多年後，特拉希洛斯的兒子又在山洞口兩旁各豎立一根高高的科林斯式立柱，用以踵事增華。這山洞作為一聖地的常駐力量表現在它直到前不久還被用作「山洞聖母」的神龕。彩繪的聖母像和供品擺滿它維持原始風味的內部空間。據說，在基督教得勢後，山洞的原主人（可能是阿耳忒彌斯）便被聖母馬利亞取而代之。持續有香客來這個山洞朝聖，最常見的是帶生病子女來求醫治的母親[124]。

衛城南坡的中間段落有更多的山洞，還有一個緊接於另一重要水泉的寬闊岩石階台（該水泉在七七頁圖10中標示為「南坡水泉」）。我們很容易理解這地方何以從很早期便吸引人居住（洞中出土過中期青銅時代遺物），以及何以一棟古風時代的噴泉屋會蓋在此處。同一地點日後又蓋起了一座奉祀醫神阿斯克勒庇俄斯和其女許癸厄亞*的重要神廟[125]。建於西元前四二〇／四一九年（即雅典大瘟疫之後），阿斯克勒庇俄斯神廟是朝聖者求醫治的去處，他們會在廟中禱告、用泉水淨化自己，並在鄰接的敞廊消磨晚上†。事實上，我們懷疑「山洞聖母」的一部分療力正是來自人民對阿斯克勒庇俄斯和許癸厄亞醫治大能的遙遠記憶，他們很長一段時間被供奉在這同一南面斜坡之處。

阿斯克勒庇俄斯神廟西邊出土過一座中期青銅時代（西元前一九〇〇至前一六〇〇年）的古冢和一些晚期青銅時代（西元前一六〇〇至前一〇五〇年）的水井，而在更南邊則挖到一些新石器時代遺物。從一些青銅模型的廢料推斷，這裡曾有過一所古代的冶煉所[126]。再往西南走去會抵達一處引人入勝的聖所，而一塊西元前五世紀的石碑題字讓我們得知這裡是「新娘聖所界址」。大量出土的雙耳長頸高水瓶（用於新娘婚禮前沐浴）意味著這裡曾是婦女出嫁前專用的洗浴之地[127]。

無視於時代的更替，衛城南坡始終生氣勃勃。後人踵事增華：別迦摩國王歐邁尼斯二世在西元前二世紀蓋了一座巨大遊廊（三八六頁圖109），讓愛希臘文化的羅馬人阿提庫斯在二世紀蓋了一座音樂廳（今日還在使用）。但除了禮拜堂和教堂以外，衛城南坡後來沒有增加新的聖所神祠。除先前提過的「山洞聖母」神龕外，這裡還有聖喬治．亞歷山德里諾斯禮拜堂、聖帕拉斯克維禮拜堂（位於戴奧尼索斯劇場）和聖泉聖母禮拜堂（位於阿斯克勒庇俄斯神廟）。在衛城北坡則有聖亞他那修山洞禮拜堂、「救主變容」教堂和最近才修復的聖尼古拉教堂。

位於雅典人團結性和公民忠誠最核心的是一種擁有一個共同過去的意識，還有是一種對於自己有著一個「地生」源頭的自豪感。所謂的「地生」，名副其實是指從大地裡蹦出來‡。「地生」的概念有一點點不同於「原生」，後者是指一片土地的第一批或最古老居民，他們從一開始就是住在該地，不是來自別處§[128]。但即便是在古典時代，很多作者（包括柏拉圖在內）都把這兩個單字混用不加區別[129]。在他的《美涅克塞努篇》裡，雅典人被稱讚是從土所生◎，而雅典則被謳歌為「生育人

---

*譯注：她的名字涵義為「健康」。

†譯注：在神廟過夜乃為了祈求醫神入夢治療。

‡譯注：古代雅典人認為他們的最早祖先是由「大地」生出來，不是由「人」生出來，而這樣的「出身」更高貴。

§譯注：作者在文中指出，「地生」的原文 *gegenes* 是由「大地」（Ge 或作 Gaia）和「生出」（*genes*）二字構成，「原生」的原文 *autochthonos* 是由「自我」（*autos*）和「土地」（*chthon*）二字構成。不在內文中譯出這部分是避免句子太臃腫，無法卒讀。

◎譯注：柏拉圖的原意是「原生」（土生土長）。

類之地」[130]。

根據某些記載，阿提卡的第一任統治者（一個「地生」者）是俄古革斯，而這個名字本身也許反映著他與大洋神俄克阿諾斯有著血緣關係[131]。據說，他是波奧提亞（得名自其父親波奧提亞斯）第一任大君和底比斯（得名自其妻底比）第一任國王[132]。根據另一些記載，俄古革斯是雅典第一任國王和阿提卡英雄厄琉息斯之父。在其統治期間，阿提卡受到第一次滔天洪水侵襲（被稱為俄古革斯大洪水）。下一任國王（一個「原生」者）是阿克塔尤斯，他有時又被說成是阿提卡第一任國王。事實上，有論者主張，「阿克塔尤斯」和「阿提卡」這兩個名稱也許關係匪淺，也和 Ath- 這個原非希臘文的拼寫形式有關（「雅典娜」和「雅典」都是以 Ath- 開頭）[133]。阿克塔尤斯的水仙女女兒阿格勞蘿絲嫁給了第二位「地生」的國王喀克洛普斯[134]。在視覺藝術中，「地生」的國王一律長著蛇尾巴（以此暗示他們和土地的關係密切），而喀克洛普斯亦不例外（一九七頁圖43）[135]。根據大部分傳說，喀克洛普斯與阿格勞蘿絲生有三個女兒，分別是赫爾塞、阿格勞蘿絲第二（被奉祀在衛城東坡那位）和潘朵洛索斯，還生有一子名叫厄律西克同。另一些傳說則說他們的兒子名叫克洛諾斯，後來繼承了王位。讓人好奇的是，克洛諾斯又被形容為佩拉斯吉人*[136]。克洛諾斯的統治結束後來了另一波大洪水，其時的阿提卡國王是丟卡利翁。最後一位阿提卡國王是「地生」的厄瑞克透斯，又稱厄里克托尼俄斯。荷馬是第一個提到厄瑞克透斯的「地生」出身的人，且特別強調他是從阿提卡經過開墾的泥土裡蹦出來：「被盛產穀物的田地生出之後，心高志大的厄瑞克透斯一度由雅典娜養育。」[137]這種顯赫出身與他的顯赫人生相當匹配。

厄瑞克透斯的誕生神話在各方面都獨一無二。根據阿波羅多洛斯所述，厄瑞克透斯的成孕可追溯至黑淮斯托斯†對閨女雅典娜的情不自禁[138]。雖然求歡被拒，他仍追著女神跑，最後因為太過興奮，把精液射在了女神大腿。雅典娜覺得噁心，用一團羊毛把精液擦掉，再把羊毛丟在地上。黑淮斯托斯的精液讓地母受孕。從這個匪夷所思的結合，英雄厄瑞克透斯便誕生了。所有雅典人都是這位國王的後裔，而他們雖然不是直接從土所生，仍認定自己是地母的後裔[139]。沒有其他誕生故事更能鞏固雅典人的土地所有權主張。

雅典人的最早族譜神話裡充滿土地神祇和水中神祇。但那位日後將會成為城邦保護者的女神卻是源於水。根據大多數傳說，雅典娜是在利比亞的妥里通尼斯湖或妥里同河岸邊被撫養長大。埃斯庫羅斯‡在作品中把妥里同河稱作雅典娜的「母溪」[140]。有關她的誕生神話又多又彼此衝突。根據一些說法，她是海神妥里同（波塞冬的兒子）的女兒或養女。但大部分說法都認為她是宙斯之女。赫西俄德告訴我們，宙斯是在妥里同河河岸生下雅典娜。阿波羅多洛斯補充說宙斯生下雅典娜後把她交給妥里同照顧，與妥里同的女兒帕拉斯一起長大。保薩尼亞斯反駁這個說法，稱雅典娜是波塞冬和水仙女妥里通尼斯的女兒[141]。因此，雅典娜的外號「妥里托革尼亞」（可能意指「妥里同所生」）既可能與他養父妥里同有關，也可能與她的水仙女媽媽有關。不過，這外號也可以是指她是出生在某個月的「第

*譯注：古希臘人對西元前十二世紀前住在希臘的前希臘民族的稱呼。

†譯注：希臘神話中的火神和鍛冶之神，宙斯的兒子。

‡譯注：古希臘三大悲劇作家之一。

三天」），甚至是指「第三胎」（這種解釋會讓它和反覆出現在神話裡的雅典公主三人組發生關聯）。另外，據希羅多德所述，雅典娜和姊妹帕拉斯在妥里通尼斯湖邊發生衝突，殺死了對方，把其名字據為己有，因此成了帕拉斯．雅典娜[142]。另一些說法則說「帕拉斯」是個父名。不管怎樣，妥里通尼斯湖、妥里同河和「妥里托革尼亞」會持續出現在各種有關雅典娜的誕生故事中，也許都是意味著她傳入雅典許久之前原是位利比亞女神。

最廣為人知的雅典娜誕生故事指她是從父親宙斯頭上蹦出來，一出生便是個完全成長的女戰神。話說，宙斯聽過一個預言，指他將會被自己第二個小孩推翻，所以，當水仙女墨蒂絲（俄克阿諾斯和忒提絲的女兒）懷孕後，為了不讓她生產，他把她整個人吞下肚裡[143]。一段時間之後，宙斯感到劇烈頭疼，需要工匠之神黑淮斯托斯解救。黑淮斯托斯揮動巨斧，劈向宙斯抽搐的頭顱，而披堅執銳的雅典娜隨即從頭顱裂縫處蹦了出來。雖然是由父親而非母親所生，雅典娜仍繼承了母系一邊的特徵，遺傳了墨蒂絲（這名字意指「狡獪」）的慧黠，因此又被尊為智慧女神。雅典娜的這個誕生故事對雅典人的心靈是那麼重要，以致被銘刻在帕德嫩神廟東三角楣牆的中央畫面——雅典娜既然是所有雅典人的「母親」，以這種方式歡慶她的誕生時刻自是再適切不過[144]。

雖然雅典娜起源於水，眾人卻愈來愈把她等同於土，等同於住在土裡的蛇和從土裡長出的橄欖樹。特別是，她成了阿提卡土地的熱切捍衛者。她精於軍事策略，又是個隨時準備好以全部大能捍衛阿提卡的女戰神[145]。正是雅典娜的智慧、狡獪和她與土地愈來愈緊密的聯繫讓她最終贏得了阿提卡的愛戴。

希羅多德（他在帕德嫩神廟建造的時代從事著述）曾告訴我們雅典娜贏得雅典守護權的經過，而同一則開國神話又在四百年後被阿波羅多洛斯以更詳細的方式重述[146]。話說，宙斯宣布，哪個神祇可以首先提供雅典人一份禮物，就可以成為雅典的守護神。聽罷，波塞冬馬上把他的三叉戟狠狠插入衛城，釋放出一口海水水泉，以此作為禮物[147]。雅典娜這邊則是給雅典種了一棵橄欖樹，換言之，是承諾將橄欖油和木材這兩種珍貴商品送給雅典（前提是雅典人得願意細心和耐心栽種）。這等於是要雅典人在未被馴化的大海和橄欖樹（即發展農業甚至發展文明本身）之間做出選擇。賽後，國王喀克洛普斯作證說，是雅典娜先把橄欖樹種下。十二個被宙斯任命為裁判的神祇據此判決雅典娜獲勝。波塞冬勃然大怒，釋放出一道瀑流，用大水把整個阿提卡淹沒。

波塞冬對特里阿斯翁平原（雅典和厄琉息斯之間的大平原）的淹沒並不只是另一次洪災。我們必須把它跟蘇美、阿卡德和希伯來的大洪水神話等量齊觀[148]。就像三場大洪水標誌著一條終極的「前／後」界線、標誌著神人關係的轉變、標誌著「今日」的一個原點，特里阿斯翁平原的大洪水也標誌著青銅時代的結束和雅典人意識的黎明。尤有甚者，波塞冬有能力召喚滔天洪水和裂地地震這一點意味著他代表的是一個大混亂的年代。反觀雅典娜卻代表一種「會思考的神明」的來臨：她文明、有條理、睿智、有教養、有生產性和講禮貌。這一切都是雅典人發自本能想要獲得。

不過，這一切並不表示世界必然會往更好的方向轉。就像古代的近東那樣，大洪水帶來了一批防衛心理強烈的菁英階級，他們緊緊把持著神聖知識不放，讓這種知識不再像從前那樣，人人都可以接近[149]。同樣地，在荷馬同時代人赫西俄德的著作《工作與時日》裡，我們找到的是一個基本上愈變愈差的世界[150]。赫西俄德把克羅諾斯統治的時期形容為一個安詳和諧的「黃金時代」，把宙斯統治的時代形容為「白銀時代」。接著是青銅時代、第二青銅時代（或稱「英雄時代」），然後是赫西俄德自己所屬的「鐵器時代」，其特徵是悲哀勞苦[151]。所以，不管我們有多稱頌伯里克利時代的雅典，譬之為一個黃金時代，但在他們自己眼中，最好的日子已經遠颺。

波塞冬放出的大洪水絕不是阿提卡滅頂的頭一遭。對於雅典曾被淹沒過多少遍，各種文獻資料的說法並不一致。前面業已指出，希臘的第一次洪災發生在俄古革斯統治期間，而一般都認為其起因是波奧提亞的科帕派斯盆地氾濫導致。柏拉圖把這次洪災的時間定在西元前九五〇〇年前後，但其他人的說法要晚許多，大有可能是發生在西元前第四個千年期間[152]。寫作於第三世紀的阿弗里卡納斯指出：「自俄古革斯之後，出於洪水造成的巨大破壞，現今被稱為阿提卡的地方長達一百八十九年沒有國王，情形至喀克洛普斯的時代始有改變。」[153]希臘人自己相信，正是這場「俄古革斯大洪水」讓赫西俄德所說的「白銀時代」戛然而止。

在《克里底亞篇》，柏拉圖鮮明地描述了這第一場大洪水如何激烈改變了雅典（特別是衛城）的地形地貌。衛城的頂部一度非常巨大，與雅典的其他眾多山丘連成一片很高的台地：

當時的衛城與現在截然不同。它如今的模樣是下了場一整夜的暴雨所致，暴雨沖走衛城所有土壤，讓它變得光禿禿。然後又來了大洪水（那是丟卡利翁時代大洪水之前的第三波洪水），同時發生的還有地震。這之前，衛城的範圍非常廣大，從艾瑞丹諾斯河一直延伸至伊利索斯河，包含了普尼克斯丘，另一邊則與呂卡維多斯山相連。當時整個衛城都覆蓋著土壤，而且幾乎一片平坦。

柏拉圖，《克里底亞篇》111e-112b[154]

「俄古革斯大洪水」共有三波，然後才是丟卡利翁國王時代的大洪水[155]。丟卡利翁是泰坦神普羅馬妮婭和普羅米修斯的兒子，他在位期間發生的大洪水標誌著初期青銅時代的終結[156]。因為預知這災難的發生，普羅米修斯指示兒子打造一口箱子。大洪水來到時，丟卡利翁帶著妻子皮拉躲進箱子，在大水中漂浮了九天九夜。大水退去後，夫妻倆繁衍出一個新的人類種族[157]。這神話明顯帶有美索不達米亞和其他早期神話的影子，它們都是講述一個「大洪水英雄」如何活過洪災，繼而成為一支新人類的始祖。就像《埃利都創世記》裡的朱蘇德拉、《阿特拉哈西斯史詩》裡的阿特拉哈西斯、《吉爾伽美什史詩》裡的烏特納匹什提姆和《舊約．創世記》裡的諾亞那樣，丟卡利翁夫妻是大洪水的唯一生還者[158]。他們後來生了三個女兒[159]，又生了一個兒子希倫，後者便是希臘人的始祖。

古希臘人莫不迷信，而雅典人又是所有古希臘人中最迷信的一群——這一點從我們剛才對他們的記憶存取地點的短暫一遊便可見一斑。西元前五世紀上半葉，詩人品達形容雅典是個被「鬼神附體」的地方。使徒保羅在五百年後注意到同一種特質：「眾位雅典人哪，我看你們凡事很敬畏鬼神。」[160]所以，在《斐德羅篇》裡，當蘇格拉底和他的學生坐定在伊利索斯河河岸準備好進行午後交談時，心思很自然會直接想到神祇。他們只是表現出道地雅典人應有的樣子。討論結束後，斐德羅建議：「走之前我們是不是應該先向此處的神靈禱告？」蘇格拉底表示同意，對一眾山林之神說了如下的話：

親愛的牧神潘，還有此地的所有其他神靈，請賜予我內在美。請讓我所有身外物都能和內在物和諧一致。請讓我把智慧視為富有。

至於黃金，請讓我只擁有一個知節制者可以承受和攜帶的數量。斐德羅，你還要求什麼嗎？我沒有其他奢求了。

柏拉圖，《斐德羅篇》279b-c[161]

雅典的自然環境處處洋溢著神明身影。地點的力量是那麼濃烈，以致只要瞥見某件小小事物或聽到一言半語，便足以啟人以鬼神之思。還願供品（大多是掛在大樹樹枝上的赤陶土小雕像）觸動了這對朋友的敬畏之情，讓他們想要禱告。蘇格拉底和斐德羅想必從小便聽過與這地點有關的神話故事，它們在霎時間湧出，淹沒了當前時刻。「傳說中珀瑞阿斯抓走奧萊蒂婭一事是不是就發生在這段伊利索斯河附近？」斐德羅問。神話敘事和塵世事務不斷把雅典人的注意力引向過去，而神話與地點鋪天蓋地的暗示力量將會被銘刻在終極的記憶存取地點與聖地，即銘刻在衛城及其至高神廟的石頭中。

河流與水泉、沼澤與林地、山洞與山峰：它們鑲嵌著豐富和相互連鎖的記憶存取地點，透露出阿提卡自然景物對古代雅典人思想感情的巨大影響。因為相信鬼神無所不在，相信有一連續世系貫穿時間的巨大跨距度，相信城邦的基礎是由一些英雄業績打造，它們全見證著世界是怎樣變成今日的樣子。不過，對諸神和他們的後嗣而言，大地本身仍然不是個夠大的舞台。要全幅度理解雅典人眼中的世界，我們必須把目光轉向天空，看看那個讓他們的過去得以展開的巨大穹蒼。

第二章　帕德嫩神廟以前
——諸神、怪物、宇宙

在任何晴朗夜晚，你都會看見它高掛在北邊天空遠處。「大龍」是拱極星座，從不會在大部分北半球地區居民的眼前東升西落。在西元前三九四二至前一七九三年期間，「大龍」星座的右樞星曾是地球的北極星。地球的歲差將會把它逐漸帶回來，讓它在西元二一〇〇〇年前後再度成為北極星[1]。

希臘人相信是雅典娜把「大龍」投擲到夜空。在諸神與巨人族進行的那場太古戰爭中，女神用她的驚世神力把怪物舉起，拋向星空：

還有些人說是巨人族先把「大龍」擲向雅典娜。不過，雅典娜卻一把抓住扭曲的「大龍」，將其拋向夜空，固定在天幕的極點。所以，時至今日，它仍然看似身體扭成一團，就像剛剛才被扔到那裡。

偽許癸努斯，《天文的詩歌》2.3 [2]

時至今日，從衛城北邊的山崖仍然可以看見「大龍」永遠在夜間的地平線上幽幽閃亮。

事實上，蛇、海怪和蛇尾人身人物的形象在古希臘的神廟舉目皆是（書前彩圖3）。這些陸生和海中蛇類的圖像雖然大都未經研究，卻對我們理解古典時期之前的衛城攸關重要。從西元前六世紀第二季開始，古風時代神廟的石灰石三角楣牆上就常見海怪雕像：有盤蜷著身體作勢要攻擊的蟒蛇，有乞求饒命的三體蛇尾怪物，有大戰海克力士的魚尾妥里同，有（也是正在大戰海克力士）九頭蛇妖許德拉。這讓我們不禁懷疑，是不是太古時代的大洪水把過剩的無足爬蟲類怪物沖進了雅典人的想像力。大洪水雖早已退卻，但眾人說不定仍擔心它帶來的各種各樣嚇人怪物留下未走，有待屠滅。

不管怎樣，到了帕德嫩神廟在西元前五世紀中葉動工興建之時（或說重建之時），蛇肖像仍是一種風尚，所以神廟的西三角楣牆照樣充滿蛇類意象。在這三角楣牆的左邊，一條蛇出現在喀克洛普斯（第一位阿提卡國王）下方（一七二頁圖38），而在三角楣牆中央，一個蛇尾的妥里同托扶著波塞冬的馬車，而且又有一隻海怪充當波塞冬妻子安菲特里特的踏腳石（書前彩圖10）。雅典娜的馬車下面同樣有個妥里同托扶著，而在女神身旁，一度有一條蛇盤蜷在她的橄欖樹上面。另外，在神廟的東廳裡，一條巨大的金蛇盤纏在雅典娜神像的盾牌背面（書前彩圖14）。這尊由菲迪亞斯製作的黃金象牙神像早已不存，但看過神像的保薩尼亞斯告訴我們，金蛇代表的是厄里克托尼俄斯*，即所有雅典人的始祖[3]。

我們從希羅多德得知，自西元前五世紀第二十年開始，便有一條活蛇被養在衛城以保衛聖岩。其功能無疑也是要提醒眾人，最早的雅典諸王是源自「地生」[4]。雅典娜的女祭司每個月都會用蜂蜜餅餵飼這蛇。當波斯人在西元前四八〇年向雅典推進之時，女祭司宣稱，聖蛇沒去吃蜂蜜餅。她認為這表示聖蛇已離棄了衛城，又勸雅典人照做。就這樣，雅典人撤出他們的城市，而抵達的波斯人進行大肆破壞，摧毀了正在興建中的帕德嫩神廟前身、舊雅典娜神廟和衛城上幾乎其他一切。普魯塔克認為，聖蛇的舉動是一種直接來自上天的啟示，表示雅典娜本人已先跑掉[5]。

在西元前五世紀第四季，當厄瑞克透斯神廟在舊雅典娜神廟廢墟附近落成之後，聖蛇改為養在該處（一一八頁圖17、一六六頁圖34）。這蛇看來可以在神廟的整個地下室自由活動。我們聽說有一個叫「提喀斯」的祭壇，其地點據信位於北門廊，就在波塞冬的三叉戟插入衛城聖岩之處上方。學者對「提喀斯」一詞的意義多所爭論，但一個詮釋認為它意指「吃餅的蛇」[6]。另外，神廟北門廊地板有一個半圓形的洞，其作用也許就是（透過一條斜槽）供丟蜂蜜餅到地下室餵蛇[7]。

「大龍」的星格化讓雅典娜在「巨人戰爭」†（奧林匹亞諸神和混沌勢力爭奪宇宙霸權的大戰）的功勳永世流傳。作為一個持續看得見的星座，「大龍」可以永遠提醒雅典人，他們熟悉的世界是由哪些戰爭塑造。另一些怪物同樣永遠被固定於天穹。例如，九頭水蛇許德拉死在海克力士手裡之後也是變成了星座。牠原是天后赫拉畜養來對付海克力士，其死讓赫拉大為傷心，便把她置於天穹，變成同名星座‡。赫拉又曾把一隻她派去螫海克力士的蟹給星格化，由是有了巨蟹座。但天幕並不只是一

＊譯注：厄瑞克透斯的別名。

†譯注：在希臘歷史的脈絡，戰爭的名稱似乎習慣只提敵方不提己方，例如，希臘對波斯的戰爭被稱為「波斯戰爭」，奧林匹亞諸神對泰坦諸神的戰爭被稱為「泰坦戰爭」，奧林匹亞諸神對巨人族的戰爭被稱為「巨人戰爭」。

‡譯注：這星座在中文世界被稱為「長蛇座」。

票壞蛋的展覽廳，男英雄和女英雄也在那裡找到他們永遠的家。國王厄瑞克透斯死後變成了御夫座，而他的三個女兒則因為雅典娜的出手干涉而成了許阿得斯座＊[8]。星群因此成了終極的記憶存取地點，永遠提醒人遠古發生過哪些巨災和英雄事蹟。

我們也是應該從這個背景理解雅典娜消滅巨人「亞仕大」（「星」）一事。一份文獻指出，在厄里克托尼俄斯統治期間，有一個「專為紀念巨人亞仕大之死而舉行的節日」[9]。據說是僭主†庇西特拉圖在西元前六世紀把這個地方性節日改為盛大的泛雅典節，而亞里斯多德告訴我們，在這節日舉行的競技活動是為紀念那個「被雅典娜殺死的巨人亞仕大」[10]。

在我們這個電子螢幕時代，夜空已不再能引起眾人的全神觀望。但在古代，天體卻是最壯觀的景觀，而且是唯一可被分散在廣大地點的個人同時看見的東西。星座不只被賦予了英雄和怪物的名字，而是就是他們被轉化後的存在。星體的移動軌跡對農業和航行都至關重要，也攸關希臘神廟的節日行事曆[11]。當然，同一說法適用於整個古代世界（包括前王朝時代的埃及和西元前第四個千年的蘇美）都是。

近年來，考古天文學對希臘人的宇宙學是如何影響他們的宗教儀式重新發生興趣[12]。透過新軟體的開發，我們現已可了解星群、它們的出沒週期和希臘節日行事曆的關係[13]。這些電腦程式讓我們可以得知，在任何一個指定的古代夜晚，站在哪個地點可以看見哪個天體。我們甚至可以嵌入在地的地平線，看出特定的地形地貌會如何依高度的不同而改變夜空的能見度[14]。特別重要的是「偕日升」（一顆星或一個星座在日出前一刻在地平線東面升起之謂）和「日沒升」（一個天體在日落後幾分鐘東升之謂）[15]。這些事件是一個巨大擴音器，可提醒觀察者是時候開始犁田或出海或上路前往參加某神廟的節日或從事其他有嚴格時間規定的活動。

在本章，我們會嘗試把燈關掉，看看古代夜空的樣子。大地的形貌只是整個故事的一部分：因為我們若是不能體會雅典人對宇宙戰爭（諸神對巨人和怪物的大戰）的集體記憶，便無由全幅掌握那種創造帕德嫩神廟的心靈樣態。這些基源事件為雅典人的意識設定了大藍圖，是他們理解自身定位與起源的關鍵。因此，他們觀看天體運動不只為了拿捏節日典禮的時間，還為了要發展聖址（沒有比這更重要的事）而尋求指引。

從西元前六世紀開始出現於衛城的神廟雕刻可以為我們打開一個世界，其中的宗教敘事與宇宙敘事緊密交織。它們也讓雅典人對我們在第一章探討過的那些族譜敘事的胃口得到更大滿足。他們所亟於講述的那些故事可以溯源至古代近東的神話敘事和史詩敘事。在古風時代的雅典（一如在比它早兩千年的蘇美），系譜神話讓當代現實獲得了正當性。透過虛構出一個非常遙遠的古代，人得以解釋和理解現在[16]。

赫西俄德在成書於約西元前七〇〇年的《神譜》裡指出，在未有天地萬物以前，宇宙一片混沌，完全不存在物質[17]。然後，從這片混沌中冒出了蓋婭（大地）、塔耳塔洛斯（大地深處一個暴風肆虐的深淵）和厄洛斯（愛），接著是厄瑞玻斯（人地和陰間之間一個黑暗所在）和倪克斯（夜）。透過

＊譯注：中文學名為「畢宿星團」。

†譯注：古希臘人稱獨裁統治者為僭主（tyrant）。

單雌生殖，蓋婭生出了烏拉諾斯（天空）、烏瑞亞（山脈）和蓬托斯（海）。每晚，烏拉諾斯都會完全覆蓋蓋婭，與之交合，由此生出一批孔武有力和樣貌嚇人的子女。其中包括六個男神和六個女神，稱為泰坦諸神，另外還有三個可怕的被稱為「賽克洛普斯」的獨眼巨人和三個被稱為「赫卡同刻瑞斯」的百臂巨人。

烏拉諾斯不信任子女，把他們鎖在大地的最幽深處（塔耳塔洛斯）。據說，該地方「位於冥府下方，兩者的距離相當於天空之於大地」[18]。這引起蓋婭極大疼痛。她想要釋放子女，偷偷計畫閹割丈夫。她給了最小的兒子克羅諾斯一把燧石鐮刀，慫恿他割掉父親生殖器。克羅諾斯以一擊完成任務。但由此造成的可怕傷口卻讓烏拉諾斯的子女數目倍增：滴落在大地上的鮮血孕育出巨人族、復仇女神和梣樹仙女墨利婭。烏拉諾斯的睪丸則落入塞浦路斯外海——另一說法是落入基西拉島。睪丸讓海水冒泡，由此誕生出最人見人愛和欲力旺盛的一位女神：阿芙羅黛蒂*。

克羅諾斯從地底深處釋放出所有兄姊，成了泰坦神之王，又與姊姊蕾婭生出許多子女。不過，因為生怕子女會學他推翻父親的模樣把他推翻（烏拉諾斯這樣預言過），他每逢子女一出生便吞下肚裡。只有最小的兒子宙斯因為蕾婭耍詐而逃過一劫：她把包在毯子裡的嬰兒用石頭掉包，讓丈夫吞下。宙斯立即被「送」到克里特島伊達山一個洞穴，交由一隻山羊養育（也有說是由一個水仙女或蓋婭自己養育）。及長，宙斯愛上了大洋仙女墨蒂絲，而墨蒂絲想出一個計策對付克羅諾斯：她給克羅諾斯喝下混有芥末的葡萄酒，讓他反胃，一下子把宙斯的兄姊全吐了出來。

一與最小的弟弟團聚，奧林匹亞諸神便對父親及其同輩發起一場長達十年的激烈大戰[19]。隨著這場「泰坦戰爭」愈打愈兇，宙斯成了奧林匹亞諸神的領袖，而阿特拉斯成了另一方的主帥。一度，泰坦諸神以唯有泰坦諸神做得到的方式圍攻奧林匹亞山：把一座又一座山疊在一起，然後從最高處向奧林匹亞諸神投擲巨石。

「泰坦戰爭」提供了一個可供理解形塑宇宙的改天變地事件的敘事結構。最早的衝突是發生於地神與天神之間，而他們的子女（泰坦諸神）後來則與自己的子女（奧林匹亞諸神）發生戰爭。下一輪宇宙衝突則是發生於奧林匹亞諸神與他們同輩的巨人族之間，即所謂的「巨人戰爭」。這些天界與地界的戰爭標示著新一代為馴服大自然和宇宙的野蠻力量而反抗上一代。就像第一章提過的大洪水那樣，這些「分界性災難」也是劃分時代和紀元的基準[20]。

「泰坦戰爭」沿襲的是一個見於古代近東和古代歐洲族譜神話的經典模式，即年輕一代的神祇推翻年長一代的神祇。赫西俄德把泰坦神稱為「舊神」，而同一個稱謂也可以在《梨俱吠陀》（成書於西元前一七〇〇至前一一〇〇年間某時點的梵文聖典）裡找到[21]。在其中，原先主宰天庭的薩提耶被暴風神因陀羅打敗。西臺人的阿努納基，相當於巴比倫眾神中的陰間神，也是一個「舊神」[22]。被年輕一代神祇推翻後，阿努納基的下場與赫西俄德筆下的泰坦神一樣：被囚禁在冥界深處。西元前第二個千年的巴比倫神話有著類似故事：年輕的馬爾杜克把阿努納基打敗和關在大地深處。每次上戰場，馬爾杜克都是駕著暴風馬車，以箭、閃電和風為武器[23]。

在「泰坦戰爭」中，奧林匹亞諸神獲得獨眼巨人的幫助，因為後者對於克羅諾斯把他們關在地底深處懷恨在心。他們用在地底深處冶煉所鍛造的閃電、雷鳴和雷擊武裝宙斯。這些武器把宙斯轉化為

＊譯注：司愛與美的女神，相當於羅馬女神維納斯。

正式的天神，一個全能而年輕的明日之星[24]。正如韋斯特指出：「雷聲是你聽見的，閃電是你看見的，雷擊是揍你的。」[25]所以，太初戰爭的喧囂聲、轟隆聲和鼓譟聲是清楚可聞的，是一場讓人眼花繚亂的多媒體聲光大秀，極盡視聽覺衝擊之能事。

這些宇宙大戰的可怕畫面裝飾著衛城最早期的石頭神廟，讓人對諸神不可思議的力量又敬畏又驚恐，即產生所謂的「神祕驚恐」[26]。事實上，引發這種敬悚交加心情正是所有西元前六世紀希臘神廟雕刻的基本目的。克基拉島的阿耳忒彌斯神廟就是一個好例子：它的三角楣牆上刻畫著陰鷙的美杜莎、狠戾的豹和在最角落倒下的巨人[27]。這些神聖空間的用意就是要讓人震撼、焦慮、暈頭轉向和情緒混亂。正因為這樣，古風時代的神廟才會舉目皆是蛇髮女妖、獅身人面獸、猛獸、怪物和巨人。

雅典衛城也是一樣，只是尤有過之。西元前五七五年左右，雅典人開始建造石頭神廟，而且是阿提卡當日最大的一座。其時，雅典許多鄰近城邦都是由大權在握的僭主統治，他們各自把本城邦的地方神祠擴建為宏偉神廟。這種風氣刺激了雅典人的天生爭勝心理[28]。先前，在西元前七世紀中葉，科林斯僭主庫普塞魯斯為阿波羅建造了第一座大型石頭神廟，不多久之後，伊斯米亞也出現了一座類似的波塞冬神廟[29]。到了西元前六世紀之交，有更多的大陸神廟表現出後來古典希臘的正字標記：有一圈外柱廊*[30]。由於雅典人不打算在取悅神明一事上被比下去，所以，不久之後，雅典也擁有了自己的大型石頭神廟。

由於深深害怕權力由單一個人把持，雅典人在整個西元前七世紀和前六世紀之初一直抗拒獨裁統治。權力始終掌握在為數不多且相互激烈競爭的大家族手裡，他們是靠著擁有大量田產致富。所以，美化衛城的動議有賴這些「門閥」和他們的寡頭統治集團來發起。但當時雅典的情況有點不妙。事實上，富人與窮人的緊張關係業已把城邦帶至崩潰邊緣。就在這時（如第一章提到的），梭倫被任命為執政官和調解人，時為西元前五九四年。他完全改造政治參與，賦予公民大眾較大的權力。透過免除窮人債務、禁止把欠債人賣為奴，以及讓民眾在公民大會和法庭有更大發聲機會，梭倫把雅典的繁榮帶到全新高度。有意思的是，梭倫的改革同時明訂運動比賽得勝者的獎品，第一次把體育事務納入國家關心。體育、貴族和人民的和諧被認為攸關國家的均衡[31]。

梭倫改革帶來的新穩定不只讓雅典人可以把衛城重塑為聖地，還讓他們有志於改造在地節慶。在西元前七世紀期間，早有一連串的雅典運動員在奧林匹亞運動會大出鋒頭，分別在西元前六九六年、六九二年、六四四年、六四〇年和六三六年贏得獎項[32]。至此，雅典人覺得他們有資格辦一個泛希臘性質的運動會，讓希臘世界各地的人前來競技。這個轉變也許就是大雅典節的由來：西元前五六六年，本來是在地節日的雅典節被擴大舉行，成為第一屆國際性的大泛雅典節。一系列銘文顯示，在這個時期，政府要著手興建一條賽道，「歷來第一次」要為「炬目者」（即雅典娜）舉行一個「競技會」[33]。較後期的文獻資料顯示，這個重組發生於希波克列德執政期間，即西元前五六六／五六五年[34]。希波克列德是個有運動天分的貴族，出身馬術世家（菲拉伊德氏族的米太亞德家族），但他在重組泛雅典節一事扮演什麼角色卻並不清楚。不過，促成其事的人看來更多是庇西特拉圖，他是個野心份子，屬於一個與米太亞德家族敵對的家族，本家在阿提卡東部的布勞倫。一個晚期資料來源把大泛雅典節的創建歸功於庇西特拉圖，從他在不久之後採取的大膽行動看來，這位年輕貴族是想抓住這

＊譯注：指神廟除外還有一圈門廊圍繞，如帕德嫩神廟便是如此。

個機會來推進自己問鼎僭主之路[35]。

梭倫的改革雖然大大改善雅典一般民眾的處境，但「門閥」之間的激烈對立並未止息。他們分為三大派系，一是富有和反動的「平原派」，它以盛產穀物的平原區為地盤，由利庫爾戈斯領導，致力於廢除新法。第二派是實力較弱的「海岸派」，以邁加克利斯為首，非常歡迎梭倫的改革。人數最少和最不富有的是庇西特拉圖領導的「山地派」，他們原以為可以在改革中獲得更多土地，卻願望落空。但亞里斯多德告訴我們，在這

圖 14　藍鬍子神廟立面還原圖。果赫斯所繪。

三個政治派系領袖之中，對民主持最開放態度的人是庇西特拉圖[36]。最終，庇西特拉圖（他與梭倫是遠親）將會同時贏得貴族與人民的支持[37]，成為西元前六世紀雅典最閃耀的人物。

衛城的新石頭神廟也許是梭倫改革的產物，但從採挖石灰石、運送到山頂、組織石匠團隊和建築團隊到施工竣工，需要耗時幾十年。首先是要在衛城西坡築造一條巨大斜坡道（八十公尺長和十多公尺寬）以拖運石料與工具。不過，這神廟還是如期在西元前五六六年的泛雅典節揭幕前完工，當時斜坡道理應還留著，供遊行隊伍和一百頭牛可以循著它去到雅典娜的祭壇。這座新神廟沒有讓人失望。

它從一個地基（約四十六公尺乘二十一公尺）向上拔起，面積巨大到足以與克基拉島的阿耳忒彌斯神廟匹敵。神廟的柱廊採多立安式，兩個立面各有六根立柱，兩個側面各有十三根（書前彩圖2，神廟在南邊或頂部）[38]。建材是石灰石，以伊米托斯山大理石的柱間壁和簷槽加以裝飾。屋頂鋪有大理石屋瓦，豎有頂端飾*，包括獅身人面獸、棕櫚葉飾和閨女（圖14）[39]。

最驚人的是三角楣牆上那些虎虎生風的石灰石雕像，它們本來都是塗有顏料（紅色、藍色、綠色和黑色的），彩色繽紛。大量出土於十九世紀晚期的碎塊讓我們可以還原出三角楣牆的構圖。在一面三角楣牆正中央，一隻公獅和母獅一起撲殺一頭公牛，另一面三角楣牆正中央則只有一隻母獅在噬食一頭公牛。兩面三角楣牆都有天界和地界戰爭畫面，而它們的角落處皆出現蛇尾怪物和盤蜷著的巨蟒（圖14、下頁圖15、書前彩圖7）[40]。

---

*譯注：神廟簷角上的裝飾物，或位於三角楣牆頂點上。

學者對這座古風時代建築的稱呼有好幾種：「百尺殿」、H神廟、H建築、準帕德嫩神廟和藍鬍子神廟[41]。最後一個稱謂得名於一個絕無僅見的像組（一般認定它原是位於其中一面三角楣牆的角落）[42]。這怪誕又雄偉的怪物有三顆人頭、三個身體，展著翅，下身是蜷曲的蛇尾巴（圖15和書前彩圖5）。三張臉都面帶微笑、蓄著八字鬍、眼睛睜得大大，尖尖的山羊鬍，塗成藍中帶黑：藍鬍子神廟由是得名。學者對這怪物的真正身分一直爭論不休[43]。

由於是出現在神廟雕刻史的極早期，這種奇怪的生物幾乎沒有先例可援。與它最近似的肖像不是見於宏偉建築，而是見於一個卡勒基迪刻水罈，其年代約晚於藍鬍子神廟三十年（書前彩圖6）[44]。水罈上的怪物與上述者非常相似，一樣是長著人頭（這次只有一個）、巨大鳥翅和捲曲的蛇形腿。這怪物也是眼睛圓睜和蓄著尖鬍子，而且必然就是堤福俄斯／堤豐，即太古時代最面目可憎的怪物。根據一些傳說，堤豐是蓋婭和塔耳塔洛斯最後一個兒子，被稱為「所有怪物之父」。但在《獻給德爾斐阿波羅的荷馬體頌詩》裡，堤豐卻被說成只是赫拉之子（這有點像雅典娜是由單親所生）[45]。讓人稱奇的是，黑淮斯托斯據說也是赫拉單

圖15　藍鬍子神廟三角楣牆。現藏雅典的衛城博物館。

獨所生，所以，堤豐和鍛冶之神也許都是體現著天后赫拉對宙斯的怨氣。讓堤豐出現在「百尺殿」的三角楣牆，用意也許是為了提醒雅典人，黑淮斯托斯某個意義下也是他們的始祖*46。不管是不是如此，堤豐都是美索不達米亞、巴比倫、西臺、吠陀和歐洲傳說中那些被神明／英雄消滅的蛇怪的翻版47。追隨蛇怪必然會被殺死的模式，堤豐將會遇上暴風神宙斯，被其以極暴力的方式殺死。

卡勒基迪刻水罈上的堤豐顯得和藹可親，但他其實是在竭盡所能求宙斯饒他不死。這個宙斯（他的名字就注明在他前面）揮舞著帶火焰的閃電，姿態優雅，戴著頭飾，衣服漂亮，反觀堤豐則是頭狂野、多毛髮、笨拙的巨獸。兩人分別代表年輕一代而文明的奧林匹亞諸神和老一代的野性怪物，分別代表天界與地界。

藍鬍子三角楣牆同樣有個宙斯在跟三體怪物對峙。這個宙斯像只有左臂殘留下來，但明顯的是，他的左臂是伸向三體怪物，而且大有可能是準備施放雷電把怪物消滅。

阿波羅多洛斯告訴我們，堤豐是一頭絕無僅見的猛獸：身高像山一樣高，頭頂摩擦到天上星星。當他展開雙臂，指尖可觸及東方和西方的最遠處48。赫西俄德說堤豐「肩上長著一百個口吐黑舌的可怕蛇頭」49。事實上，藍鬍子怪物的胸膛和肩膀都刺有一些小孔，孔裡留有鉛的痕跡，所以說不定原有十二條石灰石小蛇連在上面50。比赫西俄德晚生近十個世紀的阿波羅多洛斯同樣指出，怪物的大腿下面纏滿發出巨大嘶嘶聲的毒蛇：「堤豐是那麼地巨大，每次當他投擲著火的巨石時，他都會向天大吼和發出嘶嘶聲，嘴巴吐出一道巨大火焰。」51

---

*譯注：上文提過，是黑淮斯托斯的精液讓地母受孕，生出厄瑞克透斯。

我們不應低估古風時代希臘神廟怪物形象的「音響效果」。我們不容易有此體會是因為習慣了「杜比身歷聲」界定的真實。但古人遠比我們容易接收暗示，只有明白了這一點，只有把聲音與形象結合起來，我們方能了解這些雕像所起的效果。望向卡勒基迪刻水罈那個蓄意張大嘴巴的堤豐或望向藍鬍子怪物的求饒手勢時，我們應該設法用想像力喚起赫西俄德形容過的各種聲音：「他所有的嚇人腦袋發出各種不可名狀的聲音。這些聲音有些彷彿是神明所能理解，但它們有時又像是公牛怒不可遏的吼叫，有時又像是猛獅咆哮，有時又像是一群狗的狂吠，有時又像是嘶嘶聲，或像是山谷裡迴盪的嘘嘘聲。」[52]這些嘘嘘聲或吠吼聲讓雕像活過來，讓人具體感受到它們蓄意引發的恐懼效果。

憤怒的宙斯並未被怪物的喧囂武器嚇到，反而憤怒地火力全開，施放出自己的火、水和風（同樣是喧聲震天），還以顏色。赫西俄德這樣描述：「由於宙斯發出的雷和電，由於怪物噴出的火焰，由於颳起的龍捲風和閃起的火電光，紫黑色的大海籠罩在熊熊大火中。整個大地、海洋和天空都在沸騰。驚濤駭浪隨著永生神明的衝刺直撲海灘，海岸震顫不已。」[53]三角楣牆上的三體堤豐幾隻手各交出一股海浪、一團火焰和一隻鳥（象徵水、火、風），示意宙斯只要饒他一命，他就會投降。但是宙斯立場堅定，堤豐難逃一死。天與地的全幅度喧囂因此有力地結合在藍鬍子三角楣牆怪物的單一形象裡。

在同一面三角楣牆左方，宙斯之子海克力士正在制服水蛇妥里同（一〇八頁圖15、書前彩圖7）[54]。這可以視為刻意要表現一首馴服宇宙不羈力量的父子二重唱：宙斯消滅堤豐，宙斯之子海克力士則殺死波塞冬之子妥里同。當然，妥里同在雅典人的族譜敘事裡也占有一特殊角色，因為我們記得，雅典娜在利比亞的妥里同河或妥里同湖岸邊誕生後，妥里同曾充當其養父。事實上，藍鬍子三角楣牆的背景雕刻也會讓人聯想到利比亞北部溼地（妥里同的老窩和他與海克力士大戰之處）。約四十塊斜挑簷底面的碎塊顯示兩種鮮豔彩繪的蓮花（書前彩圖8），從另外二十塊碎塊則可看到一些水禽，包括了鶴和海鷹[55]。

類似地，宙斯與堤豐的衝突亦是發生在海邊，有說是敘利亞海濱，有說是奇里契亞海濱。根據一個傳說，宙斯是假裝要請堤豐吃一席魚宴而把他騙出巢穴。另一個傳說則說堤豐把宙斯的武器和筋肉藏在他位於大海附近的山洞裡[56]。因此，見於三角楣牆斜挑簷底面的蓮花和水禽圖像可以讓人同時聯想起堤豐和妥里同的老窩。所以，這個建築架構是用作一扇「窗」，讓人可以看見神明／英雄和怪物大戰的背景[57]。

到底帶有藍鬍子三角楣牆那座建築的確切位置何在，還有它在古代被稱作什麼，至今仍然是個謎。這是因為，該神廟原先坐落的地點看似就是今日帕德嫩神廟的所在。不管怎樣，我們就是無法得知，在帕德嫩神廟建造之前，它那個二十五「層」*的巨大地基上面有過什麼建築。

不過，對於藍鬍子神廟的坐落，還有另一個理論，說神廟是位於帕德嫩神廟以北，拆毀後地基被保留下來，供另一座建於西元前六世紀之末的神廟使用。這座所謂的舊雅典娜神廟將會被波斯人摧毀，再由厄瑞克透斯神廟取代。不過，在這之前，它是佇立在所謂的「德普費爾德地基」之上

＊譯注：應該是指構成帕德嫩神廟地基的石塊共二十五層。作者在下文提到「舊帕德嫩神廟」的地基共二十一「層」和深十一公尺，由此推斷，每一「層」約高零點五公尺。

（一一八頁圖17）。德普費爾德曾經在十九世紀挖掘衛城，他相信，藍鬍子神廟原是建在地基的最裡面，直到舊雅典娜神廟在同一地基最外面落成後才被取代[58]。

在藍鬍子神廟被拆後搶救回來的一塊大理石柱間壁刻有一段重要文字，被稱為「百尺殿銘文」，其年代被判定為西元前四八五／四八四年。銘文提到衛城坐落著的兩座不同建築，一是「舊廟」（Neos，Archaios Neos 的簡稱，指「舊雅典娜神廟」），一是「百尺殿」[59]。據此，有論者論證，藍鬍子神廟就是銘文中的「百尺殿」，認定它（有別於德普費爾德之說）位於今日帕德嫩神廟的所在位置[60]。事實上，帕德嫩神廟的東廳在西元前五世紀仍然被稱為「百尺殿」（至羅馬時代還是如此稱呼），而這也許反映著建在同一地點的新神廟會沿用舊神廟的名字。而且誠如赫伯迪很久以前便指出過，現有所有古風時代雕刻的碎片都是出土於帕德嫩神廟以南，介於神廟與南防護牆之間的地區[61]。

藍鬍子神廟以東方為師，而這一點不只表現在它的敘事刻意以族譜神話和神魔大戰為主題，還表現在它的建築風格。不管是斜挑簷底面蓮花、喇叭形的簷槽噴孔還是三角楣牆頂點的屋頂外翻為鑼形裝飾物，全都流露出古代近東那「宏大視覺傳統」的影響[62]。

「百尺殿銘文」還提到古風時代衛城的其他建築（它們的石頭地基都沒留存下來）。這些建築被稱為「屋子」，意味著它們的規模要小於「百尺殿」和舊雅典娜神廟。找到的石灰石雕刻碎塊足以還原為五面小三角楣牆，而它們有可能就是「屋子」的三角楣牆（其中之一見圖16）[63]，這些「屋子」做為寶庫，收藏互相競爭的阿提卡「門閥」供奉給雅典娜的禮物（同時代的奧林匹亞和德爾斐都設有「寶庫」以收藏互別苗頭的城邦的供品）。小三角楣牆上雕刻的年代介於西元前五六〇至前五五〇年之間，最早者可早至西元前五世紀早期[64]。

其中一面三角楣牆描繪海克力士與水蛇許德拉的戰鬥（圖16）。前面提過，許德拉是巨大的九頭蛇怪，每顆頭被砍之後都會長回來[65]。海克力士與侄子伊俄拉俄斯聯手對付這怪物[66]。海克力士每用大棒打掉許德拉一顆頭，伊俄拉俄斯便馬上用火把燒灼傷口，使其焦化，無法長出新頭。就這樣，讓人作嘔的怪物終於被消滅。值得注意的是，許德拉乃是堤豐女兒，所以，這是我們第二次看到接連兩代人對付怪物：先是宙斯在泰坦諸神的時代殺死堤豐（「藍鬍子三角楣牆」），然後是其子海克力士在接下來時代殺死堤豐之女許德拉（見於劣質石灰石製作的小三角楣牆）。到了西元前六世紀之末，我們將會看到更下一代的宇宙衝突（奧林匹亞諸神與巨人族的戰爭）出現在新建於衛城台地西邊的舊雅典娜神廟。但這需要經歷過庇西特拉圖的輝煌獨裁之後方會發生。

我們不確知庇西特拉圖促成大泛雅典節之功為他帶來多少加分，但他明顯視之為一個可推進其獨攬大權野心的機會。他後來三度建立獨裁，第一次是在西元前五六一／

圖16　刻畫海克力士與許德拉戰鬥的石灰石三角楣牆。現藏雅典的衛城博物館。

五六〇年。當時，他聲稱生命受到威脅，而一等人民答應保護他，他便派其衛隊奪取衛城。不多久之後他被逐出雅典，然後在西元前五五〇年代中葉重返，建立了短期獨裁。最後，在西元前五四六年，他成功建立了一個持續三十六年的獨裁政權。在第二次和第三次政變那十年流放期間，庇西特拉圖的表現堪稱是後來被雅典人奉為理想美德之集大成者，這些美德包括：精心籌謀的行事方式、透過賣力苦幹積聚財富的企業精神、如鐵的決心、附庸風雅和放射出強烈的個人魅力。他遠赴希臘東北部偏遠的色雷斯，靠著開採潘蓋翁山的金銀累積出可觀財富，期間結交各地有權有勢的僭主，又組織一支雇傭兵為重返雅典做準備。奪權成功後，他推行了一系列進步的經濟政策，包括重視國際貿易、鑄造雅典第一批錢幣和鼓勵生產，讓雅典取代科林斯成為細緻彩繪陶器的第一大出口國67。薩摩斯島僭主波利克拉特斯在世紀中葉建築的巨大石頭神廟（五十五公尺乘一百零八公尺），還有以弗所、迪迪姆和米利都金碧輝煌的東希臘聖所*，無疑都讓庇西特拉圖印象深刻。我們不知道他有沒有擴充過「百尺殿」或舊雅典娜神廟，不過，他會留意其他地方有力統治者的作為，起而效尤。例如，以波利克拉特斯為榜樣，他建了一條輸水渠，把水從呂卡維多斯山引至阿戈拉廣場，大大改善了雅典的供水狀況。卡利洛厄泉上方的「九頭」噴泉屋看來也是由他下令建造。正如坎普所指出，阿戈拉廣場（雅典生活和雅典政府的重心）的設計主要是庇西特拉圖和他兩個兒子之功。他們又蓋了新的排水系統、噴泉和聖所（包括衛城南坡的解放者戴奧尼索斯神廟）68。

庇西特拉圖非常善於利用「個人崇拜」來增加他在雅典人心目中的分量。希羅多德告訴我們，在第一次從放逐返回雅典之後，庇西特拉圖安排一場精心戲碼：由一個打扮成雅典娜樣子的女子駕駛馬車，把他載往衛城69。御車女名叫菲伊，身高近一百八十公分，長得極其漂亮，身穿女神的鎧甲。此舉分明是要告訴圍觀的群眾，雅典娜本人歡迎庇西特拉圖歸來。這位僭主不放過任何機會向民眾炫耀他對女神的忠誠和女神對他的格外眷愛[70]。

這種招搖的展示讓人聯想起大約七十五年前發生在衛城的另一次奪權企圖，即庫倫在西元前六三二／六三一年發動的那一次。庫倫的崛起始自他在奧林匹亞運動會獲勝，然後，在德爾斐神諭的鼓勵和墨伽拉僭主（他的丈人）的支持下，庫倫在每年一度的宙斯節發起政變，企圖奪取衛城。他和黨羽遭遇激烈抵抗，被困在聖岩上，託庇於（根據希羅多德的說法）雅典娜的神像或（根據修昔底德的說法）雅典娜的祭壇[71]。庫倫後來逃脫，但他的同黨仍然被圍困於衛城，缺水又缺糧，眼見死路一條。當時正值阿爾克馬埃翁家族的首領米太亞德任首席執政官，他和其他也是出自同一家族的執政官答應讓叛黨安全下山，離開衛城，但繼而反悔，把他們殺死於他們託庇處，即（詛咒女神塞謨奈的祭壇旁邊）。在聖所殺人是一種大不敬，自此以後，整個阿爾克馬埃翁家族長期受到詛咒[72]。

庇西特拉圖和庫倫的故事反映出衛城的重要性和矚目性。奪得聖岩被所有有志於成為僭主的人視為征服整個阿提卡的象徵（波斯人在西元前四八〇年也是一樣想法）。即便已經從一座青銅時代的要塞轉型為一個鐵器時代的聖域，衛城仍然保有碉堡地位，是「山大王」†遊戲競逐者的終極獎品。

庇西特拉圖固然是個僭主，但根據各種記載，其施政都是謹遵梭倫制定的法律，對城市和鄉村地區的平民大眾照顧有加。他對小農放貸，鼓勵栽種橄欖以供出口，又對農產品課百分之五的稅。他把

* 譯注：東希臘指小亞細亞西海岸的一眾希臘城邦。

† 編注：小孩子玩的遊戲，由一人占領高處為王，其他人用推拉等方式把王趕走取而代之。

阿提卡各地紛繁的祭儀統一，但又不忘照顧古老世家大族這方面的利益。事實上，祭司職位的世襲制度有可能就是由他建立，以此讓最古老的家族可以永遠負責（和壟斷）各種祭儀[73]。厄特奧布忒斯氏族（「平原派」首領利庫爾戈斯所屬的氏族）分得衛城兩種最德隆望尊祭儀（「護城雅典娜」和「波塞冬－厄瑞克透斯」祭儀）的主持之責。自此而下，公民生活、宗教生活和文化生活在雅典緊密交織在一起，而「何謂雅典人」的問題也變得愈來愈清楚。

庇西特拉圖歿於西元前五二八／五二七年，大位由兩個兒子共同繼承，但喜帕克斯在西元前五一四年遭刺殺，喜庇亞斯也在西元前五一〇年遭放逐。兩兄弟的統治早期相當平順，這是因為他們繼承父親的願景，致力於用建築和紀念碑美化城市，又大大擴充雅典的文化與宗教機構[74]。在庇西特拉圖家族的獎勵下，音樂、詩歌與藝術欣欣向榮。他們最招搖的計畫是在伊利索斯河河畔蓋一巨大的奧林匹亞宙斯神廟（五六頁圖6），取代他們父親更早前在同一地點所蓋的神祠。計畫中，奧林匹亞宙斯神廟的地基長四十一公尺，寬一百零八公尺，明顯是要跟薩摩斯島的赫拉神廟和以弗所的阿耳忒彌斯神廟互別苗頭。不過，這計畫後來被擱置，要過了好幾世紀之後才由羅馬皇帝哈德良於西元一三一／一三二年完成[75]。

庇西特拉圖家族的命運會逆轉，源於喜帕克斯魯莽追求一個叫哈莫荻奧斯的少年，後者早另有愛人阿里斯托吉頓。喜帕克斯因求愛不遂而口出惡言，導致自己在西元前五一四年的泛雅典節死於非命[76]。自此以後，喜庇亞斯變得偏執暴躁，統治方式亦趨於嚴厲和壓迫。這期間，庇西特拉圖獨裁期間被放逐的阿爾克馬埃翁家族圖謀再起。拿著一個顯示吉兆的德爾斐神諭，他們遊說斯巴達人幫助推翻喜庇亞斯。斯巴達國王克萊奧梅尼答應所請，發兵圍困衛城，把喜庇亞斯及其支持者圍困起來。在好些家族成員被縛為人質以後，喜庇亞斯於西元前五一〇年答應永遠離開雅典。這位被逐之君去了小亞細亞的薩第斯投靠當地的波斯總督，又在二十年後陪同一支波斯軍隊回到阿提卡，打算教導他們如何在馬拉松打敗雅典人。

成功驅逐僭主後，雅典人轉而設法趕走盤踞在要塞的斯巴達聯軍。大批老百姓自動自發集合在衛城山腳下（這足以證明他們面對危機時的集體行動力有多強），成功迫使斯巴達人和雅典貴族的聯軍投降。之後，他們把克里斯提尼召回：他是阿爾克馬埃翁家族一員，曾有功於協助推翻喜庇亞斯，但稍後被氏族內一個競爭對手放逐[77]。西元前五〇八／五〇七年，克里斯提尼以人民捍衛者之姿回到雅典，接著迅速推行全面改革，為真正和直接的民主（一種權力握在人民手裡的民主）奠定基礎，而這基礎也正是我們今日民主制度的根本[78]。克里斯提尼重組了立法系統與法院系統、把「部落」重劃為十個、打破貴族對權力的壟斷和為一支國民軍建立架構。十個新「部落」每個都包含來自三大地理區（即海岸區、內陸區和城市區）的人。自此，每個部落都混雜著背景、專業技能和親屬網絡各異的成員[79]。但部落的團隊合作（包括在立法系統和泛雅典節的運動比賽）很快就會把這些人密接在一起，讓他們宛如禍福相關的親兄弟。克里斯提尼又把公民權開放給所有定居的成年男性和他們的子孫，新設一個「五百人議會」（每個「部落」各有五十名抽籤選出的代表）。另外，他還制定陶片放逐法，提供了一個放逐不受歡迎政治人物的機制。簡言之，克里斯提尼開啟了一場平等主義革命，把他所謂的「均法」——指「法律面前人人平等」，帶給了雅典人民。

及至西元前六世紀之末，雅典人不只已準備好接受一個新的政府體系，還準備好在衛城蓋一座新的神廟。就像六十五年前的藍鬍子神廟曾在梭倫革新之後放映過宇宙大戰，新民主政體的神廟也將會鋪排出氣勢十足的族譜敘事：奧林匹亞諸神與巨人族之間的戰爭。這個主題是泛雅典節的重點，被織入用於敬獻女神的聖衣之中，也曾出現在西元前六世紀下半葉的許多阿提卡陶瓶繪畫（特別是在衛城本身發現的那些）[80]。在神話的領域，「巨人戰爭」也許可以視為繼宙斯摧毀堤豐之後的下一場世代衝突。

擊敗老一輩的泰坦諸神後，奧林匹亞諸神轉而把矛頭指向巨人族。巨人族是烏拉諾斯的睪丸滴血滲入大地後所產生的怪物，個子巨大無朋，頭頂觸雲，人數比奧林匹亞諸神多一倍（二十四比十二）。為扭轉人數劣勢，諸神把力大無窮的海克力士找來助陣[81]。海克力士與雅典娜並肩作戰，兩人都是英勇戰士，構成一個優秀團隊。雅典娜的表現是那麼傑出，乃至為自己贏得「巨人摧毀者」的稱號[82]。本章稍

圖17　從南面看到的舊雅典娜神廟地基和厄瑞克透斯神廟。

圖 18 雅典娜誅殺巨人，見於舊雅典娜神廟三角楣牆。現藏雅典的衛城博物館。

圖 19 「巨人戰爭」三角楣牆上的雅典娜。現藏雅典的衛城博物館。

早提過，她殺死過一個叫「大龍」的巨人和一個叫「亞仕大」的巨人。事實上，在「巨人戰爭」中，她還消滅過第三個巨人，其名字為恩克拉多斯（字面意義是「發起進攻」）。根據一些說法，雅典娜眼見恩克拉多斯想要逃跑，便舉起西西里島向他扔過去，把他壓扁在埃堤那山山下[83]。諸神和巨人的巨無霸體型與力氣讓他們習慣在戰鬥中拿巨礫、山脈乃至整座島嶼當作武器。

「巨人戰爭」在舊雅典娜神廟的巨大三角楣牆占有搶眼位置。在西元前六世紀至五世紀之交建於衛城北面[84]，神廟的地基（即所謂的「德普費爾德地基」）至今還看得見（一一八頁圖17、一二三頁圖21和書前彩圖4）。其三角楣牆上布滿以昂貴大理石（自帕羅斯島輸入）雕成的巨大人物。其中一面三角

圖20　馬車御者浮雕，疑為舊雅典娜神廟橫飾帶一部分。現藏雅典的衛城博物館。

楣牆（就像藍鬍子神廟那樣）刻畫幾隻獅子撲殺公牛。另一面三角楣牆上演著「巨人戰爭」，重心是雅典娜朝一個倒下的巨人步步進逼（一一九頁圖18）。女神緊追著敵人，不只把她的蛇穗胸鎧用作盾牌，還用作武器。只見她手持一個嘶嘶作聲的蛇頭，要用牠咬死那個倒地巨人[85]。

這幅大膽構圖所在的建築是一多立安式神廟。神廟長約二十一公尺，寬約四十三公尺，兩個立面各橫列著六根立柱，兩個側面各十二根（下頁圖21，另見書前彩圖4）[86]。神廟以採自比雷埃夫斯的劣質石灰石建造，裝飾以大理石屋瓦、簷溝、頂端飾和柱間壁[87]。這神廟大概也有大理石橫飾帶，但殘存下來者寥寥無幾：其中一塊碎塊清楚顯示赫耳墨斯，另一塊顯示一個馬車御者（圖20）[88]。正如我們將會在第五章看見，馬車是由雅典的開國者厄瑞克透斯國王（或稱厄里克托尼俄斯國王）引入戰場，自此之後便代表著非常特殊的意義。

舊雅典娜神廟的格局非常不同於一般，因為其位於東面的主廳與後方（西端）的三間廳室（下頁圖21、三四一頁圖97）完全隔開。它的東內殿*有兩排立柱把室內空間分割為三條「走道」。內殿供奉著雅典娜的橄欖木神像，稱為「古像」。「古像」被認為是雅典開國早期從天而降，是最珍貴的聖物。這神像屬「非偶像」性質，即沒有被雕刻成人形，光只是一根橄欖樹樹幹[89]。就像所有希臘神廟的坐殿神像那樣，「古像」不只是女神的象徵，還被認為是女神本人的本質部分。所以，它被穿上華麗織物，戴上金冕、金耳環、金項鍊和金手鐲。它甚至有自己的黃金奠盅[90]。每年一次，神像會被帶至法里龍的海裡沐浴，然後再回鑾至衛城的「家」。

*譯注：即前面提到的主廳。內殿是神廟的核心部分。

有一面隔間牆把舊雅典娜神廟的後部隔離於東廳。後部有一個前廳（透過西門廊的單一入口進入），然後是兩個小廳。這種奇怪的格局也許是把三種不同的祭拜整合為一造成，也預示著在二十五年後「取而代之」的厄瑞克透斯神廟的特別隔間（一一八頁圖17、一二八頁圖25、一六六頁圖34、三四一頁圖97）。後者的東面空間是用來奉祀雅典娜和波塞冬，西面空間是用來奉祀厄瑞克透斯和布忒斯兄弟。這顯示出，厄瑞克透斯神廟就像它的前身一樣，是一個聯合崇拜之地，同時供奉神祇和英雄[91]。

一八八五年，有兩個粗糙的石灰石柱基被發現嵌在舊雅典娜

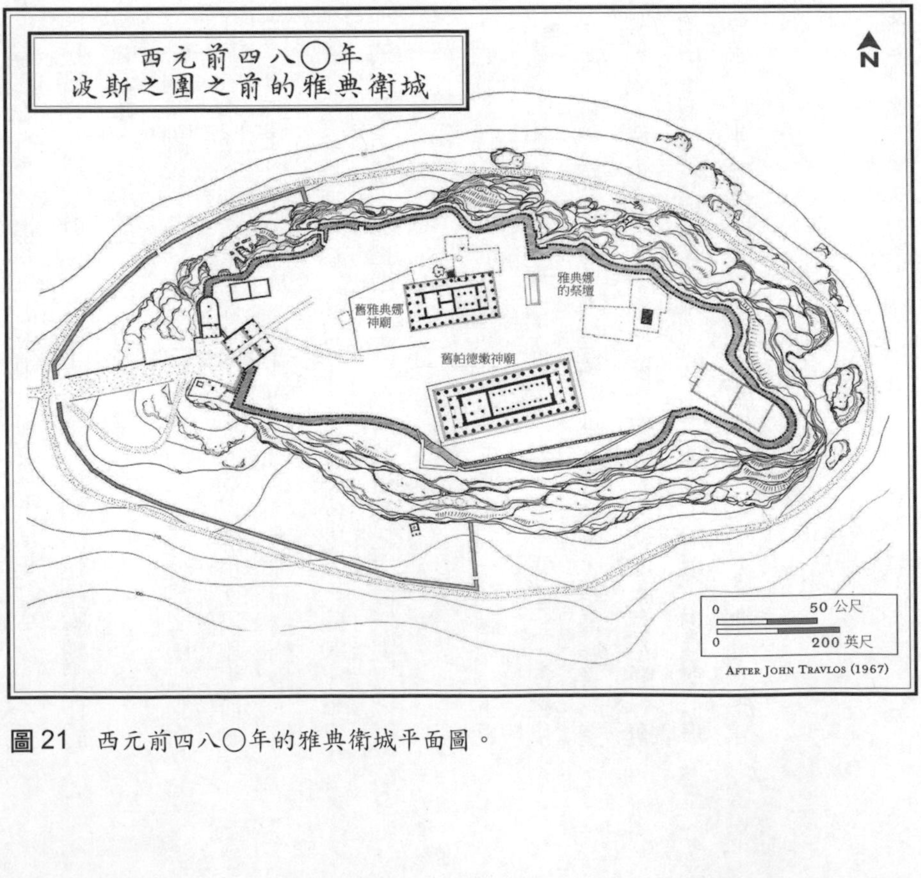

圖21　西元前四八〇年的雅典衛城平面圖。

神廟的地基，據推斷也許原屬於舊雅典娜神廟的前身（一座西元前七世紀上半葉的神廟）[92]。兩個柱基應該是用來插放木柱，而木柱承托的結構體是泥磚所砌。荷馬史詩有「（厄瑞克透斯）進入了雅典娜的豐美神廟」之語[93]，其中的「神廟」也許就是指這座西元前七世紀神廟，甚至是指比它再早一世紀的更早前身（其存在純屬假設）。它也大有可能是庫倫在西元前六三〇年代政變失敗後的避難所。有趣的是，這座神廟就像那座取代它的建築那樣，也是被稱為「舊廟」。所有這些雅典娜聖域的前身（包括假設性的西元前八世紀神廟、前七世紀神廟、舊雅典娜神廟和厄瑞克透斯神廟）都是坐落在青銅時代邁錫尼宮殿的舊址，而這種選址看來是要強調它

圖22　西元前八世紀的青銅蛇髮妖女，疑是一尊頂端飾，出土於衛城。現藏雅典的衛城博物館。

們與英雄時代的聯繫在其他遺址，例如在邁錫尼和梯林斯，鐵器時代的神廟都是建在當地宮殿正廳遺跡的上方或附近[94]。一塊鏤刻青銅浮雕微微透露出舊雅典娜神廟前身的裝飾模樣（上頁圖22）[95]，浮雕中的蛇髮女妖吐著舌，露出尖門牙，樣子嚇人。古代人的耳朵想必能從其中聽出淩厲尖叫聲，其阻嚇邪力的作用不言自喻。

除築造舊雅典娜神廟以外，雅典民主早期也許還目睹衛城另一座新建築的啟建。該建築就位於舊雅典娜神廟南面，大略與之平行。在藍鬍子神廟也許曾經佇立的所在，一個由近一萬塊石灰石構成的巨大地基被築造了出來，以準備興建一座新神廟。德普費爾德、果赫斯和其他學者有時稱之為「帕德嫩神廟曾祖父」，有時稱之為「帕德嫩神廟I」*[96]。但一種不同觀點認為，地基的年代要更晚，築造於西元前四九〇年的馬拉松戰役之後，是要供帕德嫩神廟的直接前身（被稱為「舊帕德嫩神廟」）所用[97]。地基的石灰石石塊採自十公里外的比雷埃夫斯，南邊深二十一「層」，代表著一項巨大的努力和預示著一座巨大的新建築。

設若這地基是在西元前六世紀之末或前五世紀之初便砌好，那它也許是反映著剛民主化的雅典人想要蓋一座新神廟以取代染有庇西特拉圖子嗣專制色彩的藍鬍子神廟。隨著一個新政體破曉，舊政體留下的不快記憶必須剷除。畢竟，僭主喜庇亞斯現已投靠波斯人，有關他的記憶便用不著繼續用石頭加以保存。在他被推翻之後，也沒有人再想完成他在伊利索斯河附近開了頭的奧林匹亞宙斯神廟。所以，我們有理由猜測，藍鬍子神廟被認為是一座有需要拆除的紀念碑。但不管怎樣，即便雅典人有過汰換「百尺殿」的計畫，計畫也並未實現。

這是因為，在東方，波斯國王大流士不斷把他的帝國向西擴張，最終兼併了希臘人在小亞細亞長久控制的地域（今日土耳其西海岸）。到了西元前四九九年，愛奧尼亞諸城邦†不堪波斯的高壓統治，揭竿起義。雅典派出船隻和部隊支援，但為此付出重大代價。因為波斯人敉平愛奧尼亞起義之後，出於報復心理，把矛頭轉向雅典。大戰勢不可免。隨著波斯威脅的逐漸逼近，民萃派領袖帝米斯托克利在西元前四九三年當選執政官，而他知道，雅典的金錢有比蓋一座新神廟更緊急的用途。他把阿提卡的資源集中在創建一支艦隊——事後證明，這是雅典賴以存活的必要一步。

西元前四九〇年八月，數以萬計的波斯部隊登陸馬拉松灣，為他們帶路的是變節者喜庇亞斯。普魯塔克告訴我們，在接著的大戰中，神話時代大英雄忒修斯出現在雅典陣營，全幅武裝衝到全軍最前頭，領導雅典人（就像昔日一樣）打了一場大勝仗[98]。在這場歷史上關鍵性數一數二的戰役裡，共有六千四百波斯人被殺，而雅典只折損一百九十二人[99]。雅典將士和他們盟友普拉提亞人的驍勇馬上就讓他們一躍而為史詩英雄般的人物。戰死者被就地安葬在一座丘墳（這是一項殊榮），而這丘墳本身相當一座勝利紀念碑[100]。

＊譯注：首先把這建築稱為「帕德嫩神廟曾祖父」或「帕德嫩神廟I」的人是德普費爾德，他認為前後有過三座帕德嫩神廟，最早一座是提到的這座，最後一座是今日仍見到那座。今日學界普遍認為先後只有過兩座帕德嫩神廟。

†譯注：愛奧尼亞是古希臘時代對今天土耳其安納托利亞西南海岸地區的稱呼，希臘人從很早期便在這一帶建立許多城邦。它們在西元前七世紀被呂底亞（小亞細亞中西部王國）征服，在波斯帝國滅呂底亞後又成為波斯的附庸國。

馬拉松大捷不久，舊帕德嫩神廟開始動工[101]。雅典人有需要為他們的驚人勝利感謝和彰顯雅典娜。計畫中，新神廟的兩個短邊各有六根立柱，兩個長邊各十六根立柱（一二三頁圖21和本頁圖23），而且會是歷來第一座完全用大理石興建的雅典神廟。大理石將全是採自彭代利孔山——雅典不斷膨脹的優越感不容許它採用輸入的建材[102]。

但波斯人怒火未熄。一支龐大的波斯海陸軍在西元前四八〇年進抵阿提卡，要一雪馬拉松的前恥。大軍由大流士的繼承人薛西斯率領，首先在溫泉關贏得一場關鍵戰役，打敗了由萊奧尼達斯指揮的三百個斯巴達勇士，接著向雅典推進。因為聽說聖蛇從衛城失蹤，大部分雅典人為之氣餒，撤出城市逃至附近的薩拉米斯島避難。每個人都知道波斯人暴戾，但沒有人料得到衛城最神聖的建築會近乎全毀。波斯大軍包圍了聖岩，一部分軍隊部署在戰神丘，以便向衛城木造的防禦工事發射火焰箭。另有一隊士兵去到陡峭和沒有防守的衛城東坡（書前彩圖2），從阿格勞蘿絲神祠附近往上爬到了山

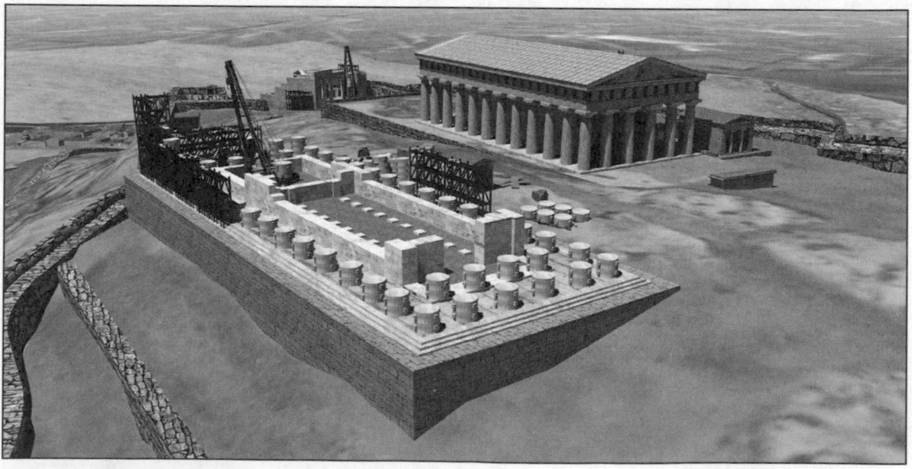

圖23　遭西元前四八〇年波斯兵燹前的舊帕德嫩神廟和舊雅典娜神廟的還原圖。

頂，一到山頂便打開西大門。全體波斯軍隊一湧而入，屠殺了所有自願留守的雅典人，劫掠各神廟後又放一把大火，要把整個衛城夷為平地。這種暴力程度超出希臘人所能理解：他們自己打仗時一律尊重敵人的聖地，不會予以破壞。畢竟，破壞聖地是會招神怒的。但波斯人拜的是別的神，完全不把奧林匹亞諸神放在眼裡。

舊雅典娜神廟遭到重創，在其南面施工中的舊帕德嫩神廟亦在劫難逃。據建築師／工程師／考古學家果赫斯估計（他監督衛城的修復事宜近三十年），當波斯人在衛城大肆破壞時，舊帕德嫩神廟只蓋到兩或三塊柱石高度，柱石也尚未雕凹槽。但神廟四周卻搭建了一圈木頭鷹架，為大火提供了充分燃料（圖23）[103]。果赫斯在神廟許多石塊（包括地基上最上幾層的石塊）都找到被高溫燒出的裂痕。這些石塊將會在三十多年後被回收，重新用於伯里克利的帕德嫩神廟[104]。

雅典人沒有灰心喪志，他們臥薪嘗膽，養精

圖24 被回收再利用於雅典衛城北防護牆的鼓形柱石。

蓄銳，大約一年後便把波斯人逐出。拜帝米斯托克利的遠見和充分準備之賜，雅典人發展出一種祕密武器：一支由兩百艘戰船構成的強大艦隊（每艘船配有兩百個從雅典最窮階級選出的槳夫，每個槳夫都訓練精良且薪水優渥）。西元前四八〇年九月，這支艦隊在帝米斯托克利親自領導下，於薩拉米斯島外海取得驚人勝利。翌年，雅典人又在普拉提亞戰役大敗失去海軍支援的波斯陸軍[105]。修昔底德告訴我們，一俟「野蠻人離開這片土地」，雅典人便帶著妻子兒女和家當返回雅典，開始「重建他們的城市和城牆」[106]。所有可堪再用的石塊全被趕快集中起來，用於修築帝米斯托克利下令建造的城市防護牆。這些石塊包含從衛城建築坍塌的那些。殘破的古風時代人像（包括著名的「閨女像」）也被集中起來，埋在聖所地上所挖的坑洞裡，好讓這些供品可以安躺在它們原屬的聖域。

舊帕德嫩神廟的柱石，還有舊雅典娜神廟殘存的三槽板、柱間壁、楣樑和簷口全被搶救回來，用於興建衛城的北防護牆（無疑也是帝米斯托克利親自督工）

圖25　還原後的舊雅典娜神廟西廳，右邊是厄瑞克透斯神廟。

（一二七頁圖24）[107]。這些舊物料並非被胡亂堆砌在一起，而是按照它們原有的秩序排列（柱石重新疊成「立柱」，柱間壁和三槽板互相間隔）。這顯示出，回收再利用這些建材的目的不只是為了省錢，還為了喚起對被毀神廟的記憶。所以，這些建築遺物形成了一種紀念性展示，用以見證波斯人的野蠻和城邦最神聖殿宇曾被摧毀的往事。它們也見證著一整代的雅典英雄在民主最早幾十年所經歷過的恐怖。就這樣，雅典人把他們的記憶願望和創造願望揉合為一，把他們往回看和向前走的需要共冶一爐。

舊雅典娜神廟沒有在波斯兵燹中全毀。儘管屋頂和內部空間已經倒塌，它的兩個立面和西廳（稱為「後殿」）的一部分仍然屹立（圖25）[108]。這解釋了厄瑞克透斯神廟何以要尊重舊雅典娜神廟的地基和採取那麼奇特的設計。它位於「閨女柱廊」以東的一段長牆壁完全留白，非常有違希臘神廟的傳統法式。不過，如果說舊雅典娜神廟在厄瑞克透斯神廟建成之後仍然占據著部分的「德普費爾德地基」，那麼南牆大概就沒有裝飾的必要，因為它大部分都被仍然屹立著的西廳遮住（圖25和三四一頁圖97）。厄瑞克透斯神廟的女像柱門廊*向南凸出，所在地說不定是舊雅典娜神廟一個全毀的部分。這一點難於證實卻說得通，而且合乎把早期殘存牆壁保留下來尊為聖物的一貫傳統（七八頁圖11邁錫尼時代防護牆）。顯然，衛城一直都是一個記憶存取地點，刻意為更早的時代提供具體可觸證據，以見證曾經有過的生死搏鬥和勝利。在照相或電影尚未發明的時代，把過去歷史的證據保存下來的做法非常必要，否則未來世代有可能會忘記祖先有過的輝煌業績，甚至完全不相信發生過。

*譯注：即前面提及的「閨女柱廊」，其立柱雕刻成閨女形象，故名。

就像宙斯曾大戰堤豐（見於藍鬍子神廟三角楣牆上），或奧林匹亞諸神曾大戰巨人族（見於舊雅典娜神廟三角楣牆），西元前五世紀早期的希臘人也得面對新一代的恐怖敵人。波斯巨獸曾經昂起它醜惡的頭張牙舞爪，但它跟它之前的大龍、堤豐、妥里同、許德拉和恩克拉多斯一樣，最終被屠，葬身於薩拉米斯島的外海和普拉提亞的麥田裡。

第三章 伯里克利時代的壯盛

——帕德嫩瞬間及其消逝

當衛城在西元前四八〇年竄起滾滾濃煙時，伯里克利大約十五歲。我們不知道他是不是像大部分雅典人那樣逃到了薩拉米斯島，與家人一起目睹這一幕。據說，雅典艦隊幾個月後在該島外海擊敗波斯人之後，伯里克利的未來朋友索福克勒斯（時年十六）被選出來帶領一支勝利之舞。本來就以俊美長相和表演天分著稱，索福克勒斯在祝捷大會上擔當歌隊首席。對日後將會名登世界偉大悲劇作家之列的他來說，這是一次兆頭極好的亮相儀式＊。

我們難免好奇，波斯之圍帶來的創傷在那批後來締造所謂雅典黃金時代的少年人心中烙下什麼影響。這些最得天獨厚的年輕人不是一個關係緊密的同齡群組，卻有著共同經歷，小小年紀便經驗過難以想像的震撼。會不會，正是雅典年輕民主的一度瀕危激化了他們的不凡天賦，讓他們（分別以思想家、藝術家、建築家、劇作家、將軍或政治家的身分）成就出一些至今仍被視為頂級的功業？

＊譯注：「亮相儀式」原指富豪之家為夠年齡進入社交界的女兒舉辦的酒會或聚會。

伯里克利當然從一開始就前程看好。就連他的名字（由 *peri* 和 *kleos* 兩部分合成）亦應許著他將會被「光榮籠罩」。這少年跟隨理論家達蒙學習音樂，後又隨阿那克薩哥拉學習哲學（兩人日後成為好友）[1]。成年後，伯里克利雖熱中追求權力，但仍然喜歡討論哲學（尤其喜歡與普羅塔格拉斯和芝諾討論），又與幾何學家希波達莫斯親善（日後希氏將會受其委託，規劃港口城鎮比雷埃夫斯）。他另一個最要好的朋友是大雕刻家菲迪亞斯，兩人將會一起規劃帕德嫩神廟和它的雕刻方案——但這要再過四分之一世紀等到雅典帝國如日中天之時方會發生。

伯里克利第一個公共舉動是在西元前四七二年春天資助埃斯庫羅斯的《波斯人》一劇上演，當時他才二十出頭。《波》劇是歌頌雅典人在薩拉米斯島的大捷，而對一個有志成為政治領袖的人來說，向同輩人呈獻一齣充滿希望的戲劇是個非常高明的舉動：其時雅典仍未擺脫波斯人洗劫的傷口，非常需要鼓舞。站在同齡群組的最中央，貴族伯里克利將會以人民捍衛者之姿崛起，而天性孤高冷傲有如奧林匹亞宙斯的他亦將發現自己擁有煽動大眾的演說長才[2]。到了那時候，雅典的民主已不再如雅典人當初所想像那樣子，而是一種（姑勿論好壞）更徹底的品種。

我們對伯里克利的所知多是來自後人記述，特別是來自修昔底德和普魯塔克（他的兩大粉絲），可信度難免打折扣[3]。但有些事實會自己說話，見證出伯里克利能力過人。例如，從西元前四五〇到前四二九年，除一次例外，他每年都入選為「十將軍團」的一員。將軍職位絕不只是軍職，因為司其職者有權在公民大會對大眾發言。在當時的雅典，大部分公職人員都是透過抽籤產生，而將軍是少數要經由選舉才能當上的職位，所以，將軍近乎政治領袖。伯里克利能夠擁有一個民選官職長達近二十年，從未受到成功挑戰或放逐（他父親和他許多朋友敵人都遭受過放逐），足證他有過人之處。

伯里克利在西元前五世紀雅典的影響力類似於庇西特拉圖之於西元前六世紀的雅典。但如果說民眾已經準備好受他支配，他的貴族同仁可沒那麼好打發。伯里克利屬於阿爾克馬埃翁家族（與庇西特拉圖家族是死對頭），而他舅舅不是別人，正是雅典民主的規畫師克里斯提尼。因為父親克山提波斯的關係，伯里克利屬於阿卡門提斯部落和喬拉格斯「自治區」*。西元前四六一年，快三十五歲的伯里克利因為提案放逐基蒙而成為政治鎂光燈的焦點。兩個家族的恩怨可回溯至上一代：克山提波斯曾成功發動對基蒙父親米太亞德的放逐並對其課以五十「他連得」（talent）鉅額罰款[4]。因為付出不罰款，曾在馬拉松統率大軍取勝的米太亞德死於獄中，把債務和仇恨雙雙留給了兒子。

基蒙後來也成了英雄，先是在薩拉米斯島海戰表現傑出，後又在色雷斯、斯基羅斯島和潘菲利亞（今土耳其南部）的歐里梅敦河大敗波斯人。在整個西元前四七〇年代至前四六〇年代，他都是雅典的主要政治領袖之一，大有功於雅典海軍的締建（是海軍讓雅典可以成為帝國）。基蒙靠擄獲的戰利品發了大財，以此還清父親的債務後又將個人財富恣意灑在公共建設上。據說他是第一個用優雅公共空間裝飾雅典的人[5]。他在阿戈拉廣場種了許多懸鈴木，把「學院」變成綠樹成蔭的所在，又築造了一條長約三公里的輸水渠，把市集的溢流引走。軍事征服帶來的財富讓基蒙可以資助衛城南防護牆的重建、修築把雅典連接於比雷埃夫斯的「長城」、建造「隱水處」噴泉屋和「彩繪遊廊（stoa）」（斯多噶學派〔stoicism〕得名於此）†。不過，當基蒙在西元前四六二年支持斯巴達人鎮壓奴隸起

---

*譯注：「自治區」（demes）是雅典最基本的行政區單位。

†譯注：哲學家芝諾在彩繪遊廊講學，其學派遂被稱為斯多噶派。

義又失敗之後，他讓自己陷於不利位置。伯里克利抓住這個千載難逢機會，指控基蒙與雅典宿敵暗通款曲，發起放逐動議。就這樣，利用一件西元前五世紀民主的工具（相當於今日的不信任投票），伯里克利推進了自己的政治野心，成功迫使他的主要對手離開雅典長達十年。

但他還有另一個對手：他的導師厄菲阿爾特。厄菲阿爾特是一位大改革家和人民群眾的捍衛者，曾在驅逐基蒙的同一年發動改革，廢除了戰神丘議事會的幾乎所有功能（該議事會由一些前執政官和其他前高官組成，類似元老院）。自此以後，除謀殺案以外的所有刑事和民事案件都是改交法院審理（所有雅典公民都有資格參加「審判團」）。這個對貴族權力的剝奪決定性地標誌著雅典的所謂激進民主的起始。並不是每個人都對此感到高興。翌年，厄菲阿爾特遭刺殺，伯里克利通往權力之路自此大開。

西元前四五七年，伯里克利因為在坦納格拉戰役表現英勇而備受肯定。普魯塔克告訴我們，在所有雅典將士中，他是「最不顧自身安危的一個」6。所以，還不到四十歲，這個愛國者和深思的行動人便成功鞏固了自己作為雅典領袖的地位。接下來三十年，他將會領導一個激進民主政體、一個強大帝國、一場與斯巴達的浴血戰和一項奢侈鋪張的衛城建設計畫。在討論最後一點前，讓我們先看看當時的政治脈絡（當時一如任何時候，這脈絡都與雅典人的自我理解有密不可分的關係）。

即便是最犬儒心態者一樣必須承認雅典激進民主的核心價值值得追求，它們包括：個人自由、自治、法律面前人人平等、任何公民（財富多寡不論）都有權在雅典領土擁有土地與房屋，以及強調個人應為共同體的福祉盡力。所有雅典公民（一律是男性）都有權參與公民大會的討論和投票（有些情況下公民大會的法定人數規定為六千），以及有資格出任民眾法庭的陪審法官。最小的案子由兩百名年過三十的陪審法官審理，但陪審法官的總數是六千人。因為民眾法庭才有放逐權，因此握有實權的是民眾法庭而非公民大會。再來還有「五百人議會」，它由十個克里斯提尼「部落」抽籤選出的五十名代表構成。總計下來，每年有一千一百名雅典人可以出任公職，絕大多數都是抽籤選出，只有大約一百個職位（包括「十將軍團」）需要透過選舉。西元前四八七年之後，執政官不再民選，改為同樣是抽籤決定[7]，而到了西元前四五七年，就連只有最起碼資財的「雙牛階級」都有資格出任執政官。公職愈來愈多地釋出讓每個公民都有工作，而疏忽這種職責的人會得到「自私者」的罵名。就這樣，權力以前所未有的廣度分配到整個城邦，也讓它變得前所未有地派系林立，以致過不了多久，便亟須用一座宏偉建築提醒他們，什麼才是重中之重。

民主在人類歷史上的第一次出現會是在雅典，正因為人人相信他們有著共同祖先（起源自如謎團般的青銅時代），全都是厄瑞克透斯乃至雅典娜本人的後嗣。雅典人理解的「政治」遠遠超出我們對政治的觀念，它設定了一個神話性的「深時」*和宇宙真實，讓公民除了透過宗教意識與虔誠以外無法定位自己是誰。一切都是以城邦的福祉為依歸，而透過為彼此增加這種福祉，透過這種共同理解，民眾統治被相信可以信賴。但激進民主無可避免是一種臃腫的統治願景，也無可避免是花費昂貴，必須仰賴帝國的收入來支撐。不管這種願景可為事物的神聖秩序增加多少禮讚，它帶給個人公民的豐厚收入都容易讓他們分心，削弱掉讓民主成為可能的團結性和無私。

把陪審法官改為有薪制的人正是伯里克利。自此，坐在審判團聽審的公民就像士兵和槳夫一樣，

---

*譯注：「深時」原是地質學概念，指動輒以百萬年為單位的地質學時間。

可以因自己的服務而獲得報酬。祭司職位原先一向是貴族的世襲特權，如今也透過抽籤向更多公民開放。聖職以往固然會帶來業外收入，如今則更是有現金薪水和實物加給（獻祭動物的毛皮和肉）。久而久之，全體公民耗去那麼大量的公帑，以致更好的對治方法看來不是限縮公民的利益而是限縮公民權的資格，以免有太多外人分享雅典的財富。雅典貴族男子長久以來都偏好娶富有的外邦新娘，像伯里克利本人的外公便是娶西庫昂富家女為妻。財力較弱的公民後來起而效尤，完全不用擔心無法把公民權傳給兒子。但在西元前四五一／四五〇年，伯里克利修改法令，規定只有父母雙方都是生於公民家庭的男性方可獲得公民權[8]。這條立法雖然排他，卻讓婦女在婚姻上比從前任何時候更有市場，有助於大大提升她們的地位。一向以來，除財產擁有權以外，雅典婦女並無多少權利或福利，也沒資格從軍或從政。她們需要男性監護人在法庭為她們代言和代為處理所有金錢與法律上的事務。不過，透過家人，婦女一樣可以享受城邦的財富，而那些當上女祭司的人則除了地位尊貴外，還有薪水和祭肉可領[9]。

伯里克利事業成功的關鍵，除了是揮金似土地滿足民眾對薪水愈來愈高的期望以外，無疑還靠著他無可匹敵的演說天分。柏拉圖在《斐德羅篇》裡稱他為「所有演說者中最完美的一位」[10]（不過這位哲學家在別處又說伯里克利只是根據事先擬好的稿子照本宣科）[11]。歐波利斯在他上演於西元前四一二年的喜劇裡對伯里克利的天分有讓人屏息的描述：

說話人甲：那個人是最擲地有聲的演說者。

每逢他出現，都能像個偉大短跑者那樣

從十尺後面追上對手。

說話人乙：你說他跑得快……但除速度以外，
說服力就像坐在他的嘴唇上，
讓人好如癡如醉。他是唯一能一貫
把他的螫叮留在聽眾腦海裡的政治家。

歐波利斯，《自治區》，PCG V 102[12]

如果伯里克利想要國人同胞分享他的金碧輝煌新衛城願景，那他的螫叮就得繼續保持威力。從後來的發展判斷，他成功了。

及至西元前五世紀中葉，衛城已經維持半廢墟狀態長達三十年。舊帕德嫩神廟的地基仍舊破損，它的大理石塊仍舊因為波斯大火而留有裂痕。舊雅典娜神廟的屋頂業已坍塌，不過儘管室內空間全毀，它的兩個立面還有西廳的一大部分仍然挺立（一二八頁圖25）[13]。清理衛城的工作早在帝米斯托克利指揮下於西元前四七〇年代展開，當時可堪使用的石塊被搶救回來修築城市的新防護牆。但聖岩的許多地方仍然一片斷垣殘壁，幽幽訴說著波斯人的暴戾。想讓人毋忘波斯人的逆天悖理，沒有較此更有力的方法。

事實上，希臘人在普拉提亞戰役前夕（西元前四七九年）所發的著名誓言中就包括以下幾句：

「我將不會重建任何一座被蠻族摧毀的聖所，而會讓它們留在原地，讓未來世代永誌不忘蠻族有過的大不敬。」[14]雖然這誓言的真實性受到質疑，但從文獻和碑銘都引用過它的事實，反映出它不是捏造的[15]。考古證據也指向同一方向：在西元前四八〇至前四四七年之間，衛城沒出現任何大型建築。不過，又誠如果赫斯所強調，該誓言除了考慮到衛城廢墟的象徵意義外，八成也考慮到雅典需要休養生息[16]。重建衛城有賴穩健的財政，而建立穩健的財政需要時間。

事實上，雅典人與波斯人的戰鬥並未在普拉提亞大捷之後終結，因為希臘聯軍企圖把敵人完全趕出愛琴海諸島、色雷斯、小亞細亞、安納托利亞和塞浦路斯。一個希臘城邦的聯盟在西元前四七八年締結，主要成員最初只包括愛琴海諸島的城邦，但後來逐漸擴大，最後的結盟者多達一百五十至一百七十個城邦。成員之一的提洛島因為位於愛琴海最中央，便成了聯盟的總部，歷史學家也因此稱之為「提洛同盟」（但在古代，這個組織僅僅被稱為「希臘人及其盟邦」）。各成員國有義務為同盟提供戰爭所需的船隻、木材、穀物與部隊。最後，在西元前四四九年，雅典使節卡利亞斯與波斯達成和平協議，協議內容保證了小亞細亞希臘城邦的自由，又禁止波斯在愛琴海任何地方建立總督轄地，甚至禁止波斯船隻進入愛琴海[17]。這和約對「提洛同盟」來說固然是個分水嶺，但對雅典人來說更加如此，因為自此以後，他們將會朝帝國的方向邁進。

伯里克利毫不遲疑地展開一個他已推遲良久的目標：重建衛城（圖26）。和平既已到手，存放於同盟金庫的共同基金便不再需要用來支應戰爭。基於此，伯里克利把五千「他連得」轉入「雅典娜的帳戶」，用以作為實現其願景的空白支票。根據這個重建計畫，一座巨大雙扇門——稱為「山門」（Propylaia）——將會取代衛城原來的西入口，而緊鄰其旁的勝利女神雅典娜神廟亦會完全改頭換面，以大理石重新包裝和加建一圈帶有雕刻的矮圍牆。與此同時，台地南邊的舊帕德嫩神廟工地和台地北邊的舊雅典娜神廟廢墟會分別更新為帕德嫩神廟和厄瑞克透斯神廟。這四座建築都會動用雪白的彭代利孔大理石，並以讓人目眩的大量雕刻加以裝飾。總經費將是天文數字。

普魯塔克告訴我們，伯里克利的鋪張計畫在公民大會引起激烈反對，批評者指控此舉是在揮霍城邦的基金[18]。最激烈的反對者之一是基蒙的政治繼承人修昔底德（不是史學家修昔底德斯而是另一同名者）。但伯里克利以高明技巧擋開一切指控，又表示只要容許他在新神廟上銘刻上「伯里克利所建」字樣，他就願自掏腰包，補貼工程款[19]。最後，公民大會同意了他的計畫，批准每

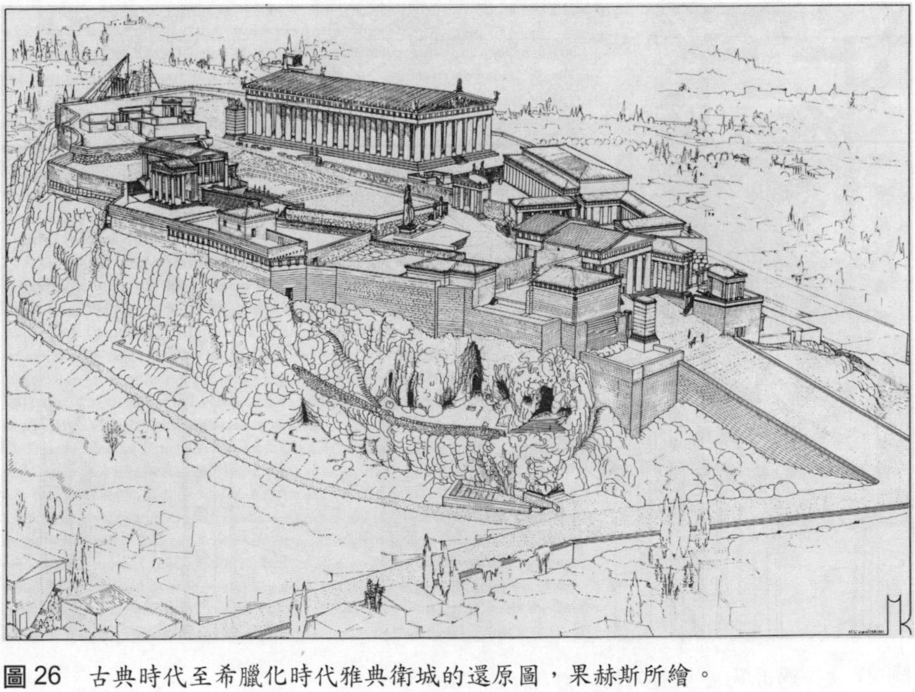

圖26　古典時代至希臘化時代雅典衛城的還原圖，果赫斯所繪。

年撥鉅款讓計畫可以步步推進。計畫確實是步步推進，終至創造出歷來最巨大、最技法驚人、最裝飾繁麗和最氣勢撼人的神廟（圖27）。

伯里克利會得逞，最主要是因為無比敬鬼神的雅典人想要用最鋪張的方式榮耀雅典娜，感謝她幫助打敗波斯人。由於酬神的基本原則是「愈鋪張愈好」，所以帕德嫩神廟極盡輝煌。一整代雅典人不曾見識過衛城曾有的壯盛，所以，全面更新衛城的計畫會通過，大概也是因為「波斯戰爭世代少年」想要留給子女一個不是廢墟的衛城，一個不是只凝結著戰敗苦澀回憶的衛城。是時候為城邦打造一種新敘事，其內容是講述雅典的勝利和優越，是對它從灰燼中重新崛起奇蹟的一個視覺禮讚。雅典擁有達成這目標的一切要素：一位強人領袖、人民的集體意志、一大批天分高

圖27　從西北面看見的帕德嫩神廟，一九八七年。

的藝術家與工匠、優質大理石的來源，以及高雅品味、樂觀精神、人力和錢——極多的錢。

帕德嫩神廟也將成為「提洛同盟」金庫的新家，因為伯里克利在西元前四五四／四五三年把同盟的共同基金從提洛島搬到雅典。前一年，希臘艦隊在埃及外海被波斯人大敗，伯里克利以此為口實，說把金庫遷至雅典會更安全。就這樣，「提洛同盟」一瞬間被變成了後人所稱的「雅典聯盟」。從西元前四六〇年代起，愈來愈多同盟國捐獻金錢而非船隻，而這些錢現在落入雅典人獨自管理。到西元前四五四年，當伯里克利把同盟的金庫轉移至雅典時，共同基金的淨值高達八千「他連得」[20]。同盟國繼續有義務每年向共同基金捐獻六百「他連得」（大略相當於十七噸的銀，約合今日三億六千萬美元）[21]。這筆錢有六十分之一敬獻給雅典娜，放在一個由雅典政府控制的特別帳戶。我們知道，在西元前四三一年，有大約六千「他連得」（一百七十噸銀幣）存放於衛城，一大部分是放在帕德嫩神廟。雅典娜的黃金象牙神像事實上扮演著金庫的功能（書前彩圖14）。它的袍子鍍有四十或四十四「他連得」的實心黃金，重兩千三百至兩千五百磅。在有需要的時候，雅典政府被容許以借貸方式切下部分黃金，但理論上必須歸還[22]。就這樣，一筆驚人財富落入了雅典的控制。靠著它，雅典建造出一支傲視同儕的艦隊，用來保衛「雅典聯盟」。更重要的是，靠著這筆財富，雅典可促進自身利益、擴大國際貿易和把衛城美化至超出一切想像的程度。公民也人人分到大大一杯羹。在這個過程中，雅典發展成為一個帝國，把其他同盟國矮化成了附庸國[23]。

帕德嫩神廟象徵著雅典的無上霸權，讓這城邦無時或已的競勝心態獲得大大滿足。不過，它也是個不折不扣的保險櫃，是存放盟邦進貢財寶之地*。帳目銘文見證著一筆不斷增加的財富[24]。由金、

*譯注：希臘神廟的內殿只有祭司等少數人有權進入，主要宗教活動都在戶外祭壇進行。

銀、青銅和象牙所造的供品擠滿帕德嫩神廟的室內空間，包括了武器、容器、油燈、盾牌、家具、箱子、籃子、珠寶、樂器、神像和其他送給女神的禮物[25]。這些東西滿盈東內殿（銘文稱之為「百尺殿」）以至西廳（銘文稱之為「帕德嫩」）*。建築於雅典人的思考方式開始被公民宗教（civil religion）、自尊自大和帝國野心攫住的時刻，帕德嫩神廟不管有多奢侈豪華，仍然被雅典人抱著真誠和敬畏心情視為城邦最高理想和美德的體現。

伯里克利的衛城大計還有另一層目的：讓成千上萬的勞工長期充分就業。更新衛城的整個計畫需要採挖十萬噸以上的大理石，七萬塊大石塊需要切割好和運至聖岩，拖到山頂，再由石匠打磨和安放在預定位置[26]。必須修築道路以通往彭代利孔山新礦場的道路，以及通向其西南約十六公里的雅典。果赫斯還原了採石、切割石塊（重可達十三四噸）和把它們運至雅典城中心的過程[27]。索具操作夫和聯畜趕車夫會把新採的石頭吊上由牛或馬拖的輪車或橇，然後花六小時從一條石板路把石頭運至雅典。一條新的斜坡道（寬二十公尺）被建在衛城西坡，以供把物料拖送至山頂。在山頂，有多至兩百名工匠處理大理石，多至五十名雕刻師雕琢圖案，其他建築工人和輔助人手更是不計其數[28]。

就這樣，所有公民都可以從城邦的財富分到一杯羹。普魯塔克點算了伯里克利的大計需要用到哪些人：木工、鑄工、銅匠、石匠、染匠、金匠、象牙匠、畫師、刺繡工、浮雕雕工，以及籌辦和運輸物料的人員，包括水手、舵手、造車人、養牛人和趕騾人。再來還需要編繩的、織布的、製革的、築路的、採石的，外加一大群起支援作用的非技術工人。普魯塔克寫道：「這些公共工程的各種需要讓盈餘的財富可以大量分潤給各年齡階層和背景的人。」[29]雅典公民不只在建造帕德嫩神廟的十六年間（西元前四四七至前四三二年）受僱，還在建造「山門」（西元前四三七至前四三二年）、厄瑞克透斯神廟（西元前四二一至前四〇五年）、勝利女神雅典娜神廟（西元前四二七至前四〇九年）期間受僱。事實上，拜伯里克利的願景之賜，雅典的充分就業一直延續至他身故很久之後，即延續至西元前五世紀的最後十年。

帳目銘文記錄了各種工人的薪資和各種建材的價錢，合計下來，建築帕德嫩神廟的總開支是四百六十九「銀他連得」（約合今日二億八千一百萬美元）[30]。這筆錢部分由來自拉夫里翁的銀礦收入，但大部分是來自雅典自己的保險箱，即各盟邦的貢金。每年一度會選出一個由六名雅典人和一名書吏組成的財政委員會，負責極其煩瑣的付款事宜。

帳目銘文還告訴我們：帕德嫩神廟啟建於西元前四四七／四四六年；雅典娜黃金象牙神像及時在西元前四三八年的大泛雅典節之前完成；神廟全部完工於西元前四三三／四三二年（最後的工作是把大於真人的雕像安放到三角楣牆）。就像它之前和之後的許多建築計畫那樣，帕德嫩神廟看來沒能按照原定進度完工。不過，屋頂既已就定位，雕像要在五年後安放在三角楣牆上便一點都不難。這些雕像的超優品質證明多花費的時間完全值得（一六四頁圖33）[31]。不管怎樣，神廟主體可以只花九年時間便全部完成，不可謂不驚人。雅典的海軍技術對這種建築速度無疑貢獻匪淺[32]：張帆和起卸貨物所需的船纜、絞盤和滑輪知識輕易就可以轉用於拖運和吊起大理石柱石和簷口石塊[33]。

從一開始便決定，帕德嫩神廟要完全用彭代利孔山（雅典自己的山）優質而細顆粒的雪白大理石打造。所以，它從頭到腳（從屋頂石板到三階台座到每一件雕刻裝飾）都是同一種石材，是一座完全

＊譯注：帕德嫩神廟一共只有兩個室內空間，一是位於東邊的廳間（「內殿」），一是位於西邊的廳間。

用雅典物料建成的雅典宏偉建築。數以萬噸計的彭代利孔大理石被運上衛城，再重新創造為一座名副其實的「大理石山」。帕德嫩神廟將會像彭代利孔山本身一樣堅固、耐久和炫目。

古代文獻資料稱伊克蒂諾斯是神廟的設計者／建築師，稱卡利特瑞特是總包商之類的角色[34]。在神廟竣工後四世紀從事著述的維特魯威提到卡皮翁其人，說他與伊克蒂諾斯合寫了帕德嫩神廟的工程學手冊，暗示他的重要性匪淺。不過，他的名字沒出現在其他任何記載[35]。莫奈西克勒斯是「山門」的建築師（「山門」與神廟同一年動工）。不過，在構思和執行帕德嫩神廟建築計畫那支天才團隊中，最核心的一位卻是菲迪亞斯，他是工程的總監工[36]。

菲迪亞斯看來是畫家出身（他哥哥帕奧涅斯也是畫家），但未幾即專注於雕塑，贏得過一些最豐厚的合約。他的才華早在基蒙執政期間便受到肯定，獲選在德爾斐製作紀念雅典馬拉松大捷的青銅像組。以波斯戰利品的十分之一作為經費，這像組的中心人物是戰爭英雄米太亞德（基蒙的父親），兩旁站著雅典娜和阿波羅，四周環繞著更多的人物，包括厄瑞克透斯、喀克洛普斯、忒修斯、忒修斯兒子阿卡瑪斯和其他名字被用來命名克里斯提尼創造那十個新「部落」的英雄[37]。所以，菲迪亞斯很早便有為厄瑞克透斯造像的經驗，而這經驗日後將會在他製作帕德嫩神廟橫飾帶時有用。基蒙執政期間，菲迪亞斯還為阿哈伊亞城的培林尼造過一尊黃金象牙的雅典娜神像，為其日後製作的「帕德諾斯雅典娜」*黃金象牙像提供了經驗。菲迪亞斯的最顯眼作品無疑是衛城的雅典娜青銅像。像高約四十公尺，製作於西元前四七〇年代，資金由擄獲自薩拉米斯的波斯戰利品挹注。這青銅像（三〇一頁圖88）站在衛城之上，目光穿過「山門」直視薩拉米斯島，據說連遠在蘇尼翁†的人都可看見雅典娜頭盔的羽冠和長矛的矛尖[38]。不過，菲迪亞斯最著名的作品卻是被譽為古代世界七大奇觀之一的宙斯黃金象牙巨像（供奉於奧林匹亞的宙斯神廟）‡。

當帕德諾斯雅典娜神像在西元前四三八年揭幕後，菲迪亞斯受到侵占造像黃金的指控。這是一波倒伯里克利浪潮的一部分，緣起於極端民主制度內部的權力鬥爭。不多久，伯里克利深愛的米利都情婦阿斯帕齊婭亦被指控瀆神[39]。據阿特納奧斯§引用蘇格拉底弟子安提西尼的話所述，在法庭上為阿斯帕齊婭辯護時，伯里克利用盡了力氣，涕泗滂沱。不久之後，當局通過一條法令，禁止教導有關「諸天的知識」：分明是劍指伯里克利的老師阿那克薩哥拉。伯里克利本人先前也被指控賄賂和侵占，政敵是看見他並未因此被扳倒，才會拿他的親密圈子開刀。普魯塔克告訴我們，菲迪亞斯最後要求把女神像的黃金取下秤重，證實毫釐不差，才得以洗雪罪名。但指控者沒有因此罷休，另外指控他偷偷把自己和伯里克利的肖像刻在雅典娜盾牌上，畫成「亞馬遜人戰爭」的兩個雅典士兵[40]。被判罪名成立和逐出雅典，這位伯里克利時代最偉大的雕塑家和帕德嫩神廟建造工程的總監工至死都背負著汙名。

＊譯注：「帕德諾斯」這個字與「帕德嫩」為近親，意指處子、閨女、貞女。

†譯注：蘇尼翁位於阿提卡半島的最南尖端，距雅典六十九公里。

‡譯注：這個神像的製作日期晚於「帕德諾斯雅典娜」。

§譯注：活躍於一至二世紀的羅馬帝國時代作家，生活於埃及的瑙克拉提斯（Naucratis），生平不詳，用希臘文寫作，留下《歡宴的智者》（*Deipnosophistae*）一書，該書以對話體寫成，為後世保留了大量珍貴的風俗和文學資料。

在規劃雅典娜的新神廟時，菲迪亞斯及其團隊回顧了舊帕德嫩神廟（啟建於西元前四八八年左右，剛開了頭便毀於波斯人之手）[41]。它的巨大地基（南邊深十一公尺）將會被用於承載新的神廟。由於地基最頂幾層石頭受損於火，新神廟的階狀基座*將會用新採的大理石完全包覆。出於節省經費考量，有些為舊帕德嫩神廟而切割但仍躺在彭代利孔山採礦場或衛城山頂的石塊被重新起用[42]。一些學者估計，舊材料新用的做法讓帕德嫩神廟省下四分之一的總經費。為了讓回收再利用成為可能，新神廟基座「頂階」的高度、通向內殿台階的高度和柱廊列柱的直徑都依循舊神廟規格[43]。

不過，兩者的格局仍有許多不同。新神廟的足跡向北延伸（圖28），讓它比它的前身較寬又較短，面積變成是三十點八〇公尺乘六十九點五一公尺。為配合多出來的寬度，立面增加了兩根立柱，形成了一個八柱柱列，不再是前後端各

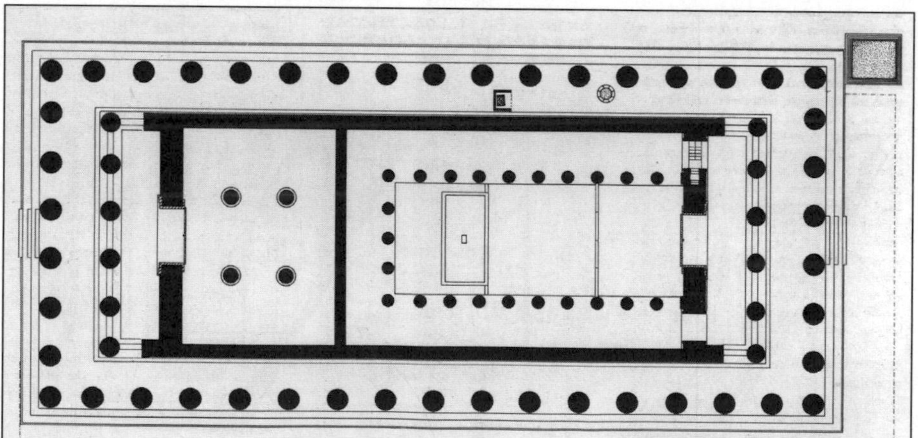

圖28　帕德嫩神廟平面藍圖（小型神龕和祭壇位於北柱廊），虛線部分為舊帕德嫩神廟的範圍。果赫斯繪圖。

六根和兩側各十七根[44]。這個新比例讓內殿變得更寬敞，目的無疑是為容納菲迪亞斯雕刻的雅典娜巨像[45]。因此，帕德嫩神廟的柱列一共是四十六根立柱構成，前方與後方立柱之間的空間以金屬格柵和柵門圍起，以保護殿內財寶。立面柱列的後方另有一排六根的立柱，而這種安排與西元前六世紀東希臘的一些愛奧尼亞聖所相似，曾見於薩摩斯、以弗所和迪迪姆的雙柱廊巨大神廟[46]。這個創新有違多立安式神廟法式，因為後者只有單一圈柱廊圍繞內殿。事實上，帕德嫩神廟整體來說雖是多立安風格，卻加入了不少愛奧尼亞元素。除上述的雙重柱列外，愛奧尼亞元素還表現在：多立安橫飾帶†頂部的珠鍊狀花邊、圍繞內殿外牆最上方一圈連續敘事的愛奧尼亞橫飾帶，以及西廳裡四個愛奧尼亞柱基（可能是用來插放早期的科林斯式立柱）（三〇八頁圖90）[47]。

把基座向北拓寬五公尺還帶來另一個後果：讓帕德嫩神廟與先前另一座神廟的範圍重疊。出於對這個舊聖地的尊敬，一個「小神龕」蓋在了帕德嫩神廟北柱廊裡面，用以標示出其位置（圖28、下頁圖29）。果赫斯找到證據證明，「小神龕」是位於（從東端算起）第七和第八根立柱之間，而且另有一個圓形祭壇位於第五和第六根立柱之間[48]。圓形祭壇的存在反映出，舊神廟的獻祭儀式繼續在其新化身裡進行。有意思的是，「小神龕」的軸線是對齊於舊帕德嫩神廟的軸線，不是對齊於新帕德嫩神廟微微偏斜了的軸線。我們會在第六章回頭談這個小神龕。就目前，我們只須知道，造廟者刻意保存

*譯注：參一五〇頁圖30。

†譯注：指由三槽板和柱間壁相間構成的敘事，由於三槽板沒有圖畫，只有三條凸槽，故多立安橫飾帶（有別於愛奧尼亞橫飾帶）是一種「不連續」敘事。

圖29　北柱廊、小型神龕和祭壇的還原圖，果赫斯所繪。

這個特別神聖地點的連續性。

新神廟的另一個參考對象是奧林匹亞的宙斯神廟。竣工於西元前四五六年，宙斯神廟是同時代希臘神廟中最大一座[49]。雅典的建築師很自然會望向它，想要勝過它。帕德嫩神廟外立柱的高度和宙斯神廟一模一樣（十點四三公尺），不過，因為帕德嫩神廟要更寬（宙斯神廟的立面只有六根立柱），加上使用大理石而不是石灰石，讓它的壯麗程度遠遠超越前者。

新帕德嫩神廟的平面格局與它的前身基本一樣：一個大廳位於東端（前方），西端是一個完全與之分隔開來的較小廳堂（一四六頁圖28）。西元前四三四／四三三年的帳目銘文把東面的內殿稱為

「百尺殿」，而前面提過，那座帶有藍鬍子三角楣牆的西元前六世紀神廟也是被如此稱呼（它有可能就是坐落在帕德嫩神廟同一地點）[50]。內殿大門兩邊各開一扇窗，讓額外的陽光可以灑落在雅典娜的黃金象牙神像。神像前方的地面微微下凹，說不定原是個淺水池，作用是讓空氣溼潤（太乾燥的話神像的象牙部分容易裂開）。它還可以把從東窗照進的陽光反射到神像，使之更容光煥發。東內殿以一個優雅的方法支撐屋頂：運用兩層柱廊。這既符合多立安式比例的規範（它不容許使用細長的立柱），同時又可在神像的兩邊和背後形成一種透明的、螢幕似的氛圍（書前彩圖14）。此舉除了讓神像顯得更大，也大大增加內殿的神祕感[51]。

與東廳相比，神廟的西廳要小得多，面積只有十三點三七公尺乘十九點一七公尺，南北向的寬度要大於東西向。西元前五世紀的帳目銘文稱之為「帕德嫩」（字面意思是「閨女們的〔處所〕」），其真義我們會留待適當時間披露[52]。它的屋頂由四根修長立柱支撐。從柱基的輪廓觀之，這些立柱不是多立安式而是典型的阿提卡愛奧尼亞柱式。改用這種柱式事屬必需，因為西廳的天花板要高於柱廊的柱列，如果使用較粗短的多立安式立柱，立柱便會大得讓人受不了。運用兩層柱廊當然也是一個辦法，但西廳不像內殿那樣有此必要。所以，另一個創新的方法便被想了出來：引入修長的愛奧尼亞式立柱。佩特森甚至進一步主張，這些立柱的柱頭乃是科林斯柱式的前身。有關這一點，我們會留待後面討論[53]。

帕德嫩神廟建築師和工程師的最大自我超越大概是在精煉視覺效果時精益求精，將其提升至高級藝術的境界。雅典造廟者早知道巨大神廟會讓人產生視錯覺，並謀求補救之道。例如，如果任由頂階、底階或楣樑保持一直線，它們看起來就會像是微微下凹。一個修補錯覺的方法是使所有水平平面向中心點微微弓起[54]。所以，帕德嫩神廟的四邊都看得見彎起的表面和線條。例如，基座兩側石階的中心部分便比兩端弓起六點七五公分（圖30）。同樣地，楣樑的水平線也是在中央處弓起。執行這種微調的技術老練程度讓人嘆為觀止。細細觀察的話還會發現這種手法被別具巧思地結合於顛倒的不對稱和曲率的微微遞減，全都是花費極大力氣達成，不著痕跡又極盡賞心悅目之能事。

早早便有人指出過，帕德嫩神廟幾乎不存在直線。首先，它坐落的地基便是兩邊翹起：東端翹起三公分，西端翹起五公分[55]。這樣，在從「山門」進入衛城的人眼中，神廟的西立面會更顯恢弘（一四〇頁圖27）。另外，帕德嫩神廟的邊牆都是微微向內

圖30　微微弓起的帕德嫩神廟北基座（譯按：圖中的基座稱為「階狀基座」，最上一階稱為「頂階」，下面兩階稱為「底階」）。

傾斜，同樣情形也見於列柱廊的四十六根立柱。事實上，如果讓兩側的立柱向天空延伸，它們將會在基座上方的二點五公里之處交會[56]。當我們望向簷部和它的多立安橫飾帶，會看見柱間壁微微外斜而三槽板微微內斜。就這樣，透過弓起、翹起、內斜、外傾等各種手法，帕德嫩神廟從頭到腳都散發著一種和諧與平衡感。

神廟的柱廊縮影著「柱樑結構系統」對古典建築的影響。不過，為了追求視覺效果，建築師一樣對「柱樑結構系統」做出了不著痕跡的微調。每根立柱都是從下往上收窄，基部要寬於頂部。與此同時，立柱的中間部位會微微鼓起。這種手法稱為「卷殺」（或稱收分曲線），是要摹狀凸起的肌肉，讓立柱看似是承重中的二頭肌。另外，位於神廟四角的立柱要比其他立柱略粗，以給神廟兩側製造出一種格外堅固的感覺。類似地，立面左右最後兩根立柱的距離短於其他立柱的距離。這種技巧稱為角落收縮，可以讓倒數第二根立柱直接承在三槽板下面。但如此一來，角落的三槽板便不是對準角落的立柱而是對準簷部的角落。神廟建造者會採取這種退而求其次的做法，被認為是因為無法忍受把半塊柱間壁放在最角落*。

---

*譯注：作者這裡談到的問題有點複雜。首先要知道兩件事：希臘的建築師一律是在立面橫飾帶的兩端放入三槽板（而非柱間壁），又喜歡讓三槽板與其下方的立柱（有立柱的話）對準。但角落三槽板如果是對準下方的立柱，則倒數第二根立柱勢必無法對準上方的三槽板。「角落收縮」可解決後一問題，但這樣一來，便變成角落三槽板無法完全對準下方的立柱。如果把角落三槽板代以半塊柱間壁，上述問題便可全部解決。但有些論者認為，這是希臘建築師（出於某種非建築學理由）無法忍受的做法。

這些處心積慮的差異和變化復受到一個以「四比九」比例為基礎的複雜系統所指導，神廟也因之被整合為一個統一整體[57]。該比例系統被遵守至讓人吃驚的程度：它規定了立柱和簷部高度與頂階寬度之間的比例，規定了立柱最小直徑與立柱之間軸向距離的比例，規定了「頂階」寬度與「頂階」長度的比例。最後得出的結果便是一個輕快、雄渾的整體，讓帕德嫩神廟就像是活的有機體，會在它承托的彭代利孔大理石下面呼吸和伸展肌肉。美國新藝術派建築家弗拉格把這些比例所創造的效果比作聽覺上的和諧：「聽者也許會完全不知道所使用的方法，卻會被結果迷住。類似地，和諧尺寸的觀察者也可能會忽略它們的存在卻照樣被俘擄。」[58]

要是沒有極高明技術能力和極大耐心，這種視覺完美性不可能達成。包括給立柱刻凹槽、雕琢浮雕和磨光滑石頭表面在內，帕德嫩神廟每塊石塊的加工都是現場完成。利用沙紙板，工匠可毫釐不差地把石頭表面打磨至二十分之一毫米粗細，讓石塊彼此可近乎無縫地貼合在一起。光陰的力量讓這種完美的整體性更趨完美。果赫斯最讓人稱奇的發現之一便是，在大石塊向彼此施壓了二十多個世紀之後之後，大理石顆粒已從一個板塊融合到下一個板塊，形成一整塊結實的石頭。果赫斯稱這種現象為「蛇化」，因為在大理石晶狀結構裡，個別顆粒已經變形為波浪狀線條[59]。他有機會觀察到這點，是因為一九八一年一場地震讓神廟階狀基座的石塊被震開了一點點，讓他窺見基台的核心處。他看到的景象煞是驚人：所有石塊全都無縫地融合在一起。這讓帕德嫩神廟是重建的彭代利孔山之說更加有說服力。

不過，在帕德嫩神廟引入的各種創新中，最讓人印象深刻的還是它的雕刻裝飾極其豐富，讓人目不暇接。之前從未有過這樣嘗試：兩面巨型而裝飾繁縟的三角楣牆，每面放滿幾十個人物；一圈多立安式橫飾帶（共九十二塊柱間壁）環繞神廟整個外部一周（這是創舉）；再來是環繞內殿外牆高處一圈的連續敘事橫飾帶，長度為讓人瞠目結舌的一百六十公尺。這種裝飾上的鋪張華麗與證明雅典至高無上的目標完全一致。更重要的是，就像古風時代衛城的大型神廟那樣，帕德嫩神廟的雕刻是深深浸泡在族譜敘事裡，目光比從之前任何時候都要望向更古的神話遠古。在一個沒有聖書或媒體的時代，這個在衛城豎起的超大「看板」恆常提醒雅典人他們是誰，來自何處。正是向時間地層的挖掘讓雅典的視覺藝術對雅典人的心靈有如此大的影響力。若不能理解這些雕刻所述說的故事，我們就頂多只能欣賞它們的形式完美，而無從一窺神廟的終極意義。

帕德嫩神廟東三角楣牆講述了雅典人世系史的最開端：雅典娜的誕生，時為赫西俄德筆下的黃金時代。與此相輔相成，西三角楣牆講述了雅典本身的誕生，即雅典娜和波塞冬為爭奪雅典守護權所做的較量。這事件的年代被設定在第一青銅時代喀克洛普斯國王在位之時。就在雅典娜誕生畫面的下方，我們看見了諸神與巨人的大戰。東立面既是神廟的主立面或說「正面」，其三角楣牆和柱間壁會出現大量神祇乃是理所當然。西側和南側柱間壁上演時代要略晚（即第二青銅時代）的故事，分別講述雅典最偉大的英雄忒修斯大戰亞馬遜人和大戰馬人。最後，在北柱間壁，晚期青銅時代最後果重大的「分界性事件」——即特洛伊戰爭——被娓娓道來。這史詩對雅典人來說是神話時代與真正歷史時代的終極界標。

保薩尼亞斯在帕德嫩神廟落成的六百年後曾到此一遊。他讚嘆兩面三角楣牆上的雕刻和內殿的雅典娜巨像，卻沒提柱間壁，它們是神廟最先完成的雕刻性裝飾。之前從不曾有過希臘神廟是整座殿宇

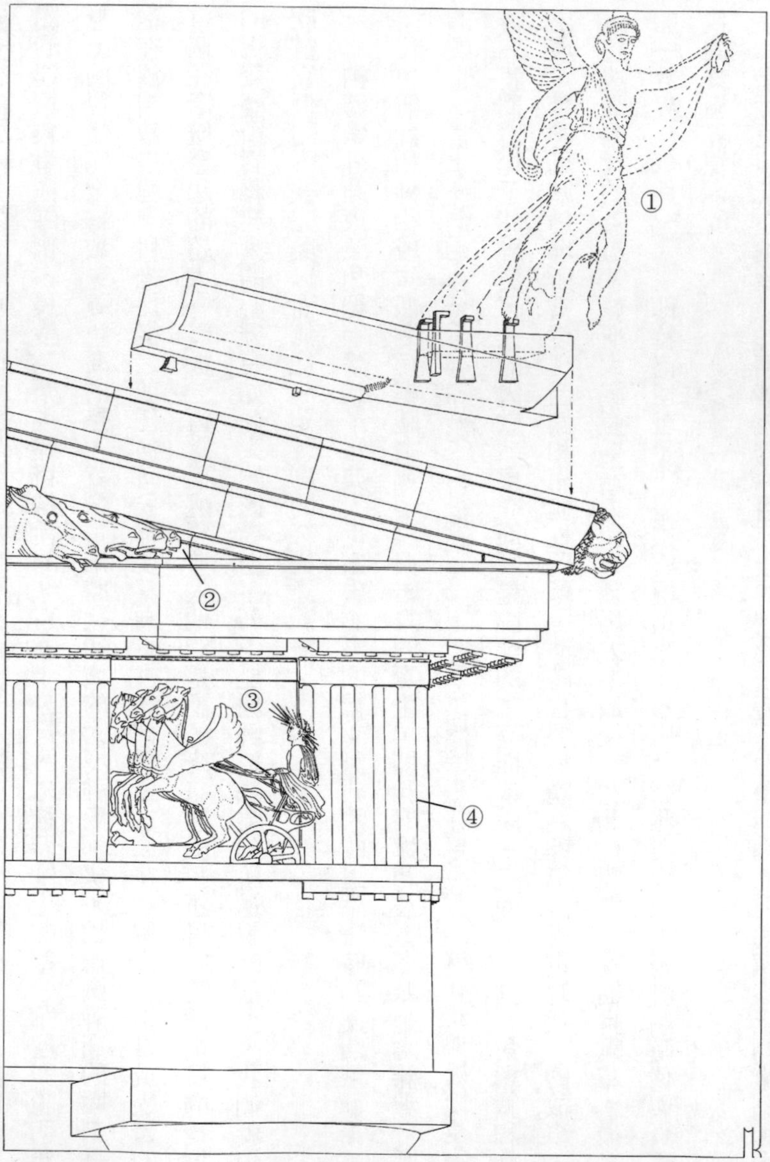

圖 31　帕德嫩神廟東北簷口的還原圖，顯示出①勝利女神頂端飾、②三角楣牆中塞勒涅的拉車馬，以及③赫利俄斯柱間壁。果赫斯繪圖。（編註：三槽板見④）

外頭圍繞一圈柱間壁*（大略正方形的圖板，每兩塊柱間壁之間會有一塊三槽板）。要做到這一點，意味著帕德嫩神廟（歷來最大一座多立安式神廟）東、西兩面共需十四塊圖板，南、北兩面共需三十二塊圖板。以帕德嫩神廟這麼挑剔的建築來說，有一件事大概會讓人意外：其柱間壁在風格和雕刻功力上表現出極大參差，反映的大概是負責其事的藝術家與學徒人數眾多。老一輩雕刻師（受西元前四七〇至前四五〇年代的所謂「嚴肅風格」洗禮）也許會把奧林匹亞宙斯神廟的雕刻奉為楷模，但年輕一輩的雕刻師卻傾向於向前看，從事各種形式和構圖的實驗，創造出後來所謂的全盛古典風格。所以，在帕德嫩神廟的柱間壁中，某些人物的雄渾與另一些人物的笨拙形成顯著反差。這現象在南柱間壁（刻畫拉庇泰人與馬人的戰爭）特別顯著：它們的手法和功力極不整齊（下頁圖32）。

果赫斯對神廟東北角落的還原顯示出造廟者把雕刻與建築架構整合得多麼天衣無縫。在這幅還原圖中（圖31），我們看見一個有翼的勝利女神降落在簷角上，以此標誌帕德嫩神廟是一座勝利紀念碑（這個角色我們稍後會再談）。四個分別「盤旋」在四個簷角的勝利女神能帶來何種效果不難想像：讓一座牢牢碇在地裡的建築變得有動感（與此同時，三角楣牆的尖端擎著一個毛葉造型的花卉頂端飾。見書前彩圖12）。緊接勝利女神下方是一個獅頭噴水口（用於排出簷槽雨水），每逢雨天，它想必把更大動感和活力感帶給神廟[60]。三角楣牆的狹窄角落處突出著四個精力充沛的馬頭，牠們鼻孔張開，嘴巴張開，正在與馬嚼子拉扯。牠們拉著的是塞勒涅（即月神）的馬車。再下面是一塊柱間壁，刻畫赫利俄斯（即太陽神）駕著他的四馬馬車從海底深處冒出，朝相反方向而去。在右下方，兩尾小

---

*譯注：之前柱間壁只會出現在兩個立面。編注：又譯排檔間飾。此類建築部位可參二一八頁圖46。

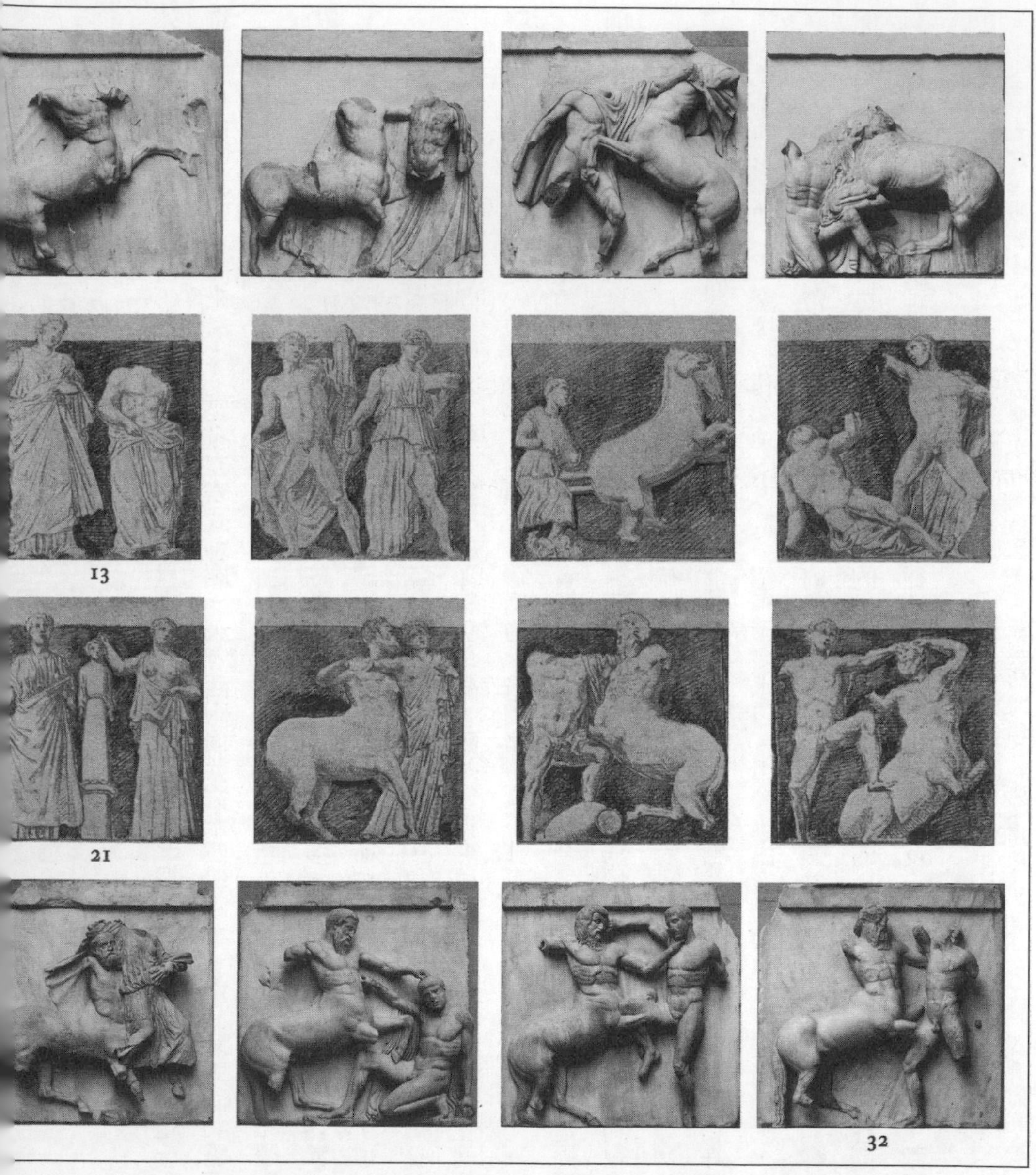

13

21

32

圖 32 拉庇泰人與馬人之戰，見於帕德嫩神廟南柱間壁。

魚縱跳於波浪之間，左邊是一隻划過水面的小鴨子。鮮豔彩色顏料和青銅附件當初想必讓這個人物眾多的小宇宙更加生氣勃勃。憑常理推斷，赫利俄斯的四牡本來應該是插著金屬翅膀，並由青銅馬具套到馬車。赫利俄斯本人也應該是戴著青銅日冕，並有一個象徵太陽的圓碟子懸在他上方61。

太陽神的出現標誌著一天的破曉和「巨人戰爭」開打在即。諸神和巨人相搏的情景可見於同一個立面的其他十三塊圖板，但這些東柱間壁的保存情況極差，只有所剩無幾的輪廓依稀可辨。不過，我們還是可以認出赫耳墨斯、戴奧尼索斯、戰神阿瑞斯、雅典娜、厄洛斯、宙斯、波塞冬和其他奧林匹亞諸神祇——他們與致命巨人對決的故事早已在西元前六世紀之末被舊雅典娜神廟謳歌過（一一九頁圖18）。

南面柱間壁呈現神話時代較後期的衝突，講述雅典英雄忒修斯幫助朋友珀里托俄斯（拉庇泰人的王）剪除馬人一事。半人半馬的馬人是拉庇泰人鄰居，他們在珀里托俄斯的婚禮上喝得爛醉，開始鬧事，攻擊新娘新郎和其他想要維護新娘名譽的拉庇泰男人。這「分界性事件」是希臘神廟雕刻的熱門主題，二十年前曾在奧林匹亞宙斯神廟的西三角楣牆顯著上演。就像是發生在更早期的「巨人戰爭」和「泰坦戰爭」那樣，「馬人戰爭」具有隱喻作用，象徵著文明戰勝野蠻，秩序戰勝混亂62。在帕德嫩神廟的柱間壁裡，與野蠻的馬人作戰的希臘人揮著劍和匕首，前者則用水罐、烤肉叉子、赤手空拳和馬蹄還擊。鮮豔的顏料和形形色色的青銅附件（頭盔、王冠和武器）讓整個畫面更加血肉飽滿。

我們能知道南柱間壁的內容，主要是努萬達侯爵奧列爾的功勞，他是一六七〇至一六七九年間法國駐鄂圖曼宮廷大使。一六七四年第一次造訪衛城期間，奧列爾吩咐手下畫師把這些柱間壁和帕德嫩神廟其他雕刻繪畫下來。才十一年後，威尼斯人的大砲便把神廟炸得四分五裂，摧毀了大部分侯爵看到過的東西。圖畫是畫師站在地面高度用蠟筆一絲不苟地畫成，一般都認為是出於佛蘭德斯藝術家卡雷手筆。事實上，該畫師的身分已不可考，很多學者寧願稱他為「努萬達畫師」或「努萬達無名氏」[63]。

一把這批十七世紀圖畫與殘存南柱間壁（除西南角落一塊外全去了大英博物館）的照片整合起來，它們手法和主題的參差便變得更明顯（一五六－一五七頁圖32）[64]。最東邊幾塊（編號29－32）在人物關係的處理上手法拙劣。畫面中的希臘戰士姿勢僵硬，缺乏和諧與優雅：例如，他們其中一個單腳跳起來，一個面朝觀眾，一個向馬人胸口打出不痛不癢的一拳，還有一個則疑似在拉扯馬人耳朵。那些馬人同樣讓人不敢恭維：一個笨手笨腳的馬人抓走一個同樣笨手笨腳的拉庇泰女人，一個扯頭髮、一個馬人掐一個拉庇泰男人的脖子。但如果我們把目光轉往鄰接的兩塊柱間壁（編號27－28），會看見截然不同的老練和技法高度，其中的人物姿態優雅，且彼此構成一個和諧的畫面。就連畫面中的馬人看起來也是風度高貴。這種風格和執行力的落差讓一些學者相信，「老派」柱間壁原是為一棟更早期的神廟雕刻，後被回收再利用於帕德嫩神廟。如卡本特便力主，那些「落後於時代」的柱間壁是為基蒙的帕德嫩神廟製作，該神廟是在西元前四六〇年代籌建，但計畫從未實現（某些南柱間壁與奧林匹亞宙斯神廟雕刻裝飾相似的現象由此可以得到解釋）[65]。卡本特和其他人又指出，有超過一半以上的南柱間壁都有一邊或兩邊經過裁切，變得比原來窄五公分。事實上，有四塊柱間壁的邊邊甚至被剪裁過甚，讓兩個馬人的尾巴、一個拉庇泰人的衣服和其他浮雕細部被切掉。凡此皆顯示有些南柱間壁曾被削足適履，以便符合多立安橫飾帶的規定尺寸。

再來還有一個讓人困惑的問題。中間部分的九塊柱間壁（編號13－21）完全不見馬人蹤影（我們全靠「努萬達圖畫」才得知其內容）（一五六－一五七頁圖32）。它們或刻畫兩個女人託庇於一尊神像，或刻畫（疑似）駕著馬車的赫利俄斯，或刻畫兩個女人伴著什麼家具（織布機或床之類），或刻畫正在跳舞的人物，總之都是一些與「馬人戰爭」兜不在一塊的畫面。對此，學者有不同猜測，有些主張它們是描寫馬人醉酒鬧事前的事情，有些主張它們屬於與「馬人戰爭」完全無關的主題，比方代達羅斯的神話66。

這一切意味著帕德嫩神廟的設計和裝潢在建築過程中經過好些更動。果赫斯現已證實，柱廊裡的愛奧尼亞橫飾帶原定是把前門廊涵蓋進來。他重提德普費爾德的觀點：這條橫飾帶原是要採取多立安風格（即由三槽板與柱間壁相間構成）67。從見於內橫飾帶*下方的露珠圖案鑲邊（它們前此一貫是置於三槽板下方）顯示，製作多立安橫飾帶的準備工作已經啟動，但出於不明理由，橫飾帶改採愛奧尼亞風格。這種觀點一直受到挑戰，但清楚的是，神廟的設計在建築過程中有過好些更動，而這大概是民主制度的人多口雜有以致之68。帕德嫩神廟斷然不是某個天才一人的願景，而是歷經公民大會的討論和辯論（原因起碼是每筆開支都要公民大會批准）。但不管內橫飾帶本來是否計畫採多立安風格，它本身都值得我們密切注意（它是那麼地有名，乃至大家現在提到它時都逕稱之為「帕德嫩橫飾帶」†）。因為正如我們會在下面幾章看到的，這橫飾帶雖極有資格號稱希臘藝術的最高傑作，其意義卻始終朦朧隱晦。事實上，它講述的是所有帕德嫩敘事中最讓人瞠目結舌的故事，並寄寓著神廟的終極意義。

西柱間壁毀損嚴重，內容僅依稀可辨，記載著忒修斯的另一項功勳：率領希臘人打敗亞馬遜人。

這衝突肇因於忒修斯誘拐亞馬遜女王安提娥珀，把她從安納托利亞中北部帶至雅典，與之成婚。她的女戰士族人大感憤怒，從黑海東南角落興師問罪，遠征雅典。根據某些記載，亞馬遜人（就像真實歷史中的波斯人那樣）先在戰神丘紮營，然後對衛城展開包圍。西柱間壁顯示騎馬的亞馬遜人憤怒地攻擊（和殺死）希臘人69。不過，怪裡怪氣的「他者」這一次照樣是被文明的雅典人打敗——其為隱喻雅典人戰勝波斯人之偉績昭然若揭。

北柱間壁呈現另一場對東方異族的大勝，該戰爭也是青銅時代之末最重要的「分界性事件」：特洛伊戰爭。再一次，就像在東立面最右角落所見的那樣，我們看見赫利俄斯駕著他的馬車，在最東一塊柱間壁出現（那裡是帕德嫩神廟會被第一道日光照到之處）。北柱間壁破損嚴重，但我們還是可以辨識出在特洛伊城陷落當晚依次發生的事件：月亮騎著她的馬落入海中；一些站在船尾的男人；斯巴達國王麥尼勞斯拔出劍，向他不忠的妻子海倫走去，而她則託庇於雅典娜的神像；阿芙羅黛蒂（一個小愛神站她肩上）勸說麥尼勞斯饒過妻子；安喀塞斯、埃涅阿斯和阿斯卡尼斯逃出特洛伊。雅典娜、宙斯和其他奧林匹亞神祇亦有亮相。

要不是保薩尼亞斯指出過東三角楣牆是描寫雅典娜的誕生，我們準無法從殘存的部分猜測到這個。這三角楣牆大部分已被撬掉，最早的拆毀是發生在西元五世紀神廟被改造為基督教堂之時。當時，為增建一個半圓形後殿，東立面中間部位的三角楣牆和橫飾帶必須移走（四一六頁圖122）。「努

＊譯注：指位於柱廊內的橫飾帶，以區別於柱廊外部的橫飾帶。

†譯注：這種說法等於是把外橫飾帶忽略不計。

萬達畫師」的圖畫顯示，在十七世紀，東三角楣牆只剩下位於兩個角落的群像（書前彩圖9）。它們日後將會被埃爾金帶走，唯二例外是一個女像（疑是赫拉）和一個男性身軀（疑是黑淮斯托斯），兩者都是在衛城的亂石堆中被發現。

東三角楣牆以兩組馬車像組為框架，一是太陽（赫利俄斯）在南面角落駕著四馬馬車從海底冒出，一是下沉月亮（塞勒涅）在北面角落策著她的幾匹馬馳入海中。這兩組擬人畫面有力地架構雅典娜的誕生，設定在赫西俄德筆下的黃金時代。赫利俄斯的上半身和他四馬的馬頭從波濤洶湧的海面冒出，滔滔海浪見於底座頂部。這畫面讓人具體感受到《獻給雅典娜的第一首荷馬體頌詩》對女神誕生情景的描述：「炬眼者（雅典娜）的力量讓雄偉的奧林匹斯山劇烈震動。大地發出恐怖回響，大海翻騰，波浪滔天。突然，天地一片靜止，許珀里翁的傑出兒子（赫利俄斯）亦停住其疾足駿馬，直至看見閨女帕拉斯·雅典娜把她的鎧甲從她不朽的雙肩脫下。英明的宙斯龍顏大悅。」[70]

天體在帕德嫩神廟雕刻裡占有的顯著地位讓人印象深刻。我們前面看到過赫利俄斯出現在東立面的「巨人戰爭」柱間壁，也看到赫利俄斯和塞勒涅出現在北柱間壁以標誌特洛伊陷落當天。現在，在巨大的東三角楣牆上，日月之神再次成雙出現。事實上，我們還會在內殿雅典娜神像的底座再看見他們一次（書前彩圖14）[71]。太陽與月亮的多次出現強化了一種業已見於古風時代的宇宙意識：天界與地界在城邦最偉大的神話敘事裡是統一的。

東三角楣牆的正中央理應是雅典娜誕生的高潮時刻，但這個部分已永遠失去（書前彩圖9）。對於它的構圖，我們或許能從《獻給雅典娜的荷馬體頌詩》獲得線索：「我要為帕拉斯·雅典娜歌唱，她目光如炬、足智多謀、意志堅決，是純潔的處女之神、城邦的守護者、英勇的『妥里托革尼亞』＊，是英明的宙斯親自所生，一出生便身披金光閃閃戰袍。看著她手持長矛從尊貴的頭顱迸出，跳落到騎羊者宙斯的面前，眾神無不驚嘆。」[72]雅典娜誕生的畫面雖常見於西元前六世紀和前五世紀的陶瓶繪畫，卻從未出現在帕德嫩神廟之前的神廟雕刻。參照陶瓶繪畫，我們也許可以把東三角的構圖想像如下：畫面正中央是坐在寶座上的宙斯和全副戎裝且完全長大的雅典娜。宙斯左邊是手執斧頭的黑淮斯托斯（是他揮斧劈向宙斯的抽搐頭顱讓女神可以誕生）。在場的其他神祇大概包括波塞冬、赫耳墨斯和赫拉，少不了的當然還有厄勒提婭姊妹兩人或其中之一，因為這對女神一貫會在「臨盆」的場合幫忙。多年以來對東三角楣牆的中央構圖有很多猜測，但我們就是不可能有肯定結論[73]。

除位於最角落的太陽馬車和月亮馬車（書前彩圖9）之外，東三角楣牆只剩南邊四個人物和北邊三個人物。位於赫利俄斯右邊那個斜倚男人的身分可從他坐在哪種貓科動物的毛皮加以判斷：如果是豹皮，他便是戴奧尼索斯；如果是獅子皮，他便是海克力士。兩人在希臘藝術中都常以飲宴者的臥坐姿勢出現，而兩人也常常是舉著一個酒杯（東三角楣牆上的人物正是如此）。他的視線不是望向中央場景而是望向衛城南坡的戴奧尼索斯劇場，大部分詮釋者以此認定他是劇場之神。所以，他雖然出席雅典娜的誕生，卻心不在焉，只顧眺望自己的被祭祀處。

戴奧尼索斯還背對著女神德美特和科蕊母女，她們坐著的箱子顯然是代表「基士大」，即厄琉息斯祕儀中用來放「聖物」的箱子。坐左邊的科蕊（人物E）一隻手扭著她媽媽（人物F）的肩膀。在她們右邊，一位女神（人物G）雙手高舉，匆匆向著中央場景走去。她有可能是赫卡忒，即夜之女

＊譯注：雅典娜的外號之一，見第二章。

神，高舉的雙手原是持著火把。這個解釋可讓三角楣牆南角落的三個女人構成一個相關群組：陰間神的群組。

在三角楣牆北邊，我們也找到一個類似的三女性群組：其中一人（人物M）姿態撩人，靠臥在一個同伴（人物L）身上，被後者從背後抱住（圖33、書前彩圖9）。這兩個人物用同一塊大理石刻出，同坐（臥）在一張矮睡椅上。難怪那個肉感女子一直都被認定為最催情的一位女神：阿芙羅黛蒂。薄如蟬翼的衣料顯露出她豐滿的胴體，漣漪般勾勒出她隆起的雙乳和腹部。女神的羊毛長袍滑落，裸露出柔嫩的右肩，透明衣料讓她雙乳乳暈顯露無遺。

學者長久以來都對阿芙羅黛蒂身旁兩個同伴是誰爭論不休。大部分人認為，坐她後面被她靠住的女人（人物L）是她媽媽狄娥涅，但其他人則認為那是阿耳忒彌斯或說服女神佩托，又或者是正義女神提蜜絲、四季女神（荷賴）之一或赫

圖33　東三角楣牆一景：一個姿態撩人的女人（人物M）斜躺在一張矮睡椅，受到兩個女人（人物L和人物K）照顧。

絲珀里德絲姊妹之一。在那一對女人正後面坐在岩石上的女人（人物K）被認為是女灶神赫斯提婭或勒托，又或者是阿耳忒彌斯、四季女神（荷賴）之一或赫絲珀里德絲姊妹之一。這種意見紛紜現象容易使我們無從判定她們到底是誰[74]。不管怎樣，在所有可能的候選人中，幾乎沒有一個是高階的奧林匹亞神明。

必須承認，西邊三個女性所形成的構圖很怪。在這之前，阿芙羅黛蒂從未被刻畫成靠在另一個女人的懷抱裡——不只沒有先例，也沒有後例。那張矮睡椅在許多方面都會讓人聯想到見於塞浦路斯石雕和阿提卡墓穴浮雕的產床[75]。從後面照顧阿芙羅黛蒂的人似乎是採取一種標準的接生婦姿勢。所以，我們未嘗不可以把她和另一個女人詮釋為接生女神厄勒提婭姊妹。她們一個外號「推遲（臨盆）者」，另一個外號「加快（臨盆）者」，一貫會出現在雅典娜誕生的畫面。所以，我們也許可以大膽假定（當然是無憑無據），那個「阿芙羅黛蒂」其實是宙斯配偶和雅典娜媽媽墨蒂絲。雅典娜雖然不是由她親自生下，但在族譜敘事中仍有必要記她一筆，以說明智慧女神的慧黠是遺傳自誰[76]。

在帕德嫩神廟的西立面，共有二十五個大於真人的人物充滿它的三角楣牆。他們也是朝聖者進入聖域後第一眼會看見的物事（書前彩圖10）。這個第一印象以宏大規模展示出雅典人的共同根源（他們的優越也是基於這個根源）。西三楣角牆重演了雅典娜與波塞冬為爭奪雅典守護權的太古較勁，而這較勁被認為是青銅時代的雅典王室家族所見證過的。西三角楣牆在一六八七年被威尼斯人砲火嚴重破壞，翌年又受到另一次破壞：威尼斯人統帥莫羅西尼企圖把雅典娜和波塞冬的像拆下來，但卻失敗，摔碎一地。一個多世紀之後，埃爾金伯爵將會撿起並帶走這些碎塊的其中一些，運回英國。然而，其他小碎塊則繼續躺臥在衛城，時至今日，雅典娜和波塞冬巨像的碎塊仍然被拆散，分處倫敦的大英博物館和雅典的衛城博物館。

我們很難想像任何紀念雅典娜技勝波塞冬的構圖會比西三角楣牆中央的一幅更扣人心弦，它刻畫的是兩神相鬥的白熱化時刻[77]。拜「努萬達畫師」和陶瓶繪畫的模仿之賜，我們對這V形的動態畫面知之甚詳*[78]。雅典娜的馬車由勝利女神駕駛（這預示著雅典娜會得勝），而為波塞冬驅車的是一個女性人物，想必就是其妻海仙女安菲特里特[79]。雅典娜右手舉起，作勢要把長矛刺入衛城岩石，好讓她的橄欖樹從刺穿處長出來。雖然西三角楣牆的碎塊裡找不到橄欖樹浮雕，西元前四世紀的陶瓶繪畫卻顯示有一棵橄欖樹在雅典娜與波塞冬之間發芽生長[80]。接著海神也把他

圖34　從西面看到的厄瑞克透斯神廟。照片中的「雅典娜橄欖樹」是雅典美國古典研究學院在一九五二年重種。©Robert A. McCabe, 1954-55.

的三叉戟刺入基岩。至於三角楣牆有沒有海水泉湧出或是波塞冬大怒之下發動地震和洪水的情節，則不得而知。但顯然，這幅雷霆萬鈞的中央構圖必然會引起任何進入衛城者注目。

雅典娜與波塞冬較勁的遺物不只見於文獻記載，還保存在衛城本身的物質遺存[81]。阿波羅多洛斯告訴我們，雅典娜在潘朵洛索斯神祠種下她的橄欖樹，而這神祠就在厄瑞克透斯神廟的旁邊（圖34）[82]。他又記載，波斯人洗劫衛城翌日，雅典娜橄欖樹吐了一根四尺長的新枝，預示著雅典將會獲得重生。千百年來，入侵的敵人一再想砍掉這棵樹，但總有一根小枝可以拯救回來，重新栽種。原樹的芽被帶到「學院」，種在從此獻給雅典娜的小樹林裡。後來，從它們取得的橄欖油又成為泛雅典節運動會優勝者的獎品。

保薩尼亞斯聽說，每逢南風吹起，波塞冬的禮物就會在厄瑞克透斯神廟地下的蓄水池裡呼嘯作響。這位旅行家親眼看過波塞冬用三叉戟在衛城岩石上刺出的三個孔（斯特拉波也說自己看過）[83]。今天，在厄瑞克透斯神廟的北門廊，從一個故意在地板上切開的開口，可以看見下方岩床上有三個凹入處[84]。開口正上方的天花板處，有一扇打穿鑲板形成的「天窗」（下頁圖35）。這是故意要讓波塞冬三叉戟的飛行軌跡保持完整，為了證明（一如保薩尼亞斯所說）「波塞冬對這片土地的所有權主張站得住腳」[85]。

把目光轉回到西三角楣牆，我們看見神使赫耳墨斯和艾瑞絲分別站在雅典娜和波塞冬後面，向他們報告裁判的判決。艾瑞絲是彩虹女神，三角楣牆上的她理應雙腳微微離地漂浮著，薄如蟬翼的衣服

＊譯注：這裡所謂的「V形」畫面，是因為雅典娜手持的長矛和波塞冬手持的三叉戟構成一個V字形。

被風吹拂著，讓她嫵媚胴體的豐滿曲線顯露無遺。她是轉瞬即逝彩虹的本質，是見證著雅典起源的天文現象。

就像古風時代的衛城那樣，西三角楣牆上也是水族繁多。「努萬達圖畫」顯示，有一具男性軀幹（大概是妥里同的）從三角楣牆地板冒出，托扶著雅典娜馬車最前面一匹馬。波塞冬馬車下面同樣有個妥里同在托扶，他的鰭和蛇尾從水底深處盤蜷而起。我們還看到一隻面目可憎的「凱托斯」（長著豬鼻吻和大尖牙的海獸）划過水面，托扶著正在駕馬車的安菲特里特左腳。連同潛伏在喀克洛普斯腳下的蛇

圖35　厄瑞克透斯神廟北門廊天花板上的天窗，雅典衛城。

（一七二頁圖38）和繞纏在雅典娜橄欖樹那一條（八成有這條蛇存在），這些生物全表現出一種海與陸的反差——一種就體現在雅典娜和波塞冬兩人身上的對比。

西三角楣牆角落的幾個人物長久以來都被詮釋為雅典的三大河流，即基菲索斯河、伊利索斯河和艾瑞丹諾斯河[86]。這詮釋可從奧林匹亞的宙斯神廟獲得佐證，因為保薩尼亞斯告訴我們，其東三角楣牆的兩個角落分別雕刻著當地兩條大河，即阿爾菲歐斯河和克拉代奧斯河[87]。帕德嫩神廟河神的作用是標示出兩神較量的地理座標。我們從「努萬達圖畫」得知，年高德劭的基菲索斯河被放在最北邊（一七〇頁圖36、37），右手邊斜躺著它的年輕支流艾瑞丹諾斯河。在三角楣牆的最南邊，伊利索斯河跪在一個想必就是卡利洛厄泉的女像旁邊（書前彩圖10）。

但出現在西三角楣牆上的河神們並不只有空間定位功能，還是三角楣牆要傳遞的整體系譜信息的有機部分。我們記得，基菲索斯河是泉仙女普拉克熹提婭的父親，而普拉克熹提婭後來嫁給國王厄瑞克透斯／厄里克托尼俄斯，成了雅典王后。所以，基菲索斯河的出現可進一步佐證雅典人對阿提卡土地的所有權主張，即顯示出「原生」的雅典人不只是「地生」的喀克洛普斯和厄瑞克透斯的後裔，還可透過母系追宗溯祖至雅典最偉大的河流。

對於西三角楣牆其他人物的身分，學者之間沒有多少一致意見[88]。斯佩思認為，左邊（北邊）人物是雅典王室的後裔，右邊（南邊）人物是厄琉息斯王室[89]。易言之，站在雅典娜背後空間的都是她的後人，而站在波塞冬背後空間的都是他的後人。真是如此的話，這種安排便和始自古風時代神廟雕刻的更大族譜敘事完全一致。

要知道，雅典娜的勝利並不是整場競爭的終點。波塞冬的兒子攸摩浦斯為竟父志，在色雷斯集結

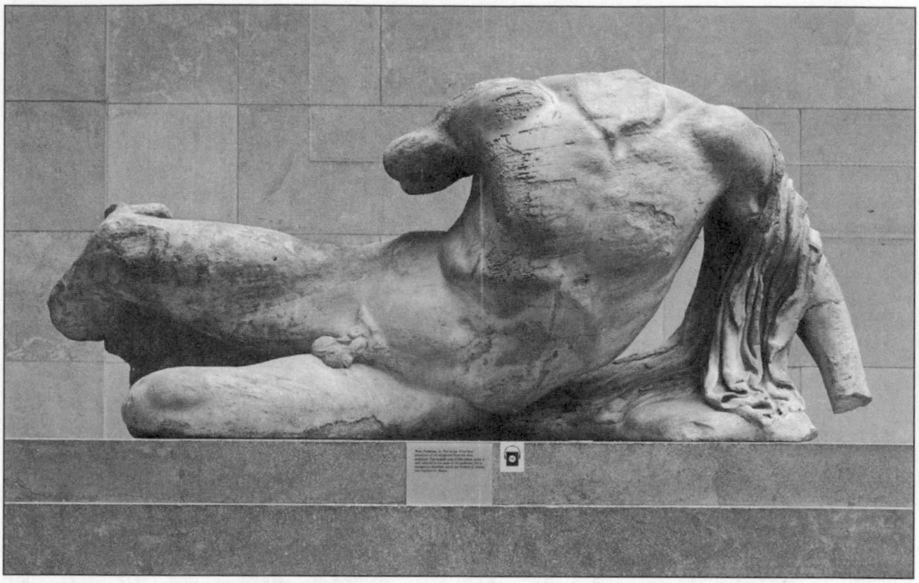

圖 36　基菲索斯河，原見於帕德嫩神廟西三角楣牆。

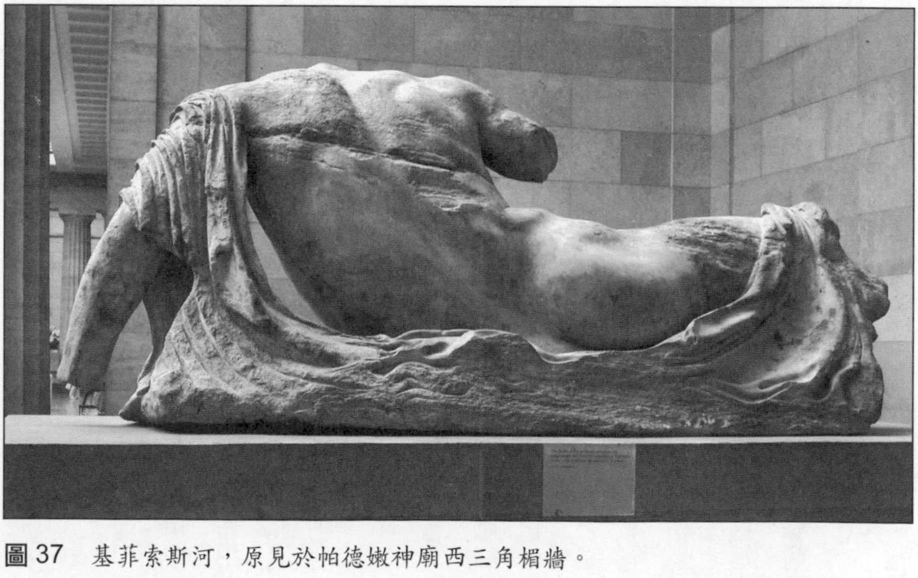

圖 37　基菲索斯河，原見於帕德嫩神廟西三角楣牆。

了一支的軍隊，殺向雅典。在跟著發生的戰爭中，厄瑞克透斯殺了攸摩浦斯的兒子希馬拉多斯，接著為波塞冬所殺。換言之，太古時代的衝突被持續至下一代。所以，這個建國神話反映的也許是雅典和厄琉息斯古老的緊張關係。這衝突後來透過祭儀獲得解決，所以，西三角楣牆既呈現雅典的「護城雅典娜」祭儀的起源，又呈現厄琉息斯的德美特暨科蕊祭儀的起源。攸摩浦斯在「厄琉息斯祕儀」的建立上扮演著樞紐角色：他是德美特和科蕊的最早祭司之一。在整個信史時期，厄琉息斯祭司都是從攸摩浦斯氏族選出。

前文說過，喀克洛普斯（雅典王室的元祖）是雅典娜和波塞冬較勁時候的國王。在西三角楣牆的北面，我們看見他跪著，左膝蓋下面盤蜷著一條蛇（「地生」身分的標誌）（下頁圖38）。用一隻手摟住他肩膀的人八成是潘朵洛索斯。她兩個姊姊赫爾塞和阿格勞蘿絲坐在父親右邊——我們能得知這點全賴「努萬達圖畫」。同一幅蠟筆畫（書前彩圖10）還顯示兩姊妹大腿上躺著一個小男孩，毫無疑問就是厄瑞克透斯／厄里克托尼俄斯，因為從地裡生出之後，他就是由三位公主照顧。

西三角楣牆另一端對厄琉息斯王室有一個類似安排[90]。該處，我們看見國王刻勒俄斯妻子墨塔涅拉和她的三個女兒——名字據說是戴奧吉妮婭、帕蜜羅珀和塞莎拉[91]。這裡同樣也是有一個小男孩躺在幾位閨女的大腿上，而他毫無疑問就是小時候的特里普托勒摩斯。就像厄瑞克透斯出生後是由喀克洛普斯家女兒照顧那樣，特里普托勒摩斯出生後也是由刻勒俄斯家女兒負責照顧。所以，我們看到一個完全的對稱：每邊各有三位公主（分別是雅典公主和厄琉息斯公主），也各有一個待哺的小孩。另外，就像喀克洛普斯家女兒會為雅典娜主持祭儀，刻勒俄斯家女兒也在「厄琉息斯祕儀」為德美特和科蕊司祭職[92]。歷史時代的宗教實踐因此透過憲章神話中的祖先獲得解釋，他們被說成是在雅典和厄琉息斯流傳了近千年的祭儀的創立者。

愈來愈明顯的是，離開了宗教，我們將無法充分理解帕德嫩神廟或雅典人本身。要理解民主的誕生一樣是如此。事實上，要不是雅典人堅決認定他們因為有著一個共同根源和一種共同宗教而密不可分，嶄新的民主政體乃是不可想像。界定雅典人意識的宇宙觀和他們為自己創造的那種獨一無二的政體是彼此環扣的，而這種環扣既被帕德嫩神廟（雅典人自我意識的縮影）所揭示，復受到其加強。就此而言，帕德嫩神廟確實是在謳歌民主——但不是謳歌自啟蒙運動以還所理解的民主，甚至大概不是謳歌伯里克利時代雅典人自己所理解的民主。

當我們今日在為聖岩最高殿宇異乎尋常的工程學、建築學和美學勝利驚嘆時，

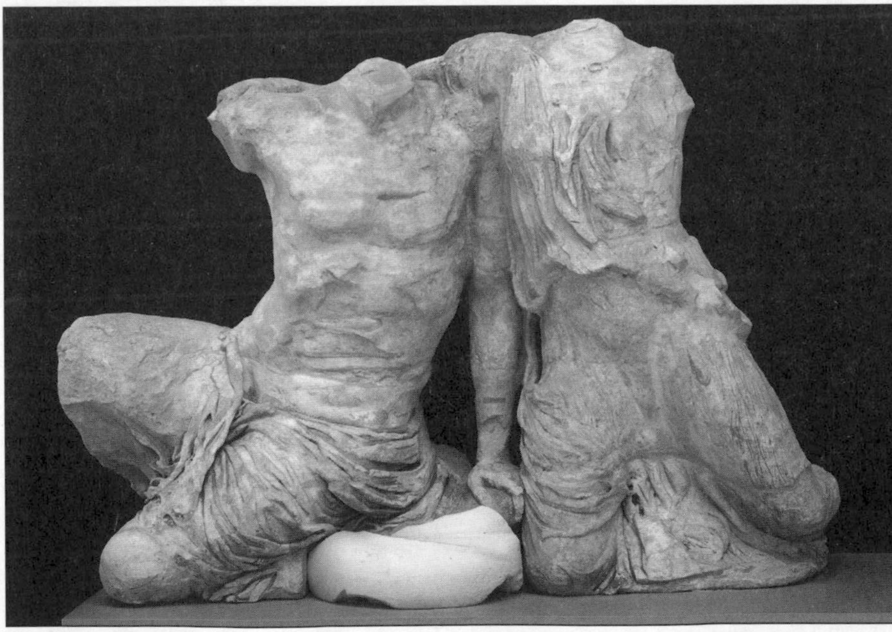

圖 38　喀克洛普斯和潘朵洛索斯，原見於帕德嫩神廟西三角楣牆。

很難想像當初竟會有人反對其興建。但普魯塔克告訴我們，在伯里克利的所有施政中，最受政敵中傷和非議者莫過於築造帕德嫩神廟。在公民大會上，他們大聲咆哮，指責把提洛的共同基金轉移到衛城之舉讓雅典人的美名蕩然無存：「看著我們把他們為防禦希臘不得已捐獻的基金用來粉飾城市，希臘人莫不覺得這叫囂張跋扈，叫赤裸裸的專制獨裁。」[93]確實，伯里克利口口聲聲轉移共同基金是為安全考量，實際上卻是把錢用於他的鋪張大計。他和他的支持者被指控「活像個愛慕虛榮的女人，把城市打扮得花枝招展之餘又在她的衣櫥裡加入貴價的石頭、昂貴的雕像和天價的神廟。」[94]雅典帝國不只炫耀肌肉，還用紫袍掩蓋這肌肉。

但帕德嫩神廟並不缺景仰者。其中一位是普魯塔克，他對那麼快打造完成的巨構可以那麼美輪美奐和耐久感到不可思議：

> 這一點讓伯里克利的幾件傑作尤其讓人印象深刻，因為它們雖然完成得極快，但又極耐久。就美來說，它們在自己的時代便立刻成為經典，但就元氣來說，它們又是萬古常新，就像剛剛落成。它們儼如永遠盛放的鮮花，從不受時間的侵蝕，彷彿已被注入常綠精神和永不衰老的靈魂。
>
> 普魯塔克，《伯里克利傳》13 [95]

但最大的讚頌還是來自修昔底德，他以不尋常的先見之明望向未來。他預言，衛城的大理石山峰將屹立萬代，讓後人以為雅典人比實際強大。在未來，高聳和精雕細琢的帕德嫩神廟將會讓敵人斯巴達的任何成就黯然失色：

設若斯巴達有一天變得荒涼，除神廟和建築地基以外無一物留存，我相信隨著物換星移，後人將會以為他們名過其實。然而，斯巴達實際上擁有伯羅奔尼撒五分之二土地，領導一支同盟，更有許多海外盟友。儘管如此，他們的城市民居分散，缺乏宏偉神廟和公共建築，布局猶似希臘的老式村落，這會讓後人誤以為他們國力不過耳耳。反觀同樣事情若是發生在雅典，後人看見他們的城市，將以為他們的國力是實際的兩倍強。

修昔底德，《伯羅奔尼撒戰爭史》1.10.2 96

就這樣，在西元前五世紀的途程中，一種新的雅典人身分認同出現了。這種身分認同是仔細建構，用來榮耀雅典和嚇唬敵人。鞭長過長的帝國規模繼續讓雅典人的自尊自大心理得意洋洋97。然而，必須承認的是，雅典反覆在各種場合（葬禮演說、法庭演講、戲劇表演和帕德嫩神廟雕刻等等）向自己投射的形象，適與其他城邦的自我形象形成鮮明對比。我們老是聽到雅典人談他們的卓越（多麼有彈性、堅毅、積極、深思熟慮卻行動果斷、善於創新、品味高超和樂於與世界打交道），而很多非雅典人也接受這一套。最強有力反映出這一點的，大概是科林斯使節團在西元前四三二年第一次斯巴達會議上的發言（至少修昔底德是這麼記載）。

伯羅奔尼撒戰爭前夕，斯巴達召集「伯羅奔尼撒同盟」的成員國（特別是對雅典滿懷怨氣的那些）舉行會議。當時，科林斯人對於雅典和克基拉在西元前四三二年的結盟深感憂慮（克基拉原是科林斯創立的殖民地，但雙方後來反目成仇）。雅典本就海軍強大，加上克基拉，再加上在西元前四三三／四三二年與雅典結盟的勒基翁（位於義大利南部）和倫蒂尼（位於西西里），雅典將很快便可扼控所有貿易航道，包括把穀物從西方運至伯羅奔尼撒半島的航道。這對所有伯羅奔尼撒城邦都是重大威脅，對四面環陸的斯巴達更是不利。科林斯人認為斯巴達太志得意滿，太不把雅典的擴張放在眼裡，最終會吃大虧。科林斯使節指出情勢愈來愈危急，又毫不諱言雅典人的天性比斯巴達人占優勢：

> 你們從未想過你們將不得不與之交戰的雅典人是怎麼樣一種人，他們和你們之間有多麼截然不同。雅典人熱中革新，敏於構想和立即付諸實行，你們卻保守，只管小心翼翼維持現狀，毫無創新，即便情勢緊急照樣不採取行動。雅典人的膽量超過他們的實力，敢於冒奇險，即便處於逆境仍不灰心喪志。
>
> 他們果斷，你們遲疑。他們總是在海外，你們總是在家裡。因為他們希望離開家鄉而擴大所得，你們卻害怕任何新的事業會損害你們的既有所得。他們勝利時會乘勝追擊，戰敗時絕不退縮。他們的身體是奉獻給國家，就像這身體是國家所有；他們的真我（true self）是他們的心靈：在用為國家服務時，這心靈完全屬於他們自己。
>
> 修昔底德，《伯羅奔尼撒戰爭史》1.3.70-71[98]

這番陳詞會引起斯巴達人何種情緒反應，我們只能靠想像[99]。正如歐伯*指出，斯巴達文化長久

*譯注：美國古希臘歷史學家，古典政治理論學家，史丹佛大學古典和政治學系教授。

以來都致力於向它的士兵公民灌輸一批不可動搖的行為準則。在斯巴達的軍事寡頭制度下，離開常規的行為是不可想像的。正如我們所看到過的，雅典也存在類似行為守則的東西，它們濃縮在科林斯使節所說的那番話：「他們的身體是奉獻給國家，就像這身體是國家所有；他們的真我是他們的心靈：在用為國家服務時，這心靈完全屬於他們自己。」雅典能夠獨一無二，靠的正是個人主義與城邦的這種微妙平衡，正是公民對城邦不是出於被迫的竭盡忠誠，因為這種平衡必然會創造出其他政治制度無法支撐的潛力和靈活性。修昔底德本人當然是雅典人，也是伯里克利的頭號仰慕者，但不管科林斯人那番話是不是真有科林斯人說過，其中都有一定真理成分。

把這種信念表達得最有力的莫過於那篇最著名的希臘演講，即伯里克利在西元前四三一年秋天伯羅奔尼撒戰爭第一回合結束後發表的誄讚（就在科林斯使節在斯巴達大會發言的一年後，戰爭如人人所恐懼那般爆發了）。這時，伯里克利站在公墓（五六頁圖6），對著陣亡將士家屬和全體公民致詞。據修昔底德記載，伯里克利先是表彰了第一批雅典人：

> 我會先從我們的祖先說起，因為在這個哀悼死者的場合追憶祖先是應該的，也是合適的。他們未曾有過一個時候不是住在斯土，而憑著他們的英勇，斯土得以代代相傳，讓我們得以繼承一個自由的城邦。
>
> 修昔底德，《伯羅奔尼撒戰爭史》2.36.1 100

伯里克利接著讚揚雅典是全希臘最優異的城邦，把它的顯赫歸功於其全球中心的地位。泛希臘主義長久以來都是貴族生活的特徵，但雅典（和伯里克利）卻敲醒所有公民（不管貧與富），讓他們注意到雅典的獨有優點。自由貿易和一個活躍的國際夥伴網絡讓所有雅典人受益：

> 出於我們城邦的偉大，整個世界的果實都湧向我們；所以，我們除了可以盡情享用自家的產品，還可以盡情享用其他國家的產品。
>
> 修昔底德，《伯羅奔尼撒戰爭史》2.38.2 [101]

伯里克利藉這個機會回應那些批評他的建築大計奢侈浪費的人（無疑一定是一面說話一面向著衛城方向比手勢）。對，他說，確實是帝國主義帶來的財富讓雅典可以把一群高天分的藝術家、建築家和工匠聚集在一起和支付昂貴物料。但這努力讓所有公民（不管菁英階級還是普羅大眾）一律受益。伯里克利一點都不認為渴望自己被漂亮事物圍繞的心理有什麼要不得，反而（發自一種民萃政治家的本能）指出**不思避免寒酸**才是可恥：

> 因為我們既愛美又品味單純，既喜歡培養心靈又沒有失去男子氣概。承認寒酸沒什麼好丟臉的，真正丟臉的是不想辦法避免寒酸。
>
> 修昔底德，《伯羅奔尼撒戰爭史》2.40 [102]

在演講結尾處，伯里克利高度讚揚雅典人的優越性，指出在所有希臘人中，唯獨他們創造出一個其他人渴望模仿的社會：

我們從不抄襲鄰人，反而是他們的典範。

……

我敢說，雅典是全希臘的學校，而每個雅典人看來都有能力在最不同的行動中輕鬆而優雅地表現出自己的個性。

修昔底德，《伯羅奔尼撒戰爭史》2.37.1 和 2.41.1[103]

當然，正如論者一再指出，伯里克利這番話只適用於公民（一律是男性），而他們光憑出生就能享受到民主的種種好處。所有公民一律平等，但其他人（婦女、僑居者和奴隸）在法律面前卻不是與他們平等。另外，那些生活在雅典帝國主義牛軛下的人想必也會對伯里克利描繪的美麗圖畫提出異議。但即便雅典人的自我理解有自我膨脹和有點自欺之嫌，雅典的優點卻是絕無僅見。確實，沒有其他城邦或民族的公民可以如此自誇「有能力在最不同的行動中輕鬆而優雅地表現出自己的個性」。但就像任何能想像的美好事物那樣，雅典的優點將會因為濫用而找到自毀之路。

伯里克利在兩年內便會死去，但沒有比他的妹妹和兩個婚生子克山提波斯和帕拉洛斯先死——四個人都是死於瘟疫。在西元前四三〇至前四二六年之間，雅典遭受三波瘟疫侵襲。頭一波瘟疫爆發於伯羅奔尼撒戰爭第二年，對全躲到了防禦牆後面的密集人口造成重創*。每三個雅典人便有一人喪命。這逼得心高氣傲的伯里克利不得不懇求公民大會容許公民權法（這是他在二十年前以極大熱情推動）破例，聲淚俱下哀求人民讓他與外邦情婦阿斯帕齊婭所生的私生子成為雅典公民和他的合法繼承人（有些批評者說這是「對他的傲慢自大的懲罰」）。人民同意了。但小伯里克利日後將會見識到民主的恐怖一面（這是他父親從未見識過的）：西元前四〇六年，他與另五位將軍一起被處死，罪名是阿吉紐撒戰役結束後返航途中未能救起遇船難落海的將士†。

雅典的民主將會繼續存活一百年，但讓帕德嫩神廟得以誕生的那個時刻卻轉瞬消逝。想了解這種轉變，讓我們看看演說家利庫爾戈斯對國人同胞萊奧克拉特斯的譴責，這齣戲碼上演於古典時代晚期的雅典法庭。

利庫爾戈斯是西元前四世紀第三季最受矚目和最正直的雅典人之一。師從過柏拉圖的他在西元前三三八年登上財政總監寶座，掌控了雅典國庫並在接下來十二年發揮巨大影響力。透過提高比雷埃夫斯的貨物過港稅、增加拉夫里翁銀礦的租金和沒入定罪罪犯的財產，利庫爾戈斯迅速讓國家達到收支平衡。他又運用影響力說服最富有的公民向國家自願大筆捐獻——這種報效被稱為「公益捐助」。

他也沒有忽略伯里克利的遺產，發起大規模計畫翻新年久失修的西元前五世紀宏偉建築。在利庫

＊譯注：伯羅奔尼撒戰爭初期，伯里克利恃著雅典有「長城」保護，食物供應無虞，採取堅守不出策略，以為斯巴達人會自動退兵。

†譯注：阿吉紐撒戰役是伯羅奔尼撒戰爭其中一場戰鬥，該役雅典獲勝，但艦隊返航途中遭遇風暴，部分戰艦沉沒。

爾戈斯治下，雅典在金融、商業、立法和建築各方面都欣欣向榮。傳統的祭典獲得強化，又有一些新的神祇被引入104。利庫爾戈斯在阿戈拉廣場的中心修建了一座新的「慈父阿波羅」神廟，把伊利索斯河河畔的泛雅典體育場和衛城南坡的戴奧尼索斯劇場整個用大理石重新包裝，並把後者的觀眾席增至一萬七千105。城市厄琉息斯神廟和普尼克斯丘的公民大會會場也被重新整修。利庫爾戈斯還擴建了雅典郊區的呂刻昂神廟，在比雷埃夫斯蓋了一個新的兵器庫，翻修了厄琉息斯的德美特暨科蕊神廟和奧羅波斯的安菲阿剌俄斯神廟106。

身為雅典最古老顯赫的厄特奧布忒斯氏族一員，利庫爾戈斯有權聲稱他的祖上是布忒斯（厄瑞克透斯的孿生兄弟）*。事實上，他本人八成就是「波塞冬－厄瑞克透斯」的一名祭司，因為我們確知他兒子哈布倫後來領有這個世襲性職位，再後來又把它讓給弟弟呂哥弗隆107。我們又知道利庫爾戈斯和兩個兒子的木像（出自大雕刻家普拉克西特列斯兒子提馬克斯和基菲索多德斯之手）被放置於厄瑞克透斯神廟內，這足以證明他們與這種祭祀的關係密切108。在西元前三二四年，也就是利庫爾戈斯過世後翌年，他被奉為雅典民主的象徵，並在前三〇七／三〇六年獲得最高的身後榮耀：肖像被豎立在阿戈拉廣場，而他的後代有權終生在市政廳免費用餐109。

利庫爾戈斯最念茲在茲的是教育雅典年輕人，讓伯里克利的願景（讓雅典作為「全希臘的學校」）重新恢復活力110。這位政治家再次強調十八歲青年接受軍訓的重要性。按所屬的「自治區」註冊和領到兵器後，這些「軍訓生」會到衛城東坡的阿格勞蘿絲神廟發誓效忠城邦111。他們在宗教節日和競技活動被委以重任，包括在泛雅典節擔任騎馬翼衛遊行行列的角色。他們也會被派至阿提卡各地的聖地和邊界地區，以認識祖先的業績、在地神話、地形地貌和紀念碑式建築。這是對雅典公民傳統訓練方式的擴大，以培養愛國心為中心目的[112]。也許，在利庫爾戈斯眼中，其國人同胞的愛國心正在逐漸萎縮。不管怎樣，當他於西元前三三〇在法庭上對萊奧克拉特斯發出譴責時，目的除了是讓一個混蛋得到應有懲罰，還是給雅典年輕人上一課，教他們公民應有的言行舉止[113]。

萊奧克拉特斯八年前曾讓自己蒙羞，當時雅典剛在凱羅尼亞敗於馬其頓的腓力二世†。在這場災難之後，雅典通過一項法令，禁止任何公民或其家人離開城市。萊奧克拉特斯大剌剌違法，逃到了羅得島，後又定居於雅典西北四十三公里的墨伽拉。帶著錢財、情婦、家當和生意業務隨行，萊奧克拉特斯把自己的利益置於城邦之上，棄傳統雅典公民最神聖的責任於不顧[114]。

八年後，利庫爾戈斯對回到了雅典的萊奧克拉特斯做出告訴。罪名不一而足：叛國、有失保護城邦自由之責、不敬神（他曾發誓保護神廟）、遺棄年邁雙親，還有逃兵。萊奧克拉特斯被認為最要不得的是違背了有一生約束力的「軍訓生誓言」。利庫爾戈斯在演講裡引用了這誓言：

> 輪到我值勤，我不會讓我的神聖武器蒙羞，也不會遺棄同袍。我將會捍衛諸神和國人的權利，而只要我能倚仗自己和倚仗所有人幫助，我在死時就不會讓我的國家變小，只會讓它變更大和更佳。
>
> 利庫爾戈斯，《譴責萊奧克拉特斯》77 [115]

＊譯注：「厄特奧布忒斯」（Eteoboutadai）的字面意思是「布忒斯（Boutes）的真正子孫」。

†譯注：最終統一全希臘的人，亞歷山大大帝的父親。

在法庭上，利庫爾戈斯最主要攻擊的是萊奧克拉特斯違背這個肅穆誓言，因而讓諸神蒙羞和對不起把他養育成人的祖國。

利庫爾戈斯給法庭上了一課擲地有聲的公民課：「讓我們的民主得以維繫的力量**正是**這個誓言……因為這個國家乃是奠基於三件事情：執政官、陪審法官和個別公民。他們每個人都曾對天發誓，也合該如此。」[116]然後利庫爾戈斯又引用希臘聯軍在普拉提亞戰役（西元前四七九年）前夕所發的誓言[117]。「你們最好仔細聆聽。」他說，接著把整篇誓言複述了一遍：

我不會把生命看得比自由寶貴，也不會遺棄我的將領，不管他們是生是死。我會埋葬所有戰死的盟友。如果我在戰爭中征服蠻族，將不會摧毀任何曾為希臘而戰的城市，但會殺死勾結蠻族的城市十分之一人口來獻神。我將不會重建任何一座被蠻族摧毀的聖所，而是把它們留在原地，讓未來世代永誌不忘蠻族有過的大不敬。

利庫爾戈斯，《譴責萊奧克拉特斯》81[118]

在反省是什麼原因讓雅典那麼獨一無二時，利庫爾戈斯重申了伯里克利對雅典的願景：「你們城邦的最大美德是她為全希臘訂定了一個高貴行為的榜樣。論年紀，她勝過所有其他城市；論勇氣，我們的祖先亦勝過他們後人。」[119]接著利庫爾戈斯搬出珂德洛斯的故事（見第一章），回憶了雅典最後一任國王是如何為拯救國家而不惜自我犧牲。那時候，伯羅奔尼撒人因為穀物歉收而鬧饑荒，他們向北行軍，尋找肥沃的土地。珂德洛斯從德爾斐神諭得知，只要他被多立安人殺死，雅典人民就可以倖免於難。所以，國王假裝成農民，勇敢去到敵人軍營附近，向守衛挑起口角，讓他們把他殺死。「毋忘珂德洛斯的統治。」利庫爾戈斯呼籲說，「這就是古代國王的高貴榜樣。為了子民的安全，他們寧可犧牲生命而不願苟活。」120

最後，利庫爾戈斯轉向另一個有示範作用的故事：波塞冬的兒子攸摩浦斯領一支色雷斯軍隊要來占有阿提卡的往事。我們知道，攸摩浦斯此舉是要為在爭奪雅典守護權較量中落敗的父親報仇雪恥。在西元前四二〇年代晚期，歐里庇得斯把這故事寫成一齣戲劇，雖然其內容今日已泰半佚失，卻肯定是利庫爾戈斯的法庭聽眾所依然熟悉。根據這個故事，雅典國王厄瑞克透斯在得知大軍將要壓境之後，向德爾斐神諭尋求指引。神諭怎麼回答？至少要提供一個女兒犧牲獻祭。國王把這個駭人消息帶去找妻子普拉克熹提婭商量，而後者的回答是所有希臘戲劇中最激勵人心和最具公民意識的演說。「先生們，」利庫爾戈斯提醒審判團，「請細聽這些抑揚格寫成的詩句，它們是由獻祭女孩母親之口說出，而各位會在其中找到雅典人和一個基菲索斯河女兒應有的偉大精神與高貴情操。」121

利庫爾戈斯引用了《厄瑞克透斯》五十五行文字，是任何古代演說家對古希臘戲劇的最長引用。普拉克熹提婭王后讓人驚愕的語句裡包含著雅典愛國精神的最基本原則：深信雅典比所有其他城邦優秀，為雅典人民的「原生」起源自豪，對祖先和他們的宗教竭誠盡忠，對城邦有著勝過一切的愛、責任感與榮譽感，大膽而富於彈性，有能力迅速行動，以及（這是最最重要的）隨時準備好為國捐軀。普拉克熹提婭在回答丈夫的徵詢時毫不猶豫：

*當施惠是以高貴方式施出，受者會更受用。當應該採取行動而拖延，該行動就會少些高貴。所以，我願意馬上答應讓女兒赴死。我已經把很多事情考慮進來。首先，我找不到比這一個（指雅典）更好的城邦。我們原生於斯土，不是來自別處。其他城邦的建立如同擲骰子：它們的人口是外地輸入，混雜著來自不同地方的各色人等。從一城邦搬到另一城邦的人直如釘歪在木頭裡的釘子：他們名義上是公民，但行為上不會像公民。

其次，我們生育子女的根本目的是保護神明的祭壇和祖國大地。這城邦只有一個名字，卻住著許多人。當我明明可以獻出一個孩子以拯救所有人，卻不這樣做，任由所有人被毀滅，難道這是對的嗎？我懂得輕重之分。毀掉一個家要比毀掉一座城市較不後果慘重，也少些悲苦。

倘若我們家是有許多兒子而非女兒，那麼，當戰火逼近這城市，難道我會因為害怕兒子戰死而不讓他們上戰場嗎？不會。所以，讓我把能為國家出力的女兒放在男人中間，不要只知當城邦的米蟲。當媽媽們哭著送兒子出征，很多男人就會變軟弱。我痛恨那些為孩子選擇苟活而非共同福祉的人，或鼓吹怯弱的人。當兒子的如果戰死沙場，就可以跟其他許多人同享一個墓穴和同享榮耀。但當我的女兒為城邦而死，就會得到一頂獨屬於她的冠冕，作為獎賞。她的犧牲同時會救了她媽媽，你（厄瑞克透斯）和兩個姊姊……這些不也算是她的獎賞嗎？

所以，我將獻出女兒（她雖是我所生卻不是我的），讓她為保護國土而犧牲。若是城邦被毀，難道我的幾個孩子還能有命嗎？讓一個人盡本分救所有人不是更好嗎？……至於大部分人最擔心的事，只要我一息尚存，絕不會允許任何人丟棄我們上祖立下的神聖大法，也絕不允許攸摩浦斯和他的色雷斯軍隊拔去聖橄欖樹和蛇髮女妖的金頭像†，把三叉戟插在雅典城的地基和冠之以花環，從而讓帕拉斯崇拜（即雅典娜崇拜）蒙塵。

〔50〕國民啊，請用我辛苦誕下的後嗣拯救你們，取得勝利！我不會為一個人的命而拒絕拯救城邦。祖國啊祖國，我但願所有住在你裡面的人都愛你如我之深！那樣的話，我們將可毫無煩惱地住在你裡面，而你也永遠不會受傷害。

利庫爾戈斯，《譴責萊奧克拉特斯》81＝歐里庇得斯，《厄瑞克透斯》F360 Kannicht 122

普拉克熹提婭有所不知的是，幾個女兒私底下也有過一誓：生則同生，死則同死123。利庫爾戈斯就像引述「軍訓生誓言」和「普拉提亞誓言」那樣把這個誓言引述了一遍。它們全是用來提醒審判團，公民與城邦之間的神聖關係是以肅穆的起誓行為為核心——起誓行為是這關係的根本紐帶。在這一點上，利庫爾戈斯呼應了乃師伊索克拉底的話語：「首要者是敬重與神明有關的一切，即不只盡責

＊譯注：引文中的阿拉伯數字是行碼。

†譯注：雅典娜的胸鎧上裝飾著蛇髮女妖頭像。

獻祭，還無違自己發過的誓言。獻祭是物質豐裕的標誌，守誓是高貴品格的證據。」[124]

大段引用過《厄瑞克透斯》之後，利庫爾戈斯這樣總結他的控詞：「先生們，你們的父祖是在這些詩句洗禮下長大的。」以此強調歐里庇得斯的文本在雅典年輕人的傳統教育中的核心重要性[125]。然後他問一眾陪審法官，他們認為王后普拉克熹提婭怎麼會那麼有違母性本能，愛國家多於幾個女兒，乃至於願意犧牲女兒以拯救城邦？重要的是，普拉克熹提婭行動迅速，換言之，是以更高貴的方式拯救了雅典[126]。如果女人都做得到這個，那男人（如萊奧克拉特斯之流）就「更應該對國家表現出一種不能被勝過的竭盡忠誠」[127]。如果所有公民都像普拉克熹提婭一樣愛雅典，那它將會繁榮茁壯和永不受傷。萊奧克拉特斯不愛雅典，所以必須受到懲罰。

利庫爾戈斯指出，所有人都應該感謝歐里庇得斯，因為他在讓普拉克熹提婭的故事流傳下來的同時，也為全體公民提供了一個典範，從而「讓愛城邦之愛可以深深印在他們心裡」[128]。「典範」這個字是伯里克利在國葬演說時用過（「我們從不抄襲鄰人，反而是他們的典範」），而利庫爾戈斯會用同一個字一點都不是巧合。他的用心毫無疑問是要讓聽眾聯想起伯里克利的偉大演說[129]。但不管他有多雄辯滔滔，審判團仍以一票之差開釋了萊奧克拉特斯*。這種結果想必印證了利庫爾戈斯一直最害怕的事情：他的國人同胞已不再那麼以國家為重。不管他在從政生涯做了多少事去重振那些曾讓雅典偉大的價值理想，判決結果都讓人痛苦地證明了至少有一半公民不再在乎那些過去被視為神聖不可侵犯的價值觀。最重要的是，雅典的福祉對雅典人來說已不再神聖，而馬其頓人在凱羅尼亞戰役之後的稱霸大概只是把由「極端民主」開了頭的工作收尾。

然而，利庫爾戈斯的演說詞《譴責萊奧克拉特斯》並沒有完全白寫。沒有它，我們將會對歐里庇得斯失傳戲劇或厄瑞克透斯犧牲女兒的故事（它對本書有著核心重要性）所知甚少。作為雅典人的祖先，厄瑞克透斯是太古時代的高峰，也是雅典人進入歷史時代的開始，作用類似一個「失落環節」。但他在帕德嫩神廟的地位歷千百年來一直不為人知。事實上，我們現在可以把厄瑞克透斯一家理解為帕德嫩神廟雕刻方案的核心元素。這種認知可以提供一把鑰匙，讓我們解開帕德嫩神廟最大一個謎團和最搶眼的一批圖像，從而改寫我們對神廟本身的最基本了解。正是厄瑞克透斯一家的崇高行為讓伯里克利在國葬演說中表達的最重要信念變得有血有肉：雅典值得國民為之而死。後來，這個不容討價還價的原則儘管褪了色，仍然有人覺得應該在最神聖的地方把它向所有時代的人展示。

＊譯注：實際投票結果是五百名陪審法官中一半贊成被告有罪，一半贊成被告無罪。依慣例，被告在同票數的情況下可獲無罪開釋。

第四章 終極犧牲

——國父、國母、國女

時間是一九〇一年，地點是古蘭墳場。焦凱和其團隊橫越埃及的沙漠，來到這個位於法尤姆綠洲西南的希臘化時代墓園，挖掘了一整個冬天（一月到三月），成果豐碩。從一個由眾多岩壁墳塚構成的巨大網絡裡，這支法國隊伍出土了數以百計木乃伊[1]。陪葬品並不特別豐富，但有些木乃伊的外殼卻在後來（大約六十年後）被證明是無價寶。

不同於圖坦卡門或其他知名埃及王族的棺材，這些棺材外殼並不是以黃金或鍍金的木頭製成。它們的材料是紙漿模型。碰到想省錢的顧客，希臘化時代埃及的殮葬業者會把丟棄的莎草紙黏裹在屍體的亞麻包布上。待莎草紙風乾變硬，便可以在上頭塗以灰泥，施以彩繪，甚至鍍金，讓其看起來像是更貴價材料。這是西元前最後三個世紀埃及尋常百姓的殮葬方式，其時埃及的統治者是托勒密一世及其子孫（托勒密一世是馬其頓人，原是亞歷山大大帝麾下大將）。

紙上的墨跡不會融解，就因為這樣，原被亞歷山卓*和其他地方抄寫員抄寫在莎草紙上的文本得

*譯注：亞歷山卓擁有古代世界最大的圖書館。

以留存下來。希臘化世界的圖書館要求非常嚴格，抄寫員只要抄錯一個字，便會把整張莎草紙丟棄。莎草紙價格不菲，所以被丟棄的紙張會賣給殮葬業者，供製造「棺材」之用。所以，希臘化時代的埃及墳墓和它們的木乃伊外殼成了發現失傳或未知古代文書的重要來源。

焦凱把數十具木乃伊帶回巴黎和里爾的莎草紙學研究機構，以供研究（圖39）。從這些木乃伊，他成功分離出一批希臘文和埃及文的古文書。不過，莎草紙極其脆弱，不容易一張張剝離，只要一個不小心，寫在上面的文字便有可能會毀掉。這情形要到一九六〇年代早期，等索邦大學莎草紙學研究所教授巴塔伊和妮科爾·帕里雄發展出一種新技術，情形才有所改善。他們首先把外殼浸泡在有百分之十三鹽酸的溶液裡，加溫至華氏七十度，再讓它們接受有百分之十甘油的

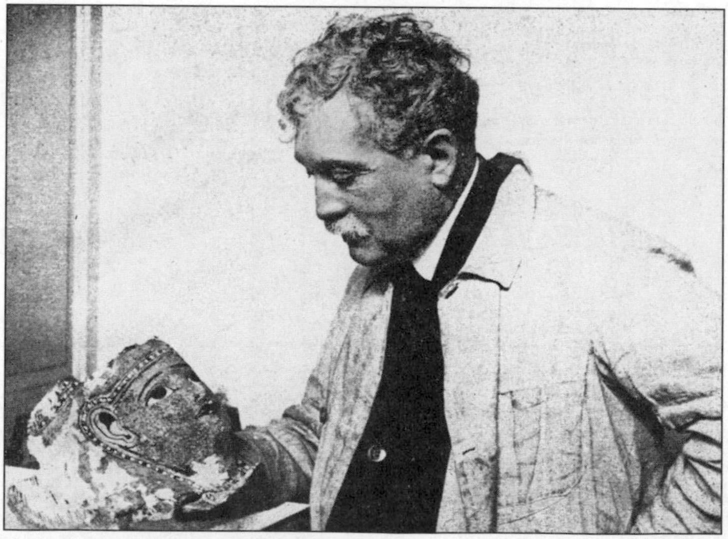

圖39　焦凱審視一片木乃伊外殼碎塊。照片原載《開羅評論》13, no.130 (1950)。

溶液的蒸汽浴。這樣，膠水就會融化，紙張變得容易剝離，讓自從西元前三世紀就沒有人看過的希臘文文本重見天日。這種創新引起過小小轟動：《生活》雜誌（圖40）在一九六三年十一月報導其事時，標題作「從木乃伊蒸煮出祕密」[2]。

不過，後來卻發生了一件也許會被視為「木乃伊詛咒」的事件：一九六五年，巴塔伊教授在巴黎市中心過馬路時被車撞倒，不幸身亡[3]。不過，他在一九六二年九月十九日分離出的莎草紙殘篇業已引起矚目。從編號24和25的木乃伊外殼，他救

ARCHAEOLOGY

EGYPTIAN DEAD YIELD LONG-LOST WORDS

Secrets Cooked from a Mummy

Softened pieces of papyrus from case of mummy—ready for sorting—are taken from a steam bath by Professor André Bataille and assistants.

The three French specialists shown above under a cloud of steam are busily cooking, with fine Gallic finesse, the shroud of a 2,200-year-old Egyptian mummy. Seeking to unlock secrets the mummy inadvertently bore to its grave, these scholars at the Sorbonne are using a method they have devised for separating and salvaging the stuck-together fragments of papyrus from which the shroud was made.

The work is a direct consequence of the frugality of undertakers at Ghoran, an upper Nile village where the mummy was laid to rest two centuries before the birth of Christ. Papyrus, a paperlike substance made from the pulp of the plant, was the writing material of the ancient Egyptians. Because new papyrus was expensive, the morticians used discarded scraps of the stuff to make mummy cases, covering the embalmed corpse with small pieces to make a many-layered coat not unlike papier-mâché.

Archaeologists have known that mummies prepared in this fashion are, in effect, well-preserved filing cabinets of government documents, business accounts, school texts and literature. It was easy to peel a case from a mummy, but separating the pieces was tricky—until the Sorbonne's Egyptologists hit upon the idea of steaming the shroud the way a French housewife steams mussels. Once the cooking is done, a problem considerably more difficult presents itself—fitting the pieces together to see what they say.

Bataille and assistant Nicole Parichon study a papyrus fragment from mummy case. The face piece (*foreground*) is from a Ghoran mummy.

CONTINUED

圖40　巴塔伊和妮科爾·帕里雄教授從木乃伊外殼分離出《厄瑞克透斯》的殘篇。《生活》雜誌，一九六三年十一月十五日，頁六五。

回了米南德所寫的希臘喜劇《西庫昂人》（西庫昂是伯羅奔尼撒半島一個離科林斯不遠的城市）。寫成於西元前四世紀晚期或前三世紀初期，這齣喜劇的存在早為世人所知，因為焦凱六十年前便從另一具木乃伊發現此劇的一百五十行文字。換言之，同一卷莎草紙書卷曾分別被三具木乃伊回收再利用！

聽到這消息，研究希臘喜劇的學者無不雀躍。其中一位是牛津大學基督堂學院的博士生奧斯汀，他才剛完成論希臘喜劇作家阿里斯托芬的博士論文。一九六六年秋天，他抵達巴黎，在索邦大學莎草紙學研究所受到巴塔伊繼承者謝雷接待。謝雷把《西庫昂人》殘篇的複本提供奧斯汀研究，但聲明保留出版權，又另外送他從編號24的木乃伊外殼取得的另一些殘篇的複本。因為相信後者與米南德的文本相比只算是「紙屑」，謝雷大方把出版權送給年輕的奧斯汀。

奧斯汀的心跳停頓了一拍。因為他一眼便認出，眼前的「紙屑」包含著古希臘三大悲劇作家歐里庇得斯佚失已久的劇作《厄瑞克透斯》的內容[4]。

《厄瑞克透斯》的存在早就為世人所知，因為它曾被古代的作家大量引用[5]。已知的最長篇引用見於利庫爾戈斯的演說詞《譴責萊奧克拉特斯》，共引用了五十五行。該篇演說詞寫成於西元前三三〇年，時距《厄瑞克透斯》初演（八成是西元前四二二年前後）近一個世紀[6]。在指控叛國者萊奧克拉特斯時，利庫爾戈斯把他對比於國王厄瑞克透斯幾個為雅典獻出生命的女兒，又引用了她們媽媽（王后普拉克熹提婭）答應讓女兒犧牲的愛國演說。但一份希臘化時代莎草紙文本如何改變了我們對世界最知名建築的了解？就目前，我們只需要知道的是，這問題的答案透露出古典研究學界的各領域有多麼各自為政。

奧斯汀的淵博希臘知識讓他即時認出眼前的莎草紙文本包含利庫爾戈斯在演說時引用過的同一齣

戲劇。重新發現佚失古代重要著作是任何古典學家的夢想。但奧斯汀不動聲色。感謝過謝雷之後，他直接回國，對自己的好運氣欣喜若狂。

奧斯汀以破紀錄的時間完成任務，一年後便把希臘文文本辨讀出並付梓。這不是容易的工作。首先，有大段內容早因為莎草紙被剪裁成翅膀狀而遺失——「翅膀」代表鷹神何露斯，是木乃伊外殼的常見裝飾元素（圖41、42）[7]。奧斯汀的解讀首先是刊登在一九六七年的《莎草紙學研究》，附有

圖41　包含《厄瑞克透斯》殘篇的「莎草紙2328a」。

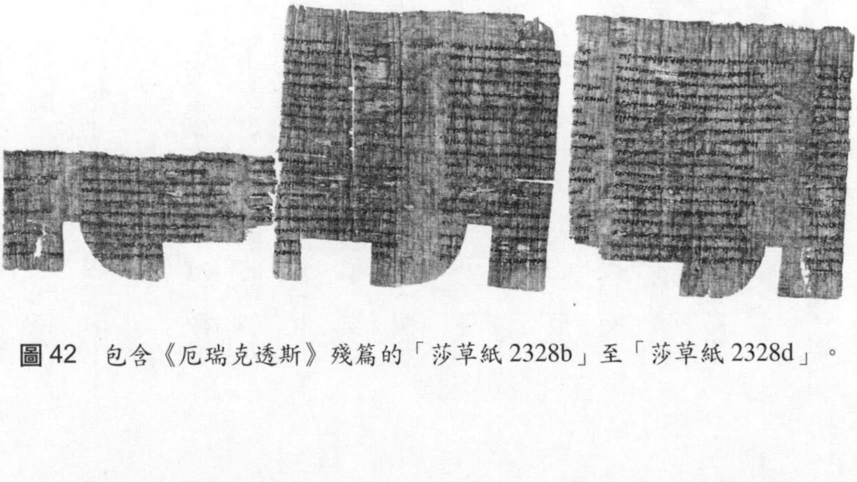

圖42　包含《厄瑞克透斯》殘篇的「莎草紙2328b」至「莎草紙2328d」。

法文翻譯，標題作〈歐里庇得斯《厄瑞克透斯》的新殘篇〉[8]。翌年，他又把索邦莎草紙的內容與所有其他已知的《厄瑞克透斯》片段合成一冊出版，名為《莎草紙中的歐里庇得斯新殘篇》[9]。為符合它所隸屬的德國叢書系列（「克萊恩文本」）的體例，奧斯汀的注解是以拉丁文寫成，也沒附上翻譯。

歐里庇得斯佚失戲劇的重新出現轟動整個古典文獻學圈子，卻幾乎不為考古學家所悉。這一類發現通常都要花相當時間才會夠得著古典研究的主流，要夠得著一般大眾又是更久之後。該劇的一個西班牙譯本在一九七六年出版，一個義大利文譯本在一九七七年出版[10]。不過，英譯本卻要等到一九九五年始面世，距殘篇的發現已經三十多年[11]。在奧斯汀第一次發表《厄瑞克透斯》殘篇和我第一次意識到它們和帕德嫩橫飾帶有著重要關係之間，相隔了快二十五年[12]。我們常常以為古典研究是一個聚焦和孤島似的領域，每個研究者都知道別的研究者在做些什麼。其實不然。研究希臘雕刻的專家極少會注意莎草紙學的新發現，一如莎草紙學者很少知道希臘神廟雕刻研究的新動向。

焦凱從編號24的木乃伊外殼剝離的殘篇被稱為「二三二八號索邦莎草紙」，其中大約包含《厄瑞克透斯》一百二十行文字（利庫爾戈斯引用過的五十五行不在其內）。在焦凱之前，《厄》劇只有一百二十五行文字為世人所知：包括利庫爾戈斯引用部分、斯托貝烏斯引用的三十四行和其他多種資料文獻引用的一行兩行[13]。奧斯汀發表的文本讓《厄》劇的已知行數一下子跳到近兩百五十行。以歐里庇得斯其他作品衡量，這數字相當於整齣戲的五分之一或六分之一篇幅[14]。

但這些新殘篇又是如何改寫我們對帕德嫩神廟的認知？回答這個問題之前，我們有需要知道一點厄瑞克透斯這位太古時代雅典國王的故事。他在古典時代雅典人意識裡占有的地位遠大於過去兩千年來所了解。

前面說過，現代讀者會知道《厄瑞克透斯》的存在，主要是因為利庫爾戈斯曾在演說時對其內容有過大段引用。但這齣悲劇的意義，還有劇名人物的意義，在奧斯汀於一九六七年發表新殘篇前都未能為人充分體會。事實上，厄瑞克透斯的名字一直都因著衛城上那座以他為名的神廟而廣為人知。一般都把厄瑞克透斯神廟的築造時間定在西元前四二一年，即雅典與斯巴達簽訂《尼西阿斯和約》而讓第一階段伯羅奔尼撒戰爭結束之後。它落成於西元前四〇九／四〇八年之後——我們知道這個，是因為有記載神廟哪些工程已經完成以及哪些尚待完成的銘文存在[15]。但因神廟的啟建日期主要是靠旁證推斷，至今仍有爭議。有些學者把它推早到西元前四三五年，有些學者把它推遲至西元前四一二年[16]。位於該神廟西南角落的「閨女柱廊」（得名自承托著過樑的六根「女像柱」）非常有名，任何上過西方藝術課的小學生都會知道（三四八頁圖98）。但對於作為該神廟名字來源的那位英雄，我們又知道些什麼呢？

牛津大學古典學學家韋斯特傳神地把厄瑞克透斯比作「阿提卡神話蛛網中央的大蜘蛛」[17]。這位英雄早在《伊利亞特》便出現過，在其中，荷馬告訴我們，「建築得很好的要塞雅典」是「心高志大的厄瑞克透斯」的土地。生於地之後，厄瑞克透斯由宙斯之女雅典娜負責養育，她把他安頓在衛城上「她那座豐美的神廟」裡[18]。但《奧德賽》的說法剛好倒過來[19]，說雅典娜走進了「厄瑞克透斯牢固的家」——「牢固的家」有可能就是指青銅時代晚期建造於衛城頂上的邁錫尼王宮（七七頁圖10）。希羅多德告訴我們，厄瑞克透斯和雅典娜受到雅典人的聯合祭祀[20]。埃皮達魯斯的人一年一度會向這對神明獻祭，作為回報，他們被允許砍下雅典一些橄欖樹用以雕刻神像。阿波羅多洛斯同時提到厄瑞克透斯的「地生」身世和「雅典人國王」身分，指出雅典人被稱為雅典人就是始自這國王的統治時期。希羅多德透露，厄瑞克透斯神廟存放著雅典娜和波塞冬較勁時變出的橄欖樹和海水泉[21]。

厄瑞克透斯和另外一個叫厄里克托尼俄斯的人常常難以區分[22]。他們分享著同一個異乎尋常的誕生神話，即都是直接生於地[23]。他們的妻子同樣名叫普拉克熹提婭[24]。兩個英雄都被說成是發明馬車挽具和把馬車引入戰爭的人。另外，兩人都與泛雅典節有關[25]。

從他們分享著同一個誕生神話的事實反映他們事實上是同一個人。正如前面說過，鐵匠之神一看到處子女神便對她的美貌傾倒。不理會女神的拒絕，黑淮斯托斯從後追趕，但最後只把精液射在了女神大腿上[26]。雅典娜用一團羊毛擦去噁心的髒汙，再把羊毛丟棄在地。沒想到地母因此受孕，生出厄瑞克透斯／厄里克托尼俄斯。有學者主張，「厄瑞克透斯」（Erechtheus）這名字就是源自 *erion* 或 *erithechna*（指「羊毛」或「毛紡的」）。但也有學者認為這名字是衍自 *chthonios*（指「歸屬於土地」）。還有人把二說結合為一，指 Erech-theus 可翻譯成「羊毛的－土地的」，但這種可能性不大[27]。

雅典人傳說裡原只有厄瑞克透斯一個[28]。他是城邦的太古國王，生於大地而由雅典娜養育成人。但到了西元前五世紀某個時間點，厄瑞克透斯卻「分裂」成了兩個人[29]。到了西元前四世紀，厄里克托尼俄斯看來已經完全接收厄瑞克透斯的誕生和童年故事。至此，厄瑞克透斯總是以成年人的形象出現，總是那個為對抗攸摩浦斯而不惜犧牲女兒的雅典國王[30]。

厄瑞克透斯和厄里克托尼俄斯自此被視為兩個不同的人，但也有可能是被視為同一個人的小孩版和成年版。在希臘藝術中，厄里克托尼俄斯總是以小孩或嬰兒的形象出現，有時會伴隨著蛇衛士[31]。反觀厄瑞克透斯則總是以大人形象出現，是個成熟的雅典國王[32]。現藏柏林一個西元前五世紀後半期的紅繪酒杯同時有兩人畫像，各注明名字（圖43、下頁圖44）[33]。有些論者以此為根據，主張兩人是不同的個體[34]。然而，我們必須小心，不要動輒照「字面」解讀圖像。意象的生成過程就像神話的生成過程一樣，是複雜和非線性的[35]。一個英雄的兩面被繪畫在同一個陶瓶上是完全有可能的，一如厄瑞克透斯完全有可能被一分為二。神話的動態特徵和圖像的產生過程比一些現代詮釋者以為的有彈性得多。

希臘神話是一種不斷改變的現象，會在每一次被重述的過程中「變形」為

圖43　蓋婭從地裡冒出，把嬰兒厄里克托尼俄斯交給雅典娜，長著蛇尾巴的喀克洛普斯站在一旁觀看。最右邊兩人疑是黑淮斯托斯和赫爾塞（譯按：喀克洛普斯的大女兒）。見於塔爾奎尼亞出土的一個酒杯（西元前四四〇至前四三〇年古物）。

新的甚至是相反的版本。你無法說某個神話版本是更正確或更佳，一如無所謂「錯誤」的版本。神話的變動性格讓現代聽眾倍感挫折，這問題我們後面還會再談。就目前，我們需要知道以下這點便夠：厄瑞克透斯和厄里克托尼俄斯是彼此緊密交織在一起的，千百年來衍生出許許多多的變體。但有一點卻是毫無爭議，那就是，在厄瑞克透斯和厄里克托尼俄斯兩者中，只有前者會被稱為雅典的開國國王——從他首次在《伊利亞特》出現時便是如此。厄瑞克透斯也是厄瑞克透斯神廟的受祭者，從沒有把這神廟稱為厄里克托尼俄斯神廟。雅典總是被稱為「厄瑞克透斯的土地」，從不是「厄里克托尼俄斯的土地」。類似地，雅典人也總是被稱為「厄瑞克透斯子孫」，不是「厄里克托尼俄斯子孫」[36]。

圖44　左邊兩人為阿格勞蘿絲和國王厄瑞克透斯（持節杖者），居中者是潘朵洛索斯，最右邊兩人疑是埃勾斯和帕拉斯。見於塔爾奎尼亞出土的一個酒杯（西元前四四〇至前四三〇年古物）。

我們從前不懂得重視厄瑞克透斯，不是因為他不重要，而是因為留存下來的物質證據寥寥無幾。更礙事的是他的光芒有時會被另一個傳說中國王喀克洛普斯的光芒蓋過：希羅多德告訴我們，喀克洛普斯是更早一代的統治者[37]。這兩個人物同樣表現出讓人迷糊的相似性。兩人都是「地生」，都被說成是雅典祭儀的創立者。在藝術作品中，喀克洛普斯被刻畫為長有蛇尾巴（一九七頁圖43），而厄瑞克透斯／厄里克托尼俄斯也經常與蛇一道出現[38]。最有披露性的一點是，兩人都有三個女兒，而其中兩個皆是結局悲慘（根據一些說法是從衛城跳崖而死）。蘇爾維奴－因伍德有說服力地論證過，喀克洛普斯事實上是從厄瑞克透斯演變而成。她認為前者的「地生」成分受到加強和強調，所以才會被描繪為長有蛇尾巴[39]。所以，我們最好是趕快習慣雅典建國神話在「長時段」中變化多端的複雜性，習慣它的各種投射、轉移和混合。

儘管如此，厄瑞克透斯仍是希臘文學中第一位雅典國王，最早是出現在西元前八世紀至前七世紀之交的荷馬史詩。他會在西元前五世紀中葉晉升到一個顯赫地位，成為一個從沉睡中醒過來的英雄，看來是與伯里克利的願景及其更新衛城的努力有密不可分的關係。在波斯戰爭之後，對受過集體創傷的雅典人來說，沒有比回到最起始，回到城邦賴以奠基的國父和立國精神更合宜的做法。厄瑞克透斯完全適合當時的需要，這位英雄的家庭悲劇體現著伯里克利式民主所強烈嚮往的自我犧牲精神。

與厄瑞克透斯同樣意義重大的是雅典娜，因為沒有她，黑淮斯托斯的精子就不會接觸到大地，而厄瑞克透斯也不會誕生人世。所以，雅典娜雖然始終是個處子女神，卻在一個非常強烈的意義下是厄瑞克透斯的「母親」，也因此是所有雅典人的「母親」。一如攸摩浦斯攻打雅典是為父復仇，厄瑞克透斯也是為捍衛「母親」的職志而戰。

雅典娜與波塞冬的緊張關係並沒有隨著她贏得雅典的守護權而告終。他們的人間後嗣（厄瑞克透斯和攸摩浦斯）繼續彼此為讎，後者從希臘東北部召集了一支色雷斯人的軍隊，要為父親洗雪前恥[40]。修昔底德告訴我們，「一如攸摩浦斯和厄琉息斯人曾經對厄瑞克透斯發動戰爭」，在阿提卡各城鎮還獨立於雅典人國王之外的時代，它們有時會對厄瑞克透斯發動戰爭[41]。

聽說有一支圍城大軍逼近，厄瑞克透斯趕忙向德爾斐神諭尋求指引。神明的回答叫人摧折心肝：國王必須犧牲女兒方能挽救城邦。厄瑞克透斯把這壞消息告訴妻子普拉克熹提婭，請她答應讓一個女兒赴死。我們知道，王后的回答充滿愛國精神。利庫爾戈斯的時代離《厄》劇初演已經一百年，但他明顯深信王后的慷慨陳詞仍能激動人心，所以才會告訴審判團，他們必可在這番話裡「找到匹配雅典人和一個基菲索斯河女兒的偉大精神與高貴情操」。

得到妻子的勇氣壯膽，厄瑞克透斯決定犧牲最小的女兒。整齣《厄》劇都沒有提這女孩的名字，光稱她為「帕德諾斯」（「閨女」）。厄瑞克透斯和普拉克熹提婭幾個女兒的名字在古代資料文獻中相當混亂，幾百年間不同作者的說法常互相衝突[42]。較後期資料文獻甚至稱厄瑞克透斯夫妻有四到六個女兒不等，還有好幾個兒子。根據費諾德穆斯的說法，姊妹六人中死掉的是普羅特吉尼婭和潘朵拉，活下來的是普洛克麗斯、克瑞烏莎、奧萊蒂婭和克托妮婭——但在這個說法裡，兩位死去的公主是為拯救雅典免於波奧提亞人而非色雷斯人攻擊而犧牲。[43]阿波羅多洛斯列出的名字是克瑞烏莎、奧萊蒂婭和克托妮婭，又說厄瑞克透斯有三個兒子，分別名為潘朵洛索斯*、喀克洛普斯和墨提翁第二。三姊妹中活下來的是克托妮婭，她後來嫁給了布忒斯†[44]。但許癸努斯卻說被犧牲（向波塞冬獻祭）的是克托妮婭，而她的兩個姊姊隨之自殺身亡[45]。可他又透過另一女兒普洛克麗斯之口把阿格勞蘿絲說成是厄瑞克透斯的**兒子**，無視其他文獻一律稱阿格勞蘿絲是喀克洛普斯的**女兒**[46]。在阿提卡神話極其糾葛的蛛網裡，那些最有力的模式會一再複製自己，例如（如第一章指出過的），丟卡利翁和喀克洛普斯和厄瑞克透斯都有三個女兒[47]。她們當然是有關聯的：丟卡利翁和厄瑞克透斯二人都有一個叫潘朵拉的女兒，而喀克洛普斯則有一個叫潘朵洛索斯的女兒。非常有可能，就像厄里克托尼俄斯是厄瑞克透斯的分身那樣，潘朵洛索斯只是潘朵拉的分身[48]。

一如神諭所保證的，雅典人在厄瑞克透斯把女兒獻祭後打了勝仗。不過，出乎王后普拉克熹提婭意料之外的是，厄瑞克透斯竟被波塞冬製造的地震所吞噬。至於另外兩個較年長的公主，則信守三姊妹死則同死的誓言，自殺而亡。她們是怎麼個自殺法，《厄瑞克透斯》的殘篇並未明確記載，但有若干蛛絲馬跡暗示她們是在衛城跳崖自殺，因為普拉克熹提婭最後所說的一番話看來就是在兩個女兒的屍體前面說出[49]。阿波羅多洛斯也是記載，最小的公主被獻祭後，她的兩個姊姊自殺而死[50]。

不過，包括阿波羅多洛斯在內，後期著作家都把跳崖自殺的一對公主說成是喀克洛普斯的女兒，而他是比厄瑞克透斯早一代的國王[51]。根據這種說法，兩姊妹是因為偷看了一個禁止偷看的盒子（裡面放著嬰兒厄里克托尼俄斯和一條蛇）而發瘋，從衛城跳崖致死（另一說法是投海溺斃）[52]。

有時，就連同一個作者的不同著述都會有不同說法。在寫於《厄瑞克透斯》幾年後而初演於西元前四一四至前四一二年的《伊翁》一劇中，歐里庇得斯毫不含糊提到，共有**三個**厄瑞克透斯家的女兒

---

*譯注：潘朵洛索斯在其他說法裡都是厄瑞克透斯夫妻之女。

†譯注：前面提過，布忒斯是厄瑞克透斯的孿生兄弟。

被獻祭[53]。當小孩伊翁問媽媽：「聽說外公在獻祭中殺掉妳的幾個姊姊，是真的嗎，還是只是傳言？」克瑞烏莎回答說：「他忍心殺掉幾個閨女女兒是要讓她們為斯土犧牲。」（克瑞烏莎應該是三個犧牲性命的公主的妹妹，當年因為還是嬰兒而不適合用於獻祭。）

不管怎樣，重點是兩位年長公主有遵守誓言，隨妹妹一起死去（不管是死於父親之手還是自殺）。王后原以為她只是要為所有人犧牲一個孩子，到頭來卻失去了全部三個女兒和丈夫——一種遠大於她當初所能想像的犧牲。

新發現的《厄瑞克透斯》殘篇大大有助於釐清帕德嫩神廟的意義。歷來第一次，我們可以讀到雅典娜在全劇近尾聲對普拉克熹提婭所說的話。當時王后失去全部家人，孤伶伶站在衛城頂上。女神說的話相當於一份神聖憲章，其中規定要在聖岩上修築兩座巨大神廟，即帕德嫩神廟和厄瑞克透斯神廟。她先是吩咐普拉克熹提婭把三個女兒葬在同一墓塚，在上面蓋一座神廟，再建立祭儀好讓她們永被懷念永誌不忘。然後，她指示王后把厄瑞克透斯葬於衛城中央，在墓塚上築造聖域。最後，雅典娜任命普拉克熹提婭作為她的女祭司，負責照管好這些聖地。只有普拉克熹提婭一人有權在同時為兩個墓塚聖所共用的祭壇進行燔祭（三〇六頁圖89）。值得注意的是，雅典娜使用的是一種稱為「聖法」的語言：「聖法」是銘刻在石頭上的宗教詔令，內容包括下令起造神廟之類的事宜[54]。

至此，泉仙女普拉克熹提婭為什麼會叫普拉克熹提婭已昭然若揭。Praxithea 這名字是由兩個字根構成，一是 *prasso*（做事），一是 *thea*（女神），合起來的意思便是「為女神做事的人」。高貴、無私而堅強，普拉克熹提婭是雅典娜最理想的女祭司。值得注意的是，當《厄瑞克透斯》首度上演時，在衛城掌「護城雅典娜」女祭司之職的正是一位權勢和個性都罕見其匹的女人，名叫呂西瑪刻。她是達康提德斯之女和雅典財政總監呂西克列斯之妹，掌女祭司之職長達六十四年（從西元前五世紀最後幾十年至前四世紀初期）。極有可能，歐里庇得斯在創作普拉克熹提婭有力和愛國品格時，就是以呂西瑪刻為藍本的[55]。這當然只是猜測，但阿里斯托芬著名喜劇《呂西翠妲》（初演於西元前四一一年）卻明明白白是以呂西瑪刻為女主角之所本[56]。

新發現的《厄瑞克透斯》殘篇裡包含了雅典娜的關鍵性落幕話語。她命令宿敵波塞冬不要再騷擾雅典[57]：

> 〔55〕海神波塞冬，吾吩咐汝掉轉三叉戟，莫再騷擾斯土，摧毀吾心愛之城市……難道汝憤不是已得宣洩，〔60〕不是已把厄瑞克透斯吞入地底而讓吾心碎？

接著，雅典娜直接對普拉克熹提婭說話：

> 基菲索斯河之女，斯土之拯救者，今聆無母雅典娜之語如下。〔65〕先是關於為斯土犧牲之汝女與汝夫者。著汝把女葬於吐出最後氣息之處，兩姊亦同葬一穴，以嘉其高貴情操，〔70〕信守對愛妹之誓言。三人靈魂將不赴冥府，吾自將彼等精魂帶至天極，並賜彼等一全希臘人共誦名字：「許阿鏗托斯家女神」*〔75〕……發許阿鏗托斯之光

*譯注：這等於是說把她們星格化為「許阿鏗托斯家姊妹星座」，至於為什麼會把她們稱為「許阿鏗托斯家姊妹」，見第六章。

輝，拯救斯土。*百姓毋得遺忘三姝，每年得屠牛為祭，〔80〕以神聖閨女歌舞饗之……敵人……戰爭……軍隊……務必如此行：在執起作戰長矛前之前祭†，毋得觸碰釀酒用之葡萄，亦不可往祭火倒入蜜蜂辛勤果實〔指蜂蜜〕與河水以外之物。務必讓三位女兒有一禁止進入之聖域，務使無敵人可在其中祕密獻祭，慶祝彼等之勝利與斯土之苦難。

〔90〕又著汝在城中央為汝夫建一有石頭圈繞之聖域。因著殺他之人，他將被稱為「神聖波塞冬–厄瑞克透斯」，由百姓以牛隻奉祀。

〔95〕至於汝〔普拉克熹提婭〕，本城之再奠基者，著命汝為吾之女祭司，得在吾之祭壇為全城邦行燔祭。汝已聞斯土必須經歷何種苦難。吾今代吾在天之父宙斯宣布：攸摩浦斯得准予死而復生。

歐里庇得斯，《厄瑞克透斯》F370-101 Kannicht 58

在後面幾章，我們將會看到女神這番話如何在雅典人的心靈裡回響不已，表達出他們自我理解的最本質，因而構成我們理解衛城神廟和祭儀的基礎。前面說過，雅典娜的話讀起來就像許多下令起造神廟的「聖法」。歐里庇得斯的戲劇，還有菲迪亞斯的帕德嫩雕刻，都鮮明傳達出雅典人的核心價值，與此同時又告訴了他們現在何以會是現在的樣子。就目前，我們只需要知道，歐里庇得斯筆下的雅典娜毫不含糊解釋了衛城兩大神廟的起源。根據這個解釋，厄瑞克透斯神廟和帕德嫩神廟之所以共用同一個女祭司和同一個祭壇（這是衛城祭儀非常獨特的特色），是因為兩座神廟彼此相關，一座為了紀念厄瑞克透斯，一座為了紀念他的三個女兒，而普拉克熹提婭又被授命去照顧好二者。

如果我們知道利庫爾戈斯是自視為厄瑞克透斯和普拉克熹提婭的一個嫡裔，那他會大段引用《厄瑞克透斯》就更是理所當然。他所屬的氏族（厄特奧布忒斯氏族）執掌「波塞冬－厄瑞克透斯」和「護城雅典娜」的祭司職位長達七百年，而他本人也大有可能就是「波塞冬－厄瑞克透斯」的一位祭司。所以，當他站在審判團前面追述傳說中的愛國故事時，他乃是本著自己的身世和經驗的權威發言[59]。

作為最極致的雅典人，利庫爾戈斯在發言最後乞靈於那把全體公民連結於同一種身分認同的阿提卡大地、神廟和紀念碑：

> 要是各位放過萊奧克拉特斯，等於是投票贊成背叛城邦、其神廟和其艦隊。但要是各位定他死罪，將鼓勵其他人保護你們的國家及其繁榮。眾位雅典人，這個國家和它的樹木正在向你們乞求保護，它的港口、碼頭和城牆正在向你們乞求保護，還有，不錯，它的神廟和聖所也正在向你們乞求保護。
>
> 利庫爾戈斯，《譴責萊奧克拉特斯》150 [60]

＊譯注：這幾句話的意義見第六章。

†譯注：「前祭」指開戰前的祭祀。

不管利庫爾戈斯有多麼賣力和雄辯，審判團對他仍然回報以分裂投票：兩百五十票贊成有罪，兩百五十票贊成無罪。就這樣，那個曾經冒犯過雅典最根本精神的罪犯得以施施然走出法庭。

不過，厄瑞克透斯一家在雅典人意識裡繼續占有重要地位，是公民無私性的一個典範，儘管賴之成為可能的民主制度的壽元已屈指可數。在分隔伯里克利和利庫爾戈斯之間的一百年間，公民有責任為共同福祉犧牲生命的觀念仍然居於雅典民主意識形態的核心，只是這種願意做出終極犧牲的熱情一日比一日疲憊。甚至早在雅典軍隊在西元前三三八年被馬其頓兵團擊潰以前，為維護雅典優越性所發起的戰爭已讓雅典人付出慘痛代價。凱羅尼亞戰役之後，雅典甚至不再能控制原有的糧食來源地，愈來愈需要看外國將軍和君王的臉色，天天生活在焦慮不安中。這期間，厄瑞克透斯和三個女兒的故事一再成為阿提卡葬禮演說的主題——這不奇怪，因為歐里庇得斯對雅典傳統的「葬禮演說」語言應用得非常嫻熟[61]。這神話被柏拉圖對話錄《美涅克塞努篇》援引過，也被伊索克拉底在《泛希臘盛會獻詞》和《泛雅典節獻詞》援引過[62]。西元前三三八年，狄摩斯提尼在為凱羅尼亞戰役陣亡將士悼亡時，也大大讚揚了三位公主一番，藉此激勵厄瑞克透斯氏族的年輕人[63]。更後來，演說家德馬德斯雖然因為不忍看見雅典被征服者腓力徹底摧毀而大力主和，仍然對厄瑞克透斯家三姊妹的高貴美德讚揚有加[64]。

厄瑞克透斯女兒的犧牲故事受到雅典人高度推崇，長盛不衰。明白它在雅典人意識裡的核心性讓我們可以解開帕德嫩神廟最大一個謎團（其答案本來明白擺在我們眼前）。不過，在解謎之前，先讓我們反省一下這個對雅典人身分認同歸屬最有定義性的神話有著何種意義和涵蘊。

對於雅典人那麼推崇以暴力殺害一個無辜閨女的行為，我們應該做何感想？在把閨女獻祭呈現為一個激勵人心的無私榜樣時，雅典人是否只是為了漂白了一則有厭女情結的殘忍故事？在回答這個問題時，有一件事情是我們必須記住：希臘文學中所有閨女犧牲事例都發生在神話時代。沒有任何文獻提及歷史時代曾發生過殺死閨女獻祭的事情。另外，即便說有若干考古學證據可顯示史前時代希臘有過活人獻祭活動，這些證據也非常可疑、有爭議且微不足道[65]。

希羅多德只提過一個活人獻祭事例，但他的事例再一次是出自神話。他告訴我們，國王麥尼勞斯在特洛伊抓回逃妻海倫之後的回航途中，一度因為天不起風，艦隊滯留在埃及一個港口。為求得順風，他殺死兩個埃及小男孩獻祭[66]。述及這件事情時，希羅多德明顯認為活人獻祭是可憎之舉，因為他稱之為「不聖潔的行為」。

普魯塔克記述，薩拉米斯戰役開戰前，帝米斯托克利在前祭中拿三個被俘的波斯王子（薛西斯的侄兒）祭旗[67]。如果真有其事，那將構成歷史時期希臘以活人獻祭的罕有事例。但該舉動一樣可以理解為戰時處決俘虜。我們完全說不準普魯塔克是在敘述一件真人實事還是援引一個舊範式[68]。有一個事實讓這記載的歷史真實性變得可疑：那三個被處決的王子被說成是獻給「牛飲者戴奧尼索斯」，但「牛飲者戴奧尼索斯」卻是一個列斯伏斯島所奉祀的神祇，而列斯伏斯島又是普魯塔克的故事來源法尼亞斯的家鄉[69]。另外，「三個王子」的數目也跟厄瑞克透斯故事中被在「前祭」中犧牲的阿提卡公主數目相同[70]。這種對稱性意味著該故事也許是虛構而非歷史實事。

地球上幾乎沒有一個文化的史前史不多少有一點活人獻祭的陰影。雖然沒證據可證明西元前五世紀的雅典人會拿閨女獻祭，但他們斷然相信英雄時代發生過這種事。而且正如我們將會看到的，他們也許甚至相信厄瑞克透斯三個女兒的墳墓就位於帕德嫩神廟西廳的地底下。雅典人自己稱這西廳為「帕德嫩」，意指「閨女們的處所」。我將會在第六章論證，此中的「閨女們」正是厄瑞克透斯和普拉克熹提婭的三個女兒，不是其他人。

這些有關獻祭和死亡的幽暗故事究竟如何作用於希臘人的世界觀？它們在建構英雄主義時扮演著何種角色？要回答這個問題，且讓我們看看大英雄阿基里斯的情況。被稱為「希臘英雄中的佼佼者」，阿基里斯在特洛伊作戰時面對一個兩難困境：是要選擇年紀輕輕便死去卻享有被人傳誦不衰的榮耀，還是選擇回家去，享受一段頗長但不永恆的餘生？他在《伊利亞特》中這樣思忖：「如果留下來戰鬥，我會無法平安回家，但可以得到永不凋謝的榮耀；如果我回家，我的榮耀會死去，但可以在死神找上門前活很久。」[71]這個考慮透露出希臘英雄主義的本質。要能成為英雄必須死亡。是死亡讓英雄成為英雄。正如納吉指出的，希臘的英雄主要是一種宗教膜拜的對象：死去的英雄會得到祭祀的尊榮，而他反過來又會帶給百姓繁榮富足[72]。

通向英雄地位的最穩當途徑是在戰爭中光榮戰死。不畏死的勇氣把經久不衰的榮耀帶給了阿基里斯、帕特洛克羅斯、赫克托耳和其他從史詩流傳下來的偉大名字。英雄奧德修斯是一個異數，因為他同時得到了榮耀和安歸。他活過了特洛伊戰爭，卻在歸國途中（如《奧德賽》所記載）經歷了十年歷險。回到綺色佳之後，他獲得了額外榮耀：妻子佩涅羅珀沒有改嫁，一直忠心等著他回來[73]。

男人通向英雄地位的道路在最早的史詩便有揭示。但女人又如何？沒有任何希臘女性可以有阿基里斯的選擇：光榮戰死或是回到等待著的家人身邊。在希臘的社會框架中，這種選項乃是女性所無法想像。不過，希臘神話中確實有女性到達英雄的位階和得到永遠的榮耀。就像男性一樣，她們也得透過死亡獲得不朽，不同的是，她們的死所不是戰場而是獻祭的祭壇。

閨女犧牲存在著一個弔詭：可以視為一種登上英雄的手段。透過終極的犧牲，希臘閨女可以得到榮耀。作為回報，她們獲得了不朽和膜拜（在一個膜拜熱情高張的社會，膜拜者的最高憧憬莫過於讓自身成為值得膜拜的對象）。那些在閨女犧牲中只看見殘忍和厭女情結的批評者自不會認為這種交易划算。畢竟，一個女孩不可能真有權力決定自己要生還是要死。另外，男性英雄至少有機會為自己的生命而戰，反觀被犧牲處女的命運則是由別人決定。但這種看法沒有弄對重點。在古希臘社會的文化規範裡，年輕女子上戰場作戰是不可想像的。那麼，她們又要如何表現出自己的傑出？沒有閨女犧牲這回事，婦女將永不可能享有貨真價實的英雄地位，而英雄地位乃是古希臘社會的最高榮譽[74]。

希臘神話有許多關於出身名門的女孩在社會危機時期自我犧牲以逆轉災難的故事[75]。當奧爾霍邁諾斯人面臨海克力士和底比斯人攻打時，一道神諭宣稱，唯有一個出身高貴的男公民或女公民的性命方可拯救城邦。結果，安提普諾斯兩個女兒安德魯克里婭和阿萊斯自願犧牲，死後被安葬在「光榮阿耳忒彌斯」的神廟，得到受祀的榮耀[76]。另一次，當可怕瘟疫肆虐奧爾霍邁諾斯，一道神諭宣布只有一個閨女之死方可阻止疾病蔓延。俄里翁幾個女兒（雅典娜曾親自教她們編織）用大針和織布梭刺穿自己的喉嚨和肩膀，讓城市倖免於難[77]。當雅典爆發瘟疫（一說是饑荒）時，李奧斯幾個女兒自願犧牲，死後在阿戈拉廣場獲得自己的神祠和享有祭拜榮耀[78]。

希臘最著名的閨女犧牲神話當然是阿伽門農殺死女兒伊菲革涅雅獻祭一事[79]。此舉讓希臘艦隊可以航向特洛伊。先前，一千艘戰船聚集在奧利斯港口，因為天不起風無法出征，滯留了幾個月。國王阿伽門農向祭司卡爾卡斯問卜，得知求得順風的唯一辦法就是把長女犧牲獻祭。當埃斯庫羅斯在西元前四五八年把這故事寫成《阿伽門農》一劇時，他是把重點放在伊菲革涅雅的母親克萊登妮絲特拉的哀痛悲憤。但在歐里庇得斯寫成於西元前四〇五年的《伊菲革涅雅在奧利斯》裡，故事的側重點卻發生了巨大轉移。他筆下的伊菲革涅雅先是求父親饒命，但後來改變態度，自願犧牲，還反過來提醒悲痛欲絕的母親，她這樣做可以拯救希臘。「妳是為所有希臘人生我，不是為妳自己一個。」她語帶責備地說，愛國情操的強烈不亞於普拉克熹提婭：就像男孩有責任為城邦的福祉出征，女孩也有責任為城邦的福祉犧牲[80]。

為什麼埃斯庫羅斯和歐里庇得斯講述同一則故事時側重點會大不相同？在波斯戰爭之後，講述英雄作風和自我犧牲的題材在雅典的戲劇舞台大為流行。埃斯庫羅斯的《安朵美達》、《伊菲革涅雅》和《波呂克塞娜》都是以閨女犧牲為主題，已佚失的《克瑞烏莎》大概也是如此。不過，對這一類故事趨之若鶩的現象卻是出現在伯羅奔尼撒戰爭期間（西元前四三一至四〇四年）和雅典流行大瘟疫期間（西元前四三〇、四二九、四二七／四二六年）。會是這個樣子，大概是因為它們可以間接肯定婦女在這些煩惱年代的苦楚和犧牲。歐里庇得斯涉及活人獻祭題材的劇作包括《赫卡柏》、《伊翁》、《伊菲革涅雅在奧利斯》、《海克力士子女》和（更不用說的）《厄瑞克透斯》[81]。其中，尤以《海克力士子女》和《厄瑞克透斯》兩劇投射出更強烈的雅典意識形態[82]。

在《海克力士子女》中，歐里庇得斯給了我們一個難得的機會，讓我們可以聽到被犧牲的閨女親自說話。她是瑪卡里婭（「蒙福者」），是海克力士和德伊阿妮拉的女兒。先前，她和幾個兄弟被逐出特拉基斯，獲得雅典收容。後來，他們舅舅阿爾戈斯國王歐律斯透斯向雅典宣戰。一道神諭告訴雅典國王德摩福翁，唯有海克力士一名子女自願犧牲方可解救雅典[83]。瑪卡里婭英勇赴死。她死後，馬拉松一座水泉以她命名[84]。堅定步向祭壇時，她說的話大義凜然，也表現出她對有機會成為女英雄感到興奮。瑪卡里婭自視為主動的行動者，是心甘情願為拯救城邦而犧牲，樂於以生命換取榮耀：

> 老人家，用不著再害怕阿爾戈斯人的長矛了！因為不待別人吩咐，我已準備好到祭壇赴死。這事還有什麼好說的呢？既然城邦為我們甘冒奇險，別人為我們受苦受難，而我們又明明有能力拯救**他們**，難道我們可以因為怕死而逃走嗎？萬萬不可。生為那樣一位偉人（海克力士）的子女，如果我們光坐著嘆氣，光乞求神明援助，我們不是怯懦得丟人，合該被恥笑嗎？那樣的話，我們在高貴人的眼中還算什麼呢？
>
> ……
>
> 帶我到我的身軀應被殺死的地方去，給我戴上花冠，獻給女神（雅典娜）！去擊敗敵人吧！我的性命任憑處置，完全出於自願，是要為幾個兄弟和**我自己**之故去死。憑著不貪生，我得到一個最棒的發現：怎樣帶著榮耀死去。
>
> 歐里庇得斯，《海克力士子女》500-10, 528-34 [85]

在西元前五世紀第三季，雅典備受戰爭和瘟疫蹂躪，而這樣的社會無疑會對「帶著光榮死去」的故事發出無可比擬的共鳴。在這個可怕時期，很少有哪個雅典家庭不失去一個或幾個成員。談到那些大瘟疫期間自願留在雅典照顧病患的人時，修昔底德指出雅典人有一種發自本能的羞恥心，會愧於在共同體面臨危機時只顧一己安危[86]。考慮到這些背景事件，我們乃可明白重述閨女犧牲的故事絕不只是一種戲劇娛樂。那是一種在公民團結性無上重要時期表達雅典民主核心價值的方法。

前面說過，歐里庇得斯的《厄瑞克透斯》極有可能是初演於西元前四二二年前後[87]。它在衛城南坡的戴奧尼索斯劇場演出，看過的人成千上萬[88]。每年的「城市酒神節」*，這裡會有全雅典最多人參加的聚會[89]。觀眾得到的不只是娛樂，還是一個苦澀的信息，它呈現在一個宗教節日的禮儀框架中。《厄》劇要傳達的訊息很簡單：民主需要以痛苦與喪親為代價。

「在所有跟民主有關的儀式中，犧牲獻祭高出於其他一切儀式。」古典學家暨政治理論家丹妮爾・艾倫寫道。她指出何以民主制度必須用一個事例向它承受創痛的公民證明，他們應該繼續對他們的政府和國人同胞保持信心[90]。公共儀式乃是為回應這種需要而出現，它們的反覆舉行創造和維持了共同體內的互信與秩序——其必要性是威權政體所不大需要甚至完全不需要的。厄瑞克透斯女兒的故事正好展示出犧牲、喪親、信賴和儀式是民主所不可或缺。這就是何以它會在雅典的開國神話具有那麼大的核心性，並在帕德嫩神廟的紀念性裝飾裡占有那麼顯著的地位。

《厄瑞克透斯》在初演之後的一個世紀裡繼續在雅典人心中引起深刻共鳴，不然利庫爾戈斯不會大段引用。在《為什麼柏拉圖寫作》一書中，丹妮爾・艾倫指出利庫爾戈斯特意使用柏拉圖愛用的一個最高級形容詞 *to kalliston*（「最漂亮和最高貴者」），此詞在《譴責萊奧克拉特斯》中共出現六次。以八個不同的論點，利庫爾戈斯呼籲審判團向他對他們高舉的典範學習。他們應該學習的其中一點是，教導年輕人朝向「美德」和以「最高貴者」為榜樣至關重要[91]。只要朝向美德，年輕人必然會培養出愛國情操[92]。利庫爾戈斯這番話背後有一具體的政策綱領。他堅持「軍訓生」訓練的重要性，視之為自己的教育使命的一部分[93]。所以，伯里克利對於雅典作為「全希臘的學校」的願景繼續活在利庫爾戈斯的法庭裡，儘管它再也不能像伯里克利時代那樣激起熱情。

在所有被認為是伯里克利說過的話中，可信度最高的是他在西元前四三九年悼念薩摩斯之戰陣亡將士的國葬演說。在其中，他指出：「我們看不見神明……但從我們加諸於他們的榮耀和我們從他們得到的庇佑，我們相信他們是永生的。那些為國捐軀的人亦復如此。」[94]雅典賴以茁壯的公民宗教和雅典人宇宙意識的環扣關係在這番話裡表現得明明白白。任何為共同福祉捐軀的人都應享有與諸神同等隆重的集體膜拜。所以，民主不只是一種政治安排，歸根究柢更是一種宗教安排。

厄瑞克透斯三個女兒不只在雅典被奉為神，還由雅典娜帶到天空，化作永恆閃耀的星星[95]。星格化乃是最高榮耀：化為星就是與宇宙成為一體，永遠照耀雅典。「吾自將彼等精魂帶至天極，並賜彼等一全希臘人共誦名字：『許阿鏗托斯家女神。』」雅典娜在《厄瑞克透斯》裡宣布[96]。以許阿得斯星座†的身分加入到群星的合舞，「心高志大」厄瑞克透斯和「心高志大」普拉克熹提婭的女兒們因此在雅典的憲章神話裡獲得了國女地位。雅典娜鍾愛地把三位閨女放在北天——無數世紀以前，女神曾在太初的宇宙大戰把「大龍」投擲到同一片星空。

＊譯注：雅典另有一個在鄉村地區舉行的「鄉村酒神節」。

†譯注：「許阿得斯星座」與「許阿鏗托斯姊妹星座」指同一星座。它們原是不同神話系統，後被人混為一談。

第五章　帕德嫩橫飾帶

——打開神廟祕密的鑰匙

在伊斯法罕被砍殺而死，弗農的人生和死亡都體現著冒險犯難精神。

年輕時，他在牛津大學基督堂學院的外頭遭海盜綁架，賣為奴隸。一六七五年，沿著科林斯灣北岸旅行時，他眼睜睜看著旅伴伊斯科特爵士在安菲薩和納夫帕克托斯之間的維特林札得急病死去[1]。同年稍後，他從希臘揚帆前往土耳其，途中遇劫，失去所有田野筆記和信件。但「不知饜足的看之欲望」驅策著他繼續前進，最終去到波斯，並在一六七六年九月被幾個覬覦其削鉛筆刀的當地人謀殺，得年四十[2]。

在死於謀殺而英年早逝之前，弗農贏得同時代一些最有名思想家的敬重。一六六九年，他被派到巴黎充當駐路易十四宮廷大使蒙塔古的祕書，此後三年，他成了英、法兩國科學家之間重要的消息傳遞人。他逐漸認識了新成立的英國皇家學會的許多成員，又持續向學會的祕書奧爾登伯格報告歐陸的最新科學發展[3]。弗農定期與東方學家波科克、天文學家巴納德和數學家格雷果里通信（格雷果里曾表示佩服弗農「在許多學科與語言上的淵博知識」）[4]。他是最先讀過牛頓論微積分知名論文（《運用無限多項方程的分析》）的人之一，因為數學家科林斯曾給他寄去一本[5]。一六七二年，弗農返回倫敦，隨即入選皇家學院，而提名他的正是學院祕書奧爾登伯格。

弗農沒有在倫敦久留。一六七五年六月，他去了威尼斯，然後去了希臘。與伊斯科特在札金索斯島下船後，兩人決定不照原定計畫隨同伴前往君士坦丁堡[6]，改為在希臘的伯羅奔尼撒半島旅行，之後又去了雅典，待了幾個月。九月，當兩人穿過科林斯灣北岸時，伊斯科特突染急病死去。弗農回到雅典，逗留到同年年底，期間致力於摹寫銘文和研究宏偉建築。他一共去過衛城三次，目的是量度帕德嫩神廟的尺寸[7]。他量得的數據被證明相當精準。特別重要的是，他量了內殿（東廳）的寬度（其他

圖45　帕德嫩神廟西門廊。斯蒂爾曼攝於一八八二年，蛋白印相法。

人都只管量度外柱廊的尺寸）。才十二年之後，威尼斯人的大砲便會把帕德嫩神廟的內部炸得粉碎，而要不是弗農曾經細心量度，內殿的尺寸將永不為世人所知。他除了把數據記在日記，還寫入在一六七六年一月十日從士麥那寄給奧爾登伯格的信中——當時他正準備前往讓他送命的伊斯法罕[8]。

弗農是第一個看出帕德嫩橫飾帶是描寫勝利遊行情景的人。「真是非常引人好奇的雕刻。」他在那封從士麥那寄出的信裡說（圖45）[9]。在一六七五年八月二十六日的日記裡，他談到神廟南側的橫飾帶：「其西邊是一些慶祝凱旋的騎馬者，還有戰車。」十一月八日的日記指出遊行隊伍中有「好些閹牛被人驅趕去獻祭」[10]。因為田野筆記已經丟失在海上，弗農對他所謂「敏娜娃神廟」*的觀察只留存在他的日記和寫給奧爾登伯格的信。「（這建築）將永遠見證著古雅典人是個輝煌和富於巧思的民族。」他寫道。弗農離開雅典前沒忘記留下自己的印記。時至今天，阿戈拉廣場神廟黑淮斯托斯神廟的南牆石塊上還留有「法蘭西斯．弗農」的字樣[11]。同時刻下的有時間（一六七五年）和他兩個同伴的名字：伊斯科特和倫道夫[12]。

由於十七世紀以前評論過帕德嫩雕刻的人寥寥無幾，弗農的觀感更顯珍貴。他會那麼仔細觀察那條環繞柱廊內部空間一圈的「飾帶」[13]並不奇怪：其雕功的精美絕倫、其人物的古典線條與五官、其對衣服綯褶的模擬入微都使得「帕德嫩風格」成為西方審美意識的最高標準。不過，他還從那些可愛的雕像看出來後來世紀評論者所看不見（或不肯承認看見）的東西：一列**慶祝凱旋**的遊行隊伍。這一點大概可作為弗農異乎尋常觀看力的最高禮讚[14]。

---

*譯注：敏娜娃是羅馬人對雅典娜的稱呼。

對於帕德嫩神廟的雕刻，流傳至今的最早解釋出現在神廟築成的整整六百年後。在《希臘志》一書中，旅行家保薩尼亞斯（他在西元二世紀到過衛城）認定東三角楣牆的雕刻主題是雅典娜的誕生，而西三角楣牆的主題是雅典娜與波塞冬的較勁[15]。他還仔細描述了坐鎮在神廟東廳的黃金象牙巨像（稱為「帕德諾斯雅典娜」）。被巨像的金碧輝煌所鎮懾，站在門前的保薩尼亞斯顯然沒想過要抬起頭看看籠罩在門廊陰影裡的橫飾帶（圖46）。

如果他有抬起頭，大概就會隱約看見一卷軸生氣勃勃的浮雕。帕德嫩橫飾帶總長約一百六十公尺，由三百七十八個人物和兩百四十五頭牲畜構成，環繞整個內殿的外牆上方一圈＊。位於離地十四公尺之處，橫飾帶的畫面高度是一

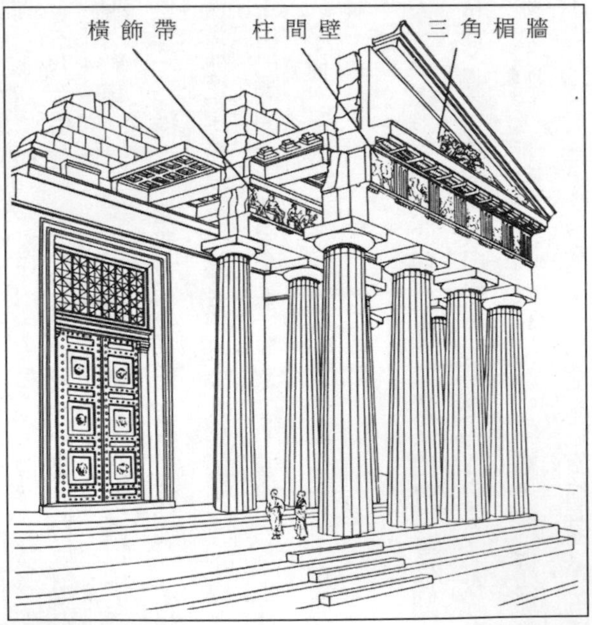

圖46　帕德嫩神廟的雕刻方案：三角楣牆、柱間壁和橫飾帶。

公尺多一點點，一天中大部分時間都是（因上頭的柱廊天花板之故）處於陰暗中。

近年來有相當多談論帕德嫩橫飾帶視覺效果的作品[16]。但說實話，要從地面看清楚橫飾帶的內容相當困難。雅典人自己當然不難辨別出處於深藍色背景中的人物的輪廓。因為男人的皮膚一律塗成了微紅的棕色而女人皮膚一律塗成白色，所以即便站在一段距離之外，人物的性別仍然很好辨別。學者在一些騎馬者的衣服上找到淡綠色和紅色顏料，而西橫飾帶一些岩石上留有綠色顏料痕跡的石頭，凡此都讓我們窺見這橫飾帶當初有多麼色彩鮮豔。某些人物的頭上仍留有鍍金（用來讓頭髮生色）。馬匹被漆成白色、黑色或棕色。它們身上的鑽孔顯示它們當初曾鑲有青銅馬勒和馬韁、鍍金馬蹬，以及其他閃閃生輝的附件[17]。不過，更細的細節（一如橫飾帶的整體構圖）大概是站在地面上的人看不出來的[18]。另一方面，古雅典人對橫飾帶的主題應該非常熟悉，可以很容易辨認出立柱與立柱間的人物誰是誰。儘管如此，要眺望十幾公尺上方的畫面仍然需要人極力伸長脖子、斜乜著眼睛注視才行。[19]

事實上，根據原始設定值，帕德嫩橫飾帶的觀賞者並不是凡人而是永恆諦視它們的諸神。正如里奇韋一部著作的書名所示，希臘神廟的雕刻都是一些「寓於石頭的禱告」[20]。我們由於受到自身觀看經驗的制約，所以很難想像希臘人凡事把諸神放在最前面的習慣。如果考慮到很少人有機會以近距離觀看這橫飾帶，那它的製作完美就更加讓人驚訝了[21]。

雖然神廟雕刻的基本目的是取悅神明，但它們當然也會讓凡人感到悸動和被感染。在《伊翁》一

＊譯注：「環繞內殿頂部一圈」只是個大概的說法，因為橫飾帶的東面和西面部分都不是在牆面上，而是在第二柱列頂部，而且南面和北面橫飾帶的西段都是經過西廳外牆頂部。

劇，歐里庇得斯讓歌隊（扮演雅典婢女）參觀德爾斐的阿波羅神廟，而她們對雕刻的反應多少反映出朝聖者在泛希臘神廟*會有的觀賞經驗。劇中，充當廟僮的伊翁帶領這些雅典婦女走過一系列圖板，又特別把一幅描寫海克力士大戰許德拉的畫面指給她們看。歌隊顫聲唱道：「朋友們，看看上頭！……我看見了他。」接著又唱道：「我遊目四望。」然後，伊翁又指給她們看雅典娜挺著盾牌進逼巨人恩克拉多斯的畫面。「我看見了女神，是帕拉斯†！」歌隊尖聲高歌，為太古宇宙大戰的突然呈現眼前而陷入狂喜[22]。所以，視覺藝術的原意並不僅止於提供審美經驗，還提供資訊和教育，特別是灌輸那些與共同信仰有關的事宜。更重要的是，雕像可以讓神明和英雄臨在於神廟之中。在一個肖像不只是肖像的世界，肖像的力量近乎真實的力量。

「雕刻」和「人像」的希臘文為 *agalma*，意指「讓人愉快的禮物」或「歡樂」[23]。為了取悅和尊榮神明，藝術作品必須追求完美。一再有人指出（有時是帶著驚訝口吻），帕德嫩神廟三角楣牆上的雕像連背面都雕刻過（至少是雕出大致輪廓），儘管雕像背面在雕像就定位之後就無法被看見（一七〇頁圖37）。因為緊貼著三角楣牆牆面，這些雕像的背面唯有神明看得見，但正因為這樣，背面一樣必須追求完美，否則神明就可能會不高興。

由於缺乏這種了解，歷代的評論者都是專注於帕德嫩雕刻帶給人類參觀者的反應。對神廟的第一個後古代描述來自馬爾托尼，他在一三九五年二月旅遊過雅典之後寫下《朝聖書》[24]。當時的帕德嫩神廟已歷經三番兩次改建，第一次是改為一家基督教堂，第二次是在西元一〇〇〇年前後的基督教大分裂之後改為一家東正教教堂，再在「法蘭克人征服」（一二〇四年）之後成了一家拉丁大教堂，稱為雅典聖母院[25]。馬爾托尼在《朝聖書》裡讚揚了聖母院裡的聖像、聖徒遺物和一部據說是君士坦丁大帝母親海倫手抄的福音書，接著談到建築本身：面積大小、立柱數目（他算得六十根）、結構和雕刻裝潢。一則有關神廟大理石大門的故事特別讓他印象深刻：它們原是特洛伊城的城門，由戰勝的希臘人在戰後帶到雅典。馬爾托尼的記述證明了地方敘事的常駐力量，以及其在塑造和重塑帕德嫩神話／歷史的角色。

因為沒有古代資料文獻談及古雅典人如何看待帕德嫩橫飾帶，後古代的詮釋者便有了完全自由發揮的空間。第一個直接評論橫飾帶的人是西里亞庫斯——他是義大利商人、人文主義者和好古者，曾充當教皇尤金四世的使者。西里亞庫斯在一四三六年和一四四四年兩度造訪雅典，每次都把所見所聞詳細寫成書信、記入日記和畫成圖畫[26]。一五一四年一場發生在佩薩羅圖書館的火災燒毀了的西里亞庫斯手繪的原圖畫，但從先前製作的一些複本（可靠程度不一）讓我們得知他看到過什麼和怎樣看待它們。一個複本複製自西里亞庫斯一四四四年三月二十九日從希俄斯島寫給安德烈奧羅的信，是由他找人複製，要呈獻給帕多瓦大主教多納托（下頁圖47）[27]。在圖畫上方，西里亞庫斯用拉丁文寫道：「我的特殊偏好是重遊……享譽崇高的帕拉斯神廟，從每個角度更仔細地研究它。建造在堅固和拋光過的大理石上，它是菲迪亞斯讓人景仰的作品——這是亞里斯多德對他的學生國王亞歷山大說過的話，我們的普林尼‡也曾如此說過。」西里亞庫斯進而描述了帕德嫩神廟的細節：「它由五十八根立

＊譯注：泛希臘神廟指非地方性的神廟，即各地希臘人都會前往參拜的聖地。德爾斐的阿波羅神廟是其中之一。

†譯注：「帕拉斯」是雅典娜的「外號」之一。

‡譯注：西元一世紀羅馬著作家、博物學家、政治家。

柱撐起：兩個前端各有十二根，兩排各六根的立柱在中間，牆壁外面的兩邊各十七根。」[28]

更重要的是，西里亞庫斯是第一個把帕德嫩橫飾帶的主題詮釋為同時代真人實事的人，換言之是把其內容設定在西元前五世紀。他寫道：「在牆壁最頂端的橫飾帶……那位著名藝術家以傑出技巧**再現了**雅典人在伯里克利時代的軍事勝利。」[29]這封信的態度支配了此後有關帕德嫩神廟的討論的議題：它的雕像是傑

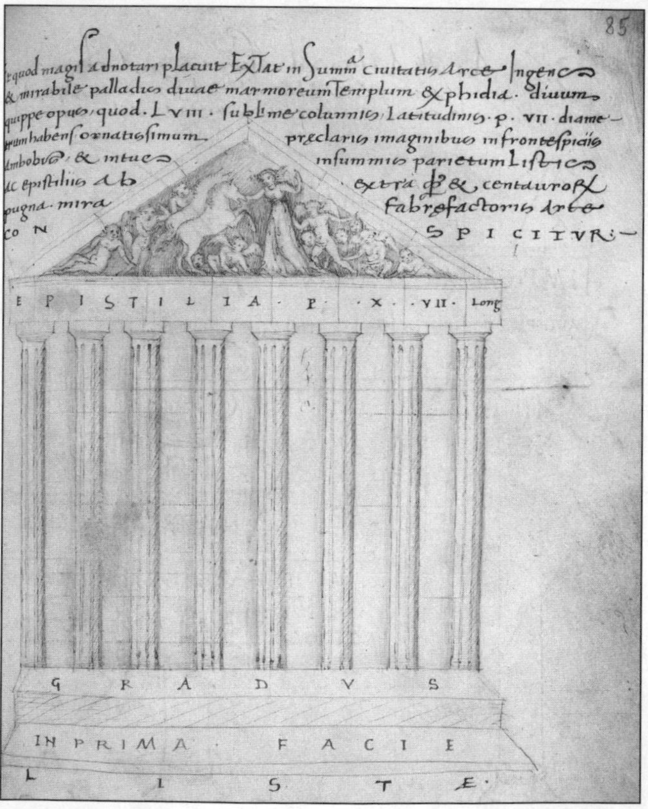

圖47　用銀尖筆和墨水所繪的帕德嫩神廟西立面。原圖為西里亞庫斯所繪，此為複本。

作；它的作者是菲迪亞斯；一共是幾根立柱的問題很重要；橫飾帶是記載一件發生在伯里克利自己時代的事件。但我們必須追問，上述的議題是古希臘人自己關心的嗎，還是說它們只反映著義大利文藝復興（西里亞庫斯所屬的時期）的品味和興趣？

西里亞庫斯的繪圖顯示出，一個人的眼睛會很大程度決定他對帕德嫩神廟的觀點。這些繪圖比例扭曲，雕刻和建築體的相互位置不正確。還有一些成分是無中生有（例如西三角楣牆尖頂上的有翅膀小天使），透露出文藝復興元素的影響（圖47）。他畫筆下的帕德嫩神廟又高又窄，坐落在一個高高的墩座上，更多是羅馬神廟的風格而非古典時代希臘神廟的風格。畫中的雅典娜風格化，正在跟兩匹躍起的馬對峙，更像是一個十五世紀仕女而非希臘女神[30]。原在三角楣牆上與她較勁的波塞冬完全不見人影。

西里亞庫斯丈量到的數字都極端不精確：他給出的立柱直徑是五英尺，柱廊寬度是八英尺，簷部是九點五英尺乘四英尺[31]。我們難免會納悶：既然他的許多觀察都完全失準，何以許多現代詮釋者還是樂於接受他說的，帕德嫩橫飾帶是現實事件的呈現？

鄂圖曼作家瑟勒比在一六六七年和一六六九年之間某個時間點去過衛城。就像西里亞庫斯，他主要是透過自己的有色眼鏡看見帕德嫩神廟。這位多姿多彩的朝臣、音樂家和文學家把他的希臘見聞寫在了《旅遊記》的第八卷。全書共十卷，《旅遊記》被譽為「可能是任何時代、任何語言所寫成過最長和最雄心勃勃的遊記。」[32]在瑟勒比的時代，帕德嫩神廟業已被改成一家清真寺（一四五八年的「鄂圖曼征服」的結果）。瑟勒比寫道：「我們看過世界所有清真寺，卻從未看到過像這樣的！」他驚嘆於「那六十根又高又比例恰好的雪白大理石立柱，它們分成兩排，一排在另一排之上。」[33]讓他同樣印象深刻的是四根在禱告龕和講經壇之間的紅色斑岩大立柱，在它們旁邊另豎立著四根翠綠色的大理石立柱。這些有色大理石毫無疑問是帕德嫩神廟早期改造的遺物，是從它充當基督教堂的日子留存下來。

瑟勒比對神廟雕刻的高度興趣溢於言表。「人類心靈確實無法了解這些形象：他們是白巫術，超出人力所及。」他說，又說那「雕刻在白色大理石的千百幅畫面」會讓「任何看見它們的人都陷於狂喜，身體愈來愈軟弱而眼睛則因為喜樂而水汪汪。」[34]瑟勒比又認為，雕刻中的「人類形體看來被賦予了靈魂」。不過，在嘗試歸類雕像時，他的理智卻被他的想像力打敗。「從亞當到『亡者復活』這段期間我主創造過的任何活物都被刻畫在這清真寺庭院的四周。有可怕而醜陋的惡魔、妖怪、耳語者撒旦、鬼魅、屁精；仙子、天使、龍、地獸；……海獸、大象、犀牛、長頸鹿、角蝰、蛇、蜈蚣、蠍子、陸龜、鱷魚、海精靈；上千的老鼠、貓、獅子、花豹、老虎、獵豹、山貓；食屍鬼、基路伯天使。」[35]要把這個狂想動物園和我們今日所知道的帕德嫩神廟雕刻兜起來會讓人一個頭兩個大。

然而，對今日理解帕德嫩神廟的方式有著最持久影響的人卻是藝術家斯圖爾特和業餘建築師里韋特。受「業餘愛好者協會」委託，兩人在一七五一至一七五三年間對帕德嫩神廟進行了研究。這兩位英國旅人為神廟測量、計算和繪圖，把成果出版為裝幀華麗和多冊本的《雅典的古物：量度與勾勒》[36]。帕德嫩橫飾帶的繪圖出現在出版於一七八七年第二冊，其中還為出版提供了一個詮釋：泛雅典節大遊行[37]。斯圖爾特和里韋特把見於沿著南側和北側橫飾帶由西向東移動的車馬解釋為：在他們更前面是老者群組、樂師群組、扛供品者群組、驅趕獻祭牲畜的人和閨女群組（圖48、二二八－二二九頁圖49、書末線圖）。在這兩位英國人眼中，橫飾帶整體而言是要表現雅典全體公民慶祝城邦的最盛大節日，即泛雅典節[38]。

遊行者向著坐在東橫飾帶正中央五個凡人兩邊的神明前進。五個凡人就位於神廟大門正上方，左邊是一個婦人和兩個女孩，右邊是捧著一塊布料的男人和男孩（二三〇頁圖50、二三二頁圖51和書末線圖）。對這個畫面的解釋一向都以一個被認為無可反駁的假設為前提：圖中的布塊是雅典娜的聖衣。向女神進奉聖衣是泛雅典節儀式的重頭戲。但斯圖爾特和里韋特提出這觀點時並沒有表現得把握十足，而是出之以試探口吻：「我們是不是可以假定，那塊摺起的布是代表聖衣？」[39]但隨著歲月流轉，這問句被後人僵化成了教條。

儘管這教條會讓人難以融貫地解讀橫飾帶，但它在過去兩百二十年來極少受到挑戰。東橫飾帶長久以來都被稱作「聖衣場景」，甚至被稱為「謎樣的聖衣事件」，但考慮到它明明是整個橫飾帶敘事的最高潮（就位於大門上方，是任何人抬頭便看得見），這是個十分不理想的名稱[40]。持此說的詮釋者一直在一個問題上搖擺不定：畫面中的聖衣到底是要向雅典娜進奉的新聖衣還是要摺起和收走的舊聖衣[41]。收走舊聖衣當然是一種反高潮戲碼，會讓人納悶創作者何以要把這

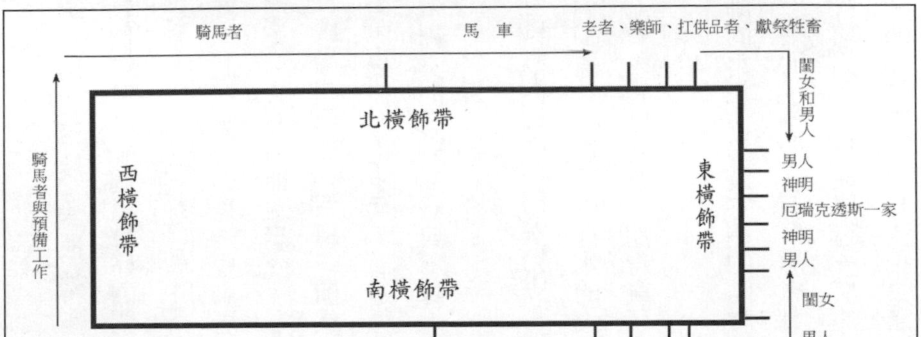

圖48　帕德嫩橫飾帶的次序和遊行隊伍的方向。

種戲碼放在一個原應是整幅橫飾帶最高潮和核心意義所在之處。

透過爬梳古典時代晚期到拜占庭的所有文獻資料，學者業已彙整出一份泛雅典節遊行所有元素的清單。但這清單卻跟我們在帕德嫩橫飾帶看到的東西兜不攏[42]。我們知道，一個出身好的閨女會被選出來走在遊行隊伍最前頭——她因為帶著一個籃子而被稱為「提籃女」[43]。但橫飾帶中卻看不見有「提籃女」[44]。另外，我們知道，在遊行中扛供品的是雅典的盟友，而扛水的則是一些僑居的外邦婦人。這兩種成分在橫飾帶上也是一樣缺席。至少從西元前四世紀開始（大有可能更早），一輛有輪的「船車」會載著聖衣（聖衣在桅杆上張成帆的樣子）穿過阿戈拉廣場和取道「聖道」前往衛城[45]。「船車」在橫飾帶上亦是無處可見。更關鍵的是，我們在畫面中看不見重裝備步兵，而這種著名步兵自古風時代以還便是雅典軍隊的骨幹和靈魂[46]。假如帕德嫩橫飾帶裡真的有一支雅典軍隊，那看不見重裝備步兵是不可想像的。

同樣怪異的是橫飾帶上出現了一些不會在泛雅典節遊行時看見的人物。我們看見一些扛著沉重水罈的男人（二六二頁圖71、二六四頁圖73和書末線圖），但我們知道，在遊行中扛水的人應該是外邦女子[47]。更讓人困惑的是那些時代錯亂的馬車。說是「時代錯亂」，是因為自晚期青銅時代（比伯里克利的時代早約七百年）起，希臘人便不再使用馬車作戰[48]。

把橫飾帶解讀為西元前五世紀的當代事件亦有違希臘神廟裝飾的常規，因為它們的題材一貫取自神話[49]。事實上，近期對古希臘神廟雕刻的研究皆強調，它們的功能是幫助人看見無法再看見的事情，即傳說中的神話古代[50]。視覺再現的作用重現過去，但大泛雅典節每四年便舉行一次，而小泛雅典節更是每年舉行一次，是眾人可以親自看見，毫無追憶的必要。把橫飾帶解釋為泛雅典節遊行也跟帕德嫩神廟的其他雕刻方案兜不攏。兩面三角楣牆都無可爭議乃分別顯示雅典娜的誕生和雅典娜與波塞冬的較勁。它們的柱間壁則是刻畫諸神與巨人族的大戰，或是希臘人與亞馬遜人、馬人和特洛伊人的戰爭。那麼，何以唯獨橫飾帶會拋棄神話主題？

這是一個被建築史史家阿諾德．勞倫斯反覆提出的疑問，而首先提出這疑問的是其在牛津研究考古學的兄長，著名的托馬斯．勞倫斯。在一九四四至一九五一年間執劍橋大學古典考古學的勞倫斯教席，阿諾德的許多穎悟洞見都通過了時間的考驗——特別是他對帕德嫩橫飾帶傳統解釋的有乖常理的憂慮。他在一九五一年的〈衛城與山門〉一文裡寫道：「這種解釋跡近褻瀆，因為在任何其他希臘神廟，雕刻都是用來講述神話故事。」[51]二十年後，阿諾德重申他的憂慮：「之前從未有過一座希臘宗教建築是表現當代事件，之後也未有其例……這種大剌剌的背離傳統需要一個解釋。」[52]

公道地說，不是完全沒有學者主張過應對橫飾帶做出神話解釋，問題是他們找不到一個已知神話的內容能跟橫飾帶吻合。早在五十年前，克麗索拉．卡達拉便把東橫飾帶的中央畫面解讀為第一屆泛雅典節（這是個整體而言非常說得通的解釋，儘管她並未有機會受惠於《厄瑞克透斯》的殘篇）[53]。她把中央畫面（二三〇頁圖50、二三二頁圖51）中兩個捧著聖衣的人看成國王喀克洛普斯和小孩厄瑞克透斯，把左邊三個女性看成地母和喀克洛普斯的兩個女兒。同樣也於《厄瑞克透斯》殘篇出土前寫作的傑普遜把中央畫面裡的成年男人看成厄瑞克透斯的兄弟布忒斯，又把左邊三個女性指認為喀克洛普斯三個女兒，即赫爾塞、阿格勞蘿絲和潘朵洛索斯[54]。有些詮釋者反對橫飾帶有統一主題的想法，主張不同畫面是講述不同故事。還有些學者不願意把橫飾帶看成當代事件，但又找不到吻合的神話，便把它視為對泛雅典節的泛泛描繪[55]。

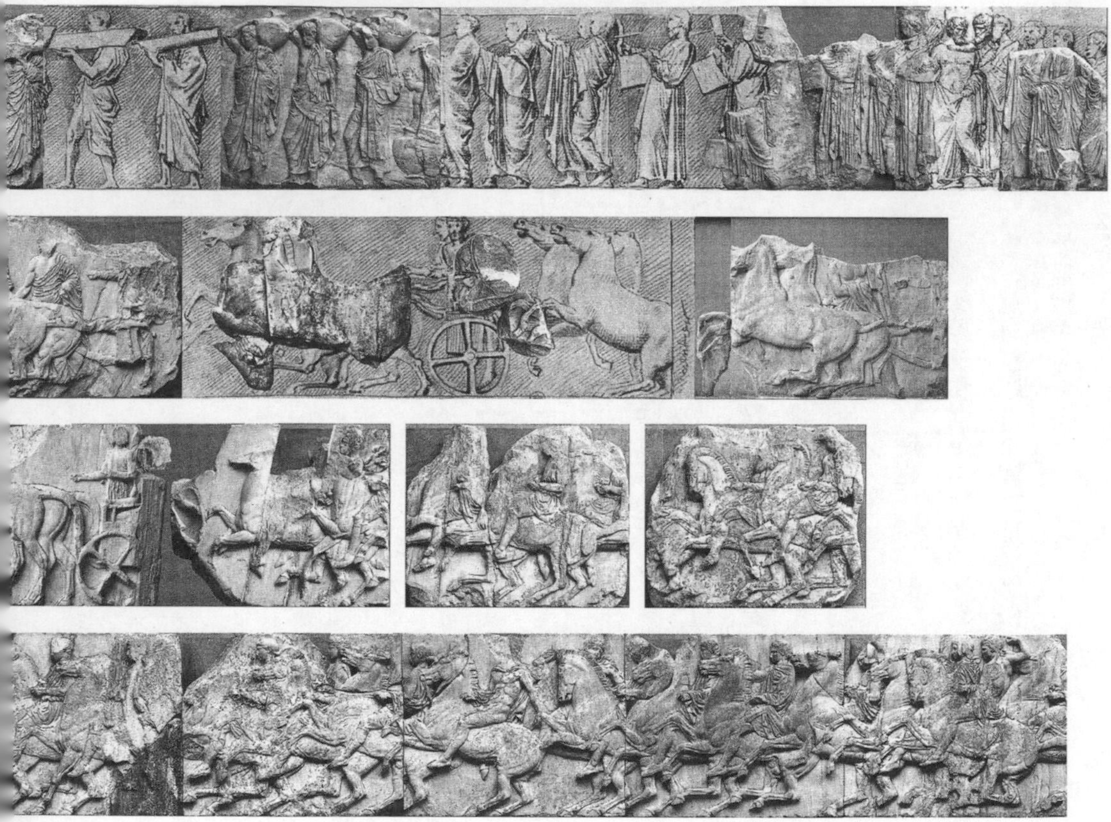

圖 49　北橫飾帶。帶去獻祭的牲畜、扛供品者、樂師、老者、馬車和騎馬者。

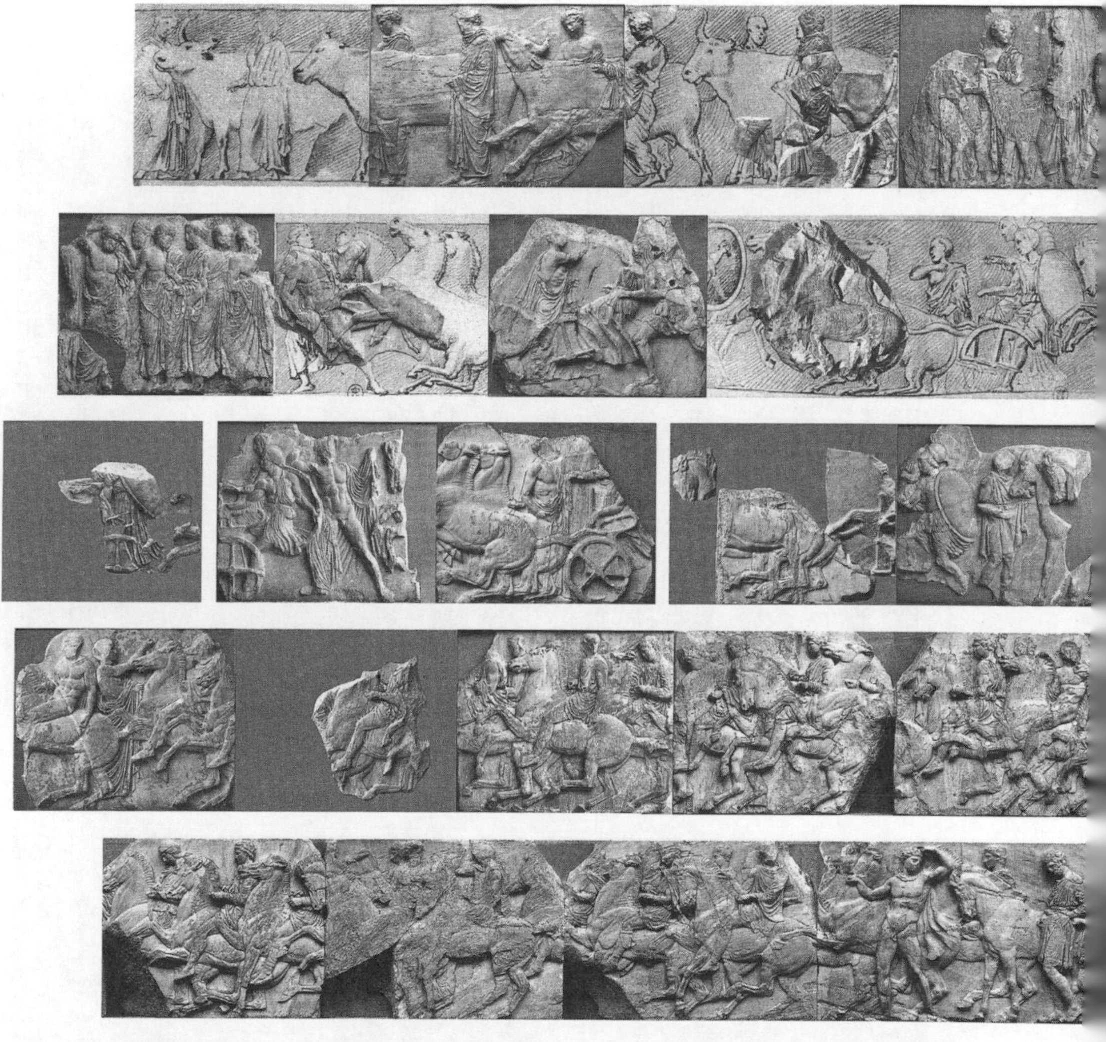

費爾不認為帕德嫩橫飾帶和泛雅典節有任何關聯[56]，主張把橫飾帶解讀為一篇對雅典民主的詳盡論述，其目的是說明民主政體內共同體成員的正確行為守則。費爾認為，東橫飾帶中央畫面表現一個理想家庭單位的範例。我們看到的是希臘的一戶人家，媽媽正在教女兒織衣物，父親讓兒子看一件披風——公民身分的最重要標記。

在一九九一年一月初以前，我從未聽說過焦凱的木乃伊，更遑論知道從包裹它們的莎草紙斷片有過重大發現。那一天（一個寒氣刺骨的下午），我坐在牛津大學林肯學院的客房，埋首為我準備撰寫的一部論希臘女祭司的書進行研究。我打開布雷默編的《雅典神話之詮釋》，熱烈捧讀帕克的〈早期雅典神話〉一文。幾秒鐘之後，我便忘記寒冷，深深被雅典國王厄瑞克透斯和他犧牲女兒以挽救城邦的故事所吸引。我以前怎麼沒聽過這個故事？我要多久才能弄到一份歐里庇得斯的文本？

林肯學院的駐院莎草紙學家威爾遜就住離來賓室幾步路的前庭裡。他義不容辭把他的《歐里庇得斯的新殘篇》借給我，讓我帶去圖爾街的書報攤影印。看著一頁又一頁的《厄瑞克透斯》從第一代「全錄」影印機連續吐出，我發現它們竟與古代的莎草紙書卷有幾分相似。

此後六個月，我大部分時間都把影印本帶在身邊，每偷得出時間便

圖50　東橫飾帶（部分）。左邊兩人是赫拉和宙斯，右邊兩人是雅典娜和黑淮斯托斯，中間是厄瑞克透斯和家人。

拿出來讀，期間一直盼望著有個可全神鑽研的空檔。世局的變化在接下來的夏天給了我整整三個月始料未及的空閒。本來，身為塞浦路斯西部外海攸俄尼索斯島考古工作的主持人，我每年五月都會到那裡進行夏天的挖掘工作。不過，隨著海珊入侵科威特和第一次波灣戰爭爆發，一九九一年的挖掘工作被迫取消。「沙漠風暴」行動的地面戰事在二月底便展開，但局勢到了春天仍未明朗。這一連串始料未及的連鎖事件讓我只能待在美國，有一整個夏天可以從事非事先安排和不受打擾的研究。歐里庇得斯的《厄瑞克透斯》被我列為第一優先。

從布林莫爾學院湯馬斯圖書館古典學研討室的前排窗戶，我定睛看著院子裡那棵落英繽紛的櫻桃樹。當時是八月十五日近黃昏，我剛讀完《厄瑞克透斯》的殘篇。普拉克熹提婭那番擲地有聲的愛國言論讓我震撼，她被任命為「護城雅典娜」第一任女祭司一事讓我稱奇，而我的心靈之眼不期然回到帕德嫩神廟東橫飾帶的中央畫面。我一整個早上都在想這畫面，設法鎖定站在最中央的女人——一般都認為她是雅典娜的女祭司。為什麼她手上沒有一把神廟鑰匙？有這象徵符號的話將可絕對證實她的女祭司身分，也就是說可證明她是歷史上其中一位雅典娜的女祭司。但如果她不是歷史人物而是神話中第一位雅典娜女祭司即普拉克熹提婭呢？就這樣，兩條獨立的探問路線匯聚在東橫飾帶的單一個人物身上。我所看到的有可能就是歐里庇得斯所談到的嗎？他們真的是一家人（一父一母和三個女兒）嗎？站在最中間的就是人母和女祭司普拉克熹提婭嗎？

翌年十一月，我面對面見著了奧斯汀。有這個機緣，是因為斯諾德格拉斯邀我在劍橋大學演講廳報告我對帕德嫩橫飾帶的新詮釋。我早先已把寫作希臘女祭司的計畫暫時擱置，用了十五個月大啖找得到的所有有關雅典建國神話、地貌、回憶、儀式、獻祭、戲劇、民主和神廟雕刻的資料，除此之外什麼都沒做。現在，我有幸見著那位從「二三二八號索邦莎草紙」認出歐里庇得斯著作的人。奧斯汀手裡拿著那本「克萊恩文本系列」的《厄瑞克透斯》殘篇。與聽講學生與教員前往會後茶會途中，他問我：「你樂意跟我把全文合唸一遍嗎？」待我們在長桌子遠端把文本唸過一遍後，他又轉身問我，介不介意再合唸一遍。所以，我們便回到開頭，唸了第二遍。之後我們多次會面和長談。奧斯汀一再鑽研《厄瑞克透斯》也一再從中學到新東西，又鼓勵我效法。二〇一〇年，他英年早逝，讓我們那些內容廣泛的討論令人遺憾地戛然而止。但遵循他的忠告，我繼續從歐里庇得斯那篇異常豐富的文本學到東西。

所以，我要向各位提供一個理解帕德嫩橫飾帶的全新典範，它把橫飾帶內容視為乃再現雅典傳說中的一個開國神話[57]。以歐里庇得斯的《厄瑞克透斯》為背景，我們將會第一次明白到，東橫飾帶中

圖 51　帕德嫩神廟東橫飾帶的中央畫面：厄瑞克透斯（右起第二人）、普拉克熹提婭（居中者）和三個女兒正為犧牲做準備。

央畫面展現的是一幅意義重大的家庭肖像。畫面中，父母親和三個女兒正為一種無上的無私舉動進行準備，而他們所做的終極犧牲可以例示出雅典民主賴以奠基的核心價值。這家人面臨著一個難以想像的苛求，但他們並不畏縮。他們將會為共同體做出最大程度的付出，不惜為共同福祉而犧牲私人利益。

把這幾個人物理解為一家人讓我們可以看出他們的身高微有差異，由此得知三個女孩是年紀有別的三姊妹（圖51）。站在最左邊的閨女比她旁邊的女孩略矮，而站在最右邊的小孩要更矮[58]。確實，只要把他們視為一個雅典王室家庭（厄瑞克透斯、普拉克熹提婭和三個女兒），中央畫面之「謎」就會迎刃而解[59]。

基於畫面中有三個女孩，古代雅典人理應一眼便認出五個人物是誰。希臘神話裡的大部分王室家庭都至少有一個寶貝兒子。雅典王朝的一個不尋常之處是它總是女兒眾多而男繼承人稀少。正如前面

圖52　奧林匹亞宙斯神廟東三角楣牆上的雕像，表現厄利斯的王室成員在為賽馬車做準備。居中者為宙斯，左邊是王后斯忒洛珀與國王俄諾瑪俄斯，右邊是珀羅普斯和希帕黛美雅。

提過，根據大部分記載，厄瑞克透斯和他之前的喀克洛普斯和更早之前的丟卡利翁都一樣有三個女兒。所以，從最早時期起，衛城便居住著眾多的王室閨女。有鑑於雅典的守護神是位女神，這現象並不讓人驚訝。處子女神和最早幾位國王的閨女之間有著親和性。

如果望向奧林匹亞的宙斯神廟（竣工於西元前四五六年，為帕德嫩神廟之前最大的希臘神廟），我們會看見非常相似的安排，即王室家庭的成員也是一字排開（上頁圖52）[60]。這一次，厄利斯國王俄諾瑪俄斯、王后斯忒洛珀、公主希帕黛美雅和她的求婚者珀羅普斯雖然是出現在三角楣牆而非橫飾帶，但他們形成的構圖仍然與帕德嫩橫飾帶極其相似。東三角楣牆總是希臘神廟最重要的部分，因為它是主入口所在，面對著奉獻祭品的露天祭壇。與基督教教堂不同，希臘的祭壇是置於神廟的外面和東邊。這種安排讓神像可以望向主大門外面，望見並品嚐到獻祭的牲畜。另外，把主大門設在東邊也可讓神像被朝陽照得光芒四射。我們必須記住，祭像不只是神的肖像，還被認為是神明本身的臨在，有需要用第一道陽光把它喚醒，為之沐浴更衣，再用祭品、供品和禮物加以餵食和取悅[61]。

基於東立面的優位性，我們會從帕德嫩神廟的東橫飾帶看起，然後才繞過西邊去到神廟背面。這當然和衛城朝聖者所走的路線相反，因為他們都是從衛城西邊進入，再循神廟的南側或北側走到東端。但這一點適足以提醒我們，帕德嫩神廟的雕刻主要是供雅典娜而非凡人觀賞。因此，要弄懂這些雕刻的意義，我們必須採取女神的觀點，即從東邊看起。那是敘事的起始處[62]。

東橫飾帶正中央的婦女一直被認定是西元前五世紀某位侍奉「護城雅典娜」的女祭司[63]。但奇怪的是，她短缺了女祭司聖職的主要符號象徵：神廟鑰匙。從古風時代開始，像中人的女祭司身分都以一根很大的棒形鑰匙作為標記。這些婦女或出現在赤陶土和石頭神廟，或出現在墓碑，或出現在陶瓶繪畫，總是以手持鑰匙作為她們位於神廟階層頂端的身分標識[64]。例如，在一塊西元前四世紀的衛城「表彰浮雕」上，女祭司的左手就環抱著一根顯眼的神廟鑰匙（圖53）[65]。她舉起右手，貌似禱告，站在「帕德諾斯雅典娜」神像旁邊。勝利女神站在雅典娜掌中，彎腰為女祭司加冕，以示表彰。所以，我們有理由預期帕德嫩橫飾帶裡的女祭司也是衛城古典時期晚期「表彰浮雕」裡的樣子。

事實上，東橫飾帶正中央女人短缺鑰匙這一點正是引起我整個翻案研究的催化劑。在寫作《一位女祭司的肖像：古

圖53　雅典衛城出土的「表彰浮雕」，刻畫勝利女神（站在雅典娜掌中）為左下方的女祭司加冕。西元前四世紀後半葉文物。

代希臘裡的婦女及祭儀》時，我第一次發現這個無鑰匙的所謂「女祭司」需要一個解釋。最終，我不得不否定傳統的解讀，改為探索其他的可能性。本書正是此一難題的直接產物。

就這樣，在布林莫爾學院的那個八月天的下午，多如萬花筒圖案般的各種可能性匯聚為單一畫面。我開始體認到，問題中的那個女人根本用不著一把鑰匙，因為她正是神話中第一位雅典娜女祭司，亦即王后普拉克熹提婭。事實上，王后才剛剛把女兒獻祭，還沒有被女神委任為女祭司。她沒有鑰匙是因為衛城還沒有一座由她負責掌管的神廟。所以，這個普拉克熹提婭乃是「護城雅典娜」的準女祭司，而她的神話也為雅典的女祭司聖職獲得了正當性。

站她旁邊的蓄鬍男人傳統上被認定是「波塞冬－厄瑞克透斯」的祭司，要不就是雅典的首席執政官（即「王執政官」）[66]。但沒證據顯示這兩種身分的人會參與泛雅典節的高潮儀式，因為這節日的主祭官是女性[67]。畫面中男人的特別之處是他的衣飾。他穿的長套衫（沒有腰帶和短袖）是典型的祭司裝束，也正是負責殺牲獻祭者的裝束。阿提卡喪葬浮雕裡看見的祭司就是這種穿著[68]。在一塊西元前四世紀晚期的墓石上，一個叫西摩斯的祭司便是穿一件長套衫（圖54）。就像東橫飾帶裡的蓄鬍男人一樣，西摩斯採取「對立平衡」站姿，全身重量集中在左腿上。他右手拿一把祭刀，而祭刀（一如鑰匙之於女祭司）是男祭司身分的標準標誌。從他手上的刀，可以確認西摩斯是負責割開獻祭牲畜喉嚨的人[69]。

從東橫飾帶中央的男性肖像沒持刀這一點，可反證他不是一個西元前五世紀的男祭司。既然他會跟普拉克熹提婭王后和她三個女兒站在一起，顯見他就是厄瑞克透斯。這個厄瑞克透斯穿成男祭司的模樣，是為了遵照德爾斐神諭，肅穆地把的么女送去犧牲獻祭。一如「護城雅典娜」的女祭司職位是始自普拉克熹提婭，「波塞冬－厄瑞克透斯」的男祭司職位是始自她丈夫。

至於站在畫面最右邊的小孩（下頁圖55），其身分與性別一直受到激烈爭論。彼是男孩還是女孩？十八世紀評論者斯圖爾特和里韋特認為是女孩[70]。貫穿整個十九世紀和二十世紀大部分，詮釋者傾向於視他為男孩。一九七五年，牛津大學古典考古學暨藝術教授羅伯遜重啟辯論，力主那是個小女孩。他指出，小孩脖子上的環狀紋理是一種鮮明女性特徵，是一種有時被稱為「維納斯環」的女性美的表現[71]。繼承羅伯遜「林肯教授」教職的博德曼持一樣觀點。通過利用男女兩性背部的比較解剖學，他對比了東橫飾帶中央的小孩和北橫飾帶上一個男孩的光屁股（二八〇頁圖82），斷言兩人必然屬於不同性別[72]。今日，支持男孩說和支持女孩說的人是一

圖54　古典時代晚期的阿提卡喪葬浮雕，像中人為祭司西摩斯，西元前五世紀晚期／前四世紀早期，雅典。

半一半[73]。

我主張，不管問題中的小孩在現代眼睛看來是男是女都無關宏旨。古風時代和古典時期的希臘藝術家都極不擅長刻畫女性裸體，碰到這種事時都要依賴他們更熟悉的東西；男性裸體。一個好例子是現藏義大利巴里省的一只紅繪陶瓶，上面刻畫一些正在做運動的裸體女孩（圖56）[74]。她們全都表現出健美的男性體格，肌肉結實得近乎舉重選手。中間一個女孩的乳房看似從腋窩長出，就像是畫者先前忘了畫，事後追加。

解剖學分析不可能為問題中的小孩決定性別。要得到答案，我們必須依賴脈絡。那些認為該小孩是男孩的人必須解決一個難題：一個廟僮憑什麼資格可以參與泛雅典節的最高潮祭儀[75]。在希臘宗教的脈絡，侍奉女神明（尤其是處子女神）的

圖55　厄瑞克透斯與女兒攤開她的殮服，見於帕德嫩神廟東橫飾帶。

工作一貫是由女性負責，在祭祀雅典娜這種神聖儀式的場合冒出一個男孩會非常唐突[76]。

那塊布料本身也是一個線索。從最早期開始，為雅典娜編織聖衣的工作就是由女性負責。用來織它的羊毛必須由前青春期的女孩（稱為「阿瑞福拉童女」）用小手指清洗和梳理。在女祭司的監督下，一支出身高貴婦女構成的團隊（稱為「女織工」）會花九個月時間（相當於一個胎兒發育完全所需時間）用織布機把聖衣織出來[77]。我們很難想像，這麼慎重其事完成的聖衣竟會是由一個男祭司和男童獻上。事實上，在希臘祭儀脈絡，男性的手甚至有可能被視為具有汙染性，完全不適合碰觸女神的衣著。把聖衣獻給雅典娜的人肯定是女祭司：我們在《伊利亞特》讀到，為雅典娜換上漂亮新裝的人是特洛伊女祭

圖56 在角力學校做運動的女性，見於魯蒂利亞諾出土的雙耳大口罐。現藏義大利巴里省公民博物館。

司西雅娜[78]。

那些視該小孩為女孩的人一般都認為她是一位實有其人的「阿瑞福拉童女」。「阿瑞福拉童女」共兩名，都是從顯赫公民家庭選出，年齡介於七至十一歲之間，負責在衛城的節慶週期服侍[79]。她們的職稱 *arrephoroi* 顯示她們是負責運送「祕物」（*arreta*）的人。在阿瑞福拉節當晚，她們會把「祕物」帶到衛城山坡下方某處，稍後再帶回來一些別的東西——這儀式就叫「阿瑞福拉」[80]。她們也在考克亞節服侍，幫忙編織聖衣。但正如前面說過，「阿瑞福拉童女」總是成雙地出現（有時是兩對一起行動），但中央畫面最右邊的小孩卻沒有搭檔，這讓她不大像是「阿瑞福拉童女」[81]。

但如果以雅典的開國神話作為參考座標，這個小孩便大有可能是厄瑞克透斯和普拉克熹提婭的最么女。她即將被穿成祭司的父親當作祭品。阿波羅多洛斯告訴我們，被厄瑞克透斯最先獻祭的是么女[82]。這女孩的衣服側邊打開，露出光屁股，非常顯眼。如果她是一個真有其人的「阿瑞福拉童女」（即一個出身顯赫家庭的閨女），那麼她會在泛雅典節祭儀中最神聖的時刻漫不經心露出屁股乃是不可想像的[83]。

我主張這個女孩會露臀絕非偶然。她的衣服打開，是暗示著她正在更衣。脫下日常穿著後，我們的女英雄將會換上殮服：那是一塊摺起的大布，由她和父親一起舉著，展示給所有人看。透過一種稱為「同時敘事」的圖畫技巧，藝術家把當前事件和未來事件壓縮在單一畫面[84]。更衣的畫面會讓人聯想到接著的閨女犧牲——殮服的出現暗示著此一時刻迫在眉睫。

在古希臘，未嫁人便死去的年輕女子會穿著婚衣下葬[85]。所以，在希臘悲劇裡，我們會看見準備就死的閨女先換上婚服／殮服。在《特洛伊女人》中，歐里庇得斯讓特洛伊公主／女先知卡珊德拉在被送到阿伽門農那裡去之前，先穿成新娘子的模樣[86]。事實上，卡珊德拉是為了自己將會死在阿伽門農妻子克萊登妮絲特拉手裡而著裝。同樣地，在《伊菲革涅雅在奧利斯》，歐里庇得斯讓女主角穿戴上各種婚禮衣飾，包括一頂新娘冠。她精心打扮，以為父親是要把她嫁給阿基里斯[87]。當然，伊菲革涅雅實際上是即將赴死。

有些多疑者認為橫飾帶中那件所謂的「聖衣」太大件，不可能是閨女的殮服。但我們看到希臘悲劇都喜歡強調獻祭閨女所穿的衣服相當寬大。如果把橫飾帶的織物看成一塊大布，它會完全適合小公主穿著。在《阿伽門農》裡，埃斯庫羅斯形容被父親帶去祭壇的伊菲革涅雅是「被她的袍子（*peploisi*）團團包裹住」[88]。這裡的「袍子」是複數，意味著伊菲革涅雅身上裹著好幾塊布。在歐里庇得斯的《海克力

圖57　波呂克塞娜在特洛伊附近的阿基里斯墓塚被涅俄普托勒摩斯獻祭的情景，見於一個第勒尼安雙耳瓶（年代約介於西元前五七〇至西元前五六〇年），由提米亞德斯畫師所繪。

士子女》，閨女瑪卡里婭被殺前要求父親同伴伊俄拉俄斯用 *peploisi* 把她覆蓋，指的是複數的「衣服」[89]。索福克勒斯的《波呂克塞娜》——講述特洛伊國王普里阿姆最小女兒在阿基里斯墳前被犧牲獻祭的故事——早已佚失，但殘存一個片段提到波呂克塞娜被長罩衫「完全包住」。這再次證明獻祭閨女所穿的衣服絕非小件[90]。

現藏倫敦一個西元前六世紀雙耳瓶對波呂克塞娜的血腥死法有露骨刻畫。（上頁圖57）[91]。就像被獻祭的牲畜那樣，這位特洛伊公主被高舉在祭壇上[92]。阿基里斯之子涅俄普托勒摩斯割開她的喉嚨，大量鮮血直往下噴。而波呂克塞娜整個人裹在一塊有精緻圖案的布裡，名副其實是被「完全包住」。

在帕德嫩神廟東橫飾帶的中壁板裡，厄瑞克透斯的小女兒就像波呂克塞娜、伊菲革涅雅和瑪卡里婭一樣，赴死前必須用一塊大布把自己包住。一如裝飾一頭獻祭的牲畜那樣（例如在牛角上綁上絲帶），準備獻祭的閨女也會盛裝打扮，披上儼如新娘服的漂亮衣服。

所以，我主張應該把東橫飾帶中央畫面視為閨女赴死前的更衣場面或梳妝場面。事實上，只呈現血腥高潮前一刻的做法乃是與全盛古典時期的希臘藝術成規相一致。我們不應該預期會看見祭壇、刀子、割喉和鮮血這一類見於古風時代閨女犧牲畫面的元素[93]。要知道，見於波呂克塞娜雙耳瓶那種畫面到了西元前四三〇年代已經退流行。無疑，在巴勒莫出土的一個白底細頸長油瓶，我們仍然看見把伊菲革涅雅帶去祭壇的阿伽門農手上拿著刀子[94]，但這陶皿的時代比帕德嫩橫飾帶早上六十年，更多是反映古風時代對血腥細節的雅好。到了帕德嫩橫飾帶在西元前四三〇年代被雕刻之時，藝術家的手法已細膩許多，偏好製造緊張預期心理多於描寫血淋淋的暴力。

儘管如此，仍然必須指出的是，以活人獻祭為題材的西元前四世紀藝術品留存至今者寥寥無幾。那畢竟是個非一般的主題，只合出現在非一般的場合。所以，我們不大能指望它有既有的成規可循。「聖衣場景」之所以一向讓人困惑，原因之一正是在於它要呈現的是一件沒有標準化圖畫程式存在的不尋常事件95。

不管是在視覺藝術還是戲劇藝術，全盛古典時期都見證著一種捨棄明說而偏好製造預期心理以引起細緻快感的品味。這種「輕描淡寫化」時尚的一個好例子是著名雕像「擲鐵餅者」，它被認為是雕塑家米隆的作品，創作於西元前五世紀中葉96。在這雕像的許多複製品中，我們看見一個赤裸的運動員半蹲著，身體向後旋轉，鐵餅高舉在背後。像中人緊繃得像上緊的發條，描寫的是鐵餅擲出前零點幾秒的時刻。米隆非常善於捕捉這種高潮前一刻的「孕育」時刻，以致今日提到這時期的雕像時，都會說它們是在表現「米隆時刻」。同樣地，在古典希臘戲劇裡，死亡場面從不直接演出來，而是會透過一些說話人向觀眾複述過程。

同一原則也見於奧林匹亞的宙斯神廟的東三角楣牆（二三三頁圖52）。要不是保薩尼亞斯告訴我們其核心主題是俄諾瑪俄斯和珀羅普斯準備進行賽馬車，我們也許永遠猜不出三角楣牆上那些莊嚴肅穆的雕像代表誰。我們有可能從雕刻家提供的幽微線索（一個蹲著破壞馬車輪子的車夫*）看出端倪

---

*譯注：厄利斯國王從神諭得知，女兒如果結婚，他便會死亡。因此國王宣布，要娶公主的人必須在賽馬車中勝過他。仗著戰神所賜的快馬，俄諾瑪俄斯總是可以追上求婚者，並用長矛將對方刺死。直至第十四位求婚者珀羅普斯買通國王的馬車御者鬆開國王馬車的銷釘，才取得比賽勝利。

嗎[97]？一場悲劇即將發生：珀羅普斯會在比賽中作弊，而國王俄諾瑪俄斯會因馬車散架摔死。就像奧林匹亞的東三角楣牆那樣，帕德嫩神廟東橫飾帶表現的是一個開國家庭為一件可怕事件做準備的「孕育時刻」。

雅典和奧林匹亞開國家庭的雕像都是為它們各自的背景脈絡特地製作。不管是帕德嫩神廟東橫飾帶還是奧林匹亞東三角楣牆的家人群組都沒有見於陶瓶繪畫或一般雕刻。對當地人來說，要讀懂它們的主題根本不需要線索。奧林匹亞的希臘人不只理應可以認出東三角楣牆的主題，甚至會預期在他們最重要的神廟看到在地的開國神話故事。古雅典人也是一樣，會一眼看出東橫飾帶中央的五個人是厄瑞克透斯一家。事實上，整體而言，希臘人非常習慣看見顯赫家庭（不管是英雄還是神明的家庭）出現在視覺藝術裡[98]。但把一般民眾連結於第一家庭的需要卻沒有其他地方比雅典更為迫切。在一座出類拔萃神廟的核心雕

圖58　一個侍僮把乾淨衣服帶給卡斯托爾和波呂杜克斯兄弟，站最右邊的是他們的父親：國王廷達瑞俄斯。見於在埃克塞基亞斯出土的雙耳瓶，年代約為西元前五四〇年。

刻的中央畫面看到厄瑞克透斯一家本身就代表著一種高潮，是自古風時代便見於衛城的族譜敘事的高潮。它也是該敘事的社會功能的一個高潮。

真人實事取向的解讀從來無法很好安置中央畫面最左邊兩個較為年長的女孩（二三二頁圖51）。雖然許多學者把她們認定是在雅典娜典禮儀式中扮演重要角色的「阿瑞福拉童女」[99]，但兩人明顯太老，不符合「阿瑞福拉童女」的年齡資格（七至十一歲）。兩人穿的是成年女性的標準服飾，不像前青春期女孩那樣一貫披布。服飾是年齡的一個重要指標，由此可以排除她們是「阿瑞福拉童女」的可能性[100]。

這兩個閨女頭上看似各頂著一張有墊凳子。有人猜想，凳子是要供兩個大人坐，而他們分別代表「雅典娜女祭司」和「波塞冬男祭司」[101]。還有些論者相信，這兩位「聖職者」是準備要參加中板塊兩邊舉行的神明集會。富特文勒早在一八九三年便主張過，中央畫面兩個大人分別代表男祭司和女祭司，而兩個年長女孩的凳子暗示他們即將坐下，參加所謂的「神宴」，與神明一起分享祭肉（二三〇頁圖50）[102]。但這種解讀會引起麻煩：歷史人物（現實中的凡人）有可能與一群看不見的神明共席嗎[103]？又為什麼男女祭司有凳可坐，但其中兩位神明（戴奧尼索斯和阿耳忒彌斯）卻無凳可坐？

其實，凳子有時未必只是凳子。在古希臘，凳子不只是用來坐，還會用來運送乾淨衣物，特別是貴重服飾或花了無數小時紡織而成的精美布料（用手傳遞的話有可能會弄髒）。陶瓶繪畫老是看得見用凳子運送織物的情景。在埃克塞基亞斯*繪製的一個黑繪雙耳瓶上，我們看見一個僮子用一張凳子

*譯注：西元前六世紀前後阿提卡最優秀的黑繪陶瓶畫師。

頂著一些乾淨衣服，送去給卡斯托爾和波呂杜克斯換穿（二四四頁圖58）[104]。小僕人手腕上吊著一罐油，進一步暗示出兩兄弟將要盥洗和更衣。如果站在凳子前面看，衣物會是圓形（因為看到的是彎摺的部分）；如果站在凳子後面看，衣物會是方形（因為看到的是重疊的兩端）。但圖中的僮子因為是側身對著觀圖者，他頭上的衣物看起來就像椅墊。帕德嫩橫飾帶那兩個年長女孩用凳子頂著的東西也可做如是觀。

現藏大都會藝術博物館的一個紅繪酒罈顯示兩個女子正在熏香一件刺繡華美的織物。織物放在一張凳子上，而凳子吊在一個火堆上方（圖59）[105]。其中一人彎腰把香油傾倒到餘燼，另一人整理著織物。就像那個埃克塞基亞斯雙耳瓶一樣，畫中的織物不是椅墊而是摺起的衣物。帕德嫩橫飾帶本來是有上彩的，所以兩個年長女孩頭上織物的花

圖59　兩個女人在熏香一件放在掛凳上的織物。見於一個酒罈，梅迪亞斯畫師所繪，年代約介於西元前四二〇至前四一〇年。

紋、皺痕和摺痕當初一定是清晰可辨，不會讓人弄錯。

在古希臘，有三種場合必須用到編織精美的布塊：生小孩時充當嬰兒裹布，出嫁時充當新娘禮服，人死時充當屍體的殮服。希臘文 peplos 一詞可以同時指三者。就其本義，peplos 只是指「未裁剪的厚羊毛布」。視乎背景脈絡的不同，我們可以把它分別翻譯為「袍子」、「衣服」、「掛毯」、「雨篷」、「嬰兒裹布」或「殮服」*106。要織出有複雜圖案的布料需要花幾個月甚至幾年時間，而這工作想必是希臘婦女的主要家務之一。奧德修斯的妻子佩涅羅珀堪稱是織布主婦的原型，據《奧德賽》記載，在丈夫失蹤那些年間辛勤為公公萊耳忒斯織一件殮服（織了又拆，拆了又織）。殮服都是早早就準備好。時至今日，有些希臘人家還會備著一些刺繡華麗的布塊以備葬禮時包裹屍體之用。

從古代到中世紀，殮服都是高張力的藝術符號，用以暗示有一場死亡發生過。一個好例子是所謂的「杜林屍衣」：不管是否出於偽造，它都會讓人強烈聯想到基督的死亡和復活107。出現在帕德嫩橫飾帶中壁板的三件殮服清楚表明，有三個人的死亡近在咫尺。最小一位公主裸露的肌膚更表明她正在更衣，悲劇迫在眉睫。

透過這種新的解讀，我們可看出三個女孩是正在為自己的死亡做準備（二三二頁圖51）。會最先走的是最小一位公主，因為她的殮服已經攤開，展示眼前。最年長的女兒（左起第二人）正把自己的凳子交給媽媽。最左邊的公主面朝正前方站立，殮服仍然摺起，扛在頭頂。根據神話，德爾斐神諭只

＊譯注：雅典娜「聖衣」的希臘文原文就是 peplos。在古希臘，「布料」和「衣服」常常是同一回事，因為當時的衣服常常是未經剪裁，直接把一塊布披在身上纏繞構成。

要求一個公主犧牲，而阿波羅多洛斯告訴我們，被選中的是最小一個女兒108。厄瑞克透斯和妻子決定讓小女兒犧牲，不曉得三姊妹曾經立誓生則同生、死則同死。另兩個女孩帶著的殮服暗示她們已私下決定要從衛城跳崖自殺，讓這家人做出非父母意料所及的更大犧牲。

最左邊女孩的臂彎裡抱著什麼？那東西雖然已經破損不堪，但它的右下角落還隱約看得出來有個獅爪109。根據這一點，有學者猜測那是一張腳凳，是與兩個女孩頭上凳子的其中一張合著使用110。然而，獅爪不只會用來裝飾腳凳，還會用來裝飾金屬小匣子（包括珠寶盒），充當匣腳。陶瓶繪畫經常看得見手抱小匣子的婢女。如果把橫飾帶中央部分解讀為閨女犧牲前的梳妝場面，我們就會明白女孩臂彎裡的東西是用來放置珍貴首飾，是要供被獻祭閨女裝飾之用111。西元二世紀演說家阿里斯提得斯這樣描述厄瑞克透斯和普拉克熹提婭女兒犧牲前的準備工夫：「她媽媽幫她盛裝打扮，像是要帶她去大出鋒頭。」112

現藏巴黎一個紅繪珠寶盒提供了這種梳妝場面一個絕佳例子。它顯示一位出嫁的閨女準備更衣的情景（圖60）113。新娘子坐在左邊，看著一個婢女把婚服攤開。在最右邊，另一個僕人捧著一個金屬小箱子，裡面放著的首飾可把新娘子點綴得更加漂亮。同樣的場景見於帕德嫩橫飾帶：厄瑞克透斯和女兒把她準備要穿的殮服攤開，展示在眾人眼前；在她左邊，一個姊姊帶著珠寶盒，以便妹妹在犧牲的前一刻裝扮自己。

另一幅描寫公主安朵美達被送去餵海怪的陶瓶繪畫有著非常相似的圖像程式114。話說，當一頭海怪威脅要肆虐衣索比亞沿海之時，德爾斐神諭斷言國王唯有奉獻一個女兒方能消災解難。於是安朵美達被帶到海邊懸崖，被用鐵鏈捆綁以防她逃走。現藏波士頓一個紅繪陶瓶顯示安朵美達穿戴上她最好的衣服、首飾，準備領死（下頁圖61）[115]。一個衣索比亞僕人從左趨近，頭上頂著一張摺凳，上頭放著一個小匣子。小匣子與摺凳之間似乎有一個坐墊，但那毫無疑問是一件仔細摺好的乾淨殮服。

在陶瓶的另一邊，另一個僕人為公主帶來更多的行頭：另一個珠寶盒和一小瓶香油（二五一頁圖62）。確實，在閨女犧牲一事上，打扮得愈隆重愈好。安朵美達的孤苦父親克甫斯在一旁凝重地監督梳妝過程，與帕德嫩橫飾帶上的厄瑞克透斯多有相似之處，創造出一種折磨人的預期心理。在兩個畫面中，閨女犧牲前的梳妝都完全無異於新娘出嫁前的打扮。

這中央畫面左右各有六個奧林比亞神祇（二三〇頁圖50、二五二頁圖63、64、二五四頁圖66）。坐左邊的是赫耳墨斯、戴奧尼索斯、德美特、阿瑞斯、赫拉和宙斯。緊靠赫拉身邊站著一個有翼人物，論者對其身分有幾種不同猜測：

圖60　新娘著裝圖：兩個婢女為新娘展示婚衣和首飾。見於一個小化妝盒，羅浮馬人戰爭畫師所繪，年代約為西元前四三〇年。

或是勝利女神，或是艾瑞絲，或是青春女神赫柏[116]。坐在中央畫面右邊的依次是雅典娜、黑淮斯托斯、波塞冬、阿波羅、阿耳忒彌斯（二五二頁圖63、64）、阿芙羅黛蒂和一個站著的厄洛斯[117]。奇怪的是，這些神祇都是背向中央畫面，視線朝向充滿東橫飾帶其餘部分的男人群組和閨女群組。如果橫飾帶的主題真是現實中的泛雅典節，那諸神怎麼會不去注意儀式的高潮時刻[118]？如果中央畫面真是刻畫準備向雅典娜進獻聖衣的情景，那女神怎麼可能會對這一幕漠不關心？真是那樣的話，雅典娜的肢體語言將會表示她對百姓所獻的禮物不屑一顧（二五二頁圖64），但這種事不只說不通，還不曾有過先例[119]。

但透過徹底重新解讀東橫飾帶的

圖61　安朵美達為了獻祭給海怪而著裝，一個衣索比亞僕人為她帶來衣服和首飾。見於一個廣口細頸瓶，尼俄庇特畫師所繪，年代約為西元前四六〇年。©2014 波士頓的美術博物館

中央畫面，上述的難題便會迎刃而解。如果中央畫面真是刻畫處女犧牲前的準備工作，那兩旁的神祇便有充分理由撇開目光：看著凡人死去不只會讓神明有失體面，還會玷汙他們的神性。在歐里庇得斯的《俄凱絲特絲》一劇，阿波羅趕在俄凱絲特絲死前離開，以免「這屋子的汙染染汙我。」同樣地，在歐里庇得斯的《希波呂托斯》一劇，阿耳忒彌斯也清楚表明，她不被允許目睹忒修斯的兒子死去：「別了，我是不可以看見人死的，也不可讓凡人臨死前呼出的氣息弄髒我的眼睛。我看出你已臨近死亡。」[120]在第二或第三世紀從事著述的埃里安也是這樣解釋一個喜劇詩人的夢境。在這個夢中，九位繆斯女神趕在詩人死前離開他的房子[121]。

眾神在什麼情況下會像東橫飾帶所

圖62 國王克甫斯監督著女兒安朵美達梳妝，一個衣索比亞僕人慢慢走近。見於一個廣口細頸瓶，年代約為西元前四六〇年。©2014 波士頓的美術博物館

圖 63　東橫飾帶（帕德嫩神廟六號碑板）裡的波塞冬、阿波羅和阿耳忒彌斯。

圖 64　帕德嫩神廟東橫飾帶。厄瑞克透斯和女兒展示織物，但雅典娜和黑淮斯托斯卻看著別處。見於斯圖爾特和里韋特所編的《雅典的古物》，第二冊，圖板 23。

見那樣聚集在一起？在《伊利亞特》，我們看見他們集合在伊達山之顛，觀看凡人在特洛伊的戰鬥，各為自己偏袒的一方加油打氣。在希臘的神廟雕刻中，這一類「諸神會議」總是出現在神廟的**東端**，而他們聚會的目的一律是觀看戰爭。德爾斐的錫弗諾斯寶庫建於西元前五二五年前某個時間點，是第一座採取愛奧尼亞式橫飾帶（即連續橫飾帶）的希臘建築，其對帕德嫩橫飾帶的影響清晰可見。在寶庫的東橫飾帶上，我們看見諸神就像在帕德嫩橫飾帶那樣接席而坐（圖65）[122]，觀看特洛伊戰爭其中一幕：阿基里斯和門農爭奪安提羅科斯屍體的戰鬥[123]。支持特洛伊人門農的神明坐在左邊，依次是：阿瑞斯、阿芙羅黛蒂（也可能是厄洛斯）、阿耳忒彌斯和阿波羅；支持阿基里斯的神明坐右邊，依次是：一個缺去了的人物（八成是波塞冬）、雅典娜、赫拉和忒提斯。宙斯坐在雙方中間。

一場「眾神會議」也出現在忒修斯神廟的東橫飾帶。又／或稱為黑淮斯托斯神廟，這神廟位於阿戈拉廣場內，動工於西元前四六〇和前四四九年之間某個時候，但完工或獻廟的時間要晚很多（西元前四一六年前後）[124]。其東

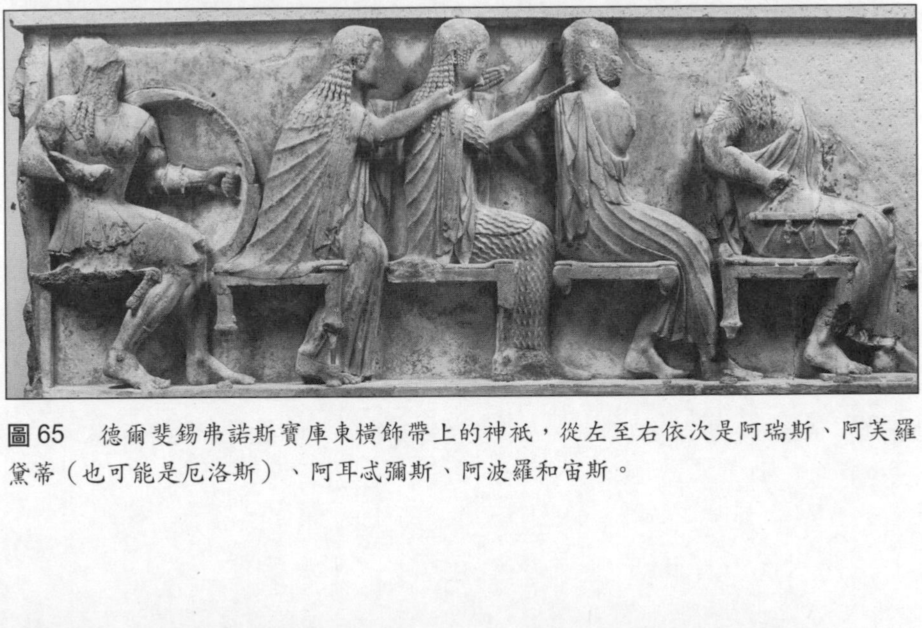

圖65　德爾斐錫弗諾斯寶庫東橫飾帶上的神祇，從左至右依次是阿瑞斯、阿芙羅黛蒂（也可能是厄洛斯）、阿耳忒彌斯、阿波羅和宙斯。

門廊和西門廊的橫飾帶大概雕刻於西元前四三〇年代或前四二〇年代，即帕德嫩神廟竣工之後。在東橫飾帶中央，我們看見一場戰爭正在上演，戰鬥雙方的身分有幾種猜測：希臘人大戰特洛伊人，忒修斯大戰帕拉斯及其幾個兒子，諸神大戰巨人[125]。朱狄絲．巴林傑提出過一個很有吸引力的解釋：該畫面是刻畫早期雅典人與阿特蘭提斯人的戰爭——這次衝突發生於大洪水之前的遠古，並因為柏拉圖《蒂邁歐篇》的提及而廣為人知*[126]。六位神明出席觀戰，分坐在戰爭場面兩邊。坐右邊的三位身分不大確定：第一人疑是波塞冬或黑

圖66　帕德嫩神廟的東橫飾帶，人物包括閨女群組、男性群組、諸神和厄瑞克透斯一家。

淮斯托斯，第二人疑是安菲特里特，第三人完全不可辨認。左邊三位神明坐在岩石露頭上，依次是雅典娜、赫拉和宙斯。

朱狄絲指出，因為阿特蘭提斯人和雅典人大戰的畫圖僅此一見，別無分號，以致她的說法難以證實，為此感到可惜。但忒修斯神廟東橫飾帶主題的「僅此一見」乃是與此廟的特殊性完全合拍。就像奧林匹亞宙斯神廟的東三角楣牆一樣，帕德嫩神廟東橫飾帶的主題一樣不見於同時代其他雕刻或陶瓶繪畫。它會引起錯誤解讀的原因亦在此。帶我們通過這謎團的最佳嚮導是神廟雕刻的終極系譜功能，這功能要求雕刻講述在地版本的神話，以在地的地景、祭地、譜系和守護神為依歸。所以，圖像不只不會取材通行於全希臘的神話，反而可以多變和自相矛盾得像神話本身。

第三面出現眾神聚會的橫飾帶離帕德嫩神廟只有一箭之遙。小巧的勝利女神雅典娜神廟蓋在衛城的最西側，動工於西元前四二〇年代，完工於幾年後（二九九頁圖86）[127]。眾神在它的東橫飾帶裡坐成一排，但他們的身分卻眾說紛紜。不過，其中一些已經被辨認出來，由右至左依次是佩托、厄洛斯、阿芙羅黛蒂，更遠處是勒托，阿波羅、阿耳忒彌斯、戴奧尼索斯、安菲特里特和波塞冬。全身鎧甲的雅典娜站在整幅構圖正中央。緊靠她右邊者十之八九是黑淮斯托斯，接著是宙斯，然後是赫拉、海克力士、赫耳墨斯、科蕊、德美特、美惠三女神和許癸厄亞[128]。

眾神聚集於此是要觀看在神廟另外三邊橫飾帶打得如火如荼的戰爭。北面和西面是希臘人對戰希

＊譯注：柏拉圖《克里提亞斯篇》（*Critias*）其實才是完全討論阿特蘭提斯的故事，《蒂邁歐篇》只是提及。

臘人，南面是希臘人對戰穿東方服裝的騎士。南橫飾帶裡的東方敵人是誰特別引人爭論。一個看法主張他們是特洛伊人。另一個由卡達拉鼓吹的觀點主張三面橫飾帶都是描述厄瑞克透斯與攸摩浦斯的戰爭，而穿著東方服裝的士兵是波塞冬的兒子從色雷斯募來的雇傭兵[129]。還有些學者認為它們是波斯戰爭的畫面，是再現希臘人在馬拉松迎戰大流士或在普拉提亞大戰薛西斯[130]。這個詮釋顯然是把橫飾帶主題看成真人實事而非神話故事。果真如此，那南橫飾帶將會違背希臘神廟的裝飾成規，因為它們一貫都是取材自神話故事。不過，你也未嘗不可以假定，到了西元前五世紀晚期，馬拉松之戰已經被抬高到神話高度，完全有資格被納入神廟雕刻，供人永懷。

上述的模式讓我們有好理由認定，帕德嫩神廟東橫飾帶中的眾神是在觀看一場神話中的戰爭，即厄瑞克透斯與攸摩浦斯之戰。他們等著接受感恩獻祭，讓兩造的緊張關係可以透過祭儀化解（二五四頁圖66、書末線圖）。眾神舉止合宜，沒望向正在為「前祭」準備的閨女，目光投向從另外三面橫飾帶趨近的遊行行列。這隊伍帶來獻祭用的牲畜，要為雅典的得勝酬神。因此，帕德嫩橫飾帶不應該理解為歷史上發生過的某一次泛雅典節，而應該理解為神話中的第一屆泛雅典節，其出現為此後的衛城祭典提供了根據。用於獻祭的牛羊、蜂蜜和水見於北橫飾帶和西橫飾帶，是為尊榮厄瑞克透斯和三位公主而準備[131]。一行騎馬者是國王班師歸來的騎兵，他們到達的時間恰恰好，可以加入祝捷遊行[132]。

神話中的活人獻祭是舉行於開戰前，所以，橫飾帶的神明起著分隔戰爭前和戰爭後兩個時間點的作用之間。早期雅典社會的豐富多樣表現在遊行隊伍中的老者群組、閨女群組、騎馬者和年輕人，他們從西向東行進，朝中央畫面而去。王室一家的無私精神讓他們獲得神格化，恰如其分地被置於眾神的中央。西塞羅告訴過我們，厄瑞克透斯和幾個女兒在雅典被奉為神明，加以祭祀[133]。

在兩組神祇的另一邊各有一組穿披掛長衫的男人：六個在南面，四個在北面（二五四頁圖66、二五八頁圖67）。他們有些蓄鬍，有些無鬚，有幾個拄著拐杖。這些男人是誰，還有他們的總數以及這數目代表的意義，一直受到爭論[134]。四個額外的男人出現在北面，還有一個男人位於東橫飾帶的最南角落[135]。傳統上都把後五個男人認定為遊行督察，也就是負責維持秩序者。其中兩個「督察」還被進一步被歸類為「典禮官」[136]。

當位於諸神兩邊的男人被算成十個時，他們就被看成是象徵「名祖英雄」*，即那十個名字被用來命名克里斯提尼所創建十個部落的古代英雄[137]。當他們被算成九個時，就被看成是象徵雅典的十位執政官†（第十位執政官是「聖衣場景」中的男人）[138]。但要讓這種解釋說得通，便必須扣掉東橫飾帶其中一個男人，把他看成遊行督察。一個把這些男人算成九個的學者則把他們看成是「體育官」，即在泛雅典節負責管理宗教和體育事宜的官員[139]。也還有論者把他們視為較低階的雅典神明，或乾脆認為他們象徵雅典全體公民[140]。總之，點算和「正名」東橫飾帶上的男人是件非常讓人頭大和主觀的工作。事實上，只要把那五個所謂的「督察」算進來或不算進來，你想要把他們說成是象徵哪些英雄或官員皆能辦到。

但不管這些男人是誰，他們和走在他們旁邊的閨女明顯密切相關。不管他們代表的是神話中的國

＊譯注：某事某物因某人得名，該人便稱為該事該物的「名祖」。這個字在希臘史的背景脈絡中特別常見。

†譯注：雅典一度是十位執政官共同執政。

圖 67　帕德嫩神廟東飾帶的男性群組。

圖 68　帕德嫩神廟東飾帶的閨女群組。

王、英雄或是全體雅典人，他們都有可能是代表閨女們的父親、叔叔、兄長或其他男性親屬（二五四頁圖66，以及圖67、68、書末線圖）。父與女的並置可以呼應中央畫面中厄瑞克透斯與三個女兒的關係。它也可以是一個提醒：不管是男是女，共同體的所有成員都有責任捍衛共同福祉，都要準備好表現出為城邦捨命的終極民主美德。

第三章指出過，伯里克利在西元前四五一／四五〇年引進一條激進立法，規定只有父母雙方皆是雅典公民的人方可享有公民權。這之前，單憑父親的血緣便可享有當公民的光榮。所以，異國女人或非雅典希臘女子人所生的兒子一樣可以成為公民。但因著伯里克利的修法，雅典女性的地位大大提高，在婚姻市場中更受青睞[141]。由此觀之，東橫飾帶中的男人群組和閨女群組要表達的也許是新強調的血統純正性。透過規定所有公民必須與土地有兩條繼承而來的紐帶，新公民權法把群體團結性和公民認同感加強到前所未有程度。

東橫飾帶的人物以閨女為大宗：北面有十三人而南面有十六人[142]。她們兩兩一組向前走，手裡捧著奠盅、陶瓶和（疑似）香爐。我主張，她們代表雅典娜授意普拉克熹提婭（為紀念三位死去公主）成立的聖閨女歌舞隊。我們記得，在《厄瑞克透斯》裡，女神這樣宣示：「百姓毋得遺忘三人，每年得屠牛為祭，以神聖閨女歌舞饗之。」[143]所以，我們在橫飾帶裡看見的閨女乃是那些在泛雅典節徹夜守夜女孩的神話前身[144]。有那麼多女性（一共三十三人）出現在神廟最重要的一邊，足證婦女的分量在雅典人身分的奠基神話裡異常重要。

從東立面轉入帕德嫩神廟的北側和南側，我們會看見那些被帶領去獻祭的牲畜。南橫飾帶有十頭母牛，北橫飾帶上有四頭母牛和四頭公羊（二二八－二二九頁圖49，以及圖69、70、二六八－二六九頁圖75）《伊利亞特》早說過牛和羊是專門獻給厄瑞克透斯的祭品：「對他，雅典的年輕人要獻上供品，每年一度以牛羊為祭。」[145]我們也記得，在《厄瑞克透斯》末尾，雅典娜指示要這樣尊榮死去的國王：「因著殺他之人，他將被稱為『神聖波塞冬－厄瑞克透斯』，由百姓以牛隻奉祀。」[146]在雅典找到的兩段銘文進一步證實厄瑞克透斯受到祭祀：一段提到「獻給厄瑞克透斯一頭公羊」，另一段（文字破損嚴重）提到一頭「公牛」和「一頭母羊」[147]。

在北橫飾帶，走在獻祭牲畜後頭的是三個扛托盤的男人和四個扛水罈的年輕人（二二八－二二九頁圖49、二六二頁圖71、二六四頁圖73、書末線圖）[148]。南橫飾帶（二六八－二六九頁圖75）損毀嚴重，只保留一個

圖69　年輕人驅趕牛隻前往獻祭。見於帕德嫩神廟北橫飾帶。

扛托盤男人的部分。但這即足以表明此處有另一群扛托盤者。九世紀詞典編纂者佛提烏告訴我們，在泛雅典節遊行中負責扛托盤的都是些僑居者，而且都是穿紫衣。青銅托盤或銀托盤裡放著的是蜂房和糕餅[149]。事實上，北橫飾帶其中一個「扛托盤者」的托盤上的陰影紋理非常像蜂房——這一點從該雕像的一個石膏模型（現藏巴賽爾）看得特別清楚（下頁圖72、二六四頁圖73）[150]。

蜂蜜是屬於陰間神靈的祭品，不屬於雅典娜一類奧林匹亞神祇[151]。但在《厄瑞克透斯》中，雅典娜毫不含糊地指示，三位死去公主的奠盅裡應該放入蜂蜜和水，不許放酒。女神又命令，雅典人在進行任何戰爭前必須向三位公主獻祭：「在執起作戰長矛之前祭，毋得觸碰釀酒用之葡萄，亦不可往祭火倒入蜜蜂辛勤果實（指蜂蜜）與河水以外之物。」[152]見於帕德嫩橫飾帶上的蜂房和沉

圖70 年輕人驅趕母羊前往獻祭。見於帕德嫩神廟北橫飾帶。

重青銅水罈，明顯呼應著女神對祭祀厄瑞克透斯女兒們的特殊規定。

女神繼而吩咐王后普拉克熹提婭為幾個女兒建一個無法進入的神龕：「務必讓三位女兒有一禁止進入之聖域，務使無敵人可在其中祕密獻祭。」[153]我們現在可以明白，陰間神的祭品為什麼會那麼適合厄瑞克透斯家的女兒：因為她們是被葬在一個共同的地塚裡。幾個姊妹回歸至大地，而大地正是厄瑞克透斯所從出和最後回歸之處（被波塞冬製造的地裂吞噬）。他來到和離開這世界都是直接透過地母。

圖71　帕德嫩神廟北橫飾帶上的扛托盤者、扛水罈者、笛師和里拉琴師。根據殘存碑板和「努萬達圖畫」畫出，彼得斯繪圖。

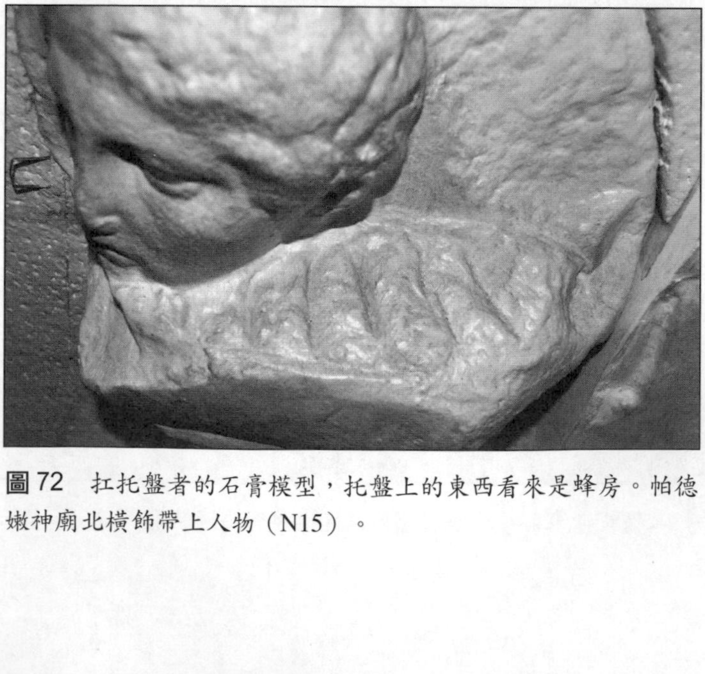

圖72　扛托盤者的石膏模型，托盤上的東西看來是蜂房。帕德嫩神廟北橫飾帶上人物（N15）。

在南義大利波塞冬尼亞一座地下聖所曾出土九個青銅水罈，裡面裝滿糖漿狀物質（看樣子是蜂蜜），明顯是西元前六世紀晚期被放置於此。這神祠是奉祀一位陰間神祇，最有可能是珀爾塞福涅*，但也有可能是奉祀一群水仙女，因為附近找到一個器皿，上書「我是獻給水仙女們」[154]。我們不可忘了，幾位死去公主是泉仙女普拉克熹提婭的女兒，所以也是基菲索斯河的外孫女。以河水奠祭完全與她們的血緣背景相配。另外，幾位公主說不定還跟珀爾塞福涅有特殊淵源。就像厄瑞克透斯家幾個姊妹一樣，珀爾塞福涅在被哈得斯強擄至冥界前只是個閨女（「科蕊」一名的原意）。根據德馬拉托斯的說法，當初要求厄瑞克透斯犧牲女兒的神祇正是珀爾塞福涅。在《厄瑞克透斯》最後幾行，有一句話是以「德美特」的名字開頭，而德美特正是珀爾塞福涅的母親[155]。

遊行隊伍中尾隨扛供品者之後的是一些樂師（圖71、二二八－二二九頁圖49）。在北壁，我們看見四個人在吹「奧羅斯」（一種雙管蘆笛，類似雙簧管），四個人在彈「吉薩拉」（一種七弦里拉琴）。這段落的橫飾帶大半毀於一六八七年的威尼斯人砲火，但拜「努萬達畫師」在十三年前的摹畫所賜，我們得以還原其大致模樣。另外，一個「吉薩拉」琴師雕像的殘存碎塊也讓我們得知他們大概是什麼樣子。南橫飾帶的相對應段落也受到威尼斯人的砲火破壞，還有一些是神廟在十三世紀改造為大教堂時，因為開窗口的需要被故意砍掉。在這一點上，「努萬達畫師」的圖畫再一次是無價：它們證實南橫飾帶一樣有一批樂師（二六八－二六九頁圖75下起第二排）。歐里庇得斯在《厄瑞克透斯》一首合唱曲裡明確提到「奧羅斯」和「吉薩拉」兩種樂器——靈感說不定正是來自橫飾帶上的樂師。

*譯注：大地女神德美特的女兒，後被冥王哈得斯劫持娶作冥后。在成為冥后前，她的名字只是「科蕊」（意指閨女）。

「老者」構成的歌隊這樣唱道：「我將可永遠在城裡到處高唱凱歌，高呼『萬歲』，用老耄雙手吹奏利比亞笛子以應和吉薩拉的琴音嗎？」[156]

跟在樂師後面的是一群年紀較大的男人：北橫飾帶裡是十六個，南橫飾帶裡是十七或十八個（圖74、二二八－二二九頁圖49、二六八－二六九頁圖75）。他們有些人半舉起一隻手，握成拳狀。這讓一些學者猜測，他們手裡原握著橄欖枝（用顏料畫在大理石上的）。真是這樣的話，他們便是些「持枝者」，即負責在遊行中持橄欖枝的老者[157]。色諾芬告訴我們：「雅典都是專挑俊美的老人家充當『持枝者』。」[158]在北橫飾帶上，其中一個老人看似停住腳步，把臉轉向正前方（圖74），又大動作舉起雙手，調整頭上的花冠。他頭上的鑽孔顯示曾有一頂金屬頭冠附在上面[159]。這群男人代表的是遊

圖73　扛托盤者（N15）和扛水罈者。見於帕德嫩神廟北橫飾帶。

行隊伍中的最資深成員，縮影著最優秀和最俊美的雅典老者。

最後，我們會來到馬車和騎馬者的行列，它們在南、北橫飾帶都占去約一半畫面，在西橫飾帶更是占去大部分畫面（二二五頁圖48、二二八－二二九頁圖49、二六八－二六九頁圖75）。這個部分必然會引起一個疑問：如果它們真是代表西元前五世紀的雅典軍隊，怎麼會出現從七百年前起便不再用來打仗的馬車？重裝備步兵又在哪裡？我們從修昔底德得知，重裝備步兵是會參加泛雅典節遊行——至少有參加西元前五一四／五一三年那一次。因為據他記載，喜帕克斯是那一年的遊行督察，卻在遊行中被刺殺，他哥哥喜庇亞斯聞訊，馬上衝向遊行隊伍中的重裝備步兵，解除他們武裝[160]。重裝備步兵的完全缺席讓橫飾帶中的人物怎麼看怎麼不像西元前五世紀的雅典軍隊。但如果

圖74　老者群組，其中一人給自己戴上頭冠。見於帕德嫩神廟北橫飾帶。

把士兵和馬車視為厄瑞克透斯的部隊，事情便說得通。

我們記得，據說厄里克托尼俄斯曾在第一屆泛雅典節充當馬車御者，旁邊站著個全副武裝的同伴*161。我們先前也看過舊雅典娜神廟大理石橫飾帶的馬車御者（一二〇頁圖20），該人物有可能就是代表英雄厄瑞克透斯／厄里克托尼俄斯。據第五世紀詩人農諾斯記載，厄瑞克透斯是發明馬車挽具的人，曾把駿馬「赤褐」和母馬「捷足」套在一起，為他拉車162。兩匹馬都是鷹身女妖「疾足」被北風神珀瑞亞斯強暴之後誕下。珀瑞亞斯把牠們送給「岳父」厄瑞克透斯，以作為他在伊利索斯河畔擄走公主奧萊蒂婭的補償。所以，見於帕德嫩橫飾帶的馬車群組乃是與厄瑞克透斯密切相關，而它們也成了雅典人對抗攸摩浦斯的戰術利器。

我們在南橫飾帶看到十輛四馬馬車，在北橫飾帶看到十一輛。每輛都配有一個御者和一個戴盔持盾的乘車者（二二八－二二九頁圖49，以及二六八－二六九頁圖75、二七〇頁圖76、書末線圖）。這些乘車者的樣子很像是「躍馬車」的參賽者。該比賽是泛雅典節運動會一項特別級別賽事，只開放給雅典十個「部落」的成員參加，參賽者需要反覆躍上和躍下一輛全速前進的馬車163。普魯塔克暗示，「躍馬車」是泛雅典節運動會難度特高的賽事，參賽者除身手了得還得穿上全副鎧甲和手持武器164。不過，在帕德嫩橫飾帶表演這項奇技的人並不是西元前五世紀的雅典人，而是他們那些確實以這種方式打過仗的傳說中祖先。

憑著一些西元前二世紀的銘文，「躍馬車」的比賽地點被考證出是在城市厄琉息斯神廟附近。該廟位於衛城西南坡（就在阿戈拉廣場上方），奉祀的是德美特和科蕊。165 西元前四世紀期間，「躍馬車」比賽的一位優勝者在城市厄琉息斯神廟建了一座紀念碑以誌其事（二七〇頁圖77）166，而紀念碑上浮雕的構圖與圖像程式都跟帕德嫩橫飾帶吻合。

我們有理由相信，「躍馬車」比賽的設立是為紀念雅典第一場軍事勝利，因為該勝利是靠著在戰爭中引入馬車取得。這可以解釋該競技何以只讓雅典最歷史悠久的家族參加（他們被認為是最早雅典人的直接後代）。這也可以解釋，「躍馬車」何以看似以城市厄琉息斯神廟為終點[167]。因為這樣做可以把比賽關聯於那個被打敗的攸摩浦斯（他後來跟厄琉息斯祕儀變得密切相關）。這當然也解釋了一件本來看似有點怪的事情：泛雅典節遊行隊伍前往衛城途中刻意繞道，先經過城市厄琉息斯神廟（書前彩圖13）[168]。據信，攸摩浦斯的軍隊曾在日後城市厄琉息斯神廟的所在地紮營，因此這裡是個重要的記憶存取地點，可以讓雅典人回味勝利滋味[169]。

馬匹和騎馬者人多勢眾，在西橫飾帶和南橫飾帶占去三分之一強畫面，在北橫飾帶占去全部畫面（二二五頁圖48、二二八—二二九頁圖49和二六八—二六九頁圖75、二七一頁圖78、二七二頁圖79、書末線圖）。詮釋者一直設法從騎馬者的總人數破譯出隱藏著的歷史和政治意涵。例如，博德曼算出的總數是一百九十二人，並據此認定他們象徵在馬拉松陣亡的雅典將士[170]。好些學者把北橫飾帶的十五名騎馬者分成四組，認為他們象徵克里斯提尼改革前的四大雅典部落[171]。然後他們又算出南橫飾帶共有十列騎馬者（每列六人），並由此認定他們是象徵克里斯提尼在西元前五〇八年創立的十大「部落」[172]。不同列的騎馬者裝束與裝備各不相同。他們有些戴色雷斯人帽，有些穿雙腰帶羊毛「旗同」（chiton）長袍，有些穿披風，有些穿金屬或皮革甲冑，有些戴頭盔，有些戴寬邊旅人帽。要把他們視為西元前五世紀的雅典軍隊必須解釋衣冠並不整齊劃一的現象[173]。

＊譯注：他們應該是在參加「躍馬車」比賽，詳下文。

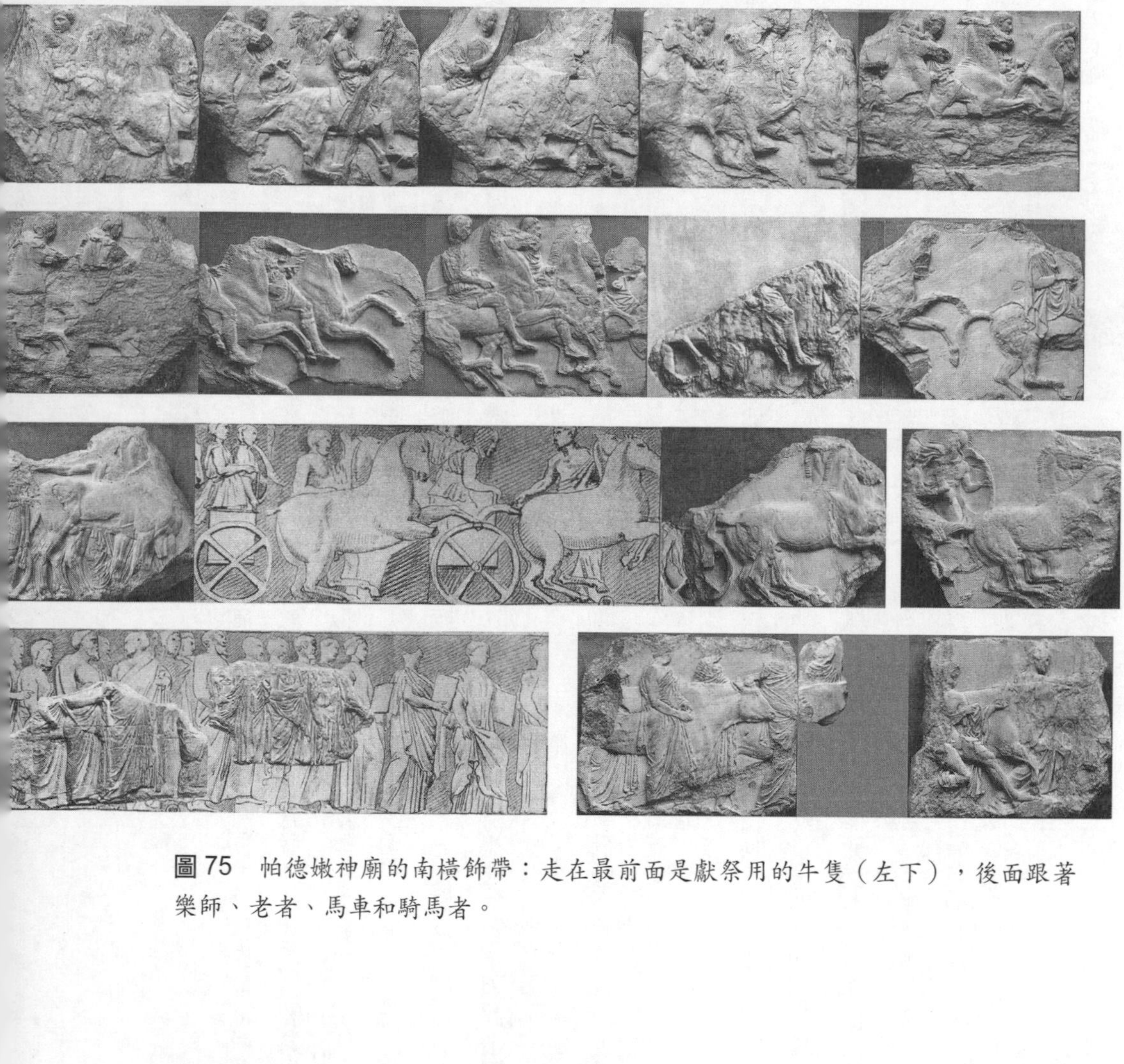

圖75　帕德嫩神廟的南橫飾帶：走在最前面是獻祭用的牛隻（左下），後面跟著樂師、老者、馬車和騎馬者。

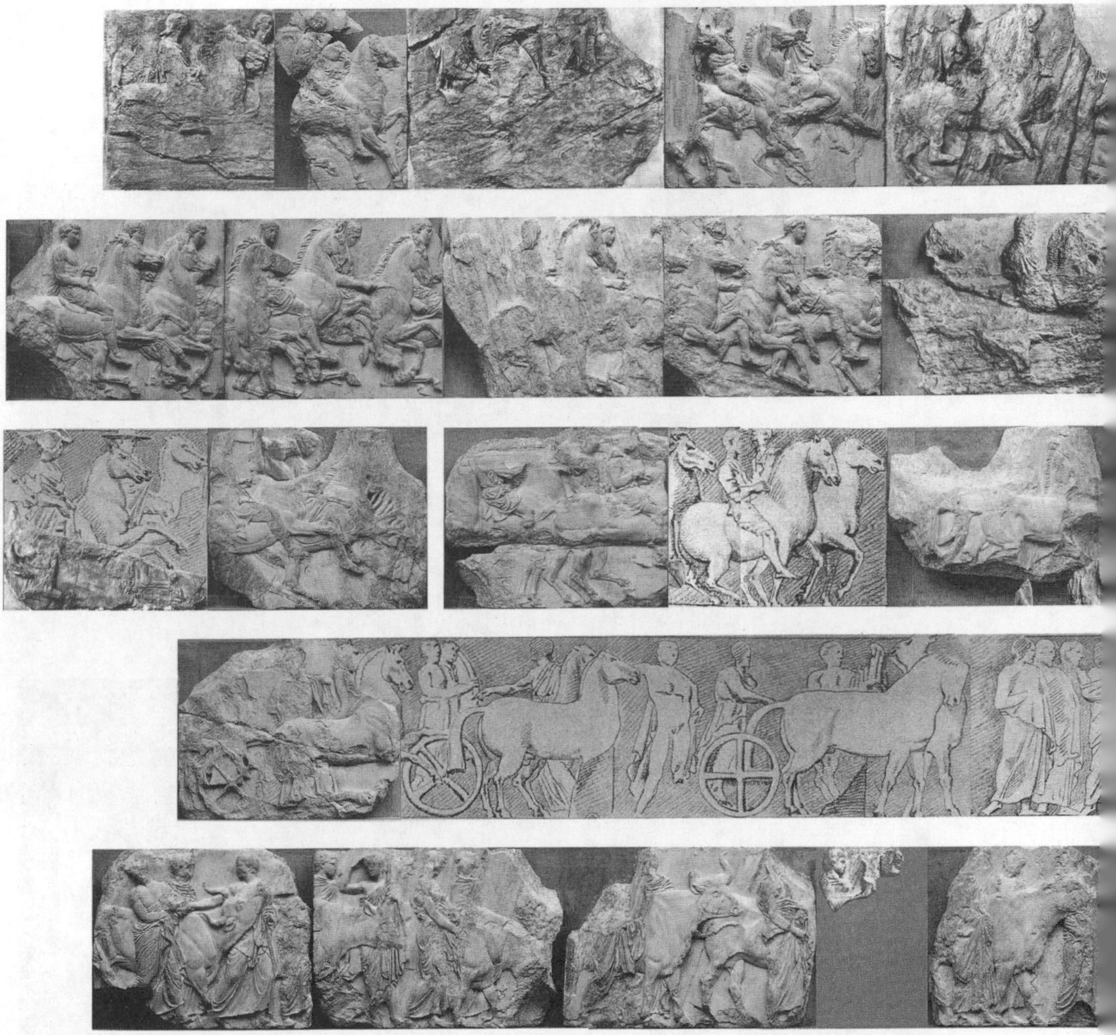

圖 76　馬車御者和全副武裝的乘車者，見於帕德嫩神廟的南橫飾帶（31 號碑板）。

圖 77 「躍馬車」比賽的勝利紀念碑，發現於雅典阿戈拉的「城市厄琉息斯神廟」附近。

不過，根據亞里斯多德的說法，騎兵只有在舊日才是軍隊的主體[174]。另外，現有證據無一顯示騎兵會參與泛雅典節的遊行。貫穿整個信史時代，御馬都被視為一種高貴活動，可以讓人連結於光榮的遠古，但到了伯里克利的時代，御馬斷然成了一種古色古香的雅興，頗類似於今日的馬球運動。色諾芬即指出過，馬術傳統帶有英雄聯想，歷經多個世紀始終都是一種貴族標誌[175]。所以，更可信的解釋是把橫飾帶上的騎馬者視為厄瑞克透斯的騎兵，是雅典馬術愛好者的高貴祖先，而不是時代錯亂的西元前五世紀景觀[176]。

一般認為，西橫飾帶表現的是泛雅典節遊行的準備工作（二七二頁圖79）。畫面中的馬活蹦亂跳，或被牽住或被騎著，由一些年輕人或較年長者來回試步。有學者指出，這些人物與一系列雅典紅繪廣口杯上的圖畫程式有相似之處[177]。與帕德嫩橫飾帶所見一樣，廣口杯上

圖78 騎馬者，見於帕德嫩神廟的北橫飾帶（41號碑板）。

的年輕騎者衣飾多樣化，或戴寬邊旅人帽，或戴浣熊毛皮帽，或戴有耷拉帽邊和帽尖的色雷斯人帽。這些廣口杯繪畫的主題被判定是亞里斯多德所提過的「甄選」，即雅典騎兵每年一度對人員和馬匹的選拔[178]。

「甄選」的核心目的是在十八歲的軍訓生中選拔出騎兵成員。十八歲是年輕人可以把名字登記到「自治區」和成為「部落」一員的年紀[179]。他們會帶著新領來的兵器，到衛城東坡的阿格勞蘿絲神廟發下「軍訓生誓言」[180]。正如第三章指出過，「軍訓生誓言」被認為是英雄時代的遺緒，是一種可以回溯至雅典建國初期的過渡儀式。雅典人

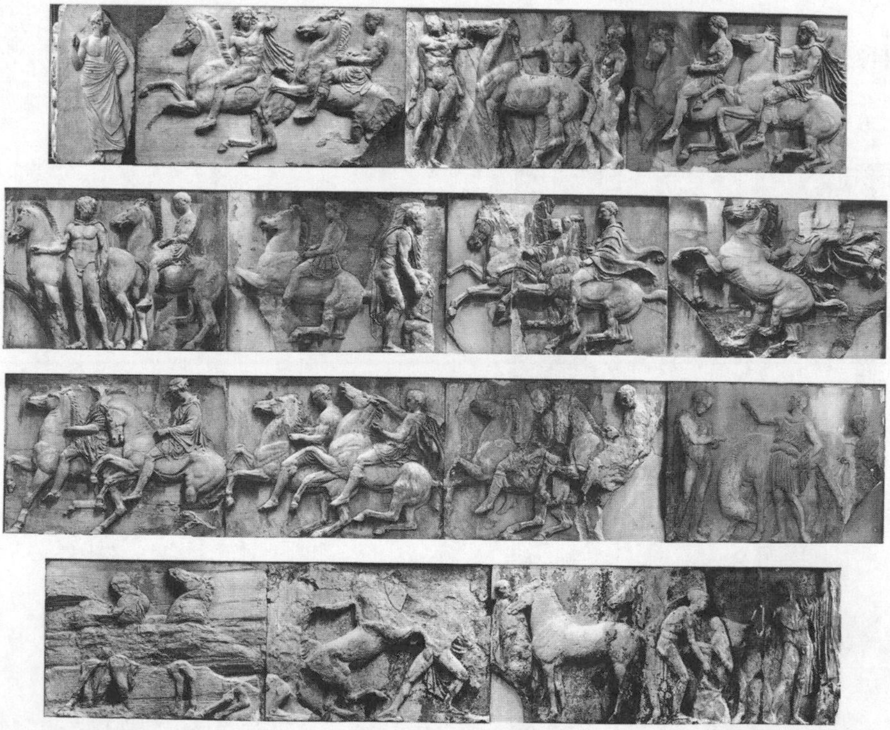

圖79　正在為泛雅典節遊行做準備的馬匹和騎者，見於帕德嫩神廟的西橫飾帶。

理應可以認出帕德嫩橫飾帶裡的年輕騎馬者是當代軍訓生的源頭[181]。事實上，雅典騎士的崇高地位是源自國王厄瑞克透斯的騎兵，他們在對抗攸摩浦斯時贏得了本城邦第一場決定性軍事勝利。前文亦說過，當梭倫用雅典民主第一幅藍圖重構全體公民的形貌之後，「騎士」階級（即養得起一匹馬，並因此可以加入騎兵的人）的社會地位僅次於最富有的地主階級。

對帕德嫩神廟雕刻方案的這個新解讀（一個神話取向解讀）讓我們把它看成一個融貫整體，並由此認識到雅典人的歷史意識有多麼深邃。東三角楣牆慶祝雅典娜的誕生，而東立面一塊塊柱間壁則記錄著讓女神第一次大顯神威的「分界性事件」：巨人戰爭。西三角楣牆是慶祝雅典娜在較勁中打敗波塞冬，向所有人顯示雅典和厄琉息斯兩地王室的血統。它顯示雅典諸部落是透過喀克洛普斯和厄瑞克透斯而源自雅典娜，而厄琉息斯諸氏族是透過攸摩浦斯和刻勒俄斯*而源自波塞冬。大洪水（另一件分界性事件）是波塞冬因為輸不起，大怒之下把三叉戟狠狠插入大地而引起。西柱間壁轉次以稍後的英雄時代為主題，描寫了忒修斯與亞馬遜人的大戰，南柱間壁則是歌頌他在「馬人戰爭」中的決定性角色。北柱間壁上演的是最重大的分界性事件：特洛伊戰爭。這戰爭把青銅時代決定性帶向終結，是劃分神話時代與歷史時代的最後一刻。因此，不管是一般神廟還是帕德嫩神廟的雕刻作品，都是以講述和傳承族譜敘事為其主要功能[182]。

我們對橫飾帶的神話取向解讀與這個族譜方案完全契合，可以充分解釋橫飾帶為什麼要表現英雄

＊譯注：厄琉息斯國王。

時代的最後一場紛爭：厄瑞克透斯與攸摩浦斯之戰。透過描繪連續世代跟混亂和野蠻力量的搏鬥，帕德嫩神廟的雕刻方案體現出一種早已見於古風時代衛城的模式。第二章指出過，百尺殿神廟和小「屋子」的三角楣牆分別刻畫宙斯殺死堤豐，和宙斯兒子海克力士殺死堤豐女兒許德拉的畫面。以相同的方式，帕德嫩神廟除了以西三角楣牆放映雅典娜與波塞冬的衝突外，又讓兩人兒子（厄瑞克透斯和攸摩浦斯）的衝突上演於橫飾帶，要以此證明雅典的未來有賴每一代人的奮鬥。帕德嫩神廟的整體雕刻方案當然也是以不太隱約的方式隱喻著雅典人在西元前四七九年打敗波斯人的輝煌事蹟[183]。

總之，這個就是帕德嫩神廟要傳達的核心訊息：所有雅典人都有責任為由原生雅典人所治所享的雅典對抗野蠻的侵略者。這信息鑲嵌在神廟的實體，向所有人展示。用橫飾帶去表現王室對城邦的無私犧牲，不獨是要對比他們的英雄氣概和波斯王室的窩囊（後者在薩拉米斯大敗後繼續苟活），還有著最重大的意義。它表示，即便是雅典的開國家庭（他們是所有雅典人的祖先）一樣不能把一己利益置於共同福祉之上。這是一種不容商量的極端平等主義，恰恰好對比於蠻族的思想感情（認為社會的存在只是為彰顯最高等的人）。雅典也許不是人人平等，但在這種神聖的互賴關係中卻是人人平等，每個人都因著血緣而在一出生便跟國土和彼此綁在一起。這種相互信賴是嬌嫩的民主植株得以生根之由。

普林斯頓的古代史與古典學教授查尼奧蒂斯曾經指出：「從柏拉圖到阿里斯提得斯，讚揚雅典的時候總是搬出雅典人對蠻族的幾大勝利：忒修斯打敗亞馬遜人，厄瑞克透斯打敗攸摩浦斯，還有波斯戰爭。」然後他問道：「既然打敗攸摩浦斯在雅典人的集體意識是那麼重要的一件事，那它怎麼會獨獨從帕德嫩神廟缺席？」[184]事實上，打敗攸摩浦斯一事不只沒有從帕德嫩神廟缺席，還出現在它最大、最鋪張和最有美學震撼力的一件雕刻作品。

保薩尼亞斯造訪衛城之時，曾看見帕德嫩神廟正前方有一組巨大青銅群像，描繪的正是厄瑞克透斯與攸摩浦斯之戰。他告訴我們，那是雕塑大師米隆（即《擲鐵餅者》的創作者）的最重要的作品[185]。既然米隆是活躍於西元前五世紀中葉，所以我們有理由猜想，上述的青銅群像就是放在慶祝其大勝的橫飾帶正下方。

到了西元前四世紀，厄瑞克透斯與攸摩浦斯之戰已經是那麼有名，以致被繪畫在義大利南部的希臘殖民地盧卡尼亞的陶瓶上。這個酒壺——出土於波利科羅附近的海克力亞——以生動鮮明筆觸勾勒出敵對雙方前赴戰場的情景[186]。在酒壺的一邊，我們看見波塞冬騎在馬上，斜舉著三叉戟，旁邊陪同著一個穿甲戰士

圖80 波塞冬和攸摩浦斯騎馬前赴戰場。見於義大利波利科羅附近的海克力亞出土的廣口細頸瓶。

（無疑就是他兒子攸摩浦斯）（上頁圖80）。馬與波塞冬一向關係匪淺：他在《伊利亞特》裡被稱為「馴馬者」，又因為擁有與母馬交媾的本領而成了一些名駒的「父親」。久而久之，他獲得了「騎者波塞冬」的外號[187]。

酒壺的另一邊畫著雅典娜，她一手持矛一手持盾，坐在馬車上趕往戰場（圖81）。就像馬是波塞冬的標記，馬車是雅典娜的標記（這是因為馬車是她「兒子」厄瑞克透斯／厄里克托尼俄斯引入）。不過，讓人吃驚的是，她的馬車御者竟是個閨女。這女孩俯身向前，高高拉著馬轡，手裡揮著鞭子，催促幾匹馬快跑。她極有可能就是厄瑞克透斯的勇敢女兒，被描繪成與雅典娜聯手對抗攸摩浦斯。把雅典娜和厄瑞克透斯之女畫成像是「躍馬車」比賽的搭檔，畫師清楚表達出女神與那個被稱為「帕德諾斯」的閨女的緊密關係——後者為了拯救雅典而不惜犧牲性命。

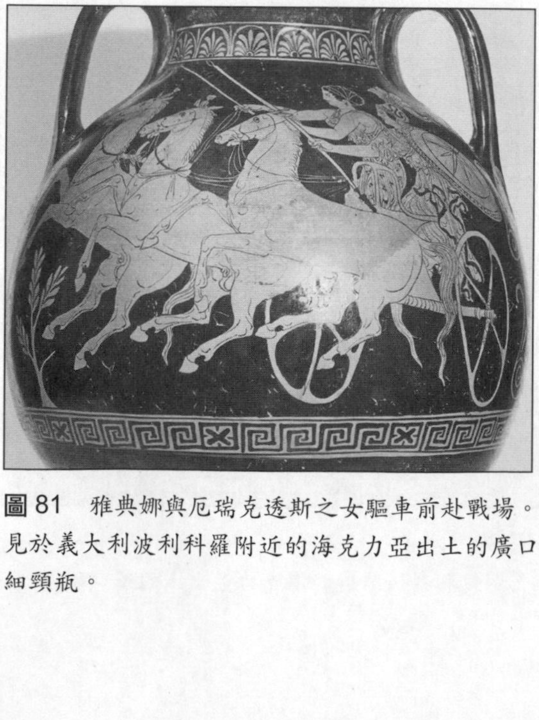

圖81　雅典娜與厄瑞克透斯之女驅車前赴戰場。見於義大利波利科羅附近的海克力亞出土的廣口細頸瓶。

在歐里庇得斯的《厄瑞克透斯》之前，厄瑞克透斯與攸摩浦斯之戰並不見於文獻記載，這事實讓一些學者相信，它不可能是帕德嫩橫飾帶的主題。一個懷疑者指出，由於《厄瑞克透斯》「是寫成於橫飾帶完成的十年後，該劇不可能是橫飾帶的源頭」[188]。當然不可能，也沒有人那樣主張。正如我們說過，在歲月的流轉中，某個特定神話的流行程度會時高時低。甚至有可能，靈感之箭會以相反的方向射出，換言之，不是帕德嫩橫飾的靈感來自歐里庇得斯，而是反過來。會不會，正是深受城邦最新和最神奇一座神廟那些無言而雄辯的圖像感動，歐里庇得斯才會想要把它包含的故事搬上舞台？會不會，厄瑞克透斯神話在波斯戰爭之後復興，是因為它可以讓人聯想到雅典人最近期和最重大的一場軍事勝利？我們不難明白厄瑞克透斯神話何以會在雅典人的集體意識裡被提高到一個新的高度，乃至於同時在神廟雕刻、儀式常規乃至戲劇裡被謳歌。隨著伯里克利對衛城的更新，雅典人也樂於擁抱一個再活力化的英雄，為一個新開端擁抱一張新臉孔。

「文本必然先於圖像」的錯誤假定長久以來混淆了我們對視覺文化的理解。會出現這種假設，部分是因為當代世界的圖像主要是扮演記錄和闡明角色，是作為文字記述的補充。古典考古學的領域特別受這個偏見所囿，而這偏見可回溯至施里曼*和更早。當時，書面文本是考古學的嚮導，而考古學家的任務是尋找物質證據證明文本說過的話：像施里曼就是設法透過《伊利亞特》發現荷馬時代的特洛伊和邁錫尼。在一個被古典語文學形塑了幾世紀的領域，圖像當然會一成不變被小覷，它獨有的語法和故事當然會被忽略。

*譯注：十九世紀德國考古學的業餘愛好者，一生不遺餘力要透過考古挖掘重新發現特洛伊和邁錫尼文明。

事實上，「圖像語言」和「文本語言」很大程度上是各自獨立的[189]。兩者有時會交疊，但更多時候是各走各路，從不交會。一如文字可以觸發藝術，藝術亦可觸發文字。在某個特定時期風行一時的神話或故事大可以同時在兩者找到表述。在歷史的途程中，神話的改述和編碼化既可以是透過書面語和口語，也可以是透過圖像（更不用說的是可以透過宗教儀式）。一如《伊翁》中婢女歌隊受阿波羅神廟的雕刻感動而發出歌詠，詩人也可能在帕德嫩神廟轉悠時被橫飾帶所敘述的故事啟發[190]。例如，濟慈的〈第一次看見「埃爾金大理石」〉一詩便斷然是以帕德嫩雕刻為靈感來源。兩年後，即一八一九年，他又把他的帕德嫩經驗注入一只希臘陶瓶，發為在〈頌希臘古甕〉一詩：

> 這些人是何許人或何許神？是什麼事惹閨女們不高興？
> ……
> 是什麼樣的笛子和小手鼓？……
> ……
> 這些前來獻祭的人是誰？
> 啊，神祕的祭司，汝領著
> 對天低鳴和腰環花圈的小母牛，
> 是要往哪個綠色的祭壇去？

這些詩句幾乎就是直接來自濟慈在大英博物館看過的橫飾帶人物：閨女、吹笛手、扛供品者、獻祭的牲畜、祭司，以及低鳴的母牛。

歐里庇得斯的手法一向被稱為電影手法，它透過「變焦」和「廣角鏡」的敘事方式去強化聽眾對熟悉視覺意象的聯想[191]。在《厄瑞克透斯》裡，他給了「帕德諾斯雅典娜」的黃金象牙巨像一個近鏡：「哀嚎吧，女人們，好讓女神穿著她的金色蛇髮女妖，前來捍衛城市。」[192]雅典娜的神像確實穿著一件有蛇髮女妖頭像的胸鎧（書前彩圖14），而歐里庇得斯聚焦在這個細節可以讓女神在聽眾的想像裡更栩栩如生。我相信，當歐里庇得斯把以下這番話放到普拉克熹提婭嘴巴時，心裡一定是想著帕德嫩神廟西三角楣牆上的雕刻：「絕不允許攸摩浦斯和他的色雷斯軍隊拔去聖橄欖樹和蛇髮女妖的金頭像，把三叉戟插在雅典城的地基和冠之以花環。」[193]另外，當他讓老者歌隊唱出以下的話時，也會讓人聯想到北橫飾帶（二二八－二二九頁圖49、二六二頁圖71、書末線圖）裡的「奧羅斯」和「吉薩拉」樂師：「用老耄雙手吹奏利比亞笛子以應和吉薩拉的琴音。」[194]在北橫飾帶樂師群的旁邊站著一個老人，他們其中一個用手去調整頭上的花冠（二六五頁圖74）。所以，歐里庇得斯的歌隊會唱出以下歌詞絕非偶然：「但願我會平平安安活到白髮老年，唱我的歌，白頭上戴著花冠。」[195]

因此，歐里庇得斯看來是從帕德嫩神廟本身取得靈感。他更有想像力的做法是聚焦在東橫飾帶上的男人群組和閨女群組（二五四頁圖66、二五八頁圖67、68、書末線圖）。在他的心眼裡，那些大理石閨女在老人的合唱中活了起來：「那些年輕女孩會願意與年老男人共舞嗎？」[196]對年近六十的詩人來說，這種願望難免有點癡心妄想。要知道，這些女孩是第一批聖閨女歌舞隊的成員，而她們的舞伴必然是年輕的「軍訓生」，而**不會是**城邦的老頭子。

帕德嫩神廟是所有希臘神廟中最奢華的一座。不管是它裝飾滿滿的三角楣牆、柱間壁和橫飾帶，還是它的黃金象牙巨像，或是它老練無比的建築結構，全都讓它在其他神廟建築中鶴立雞群。事實上，有人還把帕德嫩神廟的繁縟裝飾傳神地形容為「過度裝潢」（hyper-decoration）[197]。而雅典人這種炫富的強烈傾向又被解讀為一種試圖擴大國族威望和政治權力的徒勞努力[198]。

但我們還是可以想像，帕德嫩神廟的「過度裝潢」除了是虛榮心使然，還有更深一層動機。帕德嫩的雕刻鮮明而大量，其目的或許與同時期邁向驚人精雕細琢的雅典文學與修辭藝術如出一轍。丹妮爾・艾倫研究過柏拉圖對哲學用途的觀點，指出過這位哲學家非常強調語言在政治所扮演的角色。柏拉圖呼籲，在教育公民養成正確的價值觀時，應該鮮明而大量地使用語言[199]。我們對

圖 82　帕德嫩神廟北橫飾帶（47 號碑板）的裸體男性、騎馬者、少年和小孩。

神廟雕刻或許也可做如是觀。

雕刻圖像是永久性置於大型宏偉建築之上，非常有助於教育和維繫每日都會看見它們的公民的價值觀。它們不獨對識字的菁英階級有說服力，還對文盲的大眾有說服力。所以，某個意義下，帕德嫩神廟的「過度裝潢」的主要功能就是為了文化教育*，即透過視覺盛宴教育年輕人。

誠如丹妮爾．艾倫所顯示，柏拉圖和利庫爾戈斯都體認到神話、詩和原因論在年輕人教育中的核心角色。神廟雕刻提供了一個可以放映神話的巨大螢幕。透過提醒年輕人早期雅典的閨女有過什麼犧牲和發過什麼誓，可以讓下一代轉向美德，鼓舞一代又一代雅典年輕人見賢思齊。泛雅典節的競技（特別是部落競賽）、守夜儀式的合歌合舞、人遊行，以及帕德嫩橫飾帶本身——這一切全毫不含糊地道出讓下一代了解何謂雅典人極端重要。

雕刻的人像讓神明和祖先可以永遠臨在。它們說明了一個可敬民族的血統、他們歷史悠久祭典的起源，以及雅典人身分賴以界定的價值理念。至此，我們終於看出一個有力的神話敘事除了讓橫飾帶上栩栩如生的人物更有生命力，還可以幫助我們更深刻理解這些圖像的意義。透過使用一個新範式和調整我們的視角好幾度，我們看見了一些歷經多個世紀未被看到的東西。

位於橫飾帶最西北角落的是一個醒目人物，是參拜者穿過「山門」朝神廟正前方走去時也許會看見的第一批雕像之一。要是他們停下腳步，花一點努力讓目光穿過柱廊的陰影，就會看見一個俊美的

*編注：Paideia 希臘文化教育，原文希臘文係由二個字組合而成：其一為 pais，另一為 paidia；前一字謂兒童，後一字謂兒童的遊戲或運動之意；paideia 引申而言，有以文化陶冶個人的意義。

裸體男性：他一隻手按住一匹用後腳站起的馬，又向他左手邊三個年輕人比手勢（二八〇頁圖82）。他看似在叫他們先走。第一個年輕人騎在馬上，第二個是個走路的少年，第三個年紀更小，自肩膀以下的身體部分裸露在鬆垮垮的衣服之外。我們也許可以把他們視為小孩、少年和青年三個年齡層的代表，而那裸體男性則是向他們致敬，歡迎他們進入雅典生活的行列。

在北橫飾帶的另一頭，我們看見遊行隊伍中的老者。他們其中一個停下腳步，特意把臉轉向觀眾，舉起雙手為自己戴上花冠，強壯成熟的身體在惹眼的姿勢中更形突出（二六五頁圖74）。他代表的是最優秀、最高貴和最俊美的雅典老者，是一個受城邦養育和對城邦竭盡忠誠的人所可能會有的最巔峰狀態。橫飾帶因此可充當一面大理石鏡子，反照出理想公民從小到老的模樣，反照出他的榮耀不是來自他的個體性，不是來自他創作過的詩篇和哲學，而是來自他是眾人中一人的事實。雅典的責任是教育他，讓他認識自己與生俱來的歷史、身分、價值理念與利益。在這樣做的時候，城邦回答了最讓人不能不問的人生問題：我從哪裡來？

第六章　為什麼是帕德嫩

——塑造神聖空間的戰爭、死亡與記憶

安德魯斯對德國考古學家德普費爾德拋出的挑戰躍躍欲試。剛從康乃爾大學畢業，安德魯斯靠著「美國古典研究學院」提供的獎學金來到希臘，一心希望可以參加翌年夏天第一屆現代奧運的賽跑項目。但德普費爾德博士一八九五年一個十二月下午在衛城之顛所說的一番話卻把他攫住，讓他把參加奧運的夢想拋諸腦後。

當天狂風大作，他站在一群學生中間，聽著德普費爾德講解。這位考古學家盯著帕德嫩神廟東立面的楣樑，指出每塊柱間壁正下方的楣樑上都有一個很深的洞孔。然後他又要學生注意看每個洞孔外圍那圈直徑一點二公尺的印痕，它們在褪色的大理石上僅隱約可見。印痕是金屬盾牌的「鬼影」，而盾牌是從敵人擄獲，一度掛在楣樑上作為戰利品炫耀。但這勝利又是誰取得的呢？

德普費爾德繼而指出，每塊三槽板正下方都有好些小鑽孔，加起來有幾百個之多。小鑽孔分為十二組，每組由三線鑽孔構成，唯獨最後兩組只有兩線鑽孔。教授解釋，它們是些木釘孔，用來繫著大型的鍍金青銅字母，而所有字母構成一段獻詞。理論上，只要研究釘孔的相對位置，就可以破譯獻詞

的內容。「這類事情有人做過，也是時候應該這樣做。」德普費爾德慫恿說[1]。安德魯斯當下便打定主意**他**要當解謎人。

接下來一個月，他天天早上都坐在一塊水手工作板上，用索具（他是經驗老到的帆船手）把自己吊上帕德嫩神廟東立面上方（圖83）。他以相互成直角方式把溼紙張鋪在鑽孔上，再用力把紙壓入鑽孔，由此取得印模。這工作極其艱辛。他每天只能完成幾個字母的壓印，晚上又得祈禱紙張不會在風乾前被風吹走[2]。

一八九六年二月底，安德魯斯在呂卡維多斯山「美國古典研究學院」的圖書館，向一群學者宣布他的努力成果。他把所有風

圖83　安德魯斯在帕德嫩神廟東楣樑取木釘孔印模，一八九五年。

乾紙張掛在各個書架上，然後逐張說明它們代表什麼字母（一共兩百五十一個字母）。安德魯斯成功破譯出整段獻詞，但並非人人都對結果感到高興——安德魯斯自己更是一點都不高興[3]。

先前大家一直假定，這段所謂的「帕德嫩銘文」與亞歷山大大帝西元前三三四年在特洛伊附近的格拉尼庫斯河大捷後給衛城獻上三百面波斯盾牌一事有關[4]。格拉尼庫斯河戰役是亞歷山大對戰波斯三大戰役的頭一場：是役，他擊潰奇里契亞總督阿薩姆的部隊，又把擄獲的部分武器盔甲奉獻給帕德嫩神廟[5]。此舉是要以矚目方式提醒雅典人，格拉尼庫斯河戰役已為雅典報了衛城在西元前四八〇年遭波斯蹂躪之仇。雖然這仇已是一百五十多年前的往事，亞歷山大的禮物仍不失為一道冷掉卻美味的小菜。

然而，根據安德魯斯的解讀，「帕德嫩銘文」的內容卻完全是另一回事。它不是要讚譽神武的亞歷山大，而是在謳歌最讓人憎厭的羅馬皇帝：尼祿。

戰神丘議事會、六百人議事會和全體雅典人民在此（尊榮）神之子和最偉大的尼祿·凱撒·克勞狄斯·奧古斯都·日耳曼尼庫斯皇帝。是歲為菲林諾斯之子諾維烏斯第八次出任重裝備步兵統帥，他同時是（雅典的）最高管理人和立法者*；是歲亦為卡皮托之女寶琳娜擔任（雅典娜）女祭司之年。[6]

---

*譯注：古代雅典以首席執政官的名字紀年，而羅馬時代的雅典雖不再有執政官之設，仍以最重要人物紀年。另外，雅典同名的人很多，在需要慎重場合會兼提到某個人是何人之子或之女。

我們對尼祿與雅典人的互動情況所知甚少*，但「帕德嫩銘文」見證著雅典人在西元六一／六二年授與他一系列前所未有的榮耀。首先是授與他雅典的最高禮物：一頂冠冕。更不尋常的是在帕德嫩神廟東立面用獻詞頌揚他。鍍金字體不是一種雅典習尚而是羅馬凱旋門和其他紀念碑的一貫規制[7]。有一個事實讓這種恭維更顯離奇：尼祿在希臘待了超過一年，卻從來懶得踏足雅典。而且，雅典人的歌功頌德欠缺足夠理由。那一年，羅馬除了在東線保障了和平前景，並未取得任何重大軍事勝利。雅典人這種自取其辱的巴結乃是當久了奴才（先是馬其頓人的奴才，然後是羅馬人的奴才）的奴才心態作祟。

在第一世紀中葉，羅馬帝國東境的最大敵人是安息人。為爭奪亞美尼亞的控制權，羅馬與安息打了幾十年仗（亞美尼亞對兩者都具戰略重要性）。到了西元五八年，一場危機發生：亞美尼亞國王讓位給自己的弟弟。羅馬人隨即入侵，把新王廢掉，改立一個與羅馬親善的卡帕多細亞王子為王。安息迅速報復，發起一連串戰役，又威脅要把衝突升高為全面大戰。最後，雙方在六一／六二年達成協議，羅馬人做出讓步，讓弟弟國王復位，但條件是對方得承認自己的王權是尼祿所賜。亞美尼亞問題的解決確實帶來了一段受歡迎的和平時期。正是這場相對平平無奇的外交勝利讓尼祿贏得「帕德嫩銘文」的歌頌。

我們不知道那些釘在鍍金文字之間的盾牌是亞歷山大所奉獻那批，還是尼祿的軍隊擄獲自安息人。自大狂的尼祿當然會樂於被人拿來與亞歷山大相提並論。不管怎樣，安德魯斯成功解讀的獻詞依然透露出，帕德嫩神廟在築成近五百年後仍是最聲望崇隆的勝利紀念碑。這神廟一貫都是戰勝東境敵人的一個象徵：先是象徵希臘人打敗波斯人，然後是象徵羅馬人打敗安息人，更後來是象徵（見第八章）別迦摩的阿塔羅斯王朝打敗高盧人。但帕德嫩神廟對尼祿的獻媚並沒有維持多久：楣樑上的鍍金文字在尼祿於六八年自殺身死後便馬上被移除。只有留下的鑽孔繼續見證著（語出安德魯斯）「一個自豪的民族變得奴顏婢膝，做了一件可恥的事，事後又懊悔不已」8。

值得指出的是，在亞歷山大把波斯盾牌掛在帕德嫩神廟的近九十年前，歐里庇得斯曾讓《厄瑞克透斯》的老者歌隊唱出如下的話：

我把長矛閒置，放任蜘蛛結網。既然我已在雅典娜的柱廳掛上一面色雷斯人盾牌，但願我會平平安安活到白髮老年，唱我的歌，白頭上戴著花冠。

歐里庇得斯，《厄瑞克透斯》F369.2-5 Kannicht 9

歐里庇得斯提到的色雷斯盾牌是掠奪自攸摩浦斯的敗軍，而這顯示，把戰利品掛在帕德嫩神廟炫耀的習俗歷史悠久，比亞歷山大大帝的時代要早上許多。詩人看來還直接影射帕德嫩神廟的北橫飾帶，因為在那上面，我們看見一個老者在人群中停下腳步，往自己的白頭戴上花冠（二六五頁圖74）。歌隊的老者可以放任蜘蛛在長矛結網，是因為雅典在厄瑞克透斯打敗攸摩浦斯後進入了昇平時期。

一世紀之後，在回顧伯羅奔尼撒戰爭時，普魯塔克引用了上述的《厄瑞克透斯》詩行。雅典和斯巴達在西元前四二三／四二二年簽訂的《尼西阿斯和約》帶來一段受歡迎（但短命）的喘息時間。普

＊譯注：尼祿統治後期曾遊覽希臘。

魯塔克告訴我們，這和平維持了一年，期間雅典人會在歌隊的歌聲中聽到「我把長矛閒置，任由蜘蛛結網」之語[10]。事實上，正是普魯塔克這記載讓學者推算出，《厄瑞克透斯》是首演於西元前四二二的「城市酒神節」。

把擄獲的武器和盔甲放在神廟展示的做法泛見於整個古希臘世界。各地的聖域都瀰漫著鮮明的尚武氛圍。這不奇怪，因為神廟主要是供人祈求戰勝和得勝後還願。而這又是因為戰爭在希臘人的生活扮演著中心角色。沒有哪個希臘家庭會沒有家人戰死過，沒有哪個家庭可以遁逃於殘忍、野蠻和無所不在的衝突與殺戮文化[11]。所以，為戰勝所做的禱告與獻祭除了是一種集體經驗，還是一種非常個人性的經驗。在一個死亡極為頻繁的世界裡，喪親、追思、戰爭和宗教是緊密交織在一起的。

在這方面一如許多其他方面，雅典人都決心要勝人一籌。所有年紀介於十八至六十歲之間的男性公民都有上戰場的責任，這讓人一輩子都有機會經歷整個情緒光譜：害怕、驚恐、痛苦和哀傷。父子、兄弟、祖孫、堂表兄弟和朋友全都並肩作戰，有時更是一起倒下。同宗意識帶來的團結性除了對雅典民主極其重要，也是面對大屠殺時讓人不畏縮的向心力。在古風時代和古典時代的許多時候，男人幾乎每一「季度」都得上戰場（這裡的「季度」指栽種至收成之間的夏季月份）。在柏拉圖的《法律篇》裡，克里特島的立法者克列尼亞斯指出，在希臘，和平「只是一句空話。事實上，出於天性，每個城邦對其他城邦都是不宣而戰」[12]。如果說雅典人的宗教狂熱性格向來相對受到忽略，那他們的黷武性格一樣是向來被低估。這兩者不僅一直攜手並進，還大大有助於闡明締造出帕德嫩神廟那些人是什麼樣的人，以及帕德嫩神廟對他們意味著什麼。

希臘人的大部分戰爭都是邊界紛爭。不過，在伯羅奔尼撒戰爭中，他們要爭的當然多得多[13]。雅典在波斯人洗劫之後五十年崛起為一個強權和帝國讓斯巴達寢食難安。雅典於西元前四三三年跟海上強權克基拉締結防禦同盟，不久後又分別跟南義大利的勒基翁和西西里的倫蒂尼簽訂協議，自此壟斷了海上貿易，讓伯羅奔尼撒半島的糧食供應（從西西里輸入）備受威脅。就因為這樣，在西元前四三一年（帕德嫩神廟三角楣牆上雕像就定位後僅僅一年），斯巴達與雅典及其盟邦爆發了大戰，一打就是近二十七年。這衝突讓一支無與倫比的海軍與一支攻無不克的陸軍正面對戰，儼然是神話時代海陸大戰的翻版。在幾十年的大屠殺之間，一場可怕瘟疫席捲雅典，為家家戶戶帶來更多傷亡。衛城的神廟儘管宏偉，盛大的節日和神聖的典禮儘管繼續舉行，愁雲慘霧卻仍然籠罩著雅典人的心靈。因為下一場戰爭和另一個家庭成員的死亡總是近在眼前。

重裝備步兵的戰爭形態只讓戰爭的恐怖更加擴大。在這種戰爭中，步兵構成巨大方陣，人人挺著沉重盾牌，向前刺出長矛，其結果當然只能是一堆又一堆的屍體（有時會厚至六七人）。在論及西元前三九四年的科羅尼亞戰役時，色諾芬對這種傷亡慘重的景象有最血淋淋的描寫：「地上血流成河，朋友和敵人死在彼此旁邊，盾牌四分五裂，長矛斷成幾節，匕首全不在鞘中：有些掉在地上，有些插在屍體裡，有些還握在手上。」[14]希羅多德藉波斯統帥瑪爾多紐斯之口形容過希臘人的作戰方式有多麼讓人毛骨悚然：「每當他們互相宣戰，就會找一片最平坦、最開闊的地方開戰，結果，勝者總是損失慘重，而敗者更不用說是全體被殲。」[15]

集中、分類和辨認屍體的可怕工作並不能輕易從記憶中抹去[16]。要把敵人的屍體與同袍、朋友和親戚的屍體區別開來既耗體力又耗情緒，因為屍首很多都面目全非，難以辨認。我們聽說，斯巴達人在出征麥西尼亞人前，因為預期會死亡枕藉，人人左手腕上戴上一個寫有名字的小木牌[17]。用得著這種軍籍牌的前身說明了重裝備步兵的戰鬥有多麼消耗人命。

每個戰鬥季度結束後，雅典人會整理死者名單，刻成石碑，列出戰死者的名字、父名和所屬部落。保薩尼亞斯告訴我們，陣亡將士名單不只收錄公民的名字，還收錄為雅典戰死的盟友、奴隸和外國傭兵[18]。死者火化後的骨灰公開展示三天才入葬公共墓園。修昔底德告訴我們，墓園「位於城市最美麗的郊區」[19]。考古挖掘顯示，這墓園的起點離狄庇隆門外約兩百公尺，然後分布在凱拉米克斯至「學院」的寬闊大道兩旁（五六頁圖6）[20]。在這條路線上出土過死亡名單石碑、集體墓葬和墳墓紀念碑。事實上，在一九七九年，利庫爾戈斯本人的家族墓園就在「學院」的入口附近被發現，印證了古代文獻所記載的：這位愛國者受到最隆重的國葬[21]。也正是在這同一個墓園，利庫爾戈斯的偶像伯里克利發表了悼念伯羅奔尼撒戰爭第一批陣亡將士的著名演說。這一類追思儀式（葬禮演說、紀念碑、墓誌銘、死亡名單和國葬）全是為了證明為國捐軀者永遠不會被遺忘。更重要的是，它們是要向生還的戰士保證，即便他們他日也將為國捐軀，他們的屍體一樣會被尋回、骨灰會得到安葬，功績會長存在人們記憶裡，而他們的家人會為他們感到自豪[22]。

戰場大概是雅典民主社會的最民主空間：各種年齡的男人（各部落有數目相同的代表）齊集一起，以快速、決定性而血腥的方式解決紛爭。短暫、殘忍而痛苦的步兵戰鬥決定了一個男人與其家人、共同體和國家的全部關係[23]。同樣地，雅典艦隊（每艘船配有約一百七十名槳夫）提供的極限經驗也提供了每個人（不分貧富）完全平等的立足點。擠在同一個狹窄擁擠船艙裡讓人可以對民主的價值有第一手的體驗[24]。共同度過的幾星期無聊、提心吊膽和（開戰時）心驚膽戰讓來自不同「部落」

的雅典人迅速建立起關係紐帶。恐懼和喪親之痛就像共同血統一樣發揮著巨大凝聚力。修昔底德這樣描述西元前四一三年遠征西西里失敗的災難所帶給雅典的影響：「他們被這場鋪天蓋地的災難嚇傻了，感到無法言喻的恐懼和驚愕。全體公民與城邦一樣悲痛：他們失去大批騎兵和重裝備步兵和如花盛放的青年，找不到人員替補……然而，他們下定決心，只要情況允許，絕不灰心喪志……他們以任何想得到的方法募集木材與金錢，重建艦隊。就像一個民主政體應有的那樣，只要他們的恐懼持續，他們就會表現出高度的有紀律。」[25]

被打敗的時候，雅典人會打起精神，記取失敗。但他們戰勝時一樣會追憶。從戰死敵人取得的珍貴盔甲和武器會被放在神廟裡展示，作為戰爭勝利的具體證明。這種奉獻戰利品的舉動有多重目的：主要是感謝和取悅那些讓他們得勝的神明，其次是鼓舞和教育未來世代的戰士，提醒全體公民他們共同分享過的戰爭史。

在本章，我們將會看看「毋忘死去英雄」的要求是如何形塑神聖空間，是如何提供另一條記憶繩索讓雅典人連接於遙遠過去。就像共同血統一樣，這條紐帶不僅可以讓今日的公民彼此連結，還可以讓他們與傳說中的祖先和神明彼此連結。它們同時可以放大神廟的情緒電荷和心理電荷，創造出一個死亡、回憶與神聖三者的環扣體——最雄渾的例子莫過於帕德嫩神廟。

這種模式泛見於整個希臘。不管是青銅時代的神話英雄還是為國捐命的當代英雄都會在大型神廟中受到紀念。戰爭、死亡和回憶懸在每個城邦的頭上，指示著在地神祠的選址和在地祭儀的形式。我們將會以四大泛希臘聖地——奧林匹亞、德爾斐、伊斯米亞和尼米亞（下頁圖84）——作為例子。在這些地方，神話英雄的墓塚都是緊靠著奧林匹亞諸神的神廟。當然，我們的最終目的是了解衛城的最

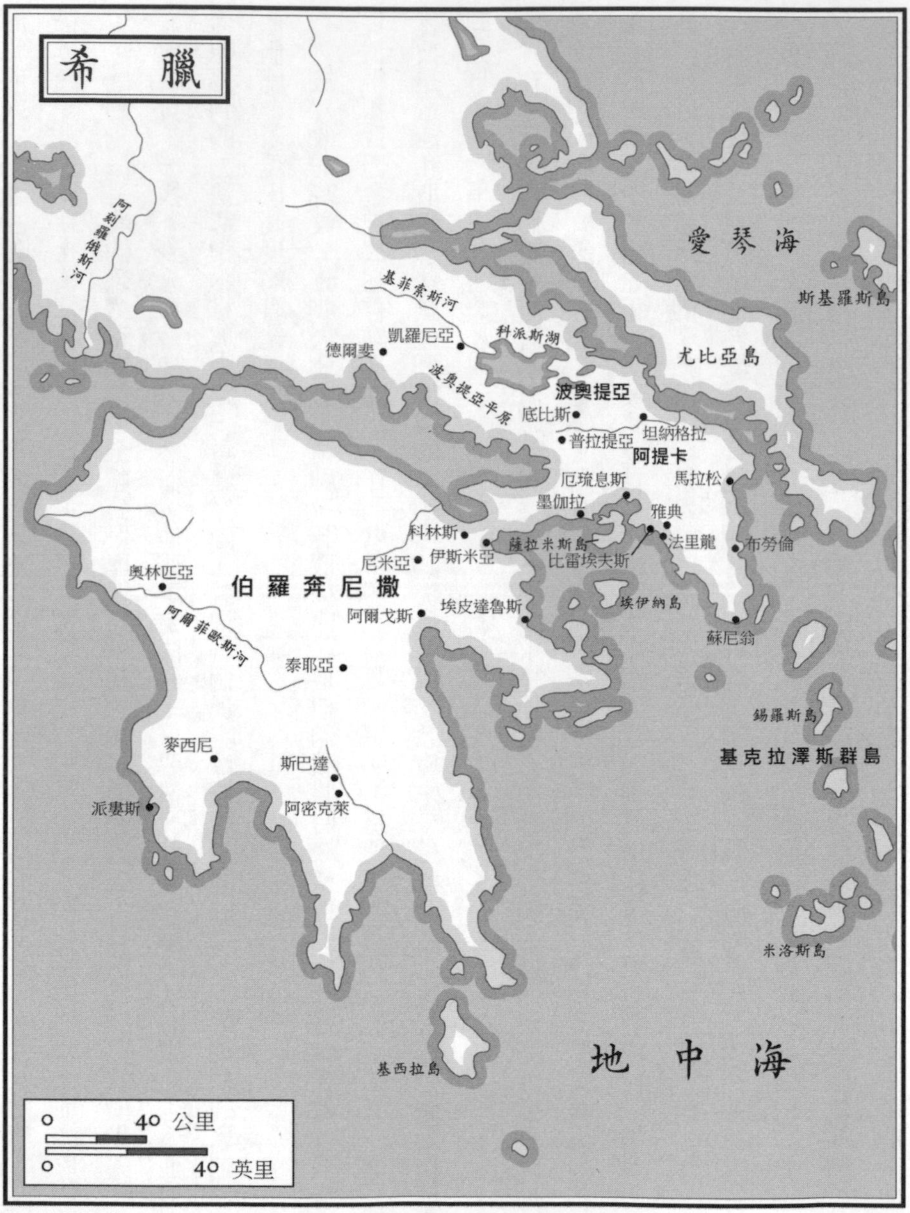
希 臘
阿剌羅俄斯河
基菲索斯河
愛琴海
斯基羅斯島
科派斯湖
凱羅尼亞
德爾斐
尤比亞島
波奧提亞平原
波奧提亞
底比斯
坦納格拉
普拉提亞
阿提卡
厄琉息斯
馬拉松
墨伽拉
雅典
科林斯
薩拉米斯島
法里龍
比雷埃夫斯
布勞倫
尼米亞
伊斯米亞
奧林匹亞
伯羅奔尼撒
阿爾戈斯
埃皮達魯斯
埃伊納島
蘇尼翁
阿爾菲歐斯河
泰耶亞
錫羅斯島
基克拉澤斯群島
麥西尼
斯巴達
派婁斯
阿密克萊
米洛斯島
基西拉島
地 中 海
0 40 公里
0 40 英里

圖84　希臘地圖。

神聖空間（厄瑞克透斯神廟和帕德嫩神廟）是如何從厄瑞克透斯和三個女兒的墓塚發展而成。以這種方式，我們將可明白何以帕德嫩神廟無可避免會成為雅典人（後來又成為全希臘）的最高記憶存取地點。

研究古希臘的研究生長久以來都受到教誨：奉獻給神的空間（以及放在裡面的還願供品）和殯葬空間（以及陪葬品）是不同的兩回事。但兩者的關聯其實大於向來所以為的。這不值得奇怪：戰爭的勝利需要結合人的意志和神的意志；神的青睞和幫助固然必不可少，但同樣少不了的是人的流血。男神和女神必須盡好賦予好運和編派戰敗的職分，但英雄亦必須獻出生命（作為回報，他們的屍骨將會受到尊榮）。因此，墳墓和神廟兩者緊密相關，一如祈願和還願乃是希臘宗教情懷的基本特徵。這就不奇怪戰利品會被放在神廟的最顯眼處展示。它們是城邦與神明保持著正確關係的完美圖騰。

大型的泛希臘神廟（即會吸引到不同城邦希臘人從四面八方前來朝聖的那些）是炫耀和紀念軍事勝利的動態舞台。事實上，這類神廟的出現和茁壯有很大部分是靠戰利品資助，所以從建廟之初便是把死亡與崇拜環扣在一起。在西元前八世紀之末和前七世紀伊始，湧起了一股向神廟奉獻武器和鎧甲的熱潮，與此同時，私人墓葬裡的軍事陪葬品愈來愈少見[26]。這看來是一種強調重點的轉換：戰死的戰士不再以個人身分受到家人私底下的尊榮，改為以國家英雄的身分由政府出資的公開儀式表彰。這種紀念儀式的制度化被認為在國家形構上扮演重要角色[27]。

及至，希臘大陸四大泛希臘神廟的主節日形成了一個節曆循環，稱為「四年週期」。四大聖地中最有威望的是奧林匹亞和德爾斐，它們的主節日分別是在「四年週期」的第一年和第三年舉行。伊斯米亞和尼米亞的主節日每四年舉行兩次，舉行年份刻意與它們的資深同儕的節慶錯開[28]。朝聖者從四面八方前來參加節慶，各城邦亦派出最優秀運動員在同時舉行的運動會競技。這些城邦會花錢粉飾泛希臘神廟、蓋豪華的寶庫、奉獻昂貴供品、設立人像表彰本城邦的著名成員、豎立勝利紀念碑，以及奉獻十分之一從敵人擄獲的武器和甲胄。泛希臘神廟非常歡迎這些投資，因為它們對在地財政、文化和宗教的繁榮至關重要。

斯諾德格拉斯指出過，「四年週期」的朝聖活動讓朝聖中心成為一個爭強鬥勝和文化交換的世界，讓從不同地方遠道而來的希臘人可以分享消息和觀念。在早期，這些稀有場合只是顯赫貴族家庭互別苗頭的機會，但後來則演變為彼此競爭的城邦之間的炫耀舞台[29]。這一點突出表現在獻給泛希臘神廟的大量盔甲兵器上。據估計，在西元前七世紀和前六世紀期間，奉獻給奧林匹亞的頭盔超過十萬件[30]。伊斯米亞的波塞冬神廟也不遑多讓，早在西元前八世紀和前七世紀期間便收到過大量戰利品。有超過兩百件破碎的頭盔和無數盾牌曾經從神廟的範圍內出土，它們是西元前六世紀中葉和前五世紀初期戰爭頻仍的高峰期的奉獻品[31]。科林斯人在波塞冬神廟通往科林斯的道路兩旁擺滿頭盔、盾牌和胸甲，大刺刺炫耀自己的武功[32]。

德爾斐是收到最多戰利品供奉的泛希臘朝聖地。作為「世界的肚臍」*，它吸引到成千上萬香客不辭千里而來，向女先知問卜。因為能見度無以上之，任何城邦想要炫耀，挑德爾斐準沒錯。西元前六世紀中葉，富有的呂底亞國王克羅索斯給離阿波羅神廟不遠的「普拉亞雅典娜」†神廟進獻了一面黃金盾[33]。希羅多德告訴我們，福基斯人在溫泉關之戰‡幾年前一場衝突中打敗色薩利人的騎兵之後，給德爾斐送去約兩千面盾牌[34]。西元前三三九年，雅典人把幾面金盾獻給新的阿波羅神廟（舊的一座在西元前三七三年毀於火燹），紀其事的銘文這樣說：「雅典人得自攻打希臘人的米底人（即波斯人§）和底比斯人。」[35]這對底比斯人來說當然是可怕羞辱（他們在大約一百四十年前曾與波斯人勾結）。雅典人知道，在「世界的肚臍」張揚這件事可讓它永遠留在所有人記憶裡。西元前二七九年，隨著雅典人和埃托利亞人在溫泉關打敗高盧人，阿波羅神廟的楣樑再一次掛上金盾[36]。

事實上，雅典在德爾斐奉獻的勝利紀念碑◎多於任何城邦，用送給神廟的一堆又一堆豪華供品讓雅典人的優越性展露無遺[37]。雅典人在德爾斐蓋了一座寶庫（完全用帕羅斯島大理石築成），裝飾以講述大英雄海克力士和忒修斯事蹟的柱間壁。保薩尼亞斯告訴我們，建築這寶庫的資金是來自西元前四九〇年馬拉松大捷的戰利品[38]。第三章指出過，德爾斐有一座紀念馬拉松大捷的青銅組像。組像中央站著戰爭英雄米太亞德（基蒙之父），兩旁是雅典娜、阿波羅和傳說中的雅典國王及英雄。雅典人還在德爾斐蓋了一座大理石遊廊，紀念他們西元前四七九年在米卡勒打敗波斯人一事。遊廊裡放著一

＊譯注：德爾斐被希臘人視為世界的中心，其阿波羅神廟裡亦有一顆「肚臍」石雕以象徵其世界中心地位。

†譯注：Athena Pronaia 的原意是「先於神廟的雅典娜」。

‡譯注：應是指西元前四八〇年第二次波斯戰爭中波斯人在溫泉關與以斯巴達三百勇士為主的希臘聯軍之間的戰役。波斯人攻克溫泉關後長驅直入，洗劫雅典衛城。

§編注：米底亞人屬雅利安族，因此是雅弗的後代，他們的祖先看來是雅弗的兒子瑪代。（創10：2）他們跟波斯人在種族、語言和宗教方面都很相近。

◎譯注：這裡的「勝利紀念碑」指各種紀念勝利的物品，不單局限於字面意思的「石碑」。

些薛西斯當年在赫勒斯滂*用來固定浮橋的纜繩（這工程學奇蹟讓波斯大軍能從亞洲長驅直入希臘）。作為如此具體的「記憶物」，俘獲的纜索見證著雅典人在十年前曾英勇逆轉劣勢，打敗宿敵波斯。

因此，泛希臘神廟充當了一個國際舞台，供各城邦廣播它們的軍事勝利，讓它們決心要透過奉獻勝利紀念碑和建立表彰有功者的儀式來讓被它們打敗的城邦出糗[39]。讓我們來看一看這系統如何運作[40]。奧林匹亞除了是跨城邦活動的一個中心，還是所有厄利斯人（厄利斯是伯羅奔尼撒半島西北地區）的地區性祭拜中心。作為聖地的管理者，厄利斯人用他們在西元前四七〇年打敗比薩†所獲得的戰利品築造了宙斯神廟。不過，當斯巴達人有意在神廟的前三角楣牆（相當於「黃金地段」的廣告看板）掛一面金盾以炫耀他們西元前四五八／四五七年在坦納格拉打敗雅典一事時，厄利斯人欣然同意。斯巴達人刻意在金盾上刻上一段傷人的銘文：「得自阿爾戈斯人、雅典人和愛奧尼亞人。」[41]自此，雅典人每看到這東西一次，就會受辱一次。

多年之後，麥西尼亞人和納夫帕克托斯人樹立的勝利紀念碑讓斯巴達人大為漏氣。站在一根與斯巴達人金盾齊高的高柱上，漂亮的勝利女神大理石雕像（二九八頁圖85）是雅典於西元前四二五年在斯法克特里亞打敗斯巴達人之後，由麥西尼亞人和納夫帕克托斯人所敬獻。就這樣，我們看見了一場紀念碑的拔河比賽。雕刻大師帕奧涅斯的勝利女神像就在三十年前的斯巴達奉獻品前面展翅飛翔。黃金和大理石也許可以永存，軍事勝利卻是轉眼即逝。

早在古風時代，希臘神廟便常見一根頂端站著帶翼獅身人面獸的高柱。西元前五七〇至前五六〇年期間，納克索斯人在德爾斐的阿波羅神廟下方豎立過這樣的高柱（三一六頁圖91）。類似高柱的碎塊也見於提洛島的阿波羅神廟、昔蘭尼的阿波羅神廟、埃伊納島的阿費亞神廟，乃至雅典衛城（衛城的那根高柱八成是緊靠在舊雅典娜神廟北面）（書前彩圖4）[42]。獅身人面獸高柱具有辟邪作用，因為有翼生物據信可以擋開任何威脅神廟之美的邪惡力量。帕奧涅斯所雕的飛行勝利女神可以視為這個歷史悠久傳統的延續。既然泛希臘聖地匯集了大批寶物，對護身符的需求自然極殷切。

斯巴達在斯法克特里亞§的投降是雅典及其盟友的一大勝利。這就難怪雅典將軍克里昂把一百二十面從戰場擄獲的盾牌搬到雅典公開展示[43]。它們有些被掛在阿戈拉廣場的彩繪遊廊，其中一面在一九三六年出土，上面有銘文證實來源：「在派婁斯打敗斯巴達人。」[44]另外九十九面盾牌則顯然被帶到衛城，掛在勝利女神雅典娜神廟的高墩座牆上展示（二九九頁圖86）[45]。

隨著參拜者走近衛城，他們第一件會看到的事物便是優雅小巧的勝利女神雅典娜神廟，它高踞在一座邁錫尼時代的碉堡，永遠提醒著眾人，這要塞從未被攻破過。勝利女神神廟動工於西元前四二〇年代中葉，竣工於前四一〇年前後[46]。它是用來取代一座建於同一世紀頭十年的祭拜建築，該建築又是用來取代更早的建築（一座古風時代神祠）。這座典雅的愛奧尼亞式神廟是伯里克利對衛城的最後一個願景，向參拜者預告著他們在穿過「山門」進入聖域之後會看見些什麼。事實上，他們接下來會

＊譯注：即今日達達尼爾海峽。赫勒斯滂的原意為「赫勒海」（赫勒是希臘神話人物）。

†譯注：這個「比薩」不是義大利的比薩，而是厄利斯人的近鄰城邦，奧林匹亞原先由其控制。

‡譯注：位於利比亞。

§譯注：斯法克特里亞之戰是派婁斯之戰的延伸。

看到的奉獻品、戰利品和寶物數量驚人（最高潮是帕德嫩神廟本身的收藏），將會讓他們頭暈目眩。

勝利女神雅典娜神廟四面牆壁上都有一些成對的切口，而它們毫無疑問是用來裝設附著盾牌的掛鉤[47]。有強烈證據顯示，一度懸掛在牆面上的盾牌是克里昂擄獲自斯法克特里亞戰役那一批。該戰役的翌年，阿里斯托芬的《騎士》一劇上演，其中的「賣香腸人」角色提到，克里昂讓他的盾牌以很不尋常的方式掛在神廟上：即連著把手掛上去[48]。一般來說，展示的盾牌都會先拆掉把手，但克里昂顯然刻意不

圖85　帕奧涅斯雕刻的勝利女神像，是麥西尼亞人和納夫帕克托斯人在西元前四二五年打敗斯巴達人之後送給奧林匹亞的宙斯神廟。

這麼做。所以，那些奇怪的成對切口可以解釋為一些木釘孔，是為懸掛有把手盾牌所必需。克里昂的用意大概是讓盾牌在有需要時可以被取下，再度使用[49]。

勝利女神神廟的墩座以彭代利孔大理石包覆，裡面是那座邁錫尼時代的碉堡，地點離作為戰略高點的出入口不遠（七七頁圖10）。這建築物對衛城的安全事關緊要，因為它可以讓人向一支前進中敵人隊伍的右手邊射箭。大部分士兵都是右手持刀左手持盾，所以右手邊是脆弱的一邊。有能力從敵人右手邊高處放箭對防禦古代要塞非常重要：類似的邁

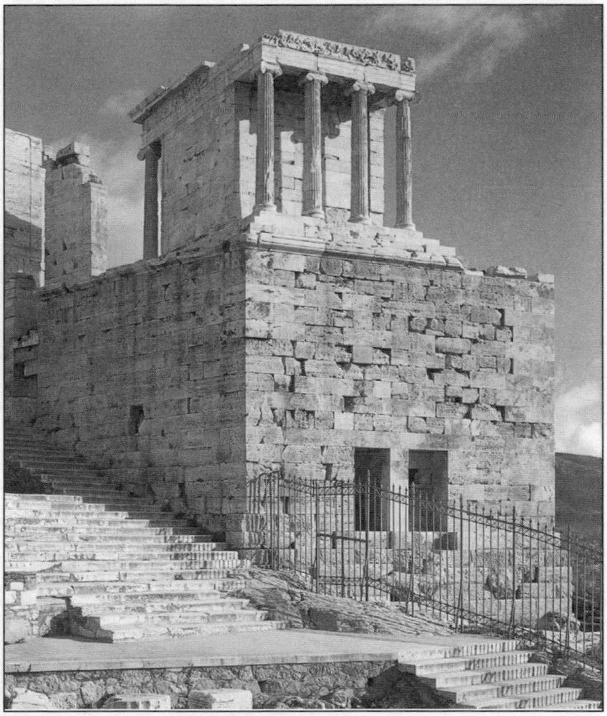

圖86　勝利女神雅典娜神廟和它的墩座。從西北面看去的雅典衛城。

錫尼時代防禦工事也見於邁錫尼、梯林斯和底比斯要塞附近的門道[50]。

在雅典，在地記憶讓這個特殊地點特別神聖。因為雅典人的英雄祖先正是從這些高牆把敵人阻遏在外。事實上，西元五世紀勝利女神神廟的建築師為了讓史詩中的過去可以呈現眼前，特地在墩座上鑿出窗戶，讓人看得見也摸得著裡面的邁錫尼時代石壁——它們被認為是「獨眼巨人」所砌[51]。

克里昂奉獻的斯巴達盾牌因為貼近邁錫尼時代的碉堡而更有激勵作用。在這次奉獻的幾十年後，勝利女神神廟墩座的頂部將會加蓋一圈矮圍牆。牆上雕刻著一系列有翼的勝利女神，顯示她們帶領著牛隻去給雅典娜獻祭，以感謝她讓雅典人打勝仗[52]。這些有翼的人物中包括著名的「繫涼鞋者」，她以優雅姿態彎腰，給自己綁鞋帶。其他雕像中的勝利女神或手舉一頂頭盔，或整飾著戰利品，而在南面的矮牆上雕刻著更多的戰利品。在這南牆的最西端，我們看見了雅典娜本人（圖87）；

圖87　坐著的雅典娜。原見於勝利女神神廟的南面矮圍牆，現藏衛城博物館。

只見她工作已了，坐在一塊大石上休息。她的盾牌因為已經用不著，豎直靠在座位後面。一個勝利女神向她趨近，送上另一件戰利品（其底座可見於雅典娜的右腳前方）。就這樣，在克里昂獻上斯巴達盾牌的多年之後，它們得到了雕刻在矮牆上的頭盔、盾牌和鎧甲的完美呼應。

有大約八百年時間，每當香客通過「山門」進入衛城，第一件映入眼簾的事物便是菲迪亞斯所塑的雅典娜青銅巨像（圖88）。它本身就是一座勝利紀念碑，經費據說來自西元前四九〇年馬拉松戰役十分之一的戰利品[53]。巨像就站在舊雅典娜神廟遺址的正前方，離「山門」四十公尺。底座至今還有部分留在原地，面積為五點五平方公尺[54]。過去

圖88　青銅雅典娜和衛城上的其他奉獻品的還原圖。史蒂芬斯繪圖。

認為巨像塑成於西元前四六〇年代至前四五〇年代之間，但今天有些學者相信它與帕德嫩神廟多多少少同時完工[55]。一塊列出物料和勞力開支的大理石碑板顯示，青銅雅典娜花了九年時間完成[56]。就像雅典人自己那樣，這個雅典娜目光遠眺，從衛城直接望向薩拉米斯島——雅典人曾在該處打敗波斯人，為自己贏得自由[57]。

之前，雅典從未有過如此高聳之物：據估計，青銅雅典娜的身高介於九至十六公尺之間[58]。保薩尼亞斯告訴我們，即使站在離雅典以東大約七十公里的蘇尼翁海角，一樣可以看見雅典娜的矛尖與頭盔羽飾[59]。靠著一些第一手報導和複製在錢幣、陶瓶和雕刻上的圖像，我們多少可以知道巨像的造型[60]。據信，這個雅典娜右手平伸，掌中捧著一個有翼勝利女神（也可能是一隻貓頭鷹），盾牌置於身體左側。她的長矛應該是靠在身邊*。保薩尼亞斯說她的盾牌雕刻著拉庇泰人與馬人戰鬥的情景。一些年代介於西元一二〇至一五〇年的錢幣顯示，青銅雅典娜後面是一座神廟（想必就是帕德嫩神廟），前方是通向聖岩的階梯和門道[61]。

走過青銅雅典娜之後，朝拜者將會看見多個世紀累積出來的豐盛奉獻品，其中包括一段薛西斯用過的纜索（同一批纜索也見於德爾斐）。不過，論珍貴，這些展示於衛城露天處的奉獻品並不能跟藏在帕德嫩神廟、厄瑞克透斯神廟和舊雅典娜神廟後殿的珍貴寶物相比。事實上，最輝煌的戰利品就是藏在古風時代雅典娜神廟廢墟的殘存後殿（一二八頁圖25）[62]。其中包括可恨的波斯將軍瑪爾多紐斯的佩劍，他就是西元四八〇年帶頭洗劫衛城的人，翌年在普拉提亞戰役被殺[63]。再來是馬西斯提亞斯的黃金胸鎧和馬勒，他是波斯騎兵的統帥，死於普拉提亞戰役之前的小衝突。為抒發失去這位天才型騎士的悲憤，波斯人剃掉所有馬匹和馱畜的鬃毛，每個人又把鬚髮剃光[64]。

刻在石頭上的財產清冊顯示帕德嫩神廟（包括它的內殿、西廳和門廊）堆滿兵器和鎧甲、珍貴金屬器皿、珠寶、錢幣、家具、樂器，等等[65]。我們還聽說這裡收藏著波斯匕首（或插在黃金刀鞘或插在象牙刀鞘）、成十上百頂青銅頭盔（包括一頂來自列斯伏斯島和一頂來自阿哈伊亞的伊利里亞人頭盔）、好幾百面青銅盾牌（其中幾十面是鍍金的木盾）、馬刀和劍、護脛甲和一副波利伯孔†的兒子亞歷山大所獻的全套甲胄；還有上百個矛頭、用過的箭和一把象牙小標槍。

還有數以十計的籃子、箱子，有些是鍍金木頭所製，有些是銀和青銅打造；還有金幣和無記號的金銀、鍍金閨女像、黃金製的勝利女神、蛇髮女妖、怪物和獅身鷲首怪獸、一副鍍金的銀面具。幾百個金和銀的奠盅和其他珍貴器皿充斥著整座殿宇，還有象牙製的里拉琴和用來放雙管笛的黃金、木頭和象牙盒子。還有好幾百副耳環、一條金腰帶，和一條附有寶石、蝴蝶結和山羊頭的項鍊。但其中最著名的珠寶卻是亞歷山大大帝的巴克特里亞人妻子羅克珊娜所贈：一條敬獻給「護城雅典娜」的黃金項鍊和一只黃金角狀杯。她的禮物出現在西元前三〇五／三〇四年的財產清冊[66]。

書寫板、鍍金馬勒、滌垢盆、香爐、有象牙刀鞘的祭刀、亞麻布寬身長袍、細緻的薄棉布、靴子：這些形形色色且非常個人化的供品填滿神廟的架子、地板和柱廊。帕德嫩神廟的西廳（財產清冊稱之為「帕德嫩」）有著巨大的雙扇門（甚至比內殿的雙扇門還要大），鎖在裡面的是另一批寶貝：七把鍍金的波斯劍、一頂鍍金頭盔、三頂青銅頭盔，以及許許多多的盾牌，還有大量家具，包括七張

＊譯注：作者的這個描寫與前圖中的青銅雅典娜毫不相似，倒是與帕德嫩神廟內殿的黃金象牙神像相似。

†譯注：亞歷山大大帝麾下大將。

來自希俄斯島和十張來自米利都的矮睡椅、凳子和桌子（一張鑲嵌了象牙）[67]。還有數百副金耳環、數百只金碗和銀碗，以及數百把里拉琴，它們全都是獻給這間稱為「帕德嫩」的西廳。

三十年前，在兩篇篇名相同且接踵發表的論文裡，亞述學家喬治・魯和希臘碑銘學家特雷厄激烈爭論一個大問題：為什麼是帕德嫩？*[68]對呀，帕德嫩神廟何以會稱作帕德嫩神廟？「帕德嫩」的字面意思相當簡單：「閨女們的處所」。但此中的「閨女們」是指哪些閨女？而帕德嫩神廟又為什麼跟閨女有關？喬治・魯毫不猶豫地否定這個字面解釋，主張「帕德嫩」不是指多位女孩而是指雅典娜的處子之身，而那個被財產清冊稱為「帕德嫩」的小廳堂就是神廟東邊的內殿，亦即供奉著女神黃金象牙巨像的地方。特雷厄大不以為然，反駁說「帕德嫩」必須理解為複數的「閨女」，而問題中的西廳是指該建築最西邊的小堂或後殿（一四六頁圖28）。

這爭論其實是繼承了一個自古典考古學開創早期便困擾著專家的謎題。早在一八九三年，富特文勒便堅持「帕德嫩」必須理解為複數，指一個祭祀多位雅典閨女之處。他甚至點名厄瑞克透斯幾個女兒（但也有可能是喀克洛普斯幾個女兒）便是問題中的閨女[69]。德普費爾德則認為「閨女們」不是指神話中的公主，而是指為泛雅典節編織聖衣的婦女。他推測，聖衣的編織工作就是在神廟的後殿進行[70]。不過，同一時期也有一些學者主張神廟得名於雅典娜的處子之身，並像喬治・魯在多年以後所主張的那樣，相信「帕德嫩」與內殿是同一地方[71]。

追根究柢，這爭論是源自一批記錄著帕德嫩神廟（下頁圖89）有多少財產的一系列清冊銘文。從西元前四三四／四三三年以迄大約西元前四〇八／四〇七年，雅典財政總監監督製作的財產清冊記錄了有多少供品是藏在東門廊，有多少是藏在「百尺殿」（據信是指內殿），又有多少是藏在「帕德嫩」（最有可能是指神廟的西廳）[72]。這紀錄還提到一個叫「後殿」的處所，而學者如今已確認其指的是舊雅典娜神廟的殘存西廳。在厄瑞克透斯神廟落成以前，許多珍寶（可能包括那尊橄欖木雅典娜神像）都是收藏在舊雅典娜神廟的後殿（一二八頁圖25）[73]。

帕德嫩神廟在古代有幾個不同名稱。在西元前五世紀，大家僅僅稱之為「神廟」[74]。根據一份較後期的文獻記載，負責建築它的兩位建築師莫奈西克勒和卡利特瑞特在他們合寫的一篇論文中稱它為「百尺殿」[75]。會有這樣的稱呼，可能是為紀念另一座建於同一位址的較早期神廟（第二章指出過，古風時代的衛城有過一座叫「百尺殿」的建築，其位址有可能就是帕德嫩神廟今日的所在）[76]。但到了西元前四世紀，「帕德嫩」一詞被用來指稱整座廟宇[77]。有案可稽第一個採取這種用法的人是狄摩斯提尼，時為前西元三四五／三四四年[78]。有趣的是，普魯塔克把兩個稱謂結合，稱之為「帕德嫩百尺殿」[79]。而到了保薩尼亞斯在西元二世紀著書時，他僅僅謂之「被稱作帕德嫩的建築」[80]。

正如喬治．魯和特雷厄都指出過，除了雅典的帕德嫩神廟以外，還有別的神廟也包含一個叫「帕德嫩」的處所。這包括布勞倫的阿耳忒彌斯神廟、邁安德河平原上的馬格尼西亞的阿耳忒彌斯神廟，以及黑海地區基齊庫斯的「美特．普拉基亞奈」神廟[81]。我們不難理解處子女神阿耳忒彌斯的殿堂何以會包含一個與閨女有關的處所，但美特．普拉基亞奈的聖所會有這樣的處所便有一點費解[82]。喬治．魯指出，馬格尼西亞的阿耳忒彌斯是以「勞科弗奈」的外號（而不是「帕德諾斯」）被奉祀，認

＊譯注：這就是兩篇論文的篇名。

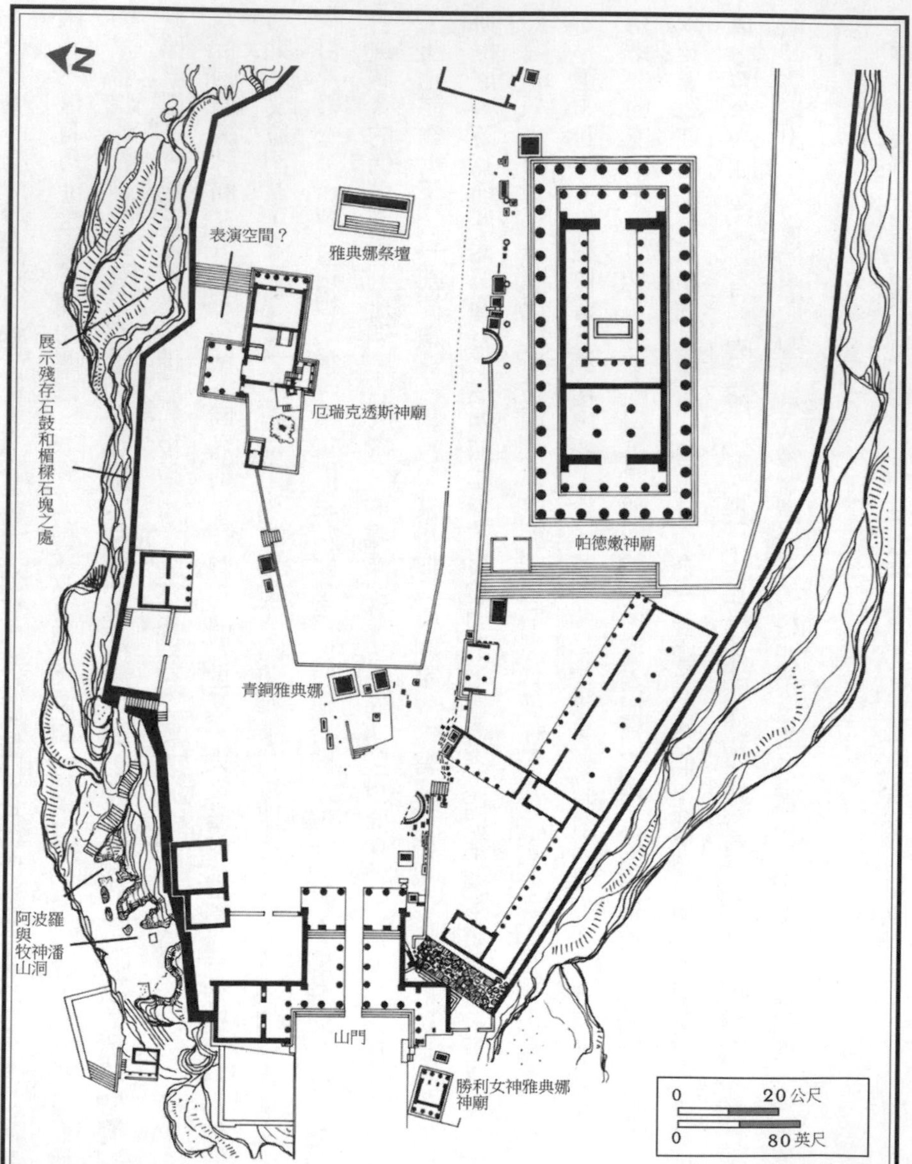

圖89　見於古典時代與希臘化時代紀念碑上的衛城平面圖。

為由此可佐證雅典的「護城雅典娜」一樣可以有一間稱為「帕德嫩」的內殿[83]。

這引發一個疑問：說到底，「帕德諾斯」是個外號嗎？事實上，在雅典以外的任何地方，雅典娜都不曾以「帕德諾斯雅典娜」的稱號被崇拜[84]。即使撇開這一點不論，處所名稱源自神明外號的情況本身就極為罕見。一般來說，處所名稱都是源自神明的名字，例如，奉祀赫拉的處所稱為赫拉神廟，奉祀阿耳忒彌斯的處所稱為阿耳忒彌斯神廟。準此，奉祀雅典娜的聖域也應該稱為雅典娜神廟。一間屬於單一位閨女的廳間是「帕德尼翁」（希臘文作 παρθένιον，以 ιον 結尾），而屬於多位閨女的廳間則是「帕德嫩」（Parthenon，希臘文作 παρθενών，以 ων 結尾）。大部分以 ων 或 εων 結尾的名詞都是複數[85]。故，*Elaion* 是指一座橄欖樹樹林，*hippon* 是指馬場，*andron* 是指男廳，*gynaikon* 是指女廳*。

如果回顧歐里庇得斯悲劇《厄瑞克透斯》，帕德嫩神廟何以會跟「閨女們的處所」有關將很好解釋。在全劇的尾聲，雅典娜吩咐普拉克熏提婭把三個女兒葬在同一個地塚，並為她們建立一個聖域。然後她又吩咐王后為死去的丈夫在衛城正中央用石頭圍起一個聖域。歐里庇得斯在這裡等於是解釋了伯里克利時代衛城的兩大祭祀性建築的由來：假使厄瑞克透斯神廟包含著厄瑞克透斯的墓塚，那麼帕德嫩神廟也必然包含三位公主的墓塚。

事實上，帕德嫩神廟的西廳真的有可能被認為是覆蓋著厄瑞克透斯家三個女兒的墓塚。這樣的話，情況就會與厄瑞克透斯神廟一致：我們知道，雅典人相信厄瑞克透斯的墓塚位於神廟西面部分的地下。如果這是事實，那幾位女英雄與雅典娜祭典和祭殿的關係將遠比從前所以為的要密切得多。她

＊譯注：「男廳」是一棟房子裡專供男性使用的廳房，「女廳」則專供女性使用。

們不只在橫飾帶上受到頌揚，還跟女神本人分享著最神聖、最榮耀的殿宇、祭品和祭儀。

雖然其他泛希臘聖地的悲劇英雄一樣有資格入葬聖域，接受祭祀和運動會的尊榮，但唯獨雅典三公主的死有著更高尚意義。事實上，城邦的開國英雄及其英勇女兒為拯救整個社會及其未來而犧牲的情況僅見於雅典。三位雅典女英雄的大公無私直接體現著雅典公民所秉持的那套獨一無二的核心價值。

把帕德嫩神廟西廳視為厄瑞克透斯家女兒墳塚所在地的看法可以從其他也是葬在與她們關係密切女神神廟範圍內的女英雄獲得佐證。例如，伊菲革涅雅的墳塚便是位於布勞倫的阿耳忒彌斯神廟的聖域內，而安提普諾斯兩個女兒也是葬在底比斯的「光榮阿耳忒彌斯」神廟。當然，伊

圖90　帕德嫩神廟西廳和四根早期的科林斯式立柱的還原圖。佩特森所繪。

菲革涅雅的犧牲是為了全體希臘人的福祉：此舉讓希臘艦隊可以航向特洛伊。安提普諾斯兩個女兒的犧牲則拯救了底比斯。這些閨女都在與她們密切相關的女神的聖域裡獲得英雄式安葬和祭祀[86]。

事實上，帕德嫩神廟西廳流露的喪葬氛圍本身便是重要線索（圖90）。佩特森有說服力地論證過，西廳四根支撐屋頂的室內立柱是採取早期的科林斯式柱頭[87]。他進一步把西廳不尋常的「中央空間」格局關聯於「厄琉息斯祕儀」的祭殿，即厄琉息斯的泰勒斯台里昂神廟——後者的設計者不是別人，正是帕德嫩神廟的建築師伊克蒂諾斯[88]。

維特魯威告訴我們，科林斯柱式起源自留在科林斯的一位貴族閨女墓地的籃子。籃子裡有一株莨苕，葉子長滿籃口，與籃子的透孔紋理相映成趣，構成獨特美感，讓路過的建築師卡利馬科斯為之驚豔。受此啟發，卡利馬科斯設計出一種模仿嫩葉盛滿花籃形狀的柱頭。科林斯柱式由是誕生。而正如里克沃特所證明，維特魯威的記載包含著五個元素：一位閨女、一場死亡、一個奉獻籃、莨苕葉，以及「重生」的觀念[89]。在本章最後我們將會看到，厄瑞克透斯三個女兒與以上五個元素密切相關。在在看來，在那間被稱為「帕德嫩」的西廳裡所做的特意創新標誌著這個極為神聖的空間有著喪葬的功能。

莨苕葉也在帕德嫩神廟的三角楣牆搶盡鋒頭：兩面三角楣牆的最尖端各有一個莨苕葉造型的巨大花卉頂端飾（書前彩圖12）。以彭代利孔大理石雕成，這對鏤空的頂端飾表現出高度創新，向上拔起近四公尺。它們有約二十七塊碎塊留存下來，顯示出表現捲葉與張葉的技術臻完全成熟。此等嬌嫩的鏤空傑作是如何從沉重的大理石雕刻出來，以及它們是如何完成運送和起吊作業，皆讓人大感好奇[90]。佩特森強認為它們必然與西廳科林斯式立柱柱頂的莨苕葉意義相關。追溯古風時代和古典時代墓碑裝飾的變化時，佩特森發現西元前五世紀晚期和前四世紀初期的墓碑有邁向使用莨苕頂端飾的趨勢[91]。這證明了帕德嫩神廟屋頂和室內的莨苕元素有著喪葬意涵。以盤旋在屋頂四角的四個勝利女神（一五四頁圖31）和兩面三角楣牆尖頂上的兩個莨苕頂端飾（書前彩圖12），帕德嫩神廟大聲而清楚地向世人表明，它本身既是雅典軍事勝利的紀念碑，又是三位為國犧牲閨女的最後安息之所。

這種解讀也許還解釋得了何以厄瑞克透斯神廟和帕德嫩神廟共用一位女祭司和一個祭壇（三〇六頁圖89）。通常，每座神廟都有自己的祭壇和駐廟男祭司或女祭司。普拉克熹提婭奉雅典娜之命照顧好丈夫的墓龕和幾個女兒的墓龕，而兩者都是在雅典娜的神廟裡（分別是厄瑞克透斯神廟和帕德嫩神廟）。作為王室的僅存成員，普拉克熹提婭被任命為衛城第一任雅典娜女祭司，也只有她有權在兩廟共用的祭壇進行燔祭。

我們好奇，帕德嫩神廟北柱廊裡會設有一個小神龕和一個祭壇（一四八頁圖29），是不是因為雅典人相信那裡神廟下方有一個很早期的神祠。我們記得，雅典娜對普拉克熹提婭說過：「務必讓三位女兒有一禁止進入之聖域，務使無敵人可在其中祕密獻祭。」[92]會不會，這個小神龕正標識著其下方就是厄瑞克透斯的三位閨女那不可褻玩焉的聖地所在？

凱爾在近三十年前主張過，泛雅典節是由雅典古老顯赫世家肇始的喪葬運動會演變而來[93]。真是這樣的話，便解釋了比賽和競技（用於紀念死去的英雄）何以是泛雅典節的一個基要部分。那也表示，從凱拉米克斯到衛城（書前彩圖13）的盛大遊行不僅以雅典娜的祭壇為終極目的地，還以厄瑞克透斯和三位公主的墓塚為終極目的地。從一個墓地向另一個墓地行進時，全體公民難免會想到歷代以來為保障雅典的存活而犧牲掉的生命。

前面指出過，「帕德諾斯」不能算是雅典娜的外號。我想主張，這稱謂是透過吸引作用而落在女神身上，指的原不是雅典娜本人而是厄瑞克透斯的最小女兒。在整齣《厄瑞克透斯》裡，歐里庇得斯都是稱她為「帕德諾斯」（閨女）。這閨女與雅典娜是那麼密切相關，以致久而久之，兩者的身分融合了在一起。所以，「帕德諾斯雅典娜」一名應該被裡解為「雅典娜－帕德諾斯」。這個模式和「波塞冬－厄瑞克透斯」一模一樣。在《厄瑞克透斯》的結尾處，雅典娜宣稱，因為厄瑞克透斯是波塞冬所殺，自此應該被稱為「神聖波塞冬－厄瑞克透斯」。因此，不管是「波塞冬－厄瑞克透斯」還是「雅典娜－帕德諾斯」，都是地方英雄崇拜結合於地方奧林匹亞神祇崇拜的結果。

同一模式也見於其他希臘神廟。斯巴達奉祀的是「宙斯－阿伽門農」，阿密克萊奉祀的是「阿波羅－許阿鏗托斯」，布勞倫奉祀的是「阿耳忒彌斯－伊菲革涅雅」。這些地點的英雄／女英雄墓塚都是緊貼著當地的奧林匹亞神明神廟[94]。雅典的情形也一樣，只是猶有過之，因為厄瑞克透斯家三女兒是一個更大文化教育方案的一部分。雅典要用她們來傳達一套獨一無二的價值觀和確立一套共同知識，好讓雅典人有別於任何其他希臘城邦的人。

墓塚和神廟的特殊關係把我們帶到一個更大的問題：英雄崇拜在塑造神聖空間一事上扮演何種角色[95]？信史時期的希臘人經常會碰到史前時代的遺物。衛城上的邁錫尼時代城牆時至今日還看得見，與比它們晚八百年或更久的建築物並存不悖（七八頁圖11）。古典時代的雅典把這些東西看成他們最早祖先的遺物，並環繞它們建構儀式與故事。

鐵器時代的伯羅奔尼撒半島希臘人發現了青銅時代的廢墟，並相信它們是史詩英雄的墓塚。一條位於阿卡迪科的邁錫尼橋樑如今仍在使用。它是晚期青銅時代留存至今的寥寥可數橋樑之一，用「獨眼巨人工法」砌成，長約二十二公尺，由突拱支撐[96]。體認到這結構體的時代極古，古典時代的希臘人在其附近立築了一個神龕：在青銅時代遺物近旁建立英雄崇拜在當時已是一種固定模式。

墓塚、神廟和開國神話三者見於四大泛希臘聖地的關係可強化我們對雅典的論證。如果地方英雄的「墓塚」可影響這些聖地的發展，那我們就更有理由推論說，厄瑞克透斯和幾個女兒的「墓塚」在厄瑞克透斯神廟和帕德嫩神廟的建築規畫中扮演一個重要角色，並因此形塑了雅典人對帕德嫩神廟的理解。

雅典是最早殷切模仿奧林匹亞建立自己泛希臘規模節日的城邦。事實上，大泛雅典節之所以聲譽崇隆，正是因為它密切追步奧林匹亞的模式[97]。在「四年週期」的四個會址中，奧林匹亞與菁英階層的關係最是強烈，有著一個貴族起源。從不讓人比下去的雅典人擴大和凸顯了奧林匹亞運動會的這個面向，推出大量可喚起早年雅典貴族時代輝煌歲月的比賽項目。不過，大泛雅典節還是用一件民主的外衣把自己的貴族起源遮住：它是任何有幸成為公民的人都可以參加。貫穿整個西元前七世紀，雅典人在奧林匹亞運動會都表現得極其傑出：首開先河的是在西元前六九六年贏得賽跑項目的潘塔克萊斯[98]。這就不奇怪他們會想搞一個自己的泛希臘盛會。

望向奧林匹亞運動會的模式，我們會發現其創辦人珀羅普斯的墳塚就位於一個聖域的心臟部位。珀羅普斯是那麼名滿天下的一位英雄，以致時至今日，整個南部希臘仍然被稱為伯羅奔尼撒（意指「珀羅普斯之島」）。他原是來自呂底亞的移民，靠著在馬車比賽中打敗比薩國王而贏得公主芳心，自此成為厄利斯王族一員。他的露天聖域位於一座聖樹林裡，緊靠著巨大的骨灰祭壇*，兩旁分別是古風時代的赫拉神廟和古典時代的奧林匹亞宙斯神廟[99]。

在尼米亞（同樣也是位於伯羅奔尼撒）（二九二頁圖84）的宙斯神廟，考古學家於緊鄰神廟處出土過一座嬰兒俄斐耳忒斯的英雄祠[100]。俄斐耳忒斯是傳說中國王利庫爾戈斯之子，一出生便有不祥預言伴隨：在學會走路以前，他身體任何部分都不可碰到地面，否則就會死掉。也是命中該絕，有一天，當他與保母許普西皮勒同待在一座小樹林時，有七個阿爾戈斯戰士路過，向保母要水喝。她把小孩放在一叢野芹菜上，沒想到竄出一條毒蛇，一口把俄斐耳忒斯咬死。七個戰士殺死毒蛇，設立喪葬運動會紀念死去的小孩，又把他的名字改為阿耳刻摩羅斯[101]。

保薩尼亞斯在二世紀去過尼米亞，參觀過俄斐耳忒斯的英雄祠和其父的陵墓[102]。考古學家曾發現一片五邊形的露天聖域，考證後判定為「俄斐耳忒斯－阿耳刻摩羅斯」的墳塚和祭壇的所在地[103]。其年代屬於希臘化時代，但應在古風時代便早有前身，即在第一屆尼米亞運動會揭幕（西元前五七三年）和第一座宙斯神廟建造之時便有前身[104]。離俄斐耳忒斯英雄祠不遠出土了二十三個無花果樹或柏樹的樹坑，它們構成了一座聖樹林，用以紀念俄斐耳忒斯死於芹菜叢一事[105]。

墓塚、神廟和運動會：這些元素也在伊斯米亞的波塞冬神廟找到。在這裡，一位夭折的小王子受到人們以體育競技尊榮。小王子名叫墨利刻耳忒斯，是奧爾霍邁諾斯國王阿塔瑪斯和王后伊諾所生。天后赫拉對伊諾膽敢養大宙斯私生子戴奧尼索斯一直懷恨在心，為了報復，她讓阿塔瑪斯瘋掉，殺死

*譯注：這祭壇是宙斯的祭壇，據信高七公尺，由幾百年來獻祭牲畜的骨灰累積而成。

長子。伊諾帶著剩下的小兒子逃跑，最後抱著墨利刻耳忒斯跳入薩龍灣。母子死後被轉化為海中神祇，並獲得了新的名字：伊諾成了「琉科忒亞」（意指「白女神」），墨利刻耳忒斯成了「帕萊蒙」。就像「俄斐耳忒斯-阿耳刻摩羅斯」那樣，小王子得到了一個雙名：墨利刻耳忒斯-帕萊蒙。幾隻海豚把他的屍體帶來不遠處伊斯米亞的岸上。科林斯國王西西弗斯發現了屍體，把小王子埋葬在離海不遠的松樹林裡，又創立了伊斯米亞運動會以紀念他106。順道一說，西西弗斯就是那個後來被宙斯懲罰，得永無休止推一塊大石頭上山的人。

在伊斯米亞出土的一片露天聖域被判定為「墨利刻耳忒斯-帕萊蒙」的英雄祠107。雖然是羅馬時代修造，但其下方的人孔蓋卻是古典時期一座運動場的蓄水池的開口。到了一世紀中葉，這開口被視為墨利刻耳忒斯-帕萊蒙的墓塚，自此成了英雄崇拜的熱點。開國神話和可「證明」其存在的物質遺存是那麼重要，以致兩者都可以在後來時代被投射以新的記憶。

雅典也許是最早抄襲奧林匹亞運動會的城邦，但用不著多久，其他城邦和聖所便紛紛起而效尤雅典的鋪張節日。最讓人強烈感受到這一點的莫過於阿密克萊的阿波羅-許阿鏗托斯神廟（位於斯巴達以南五公里）。相傳，英俊王子許阿鏗托斯天不假年，死後葬在阿波羅神廟裡，又被人以許阿鏗托斯節加以紀念。該節日包含一場盛大遊行、為阿波羅織造聖衣、徹夜守夜（男女青年會在守夜時唱歌跳舞），還有獻牲和飲宴。後來又加入體育競技活動108。這些所有元素看來都是模仿泛雅典節。尤有甚者，阿密克萊英雄祠後來擴大為一大型神祠，用於展示武器和鎧甲，在地方「文化教育」上扮演關鍵角色。明顯的是，年輕女性亦參與崇拜，在許阿鏗托斯節載歌載舞。

許阿鏗托斯是阿密克萊創建者阿密克拉斯之子，因為長得俊俏而同時深受阿波羅和西風神仄費洛斯喜愛。一天，看見阿波羅和許阿鏗托斯一同擲鐵餅，仄費洛斯心生妒意，從中作梗，讓鐵餅偏離拋物線。鐵餅擊中許阿鏗托斯，讓他當場死亡。阿波羅哀痛欲絕，並為紀念摯愛創立了許阿鏗托斯節。國王把兒子直接埋在神像下方，神像底座採取祭壇形狀[109]。穿過青銅雙扇門進入殿內後，參拜者會先向這個祭壇／底座供奉，然後才向阿波羅本人供奉。

據保薩尼亞斯所述，阿波羅神像不是偶像形式（情況類似雅典的雅典娜橄欖木神像），而是直立的圓柱體，高十三公尺，頂部套著頭盔，披著部分鎧甲，旁邊附帶著一根長矛和一面盾牌[110]。強調阿波羅的尚武一面有助於鼓勵斯巴達年輕人日後成為城邦勇猛戰士。底比斯將軍提莫馬庫斯的青銅鎧甲（據說底比斯人曾協助斯巴達征服阿密克萊）在廟內展示，此外還有其他戰利品和掠奪品。保薩尼亞斯特別提到，士兵和運動員敬獻的奉獻品非常多[111]。這些保存過去軍事業績記憶的物品可強化許阿鏗托斯激勵年輕人成為戰士的作用[112]。

「許阿鏗托斯」這個名字歷史非常古老，源自一個前希臘時代的源頭，而這意味著對許阿鏗托斯的崇拜起源極早[113]。但許阿鏗托斯節八成是等到西元前八世紀阿波羅神廟落成後才被引入[114]。這個節日對斯巴達人是那麼重要（對阿密克萊人尤其重要），以致他們每年夏天都會暫時中斷戰爭，回家參加為期三天的節慶活動[115]。第一天是氣氛肅穆的悼念與獻牲儀式，用以紀念阿波羅失去所愛的悲痛，但第二天卻是喜氣洋洋，重頭戲是循著「聖道」從斯巴達前往阿密克萊的色彩繽紛的遊行。接下來是閨女們的歌舞、年輕人和成年男子分別表演的合唱，向阿波羅敬獻聖衣，最高潮是一場全民的酒宴[116]。

厄瑞克透斯家的女兒與少年英雄許阿鏗托斯之間顯然有重疊之處。在《厄瑞克透斯》末尾，雅典

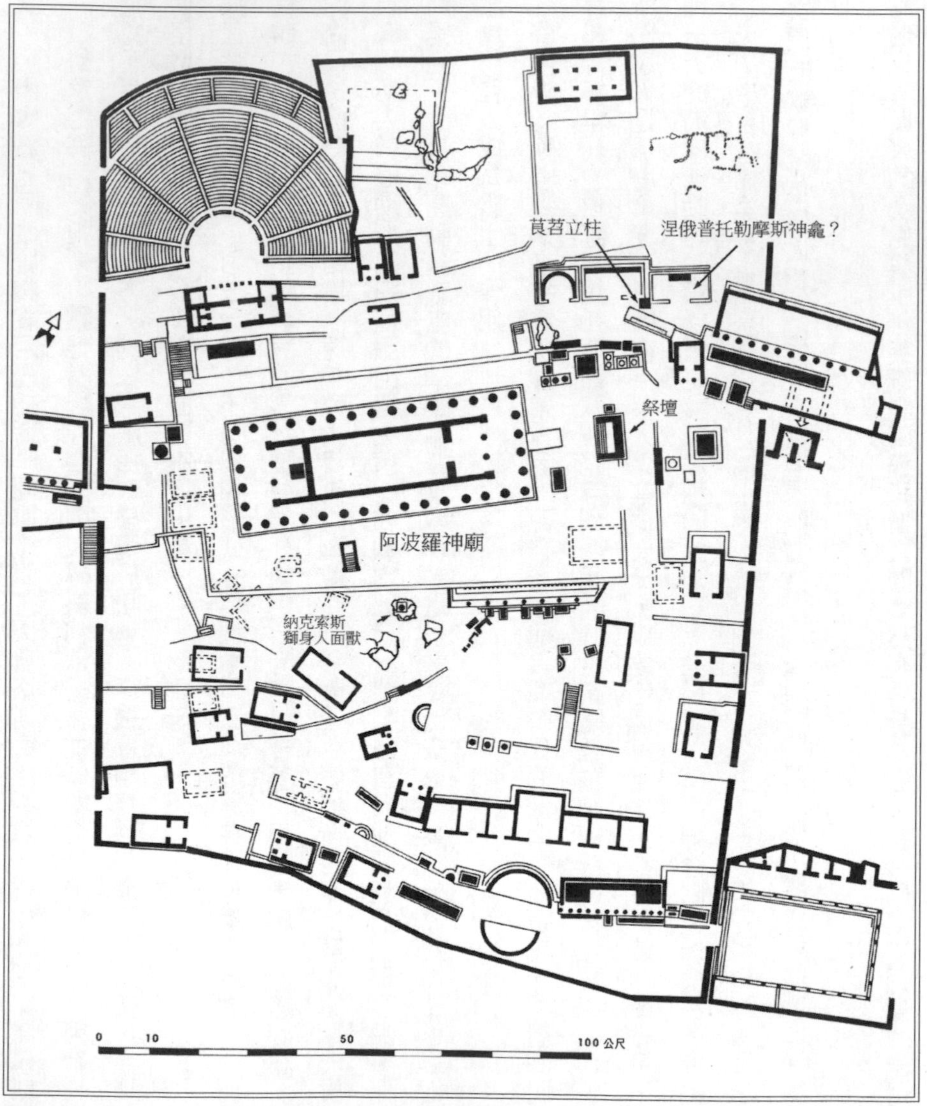

圖 91　涅俄普托勒摩斯神龕的位置，莨苕立柱緊靠其旁。見於德爾斐的阿波羅神廟聖域。

娜宣布，幾位女孩自此以後會被稱為「許阿鏗托斯家女神」117。就像許阿鏗托斯，幾位閨女也是年輕早逝，葬在與她們密切相關神明的神廟下面，被後人以祭典、節日和競技比賽永懷。但與許阿鏗托斯是死於仄費洛斯的嫉妒心理不同，厄瑞克透斯家幾位姑娘是為最高尚的理由而死。她們的舉動訴說著那些讓雅典人能有別於任何其他人的核心價值。

有關許阿鏗托斯，最著名的故事是說他死前血滴在地上，變成了我們至今稱為風信子的紫色花朵118。根據一個傳說，厄瑞克透斯三個女兒都是在稱為「紫岩」的地方被獻祭119。雅典神話對斯巴達神話的這個吸收也許可以解釋另一個晚期傳說。在該傳說中，許阿鏗托斯是僑居雅典的斯巴達人，後來，雅典瘟疫大起，神諭指示必須以處女犧牲方能平息瘟疫，許阿鏗托斯遂把幾個女兒獻出120。就這樣，雅典和斯巴達的神話與儀軌變得非常緊密交纏。

讓我們透過世界的最中心總結我們的朝聖之旅。傳說，太古時代的德爾斐是蓋婭的拜祭中心，由其子地蟒皮同鎮守。阿波羅想把德爾斐占為己有，便殺掉力大無窮的皮同，把他葬在帕納塞斯山山坡一道裂隙深處。這裂隙深處就是神諭蒸汽升起之處*，有時會被稱為 *omphalos*，即肚臍。後來阿波羅神廟就蓋在這裂隙上方。因此，我們再次看見了一座位於神廟底下的「墓塚」。阿波羅女祭司的名號「皮提亞」，還有泛希臘的皮同運動會，都是得名於地蟒皮同。自此，地蟒在阿波羅聖域範圍內受到永遠紀念121。

＊譯注：據信這道裂隙會釋放出有致幻作用的氣體，而德爾斐的女先知就是靠著吸入這些氣體說出阿波羅神諭。

阿波羅神廟內發生過另一場死亡，而它也是被後人用墓塚、神龕、節日和獻牲加以紀念。這個死者是阿基里斯兒子涅俄普托勒摩斯，是在神廟門口為一個祭司所殺[122]。其屍體先是葬在門檻下面，後被國王麥尼勞斯移葬到不遠處[123]。斯特拉波提過的涅俄普托勒摩斯的墳墓，保薩尼亞斯則聲稱他親眼看過，地點緊靠著阿波羅神廟左邊（北邊）[124]。一座小建築的地基在這地點出土，被判定為涅俄普托勒摩斯的英雄祠——這一點仍有爭議（三一六頁圖91）[125]。

儘管如此，德爾斐的涅俄普托勒摩斯仍然讓人極感興趣。在荷馬史詩中，這位年輕戰士是好

圖 92 以許阿鏗托斯／許阿得斯星座身分跳舞的厄瑞克透斯家三女兒。見於德爾斐阿波羅神廟聖域的莨菪立柱。

些血腥場面的要角。特洛伊陷落那個晚上，他拿國王普里阿姆的小孫子阿斯蒂納克斯的屍體當棍棒，把國王狠狠打死。這樁謀殺發生在宙斯祭壇旁邊，所以是一種大不敬。事實上，德爾斐的祭司後來會謀殺涅俄普托勒摩斯，據信就是要懲罰他的褻瀆行為而報復性地殺害。被涅俄普托勒摩斯殺死的人還有波呂克塞娜——普里阿姆的女兒和他自己父親的配偶（二四一頁圖57）。涅俄普托勒摩斯後來也是凶死：被謀殺於阿波羅祭壇的正前方。

赫利奧多羅斯的小說《衣索比亞傳奇》詳細描寫了皮同節對涅俄普托勒摩斯的紀念儀式[126]。成群結隊參加聖典的年輕人和閨女從色薩利一路遊行至涅俄普托勒摩斯的墳前，為他獻上百頭牲禮的「百牲祭」。這節日看來對年輕人別具意義，讓他們可以透過遊行、跳舞和獻牲獲得類似成人禮的經驗。

西元前三三〇年代，當利庫爾戈斯拿厄瑞克透斯家姑娘給雅典年輕人當榜樣時，一座紀念三位公主的漂亮紀念碑被安放在德爾斐——位置就在涅俄普托勒摩斯英雄祠的右手邊（圖92）。在這座絕無僅見的紀念碑裡，三個女孩名副其實地高不可攀，因為她們是站在一根高十四公尺的立柱頂端，與阿波羅神廟的天花板近乎等高。臉朝外看，背部貼在柱子上，三位閨女看似懸在空中，薄如蟬翼的及膝長裙在微風中款擺。她們腳趾尖朝下，下方是一圈舒張開來的巨大莨苕葉，顯得鬱鬱蔥蔥。但生機盎然的莨苕本身就是一個幽暗訊息，因為我們曉得，莨苕象徵死亡。

莨苕立柱是阿波羅神廟留存至今的最謎樣的紀念碑。葛羅莉亞・法拉利業已證明過，立柱上三位閨女就是厄瑞克透斯的三個女兒，是她們被雅典娜星格化之後的樣子[127]。立柱把她們推送至她們所歸屬之處（天空），以許阿鏗托斯家女神的身分在群星之間永恆地跳著圓圈舞。她們頭上的籃狀冠冕類似「籃子舞者」所戴者：赫利奧多羅斯的小說《衣索比亞傳奇》告訴我們，這些閨女頭上頂著托盤和籃子，一路跳舞前往涅俄普托勒摩斯的英雄祠。我們可以想像，她們會在三公主立柱的下面手牽手圍成一圈，模仿三位女英雄的模樣翩翩起舞。

追根究柢的話，莨苕立柱是源自希臘人一個長遠傳統：在聖域內豎立頂部有欲飛的有翼人物的高柱。就像古風時代納克索斯人奉獻給德爾斐的立柱頂端高踞著獅身人面獸神廟（三一六頁圖91），三位公主也是高高站在莨苕立柱上跳舞。也就像宙斯神廟正前方的有翼勝利女神立柱那樣（二九八頁圖85），莨苕立柱可以提醒所有經過的人（不管朋友或敵人），雅典是何等卓越，以及為達到這卓越付出過多巨大犧牲。三個女孩各舉起右手，一起支撐著一個巨大的青銅三腳架（早已丟失）。已經弄清楚的是，三腳架上面本擺放著一顆石頭「肚臍」，以此象徵德爾斐的世界中心地位[128]。

久而久之，涅俄普托勒摩斯成了年輕人的模範英雄，一如三位公主成了雅典年輕女孩的偶像。事實上，「涅俄普托勒摩斯」這個名字的意義正是「年輕戰士」或「從軍」。另外，就像我們在本章見到過的其他英雄那樣，他獲得了一個別名：皮洛斯[129]。「皮洛斯」意指「火」，這進一步讓涅俄普托勒摩斯與阿波羅祭壇的火產生關聯（祭壇離他的墓塚只有幾公尺之遙）。更重要的是，「皮洛斯」一名也讓涅俄普托勒摩斯與上古雅典國王丟克利翁的妻子皮拉產生關聯。我們說過，丟克利翁與妻子靠著躲在一口箱子逃過大洪水，箱子最後去到帕納塞斯山（就在德爾斐上方）。「皮洛斯」一名因此讓涅俄普托勒摩斯與雅典王室產生關聯，由此也許可以解釋，莨苕立柱為何會被放在這位英雄的祠堂近旁（三一六頁圖91）。

所以，這兩大紀念碑是被刻意並置在德爾斐的。一者是為了紀念最具楷模性的年輕戰士：他大膽、兇狠和「火爆」。另一者是謳歌最具楷模性的三位閨女：她們優雅雍容但又勇敢堅毅，不惜為拯救城邦而付出生命。確實，兩者在教育年輕公民時都一樣不可或缺，共同形塑出一套關於恰當行為的知識。在阿波羅神廟的陰影及其祭壇永不熄滅的火光中，年輕男女唱歌跳舞和獻牲。因此，對到德爾斐朝聖的年輕人來說，涅俄普托勒摩斯-皮洛斯英雄祠和有三姊妹在其上跳舞的立柱是一個重要目的地。對來自雅典的年輕人尤其如此，因為這裡可以讓他們接受特殊的成年禮和全面地加強自己的雅典人身分認同。

進行這些儀式的年輕男女是要為他們的未來生活做準備，而他們的未來生活充滿戰爭、死亡和追思。這些力量對年輕心靈的形塑力強大得不亞於各種神廟聖地。因為祭祀往往附帶著遊行、歌舞和競技，可想見希臘的聖所是個充滿節日氣氛和歡樂氣氛的場所，但我們不可忘記的是，希臘人的日常生活總有陰影籠罩：無休止的戰爭和自我犧牲的基本要求都是陰影來源。那些循著「聖道」前往帕德嫩神廟酬神的家庭都是帶著他們對戰死家人的痛楚記憶同行。

說到底，雅典的文化教育致力教育的是勇氣。因為想要在古代希臘的野蠻世界存活，勇氣乃是不可或缺。西元前五世紀的大部分時候，雅典人每三年就有兩年是處於戰爭狀態。有論者主張，在這段戰爭頻仍時期，雅典人比同時代其他人更清楚自己在做什麼[130]。這是因為民主可以促進言論自由、深思和遠慮，而這一切都有助於釐清一個人的行為依據。由此，「值得為大我犧牲小我」的革命性觀念便誕生了。虔誠、文化教育和儀式傳統為這種觀念所必需的勇敢提供了燃料。也正是這勇敢讓雅典人（不分老少）敢於面對為贏得民主和捍衛民主所必須面對的巨大挑戰。

第七章 泛雅典節

——認同歸屬的表演與閨女之死

只有十個人會入選。一晚接一晚，戴奧尼索斯劇場的廢墟內都有一群心情緊張的小男孩大排長龍，等著走到舞台中央。每個輪到的人都賣力引吭高歌，讓一個坐在大理石寶座間的古怪外國女人聆聽。她定睛看著他們每一個，如是聆賞了兩百個「衣衫襤褸頑童」的歌聲。伊莎朵拉．鄧肯*清楚知道自己要的是什麼。她將會帶著一支由十名雅典男孩組成的歌隊離開雅典[1]。

鄧肯一家一九〇三年秋天來到雅典，落腳在伊米托斯山一個叫科潘諾斯的地方。從這裡，衛城可以盡收眼底。他們把預定要蓋的大宅子稱為「神廟」——計畫雄心勃勃，但從未完工。出於一貫的急性子，這家人買下的是一片缺乏水源的土地。伊莎朵拉在同年底便會離開，但待在雅典的幾個月讓她脫胎換骨。鄧肯一家與詩人、歌手、舞者、僧人、村民和王族相往還，形成一個自己的圈子，大搞舞蹈、戲劇、音樂和織布的實驗。鄧肯家每天早上都在戴奧尼索斯劇場朗誦和跳舞，中午則走遍城市裡

*譯注：美國舞蹈家，現代舞的創始人，是世界上第一位披頭赤腳在舞台上表演的藝術家。

的博物館和圖書館，努力透過研究詩歌、戲劇、雕塑和陶瓶繪畫了解古希臘的藝術形式與運動。

伊莎朵拉和哥哥雷蒙對古代音樂特別感興趣，大力蒐購拜占庭禮儀音樂的手抄本（順道一說，雷蒙與大詩人安傑洛斯·席克里安諾斯的妹妹佩涅羅珀一見鍾情，相識不久便結為連理）。他們猜測，早期基督教會的歌曲是衍生自古希臘頌歌的詩節。不管在哪裡聽到在地人唱傳統民謠，兩兄妹總會駐足傾聽，設法發現個中的古典希臘音樂痕跡。

圖93　伊莎朵拉·鄧肯站在帕德嫩神廟的門廊內。斯泰肯攝影，一九二〇年。

伊莎朵拉決心重新創造一支古代的男童歌隊，帶著他們巡迴歐洲演唱埃斯庫羅斯悲劇《祈願女》的合唱曲。蒐集了雅典最棒的童聲以後，她又找來一個精通拜占庭音樂的東正教見習修士訓練那十個獲選的幸運兒（他們如今被稱為「希臘歌隊」）。當年年底，鄧肯家族帶著十個小男生離開雅典，前往維也納、慕尼黑和柏林。

在慕尼黑，他們在大考古學家富特文勒的學生面前表演，後者以介紹希臘頌歌的演講作為開場白。就像古代的歌隊一樣，十個男孩演唱時穿著袍子與涼鞋。伊莎朵拉自己則一人扮演達那伊德斯姊妹五十人，表演舞蹈*。聽眾無不為之著迷。

不過，每到一個新場地，聽眾的熱情就會退卻一些。等歌隊去到柏林的時候（從雅典出發後的第六個月），男孩們開始變聲，一度甜美流暢的嗓子開始愈來愈尖銳和走調。他們已失去當初在戴奧尼索斯劇場讓伊莎朵拉為之迷醉的天籟美聲。他們還長高了（有些甚至拔高了三十公分），而且吵吵鬧鬧，不堪管教。所以，在一九〇四年春天，伊莎朵拉讓他們坐二等車廂返回雅典，每個人包包裡放著從韋爾泰姆百貨公司買來的燈籠褲，算是伊莎朵拉重新創造古代歌隊的偉大實驗的紀念品[2]。

雖然做法略嫌浮誇，但伊莎朵拉對古代聲音和運動的追求對今天仍有教益。住在雅典期間，伊莎朵拉常常跑到衛城，要借助它的宏偉建築喚起內心的悸動。她對她是如何等待靈感的描述既感人又合乎自然：

---

*譯注：埃斯庫羅斯悲劇《祈願女》是以達那伊德斯姊妹的傳說故事改編。

有很多天，我毫無任何動靜。然後有一日，我忽有所悟：那些看似又直又靜止的立柱不是直的，每根都從頂到底微微彎曲，每根都在流動，從不靜止，而每根的運動又與其他立柱的運動和諧一致。我一面想，雙手一面向著神廟慢慢舉起，身體往前傾。然後我知道我找到了我的舞蹈，而那是一種禱告。3

伊莎朵拉在一瞬間領悟了禱告是運動的精粹。在帕德嫩柱廊獲得的領悟引發出一個從她的橫隔膜湧出的姿勢，逼得她舉起雙手，構成一個祈願手勢。從前頁的照片，我們可以看見那是一個怎樣的姿勢。這幅這著名照片是斯泰肯拍攝，但拍攝日期不是一九〇三年而是十七年後的一九二〇年4。就像她之前和之後許多人那樣，伊莎朵拉終其一生都有重遊雅典的衝動。

一代又一代的古希臘人也是如此。事實上，有超過八百年之久，他們每年八月都會湧向衛城，參加泛雅典節——其最高潮是色彩繽紛的遊行活動。相傳，泛雅典節的正式創建是在西元前五六六／五六五年，自此一直舉行至第四世紀，最後才被羅馬皇帝狄奧多西一系列取締「異教」的諭旨所終結。最後一屆泛雅典節八成舉行於三九一年，最晚不晚於三九五年5。

在被奉行不輟的那些世紀裡，泛雅典節每四年都會擴大舉行，時間拉長至一週，被稱為大泛雅典節。這個擴大版盛會是國際性，開放給全希臘的人參加和競技。小泛雅典節則是一年一度，屬於在地性質，競技比賽只供雅典公民參加6。我們很自然會想拿它跟奧林匹亞的主節日（即皮同節）做比較，後者是四年一度（中間間隔著德爾斐、尼米亞和伊斯米亞的主節日），開放給全希臘參加。兩者確有不少重要相似之處，例如，泛雅典節就像皮同節那樣，本質上是一個宗教節日。不過，皮同節和其他泛希臘聖地的主節日一般來說雖比泛雅典節（含大泛雅典節）重要，但雅典卻沒有比泛雅典節更大的盛會。泛雅典節是雅典人最強烈、最狂喜地自覺到自己身分的時候。它的核心部分（比其他典禮或競技都更重要）是遊行活動本身。遊行行列的目的地不是別處，正是位於帕德嫩神廟東北面的雅典娜祭壇（書前彩圖13）。

可稱之為一種「終極的多媒體景觀」，參拜者的遊行對大泛雅典節和小泛雅典節來說都同樣是最高潮戲碼。這個極視聽之娛的活動在破曉揭幕於凱拉米克斯。群眾先是聚集於就在城門外的遊行堂，根據社會階層、年齡和性別的不同排在不同位置。穿過狄庇隆門（「雙扇大門」）之後，他們循著「聖道」前進，穿過阿戈拉廣場前往衛城山麓，從宏偉的「山門」進入衛城，最後抵達雅典娜祭壇（五六頁圖6）[7]。尾隨隊伍之後的是一百頭獻給女神的牛隻。獻祭後，牛肉會被烹煮，分給每位參加者，不論公民或非公民都可分到一份。

前面說過，小泛雅典節是一地方性節日，競技比賽只開放給十大部落的公民參加。大泛雅典節包含一些開放給所有希臘人參加的比賽，但也有部分競技只限公民參加。後者被稱為部落比賽，項目有賽馬、賽舟、火把接力賽跑和男性選美。還有「戎裝戰舞」和「躍馬車」，前者要求參賽者穿著全套鎧甲跳舞，後者要求參賽者全副戎裝，一再躍下和躍上疾馳的馬車。「守夜」咸信是在遊行的前夕舉行，只有公民家庭的年輕人和閨女有資格參與。第二天，遊行隊伍抵達衛城的「山門」之後，也只有上述家庭的成員被允許進入雅典娜的聖域。

泛雅典節各種儀式和比賽的最根本目的是讓雅典公民清晰體認到自己身分的本質。沒有其他場合（哪怕是戰場）能讓他們更深切感受到彼此是血肉相連，出於遠古的同一個源頭。就像被放入了林奈分類法那樣，一個人在泛雅典節會強烈意識到自己是某個「家戶」的一員、某個「氏族」的一員（菁英階層才有的身分）、某個「胞族」的一員和某個「部落」的一員。這個精密身分體系的存在讓雅典公民緊密結合在一起，又強烈排斥任何把外人納入的企圖[8]。

「部落比賽」在泛雅典節所占的吃重分量讓它有別於其他泛希臘大節。不管那是在奧林匹亞、德爾斐、伊斯米亞還是尼米亞舉行，它們的神廟極少會刻意突出東道主的優越性。事實上，在雅典，泛雅典節的管理事務本身便是一件非常部落性的事情。每個部落都會抽籤選出一位代表，參與十人委員會，監督泛雅典節的籌備和進行事宜（包括頒獎）[9]。他們還負責為比賽籌募資金（一筆鉅額開支）。委員職位一任四年，以便他們有足夠時間籌備賽事和監督雅典娜聖衣的織造（其事由九個稱為「女織工」的婦女花九個月時間完成）[10]。殘缺不全的資料來源顯示，從西元前六世紀起，雅典每四年會向雅典娜敬獻一件巨大聖衣，中間的每一年則會在小泛雅典節敬獻一件小聖衣[11]。這些聖衣被存放在舊雅典娜神廟的橄欖木神像附近。到厄瑞克透斯神廟落成後（西元五世紀晚期），聖衣可能是改而放在該處，但這一點完全無法確定。

在泛雅典節的管理事宜上，時間管理是重中之重。為了讓泛雅典節與宇宙的運行和諧一致，各種活動的時間必須安排得跟相關天體的運行和月相同步[12]。雅典人的強烈宗教性格也要求節日必須跟雅典的自然環境、地貌、動物群、植物群和所有記憶存取地點和諧一致。不過，就像河流和風的走向一樣，泛雅典節的舉行日期有時會非常破格，而這大概是我們最難了解其原因的部分。

地圖、平面圖和古雅典城的模型固然是我們了解泛雅典節所必需，但它們仍嫌太靜態，讓我們感受不到多少泛雅典節的澎湃活力。我們習慣把「廢墟」看成靜態和不變，受此制約，我們很難想像今日一片平靜的地點曾經有過的喧鬧。本能驅使我們把目光放在建築物，但事實上，泛雅典節的種種活動是上演於建築與建築之間的空間。一般而言，神廟的廟門都是關得緊緊的，作用相當於存放還願供品的保險箱與金庫。古代地中海的生活大部分是發生於戶外。不管是工作、敬拜、吃飯、跳舞乃至睡覺，人一年中有許多時間都是在涼廊、葡萄棚架下面、院子、陽台、街道、公路、市集、田野，以及（沒錯）聖所度過。所以，我們絕對有必要把日光聚焦在建築物之間的空地，聚焦在供人聚集以觀看比賽和表演的露天空間。以下，我們將會看看這些空間如何受到遊行、跳舞、賽跑和儀式的轉化，變得鮮活起來。重視泛雅典節的轉瞬即逝面向和表演面向可讓我們更好地了解雅典娜受尊榮過程的全幅動態[13]。

在古希臘，身體勞動和消耗體力本身就構成了一種禱告或還願行為。就像近年來的學術研究鼓勵我們除了把銘文看成還願物，也應該把書寫銘文的行為看成還願物*，同理，儀式活動也可以被理解為取悅神明的供品[14]。如果我們用跨文化眼光望向馬雅的古典時代，便會發現腳的快速移動（即跳舞）也構成一種禱告的態度，被認為可以召喚神明的精華[15]。人的身體因此被用作儀式性溝通的工具。從這個脈絡看待泛雅典節非常重要。在雅典，我們看見全體公民和來自希臘世界各地的外地人透過遊行、唱歌、朗誦、賽跑、跳高、投擲、角力、騎術、獻牲與飲宴，向女神進奉一種盛大和動態的敬獻。

---

*譯注：這好比抄寫佛經的行為本身便是一種功德。

聚焦在泛雅典節本身之前，我們宜於先觀察它在希臘宗教脈絡所處的位置。我們必須記住，希臘人沒有「聖書」為他們訂定普遍適用的信仰和戒律體系。他們沒有具有核心權威的統一「教會」，沒有「僧團」教導他們有關信仰的事宜。希臘人甚至沒有「宗教」兩個字，因為他們生活的每一方面莫不滲透著宗教[16]。宗教鑲嵌在一切之中。另外，它完全是在地性質，遵循的是一批關係緊密家族歷經許多代而形成的傳統。所以，宗教實踐的每個細節都是在地規定，每座神廟各有自己一套制式規矩、穿著要求、舉止要求、節日、典儀、獻祭方式和人員組織構成[17]。

前面說過，古希臘是一個泡在宗教裡的世界，而雅典人又是這世界裡最迷信的一群。據估計，雅典每年大概有一百三十到一百七十個節日，換言之，每年有超過三分一時間是用於守節[18]。這些節日提供眾人一個吃肉的機會，可說是向神明獻牲的一項快樂副產品（使徒保羅後來告誡科林斯教會的教眾別吃「祭偶像的肉」*便是指此）。透過對神話一個富於巧思的小改寫，神明被說成只喜歡吃牲畜的脂肪和骨頭，信徒遂得以大快朵頤多汁的肉塊[19]。在冰箱尚未發明的時代，大批宰殺的牲畜必須現場便烹煮、分食。每次大泛雅典節和小泛雅典節都有一百頭牛獻祭，每個人都可吃飽飽。

泛雅典節的音樂比賽和運動比賽同樣是一個更大宗教方案的一部分。與今日的觀點不同，希臘人的體育競技不是一種世俗活動，目的不是要讓得勝者個人大出鋒頭。泛雅典節的目的毋寧是讓神明出鋒頭，是取悅雅典娜和懷念祖先。體育競技的性質是那麼神聖，乃至在奧林匹亞運動會的舉行前後，都有一段稱為「放下武器」的停戰時期[20]。這讓節日的參加者有三個月時間可以安全往返奧林匹亞。同一原則日後也會應用在大泛雅典節。事前幾個月，雅典會派出特使前往地中海的所有希臘社群（東至阿拉伯灣），宣布泛雅典節的舉行日期[21]。

泛雅典節運動會與其他泛希臘競技大會的一大差異處是獎品非常豐厚[22]。這讓參賽者不只可能得到榮耀，還可得到物質報酬。政府撥出鉅款贊助比賽。最古老和最富有的家族亦會共襄盛舉，慷慨解囊。不過，到了西元前五世紀，雅典的每個盟邦和殖民地一樣有責任為大泛雅典節提供一頭母牛和全副鎧甲[23]。這讓財政負擔平均分攤不少。

從西元前六世紀中葉開始，獎品主要是珍貴的橄欖油，盛在由國家特別委製的雙耳瓶裡頒發。被稱為泛雅典節獎瓶，這些陶瓶的大小、體積、形狀和裝飾都有特別規定[24]。陶瓶的一邊繪著全副戎裝的雅典娜，只見她持盾揮矛，咄咄逼人地挺進。畫框下寫著「來自雅典的運動會」字樣。泛雅典節的獎品值多少錢可從獎瓶的大小推知。每個雙耳瓶的容量正正好是三十六公升橄欖油。我們得知，有一個得勝者獲贈一百四十個雙耳瓶，換言之是獲得五噸橄欖油。這個數量市值一千六百八十「德拉克馬」，約相當於一個普通工人五年半薪水[25]。今日運動明星的過高獎勵是一項少為人知的雅典遺風。

出自所謂「伯根群組」的一個雙耳瓶是一系列獎瓶中年代最早的一個，被斷定是西元前五六〇年前後製作（下頁圖94）[26]。瓶腹畫著一個挺進中的雅典娜，瓶頸一邊畫著個鳥身塞壬†，另一邊畫著一隻貓頭鷹。極為值得注意的是，這兩隻有翼生物（兩者都與哀悼有關）從最早期的雙耳瓶便雙雙出現在泛雅典節。到了西元前五四〇年代，獎瓶的標準構圖正式確立：圖中央是一個挺進的雅典娜，兩

＊譯注：見《新約聖經．哥林多前書》第十章。「哥林多」為「科林斯」的別譯。

†譯注：希臘神話中的海上女妖，出沒於西西里島（Sicily）附近的一種半人半鳥的海妖，以其美麗動人的歌聲誘殺經過的水手。

邊各有一根立柱，柱頂各有一隻公雞。普林斯敦畫師畫的一只雙耳瓶就是追隨這種模式（圖95）[27]。到了這時候，女神的吉祥物（小貓頭鷹）已經變成是出現在她的盾牌頂部。稍後我們將會再多談談這隻老是出現在雅典娜周遭的有翼生物所代表的特殊意義。

泛雅典節獎瓶的背面一貫以音樂或運動比賽為主題。例如，前述那個「伯根」陶瓶就畫著「雙馬馬車競速」的情景。整個希臘化時代的泛雅典節獎瓶繼續沿用西元前六世紀的黑繪技法，目的是讓它們維持古風時代外觀，好喚起人們對最早期泛雅典節的緬懷。

我們無法確定大泛雅典節各種活動的順序，但一般相信，整個節期為期八天，大約是從「赫卡托姆拜昂月」的第二十三日舉行至第三十日[28]。就像許多希臘城

圖94 泛雅典節獎瓶，瓶身繪著持盾揮矛的雅典娜，正反面瓶頸分別繪有塞壬和貓頭鷹。伯根樣式，年代約為西元前五六六年。

邦，雅典有自己一套月份名稱。「赫卡托姆拜昂」意指「一百的」，得名自泛雅典節需要獻祭一百頭牛。換算為西曆，「赫卡托姆拜昂月」約介於七月中至八月中之間。因此，泛雅典節是舉行於「赫卡托姆拜昂月」的最後八天，以二十八日（西曆八月十五前後）的遊行和獻祭活動為最高潮。久而久之，這一天被認定是雅典娜的誕辰日[29]。這份遺產留存至今：以星座來說，我們的八月是落在處女座；在天主教和東政教的傳統，八月十五是童貞女馬利亞的升天節。

憑著一些留存下來的頒獎紀錄，我們多少可還原大泛雅典節競技比賽的行事曆。這些紀錄被保存在年代約為西元前三八〇年的重要銘文裡[30]。當然，這銘文見證的有可能只是西元前四世紀的情況，不能代表泛雅典節長達八百多年歷史的各階

圖95　泛雅典節獎瓶，瓶身繪著持盾揮矛的雅典娜，一隻貓頭鷹飛落在盾牌頂部。普林斯敦畫師所繪，年代約為西元前五六六年。

段，因為不管雅典人有多在乎傳統，泛雅典節都不是靜態或不變的。在幾百年之間，比賽項目有增有減，場地也有過更換。不過，從上述的銘文，我們至少可以肯定西元前四世紀的泛雅典節是為期八天的盛事。

第一天用於音樂比賽和朗誦詩歌，第二天是男童和年輕人的競技日，第三天是成年人的體育競技，第四天是馬術比賽。第五天是僅供雅典公民參加的部落比賽，這種比賽延續至第六天，以火把接力賽跑為高潮，「守夜」活動也是同一天晚上舉行（不過「守夜」也有可能是在獻牲和飲宴之後才上場）[31]。第七天是大遊行和在「聖岩」上獻牲。翌日是更多的部落競賽，包括「躍馬車」和賽舟。雖然無法確知獎品是何時頒發，但一般都假定是在最後一天。

讓我們試想像泛雅典節參加者在這一週的經驗。在「赫卡托姆拜昂月」的第二十三日前後，泛雅典節以音樂比賽和史詩及抒情詩的朗誦揭開序幕。音樂有助於召喚神明的精華，邀女神臨在於尊榮她的活動。我們不可搞錯音樂在宗教儀式中的主要功能：它是一種與神明溝通的方法，也是為了讓社會進入一種異於日常的意識狀態。

音樂表演最先是在阿戈拉廣場進行，一些臨時舞台會被搭建於廣場中一個叫「表演區」的所在。有些學者認為，從西元前四三〇年代開始，音樂比賽被移至伯里克利蓋於衛城東南麓的音樂廳，地點緊鄰戴奧尼索斯劇場（三八六頁圖109）[32]。不過，有碑銘證據顯示，即便在伯里克利死後，仍有部分音樂比賽繼續在阿戈拉廣場舉行[33]。

據信，到了西元前四世紀最後一季，德梅特里奧斯把音樂比賽和朗誦比賽完全移至戴奧尼索斯劇場舉行[34]。劇場在西元前三三〇年代經利庫爾戈斯完全重建，座位數增加至約一萬七千。利庫爾戈斯還在伊利索斯河河畔用大理石蓋了一座全新的泛雅典體育場（五六頁圖6）。自此，賽跑和大部分體育比賽無疑都會是在這座豪華的新體育場進行。場地的改變讓同時代的政治領袖可在運動會中留下自己的印記，抹去前朝的回憶（通常都是不快回憶）。在這個意義下，泛雅典節運動會的環境是一種權力的展現，可以讓群眾意識到他們領袖對傳統所做的更新[35]。

節日第一天的史詩朗誦讓雅典人可以與他們祖先的感情和價值理想重新連結。如果說全希臘有什麼共同大典，那就非荷馬的《伊利亞特》和《奧德賽》莫屬，這兩部史詩分別講述特洛伊戰爭和其後續故事。利庫爾戈斯在《譴責萊奧克拉特斯》曾提及，雅典人的祖先有過立法規定，大泛雅典節必須朗誦荷馬史詩，而且只許朗誦荷馬史詩。利庫爾戈斯指出：「詩人描寫生活本身，專挑最高貴的行為描述，透過論證和證明轉化人心。」[36]有些學者認為這個規定可上溯至梭倫[37]。聆聽《伊利亞特》和《奧德賽》的朗誦讓聽眾（不管是雅典人還是非雅典人）可以從「同一頁」展開一星期，可讓他們體認到他們作為希臘人的共同源頭。反正接下來還有一整個星期可以讓雅典人向外人表現他們的卓越不凡。

其中一個朗誦項目是接力背誦荷馬史詩，每個人背五百至八百行，下一人從上一人停止處背起。這有點類似「部落比賽」中的火把接力賽跑，因為兩者都需要「團隊合作」。就像納吉所強調的，史詩朗誦就像所有泛雅典節競技項目一樣，本質上是一種儀式，而其參與者既合作又競爭。一般相信，在泛雅典節被朗誦的荷馬詩歌是經過喜帕克斯（庇西特拉圖之子）編訂或再編訂[38]。到了希臘化時代，戲劇競賽被加入到泛雅典節的行事曆，而到了羅馬統治的時代，我們又聽說多了悲劇表演的項目[39]。

伯里克利曾把自己的印記加入到泛雅典節的第一天。他下令引進一項新的音樂比賽，又親自規定參賽者該如何吹奏「奧羅斯」，該如何撥弄「吉薩拉」[40]。

音樂比賽會在泛雅典節扮演那麼核心的角色，反映著音樂（包括史詩朗誦）在古代雅典的重要性。就像體育比賽一樣，音樂比賽需要花費氣力，可以取悅女神，形同一種禱告。就所需要的天分、嚴格訓練和表現技巧來說，音樂的要求並不亞於運動的要求。基於這個理由，背誦史詩、體育活動、舞蹈和音樂都是雅典年輕人教育的重要一環。泛雅典節競賽會測試雅典文化教育所培養的每一種能力並非偶然：這些訓練灌輸給下一代的價值和理念乃是讓他們成為好公民所必需。當個雅典人意謂認同歸屬於雅典，而在這方面，人格養成（formation）能起的作用被認為僅次於血緣。

音樂在泛雅典節無處不聞。不管是體育比賽、獻牲還是其他儀式，全都有笛聲和里拉琴琴音伴奏。事實上，「奧羅斯」的尖嘯聲會在獻牲動物被割斷喉嚨之時響起，以掩蓋牠們的哀嚎聲。音樂的變化標誌著獻祭的不同階段。類似的情況猶見於今日西班牙的鬥牛：在鬥牛的各階段（公牛入場，徒步鬥牛士和鬥牛士助手入場，騎馬鬥牛士入場，殺死公牛，頒獎，離場），樂隊會演奏不同樂曲。在雅典，比賽的不同階段也是演奏不同音樂，而運動比賽和頒獎的開始皆是以笛聲宣示。

第一天舉行的音樂比賽分為男童和男人兩大組別，用以把已變聲者和未變聲者區分開來[41]。兩大組別又分為由「奧羅斯」伴奏的歌唱和由「吉薩拉」伴奏的歌唱[42]。

英語的「吉他」衍生自希臘文的「吉薩拉」，後者意指大型的七弦里拉琴[43]。著名的「吉薩拉歌者」會到處巡迴演出，名氣類似今日用吉他彈唱的搖滾歌手。某個意義下，他們就是古希臘的搖滾巨星，收入豐厚並享有富有僭主和政治領袖的恩庇。在泛雅典節，他們的獎品比任何比賽的獎品都要貴重。第一名得到的不是一個盛滿橄欖油的雙耳瓶，而是一頂價值一千「德拉克馬」的金冠，外加五百「德拉克馬」銀幣。參加只彈琴不唱歌項目的優勝者會獲贈價值五百「德拉克馬」的金冠和三百「德拉克馬」現金。「吉薩拉」歌唱比賽還設置第二名、第三名、第四名，甚至第五名，這種設計不見於其他泛雅典節比賽項目。所有音樂比賽項目都獎品豐厚，但沒有其他音樂比賽的獎品及得上「吉薩拉」類別。吹笛（「奧羅斯」）唱歌的第一名獲贈一頂花冠和三百「德拉克馬」現金，光吹笛而不唱歌的只有一頂花冠[44]。

體育競賽分為三個年齡組別：男孩，無鬍年輕男子和成年男人[45]。這類比賽開始於泛雅典節的第二天，當天共有六個男孩比賽項目和五個年輕人項目。第三天是成年男人的比賽，共九個項目[46]。田徑項目包括「短跑」（跑一百八十五公尺*）、「折返跑」（兩趟短跑的距離）、「中距離跑」（四趟短跑的距離）和「長距離跑」（二十四趟短跑的距離）。有一種特殊的「折返跑」需要參賽者穿上全副戎裝奔跑，目的是測試戰場上所需要的體力與耐力。

「五項全能」會讓觀眾看得大呼過癮，因為這比賽的要求全面而嚴苛，同時考驗著選手的體力、耐力、速度和彈性。他們得全裸著短跑、跳遠、擲鐵餅、擲標槍和摔角，表現出身具十八般武藝[47]。「全裸賽事」的最後兩項是拳擊和「自由搏擊」†，後者由拳擊和摔角結合而成，容許參賽者以任何

---

*譯注：古希臘的體育場為長方形，長約一百八十五公尺。

†編注：與今日的自由搏擊不同，幾乎可用任何方式攻擊對方，可使用的技術範圍超出今日武術比賽許多，故有些人翻譯成「古希臘式搏擊」，以視為一種特殊類型，或音譯為「潘克拉辛」。

方式攻擊對手（只禁止戳眼睛和咬人）。西元前六世紀末季出自「克萊奧弗拉德斯畫師」手筆的一幅獎瓶繪畫讓我們對「自由搏擊」的驚心動魄多少有些體會：只見一個精壯全裸的選手被他的厲害對手踢得彎折了腰，旁邊有一裁判在監看（圖96）[48]。這類比賽提供了觀眾驚悚和極限經驗。我們聽說西庫昂有個叫索斯特拉特的自由搏擊手因一記絕招為自己贏得「斷指者」的外號。每次上場，他總是能夠馬上扭斷對方手指，讓對手在接下來的比賽陷入極不利的位置。這一招證明是一記殺著，憑著它，索斯特拉特在連續三屆奧林匹亞運動會（西元前三六四、三六〇、三五六年）取得勝利，在尼米亞和伊斯米亞加起來贏過十二次，在德爾斐贏過兩次。雖然沒證據顯示他有到過雅典比賽，但

圖96　精壯運動員進行「自由搏擊」的情景。見於一個泛雅典節獎瓶，克萊奧弗拉德斯畫師所繪，年代約為西元前五二五至前五〇〇年。

我們知道奧林匹亞和德爾斐都為他豎立人像以示尊榮[49]。

泛雅典節的第四天是馬術比賽。它們原是在阿戈拉廣場進行，但到了西元前四世紀時已移師至新法里龍的賽馬場[50]。馬術比賽自然帶有若干軍事氛圍，是要測試馬匹的速度與騎者或御者的靈活度（兩者在戰場上都極關鍵）。比賽項目包括無鞍賽馬，跑八圈的「雙馬馬車競速」、跑十二圈的「四馬馬車競速」。有些項目供雅典人參加，有些則供非雅典人參加；有些由一歲馬競賽，有些則由成年馬競賽。一如今日的習慣，獎品是頒給馬匹飼主而非騎者或馬車御者。這不奇怪，飼養馬匹所費不貲，只有菁英階層中的最富有者才負擔得起。

第五天的比賽完全只限雅典公民參加。項目有「戎裝戰舞」、「躍馬車」、稱為「騎兵巡遊」的騎術比賽、賽舟、「男性選美」和火炬接力賽跑。這些部落間的競爭是要喚起眾人對最早祖先的神聖記憶，是要凸顯雅典人的肉體美、他們在戰場上的強壯靈活、他們在跳舞和舉止上的優雅。更重要的是，部落比賽是要展示雅典的軍事實力，是刻意設計來讓外國觀眾不自在。

「戎裝戰舞」要求參賽者手持盾牌全裸跳舞，舞步模仿戰鬥動作：閃躲、跳躍、急蹲、猛揮、衝撞[51]。這舞蹈的起源被上溯至雅典娜本人，因為根據她的誕生神話，她一自宙斯的頭顱蹦出來便是全副戎裝和跳著戰舞。據信，該戰舞預示著她將會在「巨人戰爭」中得勝[52]。

「騎兵巡遊」是模仿騎兵的戰鬥[53]。十個部落的騎者分為兩組，各自一字排開，然後相互衝鋒，從彼此隊列穿越而過。這種盛大場面是要喚起史詩時代大戰的回憶。騎馬擲標槍的項目也是如此，它要求參賽者縱馬全速前進，用標槍擊中一個標靶[54]。

部落競賽中最讓人（至少是讓現代人）瞠目結舌者大概是「男性選美」[55]。得勝者的獎品包括一頭牛和（根據亞里斯多德所述）一些盾牌[56]。牛讓整個部落可以舉行歡宴，而這一點或許反映出「男性選美」也是一種團隊賽事，是要讓來自不同部落的參賽群組較量俊美、體型和壯碩[57]。色諾芬告訴我們，隨著時間過去，雅典的男性選美「在品質上變得無與倫比」。這項比賽強調雅典人的紳士理想，即擁有「美善」——一種「美」與「德」的結合。我們得知有位雅典人在泛雅典節三種不同比賽項目中獲勝：火炬賽跑、悲劇表演和男性選美[58]。這個男人看來正好集雅典人所有理想於一身：好看、強壯、愛好運動、有表演天分和無疑有一點點超凡魅力。我們只好奇他是不是也彈得一手很好的「吉薩拉」。

第五天一日落，火炬接力賽跑便上場。參賽者看來是年輕的「軍訓生」，起跑點是「學院」，途中穿過狄庇隆門和阿戈拉廣場直奔衛城[59]。一支支火把在黑暗中躍動的景象想必煞是好看。十個部落各派出四十名代表參賽，每位跑者持火把跑六十公尺，全長是二千五百公尺。

接力賽跑的更大目的是把「學院」內普羅米修斯祭壇的火傳送至衛城上的雅典娜祭壇，重演普羅米修斯（他是國王丟卡利翁的父親也因此是全部雅典人的祖先）盜天火的故事。第一個抵達衛城的跑者可以獲點燃雅典娜祭壇的殊榮——第二天的獻牲將會在這祭壇舉行。他的部落可享用一頓一牛宴和獲得六百「德拉克馬」現金。勝出隊伍的四十名跑者每人可另獲得三十「德拉克馬」和一個水罈[60]。

入夜稍後，公民人家的年輕人和閨女會登上衛城頂峰，徹夜守夜，體驗最激越的群體經驗[61]。參與的女孩都是剛過青春期，大概是人生第一次入夜後踏出家門，與年輕人為伴。在衛城上，他們會唱歌跳舞一整夜，大概是不同的部落輪流跳，男女圍成一圈跳他們自小就透過他們的文化教育而熟習的各種舞蹈。

正是透過複沓的舞步（配合著音樂和熟記的頌歌歌詞）讓年輕男女學會他們共同體的神話－歷史，而這大概就是柏拉圖何以會說「合舞」是雅典人「教育的全部」[62]。歌舞確實居於希臘文化教育的最核心。隨著音符和歌詞的節拍手舞足蹈，加上儀式表演散發的高熱度，身體會找到它在宇宙裡的座標，讓自我在巨大得超過理解的雅典時空架構裡得到定位，從而知道：「我是誰？」和「我從哪裡來？」

「守夜」的確切地點是在衛城哪裡？雖然殘存的文獻無法對此提供一個決定性答案，

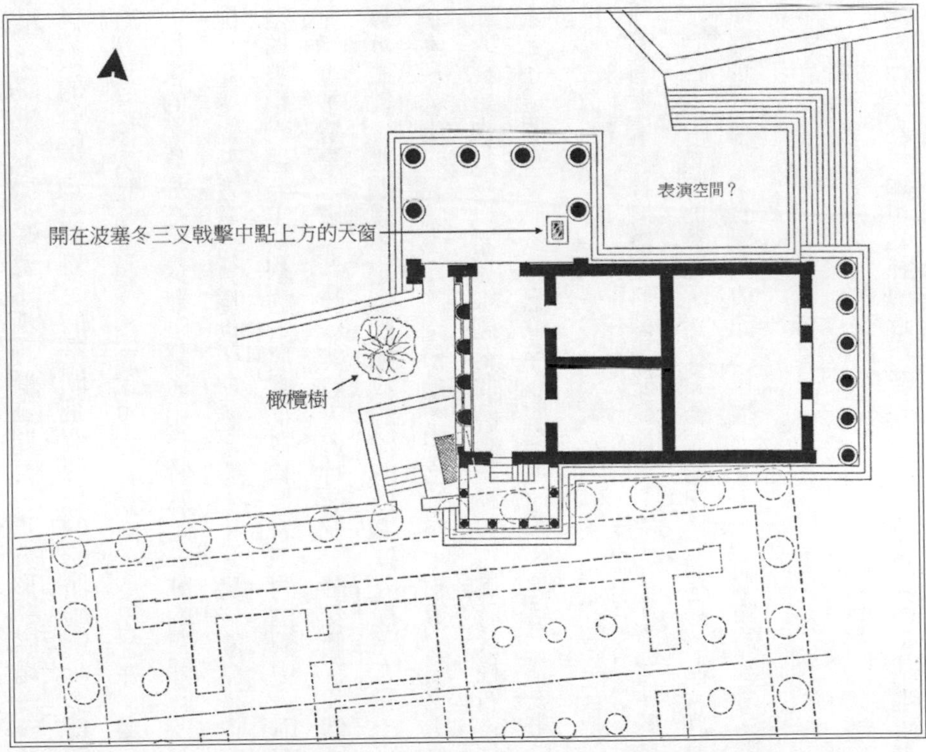

圖97 厄瑞克透斯神廟平面圖，圖中標明了波塞冬三叉戟的擊中點、雅典娜的橄欖樹和表演空間的位置。

但有一個說得通的合理猜想。在衛城北防護牆與厄瑞克透斯神廟之間有一正方形「廣場」，其西邊是神廟的西門廊，東邊是一道十幾梯級的台階。這個自足的空間是個理想的表演場所（上頁圖97）[63]。那道望向廣場的台階是絕佳的觀眾席。讓人稱奇的是，這廣場早在青銅時代便已鋪好，顯示它被用於表演的歷史非常悠久[64]。也許，後來的歷代都把它保存下來，用作特殊的「戲劇空間」。

因為可以把四面的風和雜音隔開，這地點為合歌合舞提供了理想音響效果。另一優點是它非常接近神話電荷高張的衛城北坡。北坡是傳說中三位公主悲劇的上演處；在其長岩下的山洞中，阿波羅曾與克瑞烏莎交合，而該山洞也是嬰兒伊翁被遺棄之處。在泛雅典節大遊行前夕，閨女們在我們所說的廣場裡也許會手牽著手圍成一圈，載歌載舞。她們說不定會聽見牧神潘的伴奏笛聲從下方飄上來，一如這笛聲曾為國王喀克洛普斯的三個女兒伴奏（見第一章的《伊翁》引文）[65]。相傳，喀克洛普斯幾個女兒就是在北坡跳崖而亡[66]。最後，從這裡也可以看見被砌在北防護牆裡的古風時代柱石、柱間壁和楣樑石塊（一二七頁圖24）。總之，在這個獨一無二的記憶存取地點，地貌、神話、歷史和儀式壯觀地衝撞在一起。

我們有可能知道姑娘們手牽著手合舞時唱著什麼歌嗎？歐里庇得斯《海克力士子女》中的優美頌歌也許可以提供線索。當然，那是一首由老者合唱的頌歌，這在希臘悲劇中極為罕見，但《厄瑞克透斯》也有同樣情形。儘管如此，該頌歌也許還是帶有泛雅典節（包括「守夜」）歌曲的殘跡。歌隊呼籲整個宇宙加入其合唱：

> 大地啊，通宵達旦的明月啊，那給人間光明之神的最明亮日光啊，請為我充當信使，對

天高呼，把我之求告直送至宙斯座前，直送至灰眼雅典娜的殿宇！因為我們行將為了祖國，為了家園，用灰口鐵劍在危險中劈出一條路，因為我們已接納了祈願者。

……

可是，女主雅典娜啊，這裡是您的土地、您的城邦，而您是其母、其女主、其守護者，請把不敬的人趕走。該人從阿爾戈斯帶來軍隊，揮舞長矛無理地進攻我們。把虔敬的我們逐出家園並不公道。

對您的豐盛祭典一向不缺，月亮漸缺的日子也總是不敢或忘，那時總有青年人的歌聲或為他們舞蹈伴奏的旋律。在風吹的（衛城）山丘上，高聲嚎啕吧，和著閨女們徹夜舞蹈的節拍。

歐里庇得斯，《海克力士子女》748-758, 770-783 [67]

我們可以憑著這頌歌猜想「守夜」歌曲的輪廓。首先，歌隊一開始可能也是呼喚大地、月亮和太陽充當他們向宙斯捎信的使者。稍後，它會指明泛雅典節的時間點是開始於「月缺之日」。事實上，陰曆顯示，在「赫卡托姆拜昂月」第二十八日的晚上，掛在天空上的是一個漸缺的新月。這會讓「守夜」那個晚上的衛城非常朦朧，而天上星星也因此顯得更加璀璨。

新月圖案顯著出現在鑄於西元前五一〇至前五〇五之間的最早一批梟幣上[68]。西元前四七〇年代期間，新月圖案被引入「四德拉克馬」銀幣的左上方，位置就在貓頭鷹圖案旁邊（三六八頁圖107）。雖然這新月有時會被詮釋為象徵雅典娜在馬拉松或薩拉米斯的大捷，但不大可能成立[69]。因為我們知道，馬拉松戰役是發生在滿月當空的晚上，而且新月早在西元前六世紀最後十年便出現在雅典錢幣，那時離波斯人登陸希臘海岸還早得很。

新月也許象徵泛雅典節，特別是象徵「赫卡托姆拜昂月」第二十七至二十八日的月缺之夜，其時雅典的少男少女齊集在衛城守夜。歐里庇得斯在《厄瑞克透斯》裡有這方面的暗示。現存的殘篇中，厄瑞克透斯問了王后一個問題（她當時看來正在處理一些新月形麥餅）：「告訴我，妳把這許多新麥造成的『月亮』從家裡帶來是為了什麼？」[70]這些餅會不會就是泛雅典節的供品？它們會被塑成小「月亮」的形狀，是否就是要象徵「守夜」當晚的月相？

更重要的是，殘篇提到普拉克熹提婭招集來一批雅典女人，要她們以**高聲嚎啕**（*ololigmata*）的方式呼喚雅典娜：「哀嚎吧，女人們，好讓女神穿著她的金色蛇髮女妖，前來捍衛城市。」[71]我們記得，當另一位雅典娜女祭司（特洛伊的西雅娜）把聖衣獻在女神神像大腿時，在場所有女人也是一起儀式性地哀嚎起來[72]。前引《海克力士子女》的段落亦特別提到，閨女們和著她們的舞步節拍「高聲嚎啕」。

希臘文單字 *ololigmata* 是源自動詞 *ololuzein*（大聲哭叫），與梵文的 *ululih*（嚎叫）有著親緣關係。英語單字 **ululation**（啼哭）和蓋爾語單字 *uileliugh*（一陣哀哭）是來自拉丁文擬聲字 *ululare*（嚎叫或哀哭）[73]。事實上，拉丁文單字 *ulula* 就是指某種貓頭鷹[74]，古英語單字 *ule* 亦復如此。

時至今日，「發嗚聲」仍然常見於非洲、東地中海、阿拉伯半島和印度女人之間。它最常被用於婚禮和葬禮。在穆斯林世界，「高聲嚎啕」專門用於殉教者喪禮。透過激烈震動舌頭和小舌，與此同時發出一陣尖銳喉音，其效果既嚇人又縈繞不去。

在古希臘世界，女人會在儀式的高潮時刻「高聲嚎啕」[75]。獻牲時，它會於牲畜被割斷喉嚨的一刻發出。此舉也許就像「奧羅斯」的笛聲那樣，作用是蓋過牲畜死前的哀嚎聲。所以，《海克力士子女》的頌歌會出現「高聲嚎啕」一詞，未免讓人多少有點意外。因為「高聲嚎啕」固然也可以是一種喜極而泣，但與它最密切相關的還是死亡和犧牲[76]。作者特意使用這字眼，可能是要傳達一個幽暗訊息：這個晚上的歡樂與光明並非沒有雜質。一眾閨女會「高聲嚎啕」，是否想喚起厄瑞克透斯在雅典娜祭壇割斷女兒喉嚨的往事？我們很難想像，在離喀克洛普斯三個女兒和厄瑞克透斯兩個女兒跳崖地點那麼近的地方，雅典的閨女們會不思及神話中的公主，並用唱歌跳舞紀念她們。

在衛城北防護牆後面跳舞的閨女們會看見讓人驚嘆的星空秀。泛雅典節舉行期間正是「大龍」星座升至最頂點之時。正如埃夫羅西妮·鮑齊卡斯指出過，「大龍」星座最壯觀的階段會與泛雅典節最後幾天重疊，並不是巧合，而是刻意為了紀念雅典娜在「巨人戰爭」中殺死大龍這件分界性事件[77]。埃夫羅西妮指出，在守夜開始時刻，「大龍」理應剛剛越過子午線，站著就看得見。

在「大龍」星座這個一年一度的高潮時刻，它最亮的兩顆星宿（位於「龍頭」處）以在厄瑞克透斯神廟的北門廊觀看最為壯觀[78]。所以，如果我們把守夜地點定在北門廊旁邊的「表演空間」，那雅典閨女們就正好是在「大龍」的奇景下唱歌跳舞。巧合的是，觀賞「許阿得斯星座」（與厄瑞克透斯三個女兒化作的「許阿鏗托斯姊妹星座」為同一事）的最佳地點也是帕德嫩神廟的東邊和雅典娜祭壇[79]。

當然，主張守夜地點位於厄瑞克透斯神廟北面的「表演空間」純屬猜測。在舞者缺席的情況下，我們不可能證明這空間是用於跳舞。不過，試圖猜測歌舞是在哪裡上演的努力是值得的，可以教我們許多與儀式的流傳和運動有關的事。動態儀式塑造的神聖空間現已人去樓空，歸於寂寥，讓後人無從定義它們的原來功能。但透過把視覺、聽覺、神話詩學、建築和地形學的面向整合為一，可讓考古學想像力活起來，有助於更深入了解人們在古代地形地貌中的時空經驗[80]。

隨著第二天天一破曉，群眾會聚集在城牆外的凱拉米克斯，準備進行泛雅典節大遊行。隨著天空變亮，掛在天空東邊的新月大概會黯淡下來。遊行隊伍全長約一公里，進入狄庇隆門後會途經阿戈拉廣場再登上衛城（書前彩圖13）。「聖道」寬十至二十公尺，可容納數目龐大的遊行者[81]。率領遊行隊伍的殊榮落在一個具有「帕德諾斯」身分的女孩，即一個剛過青春期又未婚的年輕女子。她是由首席執政官欽點，從雅典最古老的世家大族選出[82]。這是一項極大殊榮，中選者等於被認可為城邦菁英階層中最出色的少女之一。遊行時，她頭上頂著一個籃子，裡面放著刀、油、緞帶、大麥。我們好奇，讓一個閨女來率領遊行隊伍會不會是為了紀念一個非常特殊的閨女：她曾經在所有人的注視下步向雅典娜的祭壇，由父親親手手刃，獻給女神。

在一個西元前五世紀中葉的黑繪廣口杯上，正好有這麼一個提籃女走向生著火的雅典娜祭壇。畫面中，女神和她的女祭司站在祭壇後面，另有一個男人彎身與女祭司握手（書前彩圖11）[83]。這一幕意味著什麼？舉著雙手扶穩頭上的籃子，圖中的提籃女明顯是獻祭遊行隊伍的領頭人，因為有獻祭牲畜（公牛、母豬、山羊）、樂師和軍人跟隨其後。在這幅畫面裡，傳說中的事件和歷史中的儀式被融合為一。

我們很難不去注意到提籃閨女與女像柱有若干相似性，後者是西元前六世紀起（希臘神廟宏偉化之始）出現在廟宇建築[84]。例如，德爾斐錫弗諾斯寶庫的女像柱除了衣飾華美，頭上還頂著個像是高籃的東西[85]。這些所謂的「籃子」女像柱可能就是象徵在「聖道」率領遊行隊伍的閨女[86]。在遊行過程中，提籃閨女會與女像柱擦身而過。

同樣情形也見於厄瑞克透斯神廟南門廊的女像柱（下頁圖98）。它們頭頂頂著墊子，用於支撐過樑的重量。穿著節日的華麗衣服，它們可以充當大理石鏡子，反映率領遊行隊伍來到衛城頂上的提籃閨女[87]。遊行的目的是邀請神明出席節慶，而透過把提籃閨女的形象固定化為女像柱，女神會持續受邀，持續與雅典同在[88]。

遊行行列中的聖像都是被高高舉起，這讓它們與女像柱可以四目相接，發生某種互動。類似情形見於南印度大寺廟的遊行活動[89]。例如，在馬杜賴的齊提蒂節，女神米納柯希及其配偶溼婆的神像出巡時會途經一系列祭地，然後才回鑾。在一處寺廟，國王蒂魯瑪萊·納亞克和幾個姬妾的石像會被從廟中抬出，與路過的遊行隊伍匯合[90]。這種模式有助於我們理解厄瑞克透斯神廟的女像柱在儀式空間所發揮的功能。在一年一度的「沐浴節」，雅典娜的橄欖木神像會被帶下衛城，送到法里龍的海裡沐浴。路過厄瑞克透斯神廟的時候，被高高舉起的神像讓石雕的閨女可與女神神像進行某種神聖談話。

泛雅典節遊行的翌日，也就是節期的第七天，會進行兩項重大的部落比賽：「躍馬車」和賽舟。被稱為「所有比賽中最高貴和最受矚目者」，「躍馬車」要求一個御者負責鞭策四馬馬車全速前進，與此同時一個全副戎裝的重裝備步兵會在過程中一再躍下和躍上馬車[91]。基本上這比賽是模擬戰爭中的行動，但誠如前面提過，雅典人很久以前便不再使用馬車作戰。所以，就像其他部落競賽那樣，「躍馬車」是要緬懷雅典的早期歲月和祖先的勇武。

前面也說過，馬車是由厄瑞克透斯／厄里克托尼俄斯引入雅典，而他本人也在第一屆泛雅典節參加過馬車比賽。「躍馬車」比賽以城市厄琉息斯神廟為終點，而這一點透露出這比賽與攸摩浦斯的戰敗有意義上的關聯。前面說過，泛雅典節遊行隊伍在登上衛城前會刻意繞路，先經過城市厄琉息斯神廟（書前彩圖13）。這也有可能是為了讓人想起攸摩浦斯（他在「厄琉息斯祕儀」扮演重要角色）。

同日在比雷埃夫斯的穆尼奇亞港舉行的部落賽舟會事實上是要模擬海戰。我們聽說，帝米斯托克利的墳墓就位在一個可以把賽事盡收眼底之處，所以，賽舟會肯定是要紀念雅典人在薩拉米斯海戰中的勝

圖98　從雅典衛城東南方看見的厄瑞克透斯神廟女像柱柱廊。©Robert A. McCabe, 1954-55.

利[92]。就像其他部落比賽那樣，賽舟的獎品是頒給整支團隊而非個人。首獎包括三頭牛、三百「德拉克馬」現金獎，外加兩百「德拉克馬」以供「舉行飲宴」[93]。由此可以推知，得勝的部落賽後將可大啖牛肉盛宴。

不管我們怎樣努力還原泛雅典節的行事曆，有一個謎團至今未解：古代雅典人自己到底怎樣理解他們這個最重要的節日？在他們的觀點裡，被非常忠實地奉行了近一千年的那些儀式意義何在？雅典畢竟是個高度虔誠和狂熱迷戀自己過去的文化，所以，它自己對泛雅典節的理解在一千年間即便有過變化，但在這樣的世界裡，不存在為傳統而保持傳統、為習俗而保持習俗這回事。不過，想要重新發現這種理解，我們會碰到一個內在於所有古代宗教的難題：分享同一個信仰系統的人極少會覺得有必要談它。所以，要理解一個共同體的宗教實踐，我們主要憑藉外面人的記述[94]。只是，沒有外面人為文談過雅典的儀式祭典。

十九世紀晚期的學者因為亟於解釋泛雅典節的起源，便把它逕說成是為了慶祝雅典娜的誕辰[95]。雖然幾乎馬上就遭到奧古斯特·蒙森的反對（蒙森的哥哥特奧多爾是唯一得過諾貝爾文學獎的古典學家），但此說仍然獲得普遍接受[96]。在二十世紀，它成了一個「已確立事實」，甚至時至今日仍得到一些學者青睞。讓人苦惱的是，雖然我們對泛雅典節所知不少，卻對它的起源一頭霧水。有人把它解釋為類似「新年」的節慶，其他人則說它是要慶祝新火[97]。羅伯森對這種情況有一扼要概括：「雖然（泛雅典節的）許多細節都一清二楚，但它的核心部分始終晦暗不明。我們不知道這個節日的起源和意義，不知道它的社會目的或季節性目的，也幾乎沒有人從事這方面的究詰。」[98]

一個有別於「生日派對假設」的理論近年來逐漸抬頭。按照這觀點，泛雅典節之設是為紀念雅典娜在「巨人戰爭」的勝利[99]。諸神與巨人之戰當然是顯眼地見於衛城的儀式和圖畫。它曾被壯觀地展示在西元前六世紀之末的舊雅典娜神廟（一一九頁圖18）。這個宇宙史前史的故事也被織進雅典娜的聖衣，以及見於自西元前六世紀中葉起出現在雅典的陶瓶繪畫（衛城本身便出土不少這類繪畫的碎塊）。不過，有足夠證據顯示，「巨人戰爭」固然重要，仍只不過是泛雅典節要慶祝的好些「分界性事件」之一（這些事件共同構成了雅典人的自我定義）。在這個意義下，適用於帕德嫩神廟的道理同樣適用於泛雅典節：它是要在同一時間呈現好些不同的族譜敘事。

在泛雅典節要慶祝的各種事件之一是厄瑞克透斯對攸摩浦斯的勝利，還有那件保證這勝利能獲得的閨女犧牲事件。自晚期青銅時代開始，這勝利便跟「泰坦戰爭」、「巨人戰爭」、忒修斯的功績、特洛伊戰爭和其他族譜神話一同在衛城受到紀念。就像古代近東史詩和視覺文化習慣同時謳歌前後相續一段極長時間的一系列神話，雅典的儀式也是要紀念「層層疊疊」的軍事勝利，在過程中把雅典人的根源不斷往前回溯。事實上，以泛雅典節這麼深具社會功能的一個節日，若竟沒有強烈的神話敘事作為核心將會非常奇怪。所以，構成雅典人意識根本的深層歷史每年都會被動態地重演一遍，一如一年四季它都會由帕德嫩神廟靜止不動的大理石所見證。

但那些體育競技又要怎麼解釋？從《伊利亞特》開始，體育競技就是為懷念死去的英雄而設[100]。阿基里斯摯友帕特洛克羅斯之死和為尊榮他而舉行的競技成了信史時代運動會的原型。運動會是英雄的恰當紀念館，因為運動員的體力勞動和精力消耗可以體現人在世界裡的奮鬥。所以，競技更多是用來彰顯人類英雄而非神明，哪怕凡夫的榮耀和神明的榮耀從不能完全二分。就像我們在上一章所看到，地方英雄的墓塚往往設在地方神明神廟的近旁：奧林匹亞的珀羅普斯如此，尼米亞的俄斐耳忒斯－阿耳刻摩羅斯如此，伊斯米亞的墨利刻耳忒斯－帕萊蒙也是如此[101]。幾個泛希臘運動會正是為紀念他們的死而設立。但這會引出另一個問題：雅典人在泛雅典節運動會要紀念的英雄是誰？

半世紀以前，湯普森是少數致力找出雅典運動會背後英雄的人之一，而他把目光望向阿戈拉廣場的英雄祠[102]。但與其望向那裡，我們何不望向衛城本身？厄瑞克透斯（他的墓塚被認為位於厄瑞克透斯神廟地底下）顯然是個理想候選人。他的安葬方式追隨奧林匹亞、尼米亞和伊斯米亞的模式，所以我們有理由認為，他也像那裡的王室英雄被人以運動會紀念那樣，在雅典被人以競技比賽尊榮。

但既然我們望向這位最顯著的英雄，則何不同時望向女英雄？畢竟，與其他泛希臘聖地不同的是，雅典衛城乃是奉祀一位女神。我們有理由認為，隨著伯里克利的新公民權法讓雅典女性的地位獲得提升，厄瑞克透斯三個女兒得以被整合到對雅典娜和厄瑞克透斯的聯合祭拜。西塞羅便指出過，厄瑞克透斯和三個女兒在雅典是被當成神明奉祀[103]。所以，大有可能，三位女英雄和她們的父親就是泛雅典節運動會要紀念的人物。

向雅典娜呈獻聖衣是泛雅典節一個高潮時刻。我們已經看到，帕德嫩神廟東橫飾帶的中央畫面，有件衣服占據著顯眼位置。這一點一直被用來支持一個謬論，即橫飾帶是要再現一次實際發生過的泛雅典節。不過，中央畫面裡的衣裳雖不是雅典娜的聖衣，但它會在泛雅典節和橫飾帶占有吃重角色卻並非偶然[104]。在深入探究這兩者的關聯之前，我們要先問一個問題：人們最初為什麼要為雅典娜編織一件聖衣？在古希臘，儀式從來不會無緣無故出現。它們背後必有一個神話作為依據。

向神明進獻衣服的習俗泛見於希臘的宗教實踐，但有關為神像織聖衣工作（如在大泛雅典節前花九個月織一件）的文獻記載卻不多。考古挖掘持續增加我們在這方面的所知[105]。從留存至今的文獻，我們確知有織聖衣儀式伴隨的神明包括雅典的「護城雅典娜」、阿爾戈斯的赫拉、奧林匹亞的赫拉和（前面提過的）阿密克萊的阿波羅[106]。為赫拉編織的衣物常被理解為她的嫁衣，是象徵她作為宙斯妻子的身分，象徵她的新娘原型身分。在阿密克萊，眾人會為阿波羅編織一件披風，其所象徵的是許阿鏗托斯的裹屍布（前面說過，許阿鏗托斯「葬在」神像底座下面）。

希臘人有三大人生場合用得著圖案繁複精美的布料：出生（作為裹嬰巾）、結婚（作為嫁衣）和死亡（作為殮服）。為雅典娜而織的聖衣不可能是她的裹嬰巾（她一出生就是大人），也不可能是她的嫁衣（她永遠是處子之身）。但如果我們記得雅典娜和帕德諾斯（就像阿密克萊的阿波羅和許阿鏗托斯那樣）是受到聯合祭拜，那她的聖衣就有可能是象徵厄瑞克透斯女兒的殮服，一如阿波羅的聖衣是象徵許阿鏗托斯的殮服。兩者的模式是一樣的。地方英雄與地方神祇的關係是那麼緊密，以致久而久之，英雄的殮服與神明的衣裳被混淆不分。

前面提過，古代文獻資料提過兩種不同的聖衣：一是每年小泛雅典節向雅典娜橄欖木神像呈獻的小聖衣，一是在大泛雅典節向女神進獻的大聖衣。至少從西元前四世紀之末起，大聖衣就是用一艘船運至衛城（聖衣像帆那樣被張掛在桅杆上）。有些學者相信，運聖衣的船是參加過薩拉米斯海戰的其中一艘三槳座戰船，它被從水中吊起，安放在輪車上。對雅典人來說，這是一件重要的「記憶保存物」，是他們戰勝波斯人的神聖遺物[107]。它被用輪車從凱拉米克斯公墓一直拉到城市厄琉息斯神廟[108]。

大聖衣上織有諸神與巨人大戰的畫面，亦大有可能織有其他太古時代和史詩時代的宇宙衝突及「分界性事件」。西元前三〇二／三〇一年，「圍城者」德梅特里奧斯*厚顏讓自己的肖像出現在聖衣上，被認為是一種大不敬。神明明顯感到不悅：遊行過程中突然狂風大作，把聖衣－船帆撕成兩截，傳達出極惡兆頭[109]。

這塊大布或聖衣或船帆象徵著什麼？借助伊麗莎白．巴巴對精美布料在葬禮角色的研究，里奇韋主張，聖衣是沐浴節時用來包裹雅典娜的橄欖木古像[110]。模仿葬禮對屍體的處理，雅典娜神像在沐浴節當天會寬衣、洗浴和換上新衣。這節日有可能是為尊榮阿格勞蘿絲而設，因為她是第一位「聖衣洗滌女」。這些詮釋說明了古希臘人用來形容衣服的用語有多麼意義模稜兩可和富有彈性。

赫利奧多羅斯的小說《衣索比亞傳奇》也許可幫助我們了解泛雅典節聖衣（一塊明顯與死亡相關的布料）的起源和功能。故事中，塞阿戈奈斯從色薩利前往德爾斐參加涅俄普托勒摩斯－皮洛斯神廟舉行的慶典，美麗的處女女祭司卡里克蘿讓他一見鍾情，瘋狂愛上對方。卡里克蘿以愛回應愛，但這段戀情受到她的監護人阻擾，因為後者想把女祭司嫁給侄子。兩人只好漏夜私奔，跑到附近港口登上一艘腓尼基人的船，要往迦太基而去。

卡里克蘿私奔時穿著的聖衣被作者同時描述為「勝利斗篷」和「裹屍布」[111]。赫利奧多羅斯會用兩種大相逕庭方式形容一件衣服不能不引人好奇。他的描述必然是有歷史先例可援，是他的讀者可理解（我們則無法理解）。我相信，雅典娜的聖衣同時具有赫利奧多羅斯這裡所說的兩種功能。赫利奧

＊譯注：亞歷山大大帝其中一位「繼業者」安提柯一世的兒子，一度控有雅典，最終敗亡。

多羅斯是個深受雅典娜崇拜影響的人，事實上，在他對德爾斐節日的虛構描寫裡，摻進了一些泛雅典節的關鍵元素：大遊行、百牛祭、儀式性舞蹈、女祭司。對雅典人來說，聖衣確實形同一件勝利斗篷，一如整個泛雅典節正是要彰顯雅典人的優越性。不過，聖衣的神話基礎卻是那個為城邦捨命的閨女，象徵的是那件在帕德嫩東橫飾帶上被當事人自豪地炫耀的殮服。就像那件為阿波羅而織的披風是複製自被摯愛的許阿鏗托斯的裹屍布，為雅典娜而織的聖衣也是為了紀念她摯愛閨女的殮服。就這樣，聖衣的兩種不同意義匯流在卡里克蘿的衣裳裡，形成了赫利奧多羅斯小說裡的一個有力意象——這小說僅僅寫成於雅典人最後一次向女神敬獻聖衣之前一百年。

希臘神廟的眾多功能之一是安置神明神像[112]。位於帕德嫩神廟內殿的雅典娜巨像高十二公尺，壯觀得超乎想像[113]。菲迪亞斯用來造像的是人類所知最珍貴的兩種材料：黃金與象牙。雅典娜的臉、手臂和腳都是象牙雕成，她的袍服、盔、矛和盾則是用十噸黃金鍛鑄而成。田納西州納什維爾市的百年紀念公園有一尊「帕德諾斯雅典娜」神像的原尺寸複製品，讓我們多少可想見原像的宏偉（書前彩圖14）[114]。這個雅典娜右手平伸，掌中托著個十五公分高的勝利女神。在她的盾牌與袍服之間盤蜷著一條金蛇，象徵衛城上的聖蛇，也是雅典開國者厄瑞克透斯的象徵。據估計，這神像的成本不亞於帕德嫩神廟本身的建造經費，甚至於更高。

對這尊所謂「帕德諾斯雅典娜」的外觀，我們所知甚多，而這是拜保薩尼亞斯、普林尼和普魯塔克的描述，還有一些大理石的小型複製品之賜[115]。雅典娜的頭盔裝飾著一頭獅身人面獸和兩匹飛馬，帽簷和面甲裝飾著獅身鷲首獸和鹿。而這些守護動物意在凸顯女神的保護大能。一個象牙的蛇髮女妖頭裝飾著女神的前胸，她的金盾立在身側地上，高近五公尺。盾上浮雕呼應著東柱間壁和西柱間壁的尚武主題：盾背面是「巨人戰爭」，盾正面是「亞馬遜人戰爭」。雅典娜涼鞋鞋底的浮雕則呼應著南柱間壁的主題，刻畫的是拉庇泰人和馬人的戰爭。這神像的圖像配置就像神廟本身一樣濃縮著雅典的過去。

在神像落成五百多年後從事著述的普林尼和保薩尼亞斯告訴我們，神像底座的圖畫母題為潘朵拉的誕生[116]。一看到這個，保薩尼亞斯馬上想到赫西俄德《神譜》與《工作與時日》中的潘朵拉。她是第一個女人*，而她的好奇心驅使她打開一個她不應該打開的魔罈，因而把所有的魑魅魍魎釋放到世界來[117]。但為什麼這個麻煩製造者會出現在「帕德諾斯雅典娜」的底座？這是怪事，因為她與雅典毫無關係。

不過，雅典傳說裡還有另一個潘朵拉，而這個潘朵拉為人，且與大地女神有關[118]。她的名字（意指「送出一切者」）反映出名字主人的慷慨本性。看來，從羅馬統治的時代開始，大家就把這個潘朵拉和赫西俄德筆下的潘朵拉混為一談。他在《女人目錄》一書中也提過前者，稱她為「可愛的潘朵拉」，而這個潘朵拉是國王丟卡利翁和妻子皮拉的女兒[119]。她被說成是蒂婭和普羅特吉尼婭的妹妹——厄瑞克透斯的長女和次女也是一樣的名字[120]。我相信，帕德嫩神廟雅典娜神像底座的閨女就是這個阿提卡的潘朵拉，而她也是厄瑞克透斯的最小女兒，曾為拯救城邦而「送出一切」。

---

*譯注：潘朵拉為宙斯授意黑淮斯托斯創造的第一個女人，用於懲罰世人（普羅米修斯把天火盜取給人類一事惹他不高興）。黑淮斯托斯用泥和水捏成潘朵拉。

圖 99　帕德諾斯雅典娜神像底座浮雕的還原圖，圖中的女孩正準備接受加冠。由彼得斯參照萊朋《帕德諾斯雅典娜》圖板 6 所繪。

圖 100　雅典娜為厄瑞克透斯的女兒加冠，最左兩人為宙斯與波塞冬，最右兩人為阿瑞斯和赫耳墨斯。見於一個萼狀巨爵，尼俄庇特畫師所繪，年代約為西元前四六○至前四五○年。

我們應該記得，厄瑞克透斯有三個女兒，而她們的名字與丟卡利翁的三個女兒一模一樣：潘朵拉、普羅特吉尼婭和奧萊蒂婭（或蒂婭）。這清楚表明兩個神話曾經被相混淆。第四章已經指出過，有關厄瑞克透斯幾個女兒的名字，不同文獻資料（有鑑於它們的跨度涵蓋千年）的說法往往互相衝突。在巨大而糾結的阿提卡神話蛛網中，「三個女兒」的模式反覆出現。就像丟卡利翁和厄瑞克透斯都有一個叫潘朵拉的女兒，喀克洛普斯也有一女名叫潘朵洛索斯。潘朵洛索斯很可能是潘朵拉之訛，一如厄里克托尼俄斯是厄瑞克透斯之訛[121]。不管怎樣，我們都應該把雅典娜神像底座的畫面看成是厄瑞克透斯之女潘朵拉的加冠，而不是像保薩尼亞斯所說的是「潘朵拉的誕生」。就像見於帕德嫩柱間壁的「巨人戰爭」、「亞馬遜人戰爭」和「馬人戰爭」被引用於神像的盾牌和涼鞋，見於神廟橫飾帶的故事閨女犧牲故事也被神像的底座引用[122]。據估計，神像底座高約九十公分，而由於橫飾帶也是高一公尺左右，所以底座浮雕與橫飾帶之間也許還有另一重視覺關聯[123]。

以留存至今的複製品與普林尼的記載為基礎，我們可以還原出底座浮雕的構圖。普林尼告訴我們，畫面中大約有二十位神明（書前彩圖14，以及右頁圖99）[124]。潘朵拉以小女孩之姿站在最中央，面朝正前方，兩手垂在身旁。雅典娜站她右邊，手持冠狀髮環，準備為閨女加冠[125]。

非常相似的畫面見於兩個年代早於帕德嫩神廟的雅典陶瓶。在一個現藏倫敦的紅繪巨爵，我們看見一個女孩被雅典娜加冠，左邊站著宙斯和波塞冬，右邊站著阿瑞斯、赫耳墨斯和一位女神（疑是阿芙羅黛蒂或赫拉）（圖100）[126]。雅典娜為女孩伸出一頂草葉冠，後者穿著聖衣，面朝正前方，姿勢僵硬，兩手各緊抓住一根橄欖枝（也可能是桂樹枝）。閨女的僵固面容意味著她正處於一種白熱化的意識轉換狀態。她站在畫面最中央，給人一種孤伶伶的感覺。一般都把這陶瓶繪畫的主題解釋為第一個潘朵拉的誕生。不過，這詮釋無法說明黑淮斯托斯何以會缺席（他是創造故事的核心人物）和戰神阿瑞斯何以會出現。畫面中，阿瑞斯與戰士女神雅典娜分站女孩左右，氛圍不像是創造女人而像是慶祝軍事勝利。我們記得，普拉克熹提婭曾在《厄瑞克透斯》宣稱：「當我的女兒為城邦而死，就會得到一頂獨屬於她的冠冕。」[127]所以，陶瓶繪畫中的雅典娜更有可能是為死去的厄瑞克透斯女兒加冠。阿瑞斯則是剛從戰場跑回來，宣布雅典已經得勝的消息。

相似的女性形象（面朝正前方，兩手垂下和穿著聖衣）也見於一個在拿坡里附近的諾拉出土的白底廣口杯（圖101）。它也是一向被詮釋為第一個女人的誕生被創造。我們看見雅典娜和黑淮斯托斯分站在女孩兩邊，向她遞出一頂冠冕[128]。閨女的名字注明在她頭頂上方：安納絲朵拉，意謂「奉送出禮物的人」[129]。這個名字的意思固然與「潘朵拉」（「送出一切者」）相近，卻明顯帶有陰間寓意，因為她的禮物是從地下送出。事實上，這名字意味著一個被葬在土裡的女孩[130]。不無可能，閨女安納絲朵拉原是西元前五世紀中葉某個傳說中的人物，但到了保薩尼亞斯的羅馬時代卻被當成與潘朵拉是同一人。因此，我相信「帕德諾斯雅典娜」神像底座刻畫的是厄瑞克透斯女兒的加冠，不管她的名字是安納絲朵拉、潘朵拉還是潘朵洛索斯。廣口杯上會同時看到雅典娜和黑淮斯托斯非常合宜：他們在某個意義下是閨女的「祖父母」，因為厄瑞克透斯／厄里克托尼俄斯就是因兩人而生。死去的女孩以女英雄的新身分受到歡迎，被冠以（用普拉克熹提婭的話來說）「一頂獨屬於她的冠冕」。

如果我們把雅典娜與潘朵拉這層特殊關係考慮進來，把潘朵拉理解成為厄瑞克透斯的閨女，那麼許多環繞著衛城祭儀的謎團就會變得易解。例如，它可以解釋如下的規定：「凡給雅典娜獻上一頭母牛者，亦有責任為潘朵拉（又稱潘朵洛索斯）獻上一頭母羊。這話是我們得自斐洛考魯斯，他在西元前四世紀晚期是雅典的預言家和獻祭督導。流傳下來的手抄本特地注明潘朵拉又稱潘朵洛索斯[131]。還可以得到解釋的是這個：帕德嫩神廟南橫飾帶只看見母牛，北橫飾帶則同時看見母牛與綿羊。雅典娜曾規定要對厄瑞克透斯饗以牛祭，那麼，北橫飾帶上的綿羊是獻給誰的呢？大有可是要獻給厄瑞克透斯的女兒，她的名字或作潘朵拉，或作潘朵洛索斯，或作安納絲朵拉。人們從前就意識到斐洛考魯斯的話與北橫飾帶上的羊有關，只是從未有人能充分解釋潘朵拉何以會出現在衛城祭儀的脈絡裡。

這個解讀同樣有助於說明阿里斯托芬《鳥》一劇裡一個長久讓人困惑的段落。劇中，預言家巴基斯宣布一個神諭有此要求：「先向潘朵拉奉獻一隻白捲毛的公羊。」[132]這神諭的意義從未得到

圖101 雅典娜與黑淮斯托斯為畫面中央的安納絲朵拉加冠。見於一個白底廣口杯，塔爾奎尼亞畫師所繪，年代約為西元前四六〇年。

理解。但如果神諭中的潘朵拉是指厄瑞克透斯的女兒而不是赫西俄德筆下那個製造麻煩的潘朵拉，一切便說得通。

如果說還有一片拼圖塊可以幫助解開泛雅典節之謎（即雅典人是如何理解他們的最盛大節日），那麼這片拼圖塊就是一個無處不見的圖像（正是它的無處不見讓人對它視而不見）。

不管是在泛雅典節獎瓶、著名的「四德拉克馬」銀幣，還是在許許多多的阿提卡陶瓶繪畫和雕刻，我們都可以看到一個與雅典娜絕對等同的符號。我說的當然就是貓頭鷹。雅典娜與其有翼同伴的形影不離受過許多研究，但從未得到充分解釋。為什麼貓頭鷹與女神會形影不離？這生物有什麼特別之處讓牠可以成為女神的無上象徵，並因此是整個雅典的無上象徵？

作為自然界的猛禽，貓頭鷹與戰士女神雅典娜的勇武一面當然非常匹配[133]。我們一再看見貓頭鷹出現在戰場上，催促雅典將士取勝。在阿里斯托芬《黃蜂》一劇，雅典娜派她的聖鳥飛過馬拉松的雅典部隊上方，以為他們帶來好運[134]。而據普魯塔克記載，帝米斯托克利一直說服不了盟邦參與薩拉米斯的戰鬥——直至看見一隻貓頭鷹降落在其三槳座戰船的索具，大家才點頭[135]。在羅馬帝國時期的阿提卡錢幣上，我們看見帝米斯托克利全副戎裝站在船上，船艏停著一隻小貓頭鷹[136]。

在希臘藝術裡，貓頭鷹總是臉朝正前方，身體打側。從純粹的自然主義角度理解，這種手法是要表現貓頭鷹頭部的驚人旋轉幅度和強調牠的大眼睛。葛羅莉亞．法拉利指出過，貓頭鷹般的瞪視在古希臘（如今仍有部分希臘地區如此）被認為是一種男子漢的表現。男人會放肆無禮地目光直視對手眼睛，以顯示自己的男性氣概。與此相反，女性被認為應該以「牛眼」視人（天后赫拉就常常被這樣形容），即保持斂首低眉，以此表現「端莊」或「謙卑」[137]。

早在西元前七世紀，在荷馬的《伊利亞特》和赫西俄德的《神譜》裡，雅典娜便被稱為「梟眼者」[138]。這個外號可能是因為女神有一雙銀閃閃的灰綠色眸子，也可能是因為她眼神鋒利，與一般女性大異其趣。事實上，「梟眼者雅典娜」乃是所有女神中最陽剛的一位，而作為職司戰爭、智慧和工藝的女神，她也毫不以不謙遜為恥。

必須指出，古風時代和古典時代的希臘藝術都絕少把人物呈現為臉朝正面[139]。每有這種不尋常的面部角度出現，都是刻意為之，是要顯示什麼大不尋常的事情正在發生。毫無例外地，這手法都是要表現兩種生理或心理狀態之間的轉換，如睡與醒的轉換、清醒和醉酒的轉換、平靜和陶醉、沉著和性狂喜的轉換，或生與死的轉換。這時，人物會直視著觀者，傳達出一瞬間的停格狀態。我們前面已經看到，安納絲朵拉／潘朵拉在接受加冠和經驗「登仙」時是面朝前方，兩眼直視。在這一刻，厄瑞克透斯的女兒被卡在生與死、人與神之間。雅典娜的貓頭鷹會呈現出同一種讓人不安的身姿絕非偶然。事實上，它是要暗示死亡的迫在眉睫。

早在美索不達米亞的巴比倫時期（約介於西元前一八〇〇至前一七五〇年），貓頭鷹便被認為是死亡的徵兆。一個例子是一幅被稱為「夜之后」或「伯尼浮雕」的碑板（下頁圖102），據信是出土於伊拉克南部。碑板中的赤裸女人背上長翅，腳是鳥爪。她站在兩隻獅子身上，有兩隻巨大和惡狠狠的貓頭鷹護衛。這個女魔的身分有幾種詮釋：或說是莉莉杜／莉莉斯（惡風女妖或夜之女妖），或說是伊楠娜／伊什塔兒（性愛、豐產和戰爭女神），或說是伊楠娜的姊妹、陰間女神厄里什基迦勒[140]。她手上握著的環和棒象徵時間單位。

相似地，貓頭鷹在古希臘亦是有著死亡和哀悼寓意。在視覺藝術中，有翼生物往往代表正在離開身體的人類靈魂。希臘人相信，死亡女精靈刻瑞絲會把亡靈帶至陰間。在希臘的喪葬紀念碑上，我們看見有翼塞壬、鷹身女妖、鷲身人首獸和獅身人面獸被用作亡靈守護者。

現藏倫敦一個西元前四四〇年左右的紅繪巨爵刻畫著普洛克麗斯臨死的畫面：只見帶翼靈魂從她身體飛出，飛向天空（圖103）[141]。先前，她丈夫刻法羅斯正在打獵，看見灌木叢晃動，以為有野獸藏身其中，擲出長矛後才發現誤殺妻子。畫面中，刻法羅斯與獵犬站在左邊，普洛克麗斯的父親厄瑞克透斯站在右邊，極激動地指著飛走的有翼靈魂。這靈魂臉朝正前方，普洛克麗斯那張無生氣的臉亦復如此：兩者都是要表達從生到死的轉換。

貓頭鷹的死亡使者角色可解釋牠與雅典娜的緊密關係。前面說過，「貓頭鷹」一詞（拉

圖 102　稱為「夜之后」的赤陶土浮雕。圖中的女魔有翼，雙腳長鳥爪，兩側各有一隻獅子和大貓頭鷹。舊巴比倫王國時期之物，年代約介於西元前一八〇〇至前一七五〇年。

丁文作 *ulula* 而古英語作 *ule*）的字根是來自「高聲嚎啕」（*ololigmata*），而在阿爾克曼寫於西元前七世紀的《閨女之歌》中，有這麼幾句歌詞（這歌在他的監督下由女歌隊在斯巴達唱出）：

> 我會說我是個
> 閨女，是在天空徒勞哀哭的
> 貓頭鷹。
>
> 阿爾克曼，《閨女之歌》85-87 [142]

葛羅莉亞．法拉利指出過，唱這首歌的女歌隊和許阿得斯有著重要關聯。水仙女許阿得斯姊妹因為手足許阿斯在一場狩獵意外中被殺而傷心欲絕，不停痛哭。她們的淚如雨下讓她們成了唱輓歌歌隊的原型。葛羅莉亞認為，在「夜梟陰鬱而不停歇的咕咕聲」裡，我們可以聽見許阿得斯姊妹的「哀哭聲」[143]。她們的悲苦最後讓她們被轉化為許阿得斯星座，而這星座後來又被連結於厄瑞克透斯三個死

圖 103　普洛克麗斯的死亡，她的丈夫刻法羅斯和父親厄瑞克透斯目視著她的「鳥魂」離體而去。見於一個圓形巨爵，黑淮斯托斯畫師所繪，年代約為西元前四四〇年。

去女兒——她們被星格化為許阿鏗托斯姊妹星座。在《厄瑞克透斯》殘篇最後幾句殘缺的句子裡，我們看見「許阿鏗托斯姊妹星座」和「星星」字樣[144]。

好些雅典陶瓶繪畫都是表現雅典娜以三隻貓頭鷹為伴的畫面。現藏於堪薩斯州一個白底細頸長油瓶畫著全副戎裝的雅典娜坐在自己的廟裡（圖104）[145]。一隻貓頭鷹降落在她的盾牌頂部，另一隻站在第一隻下方，第三隻歇在祭壇上。如果把三隻貓頭鷹詮釋為厄瑞克透斯三個女兒的靈魂，那祭壇上的貓頭鷹應該是代表那個被犧牲獻祭的最小妹妹，而她兩個信守誓言同死的姊姊則成雙站在畫面左邊（她們在帕德嫩橫飾帶也是與妹妹分開站）。三個死去的女英雄在這陶瓶

圖104 左圖中雅典娜與兩隻貓頭鷹和她的盾牌坐在自己的廟裡。右圖中一隻貓頭鷹坐落於她的祭壇上。見於雅典娜繪師所繪細頸長油瓶（年代約介於西元前四九〇至西元前四八〇年）。

上被表現為有翼的靈魂，她們雖然失去身體，但精魂繼續住在雅典娜的殿宇裡面。我這個詮釋是建立在葛羅莉亞的詮釋上：她認為三隻貓頭鷹象徵喀克洛普斯三個女兒[146]。我則認為她們代表厄瑞克透斯三個女兒。葛羅莉亞會產生這種誤會並不奇怪，因為喀克洛普斯家三姊妹和厄瑞克透斯家三姊妹在古代文獻裡本就經常被混淆。

現藏瑞典烏普薩拉一個水罐讓這種關聯更加清楚。在這幅陶瓶繪畫中，只有單一隻貓頭鷹歇在雅典娜的祭壇上，從圖中的一根多立安式立柱，可知這祭壇是位於神廟之內（書前彩圖15）[147]。一個男人領著一頭公羊獻祭，另有一頭公牛等在畫面最右邊。這兩種獻祭牲畜（羊和牛）與帕德嫩神廟北橫飾帶上所見者是同一類。我們記得斐洛考魯斯說過：「凡給雅典娜獻上一頭母牛者亦有責任為潘朵拉獻上一頭母羊。」[148]如果歇在祭壇上的貓頭鷹真是象徵厄瑞克透斯那個自我犧牲的女兒（她的名字也許就是潘朵拉），那圖中的羊就是奉獻給她，而那頭牛遲些將奉獻給她父親。

一隻極引人好奇的擬人貓頭鷹出現在現藏羅浮宮的馬克杯，它再次顯示出雅典娜與那個為雅典犧牲的女孩的緊密關係（下頁圖105）[149]。陶杯上的貓頭鷹臉朝正面，兩眼圓睜看著我們，頭戴頭盔，從羽毛身體伸出兩根手臂，一手持矛，一手持盾（陶杯背面畫著一片橄欖葉）。我們看見的是一個貓頭鷹戰士，一隻穿成重裝備步兵的猛禽。在這個單一圖像裡，雅典娜與她最愛的象徵標誌融合為一。在她們的重疊形象裡，也藏著那個為雅典而死的小公主的靈魂。普拉克熹提婭曾把犧牲女兒比擬為派兒子上戰場：這是極少女孩能成就的英雄業績，但能成就者會與任何為拯救城邦而死的男性英雄一樣，永垂不朽。在上述的陶杯裡，犧牲和轉化業已發生：「戰士女孩」已經死了，也被轉化了，精魂住在有翼貓頭鷹的身上。她會飛過戰場，激勵雅典人戰勝——一如她會盤旋在衛城之上，呼喚雅典人奉行祭典。

羅浮宮馬克杯的年代被判定為西元前五世紀第二季，並且與稱為「梟觴」的雅典陶飲杯系列有關。「梟觴」從大約西元前四九〇年一直生產至前四二〇年，之後生產地點轉移至南義大利的阿普利亞。有數千個這種形制特殊的飲器流傳至今，它們在外形與裝飾上完全一致。「梟觴」的正面和背面都畫有一隻兩旁各有一根橄欖枝的貓頭鷹[150]。

很多「梟觴」都同時有一根橫向和縱向手柄，而這種大不尋常的設計也許說明它們有著雙重功能。橫向手柄可能是供飲者把杯送至嘴前，而縱向手柄是供人把奠酒傾到地上或祭壇。在第一章，我們走訪過位於衛城北坡的所謂「觴神祠」。那裡，有兩百多個觴形杯被特意排成一排排，可能是參拜者行過奠祭後放在那裡。事實上，我們有理由相信，「梟觴」是用於非常特殊的儀式場合。

在一塊赤陶土的織布機吊墜上，我們看到另一隻擬人化的貓頭鷹（圖106）。該吊墜出土於南義大

圖105　持盾揮矛的擬人化的戰士貓頭鷹。見於一個馬克杯，年代約為西元前四七五至前四五〇年。

利塔倫特姆，現藏布林莫爾學院[151]。就像羅浮宮馬克杯的那一隻，吊墜上的貓頭鷹也是鳥身體上長著兩根手臂。牠正忙於紡織，一手操控紡紗桿，一手從地上的籃子抽取羊毛。在這用品裡，造型、功能和裝飾結合得天衣無縫：當懸吊的吊墜隨著織布機晃動而擺動，上面的貓頭鷹會看起來像正在飛似的。我們不妨想像這畫面：一個女孩用纖纖玉手把緯線交織到經線，吊墜的吊線不斷被觸動，引起貓頭鷹翩翩飛舞。

然而，沒有其他範疇的物品比「四德拉克馬」銀幣讓雅典娜的愛鳥流傳得更廣。人們就管它叫「梟幣」。從西元前六世紀最後十年開始鑄造，這些銀幣不間斷地生產至西元前一世紀，流通範圍遠達葉門和阿富汗[152]。錢幣正面是雅典娜的肖像，背面她的貓頭鷹、一根橄欖枝和ATHE字樣（「來自雅典」的縮寫）。貓頭鷹頭部左邊有一彎新月（下頁圖107）。前面說過，新月很有可能是象徵泛雅典節，因為這節日是以月缺之日為最高潮。作為

圖106　長有手臂的「女孩貓頭鷹」正在紡紗桿上紡線。塔倫特姆出土的赤陶吊墜。

雅典人最隆重的慶典，泛雅典節幾乎是雅典的同義詞，因此新月也就成了該城邦最為公眾所知的事物。在阿里斯托芬尼的《鳥》劇中，「梟幣」因為主角歐厄爾庇得斯的一句問話而廣為人知：「是哪個傻瓜把一隻貓頭鷹帶進雅典？」[153]這有可能是「把煤運至紐卡索*」一類的笑話，是取笑竟有人把一個城市早就多到氾濫成災的東西帶至該城市。

正如本章一開始指出過，泛雅典節不是希臘最重要的盛事，但在雅典卻找不到比它更重要的盛事，因為它是終極的認同歸屬儀式。這一功能表現在它的部落賽事和其他讓泛雅典節有別於其他泛希臘節日的競賽和儀式。它們表現出雅典人對自身譜系著魔般地念茲在茲（一個貫穿本書全書的主題）。根正苗紅是公民資格的必要條件。

對那些能分一杯羹的人而言，認同歸屬的利益厥為巨大。只有公民可以擁有土地和房產，並擁有可觀的權利與義務[154]。他們有資格承租拉夫里翁的

圖 107　雅典的「四德拉克馬」銀幣，年代約為西元前四五〇年。

銀礦、接受政府免費贈送的現金和穀物、參與部落節日與公共節日，以及出任公職和祭職。只有公民有權在法庭和公民大會投票、發言和申辯。所以，全體公民絕對地壟斷了雅典的經濟、法律、政治和社會特權。這就難怪雅典人在西元前五世紀、前四世紀乃至整個希臘化時代都那麼緊張兮兮地防衛這種身分認同系統。

「原生」的傳說徹底符合這個系統的需要。前面指出過，「原生」這觀念是西元前五世紀上半葉引入，其時民主的意識形態抬頭，全體公民被賦予政治上的平等地位。因為同出一個「原生」的源頭，所以就連階層最低的公民一樣被認為出身高貴，高於任何非公民一等。對雅典那麼國際化的城市，這一點特別重要：它的外來人口與日俱增，而這些人很多都比大多數道地的雅典人更富有[155]。

我們由此可以了解，厄瑞克透斯及其家人的故事何以會在帕德嫩神廟的時代再次流行。它不僅可為「原生」之說提供理據，還可為新公民權法納入母方血統的要求提供理據。我們說過，在伯里克利的修法下，公民權資格不但需要父親是公民，還需要母親的父親也是公民。另外，它也規定，這媽媽必須要被她父親的「胞族」和「自治區」接納為合法成員[156]。

對於這種排他性的公民權規定，最佳代言人無疑是普拉克熹提婭。她在《厄瑞克透斯》裡那番慷慨陳詞既愛國又仇外：

＊譯注：紐卡索（Newcastle）是英國的產煤中心和輸出港口。

首先，我找不到比這個（指雅典）更好的城邦。我們是原生於這片土地的一群人，不是來自別處。其他城邦的建立直如擲骰子：它們的人口是外地輸入，是來自不同地方的各色人等。從一城邦搬到另一城邦的人直如在木頭裡釘歪的釘子：他名義上是公民，行為上不會像公民。

歐里庇得斯，《厄瑞克透斯》F360.5-13 Kannicht 157

到這時候，普拉克熹提婭對收養的偏頗看法已表露無遺：「收養子女好處何在？我們應該把親生的看成遠勝於假裝親生的。」158 在同劇稍後，我們又看到一句（上下文不完整）進一步排斥外人的話。說話人（看來是厄瑞克透斯）這樣表示：「我相信，住在這地區以外的人都是些不吃魚的蠻族。」159 沒有人比盤中沒有魚的人更讓雅典人感到是陌路人。

雅典人相信他們比其他任何人（不分希臘本土或之外的）都要優越，又用帶點鄙夷的眼光看待外人（不分吃魚或不吃魚的）。弔詭的是，這種沙文主義正是希臘民主的命根子。只有血統純正的雅典人才可以把犧牲與特權的微妙平衡拿捏得恰到好處。在那些血統駁雜的城邦，其成員由於對城邦沒有發自基因的忠誠，很容易就會因為圖方便而贊同僭主統治或寡頭政權 160。以純正血統為公民權的準繩是唯一可確保得來不易的民主制度的方法。它也可以確保沒多少家財或技藝的純正雅典人照樣享受特權 161。所以，雅典民主本質上是個根據血緣來分配特權與責任的系統。「原生」的重要性要凌駕財富、權力和任何其他地位。

雅典與當日所有其他城邦的不同之處，在於容許所有公民參與管理城邦 162。讓這個系統得以運作的不僅是基因的同源，還是正確的人格養成。城邦從年輕人很早歲便強調，他們擁有許多權利，亦肩負許多責任。對公民後裔的文化教育和社會化看得比什麼都重要，所以參與合歌合舞、體育競技和公眾祭儀完全是強制性。在這個意義下，泛雅典節乃是人格養成努力成果的大秀場：它不只是每年一度的鋪張炫耀，還是一種保證人格養成的「鑄模」可多少完整地代代相傳的方法。作為泛雅典節的核心，遊行活動可以提醒易受影響的年輕人，他們（或她們）在世界是什麼定位。從凱拉米克斯墓園出發，穿過雅典大商業市集的阿戈拉廣場，再登上衛城的山坡去到雅典娜的聖域——這整個過程會讓參與的人感覺自己是被一條巨大鏈索連接於先人和諸神在一起[163]。

這就難怪，民主雅典一個最革命性的概念會是公民應該**愛上**城邦。歐里庇得斯讓普拉克熹提婭說出絕不會出自一般人母之口的話：「我愛我的子女，但我更愛國家。」這位王后進而惋嘆其他人並不分享她的深邃激情：「祖國啊祖國，我但願所有住在你裡面的人都愛你如我之深！那樣的話，我們將可毫無煩惱地住在你裡面，而你也永遠不會受傷害。」[164]

一般認為，把這種愛之情愫引入雅典的人是伯里克利。他把這種思想表現得最鏗鏘有力的莫過於他悼念伯羅奔尼撒戰爭第一批陣亡雅典將士的演說。環顧聚集在衛城所有哀悼者一眼之後，他說：

> 你們必須自行了解雅典的力量，並日復一日注視她，直至對她的愛充滿你們心房。等你們認識到她的所有了不起之處後，必然會悟到，人能贏得這一切，乃是靠著勇氣、責任感和行動中的強烈榮譽感。
>
> 修昔底德，《伯羅奔尼撒戰爭史》2.43[165]

愛、勇氣、責任、榮譽和行動：這些美德共同支撐著雅典的民主。只要這種種負擔能夠獲得豐厚補償，將沒有任何雅典人願意用與生俱來的權利交換城邦首富的所有黃金。文化教育的價值甚至深深烙印在最會挖苦別人的心靈。最根本來說，當個雅典人就是要認同歸屬於它的宗教，而公民表演是一己身分認同與忠誠的表述。表演是教育年輕人的方法，也因此是維繫共同體價值觀的方法。遊行、朗誦、音樂和體育競賽、歌唱、舞蹈、獻牲和飲宴：所有這些行為構成了對雅典娜一個更大的「禱告」。這些活動可以取悅女神和紀念祖先，同時在集體歡慶的旗幟下團結全體公民。就像向女神獻上一百頭牛或縟麗聖衣一樣，競技或遊行等集體消耗體力的活動本身也是一件還願供品。它們採取的形式表現出雅典人對卓越與美的偏愛，表現出他們對競爭和比賽的健康胃口，而這一切皆是由他們過分的自重所助長。

第八章　細細刷洗過的遺產

——最真誠的恭維與身分借用的局限

他甚至被畫入了雪茄盒。打開一盒洛佩斯兄弟公司在佛羅里達州發售的「阿古勒斯牌」哈瓦拿雪茄，你會在盒蓋看到這畫家的肖像和其畫作《莎孚》的部分畫面。在一八八一年畫那幅油畫時，他已累積了萬貫家財，集各種維多利亞時代紳士可得的榮銜於一身。但他的成功並未讓他在倫敦得到人人肯定。布魯姆茨伯里圈子*的文評家弗萊對他嗤之以鼻：「勞倫斯．阿爾瑪－塔德瑪爵士只是我們的商業物質主義文明的一個極端例子。毫無疑問，大部分貨真價實的藝術家都衷心巴望能有勞倫斯爵士十分一收入。他的錢並不臭。但他的那些榮銜卻斷然是另一回事！我倒想知道，要花多少時間才除得掉塔德瑪他那『功績動章』†所發出的加味肥皂氣息？」[1]

答案是大約六十年。作為頭腦精明的生意人和讓人愉快的同伴，阿爾瑪－塔德瑪是其時代收入最

＊譯注：以著名小說家維吉妮亞．吳爾夫為首的文藝圈子。

†譯注：英國「功績動章」之設是為了嘉獎在軍事、科學、藝術、文學或推廣文化方面有顯著成就的人士。

高的畫家。在維多利亞時代大眾之中，他那些色彩豐富的作品（常畫著穿托加袍*的希臘人、羅馬人或埃及人在浪漫主義的環境裡享受高檔次生活）是人人都想擁有一幅。不過，到了他於一九一二年去世之時，認定其作品矯揉劣作的意見已甚囂塵上，而隨著不講求自然主義畫風的抬頭，他那些經過一絲不苟研究而畫出的作品逐漸被人遺忘。

對他的評價在一九七〇年代初期開始發生改變。隨著一些回顧展的舉行和一些新研究著作的出版，他的作品重新受到注目。他全部作品的分類目錄在一九九〇年出版[2]。如今，考慮到他與「前拉斐爾派」的互動、他對歐洲象徵主義畫家（如克林姆和克諾普夫）的影響和他在十九世紀英國畫壇扮演的更大角色，阿爾瑪－塔德瑪已差不多完全恢復名譽[3]。一如往常，拍賣紀錄很能說明大趨勢：他的大型油畫《摩西的發現》在一九〇四年賣得五千二百五十英鎊，但在一九六〇年，紐曼畫廊卻無法為它覓得買主，同年稍後以低於底價的二百五十二英鎊自行購入[4]。然後，到了二〇一〇年十一月，在富比世的紐約拍賣會中，此畫卻以破紀錄的三千五百九十二萬二千五百美元成交。

阿爾瑪－塔德瑪被人「重新發現」的一個原因是他在再現古代事物時表現出近乎偏執的精準。考古學和檔案文獻的爬梳是其藝術的一部分。被羅斯金†評為十九世紀最差的畫家，荷蘭出生的阿爾瑪－塔德瑪曾對古雅典最大一個建築謎團提出自己的見解。與本書主題特別相關的是，他用作品參與了一個古典學界激烈爭論的問題：帕德嫩神廟本來是有上色還是（像大眾一直認定的）一片雪白？勞倫斯爵士的意見清楚表達在作於一八六八年的油畫《菲迪亞斯帶朋友參觀帕德嫩橫飾帶》（書前彩圖16）[5]。畫中，伯里克利和情婦阿斯帕齊婭一同觀賞剛完成的橫飾帶。在場的還有阿爾西比亞德斯，他一手搭在老師蘇格拉底肩上。全部參觀者站在搭建在神廟高處的木頭鷹架上，所以難得地可以近距離觀看橫飾帶。阿爾瑪－塔德瑪會想畫這麼一幅畫，念頭顯然是來自一八六二年第一次參觀過大英博物館的「埃爾金大理石」之後。

但《菲》畫的唯一後果只是降低了阿爾瑪－塔德瑪在維多利亞時代菁英圈子的威望。因為他並未把帕德嫩雕刻見於大英博物館裡的模樣照搬，即不是把它們畫成通體白色、透著因氧化造成的蜂蜜色澤和沾著煤灰。相反地，他讓橫飾帶變得色彩繽紛：男人是紅褐色皮膚，穿著白色披風，站在一些黑馬、白馬或灰馬旁邊，背景是深藍色。當一八七七年它第一次公開展出時，這幅油畫的「遊樂場顏色」引起頗大非議。一八八二年再度在倫敦展出時，《菲》畫更重新點燃了古典學學界的多色／無色之爭[6]。對於是什麼靈感啟發阿爾瑪－塔德瑪用他的「藝術家執照」去把橫飾帶詮釋為彩色，我們只能猜想。這靈感會不會是來自一八六三至六四年之間他與新婚妻子瑪麗－寶琳．格雷森到佛羅倫斯、羅馬、拿坡里和龐貝的蜜月旅行？是這次的地中海壯遊把豐富的顏色和情緒帶給他想像中的帕德嫩神廟嗎？

更可能的原因是阿爾瑪－塔德瑪（他一向熱中考古學和建築史）讀過紐頓的《哈利卡納蘇斯、尼多斯和布朗齊達伊的考古發現》。在這部一八六二年出版的里程碑著作裡，考古學家紐頓指出，新發

＊譯注：托加袍（Toga，或稱羅馬長袍）是一段呈半圓形，長約六公尺，最寬處約有一點六公尺的羊毛製兼具披肩、飾帶、圍裙作用的服裝。只有擁有羅馬公民權的男子才能穿托加袍，因此是一種身分地位的象徵。

†譯注：英國維多利亞時代的重量級藝術評論家。

現的摩索拉斯王陵墓*的浮雕保存著鮮明的顏料痕跡（該陵墓為古代世界的七大奇蹟之一，位於哈利卡納蘇斯，即今日土耳其境內的博德魯姆）[7]。紐頓指出，陵墓中的橫飾帶「整幅都是上色的，浮雕的背景是深藍色，人物皮膚是暗褐紅色，衣服和盔甲各有其顏色。」[8]因為是大英博物館希臘暨羅馬古物部的主管，紐頓很自然地注意到陵墓橫飾帶與帕德嫩橫飾帶的相似處：「就像帕德嫩橫飾帶那樣，好些馬頭都有鑽孔，由此可以想見，牠們的馬勒也許是金屬的。」他又補充說：「色彩的多樣性想必讓整幅構圖更突出且更生氣勃勃。」

這發現讓那些光透過石膏模型認識古希臘藝術的人大吃一驚。自十五世紀起，雪白石膏模型的製作、交易、蒐集和展示便在在左右著歐洲人對古代的品味[9]。備受推崇的十八世紀藝術史家溫克爾曼雖從未踏足希臘，卻是「古希臘雕像一律是雪白」這信念的主要推廣者。根據他的審美觀（一種深受同性戀情愫支配的審美觀），美的本質就是純粹。溫克爾曼在一七六四年出版的《希臘藝術史》一書中寫道：「準此，一具漂亮的胴體愈白皙愈美。」[10]就這樣，由溫克爾曼界定和推廣的新古典主義美學把對純白色石雕的雅好推升至備受膜拜高度。

到過愛琴海旅行的人會有大不相同的感受。正如前面提過，一七五〇年代曾近距離觀察帕德嫩橫飾帶的斯圖爾特注意到大理石上有許多鑽孔，猜測它們是用來繫附青銅飾件：騎士的矛和劍、馬勒和馬韁、花環和遊行活動參加者需要的其他配件。這些金屬飾物會在射進內門廊的日光裡閃閃發亮。斯圖爾特和同事里韋特還觀察到帕德嫩神廟和忒修斯神廟都保留著顏料痕跡。《雅典的古物》的第二和第三冊的圖板都清楚指出，兩座神廟天花板花邊的哪些部分曾經上色[11]。

一八一四年，法國建築理論家德甘西在《奧林匹亞的朱彼得》一書指出古代的神廟習慣上色。這書理應可以增長「埃爾金大理石」參觀者的見識（這批雕刻一八一七年第一次在大英博物館一個臨時展廳展出），但英國的社會大眾卻拒絕相信帕德嫩橫飾帶本來即塗有顏色。純粹和簡樸是當日英國的美學理念[12]。作為西方藝術與品味的極致，帕德嫩神廟被認為印證了溫克爾曼的格言：白之於雕刻一如顏色之於繪畫。

到了一八三〇年，法國建築家赫緹弗已不容質疑地證實希臘神廟總是大面積地繪上鮮豔顏色。他在旅行義大利與西西里期間對古代建築有第一手觀察，找到不容辯駁的證據可證明有顏料殘留在古代神廟天花板的花邊上。他把這發現寫成〈希臘時代的多色彩裝飾建築〉一文。日後（一八五一年），他還會以突破性的《還原塞利農特的恩培多克勒神廟》一書來證明西西里島塞利農特的神廟原是塗有顏色[13]。

一本談這個主題的德國專論於一八三五年隨後出版：庫格勒的《論希臘建築與雕刻的多色彩及其限制》。曾任埃爾金祕書的漢密爾頓應皇家文學學會之請翻譯該書，一譯之下深為驚異。他直接寫信給大英博物館的理事會，呼籲他們成立一個委員會以調查帕德嫩大理石是否殘留顏料痕跡。到這時候，橫飾帶雕像（為製作石膏模型）已被取範多次——第一次是由埃爾金親自在一八〇二年進行[14]。一八一七年，另一次取範在理查德爵士的監督下進行。在一八三六與三七年間（多色／無色的爭論進行得如火如荼期間），更多的範模被造了出來[15]。

一八三六年十二月，取範師薩爾蒂被從羅馬召到大英博物館，參加一場在埃爾金廳舉行的會議。

＊譯注：英語「陵墓」（mausoleum）正是源自摩索拉斯（Mausolos）的名字。

會議主題是帕德嫩神廟雕刻的顏色問題[16]。薩爾蒂被要求說明他在一八一七和一八三六年如何從帕德嫩大理石取得範模。其中一位與會者是科學家法拉第，他在當年稍早曾發現電磁感應現象。當法拉第得知薩爾蒂在取範時會先用肥皂鹼液和／或強酸清洗大理石，不禁大驚失色。法拉第指出，反覆使用這一類腐蝕劑清洗取範，「有可能會讓本來存在於大理石表面的所有顏色痕跡蕩然無存」[17]。取範的工作卻持續進行，至少是持續了一陣子。法拉第還擔心積累在雕像表面的汙垢和灰塵（肇因於汙濁的「倫敦空氣」）會損害雕像，建議用乾刷和少許的碳酸鹼（例如洗滌用的蘇打）非常小心地清洗，不要用肥皂或酸。但館方對這種擔心基本上置之不理[18]。

近二十年後，水晶宮*在錫德納姆的盛大重開幕再次引發人們對古代雕刻顏色問題的爭論。為一八五四年的這次展覽，建築家暨設計理論家鍾斯設計了一個多色彩的希臘廳，用於展示塗上鮮豔顏色的「埃爾金大理石」石膏模型。鍾斯這種見解得自他在一八四二年旅遊義大利和希臘時的第一手經驗。在希臘，他遇到年輕的法國建築師古爾，後者曾協助德國建築史學家森佩爾研究古建築的用色問題。其後兩人聯袂同遊開羅、君士坦丁堡和格拉納達，在阿罕布拉宮對伊斯蘭裝飾的用色進行了開創性研究[19]。

鍾斯的希臘廳在英國建築師皇家協會引起爭論，而他也以一篇文章回應批評者。刊登在協會一八五四年的《會刊》，這文章的題目是〈為給希臘宮廷上色道歉〉。其實他完全不是要道歉，而是提供實質證據以證明他為雕像模型上色完全有理。這些證據包括羅浮宮收藏的希臘化時代赤陶土小人像，以及一些在塞利農特出土的石雕碎塊（是赫緹弗本人提供他過目）。他還指出，在一八三五至三六年冬天的衛城考古挖掘，一具大理石女性軀幹的碎塊從帕德嫩神廟東南角一個深約七點五公尺的考古坑被找到，它們保存著「最鮮豔的紅色、藍色、黃色，又或是朱紅色、深藍色和稻草色」。鍾斯以毫不動搖的自信宣布他的結論：「白色大理石的神廟會被彩繪和裝飾到何種程度呢？……我主張是從頭到腳。」[20]

至此，雅好純白色古代雕像的大眾品味陷入了四面楚歌。哲學家暨批評家劉易斯在同一期的《會刊》把當日的流行意見風趣地概括如下：「認為希臘人有給他們雕像上色的主張是那麼讓我們的現代偏見反感……以致指控他們給雕像上色不啻是指控他們行為野蠻。」然而，「不管讓人有多麼錯愕，事實終歸是事實：希臘人確實**有給**他們的神像上色。當時的眼睛曾看過顏料」[21]。

上色的事實超出大部分維多利亞時代人所能忍受的程度。他們甚至不能忍受雕刻表面依稀透著茶色。雖然對顏色的敵視從未明確表現為一種種族歧視，但在一個帝國主義的年代，我們不能不懷疑眾人對純白色的堅持暗含著種族歧視態度。有些人還表現出近乎強迫症的潔癖，強烈要求館方應該好好把「埃爾金大理石」刷洗一番。有幾十年時間，大理石雕像的蜂蜜色調是出於天然還是人為的問題占去英國評論家一個主要關注。有些論者主張，彭代利孔大理石的含鐵量比其他種類大理石高，故假以時日也會出現較大的氧化程度。這觀點的一位使徒科克雷爾稱雕像表面的茶色為「天然的色彩」。但另一位論者彭羅斯認為那是古人給雕像塗上一層薄薄和透明的赭土或其他類似物質造成[22]。

＊譯注：水晶宮是一座以鋼鐵為骨架、玻璃為主要建材的建築，原蓋於海德公園，用作一八五一年倫敦萬國博覽會的英國展館，展示各種最新工業發明。這種「玻璃帷幕」建築在當時史無前例，僅此一見。水晶宮後來易地重建（有所擴大），其中一些廳被用作介紹歷代藝術的演變。

一八五八年，大英博物館首席雕刻修復師理查德爵士徵得理事會同意，用漂洗工所用的土（一種廣泛用於除油和除煤灰的黏土）徹底把「埃爾金大理石」清潔一番。公眾的憤怒表達在《泰晤士報》刊登的一連串讀者投書[23]。雖然經過理查德不遺餘力刷洗，帕德嫩大理石看來不到十年便再次變髒。它們的管理人紐頓指出展廳的天花板和牆壁一樣是髒兮兮，強烈主張展覽空間和雕像本身的髒汙都是「積聚在通風不良展廳的熱氣流」和維多利亞時代倫敦的「糟糕空氣品質」導致。他呼籲應每五年把帕德嫩雕刻清洗一遍，而且將它們放在玻璃後面[24]。一八七三年十月，他的呼籲獲得採納，帕德嫩橫飾帶從此被放在玻璃箱裡，如是者一直維持至一個金碧輝煌的新展廳在一九三〇年代啟用為止[25]。

在二十世紀的頭三十年，館方定期用硬刷子和水清洗帕德嫩雕刻。但在一九三〇年代初期，博物館的首席科學家普倫德萊思建議改用新方法：以一種「由藥用軟肥皂和阿摩尼亞構成的中性溶液」和蒸餾水清洗[26]。這種程序被遵行了四年，之後便天下大亂。

話說，在一九三一年，有人承諾給博物館捐一筆鉅款，以為「埃爾金大理石」建一個豪華的全新展廳。這位慷慨解囊者杜維恩是藝術品仲介商，靠著把父親的出口生意改成藝術品和古物公司而大發其財。杜維恩特別擅長於撮合歐洲沒落貴族的藝術收藏和美國百萬富豪新貴的荷包。他與知名藝術史家貝倫森建立起互利的夥伴關係，為客戶提供古董鑑別和專業建議服務。一個是鑑賞家，一個是遊說家，這兩個朋友的合作讓他們（原都出身平平）能夠享受他們本來可望不可即但心嚮往之的高檔次生活。

杜維恩對那個至今還以他為名的展廳（四三二頁圖130）的籌備工作非常關心。為新展廳牆壁選擇襯布時，他對「大理石實際顏色」的問題表達出強烈興趣[27]。當初，在向理事會宣布他要送給博物館的大禮時，杜維恩強調有必要除去雕像上的每絲髒汙。理事會成員克勞福德的日記記載，理事會「耐心傾聽」杜維恩的「夸夸其談」和他一番「有關清洗古代藝術品最讓人傻眼的胡說八道」。杜維恩以毫無商量餘地的態度堅持「所有古老大理石都應該徹底清洗——徹底到不惜把它們泡在酸液裡的程度」[28]。事實上，這位藝術品仲介商早已劣跡斑斑：為增加古代油畫的市場吸引力，他會刮去畫面髒汙、補上新顏料和塗上清漆。「透過過度清理，他比世界任何人破壞過更多古代大師畫作。」克勞福德寫道。

杜維恩的錢讓他買到觀賞「埃爾金大理石」超級大掃除工作的前排位子——這項工作從一九三七年六月持續至一九三八年九月。杜維恩勳爵（沒錯，他後來被封爵）享有特權，可以非常靠近雕像和負責刷洗它們的那支不專業團隊。事實上，他直接對這批工作人員下達指令[29]。清洗團隊使用了鋼絲刷和大量金剛砂，而對特別頑強的髒汙更是動用了銅鑿子[30]。

一九三八年九月二十六日，科學家普倫德萊思在報告中指出，刮刷工作已經把大理石表面的水晶狀物質刮去，讓它們形同擦傷的皮膚。部分石頭的原始表面甚至被削去了十分之一英寸厚度。結果，有些雕像看起來就像「被剝了一層皮」[31]。特別受影響的雕刻包括東三角楣牆的赫利俄斯、他馬車其中兩匹馬的背部和為塞勒涅拉馬車那匹馬的頭部。西三角楣牆受創最重的是艾瑞絲的雕像[32]。

理事會決定不對外公開發生了什麼事，但有人把消息洩漏給報界。《每日郵報》在一九三九年三月二十五日發表了這則聳人聽聞的報導：「『埃爾金大理石』在清洗中受損……茶色光澤被除去，剩下不自然的煞白。」[33]事情固然讓人萬分著急，但它很快就隨著第二次世界大戰的爆發而離開頭版。

戰爭期間，「埃爾金大理石」被完全包覆起來，送至倫敦地鐵一段廢棄不用的隧道以保安全。這是明智之舉，因為「杜維恩展廳」在一九四〇年的多次轟炸中損毀嚴重，必須完全重建。新館要到一九四九年才會啟用，到時鋼絲刷醜聞早已被遺忘殆盡，一直要等克萊爾的《埃爾金爵爺與大理石》的第三版在一九九八年出版，爭論才被重新點燃。大英博物館以一個前所未有的舉措作為回應：把相關的內部文件全部彙整起來，出版成書。另外，又在一九九九年十二月舉辦一個國際會議，討論這問題[34]。所以說，多色／無色之爭的許多經過，還有大英博物館對「埃爾金大理石」的管理方式，都是前不久才公諸於世。

我們也從對帕德嫩神廟的持續現場勘驗到許多東西。例如，在帕德嫩神廟西門廊，「衛城修復工作隊」發現了一些激動人心的新證據，可證明此處保存著鮮明顏料痕跡。能得到這發現，靠的不過是移走一些後世添加的建築。法蘭克人統治期間，一座有樓梯的鐘樓被建在神廟西南角落的門廊之內（當時的神廟被改為雅典聖母院）。鐘樓其中一面磚牆長久以來都遮住了一根邊柱柱頭的一部分。後來，在鄂圖曼帝國奪得雅典之後，鐘樓又被改造為清真寺的宣禮塔。

一九九〇年代早期，宣禮塔被拆除，讓上述邊柱的柱頭七百五十年來第一次全部外露。大量紅色和綠色顏料的痕跡在其多立安式和列斯伏斯式飾帶上被找到（北柱廊和西柱廊橫飾帶上方的花邊也找到同樣的顏料痕跡）[35]。另外，在簷口與外橫飾帶也找到埃及藍和赤鐵紅的顏料[36]。二〇〇六至〇九年間進行的雷射清洗進一步披露出西橫飾帶兩個騎者的衣服上遺有淡綠色顏料殘跡[37]——西橫飾帶是埃爾金唯一沒搬走的橫飾帶段落[38]。在西三角楣牆，有大量藍色顏料痕跡在喀克洛普斯人像背上的布料被發現（一七〇頁圖37）[39]。

隨著衛城博物館在二〇〇九年六月十九日的開館，多色／無色之爭進入一個二十一世紀階段。大英博物館刻意選在衛城博物館開館當天向報界宣布，對「埃爾金大理石」的新研究發現了多彩顏料。使用最新技術偵測埃及藍顏料粒子所釋放的紅外線，一支英國團隊在西三角楣牆艾瑞絲人像的腰帶上發現了僅依稀可辨的顏料痕跡。博物館一位資深主管表示：「我一直相信橫飾帶是有上色的。這個新方法讓懷疑不再有存在餘地。」他進一步指出，大理石原被漆成紅、白、藍三色，又補充一句：「對，就是英國國旗的顏色。」這話等於是對在衛城山麓舉行的快樂酒會發射一枚英國民族主義的小砲彈[40]。

色彩之爭只是後人怎樣看待帕德嫩神廟和創造它之人的漫長歷史的一短章。不過，這一章卻是典型的，因為它表現出人在理解遙遠過去時常見的自我投射。既然雅典被後世的許多文化奉為楷模，既然它的遺產曾再三被竊占，那它會遭到最大扭曲大概是難免的。直到最近始有一些先進方法可以把我們的理解從文藝復興和啟蒙運動的偏見裡解放出來。還有多少真相尚未挖掘出來只有天知道。

與此同時，流行的理解（特別反映在我們的公民論述和建築上）繼續堅持一些被認為是雅典人首倡的假定（例如相信經驗理性比信仰重要、相信個人重於集體和相信民主的不容置疑）。我們對這些假設的深信不疑程度不亞於相信古代雕刻是雪白色。可以預見，我們為了給自己臉上貼金而套在古雅典身上的人為建構將會繼續維持好長一段日子。有鑑於此，以下這個事實大概會讓我們稍微心安理得：有個與雅典人時代極接近的民族曾以最真誠的動機和最賣力的努力模仿雅典，想要以此建立自己的身分認同，但他們對雅典理想的模仿照樣未能全然無誤。所以，為了觀照全面（或哪怕只是為了讓我們這些後來的模仿者可以捕捉住一兩件可能會疏忽的事），且讓我們在全書近尾聲的此時仔細考察第一批以雅典人嫡裔自居的人。

早在西元前四世紀晚期，雅典建立於伯里克利時代的政治和經濟霸權已泰半成為回憶。在伯羅奔尼撒戰爭第二年（西元前四二九年），伯里克利本人便死於將會奪去雅典三分之一人口的大瘟疫。情況每況愈下，大戰最終以雅典及其盟邦在西元前四〇四年的戰敗作結。但希臘人繼續自相殘殺，直至馬其頓的腓力在西元前三三八年把他們全部征服為止。這征服也決定性結束了雅典的民主。

雅典的遺產當然繼續活在新的政權裡，而原因不僅止於亞里斯多德曾被腓力聘為兒子亞歷山大的家教老師。儘管如

圖108　別迦摩衛城的還原模型。前方是戴奧尼索斯劇場、戴奧尼索斯神廟與遊廊；上方的山峰處是護城雅典娜神廟和大祭壇。

此，帕德嫩神廟的時代還是消退了，而希臘的地緣政治中心也向東轉移。前後相續的強權將會崛起，而它們莫不或多或少認同於已逝去的雅典黃金時代。雅典最早也是最狂熱的模仿者是別迦摩。在西元前三世紀後半葉和整個西元前二世紀，有長達一百五十年時間，這個位於安納托利亞西部的王國都以古典雅典的形象形塑自己。別迦摩諸王對雅典藝術、建築、哲學、宗教和文化的熱愛是如此之甚，乃至用雪白大理石把自己的衛城修築得跟伯里克利的衛城幾乎一模一樣[41]。雖然明知自己祖上是源自黑海的提俄斯，但別迦摩諸王卻透過純粹的虛構，為自己打造出可稱為「新雅典人」的身分認同。他們甚至雕刻出自己的橫飾帶（直接模仿自帕德嫩橫飾帶），讓自己連結於雅典人用泛雅典節小心翼翼保護的譜系（及至當時，泛雅典節的歷史已超過四百年）。

到了西元前二世紀中葉，別迦摩諸王已經坐擁一座布滿雪白大理石建築的衛城，其中包括一座奉祀「致勝者護城雅典娜」的神廟，一尊複製自菲迪亞斯「帕德諾斯雅典娜」的神像，甚至還可能有一座菲迪亞斯青銅雅典娜的複製品[42]。就像雅典衛城那樣，別迦摩衛城的西坡也是坐落著一座巨穴狀劇場，而且這劇場下方也是建有戴奧尼索斯神廟和一條長長的遊廊（圖108）。

會有這些雷同當然不是巧合（下頁圖109）。別迦摩諸王也很快引入對「護城雅典娜」、戴奧尼索斯、宙斯、阿斯克勒庇俄斯和德美特暨科蕊的本土崇拜，把這些崇拜在雅典歷史悠久的硬件、軟件一概複製過來。別迦摩人全面模仿雅典模式的動機何在？

別迦摩位於小亞細亞西北部一個陡峭山峰，大致與愛琴海上的列斯伏斯島對望，輕易就可從地中海溯凱庫斯河而上到達，航程僅二十六公里。該城居高臨下的地勢被色雷斯暨密西亞國王利西馬科斯

（西元前三六〇至前二八一年）*看上（他在亞歷山大大帝死後繼承了小亞細亞的整個西部）。別迦摩除了有險可守，還接近凱庫斯河河谷的肥沃田畝，養得活一大支駐軍，是設置國庫的理想地點。為保護這筆財富，利西馬科斯任命自己信得過的同志菲萊泰羅斯（約西元前三四三至前二六三年）鎮守。不過，利西馬科斯後來跟亞歷山大大帝另一名「繼業者」塞琉卡斯以及其他敵手發生一連串血戰，最終敗亡[43]。有見於此，菲萊泰羅斯把金庫據為己有，用它建立自己的阿塔羅斯王朝——這名稱應是為了紀念他父親阿塔羅斯。

菲萊泰羅斯歿於西元前二六三年，由他收為養子的侄子歐邁尼斯一世繼任。後者於西元前二六二年打敗塞琉古國王安條克†，讓別迦摩獲得完全獨立。他同時成了雅典哲學家的大贊助人，與阿爾克西拉烏斯相友善，後者大概堪稱柏拉圖以後最重要的「學院」領袖[44]。阿塔羅斯王朝諸王與雅典哲學學派的長期關係由是展開，兩者的互利關係讓諸王

圖 109　希臘衛城的南坡。是處有戴奧尼索斯劇場、戴奧尼索斯神廟、伯里克利音樂廳、歐邁尼斯二世遊廊。最頂顛處是帕德嫩神廟。

得以以雅典學問與文化的保護者自詡。西元前二四一年，歐邁尼斯一世駕崩，由菲萊泰羅斯另一個侄子阿塔羅斯一世繼位。就像他的前任一樣，阿塔羅斯一世與雅典的哲學圈子相熟，還問學於拉居得——他是阿爾克西拉烏斯在「學院」的忠實追隨者和繼承人。阿塔羅斯一世極為敬重這位淵博的老師，在「學院」蓋了一座特別的花園，後稱拉居得園。

在其四十年在位期間（西元前二四一至前一九七年），阿塔羅斯一世成就過許多功業，最為人津津樂道者是兩件事情。首先，他停止向從北方入侵的高盧人進貢（這進貢多年來是別迦摩人的沉重負擔）。不只這樣，他登基後不到十年便把高盧人徹底打敗[45]。阿塔羅斯一世另一件功績是生養了四個兒子，其中兩人（歐邁尼斯二世和阿塔羅斯二世）將會像他那樣是和平繼位，且皆治績彪炳。正是在這兩代三王的統治期間（西元前二四一至前一三八年），別迦摩把自己打造為「新大陸」的雅典。以可與伯里克利匹敵的灑錢規模，他們把別迦摩建設為一科學、藝術與文化中心，其中包括一座藏書超過二十萬卷的超大圖書館，目的是吸引當日最傑出的老師和哲學家來歸。

西元前二〇〇年，阿塔羅斯一世與其艦隊駐紮在埃伊納島之際，突然受邀前往雅典。他在狄庇隆門受到地方行政長官、祭司、女祭司和全體公民的熱烈歡迎。有一個驚人殊榮要送給他；公民大會投票通過，阿塔羅斯一世自此被奉為雅典的開國英雄之一。一個新的部落將會以他為名，而自西元前四

＊譯注：亞歷山大大帝麾下大將之一，於西元前三〇四年在色雷斯自立為王。

†譯注：塞琉卡斯之子。

三〇年代便豎立在阿戈拉廣場的「名祖英雄」青銅群像也會添入他的人像46。該群像是雅典十大開國英雄的紀念碑，克里斯提尼於西元前六世紀最後十年創立的十大部落便是以他們為名。

就這樣，一個祖上源於黑海的東方國王不只成了雅典公民，還成了它的開國元勳。這種開國元勳竟可回頭追加的現象足以證明族譜神話多麼有彈性和講究實際。它讓西元六一／六二年謳歌尼祿的「帕德嫩銘文」變得小巫見大巫。但在這兩個個案中，雅典人都是已飽嘗辛酸，只剩下最珍貴的東西還留在身邊：他們獨一無二的身分認同（也可稱為古代世界的最有威望「品牌」）。透過歸化阿塔羅斯，雅典人希望得到一種非常實質的回報：別迦摩人在第二次馬其頓戰爭（西元前二〇〇至前一九七年）中與羅馬人聯手對抗腓力五世，保衛雅典。阿塔羅斯不負所望，率領部隊跟羅得島和羅馬的部隊並肩作戰，打敗了雅典的宿敵馬其頓人。

雅典人身分到手之後，阿塔羅斯一世只須對別迦摩衛城再做一些改變，便可讓他相對年輕的王國獲得一段顯赫的悠久歷史。他和兩個兒子正是透過利用傳說中英雄（海克力士之子）泰列福斯做到這一點。

在離開雅典之前，這位別迦摩國王看來先給衛城奉獻了一系列青銅塑像以紀念他在西元前二三三和前二二八年兩度打敗高盧人的事蹟47。由於殘存的銘文只保留著「阿塔羅斯」的名字，所以，這些塑像也可能是阿塔羅斯一世兒子阿塔羅斯二世所奉獻。不管怎樣，這種奉獻都是追隨一個行之有年的傳統：在帕德嫩神廟殿內或附近展示擄獲的盾、劍和其他戰利品。阿塔羅斯的一系列勝利紀念碑被置於南防護牆頂上，處於帕德嫩神廟的建築陰影之中。

保薩尼亞斯在二世紀造訪衛城時見過阿塔羅斯的奉獻品48。據他描述，這些青銅群像的主題分別是諸神大戰巨人，忒修斯大戰亞馬遜人，雅典人粉碎波斯人和別迦摩戰士擊敗高盧人。換言之，阿塔羅斯把自己戰勝蠻族的事蹟整合到自古風時代便在衛城受到的謳歌的分界性事件。果赫斯在衛城南防護牆頂端找到用來繫附這些青銅群像的鑿孔[49]。我們不難想像帕德嫩神廟下方和戴奧尼索斯劇場上方擺滿一系列青銅像的壯觀景致。

阿塔羅斯兩個兒子（歐邁尼斯二世和阿塔羅斯二世）很快就明白培養輕鬆得來遺產的價值，所以他們繼續強化別迦摩與雅典的連結，又對雅典灑下浩蕩隆恩。當我們望向今日衛城的南坡，會看見戴奧尼索斯劇場，其在希臘化時代的座席數是約一萬七千（三八六頁圖109）。這些觀眾遇到烈日和偶雨時要避到哪裡去呢？歐邁尼斯二世為他們帶來在別迦摩已被證明為有效的解決方法。在其本國的衛城，歐邁尼斯二世曾在緊靠劇場下方建築了兩座巨大遊廊，其中一座長達驚人的二百四十六點五公尺（三八四頁圖108）。所以，這位國王慷慨解囊，在雅典戴奧尼索斯劇場的西邊建了一座小一號的遊廊，長度僅一百六十三公尺。後來被稱為「歐邁尼斯遊廊」，這遊廊由用於別迦摩劇場同一套拱廊扶壁系統支撐，充分解決了在陡坡上築造建物的難題。歐邁尼斯二世也許還派出過別迦摩工程師在衛城南坡主持建造事宜[50]。遊廊二樓的內柱廊採棕櫚葉柱頭，那是別迦摩風格的正字標記。

歐邁尼斯二世的弟弟阿塔羅斯二世年輕時曾在雅典求學，說不定是拜在「學院」當時的領袖卡爾內阿德斯門下。這可以解釋一尊卡爾內阿德斯青銅像（出土於阿戈拉廣場）的底座銘文何以會有阿塔羅斯的名字[51]。銘文上還有卡帕多細亞*國王阿里阿拉特的名字，而他湊巧是阿塔羅斯的連襟。這種

*譯注：位於安納托利亞東南部一個古國。

聯合奉獻也許意味著兩位王子年輕時曾一起在雅典留學，同是卡爾內阿德斯的弟子。作為雅典「名祖英雄」的兒子，阿塔羅斯二世獲贈雅典公民權這項極大殊榮，以表彰他對城市的恩澤。他的著名禮物是一座兩層的遊廊，其柱廊完全是以彭代利孔大理石建造[52]。這座所謂的「阿塔羅斯遊廊」長一百一十五公尺，與歐邁尼斯的遊廊採取同一種別迦摩風格的柱頭。一九五二至五六年之間，雅典的「美國古典研究學院」在原地基完全重建「阿塔羅斯遊廊」，是為唯一一棟完全修復並繼續使用的古希臘建築。今日，它是阿戈拉博物館和阿戈拉廣場挖掘局及其倉庫的所在[53]。

圖 110 阿塔羅斯二世勝利紀念碑的還原圖。紀念碑位於帕德嫩神廟東北角，頂上有一青銅馬車。果赫斯繪圖。

雅典與別迦摩的特殊關係得到衛城一系列引人動容的紀念碑進一步見證。阿塔羅斯一世的四個兒子全參加了西元前一七八年大泛雅典節的馬術比賽，各在自己參賽的項目中奪標。他們在後來的泛雅典節繼續角逐獎項[54]。為慶祝勝利，他們安設了兩座非常搶眼的紀念碑。歐邁尼斯二世的一座是一根獨柱，頂上放著一輛青銅四馬馬車[55]，地點位於衛城入口西北翼下方的階地，大致與勝利女神雅典娜神廟平行。我們知道，別迦摩對「致勝者護城雅典娜」的崇拜是由這位王子的祖先菲萊泰羅斯於西元前三世紀第二季引入。把阿塔羅斯王室的勝利紀念碑與雅典人自己的勝利神廟並置，是故意要凸顯兩個城市的連結。青銅馬車後來消失了，但它的柱座被證明是可久遠的，一度被用於放置安東尼與克麗奧佩脫拉的青銅像。等兩人在西元前三一年敗亡於亞克興之後，紀念碑的人像換成是該戰役的大英雄：羅馬執政官阿格里帕*。這紀念碑時至今日還看得見，它就位於「山門」西北翼正前方，登上聖岩者望向左邊即見。

另一座紀念碑八成是慶祝阿塔羅斯二世在馬術比賽勝出——他看來曾在三屆不連續的泛雅典節（西元前一七八／一七七、前一七〇／一六九、前一五四／一五三）贏過[56]。位於帕德嫩神廟東北角，這紀念碑的大理石墩座頂部放著一輛青銅四馬馬車（圖110）[57]，高度及於神廟的楣樑，讓它與亞歷山大大帝格拉尼庫斯河大捷後敬獻的盾牌面對面。它同時與神廟東立面最北的柱間壁（編號14號）直接打照面。該柱間壁刻畫塞勒涅駕著馬車從海面冒出（一五四頁圖31）。我們好奇勝利紀念碑離厄瑞克透斯大戰攸摩浦斯的著名青銅群像有多遠。保薩尼亞斯提過，這組塑像就位在「雅典娜神廟的旁

*譯注：阿格里帕是奧古斯都皇帝時代最有權勢的人物。

邊」[58]。所以說，到了希臘化時代，帕德嫩神廟的聖域內放滿歷代的勝利紀念碑，並置著德隆望尊的地方英雄人像與新鑄的別迦摩國王青銅像。

阿塔羅斯王朝也輸入一些歷史悠久的雅典祭典[59]。他們把對「護城雅典娜」和「勝利女神雅典娜」的崇拜結合為「致勝者護城雅典娜」崇拜。在別迦摩劇場下方建有一座小型的戴奧尼索斯神廟，其格局是照抄雅典的一座（雅典的戴奧尼索斯神廟是位於衛城南坡的戴奧尼索斯劇場下方）[60]。別迦摩劇場上方高處是「致勝者護城雅典娜」的聖所，而這聖所又是照抄衛城之顛的帕德嫩神廟（三八四頁圖108、三八六頁圖109）。為了做到視覺上的完全對應，別迦摩建築師甚至拋棄別迦摩神廟傳統的東西向格局，把雅典娜的聖所改為坐北朝南，好讓它可以像帕德嫩神廟那樣，以側面出現在劇場上方。

「致勝者護城雅典娜」的神廟是菲萊泰羅斯所建，在其範圍內，歐邁尼斯二世加入了一些兩層的遊廊[61]。這些遊廊上層的欄杆裝飾著浮雕，刻畫別迦摩獲得過的戰利品：全套武器、盾牌、鎧甲、軍旗和船艄飾。這種設計是借自雅典的勝利女神雅典娜神廟。我們記得，克里昂曾把在斯法克特里亞戰役擄自斯巴達人的九十九面盾牌掛在勝利女神神廟墩座四面牆面。別迦摩戰利品浮雕和雅典戰利品實物的對稱讓兩個聖所的緊密關聯更形突出。

所謂的「宙斯祭壇」高踞於別迦摩衛城之顛附近一片階地，是一座絕無僅見的紀念性建築（圖111）[62]。面積一百平方愛奧尼亞尺（約三十五平方公尺），「宙斯祭壇」是一座不折不扣的「百尺殿」。它的建築年代和祭壇身分都大有爭議[63]。雖然過去一般都把它歸屬於歐邁尼斯二世時代，但對同一地點出土陶器的新研究卻把它的年代推遲至阿塔羅斯二世甚至三世的時期[64]。動工年份看來是開始於西元前一六五年之後（甚至更晚），是用以紀念歐邁尼斯二世在西元前一六七至前一六六年對高盧人的大捷。不管怎樣，這座紀念性建築從未完全竣工。

這大祭壇的豐縟雕刻是大理石雕刻的一次奇技演出。外橫飾帶環繞基座一圈，完全無視橫飾帶應該置於多立安式門廊高處的成規。透過把人物降至一樓高度這種徹底創新，大祭壇看來是想讓凡人可以好好觀賞它的構圖。橫飾帶只供神明觀賞的觀念不再被青睞，而這大概是因為一筆借來的遺產有需要大力促銷。

外橫飾帶呈現的是非常古老的敘事，直接借自雅典的「巨人戰爭」。它以眾多人物呈現這場宇宙大戰的白熱化時刻。據估計，原定構圖共包含八十到一百個人物，涵蓋一個長一百一十三公尺和高二點三公尺的範圍。在留存至今的部分，凡是赫西俄德《神譜》中登記有案的神祇全部入列[65]。我們看見天空諸神與海洋

圖 111 別迦摩的宙斯大祭壇。其西面有一道寬闊階梯通向高起的內廷。「巨人戰爭」橫飾帶環繞外柱廊下方一圈。

諸神加入年輕一輩奧林匹亞諸神的行列，聯手對付泰坦諸神與巨人族。各種有翼、蛇身、獸首的怪物不一而足。

別迦摩祭壇上的巨人可說是見於古風時代雅典衛城那些可怕生物（見第二章）在希臘化時代的轉世。他們有些會讓人聯想起長著大翅膀和蛇尾的堤豐，有些會讓人聯想起長著魚尾巴的妥里同。奧林匹亞諸神對巨人的征服代表著秩序戰勝混沌，也隱喻著別迦摩人對高盧蠻族的勝利。

從祭壇西邊登上一道二十四級階梯（寬二十公尺）可到達一個內廷。在此，我們看見另一幅橫飾帶環繞內柱廊一圈（圖112）。它原來的七十四塊浮雕有四十七塊尚存至

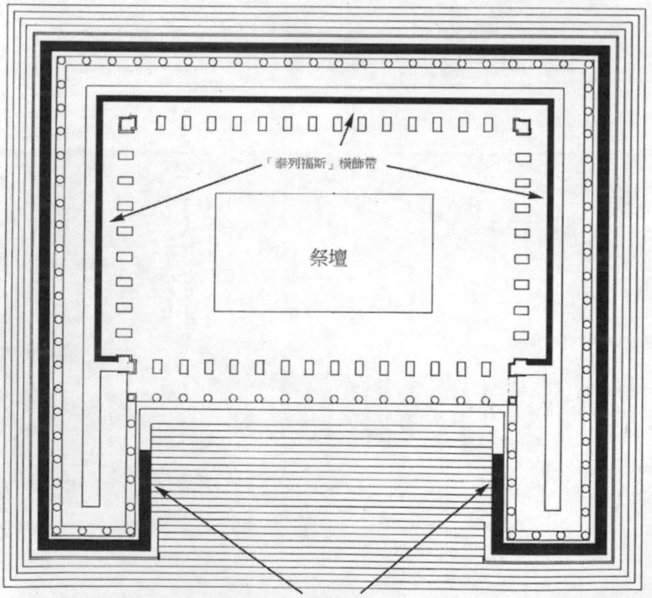

圖112 別迦摩祭壇平面圖。圖中標示出「巨人戰爭」橫飾帶的位置（環繞外柱廊下方一圈）和「泰列福斯」橫飾帶的位置（位於高起的內廷之內，環繞內柱廊一圈）。

今。內橫飾帶講述別迦摩的開國故事，其核心人物是泰列福斯——海克力士與泰耶阿公主奧革之子66。

與「巨人戰爭」橫飾帶的風風火火風格形成鮮明反差，內橫飾帶呈現出一種寧靜雍容的敘事風格，名副其實是帶領我們穿過泰列福斯的人生故事。這兩種非常不同雕刻風格的並置也曾見於帕德嫩神廟本身：其西三角楣牆上的雅典娜和波塞冬虎虎生風，但橫飾帶所講述的開國故事卻沉潛內斂。事實上，別迦摩祭壇對帕德嫩神廟的雕刻裝飾（包括其風格、內容與組織）有著非常處心積慮的追步。大祭壇東橫飾帶裡的雅典娜和宙斯是直接模擬三角楣牆上雅典娜和波塞冬的動態中央構圖。我們看見雅典娜處於同一種活力十足的姿勢：她右手猛伸，左腿微彎，膝蓋露出了大裙子（圖113）。她扯住一個倒下的有翼巨人（疑是恩克拉多斯）的頭

圖113 畫面左邊是雅典娜大戰一個有翼巨人，有一個勝利女神從右邊為她加冠。蓋婭從地裡冒出，為兒子向雅典娜求饒。見於別迦摩祭壇的東橫飾帶。

髮，而蓋婭（疑是巨人媽媽）從地裡出現，為巨人求饒。相似地，宙斯的爆炸性姿勢和誇張的肌肉也是直接仿效帕德嫩神廟西三角楣牆上的波塞冬（圖114）。只見他舉起一根雷電（位置和波塞冬的三叉戟一樣），準備擲出，嚇得三個巨人跪倒在地。

一次又一次，我們在別迦摩祭壇上找到對雅典、其宇宙大戰及其分界性事件的指涉。在「巨人戰爭」橫飾帶的西邊，我們看見一個動態的女性人物準備要擲出一個盤蜷著蛇的圓球（圖115）。這閨女伸出左臂以穩定身體，右臂向後高舉，手上圓球眼見就要投出。傳統上認定她是夜之女神倪克斯，要不就是珀爾塞福涅或德美特[67]。但我們卻無法不把她與年輕的雅典娜聯想在一起，因為雅典娜是希臘神話中唯一以把一條蛇擲向星空而馳名的神祇。被擲向天之極，「大龍」星座從此主宰了北邊的夜空。這個把蛇擲向

圖 114　宙斯作勢要向三個巨人擲出雷電。見於別迦摩祭壇的東橫飾帶。

天空的畫面會出現在「巨人戰爭」橫飾帶的西邊會是一種巧合嗎？就算像中人不是雅典娜，她仍然會讓人深深回憶起女神把最致命一個巨人星格化的往事。

沿著北橫飾帶再往前走，我們會看見另一個對帕德嫩神廟的引用。只見一條魚怪（鱗片、魚腮、魚鰭和凸眼一應俱全）從赫利俄斯馬車下方的水面冒了出來（三九八頁圖116的小圖）。這馬上會讓人聯想到帕德嫩神廟的蛇類和魚尾生物雕刻，特別是見於東柱間壁（編號14號）的兩條魚，牠們同樣也是出現在赫利俄斯的馬車下面（一五四頁圖31），就在阿塔羅斯二世的勝利紀念碑背後（三九〇頁圖110）。所以說，別迦摩祭壇既取用雅典衛城常見的水陸生物，又把牠們誇大化至一個新高度。另一個明顯例子是祭壇樓梯上那條從浮雕

圖 115 「倪克斯」把蛇擲向天空。見於別迦摩祭壇的北橫飾帶。

背景竄出的大蟒（圖116），牠也會讓人想起雅典衛城的蛇類（書前彩圖3、7）。這讓人不禁好奇，雅典衛城有多少魚龍圖像早已丟失[68]？

就連祭壇的屋頂都裝飾著來自雅典衛城的人物：雅典娜、波塞冬、馬人和妥里同。再一次，屋頂上的雅典娜和波塞冬看來是效法帕德嫩神廟西三角楣牆：雅典娜穿著有蛇髮女妖頭像的胸鎧，疾步向前（圖117），而波塞冬則把肌肉線清晰的軀幹轉向觀看者，右手（毫無疑問是如此）舉著三叉戟（圖118）。至於屋頂上那些前足躍起的馬人，他們除了是以帕德嫩神廟南柱間壁為藍本，還能別有所本嗎？妥里同的情況也是如此，他精壯，腰上圍著一圈海草，魚尾巴呼之欲出（圖119）[69]。這個妥里同曾在古風衛城的藍鬍子神廟與海克力士格鬥，又曾出現在帕德

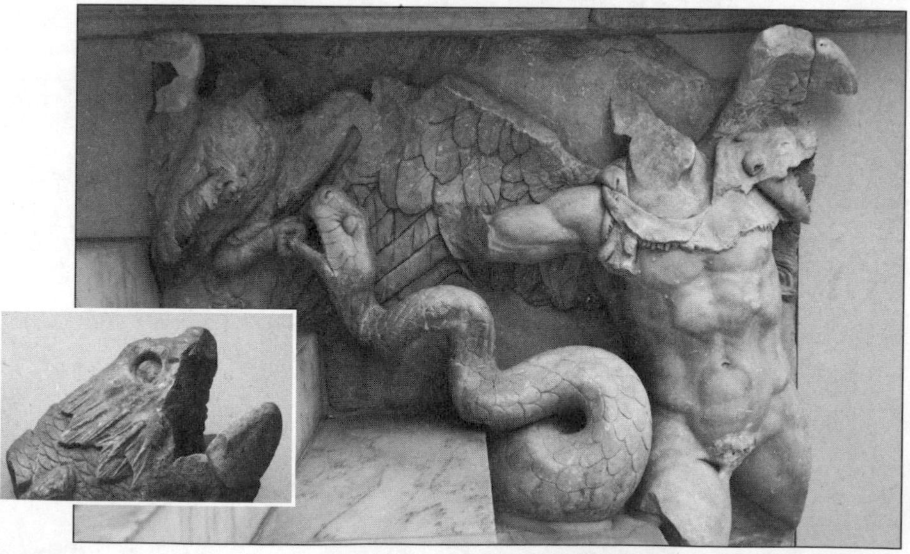

圖116　在祭壇樓梯上與宙斯之鵰纏鬥中的大蟒，旁邊一個倒地巨人觀看著這一幕。小圖：從赫利俄斯馬車下面北側冒出的魚怪。見於別迦摩祭壇外橫飾帶東邊。

嫩神廟的西三角楣牆（書前彩圖10）。

有鑑於大祭壇外橫飾帶對帕德嫩神廟有那麼多直接引用，它的內橫飾帶會與帕德嫩神廟的厄瑞克透斯橫飾帶多所相似便不足為奇。事實上，沒有什麼比這條明白模仿別人的橫飾帶更能證明帕德嫩橫飾帶是講述厄瑞克透斯的神話。兩條橫飾帶都是要傳達城邦開創者的故事，講述他們的命運如何被神諭決定、他們如何捍衛城邦，以及他們對於建立地方崇拜的貢獻。兩者的故事都呈現在一條長長的浮雕「緞帶」。但就像別迦摩祭壇的「巨人戰爭」與帕德嫩神廟者有一根本不同，兩條橫飾帶也是如此。帕德嫩橫飾帶是環繞內殿外牆的頂端一圈，反觀泰列福斯橫飾帶卻是環繞內廷的內門廊一圈，是可以在眼睛的高度看見（三九四頁圖112）[70]。這讓人再一次懷疑，這是因為別迦摩人意識到他們自稱來自一個神聖源頭之說服力較弱，有

圖 117　疾走的雅典娜，她的胸鎧上鑲有蛇髮女妖頭像。別迦摩祭壇的屋頂雕像。

圖 118　從海中冒出的波塞冬。別迦摩祭壇的屋頂雕像。

圖 119　穿著海草「裙子」的妥里同。別迦摩祭壇的屋頂雕像。

需要補強。沒有一個雅典公民會懷疑雅典人起源高貴，但泰列福斯橫飾帶必須更賣力推銷，方能建立阿塔羅斯王朝的正當性。別迦摩沒有那麼多世紀的歷史可以證明自己擁有一個史前源頭。

這就難怪，別迦摩諸王在孜孜不倦培養新雅典人的身分認同時，會挑選一位也曾見於歐里庇得斯戲劇的英雄來充當他們國父。畢竟，既然雅典人能拿這位大師的《厄瑞克透斯》自證，那別迦摩人何獨不能拿他的《泰列福斯》自證[71]？就像希臘的神廟雕刻一樣，希臘悲劇乃是改寫憲章神話的重要載具[72]。在希臘戲劇裡，我們一再看到地方崇拜被說成是由一位地方王族英雄的死所肇始：死於底比斯的彭透斯、死於特羅普的希波呂托斯、死於尼米亞的俄斐耳忒斯、死於奧利斯的伊菲革涅雅、死於雅典的厄瑞克透斯父女，還有（沒錯）死於密西亞的泰列福斯皆是例子。沒有人比歐里庇得斯更熱中講這一類故事，因為他的全集不只包括《厄瑞克透斯》和《伊翁》，不只包括《海克力士子女》和《伊菲革涅雅在奧利斯》，還包括《酒神的女祭司》、《希波呂托斯》和《泰列福斯》。事實上，別迦摩比雅典更亟須用戲劇來進行政治宣傳。蕭勒曾指出別迦摩祭壇與希臘劇場舞台景屋*的相似性[73]。所以，有可能祭壇本身就是一個希臘舞台，用來上演神話戲劇。

泰列福斯橫飾帶比帕德嫩橫飾帶容易解讀太多。它就像一些漫畫框格，把泰列福斯從誕生到死亡的整個人生故事依前後順序一一道來。由此，我們知道了別迦摩的由來。整個故事開始於可愛的奧革，她是伯羅奔尼撒城邦泰耶阿的公主，還是在地雅典娜崇拜的處女女祭司。她父王阿琉斯有很好理由把女兒安插在這個聖職：一個神諭曾經警告，要是奧革結婚產子，小孩長大後將會殺死外公的繼承人。

奧革也是泰耶阿的「聖衣洗滌女」，負責為女神洗滌袍服。在這一點上，她是阿格勞蘿絲（雅典國王喀克洛普斯女兒）的翻版，因為後者正是雅典的「聖衣洗滌女」。有一天，當奧革正在溪邊洗衣服時，海克力士經過，誘姦了公主。就像任何跟神明或半神交媾的凡人那樣，奧革即時懷孕。愧於自己的有失婦德，她生產後把嬰兒丟棄在帕德嫩里翁山（即處女山），任其自生自滅。我們曉得，相似事情也曾發生在厄瑞克透斯的女兒克瑞烏莎，她被阿波羅強暴後把小嬰兒伊翁遺棄在當初失貞的山洞裡。泰列福斯是得到一頭鹿或母獅哺育，得以不死。伊翁則是被赫耳墨斯所救：他奉阿波羅之命把小嬰兒帶到德爾斐。就像伊翁長大後成了愛奧尼亞人的祖先，泰列福斯自然也會有孕育出一個大族的機會。照橫飾帶的說法，他的後人就是別迦摩的阿塔羅斯王族。可供別迦摩人竊占為國父的英雄為數不少，但他們選擇時深思熟慮，下手精準。泰列福斯（字面意義為「漫遊者」）同時體現出他們的亞洲根源和雅典人野心。

泰列福斯橫飾帶的北邊描繪這英雄人生的最早章節：他父母的故事，他們不倫的羅曼史和這羅曼史的餘波。在把嬰兒丟棄山邊後，奧革被父王用一艘小船送出海，以免醜事為泰耶阿人民所悉。小船被沖到安納托利亞西海岸的密西亞，其地離日後別迦摩的城址不遠。仁慈的國王透特剌斯跑到沙灘把奧革救起，又把她收為養女，視如己出。在密西亞，奧革建立了以「護城雅典娜」為名的新崇拜。作為別迦摩「護城雅典娜」的第一任女祭司，她的角色遂與雅典王后普拉克熹提婭相當。

與此同時，被遺棄的嬰兒泰列福斯因為得到一頭隻母獅哺育，活了下來。在柱廊的北牆，我們看見一幅刻畫海克力士發現泰列福斯的浮雕（下頁圖120）[74]。畫面中，壯碩如牛的海克力士抵著大棒

＊譯注：蓋在舞台後面的屋子，用來供演員更衣。

（他的正字標記），被對小嬰兒的父愛所融化。他扼死涅墨亞獅子*的戰利品（嚇人的獅皮）平素都是穿在身上，但此時卻搭掛在大棒上，看起來像是普通毯子。他雙腳交叉看著兒子往母獅身上吸奶，樣子看來非常放鬆（更早期的傳說把給嬰兒哺乳的動物說成是鹿，但由於鹿是別迦摩死敵高盧人的聖獸，所以換成母獅會更妥當。獅子的另一個好處是牠和海克力士的第一件「苦差」密切相關）。

杜廊的東牆記錄著青年泰列福斯的漫遊歷程。他為尋母而去德爾斐問卜，然後按神諭指示東行，前往安納托利亞西海岸。他最後去到密西亞，受到富同情心的透特剌斯國王歡迎。國王懇求這位出眾青年幫忙他打敗一心推翻他的艾達人，又答應事成後會以女兒奧革許配。由於泰耶阿的雅典娜女祭司是容許已婚女人擔任（這是從雅典的情況推知），所以結婚對奧革來說並不構成任何問題[75]。

圖120　海克力士駐足欣賞自己兒子泰列福斯——一頭母獅正在給小嬰兒哺乳。見於別迦摩祭壇的泰列福斯橫飾帶。

在刻畫泰列福斯及同伴在透特刺斯宮廷受到歡迎的畫面中，我們看見一些人戴著佛里吉亞圓錐帽，由此標明了背景地點是安納托利亞。接著是泰列福斯的同伴，他們其中一人戴著雅典頭盔，顯示他是來自希臘大陸。畫面最右邊是泰列福斯本人，他穿著肌肉鎧甲†（下頁圖121）。這位英雄向右轉身，接受奧革饋贈的頭盔和武器。奧革這舉動再一次把她與阿格勞蘿絲連結起來，因為我們知道，雅典的「軍訓生」都是在衛城東坡的阿格勞蘿絲神廟領他們的武器，並在阿格勞蘿絲女祭司的監誓下發下愛國誓言。奧革在這裡扮演著一樣的角色。

束橫飾帶的其餘部分講述泰列福斯與艾達人的戰鬥及後續事件。以勝利者之姿凱旋，泰列福斯準備好迎娶公主。幸好，在最後一刻，兩人發現彼此是母子，避免掉一則亂倫故事。泰列福斯沒有一直形單影隻：他認識了亞馬遜女王希耶拉，兩人準備結婚。不過，天不造美，阿爾戈斯人因為迷路到了密西亞（他們原是要前往特洛伊作戰），並與亞馬遜人發生衝突。橫飾帶收入了泰列福斯幫助亞馬遜人對抗希臘人的情景。就這樣，見於帕德嫩柱間壁的兩大分界性事件（特洛伊戰爭與「亞馬遜人戰爭」）被別出心裁地同時寫入了別迦摩的開國神話。在這個版本的「亞馬遜人戰爭」裡，希耶拉被殺，泰列福斯被阿基里斯重傷。

---

*譯注：海克力士是宙斯私生子，受天后赫拉忌恨，後因赫拉詛咒而發瘋。只有完成十二件「苦差」方能解除這詛咒。第一件「苦差」是殺死涅墨亞獅子（一頭刀槍不入的巨獅，以長年盤踞在涅墨亞得名）。扼死獅子後，海克力士剝下獅皮，披在身上。第二件「苦差」是前文提過的斬殺九頭蛇許德拉。

†譯注：有肌肉線條的鎧甲。

說來他也是咎由自取。原來，戴奧尼索斯一直忿恨泰列福斯沒有向他獻祭，作為報復，他讓戰鬥中的泰列福斯一條腿被葡萄藤蔓纏住，成了阿基里斯長矛的活靶。這長矛原是馬人喀戎送給父親的結婚禮物，性質非比尋常：它造成的傷口永不會痊癒。泰列福斯從此成了瘸子。

因為備受疼痛困擾，泰列福斯尋求神諭指示，得知只有殺傷他的那件武器可以治癒傷口。南橫飾帶顯示他返回希臘大陸尋找長矛的經過。他在阿爾戈斯的宮廷被奉為上賓，但國王阿伽門農拒絕幫忙尋找長矛，泰列福斯一怒之下搶過襁褓中的小王子俄瑞斯特斯。橫飾帶顯示小嬰兒被頭下腳上抓住，泰列福斯準備把他殺死在阿伽門農的家庭祭壇。千鈞一髮之際，喀戎的長矛被找著。泰列福斯把矛頭的銼屑揉在腳上，腳傷隨即痊癒。

圖121　穿著胸鎧的年輕戰士泰列福斯在密西亞受到歡迎。他的同伴（左邊）戴著佛里吉亞圓錐帽與阿提卡頭盔。見別迦摩祭壇的泰列福斯飾帶。

接著我們看見泰列福斯回到別迦摩，登上王位，並建立了對戴奧尼索斯的祭拜。這位神明的怒氣因此消失，不再加害王室。類似情節也見於厄瑞克透斯的神話：波塞冬因為雅典人不接受他的禮物（海水水泉），勃然大怒，製造出地震和大洪水。但與泰列福斯不同的是，厄瑞克透斯沒能及時補救。在以他為名的那齣悲劇中，厄瑞克透斯被大裂隙吞噬，葬身地底深處。只有當王后普拉克熹提婭在衛城創立了對「波塞冬－厄瑞克透斯」的新祭拜之後，海神才既往不咎。

雅典和別迦摩自始至終都是以崇拜「護城雅典娜」為主。不過，兩個城邦也引進副崇拜以安撫感情受傷的神明。王后普拉克熹提婭和奧革在「護城雅典娜」的主崇拜裡扮演相同角色。國王厄瑞克透斯和國王泰列福斯則是在新的副崇拜裡扮演特殊角色：兩者的崇拜對象分別是「波塞冬－厄瑞克透斯」和「戴奧尼索斯－凱特格芒」。凱特格芒意指「神所帶領者」＊。

內橫飾帶的南段講述泰列福斯人生故事的終章。畫面中的他安躺在一張躺椅上，而這種斜躺姿勢是直接沿用海克力士完成十二苦差後的圖像公式。其所傳達的訊息是虎父無犬子。在周遊過那麼多地方和完成那麼多功業之後，開國之君可以歇息了。

他的最後安息之地也是小心翼翼地遵循既有模式。在別迦摩祭壇的地基深處，出土過一座拱頂型建築，建材為安山岩，年代判定屬於阿塔羅斯一世之時[76]。祭壇的築造者明顯對這地下建築表示尊重。它看來是要追步我們看過的許多墓／祠模式：奧林匹亞的珀羅普斯墓、尼米亞的俄斐耳忒斯、伊斯米亞的墨利刻耳忒斯－帕萊蒙墓、阿密克萊的許阿鏗托斯墓，還有雅典的厄瑞克透斯墓及三公主

＊譯注：這大概是泰列福斯的外號。

墓。這些開國者全都是在據信是他們入土之處受到祭拜。所以，別迦摩祭壇地底的拱頂型墓塚大有可能是另一座英雄祠，是為城邦元祖泰列福斯而建[77]。這猜測是有根據的，因為保薩尼亞斯提過，別迦摩人會向泰列福斯獻牲，而在當地阿斯克勒庇俄斯神廟所唱的頌歌一開始都會提泰列福斯的名字[78]。他還說奧革在別迦摩的墳墓還看得見：那是一個土墩，四周是一圈石頭圍成的地下室[79]。如果雅典的例子適用，那母子二人必然是在別迦摩衛城受到聯合祭拜。

泰列福斯的故事不只能讓別迦摩諸王把自己整合進雅典人的譜系及他們的兩大「分界性事件」（巨人戰爭與特洛伊戰爭），還能讓他們承認自己的亞洲根源。「泰列福斯」這名字事實源自西臺語的 Telepinu，意指「消失中的神」[80]。它當然非常適用於一個曾經從阿卡迪亞山區漫遊至密西亞海岸再漫遊至阿爾戈斯然後折返密西亞的人。泰列福斯與亞馬遜女王的婚配，還有兩人並肩對抗希臘人一事，也起著相似效果，即既能讓阿塔羅斯王朝被納入所有大陸希臘人共通的神話敘事，又把他們的根源設定在安納托利亞。泰列福斯的業績則表現出阿塔羅斯王朝的兩大標記：武功彪炳和信仰虔誠。要不是把一個偉大的「母邦」或說偉大的過去挪為己用，別迦摩諸王在歷時一個半世紀裡的表現有可能會大打折扣。

阿塔羅斯王朝賴以打造出「東方的雅典」的，不只是神話和灰泥。在他們的衛城的最高點，坐落著一座被判定為圖書館的建築，其中藏著古代世界的全部學問[81]。閱覽室正中央放著一尊菲迪亞斯的「帕德諾斯雅典娜」的複製品，材料是遠從彭代利孔山輸入的大理石[82]。高超過三公尺，大小約為原像的四分之一，這雕像的作用是呼籲所有別迦摩人向雅典的理想看齊——用柏拉圖的話來說就是追求成為「最漂亮和最高貴者」。

不以這些模仿為滿足，別迦摩還搞了自己的泛雅典節。歐邁尼斯一世在寫給人民的一封信中（年代約為西元前二六〇至前二四五年之間）提到過這個節日[83]。國王在信中建議，應該在下一屆泛雅典節給五位將軍各頒一頂金冠，以表揚他們的稱職表現。「致勝者雅典娜」的神廟在西元前二世紀期間鑄造了一系列青銅幣，以作為各屆泛雅典節的紀念幣[84]。錢幣正面是雅典娜頭像，背面銘刻著ATHENA NIKEPHOROU（「屬於致勝者雅典娜」）。銘文旁邊當然少不了一隻小貓頭鷹。

對雅典的模仿固然沒有其他地方能比別迦摩更全面或更熱烈，但類似舉動卻延續到這王國結束之後*，即延續至羅馬的帝國階段。在雅典阿戈拉廣場的正中央，我們今日還看得見三尊站在壁柱上的石頭巨像。他們都是些妥里同，是神話中被海克力士斬殺的海蛇妥里同的後裔，樣子一如在別迦摩祭壇的屋頂雕像所見者：上身肌肉發達，下身圍一圈海草，腰部以下蜷曲著魚尾巴。但阿戈拉廣場妥里同的藍本是來自一個近處：帕德嫩神廟西三角楣牆上的波塞冬（書前彩圖10）。

三尊巨像表現為俘虜形象（遭綁縛和神情痛苦），原是一道遊廊的裝飾品（遊廊相連於一座音樂廳的立面），為一系列妥里同像和巨人像之僅存者。但這些雕像不是出自雅典雕刻師或別迦摩雕刻師之手。音樂廳是羅馬將軍阿格里帕在西元前一世紀建造，後於西元二世紀中皇帝安東尼·庇護統治時期坍塌，重建為講學堂[85]。三尊妥里同屬於這後一階段。

他們腳下的壁柱以浮雕石板裝飾，石板上刻有雅典娜最本質性的符號：橄欖樹和聖蛇[86]。同一組符號也見於奧古斯都榮民市（今西班牙梅里達）的「行省廣場」。廣場建於西元五〇年前後，有女像

---

*譯注：最後一任別迦摩國王因為無嗣，唯恐死後會爆發內戰而把王國遺贈給羅馬。

柱和美杜莎頭像作為裝飾（全是一仍古典雅典的風格）。一塊大理石浮雕顯示著一棵橄欖樹、聖蛇和三隻鳥[87]。顯然，當初陪同奧古斯都和阿格里帕進入雅典的羅馬軍團對這城市的紀念性裝飾印象極為深刻，後來才會想要用它們來裝飾自己的家鄉城市（包括遠至西班牙的一些）。當然，羅馬城本身就會定期大量複製雅典模式，例如，奧古斯都廣場和哈德良皇帝位於蒂沃利的別墅便都看到女像柱[88]。

類似地，羅馬的行省錢幣也把雅典衛城的圖像送到遠方人手中。發行於約西元一二〇至一五〇年之間，這些青銅錢幣鐫刻著衛城北坡的牧神潘山洞、通往「山門」的梯道、一面代表厄瑞克透斯神廟的三角楣牆，以及青銅雅典娜巨像[89]。光是靠著這些大量生產的錢幣，羅馬帝國就比從前或之後的任何強權把雅典的形象傳播得更廣更遠。儘管如此，要竊占一個文化，光是複製它的圖像母題或把自己放入它的建國神話裡仍是不夠的。

別迦摩諸王的真正目的不是複製他們「留學過」的那座城市。借柏拉圖的術語來說，他們不是只要模仿表象。相反地，他們是指望獲得他們複製對象的本質，一如木匠造一張椅子時會先在腦海裡審視椅子的**理型**（idea）。在《法律篇》的第十卷，柏拉圖嘲笑詩人，說他們只是自己靈感的俘虜，只會模仿那些能夠取悅感官的物事，永遠無法抵達真理（真理是哲學家的專擅領域）[90]。在雅典求學過的別迦摩諸王不準備犯同樣錯誤。與其說他們是追求一個複本，不如說他們是把雅典視為一個**理型**，根據它來打造他們的城市。除了為他們的超大圖書館蒐集二十萬卷圖書，或輸入彭代利孔大理石來複製「帕德諾斯雅典娜」神像，他們還想重新創造讓雅典成為理想社會的根本精神。為達成這個目標，他們採取了若干行為守則，包括重視無可挑剔的軍事紀律和君權的和平轉移。阿塔羅斯一世能成功做到讓兩個兒子輪流繼位而沒有發生內訌，乃是雅典人政治理想的一個楷模，也是陰謀與謀殺充斥的希臘化世界的一個異數。

就這樣，別迦摩諸王落實了伯里克利近三百年前在國葬演說的預言：「我們從不抄襲鄰人，反而是他們的典範。」[91]

不過，雅典經驗其中一個元素卻是作為君主國的別迦摩或作為帝國的羅馬所不可能企及。雅典最大一座神廟（特別是它的橫飾帶）以最大熱情見證著雅典民主的祕密：沒有任何人的性命比其他人或共同福祉重要。認識到厄瑞克透斯女兒的犧牲是帕德嫩橫飾帶的主題之後，群體團結對雅典（危機時期尤然）的無上重要性便會昭然若揭。正是這種共同體歸屬感和它帶來的種種特權讓旁人羨煞。它是歷久不衰的雅典人身分認同的最本質，一代又一代的雅典人透過它而被結合在一起。雖然這種團結性並不必然會導致民主，但少了它，嶄新的民主安排亦不可能在雅典運作。

我們絕不能昧於一個事實：帕德嫩橫飾帶是以古代雅典的標準謳歌民主，不是以我們時代的標準。現代的民主政體以政教分離自豪，但這種二分法並不存在於古雅典。在那裡，神話、宗教和政治（雅典意義下的政治）是無縫地交織在一起的。雖然現代民主聲稱它比任何制度更能保障個人的權利與自由，但古典版本民主的強調卻是落在共同福祉和個人有責任為共同福祉犧牲。

除了真正的大英雄，個人在希臘世界大多數地方都沒多少分量可言。黷武主義的斯巴達更遑論，因為對它而言，更重要的是城邦本身的福祉，而非人民集體的幸福。所以，就像「民主」一樣，人有神聖責任為國人同胞或共同福祉犧牲的觀念在西元前五世紀是徹底革命性的觀念。雅典人實質上改寫了英雄的定義：在荷馬史詩裡，英雄是為自己個人的卓越而戰鬥和戰死，是為了讓自己的大名流傳得比所有其他人更久；反觀雅典，其英雄則是為拯救國人同胞而戰鬥和捨命。他的國人同胞也會為他做一樣的事。在危機時期，共同福祉也是比個人利益優先，例如，在西元前四三〇年的大瘟疫，很多雅典人並沒有逃走，而是不惜冒生命危險選擇留下來照顧病患[92]。

在歐里庇得斯的《厄瑞克透斯》裡，王后普拉克熹提婭為這些高貴但稀奇的觀念發聲。它們實在太稀奇，以致利庫爾戈斯因為害怕它們會隨時間被人遺忘而刻意在《譴責萊奧克拉特斯》加以引用：

這城邦只有一個名字，卻住著許多人。當我明明可以獻出一個孩子以拯救所有人，卻不這樣做，任由所有人毀滅，難道這是對的嗎？

毀掉一個家要比毀掉一座城市較不後果慘重，也少些悲苦。

我痛恨那些為孩子選擇苟活而非共同福祉的人，或鼓吹怯弱的人。

我不會為一個人的命而拒絕拯救城邦。

歐里庇得斯，《厄瑞克透斯》F360.10-50 Kannicht =

利庫爾戈斯，《譴責萊奧克拉特斯》100[93]

所以，位於雅典民主制度最核心的是這個信念：沒有任何人的性命（包括王族成員的性命）比多數人的性命重要。《約翰福音》在第一世紀這樣定義最高的愛：「人為朋友捨命，人的愛心沒有比這個大的。」（第十五章十三節）這種自我犧牲之愛早在基督誕生四百五十年前便出現在雅典，它顯示出國人同胞的互信是如何可以讓「民治」歷久不衰，乃至讓一個城邦能度過本來只有最極權國家度得過的危機。

自那時以來，不同形式的民主基本上都是想辦法平衡個人對共同體的義務和共同體對個人的責任。雅典並沒有忽略後者，雖然較少予以強調。有兩百年時間，雅典的「極端民主」實驗有一部分是靠著自願捐獻支撐，由富有公民出資維持一無所有公民的生活[94]。與此同時，一種自我克制和尊重法律的精神，還有（這是更重要的）一種對他人發自真誠的關懷（這是因為不管是貧是富，大家都是源自同一個高貴源頭），皆保障了上述的平衡。以這種方式，社會的同舟共濟乃可被認為是雅典娜女神的聖衣。反諷的是，當代民主（自詡為雅典的繼承人）面臨的最嚴峻挑戰正是失去雅典曾達到過的平衡。

跋

有了餘燼重燃的思想微光，
有了對舊日景物的依稀辨識，
還有幾分惘然若失的困惑，
心中的圖像如今又栩栩重生。*

——華茲華斯，〈賦於丁登修道院上方威河河岸〉
一七九八年七月十三日

*譯注：詩人在這裡描寫他努力記憶起一片風景曾給過他的感動。譯文借自楊德豫，見氏譯《華茲華斯抒情詩選》（台北：書林書店，二〇一三年），頁一六三。

重訪我們記憶裡的紀念碑，經驗我們在人生不同階段與它們有過的會遇，就是（用華茲華斯的方式來說）去喚醒「心中的圖像」。要回憶起我們親眼看過的事物和我們看待它們的方式，這本身就有夠難的，更何況是要回望與我們之間相隔著層層迷霧的古代。我們對古代的理解和古代人自己的理解有沒有任何相似之處，始終是個疑問。

在前面，我們碰到過一些與本書主題相關的不同時代人物：在伊利索斯河河畔聊天的蘇格拉底；到「聖岩」旅行的保薩尼亞斯；以高度扭曲方式為帕德嫩神廟立面繪圖的西里亞庫斯；把神廟雕刻內容狂想為一座動物園的瑟勒比；對神廟進行一絲不苟測量的弗農；把橫飾帶詮釋為彩色的勞倫斯爵士；為取得「帕德嫩銘文」印模而表演高空特技的安德魯斯；在柱廊裡狂喜起舞的伊莎朵拉・鄧肯。現在，讓我們在這些人中間再加入一位：維吉妮亞・吳爾夫。她曾兩度造訪帕德嫩神廟，第一次在一九〇六年，第二次在一九三二年。她在一封信裡談到第二次的感受：

> 對於帕德嫩神廟，我能說些什麼呢？我就像遇到我自己的鬼魂，即那個二十三歲的女孩，還有她後來的人生：當時的和後來的；它比我記憶中緊湊、輝煌和強壯。它那些黃色的柱子（該怎麼說呢？）集合群聚，向著最紫的天空輻射出去……神廟像一艘船，又緊繃又生氣勃勃地航行著，但又靜止地航行過歷朝歷代。它比我記憶中要更大、更緊密地聚攏在一起……如今我行年五十……華髮已生，活了大半輩子，大概正處於死亡臉孔前的極盛時期。
>
> 《維吉妮亞・吳爾夫日記》，一九三二年四月二十一日[1]

她會感覺神廟變大這一點乍看有點奇怪，因為大部分事物在我們日後重看見時都會顯得縮水。不過，在維吉妮亞・吳爾夫重遊帕德嫩神廟之時，神廟確實是變大了，而這是拜土木工程師百蘭諾斯在一九二二至三三年期間對其進行了整修之賜[2]。百蘭諾斯修復了北柱廊與南柱廊，修復了東南簷口和西立面，用鋼筋水泥造了一根新的過樑，凡此都大大增加神廟的視覺衝擊力。復原的北柱廊與南柱廊讓東立面和西立面可以重新連接在一起——這是神廟自一六八七年遭威尼斯大砲重創以來頭一遭。這當然可以解釋維吉妮亞・吳爾夫何以會覺得神廟變大。不過，她對自己年紀和人生盡頭漸近的強烈意識同樣改變了她對帕德嫩神廟的感知。時間總是會改變我們的視覺經驗，以致從沒有兩回的感官印象是完全一樣。

所以，每代人在造訪和重遊帕德嫩神廟時，他們的觀感都是不同的，各受到自己所屬時代與文化所左右[3]。今日我們很多人都分享著一點維吉妮亞・吳爾夫的經驗，即覺得我們在壯年歲月看到的神廟比年輕時看到的「更緊密地聚攏在一起」。過去三十年在衛城進行的修復工作給了我們一座更堅固和更接近原貌的帕德嫩神廟。這努力大部分工作是逆轉百蘭諾斯當初對帕德嫩神廟所做的「改善」。百蘭諾斯大量使用軟鋼夾扣連接石塊之舉無意中導致原已備受火災、砲火、風化和磨損蹂躪的神廟受到進一步破壞。他忘了用鉛去包覆他的鋼夾扣（反觀古希臘人則小心翼翼地用鉛包覆他們那將石塊扣在一起的鑄鐵夾扣）。這疏忽讓大理石面對天氣變化時變得更加脆弱。沒有包覆的鋼材無可避免會生鏽，生鏽之後又會膨脹，讓石頭進一步裂開和剝落。

一九七一年，希臘文化部為處理這些問題而成立「衛城紀念碑保存工作小組」。五年後，小組擴大為時至今日還存在的「衛城紀念碑保育委員會」[4]。自一九八六年以後，「衛城修復工作隊」的一大任務為移除百蘭諾斯的鋼夾扣，用防侵蝕的鈦金屬拉桿扣替換。神廟每塊石塊都被一絲不苟地加以「現場勘驗」，經歷清理、掃描和從每個角度拍照的程序，有必要時會用新採自彭代利孔山的大理石和白色普通水泥修補。更早期修復工作所犯的錯誤受到更正，每塊石塊都歸回原位，有結構性必要時會加入新採的石塊（圖122）[5]。十幾個世紀以來，我們第一次看見一座更結實、更原味的帕德嫩神廟，它變得「更大、更緊密地聚攏在一起」。

這個把帕德嫩神廟一塊塊拆下來再砌回去的過程帶來了一卡車有關建造神廟所用物料、工具、技術與工程學的新資訊。果赫斯（他領導「帕德嫩神廟修復計畫」凡三十年，也是「衛城紀念碑保育委員會」成員之一）為帕德嫩神廟的興建過程帶來全新了解（四一八頁圖123）。他解釋了採挖大理石的

圖 122　重建中的帕德嫩神廟。從東邊看去的景象，一九八七年。

方法，以及如何把大理石塊運下彭代利孔山再運至雅典——這過程被稱為 *lithagogia*，即「石頭運輸」[6]。他考證出神廟興建過程中對原始格局和裝飾有過哪些更動，又考證出帕德嫩神廟的內橫飾帶原本為愛奧尼亞式，而且環繞東門廊一周。他還原出神廟屋頂和牆壁原來外貌，包括發現東殿門兩側原各開有一扇窗。他找出神廟哪些部分在羅馬時代受損於火，以及神廟在拜占庭時期、法蘭克人時期和鄂圖曼人時期有過哪些改造。他甚至從不同石塊的受損程度，計算出當日把神廟炸得四分五裂的加農砲砲彈的彈道[7]。

隨之而來的是一種觀看和理解帕德嫩神廟的全新方式。新的衛城博物館*在二〇〇九年六月開幕，讓世人首次可以接觸到神廟的大批脈絡性材料（有些是實物，有些是圖片），包括從衛城頂上和山坡出土的水井、墓塚、神祠、房屋和鑄坊。它們的年代涵蓋新石器時代至古典時代晚期，有豪華物品也有日用物品，有神聖物品也有實用物品，有我們熟悉的也有我們陌生的，全都附有深入解說，可供人近距離打量[8]。很多方面，我們正處於衛城研究的一個新起點，它讓我們可以在寬敞和光線浸透的展廳用一雙新眼睛觀看受到專業保存的文物。這是一個向前看和重新評估過去定論的時刻。

新呈現的脈絡和更全面的圖像讓我們有可能質疑最不容懷疑的正統詮釋。過去，各種因素聯手作祟，讓我們建構出來的過去圖像充其量只是個鬼影和近似值。這些因素包括：流傳至今的證據寥寥無幾；只有「贏家」的說法（姑勿論是否屬實）能流傳下來的現實；時代和文化的偏見（它們決定了什麼是重要而什麼不重要）；個人記憶和文化記憶的力量（它們會遮蔽我們對「事實」的理解）。面對

---

*譯注：舊的一家衛城博物館落成於一八七四年。

像帕德嫩神廟那樣美麗、圖騰化和兩千年來不斷被投射以意義的標的性建築，想要以「古人眼睛」來觀看它更是難上加難。

人對帕德嫩橫飾帶的成見尤其頑強（這成見是靠一個於近兩百三十年前提出的詮釋所加持）。不過，拜「衛城修復工作隊」三十多年來的努力之賜，重新評估舊觀點（它已發展為一種教條）的時機已告成熟。

為什麼帕德嫩橫飾帶的意義會隱晦不彰那麼長時間？首先是因為，我們能藉助的文獻資料太少，數量只相當於原有量的零頭[9]。再來就是，我們的文化情感無法忍受一座被視為「西方藝術象徵標誌」的建築會與處女犧牲有牽扯，更何況這建築還是民主制度的圖騰。後古代社會一直對活人獻祭的觀念反感。事實上，當代世界各大宗教都禁止這種行為。它被歸入野蠻、未開化和「原始」的領域，一向被

圖123　果赫斯站在帕德嫩神廟的東北簷口上。一九八六年。

認為是只有「別人」（特別是我們的敵人）才幹得出來。問題是，活人獻祭的痕跡可在史前地球的每個角落找到。神話、傳說和考古證據皆顯示，史前的歐洲、非洲、亞洲、美洲和太平洋各島嶼都有活人獻祭的風俗[10]。事實上，包括印度的《吠陀經》在內，現存最古老的宗教聖典許多都曾提及這種風俗[11]。

我們不敢想像活人獻祭的「野蠻」勾當會出現在帕德嫩神廟大門上方，是因為一直誤以為它是西方意義公民生活的殿堂，不知道它主要是一座宗教建築。我們也許可以這樣反問：難道基督教堂大門的上方不是也有活人獻祭的畫面嗎？另外，基督受難也是追隨我們一個非常熟悉的模式：王父為拯救百姓而犧牲他的愛兒。

事實上，終極的犧牲（即為共同福祉而獻出摯愛子女）是很多世界性宗教的核心，也是許多全球性神話和傳說的核心。《希伯來聖經》的《士師記》告訴我們，耶弗他為履行他對上帝許下的誓言，必須獻出女兒性命[12]。在《創世記》中，上帝為考驗亞伯拉罕的信心，要他把愛子以撒獻祭。亞伯拉罕順服地把兒子帶到摩利亞山山頂，完全準備好要把兒子殺掉。但他這份心意本身便夠得上一種獻祭，所以上帝在最後一刻出面阻止，對他說：「現在我知道你是敬畏上帝的了。」[13]接著亞伯拉罕以一隻公羊代替以撒，獻了燔祭。同樣模式也見於希臘神話。例如，當伊菲革涅雅被帶到奧利斯的祭壇時，一頭鹿取代了她*[14]。

＊譯注：在一些神話版本，伊菲革涅雅確實死了，但也有一些版本說阿耳忒彌斯施法把她救走，以一頭鹿取而代之。

古典雅典人的建國神話會是以犧牲、死亡和救贖為核心，是因為在危機時期犧牲閨女的神話構成一個源遠流長的傳統。其中也包含著跨文化的連續性。在帕德嫩神廟的東橫飾帶，我們看見厄瑞克透斯的大女兒和二女兒用矮凳把她們的殮服頂在頭上（二三二頁圖51）。最小一個女兒則幫忙父親攤開她將要穿上的殮服。所以，橫飾帶中央畫面是遵循著閨女們犧牲前會自備行頭的公式。基督教藝術裡的以撒一律是自己背著用於點燃祭壇的柴枝。在福音書裡，耶穌基督也是自己背著十字架前赴受難地點。這些意象暗示著，犧牲者（不管他們是否自覺）甘心被殺。橫飾帶上三位公主用不著被硬拉到祭壇去。她們的自願犧牲立下了一個公民榜樣，一如耶穌的自願就死立下了一個道德榜樣：「人的愛心沒有比這個大的。」以這種方式，雅典人讓自我犧牲成為了「最漂亮和最高貴者」理想和民主理想的本質部分，一如基督教會把自我犧牲定為人得以進入天國的前提。「凡要救自己生命的，必喪掉生命；凡為我喪掉生命的，必得著生命。」（《馬太福音》第十六章二十五節）

我們不應該忘了，帕德嫩神廟充當一座基督教堂的時間比它充當一座希臘神廟的時間還要略長一點：從第六世紀中一直持續至一四五八年的鄂圖曼征服[15]。所以，即便帕德嫩神廟東殿門上有過任何犧牲獻祭畫面的痕跡，也早已被擦拭掉。事實上，當神廟被改造為教堂時，描繪厄瑞克透斯一家的圖板被拆了下來，以便加入一座基督教式後殿（圖124）。東橫飾帶這塊中央圖板後來被砌入衛城的防護牆，一直到埃爾金之時才重見天日。基督教理應會想要移除厄瑞克透斯犧牲女兒獻祭的畫面，以免它搶走基督犧牲的鋒頭。我們知道，基督教徒曾給其他的帕德嫩神廟雕刻毀容，以沖淡它們的異教信息。不過，他們獨獨沒碰最西北角落一塊柱間壁，讓它完好如初：在他們眼中，浮雕內容是天使加百列向童女馬利亞報喜[16]。

在總結我們對帕德嫩神廟的觀點之前，讓我們先考察一下，傳統成見一般是怎樣把自己確立為事實。確實，「知識」是怎樣造成的呢？在這個問題上，有幫助的是莫克論「知識經濟學」的重要作品，其中分析了各種抗拒新觀念的思考方式。莫克展示出知識是一個可以用達爾文觀念解釋的自我組織系統。就像基因一樣，觀念受到天擇所支配。除非創新是於己有利，否則知識系統就會抗拒變遷，偏好自我複製。因此，與既有知識唱反調的新知識鮮少「繁殖機會」[17]。

莫克寫道：「在有用知識的演化中，對『新』的抗拒是來自既有職業者的先入之見，他們基於所受的訓練而把某些概念視為公理。」[18]他舉出好些著名例子：布拉赫對哥白尼系統的抗拒、愛因斯坦對量子力學的抗拒、普利斯特里拒絕放棄「燃

圖124　帕德嫩神廟在十二世紀模樣的還原圖，當時其東面盡頭加入了一座基督教式「後殿」。果赫斯繪圖。

素」之說、馮．李比希拒絕相信發酵是一生物過程而非化學過程。雖然詹納早在一七九六年發現了疫苗療法，卻要再過一個世紀，等到細菌理論抬頭才獲得接受。事實上，當他要求向皇家學會報告發現時，他被告以此舉只會讓自己聲名受損，與既有知識大唱反調是不智之舉[19]。

在帕德嫩神廟的個案，我相信有兩個出現於十九世紀前半葉的發展各以自己的方式限縮了有關帕德嫩神廟及其橫飾帶的辯論空間。一旦加在一起，這兩股力量將可很大程度解釋了傳統成見為何如此頑強。

發明銀版照相法的消息正式公布後僅僅兩個月後，一支「銀版照相遠足隊」便前往了雅典衛城。在這次遠征中，洛特比尼埃拍下了帕德嫩神廟

圖125　洛特比尼埃拍攝的銀版照片，一八三九年。載於《銀版照相遠足隊》（1841-42）。

圖 126　布瓦索納給帕德嫩神廟的西北角拍照，一九〇七年。

圖 127　馬夫羅馬蒂斯為帕德嫩神廟拍照，一九八八年。

的第一幅銀版照片（四二三頁圖125）[20]。自此以後，帕德嫩神廟不知道上過相機鏡頭幾百萬遍。事實上，大部分人第一次看見這座宏偉建築都是透過相片、電影或數位影像。

過去大半個世紀以來，攝影家蜂擁而至衛城，一個比一個更賣力地要把帕德嫩神廟的壯美收入底片。為拍出最完美的照片，他們無所不用其極。從布瓦索納在二十世紀頭十年拍的那批非凡影像（上頁圖126），到馬夫羅馬蒂斯過去三十年為衛城修復工作留下的專業紀錄（上頁圖127），透過照片對帕德嫩神廟所做的無數複製已讓它變成牢不可破的圖騰[21]。它已成了（也將繼續如此）這些照片想要主張的物事。指出它們與事實不符猶似指出「蒙娜麗莎」實際上並未微笑，誰其能信？

我們很難擺脫以下這個現代觀念：視覺圖像的作用是記錄當下，把看得到的東西保留下來。但圖像在古代希臘所扮演的角色卻大為不同：它們是要讓觀者看到**不再**看得見的物事，即神話中的往昔[22]。所以，如果是人眼所看得到，便用不著圖像去訴說。它們的首要功能是重建一段已消逝的時間和一個已消逝的世界，使得過去呈現眼前。一旦我們以這種古代的方式思考，便能夠欣賞它的內在邏輯。古代的圖像並不是同時代事物的照片，而是一扇向遙遠過去打開的窗。由此，我們也可以明白何以某些詮釋（不管它們有多麼歷史悠久）並不可信。

過去兩世紀的另一發展是，大家總是強調帕德嫩橫飾帶的公民和政治內容，罔顧它的神話－宗教面向。用帕德嫩神廟風格來強調我們繼承了雅典民主精神的舉動多得沒完沒了。但不管我們的銀行或郵局（如圖128的美國關稅大樓）在外觀上有多麼像希臘神廟，都不能證明希臘神廟的雕刻裝飾是取材自真人實事的浮世繪。然而，從十九世紀開始，把帕德嫩神廟和現代西方價值理想相提並論的傾向是那麼強烈，讓人不可能抗拒得了把這個象徵符號（或至少是它的一部分）據為己有的衝動。

到了小清真寺在一八四〇年代被從帕德嫩神廟移除之時，第七世埃爾金侯爵布魯斯早就執行過另一項移除計畫：把神廟大部分雕刻拆下來，裝箱，運回英國[23]。那時他是駐君士坦丁堡鄂圖曼宮廷的英國大使。到底埃爾金此舉有沒有得到鄂圖曼蘇丹塞利姆三世的同意，至今仍然是個爭議[24]。顯然，在埃爾金取走雕刻之時，希臘是處於土耳其人的統治之下，沒有自主權。不管蘇丹批准過埃爾金些什麼，都主要是看在一件事情分上：英國是鄂圖曼帝國敵人法國的敵人。

早在一八〇〇年八月，埃爾金就組織了一支團隊，對衛城的宏偉建築進行繪圖、造石膏模型和丈量的工作。他自己會在君士坦丁堡再待一年半，監督工作交由英國大使館的駐館牧師亨特和義大利風景畫家魯希亞利負責。這團隊遲遲得不到進入衛城的許可，因為當時的衛城被用作軍事基地。有六個月時間，團隊只能為雅典城內和城外的宏偉建築繪圖。要能達成任務，他們需要一

圖128　紐約的美國關稅大樓，建築師湯恩和戴維斯造於一八三三至一八四二年間。

封來自鄂圖曼宮廷的官函。一份授權書或說皇帝諭令據說在一八〇一年五月發出。但它的內容太模糊，亨特便要求一份規定得更清楚的諭令。後者據說在同年七月六日發出。這文件沒有流傳至今，事實上，當大英博物館的特設委員會在一八一六年考慮要不要向埃爾金購入帕德嫩雕刻時，這封諭令已經找不到。我們今日僅有的是一封「官函」的義大利文譯本，它也是亨特在一八一六年交給委員會過目的證明文件。文件簽發人不是蘇丹而是代理首相凱邁坎，收件人是雅典的首席治安官和民政總督。這函件原先由克萊爾*擁有，如今已賣給大英博物館。它批准埃爾金團隊自由進出衛城，「以便觀看、審視和摹畫雕刻」。他們還進一步被允許「在偶像古廟搭建鷹架，以石灰糊（即石膏）為雕像取範，丈量其他荒廢建築的遺物，以及在有需要的時候挖掘地基以尋找有銘文的石塊，因為這一類石塊有可能保存在瓦礫堆裡」。這諭令還特別強調，「當他們想要帶走一些有銘文的石塊或人像時」，不許加以阻擾[25]。

諭令中沒有明確提到准予埃爾金拆除帕德嫩神廟的雕刻。埃爾金夫人瑪麗·尼斯比特在一八〇一年七月九日寫給媽媽的信中一樣沒提有獲得這樣的授權。信中她對獲得第二封諭令表示高興，說它批准對衛城的一切「進行繪圖和取範」，又批准「在神廟搭建鷹架，挖掘和發現所有古代地基，帶走任何刻有銘文而因此引人好奇的大理石」[26]。

埃爾金、他的妻子和他的代理人看來是對諭令採取擴大解讀。一大部分拆除雕刻和裝箱的工作是在一八〇二年春天進行，而當時埃爾金並不在雅典，負責監督一切的是他太太。埃爾金夫人幹得非常起勁，畢竟，是她娘家的財富資助這項野心勃勃的計畫。她寫給丈夫的信記錄了最後幾天打包大理石的情形：

有些消息你聽了準高興。我今天又打包了一大箱：那是長長一塊來自敏娜娃神廟的淺浮雕（我忘了正式名稱）。所以，我就一個人把四大包東西拖上船。明天會輪到「馬頭」等等東西小心打包和送上船，一切已準備就緒。如果一共是二十艘船，那會有一段時間沒有東西可送。埃爾金，最後兩箱完全是我自己搞定，而我為此感到自豪！

一八〇二年五月二十四日　晚上十一點

我們可以感受到這位二十四歲婦人的不安全感和急於討好丈夫的心情。當時她已懷了第三胎。事實上，我們得知，埃爾金的老是不在讓妻子感到焦慮，因此哮喘發作，需要服用鴉片丸27。儘管如此，她急於得到丈夫肯定的渴望仍然溢於言表。

除了向你提過的五箱以外，我又說服了霍斯特船長多運三箱。兩箱已經上船，第三箱會等他從科林斯回來後上船。我做這一切有多賣力啊，你有因此而更愛我嗎，埃爾金？我滿意於我的一個一貫想法獲得證實：只要有機會表現，女性會比男性更能幹，我敢打賭，如果你人在這裡，你能搬上船的不會多於我搬的一半。

五月二十五日星期二

＊譯注：克萊爾是英國歷史學家，前文提過的《埃爾金爵爺與大理石》作者。

她的爵爺在回信中看來沒說多少體貼的話，也沒有讓她有被欣賞的感覺。

我最親愛的埃爾金，說幾句讚美我的話吧，因為我一直賣力做盡可能多的事……我全心全意愛著你。唉，不要再讓我們分離了。[28]

但事與願違：才五年後，埃爾金伯爵便以妻子與人通姦為由訴請離婚。法庭把五個孩子的監護權判了給他。

自帕德嫩雕刻被拆卸下來那一刻開始，許多人便大表憤怒。英國博物學家、礦物學家暨歷史家克拉克在一八〇一年八月目擊一塊柱間壁的吊降之後，寫了篇第一手報導。他說：「把帕德嫩大理石從原環境搬走讓它們輝煌盡失！」[29]吊降柱間壁的索具搖動了旁邊的一個雕像，後者往下掉落，在轟然巨響中摔成碎片。克拉克告訴我們，當地的軍政總督看見此情此景，再也按捺不住情緒。他抽出嘴裡的菸斗，眼中流下一滴淚，高喊：「停止！夠了！」當時人也在雅典的藝術家多德韋爾寫下自己的感受：「第一次遊希臘途中，我眼見帕德嫩神廟最優美的雕刻被掠奪，我驚呆了。有些建築構件更是直接被扔到地面上去。」就連夏多布里昂*亦指控埃爾金褻瀆聖物[30]。

拜倫爵士最初把他的著名憤慨發為《敏娜娃的詛咒》一詩，詩中這樣把埃爾金的罪不朽化：「雅典娜，別生英格蘭的氣：不關英格蘭的事！盜匪是個蘇格蘭人。」翌年，詩人又在長詩《哈洛德遊記》火力全開，用第二章很大篇幅譴責埃爾金的野蠻[31]。此書三天售罄，年底前加印了四版，成為十九世紀的大暢銷書。至此，所有英國人無不知道埃爾金對帕德嫩神廟幹了什麼：「麻木不仁的是那些不掉淚的眼睛，它們看著英國人的手破壞您的牆，搬走您殘破的神壇。」

自拜倫之後，沒有一次搬走帕德嫩雕刻的行動不曾引起極大爭議。

帕德嫩雕刻未來會是什麼命運，我們目前只能全憑猜想。流落海外的帕德嫩雕刻有可能重返雅典，與埃爾金留在原地的那些團聚嗎？目前，它們有超過六成分散歐洲各地，大部分在倫敦，巴黎、哥本哈根、維也納、符茲堡、巴勒莫、梵諦岡和慕尼黑各有一些。

走筆至此，我希望我已證明帕德嫩神廟是一由地質學、自然風景、地形學、回憶、神話、藝術、文學、歷史、宗教和「政治」緊密交織而成的複雜整體，而帕德嫩雕刻是這整體本質的一環。把它們從這個系統抽離，單獨視作藝術傑作膜拜，會讓它的意義無法被恰當了解。按設定值，它們不是可獨立、可移動的東西，而是一座建築的一部分——該建築迄今仍屹立在雅典中央。

它們是一座宗教結構體（即雅典娜的神廟）的建築元素，該結構體坐落在一個宗教系統，其信仰與儀式構成古雅典人生活的肌理。帕德嫩神廟的三角楣牆、柱間壁和橫飾帶之間處於密切對話關係。見於東橫飾帶的普拉克熹提婭王后（一位水仙女）是見於西三角楣牆的河神基菲索斯的女兒。雅典的開國神話上演於三角楣牆和東橫飾帶，它的分界性事件展現在柱間壁。因此，帕德嫩雕刻的原有和本質意義只能體現在彼此的關係中，體現在它們分享的神廟及坐落的城市裡。離開了彼此，它們只是一堆古董。

＊譯注：法國著名文學家和外交家。

雕刻者所用的石材是採自彭代利孔山。按照需要的大小採出和切割後，大理石塊會被運至雅典，再拖上衛城。所以，神廟的各部分可說是誕生自阿提卡的地質構成。

帕德嫩神廟的一體性要求我們尊重並盡己所能讓它重歸於一。且讓我們看看西三角楣牆中心人物的流向。波塞冬的雙肩現藏倫敦，胸膛和腹部還留在雅典。雅典娜破破爛爛的頭、脖子和右臂被展示於新落成的衛城博物館，右胸放在大英博物館。換言之，人類雕刻過最雄渾的一些雕像迄今處於肢解狀態，而這對那些把事態維持下去的人來說是一種不名譽。

查尼奧蒂斯把對帕德嫩雕刻的分屍比喻為拆散一首精美的交響曲[32]。他邀請我們想像以下的情景：柴可夫斯基一首佚失的交響曲重見天日；然後樂譜被拆成幾份，賣給不同的蒐藏家；然後其中一位蒐藏家又拒絕讓「他的」部分拿出來供人演奏，以致整首交響曲從未得以完整呈現。

查尼奧蒂斯指出，要不是大英博物館恰恰是以同樣方式對待帕德嫩雕刻，這種事會荒謬得無法想像。館方堅稱「它的」部分不應該與留在雅典的其他部分一起展示，說那樣做的話將會讓倫敦的參觀者無法把帕德嫩雕刻和其他世界藝術的樣品拿來比較。查尼奧蒂斯質疑，以大英博物館這種無視古代藝術作品完整性的態度，它是否還有資格繼續自詡為一間「普世博物館」。

合乎人文理想的目標應該是盡可能把帕德神廟重新組合起來，讓它盡可能貼近原有的物理脈絡（即雅典衛城）。坐落於衛城南坡的衛城博物館就是為此而設。只要給它機會，它一定辦得到。

長久以來，一個主張不應該歸還帕德嫩雕刻的論點是希臘沒有保存它們的恰當地方。先不管「埃爾金大理石」在倫敦是不是受到好好對待（我們已經知道杜維恩和其他人對它們幹過些什麼），但上述理由自屈米設計的衛城博物館於二〇〇九年六月開幕以後便完全不能成立[33]。屈米給了我們一個大膽的極簡主義設計，用水泥、鋼筋和玻璃創造出一個巨大的開闊空間，讓古代衛城的物質文化可以再次呼吸和閃亮。他的設計原創性十足，讓人耳目一新，充滿各種物料和技術上的驚人創新。我個人最偏愛的其中一項創新是用不鏽鋼基支撐一個厄瑞克透斯神廟的大理石柱頭，基座上的縱肋會讓人聯想到多立安式立柱的凹槽。用不鏽鋼鋼絲網給一些較小文物（如赤陶土匾額、石灰石浮雕和一對青銅眼睫毛）襯底的做法效果奇佳（西歐和美國那些了無生氣的新古典主義風格博物館一成不變都是用天鵝絨布料），是個值得歡迎的變化[34]。衛城博物館的展廳巨大而採取多柱式，陽光充沛，最是能夠讓雕刻的殊勝處一目了然。

整間博物館是蓋在一個考古遺址上（遺址年代涵蓋西元前五世紀至法蘭克人時代），當參觀者一層樓一層樓往上走的時候，可以透過腳下的網眼玻璃瞧見豐富的層位脈絡*。最上樓層的展廳是陳列帕德嫩雕刻，盼著有朝一日可以把「埃爾金大理石」與還留在雅典的部分合在一起展出。進入展廳前，參觀者低頭的話會同時望見下面四層樓，並產生一種胃一緊的暈眩感。這就像是建築師蓄意設計，讓參觀者準備好迎接看不見的「埃爾金大理石」的失落心情。從展廳內的玻璃帷幕，可直接看見衛城。展覽空間的大小和坐落方向與帕德嫩神廟完全一樣，讓參觀者可以多少感受到雅典娜聖所的規模和坐落。

衛城博物館別出心裁的設計讓人可以在帕德嫩神廟「裡面」走一圈，按照雕刻在古代的原有位置

---

*譯注：衛城博物館的地下層是考古挖掘現場，上面各樓層陳列不同時代出土文物，「豐富的層位脈絡」可能是指此。

圖 129　展示於衛城博物館的帕德嫩橫飾帶（缺去部分以石膏模型補齊）。

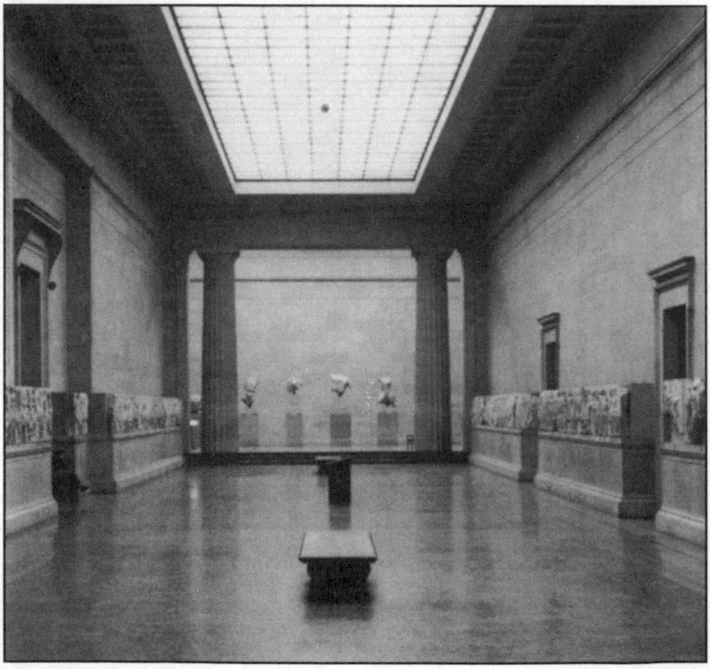

圖 130　展示於大英博物館杜維恩展廳的帕德嫩橫飾帶。

（即內殿外牆）觀賞它們（圖129）。它給人的感覺跟大英博物館杜維恩展廳形成鮮明反差：在後者，橫飾帶是在參觀者四周圍成一圈，就像是為某個現代克羅索斯*而設的墓地庭園（圖130）。尤有甚者，倫敦的橫飾帶是切成幾段，彼此隔著門或空隙。這種任意分割過去兩百年來深深影響了人們對橫飾帶的解讀（一種誤讀），模糊掉它作為連續性敘事的本質。在衛城博物館，你可以站在展廳的東端，一次過把東三角楣牆、東柱間壁和東橫飾帶全收眼底。同樣情形也發生在展廳的兩側和西端。

過來十多年來，我們看見希臘人拋棄早期的民族主義詞令，設法用合乎情理和富於創意的建議來克服他們和大英博物館之間的僵局。二〇〇二年，當時的文化部長韋尼澤洛斯帶著新點子造訪英國，宣稱帕德嫩雕刻的「所有權」問題已不再是關鍵議題。他建議透過長期租借協定讓帕德嫩雕刻重回雅典，而希臘方面的回饋是不停和輪流地把他們最精美的文物借給大英博物館展出。考慮到大英博物館對所有權的堅持，韋尼澤洛斯還建議把展示帕德嫩雕刻的展廳命名為「大英博物館附屬展廳」。他的創新與和解性方案被一口回絕[35]。

不過，希臘人繼續施展軟功。他們調整用語，把呼籲「歸還」大理石改為呼籲讓大理石「團聚」。「促成帕德嫩雕刻團聚國際協會」目前已在十八個國家有分支機構。近期，一個支持歸還雕刻的組織推出了一個如民萃主義般單純的口號：「為什麼不？」二〇〇九年五月，四十五個希臘凱法利尼亞島的中學生前往英國，在大英博物館門前抗議，使用的是最古老和最和平的示威方法：跳圓

---

*譯注：克羅索斯是一位戰死的雅典將士，他以其青銅像「克羅索斯像」（用作墓碑）而為後世所知。

圈舞[36]。

沒有一個訪問雅典的世界級領袖會不跑一趟衛城，供記者拍照，並呼籲歸還帕德嫩雕刻。這樣的亮相已經行之有年。早在一九六一年六月，甘迺迪總統夫人賈姬便曾戴著珍珠項鍊，穿一襲鮮藍色（希臘國旗的顏色）洋裝，在衛城之顛做出如此呼籲。克林頓夫婦在二〇〇二年做了同樣的事，俄國的普丁不久之後跟進。就連伊朗最高領袖霍梅尼亦曾站在帕德嫩神廟前面，向天高舉雙手，呼籲歸還「埃爾金大理石」。二〇一〇年十月，中國總理溫家寶在衛城之顛表達了他支持帕德嫩雕刻團聚的態度。他把帕德嫩神廟的遭遇和北京圓明園相提並論：一八六〇年，圓明園遭八國聯軍洗劫，下命令的不是別人，正是埃爾金的兒子（時任駐中國高級專員）[37]。

與此同時，我們看見這一類感情的反對者動員「世界主義」意識形態去捍衛所謂「普世博物館」的利益[38]。這些人把管理文化文物的爭論化約為世界主義和民族主義的拔河。但正如卡爾霍恩在其《民族不可少》一書和其他著作中深思地指出，把世界主義視為民族主義的對立面不只對前者毫無好處，反而會動搖民主制度和跨國家機構的基礎[39]。世界主義強調經濟發展和現代化的重要性，忽略社會團結性與集體選擇的價值。為超越身分認同的議題，世界主義鼓吹「薄認同」，不知道「薄認同」不足以支撐民主。世界主義全球化菁英在堅持文化文物有著不分地域普同性的同時，也忽略了國與國的權力不平衡和階級不平等會讓窮人的文化遺產始終受到富人的控制。

不過，意見氣候正在改變中，縱使是在英國國內也一樣。《衛報》在二〇〇九年七月進行的民調顯示，一萬三千名受訪者中有百分之九十四贊成歸還「埃爾金大理石」[40]。這看來是一個更大趨勢的一部分，因為國會曾在二〇〇四年通過「狩獵法」，禁止英國最貴族主義的一項消遣：獵狐。在很多人看來，「埃爾金大理石」就像獵狐活動一樣，代表著一個傲慢的過去，不值得在一個轉變中的世界留戀不捨。既然現在就連英國王室都要主動討好大眾才能繼續存在，那就沒有任何傳統英國的遺物是神聖不可侵犯。

據統計，只有不到百分之九英國民眾到過大英博物館參觀「埃爾金大理石」。反觀新開館衛城博物館的參觀者人數光第一年便遠超過杜維恩展廳：前者是兩百萬，後者只有一百三十萬[41]。個中原因不無可能是衛城博物館新鮮。不過，考慮到它只藏有四成的帕德嫩雕刻，它在流落海外的雕刻全部到位後會增加多少吸引力，只有天曉得。

傳統上，反對歸還「埃爾金大理石」最力的官方力量是上議院。基於其性質使然，你會在上議院聽到一些在下議院不容易聽到的奇談怪論。例如，在一九九七年，懷亞特爵士這樣提醒同僚：「諸位，把大理石歸還雅典是危險的，因為當初它們被救出的時候，帕德嫩神廟正處於土耳其人和希臘人的砲火攻擊。你說不準火爆的希臘人哪天又會對神廟扔炸彈。」[42]

不過，隨著世襲議員的淡出和新血的注入，現在就連上議院亦開始改弦易轍。懷亞特的世界已被新一代取代，其中包括考古學家倫弗魯爵士，他是保護文化遺產的一位主要支持者[43]。與此同時，新一代的政治家也正在崛起。二〇〇二年，副首相克萊格以歐洲議會駐外成員的身分主持了「流寓中的大理石」會議。自由民主黨的下議院議員喬治目前是「大理石團聚運動」主席。

隨著國家意見氣候的改變，辯論議題亦從法律層面轉到倫理層面。演員佛萊呼籲英國應該表現風度，在歸還帕德嫩雕刻一事上採取主動，而原因無他，只因那是該做的事[44]。海德堡大學最近主動歸還一塊帕德嫩雕刻碎塊，此舉正是一個繞過法律框架而把倫理考量放在優先的榜樣。

達拉斯藝術博物館館長暨「藝術博物館館長協會」前會長安德生為未來提供了一個有力願景。他指出，有鑑於倫理的議題和古文物的昂貴稀少，博物館應走出蒐集者和擁有者的傳統角色，邁向成為交換文物展出的夥伴[45]。近期義大利之所以願意出借文物供美國多家博物館展出，正是蓋蒂博物館、大都會藝術博物館、波士頓美術博物館和其他博物館願意把非法購得文物歸還的結果——此舉業已產生巨大的正面衝擊。美國大眾因此而有機會欣賞到本國的永久收藏以外的重要展品。

回到當初雕刻它們的城市之後，帕德嫩雕刻有可能會讓它的歸宿處成為世界數一數二的「普世博物館」。因為，一家博物館夠不夠資格被這樣

圖131　從蒙納斯提拉奇廣場看到的衛城北面。©Robert A. McCabe, 1954

稱呼，端視它有沒有通過夠多的文物出借、交換和其他協定促進國際合作和相互依賴。這畢竟是全球化被認為是好事的原因。

在有關帕德嫩神廟的問題上，只有這一類普世主義態度是妥適的。我們都是從外往內看的外人，致力於了解，設法不讓自己擋住自己看見的東西。一幅攝於一九五四年的照片顯示一對男女走過緊靠衛城北面的蒙納斯提拉奇廣場（圖131）[46]。照片中的女子拉住男子的夾克。我們看見的是什麼？她拉住他，是因為有輛高速行駛的貨車正朝著他們方向而來嗎？還是說她在示意他停下腳步，抬頭看看在衛城之顛雍容聳立了近兩千五百年的帕德嫩神廟？確實，在經歷那麼漫長的歲月之後，它依然屹立。那些每日在它下面經過的人還會「看見」它嗎？神廟會引起他們停在半路，滿心敬畏嗎？古希臘人本身又是如何？在神廟落成很久之後出生的世代繼續會在看見它的時候駐足和驚訝嗎？

想知道我們看見過些什麼和怎樣看待它們，有需要挖開層層泥濘的記憶。就連只是短暫的這一輩子，我們亦難記得我們一度看過什麼和當時的所思所感。「我無法描繪／當年的我。」華茲華斯如是說*。所以，我們繼續順著或逆著水流前進，努力想瞥見古人的經驗，哪怕明知只能瞥見一下子。就像古雅典人一樣，我們總是被拉扯於昔與今、神話與歷史、記憶與想像、傳統與創新之間。

---

*譯注：出自〈賦於丁登修道院上方威河河岸〉。

注釋

注釋中出現的簡稱

AA	*Archäologischer Anzeiger*
AbhMainz	*Abhandlungen der Geistes-und Sozialwissenschaftlichen Klasse, Akademie der Wissenschaften und der Literatur in Mainz*
ABV	J. D. Beazley, *Attic Black-figure Vase-painters*. Oxford: *Clarendon Press* 1956
Addenda^2	T.H. Carpenter with T. Mannack and M. Mendonca, *Beazley Addenda: Additional References to ABV, ARV*^{2} *and Paralipomena*. Second edition. Oxford: Oxford University Press, 1989.
AJA	*American Journal of Archaeology*
AJP	*American Journal of Philology*
AM	*Mitteilungen des Deutschen Archäologischen Instituts, Athenische Abteilung*
AncWorld	*The Ancient World*
Antiquity	*Antiquity: A Quarterly Review of Archaeology*
AntK	*Antike Kunst*
ArchDelt	*Archaiologikon Deltion*
ArchEph	*Archaiologike Ephemeris*
ARV^2	J. D. Beazley, *Attic Red-figure Vase-painters*, second edition, Oxford: Clarendon Press, 1963
BCH	*Bulletin de Correspondance Hellénique*
BMMA	*Bulletin of the Metropolitan Museum of Art*
Boreas	*Boreas: Münstersche Beiträge zur Archäologie*
BSA	*Annual of the British School at Athens*
CEG	P. A. Hansen, *Carmina Epigraphica Graeca* I-II, Berlin: DeGruyter, 1983-1989

Chiron	*Chiron: Mitteilungen der Kommission für alte Geschichte und Epigraphik des Deutschen Archäologischen Instituts*
CIA	*Corpus Inscriptionum Atticarum*
CIG	*Corpus Inscriptionum Graecarum,* Berlin, 1825-1877
CJ	*Classical Journal*
ClAnt	*Classical Antiquity*
ClMed	*Classica et Mediaevalia*
CP	*Classical Philology*
CQ	*Classical Quarterly*
CR	*Classical Review*
CRAI	*Comptes Rendus des Séances de l'Académie des Inscriptions et Belles-Lettres*
CW	*Classical World*
FdD	*Fouilles de Delphes*
FGE	D. L. Page, *Further Greek Epigrams: Epigrams before A.D. 50 from the Greek Anthology and Other Sources Not Included in "Hellenistic Epigrams" or "The Garland of Philip".* Cambridge, U.K.: Cambridge University Press, 1981
FGrH	F. Jacoby, *Die Fragmente der griechischen Historiker.* Berlin, 1923-1930, Leiden, 1940-958
FHG	K. Müller, *Fragmenta Historicorum Graecorum* I-IV, Paris, 1841-1870
GRBS	*Greek, Roman, and Byzantine Studies*
Historia	*Historia: Zeitschrift für alte Geschichte*
HSCP	*Harvard Studies in Classical Philology*
HTR	*Harvard Theological Review*
IG	*Inscriptiones Graecae*
JCS	*Journal of Cuneiform Studies*
JdI	*Jahrbuch des Deutschen Archäologischen Instituts*
JHS	*Journal of Hellenic Studies*
JOAI	*Jahresheft des Österreichischen Archäologischen Instituts*
Kannicht	R. Kannicht, ed., *Tragicorum Graecorum Fragmenta TrGF,* vol. 5, *Euripides, pts 1 and 2, Göttingen:* Vandenhoeck & Ruprecht 2004

LCS	*A. D. Trendall, The Red-figured Vases of Lucania, Campania, and Sicily*, Oxford: Clarendon Press, 1967
Lenz and Behr	F. W. Lenz and C. A. Behr, eds. P. Aelii Aristides, *Opera quae exstant omnia*, Leiden: Brill, 1976
LIMC	*Lexicon Iconographicum Mythologiae Classicae*. Zurich: Artemis, 1981-1997
MMAJ	*Metropolitan Museum of Art Journal*
OJA	*Oxford Journal of Archaeology*
OGIS	W. Dittenberger, *Orentis gracei inscriptiones selectae,* Leipizig: Hirzel, 1903-1905
OpAth	*Opuscula atheniensia*
Para.	J. D. Beazley, *Paralipomena*, Oxford: Clarendon Press, 1971
PCG	R. Kassel and C. Austin, eds., *Poetae Comici Graeci*, Berlin, 1983–
Phoenix	*Phoenix. The Classical Association of Canada*
PMG	D. L. Page, *Poetae melici graeci*, Oxford: Clarendon Press, 1962
P.Oxy	*The Oxyrhynchus Papyri* I-, London: Egypt Exploration Society, 1898-present
PTRS	*Philosophical Transactions of the Royal Society*
RA	*Revue Archéologique*
RC	C. B. Wells, *Royal Correspondence in the Hellenistic Period*, New Haven, Conn.: Yale University Press, 1934
RE	Pauly-Wissowa. *Real-Encyclopädie der klassischen Altertumswissenschaft* (1893-1980)
RÉA	*Revue des Études Anciennes*
RÉG	*Revue des Études Grecques*
RendLinc	*Rendiconti Lincei,* Atti dell'Accademia Nazionale dei Lincei
RhM	*Rheinisches Museum für Philologie*
SEG	*Supplementum Epigraphicum Graecum*
ThesCAR	*Thesaurus cultus et rituum antiquorum,* Basel: Fondation pour le lexicon iconographicum mythologiae classicae, Los Angeles: Getty Publications, 2004-
TrGF	*Tragicorum Graecorum Fragmenta*
YCS	*Yale Classical Studies*
ZPE	*Zeitschrift für Papyrologie und Epigraphik*

前言

1. 參 R. K. Sutton, *Americans Interpret the Parthenon: The Progression of Greek Revival Architecture from the East Coast to Oregon, 1800-1860*（Niwot: University Press of Colorado, 1992）。斯特里克蘭（William Strickland）在設計費城的美國第二銀行時，刻意以帕德嫩神殿為藍本，直接照抄見於《雅典的古物》第二冊圖片的建築細節（有關這書見本書第四章）。他會把棕葉飾漆在簷部底面而不是用雕刻的，就是因為《雅典的古物》第二冊的圖六就是如此呈現。費城的藝術博物館通稱「帕克大道的衛城」，而它的坐落地點通稱「費城的衛城」。事實上，它忠實追隨帕德嫩神殿的視覺精煉方法，見 L. Haselberger, "Nineteenth-and Twentieth-Century Curvatures in Europe and North America: A Preliminary List," in *Appearance and Essence: Refinements of Classical Architecture: Curvature,* ed. L. Haselberger (Philadelphia: University Museum, University of Pennsylvania, 1999), 310-11。關於一個很棒的觀點，見 P. Tournikiotis, "The Place of the Parthenon in the History and Theory of Modern Architecture," in Tournikiotis, *Parthenon,* 202-29。
2. Winckelmann, *Geschichte der Kunst des Alterthums,* 26, 316。是書一出版便成為經典，直接影響到萊辛、赫德、歌德、賀德林、海涅、尼采和其他人的觀點，見 E. Décultot, *Johann Joachim Winckelmann: Enquête sur la genèse de l'histoire de l'art* (Paris: Presses Universitaires de France, 2000); J. Morrison, *Winckelmann and the Notion of Aesthetic Education* (Oxford: Clarendon Press, 1996); R. Herzog, *Von Winckelmann zu Schliemann: Eine Anthologie mit Beiträgen zur Geschichte der Archäologie* (Mainz: Philipp von Zabern, 1994); A. Potts, Flesh and the *Ideal: Winckelmann and the Origins of Art History* (New Haven, Conn.: Yale University Press, 1994)。
3. Johann Hermann von Riedesel, *Remarques d'un voyageur moderne au Levant* (Amsterdam, 1773), 123. (reprint Charleston, S.C.: Nabu Press, 2012).
4. Bastea, *Creation of Modern Athens,* 102.
5. Ibid.; Beard, *Parthenon,* 99-100; Hamilakis, *Nation and Its Ruins,* pp. 58-63; D. W. J. Gill and C. Gill, "HMS *Belvidera* and the Temple of Minerva," Notes and Queries 57(2010):209.
6. Bastea, *Creation of Modern Athens,* 102-3，參考 A. Meliarakes,"Ceremony on the Acropolis of Athens," *Hestia* 18, no. 447 (1884)。
7. Leo von Klenze, *Ideale Ansicht der Akropolis und des Areopag in Athen* (1846)。克倫澤的畫作在一八五二年由路德維希一世（當時已退位）購得，現藏於慕尼黑新繪畫陳列館（Neue Pinakothek）。
8. Bastea, *Creation of Modern Athens,* 103; Yalouri, *Acropolis, 34-38,77-100;* J. Tanner, *The Invention of Art History in Ancient Greece* (Cambridge, U.K.: Cambridge University Press, 2006), 31-96; Squire, *Art of the Body,* 1-68; Mallouchou-Toufano,"From Cyriacos to Boissonas,"178-96.

9. 關於蘇格蘭古代社會，見 *Proceedings of the Society of Antiquaries of Scotland XXII* (Edinburgh: Neill, 1888), 64。關於蘇格蘭的國家紀念碑，見 M. Lynch, ed., *The Oxford Companion to Scottish History* (Oxford: Oxford University Press, 2001); National Register of Archives (Scotland), *National Monument of Scotland* (Edinburgh: National Register of Archives [Scotland], 1997); W. Mitchell, *The National Monument to Be Completed for the Scottish National Gallery on the Model of the Parthenon at Athens: An Appeal to the Scottish People* (London: Adam and Charles Black, 1907)。

10. 關於「名人堂」，見 H. Stellner and D. Hiley, trans., *Walhalla: Official Guide* (Regensburg: Bernhard Bosse, 2002); H. Hanske and J. Traeger, *Walhalla:Ruhmestempel an der Donau* (Regensburg: Bernhard Bosse, 1998); A. Müller, *Donaustauf und Walhalla* (Ratisbon: G. J. Manz, 1846)。關於納什維爾的帕德嫩神殿複製品，見 C. Kreyling, W. Paine, C. W. Warterfield Jr., and S. F. Wiltshire, *Classical Nashville: Athens of the South* (Nashville: Vanderbilt University Press, 1996); C. K. Coleman, "From Monument to Museum: The Role of the Parthenon in the Culture of the New South," *Tennessee Historical Quarterly* 49 (1990): 139-51; Tsakirgis and Wiltshire, *Nashville Athena;* B. F. Wilson, *The Parthenon of Pericles and Its Reproduction in America* (Nashville: Parthenon Press, 1937)。

11. E. Gombrich, *The Story of Art* (London: Phaidon Press, 1950), 52. See Spivey, *Understanding Greek Sculpture,* 19-29; Squire, *Art of the Body,* 33-53.

12. D. Buitron-Oliver, *The Greek Miracle* (Washington, D.C.: National Gallery of Art, 1992)。瑞士考古學家（Wildemar Deonna）首次使用「希臘奇蹟」一詞，見氏著 *L'archéologie: Sa valeur, ses méthodes* (Paris: H. Laurens, 1912), 81。另參見 A. de Ridder and W. Deonna, *Art in Greece* (New York: Knopf, 1927), 350–54; W. Deonna, "Du 'miracle grec' au 'miracle chrétien': Classiques et primitifs dans l'art antique," *L'Antiquité Classique* 6 (1937): 181-230; W. Deonna, *Du miracle grec au miracle chrétien: Classiques et primitivistes dans l'art,* 3 vols. (Basel: Les Éditions Birkhäuser, 1945-1948)。

13. H. Baker, *Cecil Rhodes, by His Architect* (Oxford: Oxford University Press, 1934), 10.

14. K. Marx, *Grundisse,* trans. M. Nicolaus (Harmondsworth: Penguin, 1973), 110-11; Kondaratos, "Parthenon as Cultural Ideal," 45-49.

15. A. Scobie, *Hitler's State Architecture: The Impact of Classical Antiquity*, Monographs on the Fine Arts 45 (University Park: Pennsylvania State University Press, 1990); C. C. Graham, *A Historical and Aesthetic Analysis of Leni Riefenstahl's Olympia* (Ann Arbor, Mich.: University Microfilms, 1985); M. Mazower, *Inside Hitler's Greece: The Experience of Occupation, 1941-44*; S. Marchand, *Down from Olympus: Archaeology and Philhellenism in Germany, 1750-1970.*

16. S. Freud, "A Disturbance of Memory on the Acropolis" (1936)。佛洛伊德在一九三六年，於羅曼・羅蘭的七十歲生日宴席上發表的給羅蘭的公開信，尤其是第二百四十七行：「我父親忙於經商。他沒受過中學教育，雅典不可能對他有多大意義。」

17. B. Johnson, "Curator Afraid of Losing His Marbles," *Daily Telegraph,* July 1, 1998, 34.

18. Dodwell, *Classical and Topographical Tour Through Greece,* 1:321. 關於 E. Dodwell 可參考 J. McK. Camp, et al., *In Search of Greece:*

Catalogue of an Exhibit of Drawings at the British Museum by Edward Dodwell and Simone Pomardi from the Collection of the Packard Humanities Institute (Los Altos, Calif.: The Packard Humanities Institute, 2013).

19. A. de Lamartine, *Voyage en Orient, 2 vols.* (Paris: Nizet, 1855; offset reprint, 1978),1:95.

20. E. E. Viollet-le-Duc, *Dictionnaire raisonné de l'architecture française* (Paris: Bance,1854-1868); S. Kondaratos, "The Parthenon as Cultural Icon," in Μαθήματα ιστορία της αρχιτεκτουικής [Lessons on the history of architecture] (Athens, 1975), 2:209.

21. Le Corbusier, *Journey to the East,* ed. I. Žaknić (Cambridge, Mass.: MIT Press, 1987) 166, 179, 216-17。關於柯比意所謂帕德嫩神殿「標誌著這種純粹的心靈創造的極致」，見 C. E. Jeanneret, *Vers une architecture* (Paris: G. Crès, 1923), especially 105-11, 166, 179-181。

22. Kaldellis, *Christian Parthenon,* 26-27; Korres, "Parthenon from Antiquity to the 19th Century,"140-43.

23. Korres, "Parthenon from Antiquity to the 19th Century,"143-44。到這時候，菲迪亞斯的雅典娜神像早已不存。先是，在西元前二九五年，因馬其頓的德梅特里奧斯威脅要攻擊雅典，雅典僭主拉哈雷斯（Lachares）割下神像部分金袍子，以支付拖欠的士兵薪水。事見 Plutarch, *Moralia* 379c-d; Athenaios, *Deipnosophists* 9.405; Pausanias, *Description of Greece* 1.25.7, 1.29.16; Habicht, *Athens from Alexander to Antony,* 81-87; W. B. Dinsmoor, "The Repair of the Athena Parthenos," *AJA* 38 (1934): 93; Leipen, *Athena Parthenos,* 10。

24. Korres, "Parthenon from Antiquity to the 19th Century," 146-48; Kaldellis, *Christian Parthenon,* 27-29.

25. T. E. Mommsen, "The Venetians in Athens and the Destruction of the Parthenon in 1687," *AJA* 45 (1941): 544-56; C. Hadziaslani, *Morosini, the Venetians, and the Acropolis* (Athens: American School of Classical Studies at Athens, 1987); C. Hadziaslani, "Morosini in Athens," in *Archaeology of the City of Athens*, http: //www.eie.gr/archaeologia/En/chapter_more_8.aspx.

26. 把破碎的帕德嫩神殿重新復原的工作在戰爭後馬上開始，一直持續到今天，事見 Hamilakis, *Nation and Its Ruins,* 243-301。我與漢米勒格斯（Yannis Hamilakis）就這議題有過的討論，深感獲益，特此感謝。

27. R. Ousterhout, "Bestride the Very Peak of Heaven: The Parthenon After Antiquity," in Neils, *Parthenon,* 322-24。奧斯特豪特（Ousterhout）解釋了這小清真寺為何必然是建築在一六九九年之後〔該年法國大使費里奧爾伯爵（Comte de Ferriol）造訪過衛城〕。他主張小清真寺也許是一七〇八年整修帕德嫩神殿計畫的一部分。小清真寺第一次被畫入圖畫是在一七五五年，畫者是羅伊（J. D. Le Roy）。另參見 Korres, "Parthenon from Antiquity to the 19th Century," 155-56; M. Korres, "The Pronaos," in *Study for the Restoration of the Parthenon* (Athens: Ministry of Culture, Committee for the Preservation of the Acropolis Monuments, 1989), 2a:55-56。

28. Aristotle, *Politics* 3.1279b.

29.「衛城修復工作隊」的歷史，請參考 Toganidis, "Parthenon Restoration Project"; Mallouchou-Tufano, "Thirty Years of Anastelosis

Works on the Athenian Acropolis"; Mallouchou-Tufano, Η Αναστύλωση των Αρχαίων Μνημείων; Mallouchou-Tufano, "History of Interventions on the Acropolis"; Mallouchou-Tufano, "Restoration Work on the Acropolis"; Korres, *Study for the Restoration of the Parthenon*。

30. Korres, "Der Pronaos und die Fenster des Parthenon"; M. Korres, "Acropole," *Chronique des Fouilles en 1985, BCH* 110 (1986): 673-76; Korres, "Recent Discoveries on the Acropolis"; Korres, "Architecture of the Parthenon"; Korres, "History of the Acropolis Monuments"; Korres, "Parthenon from Antiquity to the 19th Century"; Korres, Panetsos, and Seki, *Parthenon,* 68-73; Korres, "Die klassische Architektur und der Parthenon"; Koutsadelis, *Dialogues on the Acropolis;* Korres, *From Pentelicon to the Parthenon;* Korres, *Stones of the Parthenon;* Ridgway, "Images of Athena on the Akropolis," 125.

31. 略舉其中幾例，見 I. Hodder, *Entangled: An Archaeology of the Relationships Between Humans and Things* (Malden, Mass.: Wiley-Blackwell, 2012); J. Assman, *Cultural Memory and Early Civilization: Writing, Remembrance, and Political Imagination* (Cambridge, U.K.: Cambridge University Press, 2011); R. Hannah, *Time in Antiquity* (London: Routledge, 2009); L. Meskell and R. W. Preucel, *A Companion to Social Archaeology* (Malden, Mass.: Wiley-Blackwell, 2006); Brown and Hamilakis, *The Usable Past*; A. Wylie, *Thinking from Things: Essays in the Philosophy of Archaeology* (Berkeley: University of California Press, 2002); Van Dyke and S. Alcock, *Archaeologies of Memory*; A. Gell, *Art and Agency: An Anthropological Theory* (Oxford: Oxford University Press, 1998); A. Schnapp, *The Discovery of the Past*, 2nd ed., (London: British Museum Press, 1996); C. Renfrew and E. B. W. Zubrow, *The Ancient Mind: Elements of Cognitive Archaeology* (Cambridge, U.K.: Cambridge University Press, 1994); Tilley, *Phenomenology of Landscape*; J. Gero and M. Conkey, *Engendering Archaeology: Women and Prehistory* (Oxford: Basil Blackwell, 1991); Connerton, *How Societies Remember*; C. Renfrew, *The Archaeology of Cult: The Sanctuary at Phylakopi* (London: British School of Archaeology at Athens, 1985); P. Vidal Naquet, *The Black Hunter: Forms of Thought and Forms of Society in the Greek World* (Baltimore: Johns Hopkins University Press, 1986); L. Gernet, *The Anthropology of Ancient Greece*, trans. J. Hamilton and B. Nagy (Baltimore: Johns Hopkins University Press, 1981); Vernant, *Myth and Thought*; Vernant, *Myth and Society*; M. M. Austin and P. Vidal-Naquet, *A Social and Economic History of Greece* (Berkeley: University of California Press, 1980)。

32. 希臘宗教作品的書目又龐大又不斷膨脹。重點讀物包括：A. Chaniotis, "Greek Religion," in *Oxford Bibliographies Online: Classics,* http://www. oxfordbibliographies.com/view/document/obo-9780195389661/obo-9780195389661-0058.xml; R. Parker, *On Greek Religion* (Ithaca, N.Y.: Cornell University Press, 2011); Sourvinou-Inwood, *Athenian Myths and Festivals;* H. Bowden, *Mystery Cults of the Ancient World* (Princeton, N.J.: Princeton University Press, 2010); J. N. Bremmer and A. Erskine, eds., *The Gods of Ancient Greece: Identities and Transformations* (Edinburgh: Edinburgh University Press, 2010); Kearns, *Ancient Greek Religion;* V. M. Warrior, *Greek Religion: A Sourcebook* (Newburyport, Mass.: Focus, 2009); S. I. Johnston, *Ancient Greek Divination* (Malden, Mass.: Wiley-

Blackwell, 2008); J. N. Bremmer, *Greek Religion and Culture, the Bible, and the Ancient Near East* (Leiden: Brill, 2008); Ogden, *Companion to Greek Religion;* Connelly, *Portrait of a Priestess;* R. Parker, *Polytheism and Society at Athens* (Oxford: Oxford University Press, 2005); H. Bowden, *Classical Athens and the Delphic Oracles: Divination and Democracy* (Cambridge, U.K.: Cambridge University Press, 2005); J. D. Mikalson, *Ancient Greek Religion* (Malden, Mass.: Blackwell, 2005); Sourvinou-Inwood, *Tragedy and Athenian Religion;* Buxton, *Oxford Readings in Greek Religion*; C. Sourvinou-Inwood, "What Is Polis Religion?," in Buxton, *Oxford Readings in Greek Religion,* 13-37，最初刊於 *The Greek City: From Homer to Alexander,* ed. O. Murray and S. R. F. Price (Oxford: Oxford University Press, 1990), 295-322; S. R. F. Price, *Religions of the Ancient Greeks* (Cambridge, U.K.: Cambridge University Press, 1999); Calame, *Choruses of Young Women;* Parker, Athenian Religion; Kearns, "Order, Interaction, Authority"; F. T. van Straten, *Hiera Kala:Images of Animal Sacrifice in Archaic and Classical Greece* (Leiden: Brill, 1995); Bremmer, *Greek Religion*; M. Detienne and J.- P. Vernant, *The Cuisine of Sacrifice* (Chicago: University of Chicago Press, 1989); L. B. Zaidman and P. S. Pantel, *Religion in the Ancient Greek City*, trans. P. Cartledge (Cambridge, U.K.: Cambridge University Press, 1992); H. S. Versnel, *Inconsistencies in Greek and Roman Religion* (Leiden: Brill, 1990); P. E. Easterling and J. V. Muir, eds., *Greek Religion and Society* (Cambridge, U.K.: Cambridge University Press, 1985); W. Burkert, *Greek Religion,* trans. J. Raffan (Cambridge, Mass.: Harvard University Press, 1985); P. Veyne, *Did the Greeks Believe in Their Myths?,* trans. P. Wissing (Chicago: University of Chicago Press, 1988); Simon, *Festivals of Attica;* Vernant, *Myth and Thought;* Vernant, *Myth and Society;* D. G. Rice and J. E. Stambaugh, *Sources for the Study of Greek Religion* (Missoula, Mont.: Society of Biblical Literature, 1979)。

33. Chaniotis, *Unveiling Emotions;* Y. Hamilakis, "Archaeologies of the Senses," in *The Oxford Handbook of the Archaeology of Ritual and Religion,* ed. T. Insoll (Oxford: Oxford University Press, 2011), 208-25; Chaniotis, "Rituals Between Norms and Emotions"; Chaniotis, "From Woman to Woman"; Chaniotis, "Dynamic of Emotions and Dynamic of Rituals"; D. Cairns, ed., *Body Language in the Greek and Roman Worlds* (Swansea: Classical Press of Wales, 2005); D. Konstan, *The Emotions of the Ancient Greeks* (Toronto: University of Toronto Press, 2006); Sojc, *Trauer auf attischen Grabreliefs;* K. Herding and B. Stumpfhaus, eds., *Pathos, Affekt, Gefühl: Die Emotionen in den Künsten* (Berlin: De Gruyter, 2004); J. H. Oakley, *Picturing Death in Classical Athens* (Cambridge, U.K.: Cambridge University Press, 2004); D. Konstan and K. Rutter, eds., *Envy, Spite, and Jealousy: The Rivalrous Emotions in Ancient Greece* (Edinburgh: Edinburgh University Press, 2003); W. Harris, *Restraining Rage: The Ideology of Anger Control in Classical Antiquity* (Cambridge, Mass.: Harvard University Press, 2001); S. Tarlow, *Bereavement and Commemoration: An Archaeology of Mortality* (Oxford: Wiley-Blackwell, 1999); H. A. Shapiro, "The Iconography of Mourning in Athenian Art," *AJA* 95 (1991): 629-56; Winkler, *Constraints of Desire;* P. Zanker, *Die trunkene Alte: Das Lachen der Verhöhnten* (Frankfurt: Fischer, 1989); P. Walcot, *Envy and the Greeks: A Study of Human Behaviour* (Warminster: Aris & Phillips, 1978).

34. D. Damaskos and D. Plantzos, eds., *A Singular Antiquity: Archaeology and Hellenic Identity in Twentieth-Century Greece* (Athens: Benaki Museum, 2008); Hamilakis, "Decolonizing Greek Archaeology"; Hamilakis, *Nation and Its Ruins;* Brown and Hamilakis, *Usable Past;* Hamilakis, "Monumental Visions"; Hamilakis, "Cyberpast/Cyberspace/Cybernation"; Hamilakis, "Sacralising the Past"; Bastea, *Creation of Modern Athens;* Hamilakis and Yalouri, "Antiquities as Symbolic Capital"; Yalouri, *Acropolis.*

35. Hamilakis, "Museums of Oblivion"; Yalouri, "Between the Local and the Global"; Hamilakis, "Monumentalising Place"; Yalouri, *Acropolis;* Y. Hamilakis, " 'The Other Parthenon': Antiquity and National Memory at Makronisos," *Journal of Modern Greek Studies* 20 (2002): 307-38.

36. 西里亞庫斯（Cyriacos of Ancoan）是第一個把橫飾帶視為刻畫伯里克利時代一場勝利遊行的人，時為一四四四年（見Bodnar, *Cyriacos of Ancona*, letter 3.9, pages 18-19），而斯圖爾特和里韋特是首先認為橫飾帶是再現泛雅典節遊行的人，時為一七八七年（見*Antiquities of Athens,* 2:12）。

37. Connelly, "Parthenon Frieze and the Sacrifice of the Erechtheids"; Connelly, "Parthenon and *Parthenoi.*"

38. M. Lefkowitz, *Greek Gods, Human Lives: What We Can Learn from Myths* (New Haven, Conn.: Yale University Press, 2003), 237-39.

39. Boutsikas, "Greek Temples and Rituals"; Boutsikas and Hannah, "Aitia, Astronomy, and the Timing of the Arrhephoria"; Boutsikas and Hannah, "Ritual and the Cosmos"; Boutsikas, "Astronomical Evidence for the Timing of the Panathenaia"; Salt and Boutsikas, "When to Consult the Oracle at Delphi"; Boutsikas, "Placing Greek Temples."

40. 品達（Pindar）的《殘篇》76；《新約．使徒行傳》第十七章第二十二節，使徒保羅所引。

41. Theophrastos, "The Superstitious Man"; see D. B. Martin, *Inventing Superstition: From the Hippocratics to the Christians* (Cambridge, Mass.: Harvard University Press, 2004), 23-24.

42. J. N. Bremmer, and J. Veenstra, eds., *The Metamorphosis of Magic from Antiquity to the Middle Ages* (Leuven, Belgium: Peeters, 2003); C. Faraone, *Ancient Greek Love Magic* (Cambridge, Mass.: Harvard University Press, 1999); F. Graf, *Magic in the Ancient World* (Cambridge, Mass.: Harvard University Press, 1997); P. Mirecki and M. Meyer, eds., *Magic and Ritual in the Ancient World* (Leiden: Brill, 2002); D. Ogden, *Magic, Witchcraft, and Ghosts in the Greek and Roman Worlds: A Sourcebook* (Oxford: Oxford University Press, 2002); D. Collins, *Magic in the Ancient Greek World* (Hoboken, N.J.: John Wiley & Sons, 2008).

43. Plutarch, *Life of Perikles* 38.2.

44. C. Wickham, *The Mountains and the City: The Tuscan Apennines in the Early Middle Ages* (Oxford: Oxford University Press, 1988), 6.

第一章　聖岩

1. Plato, *Phaidros* 229a. 譯本：Nehamas and Woodruff, *Phaedrus,* 4.

2. 譯本：Nehamas and Woodruff, *Phaedrus,* 6.
3. Plato, *Phaidros* 238d, 譯本：Nehamas and Woodruff, *Phaedrus,* 18，關於珀瑞阿斯和奧萊蒂亞的早期討論，見 229b-c, 4。
4. 有關古希臘地景和記憶的著作愈來愈多，重點讀物包括：L.Thommen, *Environmental History of Ancient Greece and Rome* (Cambridge, U.K.: Cambridge University Press, 2012); I. Mylonopoulos, "Natur als Heiligtum—Natur im Heiligtum," *Archiv für Religionsgeschichte* 10 (2008): 51-83; A. Cohen, "Mythic Landscapes of Greece," in *Greek Mythology,* ed. R. D. Woodland (Cambridge, U.K.: Cambridge University Press, 2007), 305-30; J. L. Davis, "Memory Groups and the State: Erasing the Past and Inscribing the Present in the Landscapes of the Mediterranean and the Near East," in *Negotiating the Past in the Past,* ed. N. Yoffee (Tucson: University of Arizona Press, 2007), 227-56; H. A. Forbes, *Meaning and Identity in a Greek Landscape: An Archaeological Ethnography* (Cambridge, U.K.: Cambridge University Press, 2007); J. Larson, "A Land Full of Gods: Nature Deities in Greek Religion," in Ogden, *Companion to Greek Religion,* 56-70; S. G. Cole, *Landscapes, Gender, and Ritual Space: The Ancient Greek Experience* (Berkeley: University of California Press, 2004); Van Dyke and Alcock, *Archaeologies of Memory*; S. Alcock, "Archaeologies of Memory"; N. Loraux, *The Divided City: On Memory and Forgetting in Ancient Athens* (New York: Zone Books, 2002); R. Bradley, *An Archaeology of Natural Places* (London: Routledge, 2000); W. Ashmore and A. Bernard Knapp, eds., *Archaeologies of Landscape: Contemporary Perspectives* (Oxford: Blackwell, 1999); H. A. Forbes, "The Uses of the Uncultivated Landscape in Modern Greece: A Pointer to the Value of the Wilderness in Antiquity?," in Shipley and Salmon, *Human Landscapes in Classical Antiquity,* 68-97; J. D. Hughes, *Pan's Travail: Environmental Problems of the Ancient Greeks and Romans* (Baltimore: Johns Hopkins University Press, 1994); Tilley, *Phenomenology of Landscape*; Isager and Skydsgaard, *Ancient Greek Agriculture; R.* Osborne, *Classical Landscape with Figures: The Ancient Greek City and Its Countryside* (London: George Philip, 1987); A. Motte, *Prairies et jardins de la Grèce antique, de la religion* à *la philosophie* (Brussels: Palais des Académies, 1971)。
5. 參 W. R. Connor, "Seized by the Nymphs: Nympholepsy and Symbolic Expression in Classical Greece," *ClAnt* 7 (1988): 155-89; Larson, *Greek Nymphs,* 10-20。關於「水仙女附體」和占卜的討論，見 C. Ondine-Pache, *A Moment's Ornament: The Poetics of Nympholepsy in Ancient Greece* (New York: Oxford University Press, 2011), 37-44。
6. 欲了解柏拉圖對傳統希臘宗教所持的正面觀點，請參考 M. McPherran, *The Religion of Socrates* (State College: Penn State University Press, 1999), 291-302。
7. 這兩個定義見於 I. Morris and B. Powell, *The Greeks: History, Culture, and Society,* 2nd ed. (Upper Saddle River, N.J.: Pearson, 2009), 119-21, 179。希臘史家以不同方式區分神話與歷史。希羅多德在《歷史》2.21-23 談論尼羅河的氾濫時，把他的努力對比於「神話式理解」。他認為把這氾濫解釋為大洋神俄克阿諾斯造成是最神話化（*mythikon*）和最不值一提（*anepistemonikon*）的看待事情方式。修昔底德則認為他的史作因為缺少神話，會被認為不容易讀，見《伯羅奔尼撒戰爭史》1.22。我感謝帕帕斯（Nickolas Pappas）就這個問題與我有過有幫助的討論。

8. Scodel, "Achaean Wall," 36.
9. López- Ruiz, *When the Gods Were Born,* esp.1-47.
10. 參其他資料：Vlizos, *E Athena kata te Romaike Epokhe;* Smith, *Athens;* Goette, *Athens, Attica, and the Megarid;* Camp, *Archaeology of Athens;* Travlos, *Pictorial Dictionary;* Harrison, *Primitive Athens as Described by Thucydides*.
11. Plato, *Kritias* 111a-e.
12. Thompson, *Garden Lore*.
13. Isager and Skydsgaard, *Ancient Greek Agriculture,* 19-43; L. Foxhall, *Olive Cultivation in Ancient Greece: Seeking the Ancient Economy* (Oxford: Oxford University Press, 2007); L. Foxhall, "Farming and Fighting in Ancient Greece," in Rich and Shipley, *War and Society in the Greek World,* 134-45.
14. K. Mitchell, "Land Allocation and Self-Sufficiency in the Ancient Athenian Village," *Agricultural History* 74 (2000): 1-18; R. Sallares, *The Ecology of the Ancient Greek World* (London: Duckworth, 1991)，尤其 pp208-12（梭羅的改革）。
15. D. Braund, "Black Sea Grain for Athens? From Herodotus to Demosthenes," in *The Black Sea in Antiquity: Regional and Interregional Economic Exchanges,* eds. V. Gabrielsen and J. Lund (Aarhus: Aarhus University Press, 2007), 39-68.
16. Aristotle, *Politics* 1326a40-b24.
17. 這些改革包括統一度量衡和錢幣、禁止出口（橄欖油除外）和設立一個「四百人議事會」（由四個愛奧尼亞部落各派一百名代表組成）。
18. Lykourgos, *Against Leokrates* 77; 譯本：Burtt, *Minor Attic Orators*, 69-71; Stobaeus 4.1.48; and Pollux 8.105。這誓言被銘刻於一塊西元前四世紀的碑板，該碑板在一九三二年出土於阿卡奈（Acharnai）的阿瑞斯與「女戰神雅典娜」（Athena Areia）的聖所：L. Robert, *Études épigraphiques et philologiques* (Paris: Champion, 1938), 296-307; M. N. Tod, *Greek Historical Inscriptions* (Oxford: Clarendon Press, 1948), 2:303, no. 204。該誓言也被波路克斯（Pollux）和斯托貝烏斯（Stobaeus）所引用，見 Pollux 8.105ff. and Stobaeus 4.1.8。雖然現存的證據只能追溯至西元前四世紀，但西沃特（Siewert）在 "Ephebic Oath" 一文引用了西元前五世紀索福克勒斯與修昔底德對「軍訓生誓言」的暗示文字，主張它的起源可一路回溯至古風時代。
19. Thompson, *Garden Lore*.
20. 關於「學院」，見 Travlos, *Pictorial Dictionary,* 42-51, figs. 213, 417; Camp, *Archaeology of Athens,* 64。
21. 修昔底德，《伯羅奔尼撒戰爭史》2.34; Plutarch, *Life of Kimon* 13.7; Scholion on Sophokles, *Oidipous at Kolonos* 698, 701.
22. 參 Travlos, *Pictorial Dictionary,* 345-47。史穆特（Guy Smoot）主張，「呂刻昂」這個字是以 leuk（「光」或「光照」）為字根，所以和阿波羅的旭日之神的角色有關。保薩尼亞斯則說「呂刻昂」得名自潘狄翁之子呂科斯（Lykos），而阿波羅在呂刻昂是第一次被稱為「呂刻昂阿波羅」（見 *Description of Greece* 1.19.3）。由於「潘狄翁」這名字意指「全面光照」，他兒子的名字也許也有這層含意。

23. D. Birge, "Sacred Groves in the Ancient World" (Ph.D. diss., University of California, Berkeley, 1982); R. Barnett, "Sacred Groves: Sacrifice and the Order of Nature in Ancient Greek Landscapes," *Landscape Journal* 26 (2007): 252-69.

24. Plutarch, *Lives of the Ten Orators* 8.41- 42; Thompson, *Garden Lore,* 6.

25. J. P. Lynch, *Aristotle's School: A Study of a Greek Educational Institution* (Berkeley: University of California Press, 1972), 68-105；想進一步了解泰奧弗拉斯托斯其人，可讀 Diogenes Laertius, *De causis plantarum* 5.46。想進一步了解呂刻昂的花園，可讀 E. Vanderpool, "The Museum and Gardens of the Peripatetics," *ArchEph* (1953/1954B): 126-28。就像「學院」的遭遇那樣，呂刻昂的樹木在西元前八六年被洗劫雅典的羅馬將軍蘇拉（Sulla）砍伐一空：因為亟需木頭製造攻城機器，蘇拉砍伐掉雅典和周遭鄉村地區許多樹林。事見 Plutarch, *Life of Sulla* 12.3。一九九六年，工人在里吉利斯街（Rigillis Street）和索菲亞王后大道（Vassilissis Sofias Avenue）交界處興建古蘭德里當代藝術博物館（Goulandris Museum of Contemporary Art）時，無意間發現了古代呂刻昂的遺址。後續的挖掘出土了從西元前六世紀至拜占庭時代早期的文物。其中之一是一口西元前四世紀的水井，井身鋪著有弧度的陶瓦片，並鑿有一些手孔、腳孔，供人爬進爬出。西元一世紀。遺址還出土了一間很大的角力學校（長五十公尺，寬四十八至五十公尺），其中間有一中庭，四周有遊廊圍繞。大部分學者都把它的年代定為西元一世紀。遺址東北角和西北角各有一浴場，前者保存著熱坑、鍋爐、冷水浴池和高溫浴池，後者保存著溫水浴池、高溫浴池和洗腳池。見 E. Lygouri-Tolia, "Οδός Ρηγίλλης (η παλαίστρα του γυμνασίον του Δυκείον," *ArchDelt* 51 (1996): 46-48; E. Lygouri-Tolia, "Excavating an Ancient Palaestra in Athens," in *Excavating Classical Culture in Greece: Recent Archaeological Discoveries in Greece,* ed. M. Stamatopoulou and M. Geroulanou (Oxford: Beazley Archive and Archaeopress, 2002)。我要感謝「希臘考古工作隊」的薩卡博士（Dr. Niki Sakka）和「古建築修復部門」的潘太利雅迪斯（Emorphylli Panteliadis）帶我參觀這遺址。

26. 想進一步認識珂德洛斯其人，可讀 Kearns, *Heroes of Attica,* 56-57, 178; *LIMC* 6, s.v. "Codrus"; Kron, *Die zehn attischen Phylenheroen,* 138, 195-96, 215, 221-27, 246; N. Robertson, "Melanthus, Codrus, Neleus, Caucon: Ritual Myth as Ancient History," *GRBS* 29 (1988): 225-26。珂德洛斯與雅典的「名祖英雄」和馬拉松英雄」起出現在德爾斐的馬拉松紀念碑（菲迪亞斯製作，年代約為西元前四五〇年），見 Pausanias, *Description of Greece* 10.10.1。巴西勒身分不明，但可能與「巴西勒亞」（Basileia，意指「王后」）一詞有關，見 H. A. Shapiro, "The Attic Deity Basile," *ZPE* 63 (1986): 134-36。

27. 珂德洛斯的生卒日根據傳統說法是西元前一〇八九年至西元前一〇六八年。

28. *IG* II2 4258。珂德洛斯的墓碑經考證屬於奧古斯都皇帝時代。

29. 這故事現存的最早記載見於利庫爾戈斯的《譴責萊奧克拉特斯》（84-87）。利庫爾戈斯說珂德洛斯是在城門外不遠處被殺，保薩尼亞斯補充說珂德洛斯是死於伊利索斯河附近（見 *Description of Greece* 1.19.5）。

30. G. Anderson, "Before Tyrannoi Were Tyrants: Rethinking a Chapter of Early Greek History," *ClAnt* 24 (2005): 173-222.

31. *IG* I3 84，關於珂德洛斯、涅琉斯暨巴西勒神祠的神諭，見 Athens, Epigraphical Museum 10616 (418/417 B.C.). J. R. Wheeler, "An Attic Decree, the Sanctuary of Kodros," *AJA* 3 (1887): 38-49; C. L. Lawton, *Attic Document Reliefs: Art and Politics in Ancient Athens* (Oxford: Clarendon Press, 1995), 83-84, plate 2, no. 4。

32. 崔弗勒斯（Travlos）認為這聖所在城內，位於今日由馬克里揚尼斯街（Makrigianni Street）、辛格羅大道（Syngrou Avenue）和夏齊赫里斯托斯街（Chatzichristos Street）包圍的地區（見 *Pictorial Dictionary,* 332-33）。胡克（G. T. W. Hooker）則認為它是位於城外的伊利索斯河附近，見 "The Topography of the *Frogs,*" *JHS* 80 (1960): 112-17。後一說符合利庫爾戈斯和保薩尼亞斯所說的，珂德洛斯是在雅典城外被殺（見注釋29）。

33. 史穆特指出，在《伊利亞特》裡，墨冬是洛克瑞斯人（Lokrian）埃阿斯（Ajax）的同父異母私生子兄弟，在特洛伊戰爭中曾代替國王菲羅克忒忒斯（Philoktetes）指揮軍隊，見 Smoot, "Poetics of Ethnicity in the Homeric *Iliad*"。史穆特主張，洛克瑞斯人墨冬和雅典人墨冬是以同一個原型為藍本。根據亞里斯多德的說法（見 *Athenian Constitution* 3.3），墨冬也是國王，不是雅典第一位執政官。

34. Plutarch, *Life of Kimon* 13.8.

35. Thompson and Wycherley, *Agora of Athens,* 135.

36. Plutarch, *Life of Demosthenes* 31.

37. R. Lamberton and S. Rotroff, *Birds of the Athenian Agora,* Agora Picture Book 22 (Princeton, N.J.: American School of Classical Studies at Athens, 1985).

38. H. K. L. Mühle, *Beitraege zur Ornithologie Griechenlands* (Leipzig: E. Fleischer, 1844); N. Dunbar, *Aristophanes, "Birds"* (Oxford: Clarendon Press, 1995).

39. R. Simms, "Agra and Agrai," *GRBS 43* (2002/2003): 219-29.

40. Travlos, *Pictorial Dictionary,* 112-20; E. Greco, *Topografi a di Atene: Sviluppo urbano e monumenti dalle origini al III secolo* d. C., vol. 2, *Colline sudoccidentali, Valle dell'Ilisso* (Paestum, Italy: Pandemos, 2010).

41. Aristotle, *On the Heavens* 294a28。水源對記憶和地點的衝擊，見 Ö. Harman ah, ed., Of Rocks and Water: Towards an Archaeology of Place (Providence, R.I.; Joukowsky Institute Publications/ Oxbow Books, 2014)。

42. Larson, *Greek Nymphs,* 10.

43. Connerton, *How Societies Remember*; J. Fentress and C. Wickham, *Social Memory* (Oxford: Blackwell, 1992), 26; N. Lovell, *Locality and Belonging* (New York: Routledge, 1998), 1-2; N. Loraux, The Divided City: On Memory and Forgetting in Ancient Athens, trans. C. Pache and J. Fort (New York: Zone Books, 2002).

44. Zachariadou, "Syntagma Station," 154.

45. *IG* I3 257; *Encyclopedia of Ancient History* (2013), s.v. "Ilissos"; I. Arnaoutoglo, *Ancient Greek Laws: A Sourcebook* (London: Routledge, 1998) 77.

46. Kallimachos, *Collection of Rivers,* quoted by Strabo, *Geography* 9.1.19.

47. Pausanias, *Description of Greece* 1.32.1; *Encyclopedia of Ancient History* (2013), s.v. "Kephissos."

48. 在二〇〇七年，報紙《每日新聞》（*Kathimerini*）和 100.3 FM 電台發起一個改善基菲索斯河的運動。建築師暨城市規劃師索托斯（Vassilis Zotos）和英國校友會組織了一支建築師團隊，制定一個可永續的河水淨化計畫。見 D. Koutsoyiannis, "On the Covering of Kephisos River," *Daemon of Ecology,* October 6, 2002。

49. Athens National Archaeological Museum 1783, ca. 410 B.C.; *IG* I3 986 (*CEG* II 743), *LIMC* 6, s.v. "Kephisos," no. 1. 這浮雕是一九〇三年在厄喀里達（Echelidai）的基菲索斯聖所發現（厄喀里達位於比雷埃夫斯和法里龍之間的半路上）。見 O. Walter, "Die Reliefs aus dem Heiligtum der Echeliden in Neu- Phaleron," *ArchEph* (1937): 97-119; G. Güntner, *Göttervereine und Götterversammlungen auf attischen Weihreliefs* (Würzburg: K. Triltsch, 1994), 21-23, 78-80. See also Parker, *Polytheism and Society,* 430-32; Sourvinou-Inwood, *Athenian Myths and Festivals,* 92。

50. 在《伊利亞特》裡，赫克托耳按斯卡曼德河（Skamander River）給兒子取名斯卡曼德里俄斯（Skamandrios）。有關以河命名風俗，可參考 R. Parker, "Theophoric Names and the History of Greek Religion," in *Greek Personal Names,* eds. S. Hornblower and E. Matthews (Oxford: Oxford University Press, 2000), 59-60; P. Thonemann, "Neilomandros: A Contribution to the History of Greek Personal Names," *Chiron* 36 (2006): 11-43; P. Thonemann, *The Maeander Valley: A Historical Geography from Antiquity to Byzantium* (Cambridge, U.K.: Cambridge University Press, 2011), 26-31。

51. Parker, *Polytheism and Society,* 430-31.

52. Athens National Archaeological Museum 2756; *IG* I3 987 (CEG II 744); *IG* II2 4547- 8; *LIMC* 6, s.v. "Kephisos," no. 2. See E. Voutyras, "Φροντίσματα: Το ανάγλυφο της Ξενοκράτειας και το ιερό του Κηφισού στο Νέο Φάληρο," in Έπαινος, *Luigi Beschi,* ed. A. Delivorrias, G. Despinis, and A. Zarkadas (Athens: Benaki Museum, 2011), 49-58，關於色諾格拉蒂婭在雅典與斯巴達人交戰期間於城牆內建立她自己的神祠，相關討論見 I. Mylonopoulos, "Buildings, Images, and Rituals in the Greek World," in C. Marconi (ed.), *The Oxford Handbook of Greek and Roman Art and Architecture*，有更進一步討論。另參見 A. L. Purvis, *Singular Dedications: Founders and Innovators of Private Cults in Classical Greece* (New York: Routledge, 2003), 15-32; Guarducci, "L'offerta di Xenokrateia nel santuario di Cefiso al Falero"; E. Mitropoulou, *Corpus I: Attic Votive Reliefs of the 6th and 5th Centuries* B.C. (Athens: Pyli, 1977), no. 65; A. Linfert, "Die Deutung des Xenokrateiareliefs," *AM* 82 (1967): 149-57。

53. 參 D'Alessio, "Textual Fluctuations and Cosmic Streams."

54. Pausanias, *Description of Greece* 1.37.3.
55. Parker, *Polytheism and Society,* 431; Pindar, *Pythian Ode* 4.145 (cf. 荷馬，《伊利亞特》23.142); Aeschylus , *The Mourners* 6; "Simonides" 32b in *FGE*; Pausanias, *Description of Greece* 1.37.3.
56. 歐里庇得斯，《伊翁》1261.
57. *LIMC* 1, s.v. "Acheloös," nos. 1- 5.
58. 四條基菲索斯河中以帕納塞斯山一條流域最大，它源出一個以泉仙女麗拉婭（Lilaia）命名的水泉。麗拉婭是基菲索斯河的女兒之一。見 Aelian, *Historical Miscellany* 2.33。
59. Aristophanes, *Wasps* 1362; Strabo, *Geography* 9.1.24; H. Foley, ed., *Homeric Hymn to Demeter: Translation, Commentary, and Interpretative Essays* (Princeton, N.J.: Princeton University Press, 1994), 67; J. S. Rusten, "*Wasps* 1360-69: Philocleon's τωθασμός," *HSCP* 81 (1977): 157-61; Mylonas, *Eleusinian Mysteries,* 256, no. 150; J. Henderson, *The Maculate Muse: Obscene Language in Attic Comedy* (New Haven, Conn.: Yale University Press, 1975), 16.
60. 參 Graf, "Pompai in Greece," 60, 63; S. des Bouvrie, "Continuity and Change Without Individual Agency: The Attic Ritual Theatre and the 'Socially Unquestionable' in the Tragic Genre," in Chaniotis, *Ritual Dynamics in the Ancient Mediterranean,* 139-78.
61. Strabo, *Geography* 9.1.24 (γεφυρισμοί) 6.12 (γεφυρίζοντες), 13.1 (γεφυρίζων); Plutarch, *Life of Sulla* 2.2 (γεφυριστῶν); Hesychios, s.v. γεφυρίς and γεφυρισταί; *Suda,* s.v. Γεφυρίζων. D. Clay, "Unspeakable Words in Greek Tragedy," *AJP* 103 (1982): 298。關於可以解厄辟邪的解釋，見 Mylonas, *Eleusinian Mysteries,* 256-57; Connelly, "Towards an Archaeology of Performance," 320。
62. 有證據顯示，在古典時代希臘的某些地方，阿刻羅俄斯被認為與宇宙大河俄克阿諾斯為同一人。見 D'Alessio, "Textual Fluctuations and Cosmic Streams," and Smoot, "Poetics of Ethnicity in the Homeric *Iliad*"。
63. 有關普拉克熹提婭為基菲索斯河女兒一節，見歐里庇得斯，《厄瑞克透斯》F 370.63 Kannicht; Lykourgos, *Against Leokrates* 99. 有關普拉克熹提婭媽媽為戴奧吉妮婭（基菲索斯河其中一個女兒）一節，見 Apollodoros, *Library* 3.15.1。
64. Apollodoros, *Library* 3.14.8.
65. Hyginus, *Fabulae* 14.9.
66. Blok, "Gentrifying Genealogy," 258; D. Henige, *The Chronology of Oral Traditions: Quest for a Chimera* (Oxford: Clarendon Press, 1974), 37.
67. A. J. Ammerman, "The Eridanos Valley and the Athenian Agora," *AJA* 100 (1996): 699-715; *Eridanos: The River of Ancient Athens* (Athens: Archaeological Receipts Fund, 2004); Zachariadou, "Syntagma Station," 149-61; E. Baziotopoulou -Valavani and I. Tsirigoti-Drakotou, "Kerameikos," in Parlama and Stampolidis, *City Beneath the City,* 264-75。最近在蒙納斯提拉奇廣場地鐵站進行的挖掘找到了羅馬時代的水道磚拱，這水道是要把廣場廢水引入艾瑞丹諾斯河。如今它是一間露天博物館的一部分——在博物館裡

可以聽見艾瑞丹諾斯河在地下深處流動的聲音。見 I. Gratsia, "Eridanos, the River of Ancient Athens," Hellenic Ministry of Culture, 2004, http:// www. hydriaproject. net/en/ cases/ Athens /eridanos_river/credits.html。

68. Thompson and Wycherley, *Agora of Athens,* 194-96; Lang, *Waterworks in the Athenian Agora*。到了二世紀，艾瑞丹諾斯河已經作為人口密集城市廢水的排水渠。

69. Travlos, *Pictorial Dictionary,* 299; W. Dörpfeld, "Der Eridanos," *AM* 13 (1888): 211-20; U. Knigge, OK εραμεικός της Αθήνας: Ιστορία-Μνημεία-Ανασκαφές (Athens: Krini, 1990); Lang, *Waterworks in the Athenian Agora.*

70. 斯提克斯河和阿克戎河（Acheron）都是位於希臘北部，所以在人的意識裡，地獄界是位於北方。凱拉米克斯墓園會是位於雅典西北和艾瑞丹諾斯河河畔，大概就是喚起這個更大格局。這一點是史穆特提醒我，特此致謝。

71. Travlos, *Pictorial Dictionary,* 204; R. E. Wycherley, *Literary and Epigraphical Testimonia* (Princeton, N.J.: American School of Classical Studies at Athens, 1957), 137-42.

72. 修昔底德，《伯羅奔尼撒戰爭史》2.15.5.

73. Travlos, *Pictorial Dictionary,* 205.

74. 同前注書目，289, 296, fig. 387.

75. Hesiod, *Theogony* 351, 981, 346.

76. 同前注書目，287-94, 979-83; Apollodoros, *Library* 2.5; Stesichoros, *Geryoneis* frag. S11, S87; M. Davies, *Poetarum melicorum Graecorum fragmenta* (Oxford: Oxford University Press, 1991); M. M. Davies, "Stesichoros' *Geryoneis* and Its Folk-Tale Origins," *CQ,* n.s., 38 (1988): 277-90.

77. Servius, *On the Aeneid* 4.250; Tzetzes, *On Lykophron's Alexandra* 875.

78. Plato, *Phaidros* 229c; Kleidemos, *Atthis* 1; Pausanias, *Description of Greece* 1.19.6.

79. 小神廟是考古學家斯基阿斯（A. Skias）在一八九七年發現，同年稍後由德普費爾德判定身分。見 Travlos, *Pictorial Dictionary,* 112-20; M. Miles, "The Date of the Temple on the Ilissos River," *Hesperia* 49 (1980): 309-25; C. A. Picon, "The Ilissos Temple Reconsidered," *AJA* 32 (1978): 375-424; J.- D. Le Roy, *The Ruins of the Most Beautiful Monuments of Greece,* trans. D. Britt (1770; Los Angeles: Getty Research Institute, 2004); Stuart and Revett, *Antiquities of Athens,* vol. 1: chap. 2。

80. R. C. T. Parker, "Sacrifice and Battle," in *War and Violence in Ancient Greece,* ed. H. van Wees (London: Duckworth, 2000), 299, 308-9; M. Jameson, "Sacrifice Before Battle," in Hanson, *Hoplites,* 209-10.

81. 有把獻祭山羊數說成五百（希羅多德，《歷史》6.117; Xenophon, *Anabasis* 3.2.11-12; Aristotle, *Athenian Constitution* 58.1; and Plutarch, *Moralia* 862），有說成一千（Aristophanes, *Knights* 660），有說成三百（Aelian, *Historical Miscellany* 2.25）。見 *IG* II2 1006.8-9。另參考 Parker, *Polytheism and Society,* 400; Parker, *Athenian Religion,* 153-54。普魯塔克則指出（見 *Moralia*

862）：「前往阿格賴的肅穆遊行時至今日猶在舉行，雅典人此舉是要感謝赫卡忒幫助他們打勝仗。」

82. J. Papadopoulos, "Always Present, Ever Changing, Never Lost from Human View: The Athenian Acropolis in the 21st Century," *AJA* 17 (2013): 135-40; G. Marginesu, *Gli epistati dell'Acropoli: Edilizia sacra nella città di Pericle, 447/6-433/2* a. C. (Paestum, Italy: Pandemos, 2010); R. Krumeich and C. Witschel, eds., *Die Akropolis von Athen im Hellenismus und in der römischen Kaiserzeit* (Wiesbaden: Reichert, 2010); E. Creco, *Topografia di Atene: Sviluppo urbano e monumenti dalle origini al III secolo d.C., vol. I, Acropoli, Areopago, Tra Acropoli e Pnice* (Paestum, Italy: Pandemos, 2010).

83. 有關新石器時代的衛城，請參考 Pantelidou, Ἀι Προϊστορικάι Αθήναι, 242-43; Hurwit, *Athenian Acropolis,* 67-70; Immerwahr, *Neolithic and Bronze Ages,* 16-17, 48, no. 219; S. A. Immerwahr, "The Earliest Athenian Grave," in *Studies in Athenian Architecture and Topography Presented to Homer A. Thompson,* Hesperia Supplement 20 (Princeton, N.J.: American School of Classical Studies at Athens, 1982), 54-62。赫爾維特（Hurwit）判定，衛城地區出土的最早期古文物是新石器時代一個胖女人的大理石小人像（長十四公分，年代介於西元前五〇〇〇年至西元前四〇〇〇年之間）和一些在衛城南坡「歐邁尼斯二世遊廊」後方一個瓦礫坑找到的新石器中期陶鍋碎片。見氏著 *Athenian Acropolis,* 67-68。

84. 有關青銅時代的衛城，請參考 Hurwit, *Athenian Acropolis,* 70-84; Pantelidou, Ἀι Προϊστορικάι Αθήναι, 247-48。至少有五個中期青銅時代（ca. 2050/2000-1550 B.C.）的小孩墳墓和一棟晚期青銅時代一期的房屋在衛城被發現。

85. M. Higgins and R. Higgins, *A Geological Companion to Greece and the Aegean* (Ithaca, N.Y.: Cornell University Press, 1996), 27-29; Parsons, "Klepsydra," 205; R. Lepsius, *Geologie von Attika* (Berlin: D. Reimer, 1893), 6, 53, plate 1, profile 1; W. Judeich, *Topographie von Athen* (Munich: C. H. Beck, 1931), 43ff., figs. 6-7; Mountjoy, *Mycenaean Athens,* fig. 14; Hurwit, *Athenian Acropolis,* 6-8.

86. 這宮殿一般認定屬於晚期青銅時代三 B 期，但也有可能早至晚期青銅時代三 A 期，見 Mountjoy, *Mycenaean Athens,* 22-24, 41-43; Iakovidis, *Late Helladic Citadels on Mainland Greece,* 75, 77-79; Travlos, *Pictorial Dictionary,* 57; Camp, *Athenian Agora,* 101-2; Iakovidis, *Mycenaean Acropolis,* 113-14。

87. 參 Travlos, *Pictorial Dictionary,* 52-55, 91, figs. 67, 71; Camp, "Water and the Pelargikon"; Mountjoy, *Mycenaean Athens,* 40-41; Iakovidis, *Mycenaean Acropolis,* 197-221.

88. 修昔底德，《伯羅奔尼撒戰爭史》2.17.1; Aristophanes, *Birds* 832；以及一個厄琉息斯西元前五世紀時期的銘文 (*CIA* 4IV. 2, 27.6; BCH4 [1903]:225,pl.15) 言及「佩拉吉康城牆」，見 Harrison, *Primitive Athens as Described by Thucydides,* 25-36; Harrison, Mythology and Monuments of Ancient Athens,2:537. 希羅多德，《歷史》6.137.1 (quoting Hekataios); the Parian Chronicle, line 60; and Pausanias, *Description of Greece* 1.28.3，都談到「佩拉吉康牆」（帕里安編年史說雅典人將庇西特拉圖的兒子們趕出「佩拉吉康防護牆」去）。關於「佩拉斯吉康」，見 R. L. Fowler, "Pelasgians," in *Poetry, Theory, Praxis,* ed. E. Csapo and M. Miller (Oxford: Oxbow, 2003), 2-18; Kretschmer, "Pelasger und Etrusker"; J. L. Myers, "A History of the Pelasgian Theory," *JHS* 27 (1907):

170-225; W. Miller, "A History of the Archaeology of Athens," *AJA* (1893): 485-504; and G. Smoot, "Poetics of Ethnicity in the Homeric *Iliad*"。史穆特根據希羅多德的記載和語言學證據，主張操非希臘語（或操雙語）的佩拉斯吉人也許直至西元前八世紀（乃至更後來）還殘存於雅典。

89. 首先探索的是卡瓦迪亞斯（Kavvadias），然後是布羅尼爾（O. Broneer），見氏著 "A Mycenaean Fountain House on the Athenian Acropolis," *Hesperia* 8 (1939): 317-433; Travlos, *Pictorial Dictionary,* 72-75; Mountjoy, *Mycenaean Athens,* 43-44; Iakovidis, *Mycenaean Acropolis,* 140-44, 239-43；關於一個概論，見 Hurwit, *Athenian Acropolis,* 78-79。

90. Travlos, *Pictorial Dictionary,* 72-78.

91. 同前注書目，323-31; Kavvadias and Giannikapani, *North, East, and West Slopes,* 13-18; Parsons, "Klepsydra," 203; Larson, *Greek Nymphs,* 129.

92. E. Smithson, "The Prehistoric Klepsydra: Some Notes," in *Studies in Athenian Architecture and Topography Presented to Homer A. Thompson,* 143-54.

93. *IG* I3 1063; 475-450 B.C.(SEG 10.357); Parsons, "Klepsydra," 205; Larson, *Greek Nymphs,* 126; B. D. Meritt, "Greek Inscriptions," *Hesperia* 10 (1941): 38, no. 3.

94. 十七世紀的古文物研究者斯圖爾特和里韋特是首先把這水泉認定為「隱水處」噴泉的人。他們引用西元五世紀文法學家赫西基奧斯（Hesychios）的話作為證據，後者指出過「隱水處」是獻給水仙女安培多。見 Stuart and Revett, *Antiquities of Athens,* vol. 1, pp.15-16; Hesychios, app., Test. VI A; cf. VI B and IV。

95. Camp, "Water and the Pelargikon"，描述該地區先前存在的井如何在西元前六世紀晚期和西元前五世紀初期被填滿並停止使用。另參見 Glowacki, "North Slope," 75。

96. *IG* II2 2639.

97. Kavvadias and Giannikapani, *North, East, and West Slopes;* Glowacki, "North Slope"; Pierce, "Sacred Caves," 54; Goette, *Athens,Attica, and the Megarid,* 54-55.

98. Pierce, "Sacred Caves," 44; Wickens, "Archaeology and History of Cave Use."

99. 歐里庇得斯，《伊翁》10-45, 492-95.

100. 同前注書目，52-55.

101. Pausanias, *Description of Greece* 7.24.5; Strabo, *Geography* 8.7.2.

102. 卡瓦迪斯（George Kavvadias）在一八九六至九七年對「長岩下阿波羅」山洞進行了首次開挖。見 G. Kavvadias, "Topographika Athinon kata tas peri tin Akroplin anaskaphas," *ArchEph* 2 (1897): 1-32; Travlos, *Pictorial Dictionary,* 91-95; Glowacki, "North Slope," 79-90; Wickens, "Archaeology and History of Cave Use," 2:366-67; C. Tsakos, "Sanctuaries and Cults on the Hill of the Acropolis," in

Koutsadelis, *Dialogues on the Acropolis,* 166-81。

103. 一度固定在這些凹龕裡的四十塊石匾已經被找到，年代判定為西元一世紀中葉至三世紀之間，是雅典行政長官們及他們的祕書（*grammateis*）獻給「長岩下阿波羅」。見 P. E. Nulton, *The Sanctuary of Apollo Hypoakraios and Imperial Athens* (Providence, R.I.: Center for Old World Archaeology and Art, Brown University, 2003）。

104. Strabo, *Geography* 9.2.11。喀拉莫伯洛斯（A. D. Keramopoulos）提出此說，見氏著 "Υπό τα Προπύλαια της Ἀκροπόλεως," *ArchDelt* 12 (1929): 98-101，但威徹利（R. E. Wycherley）等人提出反駁，見氏著 "Two Athenian Shrines," *AJA* 63 (1959): 68-72; R. E. Wycherley, "The Pythion at Athens: Thucydides II,15,4; Philostratos, Lives of the Sophists II,1,7," *AJA* 67 (1963): 75-79; J. Tobin, "Some New Thoughts on Herodes Atticus's Tomb, His Stadium of 143/4, and Philostratus VS 2.550," *AJA* 97 (1993): 87-88; Glowacki, "North Slope."。

105. Travlos, *Pictorial Dictionary,* 417-21; Borgeaud, *Cult of Pan;* C. M. Edwards, "Greek Votive Reliefs to Pan and the Nymphs" (Ph.D. diss., New York University, 1985).

106. Wickens, "Archaeology and History of Cave Use"; Pierce, "Sacred Caves"; Borgeaud, *Cult of Pan.*

107. 嬰兒柏拉圖被帶到牧神潘山洞一節，見 Olympiadoros, *Life of Plato* 1, and the author of the *Anonymous Prolegomena*。蜜蜂群聚在嬰兒柏拉圖嘴唇上一節，見 Cicero, *Concerning Divination* 1.36, and Aelian, *Historical Miscellany* 12.45。柏拉圖原名亞里斯多克勒斯（Aristokles），他小時候當然也是被人這麼喊。

108. 這段文字是比爾（Anton Bierl）為我翻譯，特此感謝。

109. *IG* I3 1382 (*SEG* 10.27/324)。這銘文的年代為西元前四世紀中葉，其中提到厄洛斯節是舉行於穆尼基昂月（Mounichion）的第四天。神祠在十九世紀經過卡瓦迪斯挖掘，後又被布羅尼爾（Oscar Broneer）兩次挖掘（分別是一九三一至一九三四年和一九三七至一九三九年）。出土物品包括一個埃克塞基亞斯（Exekias）繪製的巨爵和許多有帝米斯托克利名字的陶片，年代經考證為西元前四七二／四七一年。見 Broneer, "Eros and Aphrodite on the North Slope," 31-55; Travlos, *Pictorial Dictionary*, 228-32; Glowacki, "North Slope," 46-64; R. Rosenzweig, *Worshipping Aphrodite*, 35-40。

110. Pausanias, *Description of Greece* 1.27.3，布羅尼爾如此判定，見氏著 "Eros and Aphrodite on the North Slope," 43。但其他人認為阿芙羅黛蒂的聖所位於伊利索斯河河畔的花園，見 Rosenzweig, *Worshipping Aphrodite*。

111. See K. Glowacki and S. Rotroff, "The 'Skyphos Sanctuary' from the North Slope of the Acropolis," Archaeological Institute of America 106th Annual Meeting Abstract, Boston 2005, *AJA* (2005): session 3G (abstract), http://aia.archaeological.org/webinfo.php?page=10248&searchtype=abstract&ytable=2005&sessionid=3G &paperid=146; Glowacki, "North Slope," 65-78.

112. O. Broneer and M. Z. Pease, "The Cave on the East Slope of the Acropolis," *Hesperia* 5 (1936): 247, 250。布羅尼爾說洞穴大部分是空的（250）；皮斯（M. Z. Pease）能夠將在洞穴裡面發現的一些碎片和衛城頂部殘破的部分拼起來。

113. Dontas, "True Aglaurion"。對阿格勞蘿絲聖所的古老起源之描述，包括希羅多德，《歷史》8.53.2; Pausanias, *Description of Greece* 1.18.2; Polyainos, *Strategies* 1.21.2. 見 Hurwit, *Athenian Acropolis,* 101, 136, 204, fig. 8; G. C. R. Schmalz, "The Athenian Prytaneion Discovered?," *Hesperia* 75 (2006): 33-81; N. Oikonomides, "The Athenian Cults of the Three Aglauroi and Their Sanctuaries Below the Acropolis at Athens," *AncWorld* 21 (1990): 11-17。

114. A. Chaniotis, H. W. Pleket, R. S. Stroud, and J. H. M. Strubbe, "Athens: Decree in Honor of Timokrite, Priestess of Aglauros, 247/6 or 246/5 B.C.," *SEG*, 46 137 (1996).

115. 譯本：Godley, *Herodotus Histories,* 49，略作改動。

116. Siewert, "Ephebic Oath."

117. 譯本：Godley, *Herodotus Histories,* 49，略作改動。

118. Scholion on Demosthenes, *On False Embassy* 303, 328; *FGrH* 105.

119. Kavvadias and Giannikapani, *South Slope,* 1-2; Hurwit, *Athenian Acropolis,* 67-68; Goette, *Athens, Attica, and the Megarid,* 47-54.

120. T. Papathanasopoulos, *The Sanctuary and Theater of Dionysos: Monuments on the South Slope of the Acropolis* (Athens: Kardamitsa, 1995); L. Polacco, *Il teatro di Dioniso Eleutereo ad Atene* (Rome: L'Erma di Bretschneider, 1990); Kavvadias and Giannikapani, *South Slope,* 20-24.

121. Meineck, "Embodied Space,"3.

122. T. Papathanasopoulos, "Το Ωδείο του Περικλή" (Ph.D. diss., University of Rethymnon, 1999); Kavvadias and Giannikapani, *South Slope,* 24; Hurwit, *Athenian Acropolis,* 216-17.

123. Kavvadias and Giannikapani, *South Slope,* 23; R. E. Townsend, "A Recently Discovered Capital from the Thrasyllos Monument," *AJA* 89 (1985): 676-80; G. Welter, "Das choregische Denkmal des Thrasyllos," *AA* (1938): 33-68.

124. J. Freely, *Strolling Through Athens, Fourteen Unforgettable Walks* (London: Tauris Parke, 2004), 41-42。以下網頁有「山洞聖母」神龕的照片（看得見聖像和供品）：K. Glowacki, http://www.stoa.org/athens/sites/southslope/index5.html, photo: P17088.JPG。

125. Kavvadias and Giannikapani, *South Slope,* 30-32; S. Aleshire, *The Athenian Asklepieion: The People, Their Dedications, and the Inventories* (Amsterdam: J. C. Gieben, 1989); J. Jensen, *Drømmenes rige: Votivrelieffene fra Asklepieion p å sydskrænten af Athens Akropolis* (Aarhus: Aarhus Universitet, 2000); Hurwit, *Athenian Acropolis,* 219-21.

126. Immerwahr, *Neolithic and Bronze Ages,* 3, 51-54; G. Zimmer, *Griechische Bronzegusswerkstätten: Zur Technologieentwicklung eines antiken Kunsthandwerkes* (Mainz: Philipp von Zabern, 1990), 62ff.; O. Pelon, *Tholoi, tumuli et cercles funéraires* (Paris: École Française d'Athènes, 1976), 79-80; N. Platon, Εργασίες διαμορφώσεως καί τακτοποιήσεως τού άρχαιολογικου χώρου Ἀκροπόλεως ," *ArchDelt* 19 (1966): 32.

127. *IG* I3 1064 (*SEG* 17.10); Kavvadias and Giannikapani, *South Slope,* 29-30.
128. Rosivach, "Autochthony"; Blok, "Gentrifying Genealogy." See 希羅多德，《歷史》7.161.
129. Rosivach, "Autochthony."
130. Plato, *Menexenus* 237b-c and 237d; see Pappas, "Autochthony in Plato's *Menexenus,*" 66-80.
131. 史穆特（Guy Smoot）指出，g 和 k 交替，表明非希臘語起源；說明呂哥弗隆和埃斯庫羅斯都將俄古革斯視為埃及人。Blok, "Gentrifying Genealogies," 258，關於俄古革斯的起源，見 Hellanikos of Lesbos, *FGrH* 323a F 10; Philochoros, *FGrH* 328 F 92; Apollodoros, *Library* 3.14。
132. Pausanias, *Description of Greece* 9.5.1.
133. Kretschmer, "Pelasger und Etrusker," 證明 Attica/Aktaios 中的 "kt," "tt," "tth" 交替形式，就像其他字詞中的 "Ath-" 形式一樣，都是非希臘語起源。
134. Hellanikos, F 10, *FHG* 62 and 156.
135. *LIMC* 4, s.v. "Erechtheus"; *LIMC* 6, s.v. "Kekrops."
136. Blok, "Gentrifying Genealogies," 258.
137. 荷馬，《伊利亞特》2.546-48.
138. Apollodoros, *Library* 3.14.6.
139. N. Loraux, *Born of the Earth: Myth and Politics in Athens* (Ithaca, N.Y.: Cornell University Press, 2000); Parker, "Myths of Early Athens"; M. Miller, "The Athenian Autochthonous Heroes from the Classical to the Hellenistic Period" (Ph.D. diss., Harvard University, 1983).
140. Aeschylus, *Eumenides* 243.
141. Hesiod, *Theogony* 929a; Apollodoros, *Library* 3.144; Pausanias, *Description of Greece* 1.14.6.
142. 希羅多德，《歷史》1.180.
143. Apollodoros, *Library* 1.20. See Deacy, *Athena,* 1-32; K. Sydinou, "The Relationship Between Zeus and Athena in the *Iliad,*" 15 (1986): 155-64.
144. 關於東橫飾帶，見 Pausanias, *Description of Greece* 1.24.5; Palagia, *Pediments,* 18-39; Brommer, *Die Skulpturen der Parthenon-Giebel;* E. Berger, *Die Geburt der Athena im Ostgiebel des Parthenon* (Basel: Archäologischer Verlag, 1974), 18; Palagia, "First Among Equals."。
145. Deacy, *Athena,* 41-43; S. Deacy, "Athena and Ares: War, Violence, and Warlike Deities," in *War and Violence in Ancient Greece, ed. H. van Wees* (London: Duckworth, 2000), 185-98; A. Villing, "Athena as Ergane and Promachos: The Iconography of Athena in Archaic

East Greece," in Fisher and van Wees, *Archaic Greece,* 147-68.

146. 希羅多德，《歷史》8.55; Isokrates, *Panathenaikos* 193; 說明見 Aelius Aristides, *Panathenaic Oration* 40-44 (Lenz and Behr) = Dindorf 3, 58-59 = Jebb, 106; Apollodoros, *Library* 3.14.1. See Parker, "Myths of Early Athens," 198n49.

147. 這個所謂「海水泉」的水想必是甘甜和可飲用的，這樣才合理。見 R. Waterfield, *Athens: A History from Ancient Ideal to Modern City* (New York: Basic Books, 2004), 36。

148. 大洪水神話也見於印歐人中間（如古印度），而他們可能是古希臘大洪水神話的另一個源頭。見 G. Nagy, "The Epic Hero," in *A Companion to Ancient Epic,* ed. J. M. Foley (Washington, D.C.: Center for Hellenic Studies, 2006), §60-62; also §44, §58, §59, §63-64。

149. Atac, *Mythology of Kingship,* 151.

150. Hesiod, *Works and Days* 109-201.

151. 赫西俄德把古往今來的時代劃分為五個的做法大不尋常，因為大部分的傳說（包括印度的傳說）都只有四個時代之分。赫西俄德加入了一個青銅時代（英雄時代），而這個時代要勝過上一時代，這一點也有別於我們在東方看到的模式。見 J. G. Griffiths, "Archaeology and Hesiod's Five Ages," *Journal of the History of Ideas* 17 (1956): 109-19; Nagy, *Pindar's Homer*。

152. 希臘傳說有別於古代近東之處是它提到的大洪水不止一次而是許多次。泰瑞莎．卡特（Theresa Howard Carter）檢視過地質學、地形學與地層學證據之後，判定一場大洪水曾在西元前三五〇〇年發生於蘇美和整個波斯灣。見 T. H. Carter, "The Tangible Evidence for the Earliest Dilmun," *JCS* 33 (1981): 210-23。我深深感謝卡特博士就這議題與我有過的許多有幫助討論。

153. Julius Africanus, *Chronography,* quoted in Eusebios, *Praeparatio evangelica* 10.10.

154. 譯本：Waterfield, *Timaeus and Critias,* 109-10。柏拉圖在 *Timaeus* 25d 中也提及這次洪水：「出現了令人驚駭的地震和洪水，一整個可怕的白天和黑夜期間，你的城市的全部戰鬥力一度沉沒在大地之下。」譯本：Waterfield, *Timaeus and Critias,* 13-14。

155. 根據柏拉圖（*Kritias* 112a），塞埃斯（Sais）埃及祭司告訴梭倫，阿特蘭提斯的毀滅乃是早些時候的三次洪水。

156. 根據辛瑟拉斯（Syncellus）所列的國王名單，見 Herodotos's *Euterpe,* Ovid's *Metamorphoses,* Apollodoros, *Library* 1.47, and Proklos, *On Hesiod's "Works and Days"* 157-58。正如韋斯特（M. L. West）指出，丟卡利翁大洪水是一個晚出的傳說，並不見於赫西俄德的記載，直到西元前五世紀上半葉才出現在文獻（Epicharmos, *P. Oxy.* 2427 frag. 1; Pindar, *Olympian Ode* 9.49）。見 West, *Hesiodic Catalogue of Women,* 55; West, *East Face of Helicon,* 489。這麼說，丟卡利翁大洪水有可能是雅典人杜撰，是要把他們的傳說祖先整合到大洪水神話裡去嗎？

157. West, *Hesiodic Catalogue of Women,* 50-52; West, *East Face of Helicon,* 65-67, 166-67, 174-76, 377-81, and 490-93; López-Ruiz, *When the Gods Were Born,* 59; C. Penglase, *Greek Myths and Mesopotamia: Parallels and Infl uence in the Homeric Hymn* (New York: Routledge, 1994), 191.

158. 參 West, *Indo-European Poetry and Myth;* West, *East Face of Helicon,* 166-67, 490-93，他提及《埃利都創世記》裡的朱蘇德拉（第三千紀）、《阿特拉哈西斯史詩》裡的阿特拉哈西斯（table 3，大約西元前一六四七至西元前一六二六年）、《吉爾伽美什史詩》裡的烏特納匹什提姆（約西元前一一〇〇年），以及《舊約．創世記》裡的諾亞（西元前六世紀至西元前五世紀）。另參見 W. G. Lambert and A. R. Millard, *Atrahasis: The Babylonian Story of the Flood* (Winona Lake, Ind.: Eisenbrauns, 1999); Q. Laessoe, "The Atrahasis Epic: A Babylonian History of Mankind," *Biblioteca Orientalis* 13 (1956): 90-102; J. H. Tigay, *The Evolution of the "Gilgamesh Epic"* (Philadelphia: University of Pennsylvania Press, 1982)。同一主題也出現在《古蘭經》第七一章，其中提到有一艘方舟載浮載沉了七天七夜。

159. 有關丟卡利翁的三個女兒，見 West, *Hesiodic Catalogue of Women,* 51-53, 173, table 1。

160. 品達的《殘篇》76；《新約．使徒行傳》第十七章第二十二節，使徒保羅所引。

161. 譯本：Nehamas and Woodruff, *Phaedrus,* 86.

第二章　帕德嫩神殿以前

1. I. Ridpath and W. Tirion, *Stars and Planets Guide* (Princeton, N.J.: Princeton University Press, 2007), 142-43; R. H. Allen, *Star Names: Their Lore and Meaning* (New York: Dover, 1963), 202; F. Boll and H. Gundel, "Sternbilder," in *Ausführliches Lexikon der griechischen und römischen Mythologie,* ed. W. H. Roscher (Leipzig: B. G. Teubner, 1884), 6:821-24.
2. 譯本：M. Grant, *Myths of Hyginus* (Lawrence: University of Kansas Press, 1960).
3. Pausanias, *Description of Greece* 1.24.7.
4. 希羅多德，《歷史》8.41.2-3; Philostratos, *Imagines* 2.17.6.
5. Plutarch, *Life of Themistokles* 10.1.
6. 希羅多德，《歷史》8.41. See H. B. Hawes, "The Riddle of the Erechtheum," unpublished manuscript in the Smith College Archive (Amherst, Mass., 1935); H. B. Hawes, "The Ancient Temple of the Goddess on the Acropolis," *AJA* 40 (1936): 120-21；以及一個完整的討論，載於 Lesk, "Erechtheion and Its Reception," 40n5, 161-62, no. 487, 162n490, 329. N. Robertson, "Athena's Shrines and Festivals," in Neils, *Worshipping Athena,* 32-33，將提喀斯譯作「燎祭的觀察者」。
7. Lesk, "Erechtheion and Its Reception," 161-62.
8. 在歐里庇得斯的《厄瑞克透斯》裡，厄瑞克透斯的三個女兒被星格化為許阿得斯星座／許阿鏗托斯姊妹星座（F 370.71-74 Kannicht）。對厄瑞克透斯被星格化為御夫座和三位公主被星格化為許阿得斯星座／許阿鏗托斯姊妹星座一事，一個詳細討論見 Boutsikas and Hannah, "Aitia, Astronomy, and the Timing of the Arrephoria," especially 1-7。
9. 見 Aelius Aristides, *Panathenaic Oration* 362 (Lenz and Behr) = Dindorf, 3, 323 = Jebb 189, 4.

10. Aristotle, frag. 637 Rose; 說明見 Aelius Aristides, *Panathenaic Oration* 189.
11. Ruggles, *Handbook of Archaeoastronomy and Ethnoastronomy*; Ruggles, *Archaeoastronomy and Ethnoastronomy;* J. Davidson, "Time and Greek Religion," in Ogden, *Companion to Greek Religion,* 204-18; R. Hannah, *Greek and Roman Calendars: Constructions of Time in the Classical World* (London: Duckworth, 2005); Pasztor, *Archaeoastronomy*.
12. Boutsikas, "Greek Temples and Rituals"; Boutsikas and Hannah, "Aitia, Astronomy, and the Timing of the Arrh   phoria"; Boutsikas and Hannah, "Ritual and the Cosmos"; Boutsikas, "Astronomical Evidence for the Timing of the Panathenaia"; E. Boutsikas and C. Ruggles, "Temples, Stars, and Ritual Landscapes: The Potential for Archaeoastronomy in Ancient Greece," *AJA* 115 (2011): 55-68; E. Boutsikas, "Placing Greek Temples: An Archaeoastronomical Study of the Orientation of Ancient Greek Religious Structures," *Archaeoastronomy: The Journal of Astronomy in Culture* 21 (2009): 4-16; E. Boutsikas, "The Cult of Artemis Orthia in Greece: A Case of Astronomical Observations?" in *Lights and Shadows in Cultural Astronomy,* ed. M. P. Zedda and J. A. Belmonte (Isili: Associazione Archeofila Sarda, 2008); E. Boutsikas, "Orientation of Greek Temples: A Statistical Analysis," in Pasztor, *Archaeoastronomy,* 19-23; Salt and Boutsikas, "When to Consult the Oracle at Delphi"; L. Vrettos, Λεξικό τελετών, εορτών και αγώνων των αρχαίων Ελλήνων (Athens: Ekdoseis Konidari, 1999).
13. 例如 Starry Night Pro 和 Stellarium。
14. 鮑齊卡斯（Boutsikas）指出天文觀測是決定泛希臘宗教節日日期的普遍機制。哪一天是節日開始的恰當時間，在德爾斐、阿提卡和其他地方的地平線觀測結果可以相當不同。見氏著"Greek Temples and Rituals"。
15. 參 Boutsikas, "Astronomical Evidence for the Timing of the Panathenaia."
16. P. Michalowski, "Maybe Epic: Sumerian Heroic Poetry," in *Epic and History,* ed. D. Konstan and K. Raaflaub (Chichester: Wiley-Blackwell, 2010), 21.
17. Hesiod, *Theogony* 108-16, 123-32.
18. 荷馬，《伊利亞特》8.13, 譯本：A. T. Murray（Cambridge, Mass.: Harvard University Press, 1924）.
19. 「巨人戰爭」的資料來源包括以下這些：Hesiod's *Theogony*，韋斯特（M. L. West）將年代訂在西元前八世紀晚期／前七世紀初期；一份遺失的據說是科林斯半傳奇吟遊詩人尤梅婁斯（Eumelos）的作品，*Titanomachia*。見 M. L. West, " 'Eumelos': A Corinthian Epic Cycle?," *JHS* 122 (2002): 109-33; M. L. West, *Hellenica* (Oxford: Oxford University Press, 2011), 355。另參見 Dörig and Gigon, *Götter und Titanen*。
20. 「分界性災難」一語是思科德爾（Scodel）首先使用，見氏著"Achaean Wall," 36, 48, 50。其中她提到特洛伊戰爭是一場災難，被用於作為英雄與後來脆弱的世代、神話時代和信史時代的界線。在此我擴大此一用語的解釋，包含大洪水與宇宙衝突。

21. Hesiod, *Theogony* 424, 486，正如韋斯特的討論，見氏著 *Indo-European Poetry and Myth,*162-64。關於近東對希臘古風時代影響的一個概述，見於 W. Burkert, *The Orientalizing Revolution: Near Eastern Influence on Greek Culture in the Early Archaic Age* (Cambridge, Mass.: Harvard University Press, 1992), 94-95。
22. West, *Indo-European Poetry and Myth,* 162-63.
23. 同前注書目，162-65; Ataç, *Mythology of Kingship,* 172.
24. West, *Indo-European Poetry and Myth,* 166.
25. 同前注書目，248.
26. 瑪卡妮（Clemente Marconi）用「神祕驚恐」一語形容古風時代希臘人置身神廟會有的經驗。見 Marconi, "Kosmos," 222; 該語是奧托（R. Otto）首先提出〔見 *The Idea of the Holy*（London: Oxford University Press, 1928）, 12-25〕，後又被赫胥黎（A. Huxley）所使用〔見 *The Doors of Perception*（London: Chatto & Windus, 1954）, 43〕。
27. G. Rodenwaldt, *Korkyra: Die Bildwerke des Artemistempels von Korkyra II* (Berlin: Mann, 1939), 15-105; J. L. Benson, "The Central Group of the Corfu Pediment," in *Gestalt und Geschichte: Festschrift Karl Schefold zu seinem Sechzigsten Geburstag am 26. Januar 1965,* ed. M. Rohde-Liegle and K. Schefold (Bern: Francke, 1967), 48-60.
28. 庫普塞魯斯是西元前六五七年在科林斯奪權，而塞阿戈奈斯和克里斯提尼在西元前六二〇年前後分別成為墨伽拉和西庫昂的僭主。在西庫昂，考古學家自一座西元前六世紀的神廟下方找到一座西元前七世紀神廟的殘餘。雖然僭主的奪權是「不合憲」，但人民大眾認為他們的統治比貴族統治或寡頭統治可取。見 P. H. Young, "Building Projects Under the Greek Tyrants" (Ph. D. diss., University of Pennsylvania, 1980)。
29. 有關科林斯的阿波羅神廟，可參考 R. Rhodes, "Early Corinthian Architecture and the Origins of the Doric Order," *AJA* 91 (1987): 477-80。有關伊斯米亞的波塞冬神廟，可參考 O. Broneer, *Isthmia: Excavations by the University of Chicago, Under the Auspices of the American School of Classical Studies at Athens* (Princeton, N.J.: American School of Classical Studies at Athens, 1971); Broneer, *Isthmia: Topography and Architecture*; E. Gebhard, "The Archaic Temple at Isthmia: Techniques of Construction," in *Archaische griechische Tempel und Altägypten,* ed. M. Bietak (Vienna: österreichische Akademie der Wissenschaften, 2001)。想了解更大的脈絡，可參考 A. Mazarakis-Ainian, *From Rulers' Dwellings to Temples: Architecture, Religion, and Society in Early Iron Age Greece (1100-700 B.C.)* (Jonsered: Paul Åström, 1997), 125-35。
30. 西元前六三〇年，第一座希臘大陸的神廟興建於埃托利亞地區（Aetolia）的塞爾蒙（Thermon），其周長一百尺，四邊有木頭立柱圍繞（這兩方面都是仿效薩摩斯島的赫拉神廟二期，後者的年代約介於西元前六七五至西元前六二五年之間）。有關塞爾蒙的阿波羅神廟，可參考 J. A. Bundgaard, "À propos de la date de la péristasis du Mégaron B à Thermos," *BCH* 70 (1946): 51-57。關於赫拉在薩摩斯島的神廟，見 O. Reuther, *Der Heratempel von Samos: Der Bau seit der Zeit des Polykrates* (Berlin: Mann,

1957); N. Hellner, “Recent Studies on the Polycratian Temple of Hera on Samos,” *Architectura: Zeitschrift für Geschichte der Baukunst* 25 (1995): 121-27。奧林匹亞的赫拉暨宙斯神廟（年代約為西元前六〇〇年）有一木頭立柱構成之柱廊，克基拉的阿耳梯忒彌神廟（年代約為西元前五八〇年）有一石灰石立柱構成之柱廊。

31. Kyle, *Athletics in Ancient Athens,* 30. 關於梭倫，見 J. Blok and A. P. M. H. Lardinois, *Solon of Athens: New Historical and Philological Approaches* (Leiden: Brill, 2006)。

32. Kyle, *Athletics in Ancient Athens,* 20, 104.

33. *IG* I3 507, ca. 565 B.C. See A. Raubitschek, *Dedications from the Athenian Akropolis: A Catalogue of the Inscriptions of the Sixth and Fifth Centuries B.C.* (Cambridge, Mass.: Archaeological Institute of America, 1949), 305-53 (no. 326) and 353-58 (nos. 327 and 328); Kyle, *Athletics in Ancient Athens,* 26-27.

34. 認為希波克列德是在西元前五六六／五六五年執政者，包括 Marcellinus, *Life of Thucydides* 3: “Hippokleides in whose archonship the Panathenaia were instituted”，和 Eusebios, *Chronica on Olympic* 53.3-4: “Agon gymnicus, quem Panathenaeon vocant, actus.”。關於西元前五六六年的年份為大泛雅典節的就職典禮，見 Kyle, *Athletics in Ancient Athens,* 25-31; V. Ehrenberg, *From Solon to Socrates* (London: Methuen, 1968), 82-83。

35. Aelius Aristides’s *Panathenaic Oration* 13.189.4-5=Dindorf 3.323 的注解，將該節日的介紹歸於庇西特拉圖。

36. Aristotle, *Athenian Constitution* 13。想多了解這些家族和它們在塑造雅典民主賴以誕生的環境的角色，可參考 Camp, “Before Democracy,” 7-12。

37. Aristotle, *Athenian Constitution* 16.9.

38. 書前彩圖４的假想圖並不是一種科學還原，只是用來幫助讀者理解衛城早期神廟的大概坐落。更科學的處理請見 Korres, “Die Athena-Tempel auf der Akropolis”; Korres, “Athenian Classical Architecture,” 7; Korres, “History of the Acropolis Monuments,” 38; Korres “Recent Discoveries on the Acropolis,” 178。

39. 蛇髮女妖人像的頭部和腰帶在衛城博物館的編號是「#701」。有論者主張這像是一屋頂裝飾，但果赫斯已經證明不可能如此。

40. 三角楣牆角落兩條蛇在衛城博物館的編號是「#37」和「#40」。

41. 關於概論，見 Bancroft, “Problems Concerning the Archaic Acropolis,” 26-45; Ridgway, *Archaic Style,* 284-85; Hurwit, *Athenian Acropolis,* 107-12; Knell, *Mythos und Polis,* 1-6；見 Dinsmoor, “The Hekatompedon on the Athenian Acropolis,”，以及關於這些問題的較新研究，N. L. Klein, “The Origin of the Doric Order on the Mainland of Greece: Form and Function of the Geison in the Archaic Period” (Ph.D. diss., Bryn Mawr College, 1991), 7-16。

42. Dinsmoor, “Hekatompedon on the Athenian Acropolis,” 145-47 把這一組分配給神廟的東山坡，雖然這是不可知的。很早就提出

關於神廟三角楣牆構造的還原圖，見 T. Wiegand, *Die archaische Poros-Architektur der Akropolis zu Athen* (Cassel: Fisher, 1904) and R. Heberdey, *Altattische Porosskulptur, ein Beitrag zur Geschichte der archaischen griechischen Kunst* (Vienna: Hölder, 1919). See also W. H. Schuchhardt, "Die Sima des alten Athena-Tempels der Akropolis," *AM* (1935-1936): 60-61; Korres, "History of the Acropolis Monuments," 38。

43. 首先斷定「藍鬍子怪物」為堤豐的是哈里遜（Harrison），見氏著 *Primitive Athens as Described by Thucydides,* 27。博德曼（Boardman）主張這怪物代表雅典的身體政治（body politic），以手上拿著的水、玉米稈和鳥分別象徵平原區居民、海岸居民和山區居民，見氏著 "Herakles, Peisistratos, and Sons," 71-72。也有論者把藍鬍子怪物看成三體的革律翁（Geryon）；或是俄克阿諾斯、蓬托斯（Pontos）和埃忒耳（Aither）的合體；或是「籬笆宙斯」（Zeus Herkeios）；或是涅柔斯（Nereus）；或是普洛透斯（Proteus）。甚至有論者視之為厄瑞克透斯。一個對各種不同詮釋的綜覽，見 F. Brommer, "Der Dreileibige," *Marburger Winckelmann-Programm* (1947): 1-4; Ridgway, *Archaic Style,* 283-88; Hurwit, *Athenian Acropolis,*106-14。

44. Munich, Staatliche Antikensammlungen Inv. 596，插畫家比爾德（M. Beard）所提供，見氏著 *The Invention of Jane Harrison* (Cambridge, Mass.: Harvard University Press, 2000), 103-5，駁斥哈里遜認為陶瓶繪畫中的怪物與「藍鬍子怪物」為同一人的觀點，但這觀點一直禁得起時間考驗。見 U. Höckmann, "Zeus besiegt Typhon," *AA* (1991): 11-23。把陶瓶繪畫與神廟石頭雕刻相提並論的做法確有方法論的難題，但對那些沒多少圖像流傳至今和圖像尚未「編碼化」的時代，我們必須盡可能把僅存的材料比而觀之。

45. *Hymn to Pythian Apollo* 305-10.

46. 同前注書目，305-15。我感謝帕帕斯（Nickolas Pappas）為我指出這一點。

47. 誠如韋斯特顯示，宙斯殺死堤豐一如巴力（Baal）在烏旮瑞特《巴力神話系列》中大戰亞姆（Yam）和穆提（Mot），一如庫馬爾比（Kumarbi）在西臺《烏里庫米之歌》（*Song of Ullikummi*）大戰烏里庫米，也一如馬爾杜克（Marduk）在巴比倫神話裡大戰迪亞馬特（Tiamat）。見 West, *Indo-European Poetry and Myth,* 253, 255-57。有關希臘羅馬世界中的龍蛇神話與崇拜，見 Ogden, *Drakon*。

48. Apollodoros, *Library* 1.6.3。關於堤豐的一個完整討論，見 Ogden, *Drakon*, 69-80。

49. Hesiod, *Theogony* 820.

50. 里奇韋指出，藍鬍子中間一人上身的鑽孔（是用來附著毒蛇的嗎？）和肩上的傷疤都顯示出他受了傷，見 Ridgway, *Archaic Style,* 286。在奧林匹亞出土的盾牌鑲邊顯示，堤豐頭上和肩膀上都長著許多蛇，見 *LIMC* 8, s.v. "Typhon," nos. 16-19。

51. Apollodoros, *Library* 1.6.3.

52. 譯本：West, *Hesiod: Theogony,* 27.

53. 譯本：同前注書目，28.

54. Acropolis no. 36. Ridgway, *Archaic Style,* 286; Boardman, "Herakles, Peisistratos, and Sons," 71-72.

55. Geison, Acropolis no. 4572：關於簷槽繪圖，見 Acropolis no. 3934：關於水鳥繪圖像，見 Heberdey, *Altattische Porosskulptur*。

56. Oppian, *Halieutica* 3.7-8 and 3.208-9; Nonnus, *Dionysiaca* 1.137-2.712.

57. 這些論點多受克萊恩（Nancy Klein）的啟發，特此感謝。

58. Dörpfeld, "Parthenon I, II und III"。在地基找到的爪狀鑿痕並不見於藍鬍子神廟的雕刻，這讓人認為兩者並無關聯，見 Plommer, "Archaic Acropolis"; Beyer, "Die Reliefgiebel des alten Athena-Tempels der Akropolis"; Preisshofen, *Untersuchungen zur Darstellung des Greisenalters*。總結載於 Hurwit, *Athenian Acropolis,* 111-12; Bancroft, *Problems Concerning the Archaic Acropolis,* 50。

59. 關於百尺殿銘文的完整分析和文本的恢復，見 P. A. Butz, *The Art of the Hekatompedon Inscription and the Birth of the Stoikhedon Style* (Leiden: Brill, 2010)。斯特勞德（R. S. Stroud）提供額外的評論和參考書目，見氏著 "Adolph Wilhelm and the Date of the Hekatompedon Decrees," in *Attikai epigraphai: Praktika symposiou eis mnemen A. Wilhelm (1864-1950),* ed. A. P. Matthaiou (Athens: Hellenike Epigraphike, 2004), 85-97。斯圖爾特（A. Stewart）在研究雅典衛城地層時檢查了「百尺殿」銘文的範圍更大的文本，見氏著 "The Persian and Carthaginian Invasions of 480 B.C.E., Part 1." See also G. Németh, *Hekatompedon: Studies in Greek Epigraphy,* vol. 1 (Debrecen: Kossuth Lajos University, Department of Ancient History, 1997)。

60. Korres, "Die Athena-Tempel auf der Akropolis"; Korres, "History of the Acropolis Monuments," 38; Dinsmoor, "Hekatompedon on the Athenian Acropolis";W. B. Dinsmoor Jr., *The Propylaia to the Athenian Akropolis* (Princeton, N.J.: American School of Classical Studies at Athens, 1980), 1:28-30; Ridgway, *Archaic Style,* 283; Childs, "Date of the Old Temple of Athena on the Athenian Acropolis," 1, 5n14.

61. Harpokration, s.v. Εκατόμπεδον，說莫奈西克勒斯和卡利克瑞特（Kallikrates）都將該寺廟稱為「百尺殿」，一如 Plutarch, *Life of Perikles* 13.4; *Life of Cato* 5.3. See Roux, "Pourquoi le Parthénon?," 304-5; Harris, *Treasures of the Parthenon and Erechtheion,* 2-5; C. J. Herrington, *Athena Parthenos and Athena Polias* (Manchester: Manchester University Press, 1955), 13; Hurwit, *Athenian Acropolis,* 161-63. For find spots of poros sculpture, see Heberdey, Altattische Porosskulptur. I thank Professor Manolis Korres for discussing this point with me. See A. Stewart, " The Persian and Carthaginian Invasions of 480 B.C.E., " 395-402。

62. Ridgway, *Archaic Style,* 287。里奇韋亦注意到，薩摩斯島曾出土過鳥翼蛇身怪物雕刻的碎塊，這怪物與百尺殿的藍鬍子怪物／堤豐大概有淵源。見 Freyer- Schauenburg, *Bildwerke der archaischen Zeit und des strengen Stils,* Samos 11 (Bonn: Rudolf Habelt, 1974), nos. 111-12, 191n84。里奇韋也主張說，出土的貓浮雕是大門裝飾，而這是模仿東方的守門衛士人像傳統。但果赫斯認為，這些貓浮雕原來也許是放在神殿角落的楣梁表面，其排列方式類似見於古風時代的迪迪姆神廟者。這是得自筆者和果赫斯的私下交流。

63. Hurwit, *Athenian Acropolis*, 115- 16.

64. 見克萊恩（N. L. Klein）即將出版的文章 "Topography of the Athenian Acropolis Before Pericles: The Evidence of the Small Limestone Buildings"。文中，克萊恩修改傳統的年代見解，把「建築 A」定在西元前五六〇至西元前五五〇年前後，把「建築 B」和「建築 C」定在西元前六世紀下半葉，把「建築 D」和「建築 E」定在西元前五世紀早期。另可參考 Ridgway, *Archaic Style,* 287-91; Bancroft, "Problems Concerning the Archaic Acropolis," 46-76; N. Bookidis, "A Study of the Use and Geographical Distribution of Architectural Sculpture in the Archaic Period (Greece, East Greece, and Magna Graecia)" (Ph.D. diss., Bryn Mawr College, 1967), 22-33。

65. Acropolis no. 1, Acropolis Museum, Athens。關於許德拉，見 *Ogden*, Drakon, 26-28。關於小三角楣牆，見 N. L. Klein, "A Reconstruction of the Small Poros Buildings on the Athenian Acropolis," *AJA* 95 (1991): 335 (abstract); Ridgway, *Archaic Style,* 287-88; W. H. Schuchhardt, "Archaische Bauten auf der Akropolis von Athen," *AA* 78 (1963): 812, figs. 13-44。另有一面小三角楣牆（衛城博物館編號 #2）也是刻畫海克力士大戰妥里同的畫面。這面三角楣牆被漆成深紅色，故被暱稱為「紅色妥里同三角楣牆」，見 Ridgway, *Archaic Style,* 291。關於妥里同，見 Ogden, *Drakon*, 119, 131, 134-35。

66. 在歐里庇得斯的《海克力士子女》，伊俄拉俄斯的身分是海克力士的密友而非侄兒。據亞里斯多德所述，同性戀戀人會在底比斯的伊俄拉俄斯墳墓前發誓忠貞於對方，而伊俄拉俄斯會監督誓言的落實和懲罰不忠者。J. Davidson, *The Greeks and Greek Love: A Radical Reappraisal of Homosexuality in Ancient Greece* (London: Weidenfeld & Nicolson, 2007), 354-56; Plutarch, *Life of Pelopidas* 18.5。

67. J. P. A. van der Vin 主張，「文章幣」（*Wappenmünzen*）的年代可溯至庇西特拉圖統治的時代，見氏著 "Coins in Athens During the Time of Peisistratos," in *Peisistratos and the Tyranny: A Reappraisal of the Evidence,* ed. H. Sancisi- Weerdenburg (Amsterdam: J. C. Gieben, 2000), 147-53。另可參考 J. H. Kroll, "From Wappenmünzen to Gorgoneia to Owls," *American Numismatic Society Museum Notes* 26 (1981): 10-15 和他在一九九三年出版的專著 *The Greek Coins*。後者指出：「雅典錢幣是始自沒有刻字的紋章幣，它只有一面，圖形變動不居。」See also, Kroll and Waggoner, "Dating the Earliest Coins of Athens, Corinth, and Aegina," 331-33; Lavelle, *Fame, Money, and Power,* 188。

68. 據說阿戈拉廣場內的「十二神祭壇」也是庇西特拉圖所建，這祭壇被認為是雅典的地理中心，是量度所有距離的基準點。見希羅多德，《歷史》2.7; 修昔底德，《伯羅奔尼撒戰爭史》6.54; *IG* II2 2640。關於相關討論，見 Camp, *Athenian Agora,* 41-42; Camp, "Before Democracy," 10-11; Camp, *Archaeology of Athens,* 32-35; Boersma, *Athenian Building Policy,* 15-16, 20-21; L. M. Gadberry, "The Sanctuary of the Twelve Gods in the Athenian Agora: A Revised View," *Hesperia* 61 (1992): 447-89。

69. 希羅多德，《歷史》1.60.2-5; W. R. Connor, "Tribes, Festivals, and Processions," *JHS* 107 (1987): 40-50.

70. Boardman, "Herakles, Peisistratos, and Sons," 62; J. Boardman, "Herakles, Peisistratos, and the Unconvinced," *JHS* 109 (1989): 158-

59; G. Ferrari, "Heracles, Pisistratus, and the Panathenaea," *Métis* 9-10 (1994-1995): 219-26.

71. 希羅多德，《歷史》5.71; 修昔底德，《伯羅奔尼撒戰爭史》1.126. See D. Harris- Cline, "Archaic Athens and the Topography of the Kylon Affair," *BSA* 94 (1999): 309-20; D. Nakassis, "Athens, Kylon, and the Dipolieia," in *GRBS* 51 (2011): 527-36.

72. 普魯塔克為這個故事添加了一個有趣枝葉。他說，庫倫和他的人馬在下衛城前先用一條黃色繩子把自己與雅典娜神像繫在一起，好讓自己與女神的保護力繼續相連。但繩子在他們剛經過「詛咒女神」的祭壇時斷掉，所以執政官們當即把他們殺光。見 Plutarch, *Life of Solon* 12。

73. Shapiro, *Art and Cult Under the Tyrants,* 14-15.

74. 修昔底德（《伯羅奔尼撒戰爭史》6.54）說：「他們大大改善了他們的城市外觀。」見 Lavelle, *Fame, Money, and Power*。

75. 果赫斯最近主張，奧林匹亞宙斯神廟也許是在演說家利庫爾戈斯的時候重新動工，見 M. Korres and C. Bouras, eds., *Athens: From the Classical Period to the Present Day* (New Castle, Del.: Oak Knoll Press, 2003), 153。西元前一七四年，塞琉古帝國國王安條克四世（Antiochos IV）委託羅馬建築師柯蘇蒂烏斯（Cossutius）完成這座採科林斯柱式的雙柱廊巨大神廟，但計畫在後來被廢棄。蘇拉在西元前八六年洗劫雅典時，掠奪了奧林匹亞宙斯神廟一些立柱。續建神廟的工作至哈德良皇帝統治的時期才重啟，一尊宙斯的黃金象牙神像被放入了殿內。見 Pausanias, *Description of Greece* 1.18.6. R. Tölle-Kastenbein, *Das Olympieion in Athen* (Cologne: Böhlau, 1994); Camp, *Archaeology of Athens,* 173-76, 199-201; R. E. Wycherley, *Stones of Athens* (Princeton, N.J.: Princeton University Press, 1978)。

76. 修昔底德，《伯羅奔尼撒戰爭史》2.20.2; Aristotle, *Politics* 1311a; Pausanias, *Description of Greece* 1.23.1-2。喜帕克斯先是邀請哈莫荻奧斯妹妹充當泛雅典節提籃女，後又收回這邀請。哈莫荻奧斯和愛人當即決定要行刺庇西特拉圖家兄弟，但只成功殺死喜帕克斯（編注：此處原文中作者寫成功殺死哈莫荻奧斯，疑為誤植）。

77. Ober, *Democracy and Knowledge,* 138-39.

78. 同前注書目，12。歐伯把「民主」定義為「（人民）有能力進行改變之謂」。

79. 關於一個有幫助的摘要，見 J. Ober, *Athenian Legacies: Essays on the Politics of Going on Together* (Princeton, N.J.: Princeton University Press, 2005), 36-42。

80. 見 Aristophanes, *Knights* 566a (II), repeated by *Suda,* s.v. πέπλος。關於阿提卡陶瓶上巨人戰爭的繪畫，見 Shapiro, *Art and Cult Under the Tyrants,* 28, 38-40, 42; Shear, "Polis and Panathenaia," 35-38; T. H. Carpenter, *Art and Myth in Ancient Greece* (London: Thames and Hudson, 1991), 74; Vian, *La guerre des géants,* 246; M. B. Moore, "Lydos and the Gigantomachy," *AJA* 83 (1979): 79-99。

81. Pausanias, *Description of Greece* 8.47.1.

82. *Suda,* s.v. Γιγαντιαί.

83. Apollodoros, *Library* 1.35; 歐里庇得斯，《伊翁》209-11; Euripides, *Herakles* 908; Euripides, *Cyklops* 5-8; Kallimachos, *Fragmenta*

382 (from Choerobus, ca. third century B.C.).

84. 學者長久以來都把這神廟的年代定為西元前五二〇年前後，即庇西特拉圖統治的時期。但現在有證據顯示，神廟斷然是建於西元前五〇八年之後，屬於克里斯提尼領導雅典的早歲。見 Childs, "Date of the Old Temple of Athena on the Athenian Acropolis"; Korres, "History of the Acropolis Monuments," 38-39; K. Stähler, "Zur Rekonstruktion und Datierung des Gigantomachiegiebels von der Akropolis," in *Antike und Universalgeschichte: Festschrift Hans Erich Stier* (Münster, 1972), 88-91; Stewart, "Persian and Carthaginian Invasions of 480 B.C.E.," 377-412 and 581-615; Kissas, *Archaische Architektur der Athener Akropolis*。反駁的意見，見 Croissant, "Observations sur la date et le style du fronton de la gigantomachie"; Ridgway, *Archaic Style,* 291-95; Santi, *I frontoni arcaici dell'Acropoli di Atene*，斯圖爾特的評論，見氏著 *AJA* 116 (2012), www.ajaonline.org/sites/default/files/1162_Stewart.pdf。

85. Acropolis nos. 631 A-C（巨人和雅典娜）和 Acropolis nos. 6454 and 15244（馬匹）。摩爾（M. Moore）還原了這面三角楣牆，見氏著 "The Central Group in the Gigantomachy of the Old Athena Temple on the Acropolis," *AJA* 99 (1995): 633-69。根據這個還原，三角楣牆中央是一輛馬車，載著宙斯（大概還有海克力士）前赴戰場，而雅典娜和其他神祇在三角楣牆兩邊大戰巨人族。Santi, *I frontoni arcaici dell'Acropoli di Atene,* and Croissant, "Observations sur la date et le style du fronton de la gigantomachie" 等文章都拒絕接受這個還原，見 Stewart, *AJA* 116（2010）www.ajaonline.org/sites/default/files/1162_Stewart.pdf。關於三角楣牆構造的還原圖，見 Beyer, "Die Reliefgiebel des alten Athena-Tempels der Akropolis"; H. Schrader, *Die archaischen Marmorbildwerke der Akropolis*（Frankfurt: V. Klostermann, 1939), 345-86。關於「巨人戰爭」中的雅典娜的希臘文圖說，見 LIMC 2, s.v. "Athena,"nos. 381-404。

86. 參 Dörpfeld, "Parthenon I, II und III"; Childs, "Date of the Old Temple of Athena on the Athenian Acropolis," 1; G. Gruben, "Die Tempel der Akropolis," *Boreas* 1 (1978): 28-31.

87. 獅頭噴水口，見 Acropolis nos. 69 and 70；勝利女神的三角楣牆頂飾，見 Acropolis 120.694。關於三角楣牆頂飾的討論，見雷吉威（Ridgway, *Archaic Style,* 151-52）；和 M. Brouskari, *The Acropolis Museum* (Athens: Commercial Bank of Greece, 1974), 58。

88. 馬車御者，Acropolis no. 1342；赫耳墨斯，Acropolis no. 1343。見 Ridgway, *Prayers in Stone,* 199; Ridgway, *Archaic Style,* 395-97。

89. Pausanias, *Description of Greece* 1.26.6; Athenagoras, *Embassy for the Christians* 17.

90. Mansfield, "Robe of Athena," 138-39, 185-88.

91. Pausanias, *Description of Greece* 1.26.5; Hurwit, *Athenian Acropolis,* 122-23.

92. 它們起初被判定屬於邁錫尼宮殿的正廳，見 S. Iakovidis, *He Mykenaïke akropolis ton Athenon* (Athens: Panepistemion Philosophike Schole, 1962), 63-65。但後來尼蘭德爾（C. Nylander）把年代推遲至西元前七世紀，見氏著 "Die sog. mykenischen Siulenbasen

auf der Akropolis in Athens," *OpAth* 4 (1962): 31-77。另參見 Korres, "Athenian Classical Architecture,"，文中指出兩個柱基的其中一個在十九世紀晚期便已經被移離開原來位置。另參見 Glowacki, "Acropolis of Athens Before 566 B.C.," 82。

93. 荷馬，《伊利亞特》2.546-51.

94. Mycenae: N. L. Klein, "Excavation of the Greek Temples at Mycenae by the British School at Athens," *BSA* 92 (1997): 247-322; N. L. Klein, "A New Study of the Archaic and Hellenistic Temples at Mycenae," *AJA* 97 (1993): 336-37 (abstract); B. E. French, *Mycenae: Agamemnon's Capital* (Gloucestershire: Tempus, 2002), 135-38. Tiryns: E.-L. Schwandner, "Archaische Spolien aus Tiryns 1982/83," *AA* 103 (1987): 268-84; Antonaccio, *Archaeology of Ancestors,* 147-97. Athens: Glowacki, "Acropolis of Athens Before 566 B.C.," 80.

95. National Archaeological Museum 13050, 現藏於 Acropolis Museum. 參 Hurwit, *Athenian Acropolis,* 97-98; E. Touloupa, "Une Gorgone en bronze de l'Acropole," *BCH* 93 (1969): 862-64; Ridgway, *Archaic Style,* 305. 有塊在附近出土的上色柱間壁碎塊也許也是屬於這神廟，見 Glowacki, "Acropolis of Athens Before 566 B.C.," 80。

96. Korres, "Athenian Classical Architecture," 9; Korres, "Die Athena-Tempel auf der Akropolis,"; Dörpfeld, "Parthenon I, II und III"; Dinsmoor, "Older Parthenon, Additional Notes."

97. Dinsmoor, "Date of the Older Parthenon"; Miles, "Lapis Primus and the Older Parthenon," 663；關於概論，見 Hurwit, *Athenian Acropolis,* 105-35; Kissas, *Archaische Architektur der Athener Akropolis,* 99-110。

98. Plutarch, *Life of Theseus* 35.

99. 希羅多德，《歷史》6.117; Pausanias, *Description of Greece* 1.32.3。普拉提亞聯軍只損失了十一人，見 S. Marinatos, "From the Silent Earth," *Archaiologika Analekta ex Athenon* 3 (1970): 61-68。

100. Pausanias, *Description of Greece* 1.32.3; E. Vanderpool, "A Monument to the Battle of Marathon," *Hesperia* 35 (1966): 93-105; P. Valavanis, "Σκέψεις ως προς τις ταφικές πρακτικές για τους νεκρούς της μάχης του Μαραθώνος," in Μαραθών η μάχη και ο αρχαιος Δήμος (*Marathon: The Battle and the Ancient Deme*), ed. K. Buraselis and K. Meidani (Athens: Institut du livre-A. Kardamitsa, 2010),73-98; N. G. L. Hammond, "The Campaign and the Battle of Marathon," *JHS* 88 (1968): 14-17.

101. Korres, "Architecture of the Parthenon," 56; Korres, "History of the Acropolis Monuments," 41; Dinsmoor, "Date of the Older Parthenon"; W. Kolbe, "Die Neugestaltung der Akropolis nach den Perserkriegen," *JdI* (1936): 1-64. Hurwit, *Athenian Acropolis,* 133.

102. Korres, *Stones of the Parthenon;* Korres, *From Pentelicon to the Parthenon.* 這台基的尺寸是三十一．四公尺乘七十六公尺。

103. 圖23的假想圖並不是科學的還原。果赫斯指出，在波斯人洗劫衛城的當時，舊帕德嫩神殿只有內牆最底層的石塊就定位，見 Korres, "History of the Acropolis Monuments," 42。

104. 同前注以及 Korres, *From Pentelicon to the Parthenon,* 107-8.

105. 帝米斯托克利在西元前四八三年力主，應該把拉夫里翁銀礦的收入用於建設一支艦隊。有關雅典艦隊的建造和帝米斯托克利在薩拉米斯島的大捷，見 Hale, *Lords of the Sea*, and B. S. Strauss, *The Battle of Salamis: The Naval Encounter That Saved Greece—and Western Civilization* (New York: Simon & Schuster, 2004)。

106. 修昔底德，《伯羅奔尼撒戰爭史》1.93.1-3.

107. 關於在雅典衛城北部設防牆上展示的這些石塊之完整的學術性歷史討論，見 M. Korres, "On the North Acropolis Wall," and "Topographic Issues of the Acropolis: The Pre-Parthenon, Parthenon I, Parthenon II," in *Archaeology of the City of Athens*, http://www.eie.gr/archaeologia/En/chapter_more_3.aspx, 。果赫斯說明，一八〇七年李克（W. M. Leake）最先研究這展示，並判定它們在赫昔契烏斯（Hesychios）心中的想法，在寫下這段話時：(s.v. ἑκατόμπδος) "... νεώς ἐν τῇ Ἀκροπόλει τῇ Παρθένῳ κατασκευασθείς ὑπὸ Ἀθηναίων, μείζων του ἐμπρησθέντος ὑπὸ τῶν Περσῶν ποσὶ πεντήκοντα." 此後，幾個學者將鼓形柱和三槽版——柱間壁等柱頂楣構（正好設置於重新定位的柱石南邊的牆上）都歸屬於來自舊帕德嫩神殿。這一點被德普費爾德（W. Dörpfeld）所修正，他認為這三槽版——柱間壁和楣梁石塊並非來自舊帕德嫩神殿，而是舊雅典娜神廟，見氏著 "Der alte Athena-Tempel auf der Akropolis zu Athen," *AM* 10 (1885): 275-77。

108. 法拉利（Ferrari）認為德普費爾德主張舊雅典娜神廟（雖然失去了柱廊）屹立至古代末期之說正確，見氏著 "Ancient Temple on the Acropolis at Athens," 14-16, 25-28。另見 W. Dörpfeld, "Der alte Athenatempel auf der Akropolis II," *AM* 12 (1887): 25-61; W. Dörpfeld, "Der alte Athenatempel auf der Akropolis III," *AM* 12 (1887): 190-211; W. Dörpfeld, "Der alte Athenatempel auf der Akropolis IV," *AM* 15 (1890): 420-39; W. Dörpfeld, "Der alte Athenatempel auf der Akropolis V," *AM* 22 (1897): 159-78; W. Dörpfeld, "Das Hekatompedonin Athens," *JdI* 34 (1919): 39. Contra Ferrari, see Kissas, *Archaische Architektur der Athener Akropolis* and J. Pakkanen, "The Erechtheion Construction Work Inventory (*IG* I3 474) and the Dörpfeld Temple," *AJA* 110 (2006): 275-81。果赫斯同意舊雅典娜神廟繼續屹立之說，見 Korres, "History of the Acropolis Monuments," 42, 46-47。舊雅典娜神廟後殿遭兵燹後經過整修充當寶庫一節，見 Paton et al., *Erechtheum,* 473-74 和 Hurwit, *Athenian Acropolis,* 142-44, 159。林德斯（T. Linders）主張，後殿在西元前四〇六／四〇五年毀於火，之後不再用作寶庫。這功能由厄瑞克透斯神廟取而代之。見氏著 "The Location of the Opisthodomos: Evidence from the Temple of Athena Parthenos Inventories," *AJA* 111 (2007): 777-82。

第三章　伯里克利時代的壯盛

1. Plutarch, *Life of Perikles* 4-6.
2. 阿里斯托芬在《阿哈奈》（*Archarnians*）一劇形容伯里克利「站在他的奧林匹亞山的高處」釋放出雷電（528-29）。
3. 有關伯里克利的古代資料來源被彙集在 S. V. Tracy, *Pericles: A Sourcebook and Reader* (Berkeley: University of California Press, 2009)；關於一個簡短概論，見 V. Azoulay, *Périclès: La démocratie athénienne à l'épreuve du grand homme* (Paris: Armand Colin, 2010), 12-19; Will, *Perikles,* 12-22. 有關伯里克利的書目厥為龐大，以下是其中一些來源：C. Schubert, *Perikles: Tyrann oder*

Demokrat? (Stuttgart: Reclam, 2012); G. A. Lehmann, *Perikles: Staatsmann und Stratege im klassischen Athen: Eine Biographie* (Munich: C. H. Beck, 2008); C. Mossé, *Périclès: L'inventeur de la démocratie* (Paris: Payot, 2005); Podlecki, *Perikles and His Circle;* Will, *Perikles;* C. Schubert, *Perikles* (Darmstadt: Wissenschaftliche Buchgesellschaft, 1994); Kagan, *Pericles of Athens*。

4. 這事發生在米太亞德西元前四八八年祕密遠征帕羅斯島（Paros）失敗之後。有關伯里克利與基蒙的競爭，見 Podlecki, *Perikles and His Circle,* 5-45; Carpenter, *Architects of the Parthenon,* 69-81。

5. Plutarch, *Life of Kimon* 13.7-8. 參 Martin-McAuliffe and Papadopoulos, "Framing Victory"; Camp, *Archaeology of Athens,* 63-72; C. Delvoye, "Art et politique à Athènes à l'époque de Cimon," in *Le monde grec: Pensée, littérature, histoire, documents: Hommages à Claire Préaux,* ed. J. Bingen, G. Cambier, and G. Nachtergael (Brussels: Université de Bruxelles, 1975), 801-7; Carpenter, *Architects of the Parthenon,* 69-81; Boersma, *Athenian Building Policy,* 42-64.

6. Plutarch, *Life of Perikles* 10.2. 譯本：Kagan, *Pericles of Athens,* 83.

7. Aristotle, *Athenian Constitution* 22.5.

8. Plutarch, *Life of Perikles* 37.2-5; Aristotle, *Athenian Constitution* 26.3. 對這條法令的各種詮釋，見 J. Blok, "Perikles' Citizenship Law: A New Perspective," *Historia* 58 (2009): 141-70; I. A. Vartsos, "Fifth Century Athens: Citizens and Citizenship," *Parnassos* 50 (2008): 65-74; Podlecki, *Perikles and His Circle,* 159–61; C. Leduc, "Citoyenneté et parenté dans la cité des Athéniens: De Solon à Périclès," *Métis* 9-10 (1994-1995): 51-68; A. French, "Pericles' Citizenship Law," *Ancient History Bulletin* 8 (1994): 71-75; A. Boegehold, "Perikles' Citizenship Law of 451/0 B.C."; K. R. Walters, "Perikles' Citizenship Law," *ClAnt* 2 (1983): 314-36; C. Patterson, *Pericles' Citizenship Law of 450-51* B.C. (Salem, N.H.: Ayer, 1981); Davies, "Athenian Citizenship"; S. C. Humphreys, "The Nothoi of Kynosarges," *JHS* 94 (1974): 88-95; A. W. Gomme, "Two Problems of Athenian Citizenship Law," *CP* 29 (1934): 123-40。

9. Connelly, *Portrait of a Priestess,* 198-202.

10. Plato, *Phaidros* 269e; 修昔底德，《伯羅奔尼撒戰爭史》2.35.

11. Plato, *Protagoras* 319e-320a; Plato, *Gorgias* 515d-516d; *Suda,* s.v. Περικλῆς.

12. 譯本：Tracy, *Pericles,* 28. See Mario Telò, *Eupolidis Demi.* Biblioteca nazionale, Serie dei classici greci e latini,n.s.14 (Florence: Felice Le Monnier 2007), frag. 1.

13. Ferrari, "Ancient Temple on the Acropolis at Athens," 24.

14. Lykourgos, *Against Leokrates* 81, 譯本：Burtt, *Minor Attic Orators, II,* 73.

15. 有關這批出土於阿卡奈（Acharnai）的銘文碑板（年代為西元前四世紀第三季），見 D. L. Kellogg, "Οὐκ ἐλάττω παραδώσω τὴν πατρίδα: The Ephebic Oath and the Oath of Plataia in Fourth-Century Athens," *Mouseion* 8 (2008): 355-76; P. Siewert, *Der Eid von Plataia* (Munich: Beck, 1972); G. Daux, "Deux stèles d'Acharne," in Χαριστήριον εἰς Αναστάσιον Κ. Ορλάνδον (Athens:

Archaeological Society, 1965), 1:78-90; A. Blamire, *Plutarch: Life of Kimon* (London: Institute of Classical Studies, 1989), 151-52; J. V. A. Fine, *The Ancient Greeks: A Critical History* (Cambridge, Mass.: Harvard University Press, 1983), 323-28; R. Meiggs, *The Athenian Empire* (Oxford: Clarendon Press, 1972), 504-7。不過，也可參見 P. M. Krentz, "The Oath of Marathon, Not Plataia?," *Hesperia* 76 (2007): 731-42。

16. M. Korres, "The Golden Age of Pericles and the Parthenon," in Koutsadelis, *Dialogues on the Acropolis,* 55.

17. 學界認為，卡利亞斯與波斯人的談判最早開始於西元前四六五年，至大約前四四九年才談成，見 E. Badian, *From Plataea to Potidaea* (Baltimore: Johns Hopkins University Press, 1993）, 1-72, esp.19-20 和 E. Badian, "The Peace of Callias," *JHS* 107 (1987): 13-14。巴迪安（Badian）主張，卡利亞斯在歐里梅敦河戰役後便談定了一份和約，但約定未被遵守，至基蒙死後才重啟談判。另參考 L. J. Samons II, "Kimon, Kallias, and Peace with Persia," *Historia* 47 (1998): 129-40; G. L. Cawkwell, "The Peace Between Athens and Persia," *Phoenix* 51 (1997): 115-30; H. B. Mattingly, *The Athenian Empire Restored: Epigraphic and Historical Studies* (Ann Arbor: University of Michigan Press, 1996), 107-16，本書重印了馬丁利（H. B. Mattingly）的修正版本，見氏著 "The Peace of Kallias," *Historia* 14 (1965): 273-81; D. M. Lewis, "The Thirty Years' Peace," in *The Cambridge Ancient History,* 2nd ed., ed. D. M. Lewis, J. Boardman, J. K. Davies, and M. Ostwald (Cambridge, U.K.: Cambridge University Press, 1992), 5:121-27; R. A. Moysey, "Thucydides, Kimon, and the Peace of Kallias," *Ancient History Bulletin* 5 (1991): 30-35; J. Walsh, "The Authenticity and the Dates of the Peace of Callias and the Congress Decree," *Chiron* 11 (1981): 31-63; A. R. Hands, "In Favour of a Peace of Kallias," Mnemosyne 28 (1975): 193-95; S. K. Eddy, "On the Peace of Callias," *CP 65* (1970): 8-14。

18. Plutarch, *Life of Perikles* 14.1.

19. 同前注。

20. 根據普魯塔克，是基蒙首先同意盟邦捐獻金錢代替捐獻船隻：「在他們知道之前，他們已經從盟邦身分變成附庸國。」見 *Life of Kimon* 11.1-3。修昔底德的說法一樣，但沒提基蒙，見《伯羅奔尼撒戰爭史》1.99。另參考 Carpenter, *Architects of the Parthenon,* 75-76。

21. 感謝美國錢幣學會的阿爾芬（Peter Van Alfen）為我計算出六百「他連得」的現值。他賴以計算的基礎是薪水而不是銀的價格。如果用今日的銀價格（約一盎斯二十美元）為基礎，則六百「他連得」只折合大約一千萬美元。但今日的銀價格處於歷史低點。來自西元前四世紀的證據顯示，雅典一個技術工人的日薪是一「德拉克馬」。保守估計，一「德拉克馬」相當今日一百美元。所以，若一「德拉克馬」等於一美元，那六千「德拉克馬」／六百「他連得」便等於六十萬美元乘六百，即等於三億六千萬美元。

22. 修昔底德，《伯羅奔尼撒戰爭史》2.13.5; Diodoros Siculus, *Library* 12.40.3.

23.「帝國」（ἀρχή）一詞見於 修昔底德，《伯羅奔尼撒戰爭史》1.67.4, 1.75, 1.76.2, and 1.77.2-3。

24. 盟邦的名單和它們各捐獻多少雕刻在一份石頭的「進貢清單」（*symmachikos phoros*），其年代介於西元前四五四至西元前四〇九年之間。見 B. D. Meritt, H. T. Wade-Gery, and M. F. McGregor, *The Athenian Tribute Lists,* 4 vols. (Cambridge, Mass.: Harvard University Press, 1939-1953)。在每年的解放者戴奧尼索斯節（戲劇競賽會把成千上萬觀眾吸引至衛城南坡的劇場），來自盟邦的使節會把每年的貢品放在劇場的表演區展示。這讓雅典在一個高度矚目的場合非常有面子。見 S. Goldhill, "The Great Dionysia and Civic Ideology," *JHS* 107 (1987): 58-76; reprinted in *Nothing to Do with Dionysos? Athenian Drama in Its Social Context,* ed. J. J. Winkler and F. I. Zeitlin (Princeton, N.J.: Princeton University Press, 1990), 97-129。

25. Harris, *Treasures of the Parthenon and Erechtheion, 81-200.*

26. Korres, *From Pentelicon to the Parthenon,* 100 with fig. 25 (for the Λ1 quarry); Korres, "Architecture of the Parthenon," 59-65; Burford, "Builders of the Parthenon."

27. Korres, *From Pentelicon to the Parthenon;* Korres, *Stones of the Parthenon.*

28. Korres, "Parthenon," 12; Burford, "Builders of the Parthenon," 32-34.

29. Plutarch, *Life of Perikles* 12; translation of 12.7: Waterfield, *Plutarch: Greek Lives,* 156.

30. 二億八千多萬美元這數字也是阿爾芬為我算出，特此再次感謝。

31. 帕德嫩神殿的建造帳目：*IG* I3 436-51；神像：*IG* I3 453-60；奉獻：Philochoros, *FGrH* 328 F 121. See W. B. Dinsmoor, "Attic Building Accounts I: The Parthenon," *AJA* 17 (1913): 53-80。

32. 果赫斯指出，由於建廟計畫在波斯入侵之後停擺，石匠沒多少工作可做，他們被改僱去造磚、造船和打仗。見氏著 *Stones of the Parthenon,* 58。

33. J. J. Coulton 認為滑輪吊車的最初使用是在西元前六世紀，見氏著 "Lifting in Early Greek Architecture," *JHS* 94 (1974): 1-19, esp.12 and 17。希羅多德的《歷史》（7.36）是最早語及絞盤的希臘文獻：它提到，波斯人在西元前四八〇年要通過赫勒斯滂時，用絞盤拉緊用以綁住浮橋的纜索。當然，埃及人至少從中王國時期開始便懂得使用絞盤，見 S. Clarke, *Ancient Egyptian Construction and Architecture* (New York: Dover, 1990)；亞述人則是從西元前七世紀起便懂得使用絞盤，見 J. Laessøe, "Reflexions on Modern and Ancient Oriental Water Works," *Journal of Cuneiform Studies* 7 (1953): 15-17。到了西元前一世紀，滑輪設備已被廣泛使用於處理貨物，見 Vitruvius, *Ten Books of Architecture* 10.2.2。

34. 關於伊克蒂諾斯作為建築師，見 Plutarch, *Life of Perikles* 13.4; Pausanias, *Description of Greece* 8.41.9; Strabo, *Geography* 9.1.12, 16; and Vitruvius, *Ten Books of Architecture* 7 praef. 12。關於卡利克瑞特，見 Plutarch, *Life of Perikles* 13.4；參看果赫斯（M. Korres）關於「伊克蒂諾斯」和「卡利克瑞特」，見 *Künstlerlexikon der Antike,* ed. R. Vollkommer (Munich: Saur, 2001), 1:338-45, 387-93; Barletta, "Architecture and Architects of the Classical Parthenon," 88-95; J. R. McCredie, "The Architects of the Parthenon," in *Studies in Classical Art and Archaeology: A Tribute to Peter Heinrich von Blanckenhagen,* ed. G. Kopcke and M. B.

Moore (Locust Valley, N.Y.: J. J. Augustin, 1979), 69-73; Carpenter, *Architects of the Parthenon,* 83-158。

35. Vitruvius, *Ten Books of Architecture* 7 praef. 12。參看果赫斯，Vollkommer, *Künstlerlexikon der Antike,* 1:404-5 關於「卡皮翁」之敘述；Barletta, "Architecture and Architects of the Classical Parthenon," 88-95。

36. Plutarch, *Life of Perikles* 13.9。使用動詞 *epestatei*，表明菲迪亞斯是一位測量工程的總監督。

37. 保薩尼亞斯看到李奧斯（Leos）、安條克（Antiochos）、埃勾斯（Aegeus）、阿卡瑪斯、忒修斯和菲萊亞斯（Phileas）的塑像（見 *Description of Greece* 10.10.1-2），稍後又指出安提柯（Antigonos）、德梅特里奧斯（Demetrios）和托勒密（Ptolemy）的塑像是後來加上去。另外三個英雄埃阿斯（Ajax）、俄紐斯（Oeneus）和希波托翁（Hippothoon）則未見他提及。原因大概是，到了那時候，三個塑像已被移走，以騰出位置擺放希臘化時代的英雄。譯者按：前面提到的安提柯、德梅特里奧斯和托勒密都是希臘化時代人物。

38. 同前注中書目，1.28.2; Martin-McAuliffe and Papadopoulos, "Framing Victory," 345-46; Hurwit, *Athenian Acropolis,* 152.

39. 阿特納奧斯（*Deipnosophists* 13.589）形容，伯里克利在法庭上為情婦辯護時，流的淚比他的生命財產受威脅時還多。

40. Plutarch, *Life of Perikles* 31.4.

41. Miles, "Lapis Primus and the Older Parthenon," 663-66; B. H. Hill, "The Older Parthenon," *AJA* 16 (1912): 535-58；卡本特（Carpenter）推崇基蒙年代的帕德嫩神殿，見 *Architects of the Parthenon,* 44-68。

42. S. A. Pope, "Financing and Design: The Development of the Parthenon Program and the Parthenon Building Accounts," in *Miscellanea Mediterranea,* ed. R. R. Holloway, Archaeologia Transatlantica 18 (Providence: Center for Old World Archaeology and Art, Brown University, 2000), 65-66.

43. Korres, "Athenian Classical Architecture," 9-13.

44. Korres, "Der plan des Parthenon" and "The Architecture of the Parthenon."

45. Korres, "The Architecture of the Parthenon," 84-93; Korres, "Der plan des Parthenon."

46. 前柱式門廊同樣被認為是基克拉澤斯島特色，見 Barletta, "Architecture and Architects of the Classical Parthenon," 78-79。

47. 同前注書目，81-82, 84, 86-88; Korres, "Architecture of the Parthenon," 84-88; Korres, "Parthenon," 22, 46, 52, 54; Korres, "Sculptural Adornment of the Parthenon," 33.

48. Korres, "Die Athena-Tempel auf der Akropolis," 227-29; Korres, "History of the Acropolis Monuments," 45-46; H. Catling, "Archaeology in Greece, 1988-1989." *Archaeological Reports JHS* 35 (1989): 8-9; Ridgway, "Images of Athena," 125.

49. J. M. Hurwit, "The Parthenon and the Temple of Zeus at Olympia," in Barringer and Hurwit, *Periklean Athens,* 135-45; Barringer, "Temple of Zeus at Olympia,"8-20.

50. 對銘文的一個討論和完全列舉，見 Harris, Treasures of the Parthenon and Erechtheion, 2-8, 103-200. Hurwit, *Athenian Acropolis,*

161-62. 根據 Harpokration（參見「Εκατόμπεδον」一詞），莫奈西克勒斯和卡利克瑞特把整座神殿稱為「百尺殿」。普魯塔克提到帕德嫩神殿時稱之為「百尺帕德嫩」，見 *Life of Perikles* 13.4。

51. 一座更早期的雙層柱廊見於埃伊納島的阿費亞神廟（建於西元前五〇〇年前後）。在該處，它對構成一面多孔帷幕，部分遮住內殿的牆壁，圍繞著神像的背面和兩邊。這讓室內空間變得較不好理解、較大，也更有意思，因為不斷變換的光影會加添空間的神祕感。感謝安德森（Richard C. Anderson）跟我在這方面進行過的有益討論。見 Korres, "Architecture of the Parthenon," 65, 93; Korres, "Parthenon," 48; Korres, "Sculptural Adornment of the Parthenon," 176。

52. 關於在庫存清單中提及帕德嫩神殿廳室，見 *IG* I3 343.4 (434/433 B.C.); *IG* I3 344.19 (433/432 B.C.); *IG* I3 346.55 (431/430 B.C.); *IG* I3 350.65 (427/426 B.C.); *IG* I3 351.5 (422/421 B.C.); *IG* I3 352.29 (421/420 B.C.); *IG* I3 353.52 (420/419 B.C.); *IG* I3 354.73-74 (419/418 B.C.); *IG* I3 355.5 (414/413 B.C.); *IG* I3 356.31–32 (413/412 B.C.); *IG* I3 357.57-58 (412/411 B.C.)。見 Harris, *Treasures of the Parthenon and Erechtheion,* 1-8, 81-103, 253 and Hurwit, *Athenian Acropolis,* 161-63。

53. Pedersen, *Parthenon and the Origin of the Corinthian Capital,* 11-31, fig. 16; Korres and Bouras, *Studies for the Restoration of the Parthenon,* 1:20; Korres, "Parthenon," 22。關於科林斯柱式的起源，見 T. Homolle, "L'origine du chapiteau Corinthien," *RA,* 5th ser., 4 (1916): 17-60; Rykwert, *Dancing Column,* 316-49。

54. 有關神殿（特別是「頂階」部分的）用了哪些視覺效果，見 Vitruvius, *Ten Books of Architecture* 3.4.5。

55. Korres, "Der Plan des Parthenon," 87.

56. Hurwit, *Athenian Acropolis,* 167 with illustration. 立面的立柱會在基台上空近五公里之處交會。另參見 Dinsmoor, *Architecture of Ancient Greece,* 165，他說這些立柱「從地面投射出超過一．五英里」。

57. L. Haselberger, "Bending the Truth: Curvature and Other Refinements of the Parthenon," in Neils, *Parthenon,* 101-57; Barletta, "Architecture and Architects of the Classical Parthenon," 72-74.

58. E. Flagg, *The Parthenon Naos* (New York: Charles Scribner's Sons, 1928), 5-9。弗拉格主張，希臘藝術用以取得尺度的規則與詩人和音樂家相似：「在音樂、詩歌和舞蹈，和諧都有賴尺度，但尺度應該精確和符合某種比例，讓眼睛不知不覺覺得悅目。任何簡單的幾何圖形都有這種效果。」弗拉格最知名的設計是科科倫藝廊（一八九七年）和美國海軍學院（一九〇一年至一九〇八年）。他的親戚透過婚姻成為范德比爾特家族的一份子，他因而由美國富豪康內留斯．范德比爾特送去讀新美術學院（École des Beaux-Arts）。他的妹妹露薏莎是斯克里布納二世（Charles Scribner II）的妻子，後者曾委託弗拉格設計紐約市第五大道的兩棟斯克里布納大樓、西四十三街的書本貨倉和印刷廠，位於東六十六街九號的自宅和普林斯頓大學出版社大樓。感謝斯克里布納三世贈我弗拉格的優秀著作《舊帕德嫩神殿》（*The Parthenon Naos*）。

59. Korres and Bouras, *Studies for the Restoration of the Parthenon,* Chapter 3, "The Formation of the Building: Its Particular Stones," 1:249，這個問題的具體處理，載於 Chapter 4, "Elastic and Plastic Deformations?," 1:279-85。英文摘要也可參見 D. Hardy and P.

Ramp, 685-86。另參見 Korres, “Der Plan des Parthenon,” 55-59; W. S. Williams, B. Trautman, S. Findley, and H. Sobel, “Materials Analysis of Marble from the Parthenon,” *Materials Characterization* 29 (1992): 185-94。感謝果赫斯教授跟我討論這現象和提供許多有用的參考書目。

60. Korres, “Architecture of the Parthenon,” 62.

61. Schwab 認為果赫斯對南 14 號柱間壁的重構不盡精確。她把赫利俄斯頭上的金冠移走，主張其上方的鑽孔也許是用來附著一個銅製太陽，見氏著 “New Evidence,” 81-84。

62. J. N. Bremmer, “Greek Demons of the Wilderness: The Case of the Centaurs,” in *Wilderness in Mythology and Religion,* ed. L. Feldt (Berlin: De Gruyter, 2012), 25-53.

63. 見 F. Queyrel, *Le Parthénon*, 136-43。丁斯莫爾（W. B. Dinsmoor）寫到努萬達畫師，見氏著 “The Nointel Artist’s ‘Vente’ and Vernon’s Windows,” box 21, folder 4, subsection IIe, the Parthenon frieze, and box 21, folder 1, “The Panathenaic Frieze of the Parthenon: Its Content and Arrangement,” I. General introduction (November 25, 1948), Dinsmoor Papers in the Archives of the American School of Classical Studies at Athens。在第四頁，丁斯莫爾說他原本想使用卡雷的名字，但後來卻改變主意。在該頁丁斯莫爾解釋說，格羅斯利〔Grosley, in L. Moréri, *Grand dictionnaire historique*（Paris: J. Vincent, 1732）〕最先將那些圖畫歸屬於卡雷。瑪格尼（Cornelio Magni）說這些圖畫是由匿名的佛蘭芒畫家所畫 (*Quanto di più curioso,* 1679), *Relazione della città d’Athène* (Parma: Rosati, 1688), 65-66。見 T. R. Bowie and D. Thimme, *Carrey Drawings of the Parthenon* (Bloomington: Indiana University Press, 1971), 3-4。見 Palagia, *Pediments,* 40-45, 61; Castriota, *Myth, Ethos, and Actuality,*145-50; Brommer, *Die Skulpturen der Parthenon- Giebel,* 6。

64. 感謝 Cornelia Hadjiaslani 和 S. Mavrommatis 讓我從以下內容複製這些照片：*Promenades at the Parthenon,* pages 100-101, insert page 5 (left), and pages 105, 184,190 (top), 194-95, and 199。

65. Carpenter, *Architects of the Parthenon,* 62-68.

66. M. Robertson, “The South Metopes: Theseus and Daedalus,” in Berger, *Parthenon-Kongreß Basel*, 206-8; A. Mantis, “Parthenon Central South Metopes: New Evidence,” in Buitron-Oliver, *Interpretations of Architectural Sculpture,* 67-81.

67. Korres, “Der Plan des Parthenon.”

68. Barletta, “Architecture and Architects of the Classical Parthenon,” 88-95.

69. N. Arrington 在他即將出版的著作（*Ashes, Images, and Memories: The Presence of the War Dead in Fifth-Century Athens*）對西柱間壁的意義有所討論，特別著重分析它們為什麼會突出戰勝的亞馬遜女戰士和戰死的希臘人。.

70. *Homeric Hymn to Athena*, 9-16. 譯本：West, *Homeric Hymns*, 211.

71. 關於赫利俄斯和塞勒涅一事可見於帕德嫩神殿，以及雅典娜．帕德諾斯雕像的底座上，也可見於奧林匹亞的宙斯之神像的底

座上 (Pausanias, *Description of Greece* 5.11.8)，見 Ehrhardt, "Zu Darstellung und Deutung des Gestirngötterpaares am Parthenon"。另參見 Marcadé, "Hélios au Parthenon"; Hurwit, *Athenian Acropolis,* 177-79; Palagia, *Pediments,* 18; Leipen, *Athena Parthenos,* 23-24.W. Dörpfeld, "Der Tempel von Sounion,"AM 9:336。

72. *Homeric Hymn to Athena*, 1- 8. 譯本：West, *Homeric Hymns*, 211.

73. 參 Hurwit, *Athenian Acropolis,* 177-79; Palagia, *Pediments,* 18-39。在馬德里考古博物館（2691）的羅馬大理石 puteal（水井口）裝飾有雕塑的浮雕可見類似的肖像，複製版見 Palagia, *Pediments,* 18, fig. 8。關於雅典娜誕生的肖像，見 LIMC 2, s.v. "Athena," nos. 343-373。

74. 對這些不同詮釋的一個全面撮要，見 Palagia, *Pediments,* app., 60, 18-39。

75. 關於表現女性在分娩時接生婦從後面協助生產的姿勢之雕塑，見諸多塞浦路斯例子中的一個石灰石雕塑（聽說是）出於高爾基， 見 Golgoi in the Metropolitan Museum of Art 74.51.2698; V. Karageorghis, *Ancient Art from Cyprus: The Cesnola Collection* (New York: Metropolitan Museum of Art, 2000), 262n424。在阿提卡墓穴浮雕中類似的雕刻圖像包括：Paris, Louvre Museum MA 7991; Cambridge, Mass., Harvard Art Museums, Sackler Art Museum 1905.8; Athens, Kerameikos Museum P 290; Athens, National Archaeological Museum 749; Athens, Piraeus Museum 21. Similar figures on marble funerary lekythoi include: Paris, Louvre Museum MA 3115; Athens, National Archaeological Museum 1055; Copenhagen, Ny Carlsberg Glyptotek 2564。以上資訊是 Viktoria Räuchle 告訴我，在此致上感謝。我也期盼拜讀她即將出版的論母親角色的博士論文 "Zwischen Norm und Natur: Bildliche und schriftliche Konzepte von Mutterschaft im Athen des 5. und 4. Jahrhunderts v. Chr."。

76. 關於厄勒提婭姊妹見 LIMC 3, s.v. "Eileithyia," nos. 1-49, in Birth of Athena scenes. 關於墨蒂絲，見 L. Raphals, *Knowing Words: Wisdom and Cunning in the Classical Traditions of China and Greece* (Ithaca, N.Y.: Cornell University Press, 1993); M. Detienne and J.-P. Vernant, *Cunning Intelligence in Greek Culture and Society*, trans. J. Lloyd (Atlantic Highlands, N.J.: Humanities Press, 1978)。

77. Pausanias, *Description of Greece* 1.24.5; Fuchs, "Zur Rekonstruktion des Poseidon im Parthenon-Westgiebel"; Spaeth, "Athenians and Eleusinians," 333-36, 341-43; Palagia, *Pediments,* 40-59; Palagia, "Fire from Heaven," 244-50; Hurwit, *Athenian Acropolis,* 174-77.

78. E. Simon, "Die Mittelgruppe im Westgiebel des Parthenon," in *Tainia: Festschrift für Roland Hampe,* ed. H. Cahn and E. Simon (Mainz: Philipp von Zabern, 1980), 239-55。佩拉一個陶瓶（Pella Archaeological Museum 80.514）顯示相似畫面：宙斯的閃電出現在雅典娜與波塞冬之間，象徵他的干預／仲裁。另見在聖彼得堡的一個阿提卡九頭海蛇怪（State Hermitage Museum, P 1872.130, from Kerch, ca. 360-350 B.C.），可見到雅典娜和波塞冬分別站在一棵橄欖樹兩旁：B. Cohen, *The Colors of Clay: Special Techniques in Athenian Vases* (Los Angeles: J. Paul Getty Museum, 2008), 339-41。

79. Pausanias, *Description of Greece* 1.24.5; Hurwit, *Athenian Acropolis,* 174-77; Palagia, *Pediments,* 40-59; Palagia, "Fire from Heaven," 244, 250; Spaeth, "Athenians and Eleusinians," 333-34; Fuchs, "Zur Rekonstruktion des Poseidon im Parthenon-Westgiebel."

80. St. Petersburg, The State Hermitage Museum, P 1872.130，見前面注釋 78。
81. 希羅多德（《歷史》8.55）講述了雅典娜在較量中的獲勝，阿波羅多洛斯（*Library* 3.14.1.）後來以更詳細的方式重把這故事說了一遍。見 Parker, "Myths of Early Athens," 198n49; Isokrates, *Panathenaikos* 193; 說明見 Aelius Aristides, *Panathenaic Oration* 140 (Lenz and Behr) = Dindorf, 3, 58-59 = Jebb, 106。
82. Apollodoros, *Library* 3.14.1; Pausanias, *Description of Greece* 1.27.2.
83. Pausanias, *Description of Greece* 1.26.6。在一世紀從事著述的斯特拉波引述赫格西亞斯（Hegesias）的話：「我去過衛城，看過巨大三叉戟留下的痕跡。」見 *Geography* 9.1.16, 譯本：H. L. Jones, *The Geography of Strabo* (Cambridge, Mass.: Harvard University Press, 1924), 261。
84. Lesk, "Erechtheion and Its Reception," 161.
85. Pausanias, *Description of Greece* 1.26.5, 譯本：W. H. S. Jones, Pausanias, *Description of Greece* (Cambridge, Mass.: Harvard University Press, 1918), 137.
86. A. Murray, *The Sculptures of the Parthenon* (London: John Murray, 1903), 26-27.
87. Pausanias, *Description of Greece* 5.10.7.
88. Palagia 把各種不同的詮釋畫成一張非常有幫助的圖表，又對相關的學術研究有一詳盡綜述，見氏著 *Pediments,* app., p.61 and 40-59。
89. 進一步說明，見 Barbette Spaeth, "Athenians and Eleusinians," 338-60。另參見 L. Weidauer, "Eumolpos und Athen," *AA* 100 (1985): 209-10; L. Weidauer and I. Krauskopf, "Urkönige in Athen und Eleusis: Neues zur 'Kekrops'—Gruppe des Parthenonwestgiebels," *JdI* 107 (1992): 1-16。
90. Spaeth, "Athenians and Eleusinians," 339-41, 351-54.
91. Pausanias, *Description of Greece* 1.38.3.
92. 這些人物的身分判定，見 Spaeth, "Athenians and Eleusinians," 339ff。
93. Plutarch, *Life of Perikles* 12. 譯本：R. Waterfield, *Plutarch: Greek Lives* (Oxford: Oxford University Press, 1998), 155.
94. Plutarch, *Life of Perikles* 12.2, 譯本：B. Perrin, *Plutarch's Lives* (Cambridge, Mass.: Harvard University Press, 1916), 3:37.
95. 譯本：Waterfield, *Life of Perikles,* 156.
96. 譯本：Jowett, *Thucydides,* 6.
97. 有關古典時代雅典人的自尊自大心理，見 M. R. Christ, *The Bad Citizen in Classical Athens* (Cambridge, U.K.: Cambridge University Press, 2006); M. R. Christ, *The Limits of Altruism in Democratic Athens* (Cambridge, U.K.: Cambridge University Press, 2012), with overview, 1-9; R. Balot, *Greed and Injustice in Classical Athens* (Princeton, N.J.: Princeton University Press, 2001); J.

Hesk, *Deception and Democracy in Classical Athens* (New York: Cambridge University Press, 2000)。

98. 譯本：Jowett, *Thucydides,* 47-48.
99. Sanders, "Beyond the Usual Suspects," 152-53.
100. 譯本：Jowett, *Thucydides,* 127.
101. 同前注書目，128.
102. 同前注書目，129.
103. 同前注書目，127, 130.
104. M. Faraguna, G. Oliver, and S. D. Lambert in *Clisthène et Lycurgue d'Athènes,* ed. V. Azoulay and P. Ismar (Paris: Publications de la Sorbonne, 2012), 67-86, 119-31, and 175-90; Habicht, *Athens from Alexander to Antony,* 22-27; Hurwit, *Athenian Acropolis,* 253-60; F. W. Mitchel, *Lycourgan Athens, 338-322* B.C. (Cincinnati: University of Cincinnati, 1970); F. W. Mitchel, "Athens in the Age of Alexander," *Greece and Rome* 12 (1965): 189-204.
105. Meineck, "Embodied Space."
106. Hintzen-Bohlen, *Die Kulturpolitik des Euboulos und des Lykurg.*
107. See Humphreys, *Strangeness of Gods,* 77.
108. Pseudo-Plutarch, *Lives of the Ten Orators, Lykourgos* 843e-f.
109. 同前注書目，843c; Pausanias, *Description of Greece* 1.8.2. Hintzen-Bohlen, *Die Kulturpolitik des Euboulos und des Lykurg.*
110. 有關伯里克利的願景，見 修昔底德，《伯羅奔尼撒戰爭史》2.34-46; Humphreys, *Strangeness of Gods,* 120; N. Loraux, *The Invention of Athens: The Funeral Oration in the Classical City* (Cambridge, Mass.: Harvard University Press, 1986), 144-45; S. Yoshitake, "Aret and the Achievements of the War Dead: The Logic of Praise in the Athenian Funeral Oration," in Pritchard, *War, Democracy, and Culture,* 359-77。
111. Siewert, "Ephebic Oath," 102-11.
112. Humphreys, *Strangeness of Gods,* 103, 104; Steinbock, "A Lesson in Patriotism," 294-99.
113. Lykourgos, *Against Leokrates* 9-10：關於一個引人注目的討論，見 Steinbock, "A Lesson in Patriotism";Allen, *Why Plato Wrote,* 93; Ober, *Democracy and Knowledge,* 186。
114. Habicht, *Athens from Alexander to Antony,* 27; Ober, *Democracy and Knowledge,* 186-90.
115. Lykourgos, *Against Leokrates* 77, 譯本：Burtt, *Minor Attic Orators, II,* 69, 71.
116. Lykourgos, *Against Leokrates* 79, 譯本：Burtt, *Minor Attic Orators, II,* 71, 73。有關誓言對古希臘人的重要性，見 A. Sommerstein and A. J. Bayliss, eds., *Oath and State in Ancient Greece* (Berlin: De Gruyter, 2013); D. Lateiner, "Oaths: Theory and Practice in the

Histories of Herodotus and Thucydides," in *Thucydides and Herodotus,* ed. E. Foster and D. Lateiner (Oxford: Oxford University Press, 2012), 154-84; A. Sommerstein and J. Fletcher, eds., *Horkos: The Oath in Greek Society* (Exeter: Bristol Phoenix Press, 2007); S. G. Cole, "Oath Ritual and the Male Community at Athens," in *Demokratia: A Conversation on Democracies, Ancient and Modern,* ed. J. Ober and C. Hedrick (Princeton, N.J.: Princeton University Press, 1996), 233-65; J. Plescia, *The Oath and Perjury in Ancient Greece* (Tallahassee: University of Florida Press, 1970)。

117. P. Siewert, "Der Eid von Plataiai," *CR,* n.s., 25 (1975): 263-65。這誓言的真實性受到質疑。見第五章的討論。

118. Lykourgos, *Against Leokrates* 81, 譯本：Burtt, *Minor Attic Orators, II,* 73.

119. Lykourgos, *Against Leokrates* 83, 譯本：Burtt, *Minor Attic Orators, II,* 75.

120. Lykourgos, *Against Leokrates* 84, 86, 譯本：Burtt, *Minor Attic Orators, II,* 75, 77. See Steinbock, "A Lesson in Patriotism," 282-90.

121. Lykourgos, *Against Leokrates* 98-101.Translation of section 100, 譯本：Burtt, *Minor Attic Orators, II,* 87.

122. 翻譯是我自己根據利庫爾戈斯在《譴責萊奧克拉特斯》中引述的段落所做的，而歐里庇得斯的《厄瑞克透斯》殘篇，除非另有說明，否則在本書中一律使用坎尼希特（R. Kannicht, 2004）的版本。在各處引用的行數前出現的「F」代表「殘篇」（fragment）。

123. 厄瑞克透斯的三個女兒的誓言展現出「人人為我，我為人人」原則的精粹——這原則因著大仲馬筆下的三劍客而為現代讀者所知。《三劍客》系列出版於一八四四年三月至七月。隨著小說風行至阿爾卑斯山彼端，「人人為我，我為人人」的口號被用於動員瑞士各州的向心力。這口號的德文版（einer für alle, alle für einen）、法文版（un pour tous, tous pour un）和義大利文版（uno per tutti, tutti per uno）後來成為瑞士建國神話的一部分，被用於強調面對逆境時的團結一致。一九〇二年，這座右銘以拉丁文的形式（unus pro omnibus, omnes pro uno）被銘刻在伯恩瑞士聯邦宮的圓頂。見 S. Summermatter, " 'Ein Zoll der Sympathie'—die Bewältigung der Überschwemmungen von 1868 mit Hilfe der eidgenössischen Spendensammlung," *Blätter aus der Walliser Geschichte* 37 (2005): 1-46, at 29, fig. 8。

124. Isokrates, *Demonikos* 13. 譯本：D. C. Mirhady and Y. L. Too, Isocrates I（Austin: University of Texas Press, 2000）.

125. Lykourgos, *Against Leokrates* 101, 譯本：Burtt, *Minor Attic Orators, II,* 91.

126. Lykourgos, *Against Leokrates* 100 and 歐里庇得斯，《厄瑞克透斯》F 360.1 Kannicht。有關行動迅速的重要性，見 A. Chaniotis, "A Few Things Hellenistic Audiences Appreciated in Musical Performances," in *La musa dimenticata. Aspetti dell'esperienza musicale greca in età ellenistica,* ed. M.C. Martinelli (Pisa: Scuola Normale Superiore 2009), 75-97，特別參見 89-92（關於自發性）。

127. Lykourgos, *Against Leokrates* 101, 譯本：Burtt, *Minor Attic Orators, II, 90-91.*

128. Lykourgos, Against Leokrates 100, 譯本：Burtt, *Minor Attic Orators, II,* 85, 87.

129. 修昔底德，《伯羅奔尼撒戰爭史》2.37.2，其中使用的動詞是 *mimoumetha*，「我們抄襲」。感謝帕帕斯（Nickolas Pappas）

所提供的這個意見，也感謝迪格雷爾（James Diggle）在這個段落給我的幫助。

第四章　終極的犧牲

1. P. Jouguet, "Rapport sur les fouilles de Médinet-Madi et Médinet Ghoran," *BCH* 25 (1901): 379-411.
2. "Secrets Cooked from a Mummy," *Life* (international ed.), November 15, 1963, 65-82.
3. See C. Austin, "Back from the Dead with Posidippus," in *The New Posidippus: A Hellenistic Poetry Book,* ed. K. Gutzwiller (Oxford: Oxford University Press, 2005), 67-69 and C. Austin, *Menander, Eleven Plays. Proceedings of the Cambridge Philological Society*，補充第三十七冊（2013），在序言中有述及。
4. 這是我與奧斯汀私下交流得知。
5. M. A. Schwartz, *Erechtheus et Theseus apud Euripidem et Atthidographos* (Leiden: S.C. van Doesburgh, 1917).
6. 《厄瑞克透斯》的首演年份充滿爭議。坎尼希特（Kannicht）(394) 追隨克羅普（Cropp）和菲克（Fick）的看法，把時間定在歐里庇得斯的《厄勒克特拉》（西元前四二二至西元前四一七年之間）的某時候之後和《海倫》（西元前四一二年）之前。見 M. Cropp and G. Fick, *Resolutions and Chronology in Euripides* (London: University of London, 1985), 79-80。他們又進而主張，西元前四一六年是統計學上「最有可能」的首演年份。以下兩部著作對不同的年代意見有一有用的綜覽：Jouan and Van Looy, *Fragments: Euripides,* 98-99，和 Sonnino, *Euripidis Erechthei,* 27-34。大部分論者主張《厄瑞克透斯》首演於西元前四二三／四二二年，即在雅典與斯巴達簽訂《尼西阿斯和約》而停戰的一年期間，這是因為普魯塔克（Plutarch, *Life of Nikias* 9.5.）曾引用《厄瑞克透斯》的句子（F 369.2-3 Kannicht），說停戰那一年間可聽見這些句子由雅典的歌隊唱出。認為首演年份是西元前四二三年的意見，見 Austin, *Nova fragmenta Euripidea,* 22; M. Treu, Der Euripideische Erechtheus als Zeugnis seiner Zeit," *Chiron* 1 (1971): 115-31; Carrara, *Euripide: Eretteo,* 13-17; R. Simms, "Eumolpos and the Wars of Athens," *GRBS* 24 (1983): 197-203。認為首演年份是西元前四二二年的意見，見 Calder, "Date of Euripides' *Erechtheus*"; Clairmont, "Euripides' *Erechtheus* and the Erechtheum"; Calder, "Prof. Calder's Reply."。奧斯汀在另一處主張首演年份為西元前四二一年或之前，見 "De nouveaux fragments de l' *Érechthée,*" 17。認為首演年份是西元前四二〇年或不多久之後的意見，見 Collard, Cropp, and Lee, *Euripides: Selected Fragmentary Plays,* 155。認為首演年份是西元前四一二年前後的意見，見 M. Vickers, "Persepolis, Vitruvius, and the Erechtheum Caryatids: The Iconography of Medism and Servitude," *RA* 1 (1985): 18。值得注意的是，阿里斯托芬在《呂西翠妲》1135 行和《特士摩》（*Thesmophoriazusae*）120 行劇都引用了《厄瑞克透斯》，前者是在西元前四一一年上演，後者是在西元前四一〇年上演。
7. Austin, "De nouveaux fragments de l' *Érechthée,*" 12-13n3.
8. Austin, "De nouveaux fragments de l' *Érechthée.*"

9. Austin, *Nova fragmenta Euripidea,* 22-40.
10. Martínez Díez, *Euripides, Erecteo;* Carrara, *Euripide: Eretteo.*
11. M. J. Cropp, "Euripides, *Erechtheus*" in Collard, Cropp, and Lee, *Euripides: Selected Fragmentary Plays,* 148-94; Collard and Cropp, *Euripides VII: Fragments,* 362-401.
12. Connelly, "Parthenon Frieze and the Sacrifice"; Connelly, "Parthenon and *Parthenoi.*"
13. 斯托貝烏斯是古代晚期一位希臘文學摘錄的編纂者，住在羅馬馬其頓行省斯托比（Stobi）。其他引用過《厄瑞克透斯》的資料來源，請見 Kannicht 390-94。除非另有說明，我在本書中引用《厄瑞克透斯》時都是使用 Kannicht 編訂的二〇〇一年版本。
14. 這是得自我與奧斯汀的私下交流。
15. 厄瑞克透斯神廟的建築紀錄，見 Paton et al., *Erechtheum,* 277-422, 648-50; *IG* I3 474-79; Dinsmoor, "The Burning of the Opisthodomos," 等等。
16. 厄瑞克透斯神廟的年代爭論，見 M. Vickers, "The Caryatids on the Erechtheum at Athens: Questions of chronology and symbolism," (in press), 6-16; W. Dörpfeld, "Der ursprünglichen Plan des Erechtheion," *AM* 29 (1904): 101-7，將工程啟建年份斷定為西元前四三五年；Lesk, "Erechtheion and Its Reception," 68 則斷定為西元前四二七／四二六年。將厄瑞克透斯神廟工程啟建年份斷定為西元前四二二／四二一年者，包括 A. M. Michaelis, "Die Zeit des Neubas des Poliastempels in Athen," *AM* 14 (1889): 349, and P. Spagnesi, "L'Eretteo, snodo di trasformazioni sull'Acropoli di Atene," *Quaderni dell'Istituto di Storia dell'Architettura* 9 (2002): 109-14。《厄瑞克透斯》殘篇在一九六〇年代的發現讓有些學者認為厄瑞克透斯神廟的年代和此劇的首演時間（西元前四二二／四二一年的城市酒神節）接近。見 Calder, "Date of Euripides' *Erechtheus*"。另參見 Clairmont, "Euripides' *Erechtheus* and the Erechtheum"；以及 Calder, "Prof. Calder's Reply."。在《厄瑞克透斯》F 90-91 Kannicht 裡，雅典娜似乎暗示關於厄瑞克透斯神廟的建造。
17. West, *Hesiodic Catalogue of Women,* 106.
18. 荷馬，《伊利亞特》2.546-51. Xenophon, *Memorabilia* 3.5.10，說厄瑞克透斯是由雅典娜負責養育的。
19. 荷馬，《奧德賽》7.80-81.
20. 希羅多德，《歷史》5.82。D. Frame 對厄瑞克透斯與雅典娜的關係有一重要討論，見氏著 *Hippota Nestor* (Washington, D.C.: Center for Hellenic Studies, 2009), 348-49, 408-13。有關厄瑞克透斯與雅典娜受到聯合祭祀一節，見 Mikalson, "Erechtheus and the Panathenaia"; Kearns, *Heroes of Attica,* 210-11; Kron, *Die zehn attischen Phylenheroen;* M. Christopoulos, "Poseidon Erechtheus and ΕΡΕΧΘΗΙΣ ΘΑΛΑΣΣΑ," in *Ancient Greek Cult Practice from the Archaeological Evidence,* ed. R. Hägg (Stockholm: Svenska Institutet i Athen, 1998), 123-30; Parker, *Athenian Religion,* 19-20; Sourvinou-Inwood, *Athenian Myths and Festivals,* 52。

21. 希羅多德，《歷史》8.44, 8.51, 8.55.

22. Sourvinou-Inwood, *Athenian Myths and Festivals,* 51-89; Kearns, *Heroes of Attica,* 110-15, 160-61; Mikalson, "Erechtheus and the Panathenaia," 141n1; Parker, "Myths of Early Athens," 200-1; Shear, "Polis and Panathenaia," 55-60.

23. 荷馬（《伊利亞德》2.546-51）和希羅多德（《歷史》8.55）都把厄瑞克透斯說成是「地生」，索福克勒斯（*Ajax* 201-2）也是如此。把厄里克托尼俄斯認定是「地生」的資料來源包括 Pindar, frag. 253; 歐里庇得斯，《伊翁》20-24, 999-1000; Isokrates, *Panathenaikos* 126; Eratosthenes, *Constellations* 13; Apollodoros, *Library* 3.14.6; Pausanias, *Description of Greece* 1.2.6, 1.14.6。

24. 根據歐里庇得斯的《厄瑞克透斯》（F 370.63 Kannicht），厄瑞克透斯娶了基菲索斯河的女兒普拉克熹提婭。利庫爾戈斯（*Against Leokrates* 98）和阿波羅多洛斯（*Library* 3.15.1）也是把厄瑞克透斯與普拉克熹提婭說成夫妻。但阿波羅多洛斯在另一個段落（*Library* 3.14.6-7）又把厄里克托尼俄斯和普拉克熹提婭說成夫妻。

25. 見 Aelius Aristides's *Panathenaic Oration* 43 (Lenz and Behr) = Dindorf 3: 62 = Jebb 107, 5-6; 1.3.50 (Lenz and Behr) = Dindorf 3. 317 = Jebb 187, 2，把厄瑞克透斯描述為戰車的發明者，而 Parian Marble A10 (*IG* XII, 5444 = *FGrH* 239, A, lines 1-3; inscribed 264/263 B.C.) 則告訴我們厄里克托尼俄斯是最先軛馬的人。關於厄里克托尼俄斯制定泛雅典節的比賽規定，見 Eratosthenes, *Constellations* 13; Apollodoros, *Library* 3.14.6. 關於厄里克托尼俄斯第一個慶祝泛雅典節，見 Harpokration Π 14 Keaney, s.v. Παναθήναια，引用了 Hellanikos *FGrH* 323a F2; and Androtion, *FGrH* 324 F2。說明也可見 Plato, *Parmenides* 127a; Photios, *Lexicon,* s.v. Παναθήναια; and *Suda,* s.v. Παναθήναια。

26. Apollodoros, *Library* 3.14.6。關於黑淮斯托斯，見 J. N. Bremmer, "Hephaistos Sweats; or, How to Construct an Ambivalent God," in *The Gods of Ancient Greece,* ed. J. N. Bremmer and A. Erskine (Edinburgh: Edinburgh University Press, 2010), 193-208。感謝布雷默（Jan Bremmer）把參考書目分享與我，並與我就這批材料有過有益的討論。

27. 見 Hyginus, *Fabulae* 166; Scholiast on *Iliad* B 5475; *Etymologicum magnum,*s.v. 'Ερεχθεύς，另參見 Deacy, *Athena,* 53; Powell, *Athenian Mythology,* 1-3。史穆特認為厄瑞克透斯這個名字也有可能是指「非常屬土」（Very Earthly），是由 *Eri*（「非常」）這個加強語氣的前綴加上 *chthonios* 構成。

28. 蘇爾維諾・英伍德（Sourvinou-Inwood）是最早認為厄瑞克透斯與厄里克托尼俄斯為同一人的學者，見氏著 *Athenian Myths and Festivals,* 88。另參見 Vian, *La guerre des géants,* 254-55; Kearns, *Heroes of Attica,* 110-15; Mikalson, "Erechtheus and the Panathenaia"; Kron, *Die zehn attischen Phylenheroen,* 37-39; Parker, "Myths of Early Athens," 200-1; P. Brulé, "La cité en ses composantes: Remarques sur les sacrifices et la procession des Panathénées," *Kernos* 9 (1996): 44-46。

29. Sourvinou-Inwood, *Athenian Myths and Festivals,* 51-89.

30. *RE* (1907), s.v. "Erechtheus."; Mikalson, "Erechtheus and the Panathenaia," 141-42; Kearns, *Heroes of Attica,* 133; Parker, *Athenian Religion,* 19-20; Sourvinou-Inwood, *Athenian Myths and Festivals,* 51-89, 96.

31. British Museum, 1864, 1007.125, pelike. H. B. Walters, E. J. Forsdyke, and C. H. Smith, *Catalogue of Vases in the British Museum,* 4 vols. (London: British Museum Publications, 1893).
32. *LIMC* 4, s.v. "Erechtheus".
33. Staatliche Museen, Berlin F 2537, cup by the Kodros Painter from Tarquinia, ca. 440-430 B.C. *ARV*2 1268, 2; Para.471; *Addenda*2 177; *LIMC* 4, s.v. "Erechtheus," no. 7; Kron, *Die zehn attischen Phylenheroen,* 250, no. E 5, plates 4.2, 5.2; A. Avrimidou, *The Codrus Painter: Iconography and Reception of Athenian Vases in the Age of Pericles* (Madison: University of Wisconsin Press, 2011), 33-35.
34. Shear, "Polis and Panathenaia," 55-60.
35. Sourvinou-Inwood, *Athenian Myths and Festivals;* J. P. Small, *The Parallel Worlds of Classical Art and Text* (Cambridge, U.K.: Cambridge University Press, 2008).
36. 希羅多德（《歷史》8.44.2）指雅典人是在厄瑞克透斯統治的時代開始被稱為雅典人。品達（*Isthmian Ode* 2.19）和索福克勒斯（*Ajax* 202）都用「厄瑞克透斯子孫」來稱呼所有雅典人。見 Sourvinou-Inwood, *Athenian Myths and Festivals,* 96; Kearns, *Heroes of Attica,* 133; Parker, *Athenian Religion,* 19-20。
37. 希羅多德，《歷史》8.48.
38. 關於喀克洛普斯見 *LIMC* 6, s.v. "Kekrops," nos. 1-2；關於厄瑞克透斯，見 *LIMC* 4, s.v. "Erechtheus," nos. 1-31。
39. Sourvinou-Inwood, *Athenian Myths and Festivals,* 95: Powell, *Athenian Mythology,* 17.
40. Isokrates, *Panathenaikos* 193; Hyginus, *Fabulae* 46.
41. 修昔底德，《伯羅奔尼撒戰爭史》2.15.1.
42. 關於蒐集來源，見 Austin, "De nouveaux fragments de l' *Érechthée,*" 54-55, and Kearns, *Heroes of Attica,* 201-2。
43. Phanodemos, *FGrH* 325 F4 = Photios; *Suda,* s.v. Παρθένοι。在 Παρθένοι 條目的最後，佛提烏引用了費諾德穆斯的話。不清楚的是，到底是整條條目的資訊還是只有最後的引語是來自費諾德穆斯。費諾德穆斯也許是相當可靠的資料來源，因為他被認為與利庫爾戈斯有合作關係。
44. Apollodoros, *Library* 3.15.
45. Hyginus, *Fabulae* 46, 238；德馬拉托斯（*FGrH* 42 F 4）指這個長女是獻給冥后珀爾塞福涅。
46. Hyginus, Fabulae 253. Philochoros, *FGrH* 328 F 105.
47. See Kearns, *Heroes of Attica,* 201.
48. 阿里斯提得斯（Aristides）《泛雅典節演講集》（*Panathenaic Oration*）的一位注釋者把阿格勞蘿絲、赫爾塞和潘朵洛索斯說成是厄瑞克透斯而非喀克洛普斯的女兒，見 Aristides, *Panathenaic Oration,* 85-87 (Lenz and Behr) = Dindorf, 3: 110, line 9, and 3: 112, lines10-15。

49. 殘篇 370.36-42 的內容非常不好解讀，不同的編者有不同的處理方式。其討論與翻譯見 Collard and Cropp, *Euripides VII: Fragments*, 393。但我們感受到普拉克熹提婭說話時是看著較年長兩個女兒的屍體，而她們大概是剛從衛城頭崖自殺。雖然這無法確定，但「葬禮」（第三十八行）和「四肢」（第三十九行）兩個字眼似乎有此暗示。
50. Apollodoros, *Library* 3.15.4.
51. 同前注書目，3.14.6.
52. According to Pausanias, *Description of Greece* 1.18.2; Hyginus, *Poetic Astronomy* 2.13; Hyginus, *Fabulae* 166.
53. 歐里庇得斯，《伊翁》277-78.
54. 感謝查尼奧蒂斯（Angelos Chaniotis）提醒我這一點。有關「聖法」（*leges sacrae*），請參見 E. Lupu, *Greek Sacred Law: A Collection of New Documents (NGSL)* (Leiden: Brill, 2005); R. Parker, "What Are Sacred Laws?," in *The Law and the Courts in Ancient Greece,* ed. E. M. Harris and L. Rubinstein (London: Duckworth, 2004), 57-70。
55. 是查尼奧蒂斯提醒我這個，特此感謝。
56. D. M. Lewis, "Who Was Lysistrata? Notes on Attic Inscriptions (II)," *BSA* 50 (1955): 1-36 首先提出異議。另參見 Connelly, *Portrait of a Priestess,* 11-12, 60, 62-64, 66, 128, 130-31, 278; S. Georgoudi, "Lisimaca, la sacerdotessa," in *Grecia al femminile,* ed. N. Loraux (Rome: Laterza, 1993), 157-96。
57. 關於調停，見 Parker, "Myths of Early Athens," 201-4。
58. 英文翻譯是我自己做的。深深感謝迪格雷爾（James Diggle ）和比爾勒（Anton Bierle）好心地提供他關於這個文本的有益意見。
59. Plutarch, *Lives of the Ten Orators: Lykourgos* 843a-c; N. C. Conomis, "Lycurgus Against Leocrates 81," *Praktika tes Akademias Athenon* 33 (1958): 111-27; Connelly, *Portrait of a Priestess,* 12, 59-64, 117, 129-33, 143, 217.
60. 譯本：Burtt, *Minor Attic Orators, II,* 151, 153.
61. See Sonnino, *Euripidis Erechthei,* 36-42, 113-19; M. Lacore, "Euripide et le culte de Poseidon-Erechthée," *RÉA* 85 (1983): 215-34; J. François, "Dieux et héros d'Athènes dans l'*Érechthée* d'Euripide," in *IXe congrès international de Delphes sur le drame grec ancien (Delphes, 14-19 juillet 1998)* (Athens, 2004), 57-69.
62. Plato, *Menexenus* 239b; see Pappas, "Autochthony in Plato's *Menexenus*"; Isokrates, *Panegyrikos* 68-70; Isokrates, *Panathenaikos* 193.
63. 狄摩斯提尼（*Funeral Speech* 27-29）另外也用潘狄翁幾個女兒的榜樣砥礪潘狄翁部落和用李奧斯幾個女兒（她們在瘟疫時期自願犧牲）的榜樣砥礪李奧斯部落。西元前三三五年摧毀底比斯之後，雅典政治家和將軍福基翁（Phokion）在公民大會演說時提到許阿鏗托斯姊妹（厄瑞克透斯的三個女兒）和李奧斯幾個女兒。見 Diodoros Siculus, *Library* 17.15.2。
64. Demades, frag. 110.

65. Bremmer, *Strange World of Human Sacrifice;* J. N. Bremmer, "Myth and Ritual in Greek Human Sacrifice: Lykaon, Polyxena, and the Case of the Rhodian Criminal," in Bremmer, *Strange World of Human Sacrifice,* 55-79; T. Fontaine, "Blutrituale und Apollinische Schönheit: Grausame vorgeschichtliche Opferpraktiken in der Mythenwelt der Griechen und Etrusker," in *Morituri: Menschenopfer, Todgeweihte, Strafgerichte,* ed. H.-P. Kuhnen (Trier: Rheinisches Landesmuseum, 2000), 49-70; *Enzyklopädie des Märchens* (1999), s.v. "Menschenopfer"; S. Georgoudi, "À propos du Sacrifice humain en Grèce ancienne," *Archiv für Religionsgeschichte* 1 (1999): 61–82; *Der Neue Pauly* (1999), s.v. "Menschenopfer III"; P. Bonnechère, "La notion 'd'acte collectif' dans le sacrifice humain grec," *Phoenix* 52 (1998): 191-215; P. Bonnechère, *Le sacrifice humain en Grèce ancienne* (Athens: Centre International d'Étude de la Religion Grecque Antique, 1994); Hughes, *Human Sacrifice in Ancient Greece;* Wilkins, "The State and the Individual," 178-80; O'Connor-Visser, *Aspects of Human Sacrifice,* 211-32; Henrichs, "Human Sacrifice in Greek Religion"; H. S. Versnel, "Self-Sacrifice: Conception and the Anonymous Gods," in *Le sacrifice dans l'antiquité,* ed. J. Rudhardt and O. Reverdin (Geneva: Entretiens Hardt, 1981), 135-94; R. Girard, *Violence and the Sacred,* trans. P. Gregory (Baltimore: Johns Hopkins University Press, 1977); F. Schwenn, *Die Menschenopfer bei den Griechen und Römern* (Giessen: A. Töpelmann,1915); J. Beckers, "De hostiis humanis pud Graecos" (Ph.D. diss., University of Münster, 1867); R. Suchier, "De victimis humanis apud Graecos" (Ph.D. diss., University of Marburg, 1848).
66. 希羅多德，《歷史》2.119.2-3.
67. Plutarch, *Life of Themistokles* 13.2-5 = Phainias, frag. 25 Wehrli.
68. Henrichs, "Human Sacrifice in Greek Religion," 213-17.
69. Hughes, *Human Sacrifice in Ancient Greece,* 112.
70. 有關「前祭」（*sphagion*），見歐里庇得斯，《伊翁》277-78。
71. 荷馬，《伊利亞特》9.410-16, 譯本：Nagy in http://athome.harvard.edu/programs/ nagy/threads/concept_of_hero.html.「榮耀」文類與「安歸」文類的對比，見 G. Nagy, *Comparative Studies in Greek and Indic Meter* (Cambridge, Mass.: Harvard University Press, 1974), 11-13。關於「kleos」的意涵，見 Nagy, Greek Hero, 26-31 and 50-54。
72. Nagy, *Best of the Achaeans,* esp. 9-10, 102, 114-16, 184-85.
73. 同前注書目，35-41.
74. 在獻牲動物的選擇上，純潔的祭品最是能取悅神明。愈年輕和愈未被玷汙者愈好，所以，羔羊勝於母羊，小牛勝於母牛。同樣道理，貞潔的閨女最讓神明高興。我們從未聽過用已婚婦人獻祭的事。不過，我們倒是聽過用男孩獻祭的事，例如，在七將攻打底比斯時，底比斯王子墨諾叩斯（Menoikeus）便應神諭要求，跳下城牆犧牲以拯救城邦，事見 Euripides, *Phoenician Women* 997-1014。處男因為貞潔，受歡迎的程度不亞於處女。見 Larson, *Greek Heroine Cults,* 107-8。
75. Kearns, "Saving the City."

76. Pausanias, *Description of Greece* 9.17.1.
77. Ovid, *Metamorphosis* 13.681-84; Antoninus Liberalis, *Metamorphoses* 25.
78. Demosthenes, *Funeral Speech* 1398; Diodoros Siculus, *Library* 15.17; Plutarch, *Life of Theseus* 13; Pausanias, *Description of Greece* 1.5.2; Aelian, *Historical Miscellany* 12.28; scholiast on 修昔底德，《伯羅奔尼撒戰爭史》6.57.
79. J. N. Bremmer, "Human Sacrifice in Euripides' *Iphigeneia in Tauris:* Greek and Barbarian," in *Sacrifices humains/Human Sacrifices,* ed. P. Bonnechère and R. Gagné (Liège: Centre International d'Étude de la Religion Grecque Antique, 2013), 87-100; J. N. Bremmer, "Sacrificing a Child in Ancient Greece: The Case of Iphigeneia," in *The Sacrifice of Isaac,* ed. E. Noort and E. J. C. Tigchelaar (Leiden: Brill, 2001), 21-43; H. Lloyd-Jones, "Artemis and Iphigeneia," *JHS* 103 (1983): 87-102 = *Academic Papers: Greek Comedy, Hellenistic Literature, Greek Religion and Miscellanea,* II (Oxford: Oxford University Press, 1990), 306-30。感謝布雷默在討論中帶給我的啟發。
80. 歐里庇得斯，《伊菲革涅雅在奧利斯》1368-401。正如威爾金斯（Wilkins）在 "The State and the individual"(180) 中有力指出的：「兩性能有的貢獻清楚分明：所有年紀合適的子女都要做出犧牲（和來自父母的同等犧牲）；男生必須站在戰場上，女生必須準備好被吩咐去為促進勝利而進行活人獻祭。」見氏著 "The State and the Individual," 180。
81. O'Connor-Visser, *Aspects of Human Sacrifice in the Tragedies of Euripides;* N. Loraux, *Tragic Ways of Killing a Woman* (Cambridge, Mass.: Harvard University Press, 1987).
82. 威爾金斯（Wilkins）指出，這兩部悲劇都聚焦在護城女神、節日和閨女獻祭。見氏著 "The State and the Individual"; Wilkins, "Young of Athens," 333; Wilkins, *Euripides: Heraclidae,* 151-52。
83. Zenobios 2.61.
84. Pausanias, *Description of Greece* 1.32.6.
85. 譯本：D. Kovacs, Euripides, *Children of Heracles,* Loeb Classical Library (Cambridge, Mass.: Harvard University Press, 1995), 57, 59.
86. 修昔底德，《伯羅奔尼撒戰爭史》2.51.5.
87.《厄瑞克透斯》的年代問題見本章注釋 6。
88. 據推斷，戴奧尼索斯劇場在西元前五世紀的座位數介於五千至六千之間，見 Meineck, "Embodied Space," 4. Also, H. R. Goette, "Archaeological Appendix," in *The Greek Theatre and Festivals: Documentary Studies,* ed. P. Wilson (Oxford: Oxford University Press, 2007), 116-21。
89. Sourvinou-Inwood, *Tragedy and Athenian Religion,* 71-72.
90. D. Allen, *Talking to Strangers: Anxieties of Citizenship Since Brown v. Board of Education* (Chicago: University of Chicago Press,

2004), 47.

91. Allen, *Why Plato Wrote,* 93.

92. Humphreys, *Strangeness of Gods,* 104-5; C. G. Starr, "Religion and Patriotism in Fifth-Century Athens," in *Panathenaia: Studies in Athenian Life and Thought in the Classical Age,* ed. T. E. Gregory and A. J. Podlecki (Lawrence, Kans.: Coronado Press, 1979), 11-25.

93. Allen, *Why Plato Wrote,* 137。關於利庫爾戈斯和文化教育的完整討論，見 Steinbock, "A Lesson in Patriotism."。

94. Plutarch, *Life of Perikles* 8.6. A. Chaniotis 指出，信徒與神明個人溝通是信仰的基礎，而當這種溝通是透過儀式公開化，就會變得永遠化和巨大化，讓人永遠經驗到神的同在，見氏著 "Emotional Community Through Ritual in the Greek World," in Chaniotis, *Ritual Dynamics in the Ancient Mediterranean,* 269, 275, 280。

95. Philochoros, *FGrH* 328 F 12; Kearns, *Heroes of Attica,* 57-63; Kearns, "Saving the City"; U. Kron, "Patriotic Heroes," in Hägg, *Ancient Greek Hero Cult,* 78–79; Larson, *Greek Heroine Cults,* 20。被奉為女英雄，見 *Oxford Classical Dictionary* (1996), s.v. "Hyacinthides or Parthenoi"；被奉為女神，見 *Der Neue Pauly* (1998), s.v. "Hyakinthides."。

96. 歐里庇得斯，《厄瑞克透斯》F 370.71-74 Kannicht。許阿鏗托斯姊妹星座即許阿得斯星座。見 line 107, 說明見 Aratus, *Phaenomena* 172。

第五章　帕德嫩橫飾帶

1. B. Randolph, *Present State of the Morea,* 3rd ed. (London: EEBO, 1789), 14。弗農在一六七五年九月二十三的日記裡對伊斯科特的死有一個不帶感情的記載：「賈爾斯爵士在下午兩點用清水敷臉後恢復精神。睡兩小時後吃了果凍。四點去世。九點下葬。」在一封信的「附筆」中（收信人是位「可敬的先生」，寫信日期為一六七五年十月），弗農又提到這事：「在勒班陀（Lepanto）到薩羅納（Salona）途中一個離德爾斐一日路程的地方，我的同伴死了。他名叫賈爾斯．伊斯科特爵士，是位威爾特郡（Wiltshire）紳士，畢業於牛津，會讓我想到霍爾（Edmund Hall）。我已經寫信告訴他的朋友發生了什麼事。」

2. 據弗農記載，這一天開始得很順利：「剛破曉時抵達伊斯法罕，感謝主。七點鐘要了房間……找到一個會說義大利語的亞美尼亞人，鋪好床和放好包包。換上乾淨亞麻布衣服，把筆記寫完。」（fol. 68, in the archives of the Royal Society）但當天稍後，進入一家咖啡館找東西吃時，他卻碰上了大麻煩。見 D. Constantine, *Early Greek Travellers and the Hellenic Ideal* (New York: Cambridge University Press, 1984), 19, 21-24, 28-29; J. Ray, *A Collection of Curious Travels and Voyages, in Two Tomes: The First Containing Dr. Leonhart Rauwolff 's Itinerary into the Eastern Countries... , the Second Taking in Parts of Greece, Asia Minor, Egypt, Arabia Felix and Patraea, Ethiopia, the Red-Sea, & from the Observations of Mons. Belon, Mr. Vernon, Dr. Spon, Dr. Smith, Dr. Huntingdon, Mr. Greaves, Alpinus, Veslingius, Thevenot's Collections, and Others* (London: S. Smith and B. Walford, 1693), 172; J. Murray (firm), *Handbook for Travellers in Greece: Including the Ionian Islands, Continental Greece, the Peloponnese, the Islands of*

the Ægean, Crete, Albania, Thessaly, and Macedonia and a Detailed Description of Athens, 7th ed. (London: J. Murray, 1900), 2:250; Wood, *Athenae Oxonienses,3:1113*- 14。

3. A. R. Hall and M. B. Hall, eds. and trans., *The Correspondence of Henry Oldenburg,* 13 vols. (Madison: University of Wisconsin Press, 1965-1986), vols. 5-9.

4. S. P. Rigaud and S. J. Rigaud, eds., *Correspondence of Scientific Men of the Seventeenth Century,* 2 vols. (Oxford: Oxford University Press, 1841), 2:243; L. Twells, *The Theological Works of Dr. Pocock* (London: Printed for the editor and sold by R. Gosling, 1740), 66-68.

5. R. S. Westfall, *Never at Rest: A Biography of Isaac Newton* (Cambridge, U.K.: Cambridge University Press, 1983), 234.

6. 他們本來一行四人，另兩人是法國人斯龐博士（Dr. Jacob Spon）和英國教士暨植物學家惠勒（George Wheler），他們從威尼斯之後即一起旅行。

7. 一六七五年八月二十七日和十一月八日及十日的日記。他在一六七五年十一月十一日把帕德嫩神殿的各種尺寸記在日記上。

8. 弗農給奧登伯格的信，注明日期是一六七五年一月十日（Royal Society, MS 73），發表的篇名是〈弗農（Francis Vernon）先生的信，簡述從威尼斯經過伊斯特利亞（Istria）、達爾馬提亞（Dalmatia）、希臘和阿其佩拉古（Archipelago）到士麥那旅行所見〉，載於 *Proceedings of The Royal Society* II (1676): 575-82。斯朋（Jacob Spon，一六七五年曾與弗農一起旅行，遠至札金索斯島）將該信譯為法文，載於氏著 *Réponse à la critique publiée par M. Guillet* (Lyon: Amaulri, 1679)。在該信中，弗農寫到他照自己草率的辦法對帕德嫩神殿做了丈量：「我丈量了三次，盡己所能取得一切正確的數據，不過，對一封信來說，這份丈量清單實在是太長了。」無論如何，在他的個人日記〔保存在英國皇家學會圖書館手稿 73〕，一九四六年被梅里特（Benjamin Meritt）重新發現，見 Meritt and Vernon, "Epigraphic Notes of Francis Vernon"〕中，弗農記下了他在一六七五年十一月十日丈量所得的一份正確完整數據〔第三十二右頁，梅里特的譯本，雅典美國古典研究學院的檔案館有丁斯莫爾載於論文中的一份影本（29-31）〕。在弗農取得的諸多數據（英制單位）中，他列出清單：「內殿的長度、寬度，立柱的圓周，因此得出直徑，柱列間的空間，兩側柱廊的廣度，最東端盡頭，廂房的長寬，附帶有東廂房的內殿。」等等。丁斯莫爾（W. B. Dinsmoor）在他未出版的手稿裡寫道：「明顯的是，從旅程的一開始，弗農便極關心希臘建築的尺寸和建築細節。這種態度在現代旅行家是首見。另外，弗農對建築的數學比例，以及地形學與天文學的事情，斷然深感興趣。他還對銘文、植物學、現代禮儀與風俗，有著不知疲倦的好奇心。」感謝丁斯莫爾夫人惠允我引用這篇手稿。我也非常感謝「美國古典研究學院」的檔案管理員佛蓋科夫—博羅根（Natalia Vogeikoff-Brogan）給予我的幫助。

9. 信中，他指出橫飾帶顯示「一些騎在馬上人，其他人坐在馬車裡，還有一整列前赴獻牲的遊行隊伍」。

10. 從載於一六七五年八月二十六日的日記（第七右頁）〔英國皇家學會圖書館複製的弗農日記影本（如今在美國古典研究學院檔案館），第九頁〕中，我們讀到：「兩側橫飾帶中／西端馬背上的男人／凱旋隊伍中的人／戰車。」從載於一六七五年十一月八日的日記（第三十二右頁）影本第二十九頁中，我們讀到：「瀏覽內殿橫飾帶，整個遊行隊伍前面，幾個人騎在馬背上，南邊只有幾輛兩輪四輻的戰車，在盡頭上面，閹牛被人驅趕著去獻祭，一大群身穿長袍的婦女向前而去……北邊的戰車和騎馬者一如南邊，〔屬於〕（oven）一個遊行隊伍。」上面的詞「屬於」（原作 oven）（一如英國皇家學會圖書館的影本），某人，應該是梅里特或丁斯莫爾，加了一個手寫訂正：「ewes？」這應該是指帕德嫩神殿北橫飾帶上即將被帶去獻祭的綿羊。

11. 有關忒修斯神廟，見 R. C. Anderson, "Moving the Skeleton from the Closet Back into the Temple: Thoughts about Righting a Historical Wrong and Putting Theseus Back into the Theseion," in *Aspects of Ancient Greek Cult II: Architecture- Context-Music, ed. J. T. Jensen* (Copenhagen, forthcoming)。

12. Meritt and Vernon, "Epigraphic Notes of Francis Vernon,"213.

13. 關於背景漆成藍色或是用微藍色石頭雕成，愛奧尼亞式橫飾帶是用於「束緊」內殿的前列柱的討論，見 Ridgway, *Prayers in Stone,* 128。

14. 弗農認為遊行隊伍後面的馬車是為慶祝大捷，這見解和我們認為橫飾帶是描寫打敗攸摩西斯之後的勝利獻牲相合。

15. Pausanias, *Description of Greece* 1.24.5-7.

16. 總結為馬可尼（Marconi）所做，見氏著 "Degrees of Visibility" 。參見 R. Stillwell, "The Panathenaic Frieze: Optical Relations," *Hesperia* 38 (1969): 231-41, esp.232, fig. 1; Osborne, "Viewing and Obscuring"。關於反對斯迪威爾（R. Stillwell）的前提，見 Ridgway, *Fifth Century Styles,* 75n8, 75-76。二〇一二年十一月九日至十日，田納西州納什維爾百年公園的帕德嫩神殿進行了一場實驗：把西橫飾帶複製為以保麗龍裱褙的全彩油畫，固定於西橫飾帶的原位置，再請民眾站在好些不同位置觀看。實驗主持人韋斯科特（Bonna Wescoat）發現，著色之後的橫飾帶比原來的更容易看清楚。實驗結果被製作成一段影片：「眼見為憑：艾摩利的學生們在帕德嫩橫飾帶上發出新的亮光」（Seeing Is Believing: Emory Students Shed New Light on the Parthenon Frieze）。

17. Ridgway, *Prayers in Stone,* 117，借鑑米林（A. L. Millin）的觀察，見氏著 *Monuments antiques inédits ou nouvellement expliqués* (Paris: Imprimerie Impériale, 1806), 2:48。關於橫飾帶的藍色背景，另參見 L. von Klenze, *Aphoristische Bemerkungen gesammelt auf seiner Reise nach Griechenland* (Berlin: G. Reiner, 1838), 253; Neils, *Parthenon Frieze,* 88-93。本書第九章對帕德嫩神殿的色彩問題有一全面討論。

18. Marconi, "Degrees of Visibility," 160n14; Hölscher, "Architectural Sculpture," 54-56.

19. Stillwell 計算出，站在神殿「頂階」往上看，無法看清楚位於九米以上高的東西，見氏著 "Optical Relations," 232-33。勞倫斯（Lawrence）指出：「走進柱廊的人只能看見扭曲的畫面，而且得把脖子伸得很長。」見氏著 *Greek and Roman Sculpture,* 139。果赫斯找到的新證據顯示，頂部的浮雕並未（如過去所相信的）稍微高於底部的浮雕，見 Korres, "Überzählige

Werkstücke des Parthenonfrieses," fig. 5。以前都認為有這種手法存在，並相信此舉是為了讓橫飾帶的畫面更容易被看清楚，見 Boardman, "Closer Look," 306-7.

20. 里奇韋把神廟雕刻形容為「寓於石頭的禱告」，是指它們就像獻牲、奠酒、奉獻雕像、繪畫和歌舞以及任何祭儀表演那樣，可以尊榮和取悅神明，憑此舉與神明交通。

21. Marconi, "Degrees of Visibility," 159-66; G. Rodenwaldt, *Die Akropolis,* 5th ed. (Berlin: Deustcher Kunstverlag, 1956), 41; Robertson, *History of Greek Art,* 310.

22. 歐里庇得斯，《伊翁》190, 192, 211. See F. Zeitlin, "The Artful Eye: Vision, Ekphrasis, and Spectacle in Euripidean Theater," in *Art and Text in Ancient Greek Culture,* ed. S. Goldhill and R. Osborne (Cambridge, U.K.: Cambridge University Press, 1994), 139, 144; R. R. Holloway, "Early Greek Architectural Decoration as Functional Art," *AJA* 92 (1988): 178; Ridgway, *Prayers in Stone,* 9; Marconi, "Degrees of Visibility," 168。關於視覺藝術的古代經驗，也可見 J. B. Connelly, "Hellenistic Alexandria," in *The Coroplast's Art: Terracottas of the Hellenistic World,* ed. J. Uhlenbrock (New Rochelle, N.Y.: Aristide D. Caratzas, 1990), 94-101。

23. *agalma* 由動詞 *agallo* 變成，後者指「尊榮」或「獲得光榮或愉悅」。見 *Neue Pauly* (2002), s.v. "Agalma". 見 Marconi, "Degrees of Visibility," 172-74; T. B. L. Webster, "Greek Theories of Art and Literature down to 400 B.C.," *CQ* 33 (1939): 166-79; H. Philipp, *Tektonon Daidala* (Berlin: B. Hessling, 1968), 103-6; Sourvinou-Inwood, *"Reading" Greek Death,* 143-47; K. Keesling, *Votive Statues of the Athenian Acropolis* (Cambridge, U.K.: Cambridge University Press, 2003), 10。

24. 手稿在巴黎國家圖書館。J. M. Patton, *Chapters on Mediaeval and Renaissance Visitors to Greek Lands* (Princeton, N.J.: American School of Classical Studies at Athens, 1951); Beard, *Parthenon,* 60-61。

25. Kaldellis, *Christian Parthenon,* 143.

26. Bodnar, *Cyriacus of Ancona,* letter 3, pages 14-21; C. Mitchell, "Ciriaco d'Ancona: Fifteenth Century Drawings and Descriptions of the Parthenon," in V. J. Bruno, *The Parthenon* (New York: W. W. Norton, 1974), 111-23; M. Beard 在 *Parthenon,* 65-68 對此有一個有意思的討論，也可參見 Mallouchou-Tufano, "From Cyriacus to Boissonas, " 164-65.

27. 西里亞庫斯的銀尖筆畫作複本的說明，見 Bodnar, *Cyriacus of Ancona,* plate 2; Letter 3 在 14-21 頁重製。關於西里亞庫斯另一幅帕德嫩神殿畫作，見 Bodnar, plate 1 (from letter 3.5-10)，可見到南柱間壁一部分奇怪地疊加在西面三角楣牆上面。

28. 同前注書目中，16－19頁，letter 3.5 and 3.8。

29. 同注27書中，18－19頁，letter 3.9。

30. 正如比爾德所發現到的，見 Beard, *Parthenon,* 67。

31. Bodnar, *Cyriacus of Ancona,* letter 3.8 and 3.9, pages 18-19.

32. Dankoff and Kim, *Ottoman Traveller,* ix, book 8: "Athens," 278-86. See also R. Dankoff, *An Ottoman Mentality: The World of Evliya*

Çelebi (Leiden: Brill, 2004); M. van Bruinessen and H. Boeschoten, eds. and trans., *Evliya Çelebi in Diyarbekir: The Relevant Section of "The Seyahatname"* (Leiden: Brill, 1988).

33. Dankoff and Kim, *Ottoman Traveller,* 281-82.

34. Dankoff and Kim, *Ottoman Traveller,* 285.

35. 同前注。

36. 斯圖爾特和里維特的《雅典的古物》共四冊，第一冊在一七六二年出版，最後一冊在一八一六年出版。事見 B. Redford, *Dilettanti: The Antic and the Antique in Eighteenth-Century England* (Los Angeles: J. Paul Getty Museum, 2008), 52-72; F. Salmon, "Stuart as Antiquary and Archaeologist in Italy and Greece," in Soros, *James "Athenian" Stuart,* 103-45。

37. Stuart and Revett, *Antiquities of Athens,* 2:12.

38. 同前注書目，2:12-13。關於帕德嫩橫飾帶早期解釋的概論，見 Michaelis, *Parthenon,* 218, 262; Brommer, *Der Parthenonfries,* 147-50。

39. Stuart and Revett, *Antiquities of Athens,* 2:12。斯圖爾特和里韋特在談到東橫飾帶時指出：「上頭有一個男神和一個女神，大概是尼普頓（Neptune）和刻瑞斯（Ceres）。另外還有兩個人物，一個是男人，他看來正在仔細端詳一塊對摺了許多摺的布，另一個是協助他摺布的年輕女孩。我們是不是可以假定，那塊摺起的布是代表聖衣？」

40. 有關中央畫面，參見 Sourvinou-Inwood, *Athenian Myths and Festivals,* 284-307; Hurwit, *Age of Pericles,* 146, 230, 236; Dillon, *Girls and Women,* 45-47; Neils, *Parthenon Frieze,* 67-70, 166-71, 184-85; Shear, "Polis and Panathenaia," 752-55; Hurwit, *Athenian Acropolis,* 179-86, 222-28; Connelly, "Parthenon and *Parthenoi,*" 53-72; Harrison, "Web of History," 198; Wesenberg, "Panathenäische Peplosdedikation und Arrephorie"; Mansfield, "Robe of Athena," 289-95; Connelly, "Sacrifice of the Erechtheids"; Simon, "Die Mittelszene im Ostfries;" Jeppesen, "A Fresh Approach," 108, 127-129; B.Nagy, "The Ritual in Slab V."。

41. 哈里遜（Harrison, "Web of History," 198-202）和韋森貝格（Wesenberg , "Panathenäische Peplosdedikation und Arrhephorie"）都認為兩人是在摺起一件舊聖衣而非準備進呈新聖衣。

42. 首先注意到這種不一致的是 Petersen, *Die Kunst des Pheidias*, cited by Michaelis, *Parthenon,* 209. See S. Rotroff, "The Parthenon Frieze and the Sacrifice to Athena," *AJA* 81 (1977): 379-80; Holloway, "Archaic Acropolis"; Boardman, "Parthenon Frieze," 214; Connelly, "Parthenon and *Parthenoi,*" 54。

43. 有關「提籃女」，見 Connelly, *Portrait of a Priestess,* 33-39，附有參考書目。

44. 在東橫飾帶尋找一個提籃女的努力全部落空，但有些論者認為東橫飾帶其中一個「督察」（E49）手上拿著的托盤狀物體是個籃子。他們想像，「督察」前面兩個女孩（E50-51）其中一個剛把籃子遞給他，所以兩女中必有一人為「提籃女」，見 Brommer, *Der Parthenonfries,* 148; J. Schelp, *Das Kanoun: Der griechische Opferkorb* (Würzburg: K. Tritsch, 1975), 55ff.; L. J.

Roccos, "The Kanephoros and Her Festival Mantle in Greek Art," *AJA* 99 (1995): 641-66; Neils, *Parthenon Frieze,* 157。

45. Mansfield, "Robe of Athena," 68-78; Norman, "The Panathenaic Ship"。聖衣被張掛為「船帆」樣子的最早紀錄來自西元前四世紀第三季，見 Plutarch, *Life of Demetrios* 10.5, 12.3.。但伊莉莎白．巴伯（Elizabeth Barber）主張，這種做法也許始自更早，有可能是當波斯戰爭甫結束，一支從薩拉米斯戰場回來的艦隊其中一艘船被拖離水面，在公民面前遊行，好提醒他們雅典如何從波斯仇敵手中獲救。見 Barber, "*Peplos* of Athena," 114。泛雅典節「船車」的樣子可在雅典歷史街衢普拉卡（Plaka）出土的一件西元前四世紀大理石浮雕上看見，見 A. Spetsieri-Choremi, "Θραύσμα αναθηματικού αναγλύφου από την περιοχή του αθηναϊκού Ελευσινίου," *ArchEph* 139 (2000): 1-18。

46. 見修昔底德，《伯羅奔尼撒戰爭史》6.58。關於橫飾帶上遺漏了重裝備步兵，見 Michaelis, *Parthenon,* 214; Boardman, "Parthenon Frieze," 210-11; Boardman, "Another View," 43-44; Connelly, "Parthenon and *Parthenoi,*" 69。

47. Boardman, "Another View," 42-45, and Boardman "Parthenon Frieze," 215.

48. 這裡還有另一個時代錯亂。因為在晚期青銅時代，馬只用來拉車，不是供將士騎乘。感謝科斯莫（Nicola Di Cosmo）提醒我這一點。

49. 提出此問題的是 M. Robertson in "Sculptures of the Parthenon," 56; Boardman, "Parthenon Frieze," 211; Holloway, "Archaic Acropolis," 223; Kroll, "Parthenon Frieze as Votive Relief"; and, of course, Lawrence, *Greek and Roman Sculpture,* 144。

50. Lissarrague, "Fonctions de l'images"; Lissarrague and Schnapp, "Imagerie des Grecs"; Connelly, "Parthenon and *Parthenoi,*" 55; Connelly, *Portrait of a Priestess,* 20-21; Ferrari, *Figures of Speech,* 17-25; Webster, "Greek Theories of Art and Literature"; Marconi, "Degrees of Visibility," 172; J. Svenbro, *La parole et le marbre* (Lund: Studentlitteratur, 1976); Sourvinou-Inwood, *"Reading" Greek Death,* 140-43; Steiner, *Images in Mind,* 252-59.

51. Lawrence, "Acropolis and Persepolis," 118.

52. Lawrence, *Greek and Roman Sculpture,* 144.

53. Kardara, "Glaukopis," 119-29.

54. Jeppesen, "Bild und Mythus an dem Parthenon."

55. 關於把橫飾帶解讀為「一般宗教性質的展示」，見 Ridgway, *Fifth Century Styles,* 77-78; for multiple meanings, see Jenkins, *Parthenon Frieze,* 31-42；關於把橫飾帶解讀為「喚起所有形成雅典典型文化和宗教生活的儀式、比賽和形式的訓練」，見 Pollitt, "Meaning of the Parthenon Frieze," 63。

56. Fehr, *Becoming Good Democrats and Wives*，關於東橫飾帶的中央場景，特別見 pp.7-8, and 104-11。

57. 首先是在藝術與科學研究所院長博伯（Phyllis Pray Bober）退休之際，於布林茅爾（Bryn Mawr）學院的演講（一九九一年十二月十一日）；隨後於一九九二年十一月二十一日在紐約大學舉行的講座：〈帕德嫩神殿和帕德諾：帕德嫩神殿橫飾帶的神話解釋〉，為了紀念荷馬・湯普森和由希臘研究亞歷山大・奧納西斯中心主辦的「雅典：民主搖籃」座談會上。那一年（一九九二年十二月二十八日），在考古學研究所於美國新奧爾良舉行的年會上，我提出了〈帕德嫩神殿的橫飾帶和厄瑞克透斯家族的犧牲：重新解釋「聖衣場景」〉；摘要出版，見 AJA 97 (1993): 309-10。一九九六年，我發表了對〈帕德嫩神殿和帕德諾：帕德嫩神殿橫飾帶的神話解釋〉中關於重新詮釋的全面處理，見 AJA 100 (1996): 53-80。見 Chaniotis, "Dividing Art-Divided Art," 43; Deacy, *Athena,* 117; Jouan and Van Looy, *Fragments: Euripides,* 95-132; Ridgway, *Prayers in Stone,* 201; Spivey, *Understanding Greek Sculpture,* 146-47。

58. Noted by Boardman in "Another View," 41, and in "Naked Truth."

59. Connelly, "Sacrifice of the Erechtheids"; Connelly, "Parthenon and *Parthenoi,*" 58-66.

60. J. Barringer, "The Temple of Zeus at Olympia, Heroic Models, and the Panhellenic Sanctuary," in Barringer, *Art, Myth, and Ritual,* 8-58; J. Hurwit, "Narrative Resonance in the East Pediment of the Temple of Zeus at Olympia," *Art Bulletin* 69 (1987): 6-15; Säflund, *East Pediment of the Temple of Zeus at Olympia.*

61. Schnapp, "Why Did the Greeks Need Images?" For recent scholarship on divine images, see M. Gaifman, *Aniconism in Greek Antiquity* (Oxford, U.K.: Oxford University Press, 2012); P. Eich, *Gottesbild und Wahrnehmung: Studien zu Ambivalenzen früher griechischer Götterdarstellungen (ca. 800 v. Chr.-ca. 400 v. Chr.)* (Stuttgart: Franz Steiner, 2011); V. Platt, *Facing the Gods: Epiphany and Representation in Graeco- Roman Art, Literature, and Religion* (Cambridge, U.K.: Cambridge University Press, 2011); I. Mylonopoulos, "Divine Images Behind Bars: The Semantics of Barriers in Greek Temples," in *Current Approaches to Religion in Ancient Greece,* ed. J. Wallensten and M. Haysom (Stockholm: Svenska Institutet i Athen, 2011), 269-91; I. Mylonopoulos, ed., *Divine Images and Human Imaginations in Ancient Greece and Rome* (Leiden: Brill, 2010); S. Bettinetti, *La statua di culto nella pratica rituale greca* (Bari: Levante, 2001); Lapatin, *Chryselephantine Statuary;* Steiner, *Images in Mind;* T. S. Scheer, *Die Gottheit und ihr Bild: Untersuchungen zur Funktion griechischer Kultbilder in Religion und Politik* (Munich: Beck, 2000); D. Damaskos, *Untersuchungen zu hellenistischen Kultbildern* (Stuttgart: Franz Steiner, 1999); Donohue, *Xoana;* I. B. Romano, "Early Greek Cult Images and Cult Practices," in Hägg, Marinatos, and Nordquist, *Early Greek Cult Practice,* 127-34.

62. Contra Shear, "Polis and Panathenaia," 729-61; Osborne, "Viewing and Obscuring," 99-101.

63. Simon, *Festivals of Attica,* 67; Parke, *Festivals of the Athenians,* 40; Mansfield, "Robe of Athena," 291; Dillon, *Girls and Women,* 45-47; Marconi, "Degrees of Visibility," 167; Neils, *Parthenon Frieze,* 16; Sourvinou-Inwood, *Athenian Myths and Festivals,* 294; Hurwit, *Age of Pericles,* 230, and Hurwit, *Athenian Acropolis,* 225。赫爾維特（Hurwit）主張那女人要不是「護城雅典娜」的女祭司便是王后。

64. Mantis, Προβλήματα της εικονογραφίας, 28-65; Connelly, *Portrait of a Priestess,* 92-104.

65. Berlin, Staatliche Museen, Antikensammlung K 104. Connelly, *Portrait of a Priestess,* 95-96.

66. Mansfield, "Robe of Athena," 291, 346; Simon, *Festivals of Attica,* 66; Boardman, "Another View," 41; Mantis, Προβλήματα της εικονογραφίας, 78, 80-96。蘇爾維諾・英伍德（Sourvinou-Inwood）主張蓄鬍男人是「護城宙斯」的祭司，見氏著 *Athenian Myths and Festivals,* 296。斯坦哈特（Steinhart）主張他既非祭司也非王執政官，而是（還有他旁邊的小孩）普拉克熹提婭氏族（Praxiergidai）的一員（這氏族與聖衣關係密切），見 "Die Darstellung der Praxiergidai," 476-77。

67. Robertson, *Shorter History of Greek Art,* 100; Connelly, "Parthenon and *Parthenoi,*" 60; Connelly, *Portrait of a Priestess,* 187ff.; Boardman and Finn, *Parthenon and Its Sculptures,* 222-23.

68. 見 Brommer, *Der Parthenonfries,* 268; Mantis, Προβλήματα της εικονογραφίας, 78, 80, 82-96。

69. Athens National Museum 772; Mantis, Προβλήματα της εικονογραφίας, plate 38a; Connelly, "Parthenon and *Parthenoi,*" 59, fig. 2; A. Conze, *Attischen Grabreliefs* (Berlin: Spemann, 1893), 197, no. 920, plate 181.

70. Stuart and Revett, *Antiquities of Athens,* 2:12.

71. Robertson and Frantz, *Parthenon Frieze,* 308。有關維納斯環，見 Boardman, "Notes on the Parthenon Frieze," 9-10。

72. Boardman, "Notes on the Parthenon Frieze," 9-11. See also Boardman, "Parthenon Frieze," 214; Boardman, "Another View," 41; Boardman, "Naked Truth."

73. 相信那孩子為男孩的有：Fehr, *Becoming Good Democrats and Wives,* 104-6; J. Neils, "The Ionic Frieze," in Neils, *Parthenon,* 203; Hurwit, *Age of Pericles,* 230; Neils, *Parthenon Frieze,* 168-71; Steinhart, "Die Darstellung der Praxiergidai," 476; Jenkins, *Parthenon Frieze,* 35; Clairmont, "Girl or Boy?"; Harrison, "Time in the Parthenon Frieze," 234; Simon, *Festivals of Attica,* 66-67; Brommer, *Der Parthenonfries,* 269-70n137, 264, table; Parke, *Festivals of the Athenians,* 41; Kardara, "Glaukopis"。認定那孩子為女孩的有：Dillon, *Girls and Women,* 45-47; Boardman, "Closer Look," 314-21; Connelly, "Parthenon and *Parthenoi,*" 60; Connelly, "Sacrifice of the Erechtheids"; J. Pedley, *Greek Art and Archaeology* (London: Cassell, 1992), 246; Boardman, "Naked Truth"; Stewart, *Greek Sculpture,* 155, 157; Boardman, "Notes on the Parthenon Frieze," 9-10; Mansfield, "Robe of Athena," 293-94; Boardman, "Parthenon Frieze"; Robertson and Frantz, *Parthenon Frieze,* 34。關於這二說的概論，見 Berger and Gisler-Huwiler, *Fries des Parthenon,* 158-59, 172-74; Ridgway, *Fifth Century Styles,* 76-83; and Sourvinou-Inwood, *Athenian Myth and Festivals,* 284-307 and 307-11。

74. 紅繪雙耳大口罐，藏於 Bari, Museo Civico 4979, *ARV*² 236,4, from Rutigliano. C. Bérard, "L'ordre des femmes," in Bérard et al., *La cité des images,* fig. 127。

75. Brommer（*Der Parthenonfries,* 269-70）把那孩子看成負責照顧聖蛇的廟僮。見 Simon, *Festivals of Attica,* 66; Hurwit, *Age of Pericles,* 230。珍金絲（Jenkins）贊成這個說法，舉出歐里庇得斯，《伊翁》裡的廟僮伊翁作為例子。見氏著 *Parthenon Frieze,* 35。不過，阿波羅既然是個男神，除了女祭司之外，會有廟僮不足為奇。但若處子女神雅典娜也是由男生服侍，將會非常有違希臘的宗教習尚；作為處子女神，被要求去服侍她的，應該是女孩或婦女才對。見 Connelly, *Portrait of a Priestess,* 73-74。

76. Connelly, "Parthenon and *Parthenoi,*" 60; Robertson, *Shorter History of Greek Art,* 100; Mansfield, "Robe of Athena," 243.
77. Connelly, *Portrait of a Priestess,* 39.
78. 荷馬，《伊利亞特》6.297-310; see Connelly, *Portrait of a Priestess,* 173.
79. Mansfield, "Robe of Athena," 294; Connelly, *Portrait of a Priestess,* 31-32, with bibliography.
80. W. Burkert, "Kekropidensage und Arrhephoria," *Hermes* 94 (1966): 1-25; Robertson, "Riddle of the Arrephoria at Athens."
81. Harpokration A 239 Keaney（引述 Dinarchus, frag. VI 4 Conomis) 談及四位「阿瑞福拉童女」。Pausanias, *Description of Greece* 1.27.3，談及兩位「阿瑞福拉童女」。
82. Apollodoros, *Library* 3.15.4.
83. Clairmont, "Girl or Boy?"; Connelly, "Parthenon and *Parthenoi,*" 60-61.
84. 參 A. M. Snodgrass, *Narration and Allusion in Archaic Greek Art: A Lecture Delivered at New College Oxford, on 29th May, 1981* (London: Leopard's Head Press, 1982), 5-10; N. Himmeman-Wildschutz, "Erzählung und Figur in der archaischen Kunst," *AbhMainz* 2 (1967): 73-101; P. G. P. Meyboom, "Some Observations on Narration in Greek Art," *Mededelingen van het Nederlands Historisch Instituut te Rome* 40 (1978): 55-82; Connelly, "Narrative and Image in Attic Vase Painting," 107-8.
85. Ensuring that they will be in perpetuity the brides of Hades? See M. Alexiou, *The Ritual Lament in Greek Tradition* (Cambridge, U.K.: Cambridge University Press, 1974), 5, 27, 39, 120。關於婚禮儀式和葬禮儀式的相似性一個更廣泛的討論，見 R. Rehm, Marriage to Death: The Conflation of Marriage and Funeral Rituals in Greek Tragedy (Princeton, N. J.: Princeton University Press, 1994)。
86. 歐里庇得斯，《特洛伊女人》309-460。
87. 歐里庇得斯，《伊菲革涅雅在奧利斯》1080-87, 1577.
88. 埃斯庫羅斯，《阿伽門農》228-43.
89. 歐里庇得斯，《海克力士子女》562.
90. Sophokles, Fr. 483 Nauck = 526 Radt. See A. C. Pearson, *The Fragments of Sophocles* (Cambridge, U.K.: Cambridge University Press, 1917), 167-68; A. H. Sommerstein, D. Fitzpatrick, and T. Talboy, *Sophocles: Selected Fragmentary Plays,* vol. 1 (London: Aris and Phillips, 2006) 81.
91. London, British Museum 1897.7- 27.2; *ABV* 97.27; *Para* 37; *Addenda*2 26; *LIMC* 7, s.v. "Polyxena," no. 26。提米亞德斯畫師（Timiades Painter）所繪的第勒尼安（Tyrrhenian）雙耳瓶，年代約介於西元前五七〇至西元前五六〇年。
92. 維泰博（Viterbo）雙耳瓶上的獻祭公牛也是被高高平舉在祭壇上：J.-L. Durand and A. Schnapp, "Boucherie sacrificielle et

chasses initiatiques," in Bérard et al., *La cité des images,* 55, fig. 83; Connelly, "Parthenon and *Parthenoi,*" 63, fig. 6。埃斯庫羅斯在《阿伽門農》中說伊菲革涅雅「像個小孩那樣被高舉在祭壇上」(213-33)。一九九四年在土耳其古慕斯凱(Gümüsçay,接近古代特洛伊城邦)出土的大理石石棺(年代介於西元前五二〇至西元前五〇〇年之間)有波呂克塞娜被獻祭的畫面,其中波呂克塞娜和倫敦雙耳瓶所見姿勢一樣,也是正被涅俄普托勒摩斯割開喉嚨。見 N. Sevinç, "A New Sarcophagus of Polyxena from the Salvage Excavation at Gümüsçay," *Studia Troica* 6 (1996): 251-64。

93. As Shear, "Polis and Panathenaia," 744, and Hurwit, *Athenian Acropolis,* 233, would have it.

94. Museo Archeologico Regionale di Palermo, NI 1886。阿提卡的白底雙耳大口罐(約西元前五〇〇/四九〇年),被歸屬於杜里斯(Douris)所繪。*ARV*2 446.226; *Addenda*2 241; *LIMC* 5, s.v. "Iphegeneia," no. 3。

95. 要到了西元前四世紀,閨女犧牲(特別是伊菲革涅雅的犧牲)才成為南義大利陶瓶繪畫常見主題。這不只比帕德嫩建成年代晚一世紀,而且是深受希臘戲劇的影響。在當時,希臘戲劇對處女犧牲的主題已建立某種「標準化」呈現程式。

96. Stewart, *Greek Sculpture,* 81, 148.

97. Pausanias, *Description of Greece* 5.10.6-7.

98. 參見來自布勞倫的神聖家庭組像。L. Kahil, "Le relief des dieux du sanctuaire d'Artémis à Brauron: Essai d'interprétation," in *Eumousia: Ceramic and Iconographic Studies in Honour of Alexander Cambitoglou,* ed. J.-P. Descoeudres, Mediterranean Archaeology Supplement 1 (Sydney: Meditarch, 1990), 113-17。而且,誠然,視為王室一家的話,東橫飾帶中央畫面與波斯波利斯(Persepolis)的覲見大殿(Apadana)頗為相似,因為後者把國王與太子放在浮雕構圖的最中央。見 M. C. Root, "The Parthenon Frieze and the Apadana Reliefs at Persepolis: Reassessing a Programmatic Relationship," AJA 89 (1985): 103-20。

99. 關於將這兩位女孩解讀為「阿瑞福拉女童」,見:Sourvinou-Inwood, *Athenian Myths and Festivals,* 300-302(該處進一步主張最右邊的那位小孩有可能是第三位「阿瑞福拉女童」); Dillon, *Girls and Women,* 45-47; Neils, *Parthenon Frieze,* 168; Wesenberg, "Panathenäische Peplosdedikation und Arrephorie," 151-64; H. Rühfel, *Kinderleben im klassischen Athen: Bilder auf klassischen Vasen* (Mainz: Philipp von Zabern, 1984), 98; Simon, *Festivals of Attica,* 67; Simon, "Die Mittelszene im Ostfries," 128; Deubner, *Attische Feste,* 12-13; Stuart and Revett, *Antiquities of Athens,* 2:12。赫爾維特說女孩們有可能是「攜凳女」,或是「阿瑞福拉女童」,見 Hurwit, *Age of Pericles,* 230, and *Athenian Acropolis,* 225。蘇爾維諾・英伍德主張,左邊那兩位女孩的實際年齡可能只有十歲,而其稍微年輕的同伴,也一樣不會超過十一歲,見 Sourvinou-Inwood, *Studies in Girls' Transitions: Aspects of the* Arkteia *and Age Representation in Attic Iconography* (Athens: Kardamitsa, 1988), 58-59 and 100-101n285。

100. 關於服飾是年齡一個重要指標,見 Boardman, "Parthenon Frieze," 213;以及 Boardman, "Another View." 關於披布作為前青春期女孩的穿著服飾,見 Connelly, *Portrait of a Priestess,* 150-53。

101. Boardman, "Parthenon Frieze," 213; Boardman, "Closer Look," 312-13. Wesenberg 認為這些東西是托盤,又把凳腳理解為火把,

見氏著 "Panathenäische Peplosdedikation und Arrephorie."。

102. 福特萬格勒（Furtwängler）主張兩張凳子是供潘朵洛索斯和考羅卓芙絲（Ge Kourotrophos）參加「神宴」，見氏著 *Meisterwerke,* 427-30。B. Ashmole 質疑這種觀點，說雖然並非完全無此可能，但仍然不能讓人完全滿意和有點怪。見氏著 *Architect and Sculptor in Classical Greece* (New York: New York University Press, 1972), 143。另參見 Simon, *Festivals of Attica,* 68, and Simon, "Die Mittelszene im Ostfries," 142-43. Boardman, "Closer Look," 321。Boardman 認為兩個女孩是負責攜凳的「攜凳女」（*diphrophoroi*）。

103. 哈洛威（Holloway）指出「神明與凡人共席的難題」，見氏著 "Archaic Acropolis," 224。

104. Vatican Museum 344; ABV 145.13; J. D. Beazley, *The Development of Attic Black-Figure,* rev. ed., ed. D. von Bothmer and M. B. Moore (1951; Berkeley: University of California Press, 1986), 61. See Connelly, "Parthenon and *Parthenoi,*" 63. H. von Heintze 同樣認為凳子上的布團是衣服而非坐墊，見氏著 "Athena Polias am Parthenon als Ergane, Hippia, Parthenos," *Gymnasium* 100 (1993): 385-418。

105. Metropolitan Museum of Art 75.2.11, *ARV*2 1313. 11; Para. 477; *Addenda*2 180. L. Burn, *The Meidias Painter* (Oxford: Clarendon Press, 1987), 98, M 12, plate 52b; Connelly, "Parthenon and *Parthenoi,*" 63-64.

106. J. Scheid and J. Svenbro. *Le métier de Zeus: Mythe du tissage et du tissu dans le monde gréco-romain* (Paris: Errance, 1994), 26-29; Mansfield, "Robe of Athena," 50-59; Barber, "*Peplos* of Athena," 112-15; Barber, *Prehistoric Textiles,* 361-63.

107. 關於「杜林屍衣」，見 A. Nicolotti, *Dal Mandylion di Edessa alla Sindone di Torino: Metamorfosi di una leggenda* (Alessandria: Edizioni dell'Orso, 2011); F. T. Zugibe, *The Crucifixion of Jesus: A Forensic Inquiry,* rev. ed. (New York: M. Evans, 2005); I. Wilson, *The Blood and the Shroud: New Evidence That the World's Most Sacred Relic Is Real* (New York: Free Press, 1998); H. E. Gove, *Relic, Icon, or Hoax? Carbon Dating the Turin Shroud* (Philadelphia: Institute of Physics, 1996)。

108. Demaratus, *FGrH* 42 F 4; Apollodoros, *Library* 3.15.4.

109. 湯普森（D. B. Thompson）最先指認出獅爪，見氏著 "The Persian Spoils in Athens," in *The Aegean and the Near East: Studies Presented to Hetty Goldman on the Occasion of Her Seventy-Fifth Birthday,* ed. S. S. Weinberg (Locust Valley, N.Y.: J. J. Augustin, 1956), 290。

110. 彼得森（Petersen）最先確認這物件是張腳凳，見氏著 *Die Kunst des Pheidias*, 247 and n1. 參見 Furtwängler, *Meisterwerke,* 186; 其後跟進者有： Jeppesen, "Bild und Mythus an dem Parthenon," 27, 31, fig. 7; Boardman, "Another View," 41, plate 16.4; Boardman, "Closer Look," 307-12; Neils, *Parthenon Frieze,* 167。

111. 把這東西看成香爐者有 Simon, *Festivals of Attica,* 67; Simon, "Die Mittelszene im Ostfries," 141；看成珠寶盒者有 Connelly, "Parthenon and *Parthenoi,*" 64-66。其他有著類似獅爪的盒子，見 E. Brummer, "Griechische Truhenbehalter," *JdI* 100 (1985):

1-162。

112. Aelius Aristides, *Panathenaic Oration* 87 (Lenz and Behr).

113. Paris, Musée du Louvre CA 587. Connelly, "*Parthenon and Parthenoi.*"

114. London, British Museum 1843.11- 3.24, *LIMC* 1,s.v. "Andromeda," nos. 3 and 17. London, British Museum E 169; *ARV*2 1062.1681.

115. Boston, Museum of Fine Arts 63.2663; *Para* 448; *LIMC* 1, s.v. "Andromeda," no. 2. 霍夫曼（H. Hoffmann）認為那匣子代表的是安朵美達的「嫁妝」，見氏著 "Some Recent Accessions," *Bulletin of the Museum of Fine Arts* 61 (1963): 108-9。

116. Neils, *Parthenon Frieze,* 164-66.

117. 西蒙（Simon）認為，東橫飾帶北邊的神祇主要是與大海有關，南邊的神祇主要是與陸地有關，並因此推斷說，橫飾帶的主題是雅典人在海陸兩方面戰勝波斯人後的泛雅典祝捷遊行，見 Neils, *Parthenon Frieze,* 189-90。另參見 Neils, "Reconfiguring the Gods on the Parthenon Frieze," *Art Bulletin* 81 (1999): 6-20; Jeppesen, "A Fresh Approach," 123-25; I. S. Mark, "The Gods on the East Frieze of the Parthenon," *Hesperia* 53 (1984): 289-342; E. G. Pemberton, "The Gods of the East Frieze," 114; G. W. Elderkin, "The Seated Deities of the Parthenon Frieze," *AJA* 40 (1936): 92-99。

118. J. E. Harrison, "Some Points in Dr. Furtwängler's Theories on the Parthenon and Its Marbles," *CR* 9 (1895): 91.

119. 感謝查尼奧蒂斯（Angelos Chaniotis）提醒我這一點，也感謝她告訴我以下這些著作提到神明會對某些行為撇開視線：Euripides, *Iphigeneia in Tauris* 1165-67; Herakleides Pontikos frag. 49 ed. Wehrli; Lykophron 984; Kallimachos frag. 35 ed. Pfeiffer; Apollodoros, *Library* 5.22; and Quintus Smyrnaeus 13.425-29。

120. 歐里庇得斯，《俄凱絲特絲》122; 歐里庇得斯，《希波呂托斯》1437-39。感謝弗穆爾（Emily Vermeule）讓我注意到這個。

121. Frag. II H = Philemo, test, 6 Kassel-Austin。這參考資料是奧斯汀好意提供。

122. C. C. Picard, "Art archaïque: Les trésors 'ionique,' " *Fouilles de Delphes: Monuments Figurés: Sculpture* 4, no. 2 (1927), 57-171; R. Neer, "Framing the Gift: The Politics of the Siphnian Treasury at Delphi," *ClAnt* 20 (2001): 297-302，提供了東橫飾帶的細節。V. Brinkmann, "Die aufgemalten Namensbeischriften an Nordund Ostfries des Siphnierschatzhauses," *BCH* 109 (1985): 77-130; L. V. Watrous, "The Sculptural Program of the Siphnian Treasury at Delphi," *AJA* 86 (1982): 159-72。

123. V. Brinkmann, "Die aufgemalten Namensbeischriften an Nordund Ostfries des Siphnierschatzhauses," *BCH* 109 (1985): 79, 84-85, 87-88, 118-20.

124. Barringer, *Art, Myth, and Ritual,* 112-13n2, 223-24，提供了這些年份的摘要：J. S. Boersma, "On the Political Background of the Hephaisteion," *Bulletin van de Vereeniging tot Bevordering der Kennis van de Antieke Beschaving* 39 (1964): 102-6，聲稱該神廟是基蒙時代建築計畫的一部分（約西元前四六〇年）；這個立場的跟隨者有 M. Cruciani and C. Fiorini, *I modelli del moderato: La stoà poikile e l'Hephaisteion di Atene nel programma edilizio cimoniano* (Naples: Scientifiche Italiane, 1998), 84; Camp, *Archaeology*

of Athens, 103，將施工年份斷定為於西元前四六〇年至西元前四五〇年；C. H. Morgan, "The Sculptures of the Hephaisteion II: The Friezes, " *Hesperia* 31 (1962): 221-35，將施工年份斷定為約西元前四五〇年；Thompson and Wycherley, Agora of Athens, 142-43; Ridgway, *Fifth Century Styles,* 26-27，將施工年份斷定為西元前四五〇年或稍晚；Dinsmoor, *Architecture of Ancient Greece,* 179-81，將施工年份斷定為西元前四四九年。

125. 有關忒修斯大戰帕拉斯，見 K. O. Müller, "Die erhobenen Arbeiten am Friese des Pronaos von Theseustempel zu Athen, erklärt aus dem Mythus von den Pallantiden," in *Kunstarchaeologische Werke,* ed. K. O. Müller (1833; Berlin: S. Calvary, 1873), 4:1-19, 後見 E. B. Harrison, "Athena at Pallene and in the Agora of Athens," in Barringer and Hurwit, *Periklean Athens,* 121-23。雷伯（K. Reber）認為帕德嫩橫飾帶是用神話故事隱喻雅典人對貴族統治和僭主的推翻，見氏著 "Das Hephaisteion in Athen: Ein Monument für die Demokratie," *JdI* 113 (1998): 41-43。另參考 E. Simon, *Die Götter der Griechen,* 4th ed. (Munich: Hirmer, 1998), 197-201; A. Delivorrias, "The Sculpted Decoration of the So- Called Theseion: Old Answers, New Questions," in Buitron-Oliver, *Interpretation of Architectural Sculpture* 84, 89-90; F. Felten, *Griechische tektonische Friese archaischer und klassischer Zeit* (Waldsassen-Bayern: Stiftland, 1984), 60-64。

126. Plato, *Timaeus* 24e-25d. J. M. Barringer, "A New Approach to the Hephaisteion," in Schultz and Hoff, *Structure, Image, Ornament,* 105-20, esp.116-17; Barringer, *Art, Myth, and Ritual,* 138-41.

127. Palagia, "Interpretations of Two Athenian Friezes," 184-90; Hurwit, *Age of Pericles,* 184-87; Pemberton, "Friezes of the Temple of Athena Nike," 303-10; Harrison, "South Frieze of the Nike Temple"; E. B. Harrison, "Notes on the Nike Temple Frieze," *AJA* 74 (1970): 317-23; A. Furtwängler, *Masterpieces of Greek Sculpture: A Series of Essays on the History of Art* (Chicago: Argonaut, 1964), 445-49; C. Blümel, "Der Fries des Tempels der Athena Nike," *JdI* 65-66 (1950-1951): 135-65.

128. Palagia 判定東橫飾帶是刻畫雅典娜的誕生，見氏著 "Interpretations of Two Athenian Friezes," 189-90。

129. Kardara, "Glaukopis," 84-91。另參見 Jeppesen, "Bild und Mythus an dem Parthenon."

130. 把這畫面詮釋為馬拉松戰役者包括：Palagia, "Interpretations of Two Athenian Friezes," 184-90; Hurwit, *Age of Pericles,* 184-87; Harrison, "South Frieze of the Nike Temple."。

131. 歐里庇得斯，《厄瑞克透斯》F 370.75-90 Kannicht.

132. 亞里斯多德（*Politics* 1297b, 16-22）告訴我們，騎兵在往昔才是軍隊的大宗。這參考資料承蒙馬爾（John Marr）提供。

133. Cicero, *On the Nature of the Gods* 3.19, 49-50.

134. 眾神南邊六個男人（E18-23）和北邊四個男人（E43-46）一般被認定為十位「名祖英雄」，「多出來」那些被認為是遊行督察。各種意見的摘要和參考書目請見 Brommer, *Der Parthenonfries,* 255-56, nos. 14 and 19. See S. Woodford, "Eponymoi or anonymoi," *Source Notes on the History of Art* 6 (1987): 1-5; Kron, "Die Phylenheroen am Parthenonfries"; Harrison, "Eponymous

Heroes"; see, however, Jenkins, "Composition of the So-Called Eponymous Heroes."。

135. 北邊四個男人的編號為 E47、E48、E49 和 E52；南邊角落男人的編號為 E1。

136. 編號 E47 和 E48 的男人。有關泛雅典節的遊行督察，見 Shear, "Polis and Panathenaia," 124-26。

137. Brommer, *Der Parthenonfries,* 255-56; Harrison, "Eponymous Heroes"; Kron, *Die zehn attischen Phylenheroen,* 202-14; Kron, "Die Phylenheroen am Parthenonfries"; Neils, *Parthenon Frieze,* 158-61.

138. Jenkins, "Composition of the So-Called Eponymous Heroes"; Jenkins, *Parthenon Frieze,* 33-34.

139. Nagy, "Athenian Officials," 67-69.

140. A. E. Raubitschek, 和 Ridgway 都把他們看作雅典公民，前者見 *Opus Nobile* (Wiesbaden: F. Steiner, 1969), 129，後者見 *Fifth Century Styles,* 79。Berger and Gisler-Huwiler 對不同詮釋有一綜述，見氏著 *Fries des Parthenon,* 179。

141. 亞里斯多德（*Athenian Constitution* 26.4）：「在伯里克利的動議下通過一條法令，除非父母雙方皆為公民的人不得擁有公民權。」普魯塔克（*Life of Perikles* 37.3）：「他（伯里克利）提議，只有父母雙方都是雅典人的人可算雅典公民。」另參見 E. Carawan, "Pericles the Younger and the Citizenship Law," *CJ* 103 (2008): 383-406; K. R. Walters, "Perikles' Citizenship Law," *ClAnt* 2 (1983): 314-36; C. Patterson, *Pericles' Citizenship Law of 451-50* B.C. (New York: Arno Press, 1981); Boegehold, "Perikles' Citizenship Law."。

142. 我同意費爾（Fehr）所說的，見於橫飾帶兩側和西邊的閨女們和橫飾帶中的無鬚少年屬於同一範疇。兩者都是社會的年輕一代，有必要透過參與宗教儀式學習他們的未來角色，以成為完整的社會成員。費爾的意見，見氏著 *Becoming Good Democrats and Wives,* 81, 112-13。傑普遜（Jeppesen）把這些閨女看成「女繼承者」（*epikleroi*），即父親死去又無兄弟可繼承家業者。由於這些女性無權擁有財產，她們必須嫁給一個男性親屬才能讓父親財產留在家族裡。見氏著 "A Fresh Approach," 129-33。

143. 歐里庇得斯，《厄瑞克透斯》F 370.77-80 Kannicht.

144. 歐里庇得斯，《海克力士子女》781.

145. 荷馬，《伊利亞特》2.550.

146. 歐里庇得斯，《厄瑞克透斯》F 370.92-94 Kannicht。其中有這樣的殘缺不全文字：「〔閹牛〕或公牛和一隻〔母羊〕」。

147. *IG* II2 1146; *IG* II2 1357.

148. 西蒙（Simon）認為那些扛水罈者是火炬接力賽跑的得勝者，扛著的是他們的獎瓶。見氏著 *Festivals of Attica,* 64。

149. Photios, s.v. σκάφας, 基於他在 Menander fr. 147 (*PCG*) 的定義。見 *RE* (1949), s.v. "Panathenaia"; Shear, "Polis and Panathenaia," 134-36; Simon, *Festivals of Attica,* 65, 69- 70; Deubner, *Attische Feste,* 28.

150. 感謝巴塞爾古物博物館的 Tomas Lochman 博士在我研究帕德嫩雕刻的石膏模型時大力幫助，也感謝巴塞爾大學古代文化研究學系的 Anton Bierl 教授推薦我當訪問教授。P.192 的「扛水罈者」（下）是塑自北橫飾帶的「第 N15 號人物」，這人物有一塊碎塊現存梵蒂岡，見 Jenkins, *Parthenon Frieze,* 86; Connelly, "Parthenon and *Parthenoi,*" 69. 有關托盤，見 Berger and Gisler-Huwiler, *Fries des Parthenon,* 195-96; Brommer, *Der Parthenonfries,* 214。

151. F. Graf, "Milch, Honig und Wein: Zum Verständnis der Lebation im griechischen Ritual," in *Perennitas: Studi in onore di Angelo Brelich,* ed. M. Eliade (Rome: Ateneo, 1980), 209-21。西蒙（Simon）主張蜂蜜是要獻給蓋婭，認為出於某個理由，蓋婭也在泛雅典節受到祭祀。見氏著 *Festivals of Attica,* 70。

152. 歐里庇得斯，《厄瑞克透斯》F 370.83-86 Kannicht.

153. 同前注書目，F370.87-89 Kannicht.

154. J. G. Pedley, *Paestum: Greeks and Romans in Southern Italy* (London: Thames and Hudson, 1990), 36-39, figs. 11-13; P. C. Sestieri, "Iconographie et culte d'Hera à Paestum," *Revue des Artes* 5 (1955): 149-58.

155. Demaratus, *FGrH* 42 F 4; 歐里庇得斯，《厄瑞克透斯》F 370.102 Kannicht.

156. 歐里庇得斯，《厄瑞克透斯》F 370{-369d}5-9 Kannicht.

157. Berger and Gisler-Huwiler, *Fries des Parthenon,* 67-69. 不同意者：Simon, *Festivals of Attica,* 62; Boardman, "Closer Look," 322-23。海因茲（Von Heintze）認為這些老者是「列隊行進演唱」〔prosodion〕的男歌隊成員，見氏著 "Athena Polias am Parthenon"。費爾（Fehr）主張他們象徵「雅典公民中德高年劭者」。見氏著 *Becoming Good Democrats and Wives,* 80。另參見 Shear, "Polis and Panathenaia," 134-35。

158. Xenophon, *Symposium* 4.17.

159. Boardman, "Closer Look," 324-25.

160. 修昔底德，《伯羅奔尼撒戰爭史》6.58.1.

161. Parian Marble, *IG XII* 5 444, 17-18. Harpokration, s.v. "apobates"; Pseudo Eratosthenes, *Constellations* 13。 見 Kyle, *Athletics in Ancient Athens,* 63-64, 188-89, 205 (A37), and 213 (A70).

162. Nonnus, *Dionysiaca* 37.155ff.

163. 見 Neils and Schultz, "Erechtheus and the Apobates"; also Fehr, *Becoming Good Democrats and Wives,* 52-67; C. Ellinghaus, *Die Parthenonskulpturen: Der Bauschmuck eines öffentlichen Monumentes der demokratischen Gesellschaft Athens zur Zeit des Perikles, Techniken in der bildenden Kunst zur Tradierung von Aussagen* (Hamburg: Dr. Kova , 2011), 109-71; P. Schultz, "The Iconography of the Athenian Apobates Race," in Schultz and Hoff, *Structure, Image, and Ornament,* 64-69; Neils, *Parthenon Frieze,* 97-98, 138-86; Shear, "Polis and Panathenaia," 299-310; Berger and Gisler-Huwiler, *Der Fries des Parthenon,* 169-86.

164. Plutarch, *Life of Phokion* 20.1.

165. *IG* II2 2316.16 and *IG* II2 2317 + SEG 61.118.49. 相關討論見 Shear, "Polis and Panathenaia," 313- 314. 想多了解城市厄琉息斯神

廟，可參考 M. M. Miles, *The City Eleusinion,* Athenian Agora 31 (Princeton, N.J.: American School of Classical Studies at Athens, 1998)。

166. Marble base, Agora S399; See T. L. Shear, "The Sculpture Found in 1933: Relief of an Apobates," *Hesperia* 4 (1935): 379-81。

167. Tracy and Habicht, "New and Old Panathenaic Victor Lists," 198; Kyle, *Athletics in Ancient Athens,* 63-64.

168. 修昔底德，《伯羅奔尼撒戰爭史》6.56-58; Demosthenes, *Against Phormio* 39; Pausanias, *Description of Greece* 1.2.14.

169. Demosthenes, *Erotikos* 24-25.

170. Boardman, "Parthenon Frieze," 210.

171. 關於騎馬者行列，見 Jenkins, *Parthenon Frieze,* 55-63; Jenkins, "South Frieze," 449; Harrison, "Time in the Parthenon Frieze," 230-33; Berger and Gisler-Huwiler, *Fries des Parthenon,* 110-11; L. Beschi, "Il fregio del Partenone: Una proposta lettura," *RendLinc,* ser. 8, 39 (1985): 176, 183, 185。

172. 有關南橫飾帶十群騎馬者是代表克里斯提尼創造那十個部落這一點，見 Harrison, "Time in the Parthenon Frieze," 232; T. Osada, "Also Ten Tribal Units: The Grouping of the Cavalry on the Parthenon North Frieze," *AJA* 115 (2011): 537-48; T. Stevenson, "Cavalry Uniforms on the Parthenon Frieze?," *AJA* 107 (2003): 629-54; Pollitt, "Meaning of the Parthenon Frieze," 55; Jenkins, *Parthenon Frieze,* 99; S. Bird, I. Jenkins, and F. Levi, *Second Sight of the Parthenon Frieze* (London: British Museum Press, 1998), 18-19; I. Jenkins, "The Parthenon Frieze and Perikles' Cavalry of a Thousand," in Barringer and Hurwit, *Periklean Athens,* 147-61; Jenkins, "South Frieze," 449; Harrison, "Time in the Parthenon Frieze," 230-32; E. B. Harrison, review of *Der Parthenonfries,* by Brommer, *AJA* 83 (1979): 490。有論者認為十群騎者代表不同的「胞族」（*phratry*）。

173. 費爾（Fehr）在騎者和馬車群組中看出「節制」〔*sophrosune* (healthy-mindedness, self-control guided by knowledge and balance)〕、「卓越」〔*arete*(excellence)〕和「友愛」〔*philia* (friendship among fellow soldiers)〕的美德，見氏著 *Becoming Good Democrats and Wives,* 146-47。

174. Aristotle, *Politics* 1297b16-22。另一方面，許多古代傳統是故意時代錯亂——一個例子是英國的「軍旗敬禮分列式」。

175. Xenophon, *On Horsemanship* 11.8.

176. Connelly, "Parthenon and *Parthenoi,*" 69-71; G. R. Bugh, *Horsemen of Athens* (Princeton, N.J.: Princeton University Press, 1988), 34-35。比烏（Bugh）指出，橫飾帶中的騎者都太老，不可能是軍訓生。見 Brommer, *Der Parthenonfries,* 151-53; Castriota, *Myth, Ethos, and Actuality,* 202-26。

177. 有關那三個現藏柏林和巴塞爾的廣口杯，見 H. Cahn, "Dokimasia," *RA* (1973): 3-22; Connelly, "Parthenon and *Parthenoi,*" 70-71. See G. Adeleye, "The Purpose of the Dokimasia," *GRBS* 24 (1983): 295-306。

178. Aristotle, *Athenian Constitution* 49.

179. 同前注書目，42.

180. 希羅多德，《歷史》8.53; Demosthenes, *On the False Embassy* 303.

181. 費爾（Fehr）認為西橫飾帶是訓練和測試年輕人和年輕馬匹的情景，而這種訓練強調平等、紀律和集體行動。蓄鬍者被認為是年輕受訓者的學習榜樣。見氏著 *Becoming Good Democrats and Wives,* esp.35-40。

182. 有關神廟雕刻的族譜功能，見 T. Hölscher, "Immagini mitologiche e valori sociali nella Grecia arcaica," in *Im Spiegel des Mythos: Bilderwelt und Lebenswelt Symposium, Rom 19.-20. Februar 1998 = Lo Specchio del Mito,* ed. F. de Angelis and S. Muth (Weisbaden: Ludwig Reichert, 1999), 11-30; Connelly, "Parthenon and *Parthenoi,*" 66; Marconi, "Kosmos," 222-24。前面已指出過，奧林匹亞的宙斯神廟東三角楣牆上放著厄利斯王室一家的雕像。這神廟的建成年代介於西元前四七〇年至西元前四五六年之間。這種「族譜」強調也見於埃伊納島的阿費亞神廟，其建成年代要更早（介於西元前五〇〇年至西元前四八〇年之間）。在這裡，我們看見特洛伊戰爭被在地化於它的兩面三角楣牆：在東三角楣牆作戰的是埃伊納國王鐵拉孟（Telamon），在西三角楣牆作戰的是他孫子埃阿斯（Ajax）。祖孫兩人是在兩場不同的特洛伊戰爭中戰鬥。第一場特洛伊戰爭是對戰國王拉俄默冬（Laomedon），第二場是對戰國王普里阿姆（Priam）。見 E. Simon, *Aias von Salamis als mythische Persönlichkeit* (Stuttgart: F. Steiner, 2003), 20ff。當然，神廟雕刻這種族譜功能是我們早在「百尺殿」的藍鬍子三角楣牆便見過。

183. Summarized by Castriota, *Myth, Ethos, and Actuality,* 134-38.

184. Chaniotis, "Dividing Art-Divided Art," 43.

185. Pausanias, *Description of Greece* 1.27.4; 9.30.1. See C. Ioakimidou, *Die Statuenreihen griechischer Poleis und Bünde aus spätarchaischer und klassischer Zeit* (Munich: Tuduv-Verlagsgesellschaft, 1997), 99-100, 262-73 (interpreted as a state monument for the fallen); R. Krumeich, *Bildnisse griechischer Herrscher und Staatsmänner im 5. Jahrhundert v. Chr.* (Munich: Biering & Brinkmann, 1997), 109-11, 244, no. A58。青銅群像底座一些石塊後被用於重修帕德嫩神殿的西大門，發現它們的經過見 M. Korres, *Melete Apokatastaseos tou Parthenonos* 4 (Athens, 1994) 124。果赫斯主張，青銅群像底座殘存的三塊石塊顯示，厄瑞克透斯、攸摩浦斯、托爾米迪（Tolmides）和特埃納圖斯（the Theainetos）的像是站在同一個底座上。見 Korres, *Study for the Restoration of the Parthenon,* 86-87, 124。

186. Policoro, Museo Nazionale della Siritide 35304; Proto-Italiote, ca. 400 B.C., *LIMC* 2, s.v. "Athena," no. 177; *LIMC,* 4, s.v. "Eumolpos," no. 19; L. Weidauer, "Poseidon und Eumolpos auf einer Pelike aus Policoro," *AntK* 12 (1963): 91-93, plate 41; Clairmont, "Euripides' Erechtheus and the Erechtheum," 492, plates 4 and 5; LCS 55, no. 282; M. Treu, "Der Euripideischer Erechtheus als Zeugnis seiner Zeit," *Chiron* 1 (1971): 115-31.

187. 有關「騎者波塞冬」，見 P. Siewert, "Poseidon Hippios am Kolonos und die athenischen Hippeis," in *Arktouros: Hellenic Studies Presented to Bernard M. W. Knox,* ed. G. Bowersock, W. Burkert, and M. C. J. Putnam (Berlin: W. de Gruyter, 1979), 280-89。

188. Hurwit, *Athenian Acropolis,* 223.
189. 這是一種被所謂的「法國學派」檢驗已久的研究模式，該學派與謝和耐研究中心（Centre Louis Gernet）有關。見（例如）F. Lissarrague, *Vases Grecs: Les Athéniens et leurs images* (Paris: Hazan, 1999); A. Schnapp, "De la cité des images à la cité dans l'image," *Métis* 9 (1994): 209-18; and the collection of essays in Bérard et al., *La cité des images*。
190. 歐里庇得斯，《伊翁》184-218.
191. Sourvinou-Inwood, *Tragedy and Athenian Religion* (Lanham, Md.: Lexington Books, 2003), 25-30; Sourvinou-Inwood, "Tragedy and Anthropology," in *A Companion to Greek Tragedy,* ed. J. Gregory (Oxford: Blackwell, 2005), 297-302.
192. 歐里庇得斯，《厄瑞克透斯》F 351 Kannicht. 譯本：Collard and Cropp, *Euripides VII: Fragments*, 371.
193. 歐里庇得斯，《厄瑞克透斯》F 360.46-49 Kannicht. .
194. 歐里庇得斯，《厄瑞克透斯》F 369.2-5 Kannicht. 譯本：Collard and Cropp, *Euripides VII: Fragments,* 387, 389.
195. 譯本：Collard and Cropp, *Euripides VII: Fragments,* 387.
196. 歐里庇得斯，《厄瑞克透斯》F 370{-369d}9-10 Kannicht. 譯本 Collard and Cropp, *Euripides VII: Fragments,* 389.
197. Marconi, "Degrees of Visibility," 166-67.
198. 同前注書目，157-73。馬可尼（Marconi）認為，雅典人雅好鋪張雕刻裝飾的品味可回溯至他們建在德爾斐的寶庫（八成是建於西元前四八〇年代）。
199. 當語言是「鮮明」（*enargês*），便可以產生一種過剩的語言力量，可供配置在政治和其他權力形式。有關「鮮明」的概念，見 Allen, *Why Plato Wrote,* 26, 36, 43, 58-61, 63, 81, 89, 90, 105, 106, 139, 173, 179, 192。

第六章　為什麼是帕德嫩

1. Carroll, *Parthenon Inscription*, I; Andrews, "How a Riddle of the Parthenon Was Unraveled"。安德魯斯指出，站在其十三點七公尺的下方地面看上去，楣梁布滿釘孔，就像是胡椒粉盒子的頂部。那些釘孔已無法與鄂圖曼時代留下的彈孔區分開（303）。
2. 安德魯斯回憶說，每天一早起床，他就會跑到窗邊（他住在位於呂卡維多斯山山坡的「美國古典研究學院」），用望遠鏡朝衛城望去，看看貼在楣梁上的紙張還在不在。見氏著 "How a Riddle of the Parthenon Was Unraveled," 304。
3. 在給妹妹的信中，安德魯斯寫道：「銘文被證明是獻給尼祿，真讓我倒胃。」見 Carroll, *The Parthenon Inscription*, 7。
4. Arrian, *Anabasis* 1.16.7; Plutarch, *Life of Alexander* 16.8.
5. Plutarch, *Life of Alexander* 16.17; Pritchett, *Greek State at War,* 3:288.
6. *SEG* 32 251. 翻譯見：S. Dow, "Andrews of Cornell," *Cornell Alumni News* 75 (1972): 13-21，他為安德魯斯重建的文本做了一些補充。見 Carroll, *Parthenon Inscription*, 12-15, fig. 5。

7. 見奧爾夫第（G. Alföldy）在二〇一一年六月二十八日於海德堡大學舉行的 *Festvortrag des Ehrendoktors der Universität Wien emer. Prof. Dr. Dr. h. c. mult. Géza Alföldy*, University of Heidelberg, June 28, 2011, forthcoming. 有關奧古斯都為銘文引入「鍍金字體」（在金屬題辭上）一節，見 G. Alföldy, “Augustus und die Inschriften: Tradition und Innovation: Die Geburt der imperialen Epigraphik,” *Gymnasium* 98 (1991): 289-324。就像安德魯斯．Alföldy 也曾檢視過一些建築的木釘孔，以破解原有的銘文內容。他對大門獸場銘文的破解，見 G. Alföldy “Eine Bauinschrift aus dem Colosseum,” *ZPE* 109（1995）; 195-226；他對伊比利半島上的塞哥維亞（Segovia）羅馬輸水渠銘文的破解，見 Alföldy, “Inschrift des Aquädukts von Segovia: Ein Vorbericht,” *ZPE* 94 (1992): 231-48。是 Angelos Chaniotis 和 Michael Peachin 提供我這些參考資料。
8. Carroll, *The Parthenon Inscription,* 7.
9. 譯本：Collard and Cropp, *Euripides VII: Fragments,* 387.
10. Plutarch, *Life of Nikias* 9.5.
11. Pritchett, *Greek State at War;* Pritchard, *War, Democracy, and Culture;* A. Chaniotis, *War in the Hellenistic World* (Malden, Mass.: Blackwell, 2005); H. van Wees, *Greek Warfare: Myths and Rituals* (London: Bristol Classical Press, 2004); K. Raaflaub, “Archaic and Classical Greece,” in *War and Society in the Ancient and Medieval Worlds: Asia, the Mediterranean, Europe, and Mesoamerica,* ed. K. Raaflaub and N. Rosenstein (Cambridge, Mass.: Harvard University Press, 1999), 129-61; Whitley, “Monuments That Stood Before Marathon”; Rich and Shipley, *War and Society in the Greek World;* B. Lincoln, *Death, War, and Sacrifice: Studies in Ideology and Practice* (Chicago: University of Chicago Press, 1991); E. Vermeule, *Aspects of Death in Early Greek Art and Poetry* (Berkeley: University of California Press, 1979).
12. Plato, *Laws* I.626a.
13. D. Kagan, *The Outbreak of the Peloponnesian War* (Ithaca, N.Y.: Cornell University Press, 1969); D. Kagan, *The Archidamian War* (Ithaca, N.Y.: Cornell University Press, 1974); D. Kagan, *The Peace of Nicias and the Sicilian Expedition* (Ithaca, N.Y.: Cornell University Press, 1981); D. Kagan, *The Fall of the Athenian Empire* (Ithaca, N.Y.: Cornell University Press, 1987); D. Kagan, *The Peloponnesian War* (New York: Viking Press, 2003); Hanson, *A War Like No Other*; V. D. Hanson, *Warfare and Agriculture in Classical Greece* (Berkeley: University of California Press, 1983).
14. Xenophon, *Agesilaus* 2.14.
15. Herodotus, *Histories* 7.9. 譯本：Godley, Herodotus: Histories, 315.
16. P. Vaughn, “The Identification and Retrieval of the Hoplite Battle-Dead,” in Hanson, *Hoplites,* 38-62.
17. Polyainos, *Strategies* 1.17; Diodoros Siculus, *Library* 8.27.2; Pritchett, *Greek State at War,* 4:243-46; J. H. Leopold, “De scytala laconica,” *Mnemosyne* 28 (1900): 365-91.

18. Pausanias, *Description of Greece* 1.29. N. Arrington, "Inscribing Defeat: The Commemorative Dynamics of the Athenian Casualty Lists," *ClAnt* 30 (2011): 179-212.
19. 修昔底德，《伯羅奔尼撒戰爭史》2.34.1-5.
20. 阿靈頓（Nathan Arrington）最近繪製出沿著學院路與公共墓園相關聯的所有出土遺骸，見 Arrington, "Topographic Semantics"，以及他即將出版的專著：*Ashes, Images, and Memories: The Presence of the War Dead in Fifth-Century Athens*。
21. 此一挖掘見 T. Karagiorga-Stathakopoulou, "Ί Εφορεία Προϊστορικών και Κλασικών Αρχαιοτήτων," *ArchDelt* 33 (1978): B I, 10-42, esp. 18-20. 有關這些銘文，見 For the inscriptions, see A. P. Matthaiou, Ηρίον Λυκούργου Λυκόφρονος βουτάδου," *Horos* 5 (1987): 31-44 (*SEG* 37.160-62); Arrington, "Topographic Semantics," 520; Pausanias, *Description of Greece* 1.29.15。保薩尼亞斯在造訪公墓時看見利庫爾戈斯的墳墓。
22. 正如安納山德（Onassander）所說的：「如果死者未獲安葬，每個士兵就會相信，萬一他們戰死，屍體就會無人聞問。」見 P. Low, "Commemoration of the War Dead in Classical Athens: Remembering Defeat and Victory," in Pritchard, *War, Democracy, and Culture,* 342-58。
23. V. D. Hanson, *The Western Way of War: Infantry Battle in Classical Greece* (Berkeley: University of California Press, 1989).
24. V. D. Hanson, *A War Like No Other*, 252; Hale, *Lords of the Sea*, 95, 120-21, 208.
25. 修昔底德，《伯羅奔尼撒戰爭史》8.1.2-4. 譯本：Jowett, *Thucydides*，有所改動。
26. Snodgrass, *Archaic Greece,* 53-54; A. Snodgrass, *Early Greek Armor and Weapons from the End of the Bronze Age to 600* B.C. (Edinburgh: Edinburgh University Press, 1964).
27. Snodgrass, "Interaction by Design"; Snodgrass, *Archaic Greece,* 131ff.; Morgan, *Athletes and Oracles,* 16-25, 233-34.
28. 一般認為，奧林匹亞運動會的建立年份為西元前七七六年，皮同運動會為前五八六年，伊斯米亞運動會為前五八二年，尼米亞運動會為前五七三年。見 Morgan, *Athletes and Oracles,* 16-20, 212-14。
29. Snodgrass, "Interaction by Design"; Morgan, *Athletes and Oracles,* 16-25, 203.
30. Snodgrass, *Archaic Greece,* 131.
31. A. H. Jackson, "Hoplites and the Gods: The Dedication of Captured Arms and Armour," in Hanson, *Hoplites,* 228-49, esp.244-45.
32. A. Jackson, "Arms and Armour in the Panhellenic Sanctuary of Poseidon at Isthmia," in Coulson and Kyrieleis, *Proceedings of an International Symposium on the Olympic Games*. Jackson 將會在他論武器與盔甲的著作中進一步討論這批材料。
33. Pausanias, *Description of Greece* 10.8.7. P. Kaplan, "Dedications to Greek Sanctuaries by Foreign Kings in the Eighth Through Sixth Centuries BCE," *Historia* 55 (2006): 129-52.
34. 希羅多德，《歷史》8.27。這戰爭擄獲的另兩千面盾牌被奉獻於阿巴厄（Abai）的聖所，見Pritchett, *Greek State at War,* 3:285。

35. Aeschines 3.116.
36. Pausanias, *Description of Greece* 10.19.3-4.
37. Scott, *Delphi and Olympia,* 169-75.
38. Pausanias, *Description of Greece* 10.11.5。保薩尼亞斯說這寶庫築於西元前四八〇年代。有些學者對此有異議，但尼爾（Richard Neer）為之辯護，見氏著 "The Athenian Treasury at Delphi and the Material of Politics," *ClAnt* 23 (1982): 67。
39. Ober, *Democracy and Knowledge,* 178.
40. 這解釋見於 Morgan, *Athletes and Oracles,* 18。
41. Pausanias, *Description of Greece* 5.10.4.
42. D. White, "The Cyrene Sphinx, Its Capital, and Its Column," *AJA* 75 (1971): 47-55.
43. Pausanias, *Description of Greece* 1.15.5.
44. T. L. Shear, "A Spartan Shield from Pylos," *ArchEph* 76 (1937): 140-43; T. L. Shear, "The Campaign of 1936," *Hesperia* 6 (1937): 331-51.
45. Lippman, Scahill, and Schultz, "Nike Temple Bastion."
46. I. S. Mark, *Sanctuary of Athena Nike in Athens: Architectural Stages and Chronology* (Princeton, N.J.: Princeton University Press, 1993).
47. E. Petersen, "Nachlese in Athen," *JdI* 23 (1908): 12-44.
48. Aristophanes, *Knights* 843-59.
49. Lippman, Scahill, and Schultz, "Nike Temple Bastion." 感謝 Richard Anderson 和我討論這文章，讓我受益不少。
50. N. C. Loader, *Building in Cyclopean Masonry: With Special Reference to the Mycenaean Fortifications on Mainland Greece* (Jønsered: Paul Åström, 1998), 84-85.
51. Pausanias, *Description of Greece* 2.16.5, 2.25.8. J. A. Bundgaard, *Parthenon and the Mycenaean City on the Heights* (Copenhagen: National Museum of Denmark, 1976)，43-46。感謝我在紐約大學教過的前學生 Benjamin Schwaid 提醒我，勝利女神神廟是蓄意蓋在邁錫尼碉堡上。
52. R. Carpenter, *The Sculptures of the Nike Temple Parapet* (Cambridge, Mass.: Harvard University Press, 1929).
53. Pausanias, *Description of Greece* 9.4.1。保薩尼亞斯（*Description of Greece*1.28.2）稱之為「青銅雅典娜」，狄摩斯提尼（*On the False Embassy* 272）也是如此稱之。在狄摩斯提尼 *Against Androtion* 12-15, 的說明中，他首次稱雅典娜神像「在戰場的第一線奮戰」，縱使目前沒有任何現存古典時期資料可佐證這點。一般把這青銅像落成日期定在西元前四六〇年至西元前四五〇年之間，見 Harrison, "Pheidias," 28-30; Hurwit, *Athenian Acropolis,* 151-52; Djordjevitch, "Pheidias's Athena Promachos

Reconsidered," 323。記載這銅像資金與日期的銘文，見 *IG* I3 435。但這銘文是否關於「青銅雅典娜」頗有爭論。對這爭論的一個摘要，見 O. Palagia, "Not from the Spoils of Marathon: Pheidias' Bronze Athena on the Acropolis," 117-37。此文還批判了各種還原神像的嘗試〔包括史蒂芬斯（Stevens）所繪見於本書 p.227 的一幅〕。該神像在古代晚期的境況，見 Frantz, *Late Antiquity,* 76-77。

54. A. E. Raubitschek and G. P. Stevens, "The Pedestal of the Athena Promachos," *Hesperia* 15 (1946): 107-14. 丁斯莫爾（Dinsmoor）估計，連底座在內，修復後的神像高十六點四〇公尺，見氏著 "The Pedestal of the Athena Promachos," *AJA* 25 (1921): 128；史蒂芬斯（Stevens）則估計，連底座在內，修復後的神像高九公尺，見氏著 "The Periclean Entrance Court to the Acropolis," *Hesperia* 5 (1936):495-99。
55. Palagia, "Not from the Spoils of Marathon," 18-19, 124-25, 127.
56. *IG* I3 435; Dinsmoor, "Statue of Athena Promachos."
57. Martin-McAuliffe and Papadopoulos, "Framing Victory," 345-46.
58. *IG* I3 427-31, 435; Harrison, "Pheidias," 28-34; Mattusch, *Greek Bronze Statuary,* 169-72; Hurwit, *Athenian Acropolis,* 24-25; Linfert, "Athenen des Phidias," 66-71; Robertson, *History of Greek Art,* 294; Dinsmoor, "Two Monuments on the Athenian Acropolis"; Dinsmoor, "Statue of Athena Promachos." B. D. Meritt, "Greek Inscriptions," *Hesperia* 5 (1936): 362-80.
59. Pausanias, *Description of Greece* 1.28.2.
60. 參 B. Lundgreen, "A Methodological Enquiry: The Great Bronze Athena by Pheidias," *JHS* 117 (1997): 190-97; Harrison, "Pheidias," 28-34; Ridgway, "Images of Athena," 127-31; Linfert, "Athenen des Phidias," 66-71; Mattusch, *Greek Bronze Statuary,* 170; E. Mathiopoulos, "Zur Typologie der Göttin Athena im fünften Jhr. v. Chr." (Ph.D. diss., University of Bonn, 1961-1968); B. Pick, "Die 'Promachos' des Phidias und die Kerameikos-Lampen," *AM* 56 (1931): 59-74.
61. F. W. Imhoof-Blumer, P. Gardner, and A. N. Oikonomides, *Ancient Coins Illustrating Lost Masterpieces of Greek Art* (Chicago: Argonaut, 1964), 128-29, plate Z i-viii; J. Boardman, *Greek Sculpture: The Classical Period* (London: Thames and Hudson, 1985), 203, fig. 180; Djordjevitch, "Pheidias's Athena Promachos Reconsidered," 323.
62. G. P. Stevens, "Dedication of Spoils in Greek Temples," *Hesperia Supplement* 3 (1940).
63. Herodotus, *Histories* 9.13, 22; Pausanias, *Description of Greece* 1.27.1; Demosthenes, *Against Timokrates* 129。關於波斯人洗劫的考古證據，見 T. L. Shear, "The Persian Destruction of Athens: Evidence from Agora Deposits," *Hesperia* 62 (1993): 383-482。
64. Herodotus, *Histories* 9.20-25.
65. 所有清單載於 Harris, *Treasures of the Parthenon and Erechtheion*，附有碑銘引文和參考書目。
66. 同前注書目，234.

67. 同前注書目，81-103.
68. Roux, "Pourquoi le Parthénon?," and Tréheux, "Pourquoi le Parthénon?" 感謝 Patricia D. Connelly 和 Louise Connelly 在這些文本上的好心協助。
69. Furtwängler, *Meisterwerke,* 172-74.
70. W. Dörpfeld, "Das Alter des Heiligtums von Olympia," *AM* 31 (1906): 170. Solomon Reinach 在一九〇八年跟進，主張「帕德嫩」指多個閨女，見 S. Reinach, ""ΠΑΡΘΕΝΟΝ," *BCH* 32 (1908): 499-513。到一九八四年為止這方面研究的綜述，見 Roux, "Pourquoi le Parthénon?," 301-6, and Tréheux, "Pourquoi le Parthénon?," 238-42。
71. Tréheux, "Pourquoi le Parthénon?," 238，指出Böckh, Bötticher史塔克（Stark）和米迦利斯（Michaelis preceded Roux）比喬治．魯更早將帕德嫩與東廳定位為同一地方，也更早將「帕德嫩」一詞與雅典娜的貞節相聯繫。他引用了 A. K. Orlandos, Ηάρχιτεκτονικ του Παρθενου, *I-III* (Athens: Archaeological Society of Athens, 1977), 143 的完整書目。
72. 關於被稱為帕德嫩的後殿（西廳）之財產清冊，參見第三章注52。
73. Harris, *Treasures of the Parthenon and Erechtheion,* 4-5; 40-80；另參見 T. Linders, "The Location of the Opisthodomos: Evidence from the Temple of Athena Inventories," *AJA* III (2007): 777-82。
74. *IG* II2 1407.
75. Harpokration; see Roux, "Pourquoi le Parthénon?," 304-5; Hurwit, *Athenian Acropolis,* 161-62.
76. *IG* I3 343 4 (ca. 434/433 B.C.); *IG* I3 376.14 (ca. 409/408 B.C.).
77. Roux, "Pourquoi le Parthénon?," 304-5; Tréheux, "Pourquoi le Parthénon?," 233; Hurwit, *Athenian Acropolis,* 161-62.
78. Demosthenes, *Against Androtion* 76 and 184。一座「帕德嫩」神殿存在於衛城即是證明，見 *IG* II2 1407，可追溯至西元前三八五年。
79. Plutarch, *Life of Perikles* 13.7. In his *Life of Cato* 5.3。但普魯塔克只稱之為「百尺殿」。
80. Pausanias, *Description of Greece* 1.24.5.
81. Tréheux, 238-40; Brauron, *SEG* 46.13; Magnesia on the Maeander, *SEG* 15.668; and Kyzikos, IMT Kyz Kapu Da 1433.
82. 一如米隆諾波洛斯（Mylonopoulos）所指出，見氏著 "Buildings, Images, and Rituals in the Greek World," in *The Oxford Handbook of Greek and Roman Architecture*，即將出版。
83. Roux, "Pourquoi le Parthénon?," 311-12.
84. 「帕德諾斯雅典娜」一名最早見於衛城一件奉獻品的底座銘文（年代介於西元前五〇〇年至西元前四八〇年之間），奉獻者名叫泰勒斯奧斯（Telesios），見 Hurwit, *Athenian Acropolis,* 36, fig. 32, cites *IG* I3 728, 745。
85. 誠如語文學家暨語言學家大衛斯（Anna Morpugo Davies）指出，不管「帕德嫩」的主要意義為何，它都不可能是指單一位閨女。大衛斯教授在一九九六年曾就「帕德嫩」一詞跟我有過非常有教益的討論。

86. Euripides, *Iphigeneia at Tauris* 1452-53; Pausanias, *Description of Greece* 9.17.1.

87. Pedersen, *Parthenon and the Origin of the Corinthian Capital,* 11-22。佩特森指出，西廳地板上的圓形線條清楚顯示四根立柱不是多立安式。這剩下兩種可能：愛奧尼亞式或科林斯式。但使用愛奧尼亞式立柱會碰到一個難題：它們有明確的正、背面之分。由於西廳的南北向軸線長於東西向軸線，是一個所謂的「中央空間廳間」（center- space room），其主柱廊的軸線不同於神殿其他部分的軸線。這引起一個問題：愛奧尼亞立柱柱頂的螺旋飾（volutes）該面對哪個方向？是與神殿的長軸線對齊嗎？還是與西廳的短軸線對齊？引入科林斯式立柱可把問題消解於無形。科林斯式立柱的柱頭整個被莨苕葉包圍，並沒有一個「正面」或「背面」的說法可言。

88. 同前注書目，16-20.

89. Rykwert, *Dancing Column,* 317-27; Vitruvius, *Ten Books of Architecture* 4.1.

90. H. Gropengiesser, *Die pflanzlichen Akrotere klassischer Tempel* (Mainz: Philipp von Zabern, 1961), 2-17; P. Danner, *Griechische Akrotere der archaischen und klassischen Zeit* (Rome: G. Bretschneider, 1989), 13-14, no. 77; Korres, "Architecture of the Parthenon."

91. Pedersen, *Parthenon and the Origin of the Corinthian Capital,* 32-36.

92. 歐里庇得斯，《厄瑞克透斯》F 370.85 Kannicht.

93. Kyle, *Athletics in Ancient Athens,* 41-43.

94. 宙斯—阿伽門農：*RE* (1972), s.v. "Zeus"; A. Momigliano, "Zeus Agamemnone e il capo Malea," *Studi Italiani di Filologia Classica,* n.s., 8 (1930): 317-19。阿波羅—許阿鏗托斯：Aristotle, *Politics* 8.28; C. Christou, "Ανασκαφή Αμυκλών," *Praktika tes en Athenais Archaiologikis Etaireias* (1960): 228-31; C. Christou, "Αρχαιότητες Λακωνίας-Αρκαδίας: Αμύκλαι," *ArchDelt* 16 (1960): 102-3; J. M. Hall, "Politics and Greek Myth," in *The Cambridge Companion to Greek Mythology,* ed. R. D. Woodard (Cambridge, U.K.: Cambridge University Press, 2007), 331-54。布勞倫的阿耳忒彌斯—伊菲革涅雅：J. Papadimitriou, "Excavations in Vravron Attica," *Praktika tes en Athenais Archaiologikis Etaireias* 42 (1948): 81-90; J. Papadimitriou, "The Sanctuary of Artemis at Brauron," *Scientific American* 208 (1963): 110-20。

95. 有關英雄崇拜的書目又龐大又不斷增加：Albersmeier, *Heroes*; Ekroth, "Cult of Heroes"; J. Bravo, "Recovering the Past: The Origins of Greek Heroes and Hero Cult," in Albersmeier, *Heroes,* 10-29; G. Ekroth, "Heroes and Hero- Cults," in Ogden, *Companion to Greek Religion,* 100-114; H. van Wees, "From Kings to Demigods: Epic Heroes and Social Change, c. 750-600 B.C.," in *Ancient Greece: From the Mycenaean Palaces to the Age of Homer,* ed. S. Deger-Jalkotzy and I. S. Lemos (Edinburgh: Edinburgh University Press, 2006), 363-79; Pache, *Baby and Child Heroes;* Ekroth, *Sacrifi cial Rituals of Greek Hero-Cults;* J. Boardman, *The Archaeology of Nostalgia: How the Greeks Re-created Their Mythical Past* (London: Thames and Hudson, 2002); D. Boehringer, *Heroenkulte in*

Griechenland von der geometrischen bis zur klassischen Zeit: Attika, Argolis, Messenien (Berlin: Akademie, 2001); A. Mazarakis Ainian, "Reflections on Hero Cults in Early Iron Age Greece," in Hägg, *Ancient Greek Hero Cult,* 9-36; Antonaccio, *Archaeology of Ancestors;* Larson, *Greek Heroine Cults;* Whitley, "The Monuments That Stood Before Marathon"; D. Boedeker, "Hero Cult and Politics in Herodotus: The Bones of Orestes," in *Cultural Poetics in Archaic Greece: Cult, Performance, Politics,* ed. C. Dougherty and L. Kurke (Oxford: Oxford University Press, 1993), 164-77; S. E. Alcock, "Tomb Cult and the Post- Classical Polis," *AJA* 95 (1991): 447-67; Kearns, *Heroes of Attica;* J. Whitley, "Early States and Hero Cults: A Re-appraisal," *JHS* 108 (1988): 173-82; M. Visser, "Worship Your Enemy: Aspects of the Cult of Heroes in Ancient Greece," *HTR* 74 (1982): 403-28; A. Snodgrass, "Les origines du culte des héros dans la Grèce antique," in *La mort: Les morts dans les sociétés anciennes,* ed. G. Gnoli and J.- P. Vernant (Cambridge, U.K.: Cambridge University Press, 1982), 107-19; H. Abramson, "Greek Hero Shrines" (Ph.D. diss., University of California, Berkeley, 1978); J. N. Coldstream, "Hero-Cults in the Age of Homer," *JHS* 96 (1976): 8-17; T. Hadzisteliou-Price, "Hero-Cult and Homer," *Historia* 22 (1973): 129-44; L. R. Farnell, *Greek Hero Cults and Ideas of Immortality* (Oxford: Clarendon Press, 1921)。

96. 這橋被判定屬於晚期青銅時代第三期（西元前一三〇〇年至西元前一一九〇年），是碩果僅存的四條邁錫尼時期橋梁之一。見 R. Hope Simpson and D. K. Hagel, *Mycenaean Fortifications, Highways, Dams, and Canals* (Sävedalen: Paul Åström, 2006); R. Hope Simpson, "The Mycenaean Highways," *Classical Views* 42 (1998): 239-60; A. Jansen, "Bronze Age Highways at Mycenae," *Classical Views* 41 (1997): 1-16。

97. Morgan, *Athletes and Oracles,* 209.

98. 同前注。

99. W. J. Slater, "Pelops at Olympia," *GRBS* 30 (1989): 485-501; H. Kyrieleis, *Anfänge und Frühzeit des Heiligtums von Olympia: Die Ausgrabungen am Pelopion, 1987-1996* (Berlin: Walter de Gruyter, 2006); Barringer, "Temple of Zeus at Olympia"; D. E. Gerber, *Pindar's Olympian One: A Commentary* (Toronto: University of Toronto Press, 1982); H.-V. Hermann, *Olympia: Heiligtum und Wettkampfstätte* (Munich: Hirmer, 1972), 53-56.

100. Miller, "Excavations at Nemea, 1983"; S. G. Miller, "Excavations at Nemea, 1973-1974," *Hesperia* 44 (1975): 143-72; Miller, *Nemea;* S. G. Miller, "The Stadium at Nemea and the Nemean Games," in Coulson and Kyrieleis, *Proceedings of an International Symposium on the Olympic Games,* 81-86; D. G. Romano, "An Early Stadium at Nemea," *Hesperia* 46 (1977): 27-31.

101. 就現在所知，最早為文提到俄斐耳忒斯—阿耳刻摩羅斯的人是西莫尼德，見 Athenaeus: *PMG* 553, Athenaeus 9.396e. See also Bachyllides 9.10-14; Pindar, *Nemean Ode* 9.6-15; Euripides, Hypsipyle; and Apollodoros, *Library* 3.6; E. Simon, "Archemoros," *AA 94* (1979): 31-45. 有關歐里庇得斯所講述的神話，見 W. E. H. Cockle, Euripides Hypsipyle: Text and Annotation Based on a Re-examination of the Papyri(Rome: Ateneo, 1987)。

102. Pausanias, *Description of Greece* 2.15.2-3.
103. Miller, *Nemea,* 20; Miller, "Excavations at Nemea, 1983," 173.
104. Miller, *Nemea,* 12.
105. D. E. Birge, L. H. Kranack, and S. G. Miller, *Excavations at Nemea: Topographical and Architectural Studies: The Sacred Square, the Xenon, and the Bath, Nemea I* (Berkeley: University of California Press, 1992), 93.
106. Pausanias, *Description of Greece* 2.10.
107. E. R. Gebhard, "Rites for Melikertes- Palaimon in the Early Roman Corinthia," in *Urban Religion in Roman Corinth: Interdisciplinary Approaches,* ed. D. N. Schowalter and S. J. Friesen (Cambridge, Mass.: Harvard Divinity School, 2005); E. R. Gebhard and M. W. Dickie, "The View from the Isthmus, ca. 200 to 44 B.C.," *Corinth* 20 (2003): 261-78; E. R. Gebhard and M. W. Dickie, "Melikertes-Palaimon, Hero of the Isthmian Games," in Hägg, *Ancient Greek Hero Cult,* 159-65; E. R. Gebhard and F. P. Hemans, "University of Chicago Excavations at Isthmia, 1989: III," *Hesperia* 67 (1998): 405-56; E. R. Gebhard and F. P. Hemans, "University of Chicago Excavations at Isthmia: II," *Hesperia* 67 (1998): 1-63; E. R. Gebhard, "The Evolution of a Pan-Hellenic Sanctuary: From Archaeology Towards History at Isthmia," in *Greek Sanctuaries: New Approaches,* ed. N. Marinatos and R. Hägg (New York: Routledge, 1993), 154-77; E. R. Gebhard, "The Early Sanctuary of Poseidon at Isthmia," *AJA* 91 (1987): 475-76; D. W. Rupp, "The Lost Classical Palaimonion Found?," *Hesperia* 48 (1979): 64-72; Broneer, *Isthmia,* 2:99-112。感謝伊莉莎白・吉柏哈德（Elizabeth Gebhard）好心地提供資料和參考書目。
108. A. Chaniotis, "Hyakinthia," *ThesCRA,* vol. 7, V.2, 164-67; S. Vlizos, "The Amyklaion Revisited: New Observations on a Laconian Sanctuary of Apollo," in *Athens- Sparta: Contributions to the Research on the History and Archaeology of the Two City- States,* ed. N. Kaltsas (New York: Alexander S. Onassis Public Benefit Foundation, 2007), 11-23; P. G. Calligas, "From the Amyklaion," in *Philolakon: Lakonian Studies in Honour of Hector Catling,* ed. J. M. Sanders (London: British School at Athens, 1992), 31-48; Pettersson, "Cults of Apollo at Sparta"; Amykles Research Project, http://amykles- research- project- en. wikidot. com.
109. Pausanias, *Description of Greece* 3.18.9-3.195. See I. Margreiter, *Die Kleinfunde aus dem Apollon-Heiligtum* (Mainz: Philipp von Zabern, 1988); J. G. Milne, "The Throne of Apollo at Amyklae," *CR* 10 (1896): 215-20; Pettersson, "Cults of Apollo at Sparta," 9.
110. 西元前五〇〇年前後，雕刻家馬格尼西亞（Bathykles of Magnesia）被找來為這神像雕刻了一張巨大的大理石寶座。Delivorrias, "Throne of Apollo at the Amyklaion"; E. Georgoulaki, "Le type iconographique de la statue cultuelle d'Apollon Amyklaios: Un emprunt oriental?," *Kernos* 7 (1994): 95-118; A. Faustoferri, "The Throne of Apollo at Amyklai: Its Significance and Chronology," in *Sculpture from Arcadia and Laconia,* ed. O. Palagia and W. Coulson (Oxford: Oxbow, 1993), 159-66。
111. Pausanias, *Description of Greece* 3.18.6-8.

112. A. Chaniotis, "Hyakinthia," *ThesCRA,* vol. 7, V.2, 164-67; A. Brelich, *Paides e Parthenoi* (Rome: Ateneo, 1969), 1, 139-54, 171-91; Pettersson, "Cults of Apollo at Sparta."

113. C. Dietrich, "The Dorian Hyacinthia: A Survival from the Bronze Age," *Kadmos* 14 (1975): 133-42. M. J. Mellink, *Hyakinthos* (Utrecht: Kemink, 1943).

114. K. Demakopoulou, "Τό μυκηναϊκό ἱερό στο Ἀμυκλαίο: μια νέα προσέγγιση," *British School at Athens Studies* 16 (2009): 95-104; K. Demakopoulou, Τό μυκηναϊκό ἱερό στό Ἀμυκλαίο καί η ΥΕ ΙΙΙ Γ περίοδος στη Λακωνία(Athens, 1982).

115. Herodotus, *Histories* 9.7; 修昔底德，《伯羅奔尼撒戰爭史》5.23.4-5; Xenophon, *Hellenika* 4.5.11.

116. Pettersson, "Cults of Apollo at Sparta"; A. Chaniotis, "Hyakinthia," *ThesCRA,* vol. 7, V.2, 164-67.

117. 歐里庇得斯，《厄瑞克透斯》F 370.71-74 Kannicht; Demosthenes, *Funeral Speech* 27.

118. Lucian, Dialogues of the Gods, 16; Clement of Alexandria, 10.26; Philostratos, Imagines 1.24; Ovid, Metamorphoses 10.162-219, 13.395; Ovid, Fasti 5.22.

119. Phanodemos, *FGrH* 325 F 4. Some have taken this to be at Sphendonai; others see it as a hill of purple color.

120. See Harpokration and *Suda,* s.v. Υακινθίδες。根據阿波羅多洛斯（*Library* 3.15.8），許阿鏗托斯有四個女兒，名字分別是安特伊絲（Antheis）、艾吉奧（Aigle）、呂泰婭（Lytaia）和俄爾泰婭（Orthaia）；四姊妹在邁洛斯人進攻雅典時自願犧牲。但另一個資料來源（Hyginus, *Fabulae* 238.2）則說神諭只要求許阿鏗托斯把安特伊絲一人獻祭。

121. J. Fontenrose, *Python: A Study of Delphic Myth and Its Origins* (Berkeley: University of California Press, 1959); Ogden, *Drakon*, 40-48; C. Watkins, *How to Kill a Dragon* (Oxford: Oxford University Press, 1995); J. Katz, "To Turn a Blind Eel," *Proceedings of the Sixteenth Annual UCLA Indo-European Conference* 16 (2005): 259-96; Morgan, *Athletes and Oracles.*

122. Nagy, *Best of the Achaeans,* 121-24; E. Suárez de la Torre, "Neoptolemos at Delphi," *Kernos* 10 (1997): 153-76; L. Muellner, *The Anger of Achilles: M nis in Greek Epic* (Ithaca, N.Y.: Cornell University Press, 1996); I. Rutherford, *Pindar's Paeans: A Reading of the Fragments with a Survey of the Genre* (Oxford: Oxford University Press, 2001); M. Stansbury-O'Donnell, "Polygnotos's Iliupersis: A New Reconstruction," *AJA* 93 (1989): 203-15; L. Woodbury, "Neoptolemus at Delphi: Pindar, *Nem.* 7.30 ff.," *Phoenix* 33 (1979): 95-133; J. Fontenrose, *The Cult and Myth of Pyrros at Delphi* (Berkeley: University of California Press, 1960), 191-266, plates18-19.

123. 品達的注釋，見氏著 *Nemean Ode* 7.62。

124. Strabo, *Geography* 9.421; Pausanias, *Description of Greece* 10.24.6.

125. Scott, *Delphi and Olympia*, 94, 119-120, 127, fig. 5.5; A. Jacquemin, *Offrandes monumentales à Delphes* (Paris: De Boccard, 1999); J. Pouilloux, *Fouilles de Delphes II: Topographe et architecture: La région nord du sanctuaire de l'époque archaïque à la fin du sanctuaire* (Paris: De Boccard, 1960).

126. Heliodoros, *Aethiopika* 2.34.3. For *Aethiopika*, see B. P. Reardon, *Collected Ancient Greek Novels* (1989; Berkeley: University of California Press, 2008), 349-588. See also, J. Pouilloux and G. Roux, *Énigmes à Delphes* (Paris: E. de Boccard, 1963).
127. Ferrari, *Alcman,* 146-47.
128. Rykwert, *Dancing Column,* 327-31; Ferrari, *Alcman,* 146-47; J. Bousquet, "Delphes et les Aglaurides d'Athènes," *BCH* 88 (1964): 655-75; J. L. Martinez, "La colonne des danseuses de Delphes," *CRAI* (1997): 35-46; Louvre Museum and Insight Project, "Reconstruction of Acanthus Column in Delphi," http://www.insightdigital.org/entry/index.php?option=com_content&view=article&id=146&Itemid=438 (accessed April 26, 2013).
129. 有關皮洛斯的重要性，見Nagy, *Best of the Achaeans,* 118-41。品達（*Nemean* 7.44-47）稱皮洛斯為「將會主持英雄們遊行者」。
130. R. Balot, "Democratizing Courage in Classical Athens," in Pritchard, *War, Democracy, and Culture,* 88-108.

第七章　泛雅典節

1. Duncan, *My Life,* 95-100, quotation from 98. P. Kurth, *Isadora: A Sensational Life* (Boston: Little, Brown and Company, 2001) 109-16.
2. Duncan, *My Life,* 100-103.
3. I. Duncan, "The Art of the Dance," *Theatre Arts Monthly* (1928)，再版改為 "The Parthenon," in *The Art of the Dance,* ed. S. Cheney (New York: Theatre Arts Books, 1969), 65。感謝伊莎朵拉・鄧肯舞蹈基金會會長貝莉洛芙（Lori Belilove）為我提供的幫忙。
4. 感謝衛斯理大學戴維森藝廊的蘭斯菲爾德（Rob Lancefield）為我提供這照片一幅新的掃描。見 *Edward Steichen: The Early Years Portfolio, 1900-1927* (Gordonsville, Ga.: Aperture, 1991)。
5. Shear, "Polis and Panathenaia," 556-660; Frantz, *Late Antiquity,* 51-56。狄奧多西在西元三九一年二月二十一日發出諭旨，禁止一切獻牲和關閉一切神廟，又在西元三九二年十一月八日諭令禁止占卜和焚香。沒證據顯示西元三九一年之後還有泛雅典節。
6. 見 Shear, "Polis and Panathenaia," 5-7；關於小型的或較不重要的泛雅典節，見 72-119；關於大型的或較重要的泛雅典節，見 120-385; 505-660。如果從零年算起，大泛雅典節是四年一度。但因為希臘人沒有「零」的觀念，他們是從「一」算起，所以以為大泛雅典節是五年一度。
7. Sourvinou-Inwood, *Athenian Myths and Festivals,* 263-311; Simon, *Festivals of Attica,* 55-72; Parker, *Polytheism and Society,* 253-69; Shear, "Polis and Panathenaia," 75-76, 87-90, 120-66; Parker, *Athenian Religion,* 91; Deubner, *Attische Feste,* 22-35.
8. Davies, "Athenian Citizenship," 106-7; J. S. Traill, *The Political Organization of Attica: A Study of the Demes, Trittyes, and Phylai, and Their Representation in the Athenian Council,* Hesperia Supplement 14 (Princeton, N.J.: American School of Classical Studies at Athens, 1974).
9. B. Nagy, "The Athenian Athlothetai," *GRBS* 19 (1978): 307-13; Shear, "Polis and Panathenaia."

10. Aristotle, *Athenian Constitution* 60; B. Nagy, "The Athenian Athlothetai," *GRBS* 19 (1978): 307-13. Shear, "Polis and Panathenaia," 455-463.

11. 每年的小泛雅典節會進獻一件聖衣一事，最早的證據來自西元前一〇八／一〇七年。見 *IG* II2 1036 + 1060 (*SEG* 28.90, *SEG 52.117, SEG 53.143*). 見 B. Nagy, "The Ritual in Slab V, " and Shear, "Polis and Panathenaia," 97-103. Mansfield 對聖衣的學術研究現況和相關書目有一綜述，見氏著 "Robe of Athena," 39-355。他主張聖衣分兩種，見 pp. 2-118。Shear 不相信曼斯菲爾德的論點（174），見氏著 "Polis and Panathenaia," 97-103 and 173-86。

12. Boutsikas, "Timing of the Panathenaia."

13. 參 Connelly, "Towards an Archaeology of Performance," 313-39. 有關儀式典禮對古希臘世界的重要作用，見 Chaniotis, *Ritual Dynamics in the Ancient Mediterranean*; Chaniotis, "Ritual Dynamics in the Eastern Mediterranean"; Chaniotis, "Rituals Between Norms and Emotions"; A. Chaniotis, "Theater Rituals," in *The Greek Theatre and Festivals: Documentary Studies,* ed. P. Wilson (Oxford: Oxford University Press, 2007), 48-66; Chaniotis, "From Woman to Women"; Chaniotis, "Dynamics of Ritual Norms in Greek Cult"; Chaniotis, "Dynamic of Emotions"; Mylonopoulos, "Greek Sanctuaries"; I. Mylonopoulos, "The Dynamics of Ritual Space in the Hellenistic and Roman East," *Kernos* 21 (2008): 9-39; Connelly, *Portrait of a Priestess,* 29-31, 153-57。關於祭儀和節日的美學與多媒體面向，見 Bierl, *Ritual and Performativity;* A. Bierl, "Prozessionen auf der griechischen Bühne: Performativität des einziehenden Chors als Manifestation des Dionysos in der Parodos der Euripideischen Bakchen," in *Medialität der Prozession: Performanz ritueller Bewegung in Texten und Bildern der Vormoderne—Médialité de la procession: performance du movement ritual en textes et en images à l'époque pré-moderne,* ed. K. Gvozdeva (Heidelberg: Winter, 2011), 35-61; A. Bierl, "Pädramatik auf der antiken Bühne: Das attische Drama als Spiel und ästhetischer Diskurs," in *Lücken sehen: Beiträge zu Theater und Performance: Festschrift für Hans-Thies Lehmann zum 66. Geburtstag,* ed. M. Gross and P. Primavesi (Heidelberg: Winter, 2010), 69-82; A. Kavoulaki, "Choral Self-Awareness: On the Introductory Anapaests of Aeschylus' *Supplices,*" in *Archaic and Classical Choral Song: Performance, Politics, and Dissemination,* ed. L. Athanassaki and E. Bowie (Berlin: De Gruyter, 2011), 365-90。感謝達比・英格麗史（Darby English）關於這個資料有助益的討論。

14. Smith, *Athens,* 26-27; L. E. Pearce, "Sacred Texts and Canonicity: Mesopotamia," *in Religions of the Ancient World: A Guide,* ed. S. I. Johnston (Cambridge, Mass.: Belknap Press, 2004), 627-28.

15. S. D. Houston, "Impersonation, Dance, and the Problem of Spectacle Among the Classic Maya," in Inomata and Coben, *Archaeology of Performance,* 139, 144; N. Grube, "Classic Maya Dance: Evidence from Hieroglyphs and Iconography," *Ancient Mesoamerica* 3 (1992): 201-18.

16. R. C. T. Parker, "Greek Religion," in J. Boardman, J. Griffin, and O. Murray, *Oxford History of the Classical World,* (New York: Oxford

University Press, 1986), 254-74; Parker, *Polytheism and Society;* Bremmer, *Greek Religion;* Kearns, "Order, Interaction, Authority"; Connelly, *Portrait of a Priestess,* 6.

17. Connelly, *Portrait of a Priestess,* 2-5, 24-55, 85-87, 90-92, 197-215.

18. J. Blok, "Virtual Voices: Towards a Choreography of Women's Speech in Classical Athens," in *Making Silence Speak: Women's Voices in Greek Literature and Society,* ed. A. P. M. H. Lardinois and L. McClure (Princeton, N.J.: Princeton University Press, 2001), 112-14; Kyle, *Sport and Spectacle,* 167; Ober, *Democracy and Knowledge*, 195-96; R. Osborne, *The World of Athens: An Introduction to Classical Athenian Culture* (Cambridge, U.K.: Cambridge University Press, 1984), 116-17。書中指出，日期可考的節日有一百二十個，另外還有一些日期不可考的。

19. 赫西俄德（*Theogony* 535-65）和偽許癸努斯（*Astronomica* 2.15）都提到這個故事：普羅米修斯在偷盜天火後給宙斯辦了一場獻牲。他把宰殺後的公牛分為兩堆，一堆是牛肉和多汁的內臟，用胃黏膜罩住；另一堆是牛骨，用牛脂肪裹住。他請宙斯挑選其一，而宙斯挑了不能吃的牛骨頭，因為脂肪讓它們看起來更美味。自此之後，諸神總是吃牛骨頭和牛脂肪，而美味的肉塊則留給人類大快朵頤。

20. J. Swaddling, *The Ancient Olympic Games* (Austin: University of Texas Press, 1999), II; Kyle, *Sport and Spectacle,* 8.

21. Shear, "Polis and Panathenaia," 490-93.

22. P. Themelis, "Panathenaic Prizes and Dedications," in Palagia and Choremi- Spetsieri, *Panathenaic Games,* 21-32; Kyle, "Gifts and Glory"; Tracy and Habicht, "New and Old Panathenaic Victor Lists."

23. 在西元前五世紀第三季，布雷亞（Brea）的雅典殖民者給大泛雅典節送去一頭母牛和一套全副武裝。見 *IG* I3 46.15-16。

24. J. Shear, "Prizes from Athens: The List of Panathenaic Prizes and the Sacred Oil," *ZPE* 142 (2003): 87-108; P. Siewert, "Zum historischen Hintergrund der frühen Panathenäen und Preisamphoren," in *Panathenaïka: Symposion zu den Panathenäischen Preisamphoren, Rauischholzhausen 25.11.-29.11. 1998,* ed. M. Bentz and N. Eschbach (Mainz: Philipp von Zabern, 2001); M. Bentz, *Panathenäische Preisamphoren: Eine athenische Vasengattung und ihre Funktion vom 6.-4. Jahrhundert v. Chr.* (Basel: Vereinigung der Freunde Antiker Kunst, 1998); Kyle, "Gifts and Glory"; R. Hamilton, "Panathenaic Amphoras: The Other Side," in Neils, *Worshipping Athena,* 137-62; J. Neils, "Panathenaic Amphoras: Their Meaning, Makers, and Markets," in Neils, *Goddess and Polis,* 29-51; R. Hampe, "Zu den panathenäische Amphoren," in *Antikes und modernes Griechenland,* ed. R. Hampe (Mainz: Philipp von Zabern, 1984), 145-49; J. R. Brandt, "Archaeologica Panathenaica I: Panathenaic Prize-Amphorae from the Sixth Century B.C.," *Acta ad Archaeologiam et Artium Historiam Pertinentia* 8 (1978): 1-23; E. von Brauchitsch, *Die Panathenäischen Preisamphoren* (Leipzig: B. G. Teubner, 1910).

25. C. Hadziaslani, ΤΩΝ ΑΘΗΝΗΘΕΝ ΑΘΛΩΝ (Athens: Acropolis Restoration Service, Department of Information and Education, 2003).

26. British Museum GR 1842.0728.834, Burgon Group (B130). ABV 89; Para. 33, no. 1; *Addenda*2 24; Neils, Goddess and Polis, 30, 93; Bentz, Panathenäische Preisamphoren,123.

27. Metropolitan Museum of Art 1989.21.89; 540-30 B.C。這個陶瓶大小較小，也沒有官方銘文（「來自雅典的運動會」），顯示它不是真的獎瓶，只是模仿獎瓶的形制製作。M. B. Moore, "The Princeton Painter in New York," *MMAJ* 42 (2007): 26, 28, 30, 42, 45; E.J. Milleker, "Ancient Art: Gifts from the Norbert Schimmel Collection," *MMAB* 49 (1992): 40-41; M. Popkin, "Roosters, Columns, and Athena on Early Panathenaic Prize Amphoras: Symbols of a New Athenian Identity," *Hesperia* 81 (2012): 207-35。

28. 米卡爾森（Mikalson）概述了會期的各種變化。有時泛雅典節的舉行日期會早至「赫卡托姆拜昂月」的第二十一日。見氏著 *Sacred and Civil Calendar*, 34 and 199。另參見 Neils, *Goddess and Polis;* J. Neils, "The Panathenaia: An Introduction," in Neils, *Goddess and Polis,* 13-27; J. Neils, "The Panathenaia and Kleisthenic Ideology," in Coulson et al., *Archaeology of Athens and Attica Under the Democracy,* 151-60; Shear, "Polis and Panathenaia," 7-8; Simon, *Festivals of Attica,* 55。

29. Kallisthenes, *FGrH* 124 F 52.

30. *IG* II2 2311; SEG 37.129, with large bibliography. See Tracey and Habicht, "New and Old Panathenaic Victor Lists," 187-236; Neils, *Goddess and Polis*, 15-17, fig. 1; Shear, "Polis and Panathenaia,"237,389,1056-59,1162-66.

31. See Shear, "Polis and Panathenaia," 83-84.

32. 參 Hurwit, *Age of Perikles,* 214-16, 243; Goette, *Athens, Attica, and the Megarid,* 53-54。被判定為伯里克利音樂廳的這座建築的面積約六十二點四公尺乘六十八點六公尺，據信可容納四千至五千人。普魯塔克（*Life of Perikles* 13.5-6）這樣描述：「這音樂廳的內部排滿座位和成行支柱，屋頂成斜坡狀從中心向四周下降，據說是模仿波斯國王的帳篷（*skênê*）。這是出自伯里克利的命令。」保薩尼亞斯（*Description of Greece* 1.20.4）亦提過音樂廳的屋頂像是薛西斯的帳篷。考古挖掘發現音樂廳內部有九或十行支柱，它們支撐天花板的方式類似帳篷支柱。維特魯威（*Ten Books of Architecture* 5.9.1）告訴我們，這建築覆蓋著從波斯船隻擄獲的木材。有論者反對其功能為音樂廳之說，認為它是一所學校或演講堂。

33. The "Hephaestia inscription" of 421 B.C., *IG* I3 82, mentions a *penteteris,* the Agora, and a musical contest for Athena and Hephaistos; SEG 54.46，附有參考書目。

34. E. Csapo and W. J. Slater, eds., *The Context of Athenian Drama* (Ann Arbor: University of Michigan Press, 1995), 79-80, 109-10; Hurwit, *Athenian Acropolis,* 216-17.

35. 伊諾瑪塔（T. Inomata）和科本（L. Coben）在古典馬雅和印加的脈絡探索過這現象，見 *Archaeology of Performance*。

36. Lykourgos, *Against Leokrates* 102. 譯本：Burtt, Minor Attic Orators.

37. 關於泛雅典節的規定的討論，見 G. Nagy, "Performing and Reperforming of Masterpieces," 4.6-11, and Plato's Rhapsody and Homer's Music, 36-37. See also H. A. Shapiro, "Hipparchos and the Rhapsodes," in *Cultural Poetics in Archaic Greece: Cult,*

Performance, Poetics, ed. C. Dougherty and L. Kurke (Cambridge, U.K.: Cambridge University Press, 1993), 92-107。

38. 在偽託的柏拉圖對話錄《喜帕克斯篇》（*Hipparchos*）裡，蘇格拉底說「喜帕克斯是第一個把荷馬詩歌帶到這土地的人。他要求在泛雅典節上順序和接力地背誦這些詩歌，一如今日的情況。」（228b-c）翻譯見：G. Nagy, "Performing and Reperforming of Masterpieces," 19. 有關朗誦比賽，見 Shear, "Polis and Panathenaia," 365-68。
39. 參見勝利者名單，*SEG* 41.115, col. 3.39-43, dating to 162/161 B.C.。
40. Plutarch, *Life of Perikles* 13.6.
41. H. A. Shapiro, "Les rhapsodes aux Panathénées et la céramique à Athènes à l'époque archaïque," in *Culture et cité: L'avénement d'Athènes à l'époque archaïque,* eds. A. Verbanck-Piérard and D. Viviers (Brussels: De Bouccard, 1995), 127-37; H. A. Shapiro, "Mousikoi Agones: Music and Poetry at the Panathenaia," in Neils, *Goddess and Polis,* 53-75; H. Kotsidu, *Die musischen Agone der Panathenäean in archaischer und klassischer Zeit: Eine historisch- archäologische Untersuchung* (Munich: Tuduv, 1991)。關於「奧羅斯」，見 West, *Ancient Greek Music*, 1-2, 50-56, 61-70, 81-109; P. Wilson, "The Aulos in Athens," in Goldhill and Osborne, *Performance Culture and Athenian Democracy,* 58-95, 69-79; C. Schafter, "Musical Victories in Early Classical Vase Painting," *AJA* 95 (1991): 333-34; M. F. Vos, "Aulodic and Auletic Contests," in *Enthousiasmos: Essays in Greek and Related Pottery Presented to J. M. Hemelrijk,* ed. H. A. G. Brijder, A. A. Drukker, and C. W. Neeft (Amsterdam: Allard Pierson Museum, 1986), 122-30。
42. Shear, "Polis and Panathenaia"。「奧羅斯」比賽和「吉薩拉」比賽見 pp. 352–65，朗誦比賽見 365-68。
43. West, *Ancient Greek Music,* 53-56.
44. Shear, "Polis and Panathenaia," 352-65.
45. Boegehold, "Group and Single Competitions at the Panathenaia"; Kyle, "Gifts and Glory"; D. Kyle, "The Panathenaic Games: Sacred and Civic Athletics," in Neils, *Goddess and Polis,* 77-101; Kyle, *Athletics in Ancient Athens;* N. B. Crowther, "Studies in Greek Athletics, Part II," *CW* 79 (1985-1986): 73-135; N. B. Crowther, "Studies in Greek Athletics, Part I," *CW* 78 (1984-1985): 497-558; Shear, "Polis and Panathenaia," 244-54; A. J. Papalas, "Boy Athletes in Ancient Greece," *Stadion* 17 (1991): 165-92.
46. Shear, "Polis and Panathenaia," 244-54.
47. G. Waddell, "The Greek Pentathlon," in *Greek Vases in the J. Paul Getty Museum 5* (Malibu, Calif.: J. Paul Getty Museum, 1991), 99-106; Shear, "Polis and Panathenaia," 254-57.
48. New York, Metropolitan Museum of Art 1916.16.71; *ABV*, 404, no. 8; *Para*, 175, no. 8; Bentz, *Panathenäische Preisamphoren,* 139, no. 5.009, 44-45.
49. Pliny, *Natural History* 34.59; Pausanias, *Description of Greece* 6.4.1-3.
50. N. B. Crowther, "Reflections on Greek Equestrian Events, Violence, and Spectator Attitudes," *Nikephoros* 7 (1994): 121-33; D. Bell, "The

Horse Race κέλης in Ancient Greece from the Pre-classical Period to the First Century B.C.," *Stadion* 15 (1989): 167-90; Shear, "Polis and Panathenaia," 279-89; J. McK. Camp, *Horses and Horsemanship in the Athenian Agora,* Agora Picture Book 24 (Princeton, N.J.: American School of Classical Studies at Athens, 1998); V. Olivová, "Chariot Racing in the Ancient World, " Nikephoros 2 (1989): 65-88.

51. Plato, *Laws* 7.815a; E. L. Wheeler, "Hoplomachia and Greek Dances in Arms," *GRBS* 23 (1982): 223-33; J.- C. Pousat, "Une base signée du Musée National d'Athènes: Pyrrhichistes victorieux," *BCH* 91 (1967): 102-10; Ferrari Pinney, "Pallas and Panathenaea," 468-73; Shear, "Polis and Panathenaia," 323-30.

52. Dionysios of Halikarnassos, *Roman Antiquities* 7.72.7; see Ferrari Pinney, "Pallas and Panathenaea"; Shear, "Polis and Panathenaia," 38-43 (for *pyrrhike* as victory dance following Gigantomachy) and 323-31 (for Panathenaic event); P. Ceccarelli, *La pirrica nell'antichità greco romana: Studi sulla danza armata* (Pisa: Istituti Editoriali e Poligrafici Internazionali, 1998).

53. E. Vanderpool, "Victories in the Anthippasia," *Hesperia* 43 (1974): 311-13; Xenophon, *Hipparchikos* 3.10-131; Shear, "Polis and Panathenaia," 315-18.

54. Shear, "Polis and Panathenaia," 340-45.

55. Crowther, "Male Beauty Contests"; Shear, "Polis and Panathenaia," 331-34; Boegehold, "Group and Single Competitions at the Panathenaia," 95-103.

56. Aristotle, *Athenian Constitution* 60.3; *IG* II2 2311; Crowther, "Male Beauty Contests," 286.

57. 我們知道有另三個地點〔羅得島、塞斯托斯（Sestos）和斯巴達〕也有男性選美比賽，見 Crowther, "Male Beauty Contests," 286-88。克勞瑟爾（Crowther）指出有五個節日（包括泛雅典節和忒修斯節）有舉行男性選美。

58. Pseudo-Andokides, *Against Alkibiades* 4.42.

59. 見 Plato, *Phaidros* 231e 中的注釋，關於論及厄洛斯的祭壇和軍訓生的部分；以及 Plutarch, *Life of Solon* 1.4，同樣是關於厄洛斯的祭壇的部分。見 Shear, "Polis and Panathenaia," 335-39; J. R. S. Sterrett, "The Torch-Race: A Commentary on the Agamemnon of Aeschylus vv. 324-326," *AJP* 22 (1901): 393-419; Graf, "Lampadedromia"; Kyle, *Athletics in Athens,* 190-93; Deubner, *Attische Feste,* 211-13; Simon, *Festivals of Attica,* 53-54, 63-64; Parke, *Festivals of the Athenians,* 45-46, 150-51, 171-73。

60. IG II2 2311.88-89; Shear, "Polis and Panathenaia," 335-39.

61. 有關晚間的節日，見 C. Trümpy, "Feste zur Vollmondszeit: Die religiösen Feiern Attikas im Monatlauf und der vorgeschichtliche attische Kultkalendar," *ZPE* (1998): 109-15。有關小泛雅典節的守夜，見 Shear, "Polis and Panathenaia," 83-84。希爾（Shear）主張守夜是在二十八日獻牲之後，因為飲宴之才徹夜唱歌跳舞看來比較合理。希爾指出本狄斯節（Bendideia）（見 Plato, *Republic* 1.328a）也是一個以守夜作結的節日。

62. Plato, *Laws* 672e. See Calame, *Choruses of Young Women,* 222-38，關於合唱的社會化功能：Connelly, "Towards an Archaeology of Performance," 324-39。
63. Connelly, "Towards an Archaeology of Performance," 331-33.
64. L. B. Holland, "Erechtheum Paper II: The Strong House of Erechtheus," *AJA* 28 (1924): 142-69; L. B. Holland, "Erechtheum Papers III: The Post-Persian," *AJA* 28 (1924): 402-25; L. B. Holland, "Erechtheum Papers IV: The Building Called the Erechtheum," *AJA* 28 (1924): 425-34; Lesk, "Erechtheion and Its Reception," 88, 114, 115, 225, 226。關於台階和性能空間的討論，見 I. Nielsen, *Cultic Theatres and Ritual Drama: A Study in Regional Development and Religious Interchange Between East and West in Antiquity* (Aarhus: Aarhus University Press, 2002), 69-73, 86-128, 167-74; Mylonopoulos, "Greek Sanctuaries," 94-99。
65. 歐里庇得斯，《伊翁》492-505.
66. 關於喀克洛普斯家族，見 Apollodoros, *Library* 3.14.6.。關於厄瑞克透斯家族，見 Apollodoros, *Library* 3.15.4; 歐里庇得斯，《伊翁》277-82; Hyginus, *Fabulae* 46。引自《厄瑞克透斯》中的片段，譯文見 Collard and Cropp's Loeb edition, *Euripides VII: Fragments,* 388-393，也許可能暗示更年長的女兒是從衛城跳下自殺。見《厄瑞克透斯》F 370.37,「讓我的一個親愛的女兒你」；F 370.38-39,「葬禮」……「我看著你的……四肢（？）」。
67. 譯文出自 Kovacs, *Euripides: Children of Heracles*, 84-87，但略有更動。J. Wilkins 對這幾行戲文有一個評論，見 Euripides, *Heraclidae* (Oxford: Clarendon Press, 1993), 151-52。
68. C. Seltmann, *"Group H" in Athens: Its History and Coinage* (Cambridge, U.K.: Cambridge University Press, 1924), 72-78, 189-92. 感謝 Dr. Peter van Alfen 博士與我極有幫助地討論這材料。
69. C. M. Kraay, *Archaic and Classical Greek Coins* (Berkeley: University of California Press, 1976), 63-77.
70. 歐里庇得斯，《厄瑞克透斯》F 350 Kannicht.
71. 歐里庇得斯，《厄瑞克透斯》F 351 Kannicht.
72. 見 Nagy, *Homer the Preclassic*, (Berkeley: University of California Press, 2010), 239. 關於特洛伊婦女在一個獻給雅典娜的舞蹈祭儀中伸手高聲嚎啕：「高聲嚎啕哀哭！所有的女人都向雅典娜高高舉起雙手。」（《伊利亞特》6.301）納吉指出「ololuge」（大聲哭叫）是列斯伏斯島（以及其他地方）女性合唱的特徵；阿爾凱奧斯（Alkaios）則將「ololuzeinololuge」一字形容為「hiere」，即「神聖的」。感謝 Greg Nagy 為我提供相關參考書目，和他談話對我大有幫助。
73. *American Heritage Dictionary,* 4th ed., s.v. "ululate"; *Online Etymology Dictionary,* s.v. "ululation," http://www.etymonline.com/index.php?term= ululation.
74. Pliny, *Natural History* 10.33。感謝 David S. Levene 讓我注意到這點。
75. 想多了解古希臘的「啼哭」，可參見 Diggle, *Euripidea*, 477- 80; E. Calderón, "A propósito de ὀλολυγών (Arato, Phaenomena

948)," *Quaderni Urbinati di Cultura Classica* 67 (2001): 133-39; L. Gernet, *Les grecs sans miracle* (Paris: La Découverte, 1983), 247-57; L. Deubner, *Kleine Schriften zur klassischen Altertumskunde* (Hain: Königstein/Ts, 1982), 607-34; J. Rudhardt, *Notions fondamentales de la pensée religieuse et actes constitutifs du culte dans la Grèce classique* (1958; Paris: Picard, 1992), 178-80。感謝 Jan Bremmer 分享相關參考書目，並和我進行有益的討論。

76. 感謝 Anton Bierl 指出這點。

77. Boutsikas, "Astronomical Evidence for the Timing of the Panathenaia," 307.

78. 埃夫羅西妮．鮑齊卡斯寫道：「如果從厄瑞克透斯神廟的北門廊或附近觀察，『大龍』的這些運動會讓人印象深刻，因為它是天空最大的星座之一。這星座在今日並不特別亮，但在沒有光害的時代，它應當極端顯著。」

79. Boutsikas and Hannah, "Aitia, Astronomy, and the Timing of the *Arrhēphoria*," 238.

80. 舒瓦西（A. Choisy）著手衛城空間的古代經驗，討論運動的循環模式和方向，見氏著 *Histoire de l'architecture* (Geneva: Slatkine Reprints, 1899), 327-34, 409-22，尤其參見一個「落落長」的標題："Le pittoresque dans l'art grec: Partis dissymétriques pondération des masses: Exemple de l'Acropole d'Athènes." 感謝 Yve-Alain Bois 讓我注意到這本著作。另參見 T. Mandoul, *Entre raison et utopie: L'histoire de l'architecture d'Auguste Choisy* (Wavre: Mardaga, 2008), 222-28, 234-47。

81. Deubner, *Attische Feste,* 22-35; Simon, *Festivals of Attica,* 55-72; Parker, *Athenian Religion,* 91; Shear, "Polis and Panathenaia," 75-76, 87-90, 120-66; Parker, *Polytheism and Society,* 253-69; Sourvinou-Inwood, *Athenian Myths and Festivals,* 263-311. L. Maurizio, "'The Panathenaic Procession: Athens' Participatory Democracy on Display?," in *Democracy, Empire, and the Arts in Fifth-Century Athens,* ed. D. Boedeker and K. A. Raaflaub (Cambridge, Mass.: Harvard University Press, 1998), 297-317; Connolly Dodge, *Ancient City;* Graf, "Pompai in Greece."

82. Connelly, *Portrait of a Priestess,* 33-39.

83. Stavros Nearchos Collection, ca. 560-550 B.C. *LIMC 2,* s.v. "Athena," no. 574; L. I. Marangou, *Ancient Greek Art from the Collection of Stavros S. Niarchos* (Athens: N. P. Goulandris Foundation, Museum of Cycladic Art, 1995), 86-93, no. 12，附有完整的參考書目：Of course, this cannot represent a historical Panathenaic procession, as we see no hecatomb of cattle but a sow and a pig instead, unheard–of at the Panathenaia. For full discussion, see Connelly, *Portrait of a Priestess,* 187-89。

84. Connelly, "Towards an Archaeology of Performance," 320-24.

85. 年代更早期（約西元前五四〇年至西元前五三〇年）的女像柱（Delphi inv. 1203）有時被認為原屬於尼達斯寶庫（Knidian Treasury），見 Ridgway, *Prayers in Stone,* 145-50; Croissant, *Les protomés féminines archaïques,* 71-82。有關錫弗諾斯寶庫（約西元前五三〇年至西元前五二五年），見 Ridgway, *Prayers in Stone,* 147-48, 168-69nII; Croissant, *Les protomés féminines archaïques,* 106-8。

86. Connelly, *Portrait of a Priestess,* 124-25; Connelly, "Towards an Archaeology of Performance," 320- 21.
87. Connelly, *Portrait of a Priestess,* 125; Connelly, "Towards an Archaeology of Performance," 321-23.
88. 正如查尼奧蒂斯（Angelos Chaniotis）在私下交流時告訴我的，這策略亦見於「無翼勝利女神」（Nike Apteros）。剪掉她的翅膀可以讓她無法飛走，如此「勝利」便永遠留在聖所裡。
89. 一個例子見於 Victoria and Albert Museum, *A Temple Procession at Night*，坦米爾納德邦（*Tamil Nadu*）坦加布爾（*Tanjavur / Tanjore*）的公司學校（Company School），約一八三〇年。
90. 此寺廟在坦米爾納德邦：納亞克（Thirumalai Nayak）在一六二三至一六五九年之間統治馬杜賴。見C. Branfoot, "Approaching the Temple in Nayaka-Period Madurai: The Kūṭal Alakar Temple," *Artibus Asiae* 60 (2000): 197-221; C. Branfoot, *Gods on the Move: Architecture and Ritual in the South Indian Temple* (London: Society for South Asian Studies, 2007)。感謝 Tamara Sears 讓我注意到相關書目。
91. Demosthenes, *Erotikos* 23-29. N. B. Crowther, "The Apobates Reconsidered (Demosthenes lxi 23-9)," *JHS* III (1991): 174-76; M. Gisler-Hurwiler, "À propos des apobates et de quelques cavaliers de la fries nord du Parthénon," in Schmidt, *Kanon,* 15-18; Shear, "Polis and Panathenaia," 299-310; Neils and Schultz, "Erechtheus and the Apobates"。湯普森（Thompson）主張「躍馬車」比賽可能早在西元前八世紀或西元前七世紀便出現，因為幾何形風格時期晚期的陶瓶繪畫看得見全副武裝的馬車御者。見氏著"Panathenaic Festival," 227。
92. Plato Comicus, F 199 Kassel-Austin; Plutarch, *Life of Themistokles* 32-35.
93. Shear, "Polis and Panathenaia," 339-40.
94. S. R. F. Price, *Rituals and Power: The Roman Imperial Cult in Asia Minor* (Cambridge, U.K.: Cambridge University Press, 1984), 3-4.
95. Based on Kallisthenes, *FGrH* 124, F 52. 主張泛雅典節是慶祝雅典娜生日的第一本著作是L. Preller and C. Robert, *Griechische Mythologie I: Theogonie und Götter,* 4th ed. (1894; Berlin: Weidmann, 1967), 212n2; W. Schmidt, *Geburtstag im Altertum* (Giessen: A. Töpelmann, 1908), 98-101; Deubner, *Attische Feste,* 23n10, summarized by Shear, "Polis and Panathenaia," 29-30. See also Parke, *Festivals,* 33; Simon, *Festivals of Attica,* 55; Neils, *Goddess and Polis,* 14-15; V. Wohl, "Εὐσεβείας ἕνεκα καὶ φιλοτιμίας: Hegemony and Democracy at the Panathenaia," *ClMed* 47 (1996): 25。
96. A. Mommsen, *Feste der Stadt Athen im Altertum: Geordnet nach Attischem Kalendar,* 2nd ed. (Leipzig: B. G. Teubner, 1898), 158。關於古代見證的相關綜述，見 Mikelson, *Sacred and Civil Calendar*, 23, and Shear, "Polis and Panathenaia," 37。值得指出的是，泛希臘時代晚期和羅馬時代比古風或古典時代的希臘要重視神明的誕辰。
97. 關於慶祝「新年」，見 W. Burkert, *Homo Necans: The Anthropology of Ancient Greek Sacrificial Ritual and Myth,* trans. P. Bing (Berkeley: University of California Press, 1983), 154-58；關於慶祝「新火」，見 Robertson, "Origin of the Panathenaea," 240-81。

98. Robertson, "Origin of the Panathenaia," 232.
99. See Vian, *La guerre des géants,* 246-59; Ferrari Pinney, "Pallas and Panathenaea"; Shear, "Polis and Panathenaia," 29-33. Aristotle, frag. 637 (Rose)：為學者阿里斯提得斯所引用，見 *Panathenaic Oration* 362 (Lenz and Behr) = Dindorf, 3:323= Jebb 189, 4：參考學者阿里斯托芬，見 *Knights* 566a (II)：被 Suda 所複述，參看「πέπλος」一詞。
100. 荷馬，《伊利亞特》3.257-897.
101. See W. Raschke, ed., *The Archaeology of the Olympic Games* (Madison: University of Wisconsin Press, 1988).
102. Thompson, "Panathenaic Festival," 227.
103. Cicero, *On the Nature of the Gods* 3.19, 49-50.
104. Wesenberg, "Panathenäische Peplosdedikation und Arrhephorie"; Barber, "*Peplos* of Athena"; Ridgway, "Images of Athena"; Barber, *Prehistoric Textiles;* Mansfield, "Robe of Athena"; B. Nagy, "The Peplotheke: What Was It?," in *Studies Presented to Sterling Dow on His Eightieth Birthday,* ed. K. J. Rigsby (Durham, N.C.: Duke University Press, 1984), 227-32; W. Gauer, "Was geschieht mit dem Peplos?," in Berger, *Parthenon-Kongreß Basel,* 220-29; D. M. Lewis, "Athena's Robe," *Scripta Classica Israelica* 5 (1979-1980): 28-29.
105. H. Goldman, "The Acropolis of Halae," *Hesperia* 9 (1940): 478-79; H. Goldman, "Inscriptions from the Acropolis of Halae," *AJA* 19 (1915): 448; S. J. Wallrodt, "Ritual Activity in Late Classical Ilion: The Evidence from a Fourth Century B.C. Deposit of Loomweights and Spindlewhorls," *Studia Troica* 12 (2002): 179-96. S. J. Wallrodt, "Late Classical Votive Loomweights from Ilion," *AJA* 105 (2001): 303 (abstract); L. Surtees, "Loomweights," in *Stymphalos: The Acropolis Sanctuary,* ed. G. P. Schaus (Toronto: University of Toronto Press, forthcoming); L. Surtees, "The Loom as a Symbol of Womanhood: A Case Study of the Athena Sanctuary at Stymphalos" (master's thesis, University of Alberta, 2004), 68-85。感謝 Laura Surtees 把編織聖衣的資訊和相關書目分享給我。
106. Alkman, *Parthenion* 61; Pausanias, *Description of Greece* 3.16.2, 5.16.2, 6.24.10; Hesychios, *Lexicon,* s.v. γεραράδες. The *Palatine Anthology* (6.286) 記錄在其清單中列出了奉獻給神明的衣服。荷馬，《伊利亞特》(6.269-311) 描述了把聖衣獻在雅典娜神像膝蓋的儀式。
107. Norman, "The Panathenaic Ship," 41-46; Barber, "Peplos of Athena," 114; Hurwit, *Athenian Acropolis,* 45; Mansfield, "Robe of Athena," 51-52, 68. Shear, "Polis and Panathenaia," 145-46，文中討論斯特拉蒂斯（Strattis）殘篇（寫於西元前四〇〇年左右）：「然後無以計數的男人將此聖衣用索具吊起，拖到頂部，就像桅杆上的帆一樣。」Strattis frag. 31 (*PCG*)，為哈爾伯克拉提昂（Harpokration，參看「τοπεον」）。對這船的一個充分討論，見 Shear, "Polis and Panathenaia," 143-55。
108. 見 Aristophanes's *Knights* 566a (II)。
109. Plutarch, *Life of Demosthenes* 10.5 and 12.3.

110. Ridgway, "Images of Athena on the Acropolis," 124.
111. Heliodoros, *Aethiopika* 5.31.
112. 一個充分的討論，見 I. Mylonopoulos, ed., *Divine Images and Human Imaginations in Ancient Greek and Rome* (*Leiden*: Brill, 2010); I. Mylonopoulos, "Divine Images Versus Cult Images: An Endless Story About Theories, Methods, and Terminologies," 收入前注書目，1-19。
113. 更精確的數字是十一點五四公尺。
114. 這神像的材料是石膏水泥和研磨玻璃纖維的混合物，各部分預先製好，再在神殿裡組裝。（出自 A. LeQuire in 1982-1990 研究）金箔是二〇〇二年才鍍上去。見 A. LeQuire, "Athena Parthenos: The Re-creation in Nashville," in Tsakirgis and Wiltshire, *Nashville Athena,* 8-10. B. Tsakirgis and S. F. Wiltshire, eds., *The Nashville Athena: A Symposium* (Nashville, 1990); Ridgway, "Parthenon and Parthenos."。
115. Pliny, *Natural History* 36.18; Pausanias, *Description of Greece* 1.24.5-7; Plutarch, *Life of Perikles* 31.4; Ridgway, "Images of Athena," 131-35; Ridgway, "Parthenon and Parthenos," 297-99; Lapatin, *Chryselephantine Statuary;* K. D. S. Lapatin, "Pheidias ἐλεφαντουργός," *AJA* 101 (1997): 663-82; Lapatin, "Ancient Reception of Pheidias' Athena Parthenos and Zeus Olympios."
116. 法內爾（Farnell）主張普林尼的文本被竄改過，他本人八成沒看過神像。見氏著 *Cults of the Greek States,* 1:361。另參考 L. Berczelly, "Pandora and Panathenaia: The Pandora Myth and the Sculptural Decoration of the Parthenon," *Acta ad Archaeologiam et Atrium Historiam Pertinentia* 8 (1992): 53-86; A. Kosmopoulou, The Iconography of Sculptured Statue Bases in the Archaic and Classical Periods (Madison: University of Wisconsin Press, 2002) 112-17. Hurwit, "Beautiful Evil," 173, 175; Jeppesen, "Bild und Mythus an dem Parthenon," 59; J. J. Pollitt, *Art and Experience in Classical Greece* (Cambridge, U.K.: Cambridge University Press, 1972), 98-99; J. J. Pollitt, "The Meaning of Pheidias' Athena Parthenos," in Tsakirgis and Wiltshire, *Nashville Athena,* 1-23; Loraux, *Children of Athena,* 114-15。
117. 赫西俄德（*Works and Days* 80; Hesiod, *Theogony* 560-71）告訴我們，普羅米修斯偷得天火後，宙斯為了報復，吩咐黑淮斯托斯用土造出第一個女人。這女人是那麼漂亮和有魅力，將會帶給人類災禍。根據一些說法（Hyginus, *Fabulae* 142; Apollodoros, *Library* 1.7.2; Proklos, On Hesiod's "Works and Days"; Ovid, *Metamorphoses* 1.350），潘朵拉和厄庇墨透斯（Epimetheus）育有兩個孩子，一是皮拉，一是丟卡利翁。但根據另一個說法（Eustathios, *Commentary on Homer* 23），潘朵拉是皮拉和丟卡利翁的女兒。
118. 珍．哈里遜（Jane Harrison）強調，這個阿提卡．潘朵拉是個閨女（kore）形式的大地女神，即完全的凡人化和擬人化，見 Harrison "Pandora's Box" and Harrison, *Prolegomena* 281-85. 有關潘朵拉的這兩個不同方面，見 Hurwit, "Beautiful Evil," 177。阿提卡版本的普羅米修斯故事與赫西俄德的版本亦存在重大差異。

119. West, *Hesiodic Catalogue of Women,* F2/4, F5n20：關於目錄的年代，見 130-37。
120. Hesiod, F2/4 and F5; West, *Hesiodic Catalogue of Women,* 50-56.
121. 事實上，阿里斯提得斯（Aristides）《泛雅典節演講集》（*Panathenaic Oration*）的一位注釋者把阿格勞蘿絲、赫爾塞和潘朵洛索斯說成是厄瑞克透斯而非喀克洛普斯的女兒，見 Aristides, *Panathenaic Oration,* 85-87 (Lenz and Behr) = Dindorf, 3: 110, line 9, and 3: 12, lines10-15。
122. See Ridgway, *Prayers in Stone,* 196-98.
123. 史蒂芬斯（G. P. Stevens）主張「帕德諾斯雅典娜」的底座高約零點九公尺，見 "Remarks upon the Colossal Chryselephantine Statue of Athena in the Parthenon," *Hesperia* 24 (1955): 260。
124. Pliny, *Natural History* 36.18. See Leipen, *Athena Parthenos,* 24-27, plate 86C; see also W.-H. Schuchhardt, "Zur Basis der Athena Parthenos," in *Wandlungen: Studien zur antiken und neueren Kunst: Ernst Homann-Wedeking gewidmet* (Waldsassen-Bayern: Stiftland, 1975), 120-30, plates 26-27; C. Praschniker, "Das Basisrelief der Parthenos," *JOAI* 39 (1952): 7-12; Becatti, "Il rilievo del Drago e la base della Parthenos"; Hurwit, "Beautiful Evil"; Hurwit, *Athenian Acropolis,* 187-88; A Kosmopoulou, *The Iconography of Sculptured Statue Bases in the Archaic and Classical Periods*, (Madison: University of Wisconsin Press, 2003) 113-24.
125. Leipen, *Athena Parthenos,* plate 86.
126. London, British Museum E 467, GR 1856.1213.1, by the Niobid Painter, ca. 460-450 B.C.; *ARV*2 601, 23; *Addenda*2 266; *LIMC* 7, s.v. "Pandora," no. 2.
127. 歐里庇得斯，《厄瑞克透斯》F 360.34-45 Kannicht.
128. London, British Museum D 4, *ARV*2 869, 55; *LIMC* 7, s.v. "Pandora," no. 1：約西元前四六〇年，從諾拉出土：見 Bremmer, "Pandora," 30-31; E. D. Reeder, *Pandora: Women in Classical Greece* (Baltimore: Walters Art Museum, 1995), 284-86。一個索塔德斯畫師（Sotades Painter）所繪的鱷魚角狀杯片段（BM E 789; *ARV*2 764.9; *LIMC* 1, s.v. "Anesidora," no. 3），約西元前四六〇年至西元前四五〇年，下面較低的位置可見到一個類似的場景，一個女孩正面站在中央，兩側是雅典娜和一個男性人物。
129. 安納絲朵拉和潘朵拉的關係是珍·哈里遜（Jane Harrison）首先指出，見氏著 "Pandora's Box"; *Prolegomena,* 281-85; J. E. Harrison, *Themis: A Study of the Social Origins of Greek Religion* (Cambridge, U.K.: Cambridge University Press, 1912), 295, 298-99。另參見 West, *Works and Days,* 164-65; Bremmer, "Pandora," 30-31; Boardman and Finn, *Parthenon and Its Sculptures,* 249-50。
130. C. Bérard, *Anodoi: Essai sur l'imagerie des passages chthoniens* (Rome: Institut Suisse de Rome, 1974), 161-64。潘朵拉的陰間屬性可從在以弗所的塔爾蓋利阿節（Thargelia）收到的供品（一盆盆栽）證明，見 Hipponax 104.48 W。「安納絲朵拉」也是德美特的外號，因為她會送出大地的果實。見 Sophokles, frag. 826, 1010 和 Bremmer, "Pandora," 30-31。德美特的名字出現在《厄瑞克透斯》殘篇的最後，見 F 370 102 Kannicht。

131. Harpokration A 239 Keaney 101 on E 85: Πανδρόσῳ KM, Πανδώρᾳ ep QNP (var. lect. KM). *FGrH* 3 B I 276-77。關於獻給潘朵拉的祭牲，見 Farnell, *Cults of the Greek States*, 1:290; *RE* (1949), s.v. "Pandora"。
132. Aristophanes, *Birds* 971.
133. 在《奧德賽》（3.371.2）裡，雅典娜變形為一隻海鵰或鷲。
134. Aristophanes, *Wasps* 1086.
135. Plutarch, *Life of Themistokles* 12.1.
136. See Kroll, *The Greek Coins*, no. 182, A.D. 120-150.
137. Ferrari, *Figures of Speech,* 7-8, 55, 72-73; G. Ferrari, "Figure of Speech: The Picture of Aidos," *Métis* 5 (1990): 186-91.
138. 荷馬，《伊利亞特》17.567; Hesiod, *Theogony* 886-900.
139. 對這主題的一個全面處理，見 Korshak, *Frontal Face in Attic Vase Painting*.
140. London, British Museum 2003, 07180.10. H. Frankfort, "The Burney Relief," *Archiv für Orientforschung* 12 (1937): 128-35; E. G. Kraeling, "A Unique Babylonian Relief," *Bulletin of the American Schools of Oriental Research* 67 (1937): 16-18; E. Porada, "The Iconography of Death in Mesopotamia in the Early Second Millennium B.C.," in *Death in Mesopotamia: Papers Read at the XXVIe Rencontre Assyriologique Internationale,* ed. B. Alster, Mesopotamia 8 (Copenhagen: Akademisk, 1980), 259-70。認為這浮雕是近人複製品的意見，見 P. Albenda, "The 'Queen of the Night' Plaque: A Revisit," *Journal of the American Oriental Society* 125 (2005): 171-90。反駁的意見，見 D. Collon, "The Queen Under Attack— a Rejoinder," *Iraq* 69 (2007): 43-51。
141. London, British Museum E 477, GR 1772, 0320.36，黑淮斯托斯畫師所繪。*ARV*2 1114; *Addenda*2 311; *LIMC* 6, s.v. "Kephalos," no. 26. Harrison, *Mythology and Monuments of Ancient Athens*, lxix, fig. 14。
142. 譯本：G. Ferrari, *Alcman, First Parthenion, 70-71,156*。參考書目數量龐大。參看 C. Calame, ed., *Alcman: Introduction, Texte critique, témoinage, traduction, et commentaire* (Rome: 1983), Calame, *Les choeurs des jeunes filles*。
143. G. Ferrari, Alcman, 90- 92, 121. See N. Loraux, *The Mourning Voice* (Ithaca, N.Y.: Cornell University Press, 2002).
144. 歐里庇得斯，《厄瑞克透斯》F 370.107-8 Kannicht。厄瑞克透斯家三姊妹被星格化為許阿得斯座一事，見 scholiast to Aratus, *Phaenomena* 172, 107。
145. Kansas City, Mo., Nelson-Atkins Museum of Art, Nelson Fund 34.289. By the Athena Painter. See Haspels, *ABL* 257, no. 74; *Para* 260, no. 74; Neils, *Goddess and Polis,*148-49n7.
146. 一九九三年九月十八日，法拉利（Ferrari）在普林斯頓大學「帕德嫩神殿和泛雅典娜節」研討會上發表的演講中提出了這一點；參見 S. Peirce and A. Steiner, *Bryn Mawr Classical Review,* March 9, 1994。法拉利力主，出現在雅典錢幣、國璽、梟鴞和其他物事的貓頭鷹都是代表喀克洛普斯的幾個女兒。

147. Uppsala, Uppsala University 352. Douglas, “Owl of Athena”; Farnell, *Cults of the Greek States,* 1:290.
148. 參見本章注釋119。
149. Paris, Musée du Louvre CA 2192. *ARV*2 983.14; *Addenda*2, 311. Ca. 475-450 B.C.
150. 有關梟觴，見 *ARV*2 982-84 附有參考書目：F. P. Johnson, “An Owl Skyphos,” in *Studies Presented to David Moore Robinson on His Seventieth Birthday*, eds. G. Mylonas and D. Raymond (St. Louis: Washington University,1953), 96-105; F. P. Johnson, “A Note on Owl Skyphoi,” AJA 59 (1955): 119-24
151. Bryn Mawr, Pa., Bryn Mawr College, Art and Artifact collection, T-182, ca. 300 B.C. G. Ferrari Pinney and B. S. Ridgway, eds., *Aspects of Ancient Greece* (Allentown, Pa.: Allentown Art Museum, 1979), 291n148; Neils, *Goddess and Polis,* 151n12; H. Herdejürgen, *Die Tarentinischen Terrakotten des 6. bis. 4. Jahrhunderts v. Chr. im Antikenmuseum Basel* (Mainz: Philipp von Zabern, 1971), 73-74.
152. 圖107所示的圖片是美國錢幣學會提供（1977, 158.834）。P. van Alfen, “The Coinage of Athens, Sixth to First Century B.C.,” in *The Oxford Handbook of Greek and Roman Coinage,* ed. W. E. Metcalf (Oxford: Oxford University Press, 2012), 88-104，將梟幣開始流通的年代斷定為西元前五一五年左右：Douglas, “Owl of Athena”; E. D. Tai, “ ‘Ancient Greenbacks’: Athenian Owls, the Law of Nikophon, and the Greek Economy,” *Historia* 54 (2005): 359-81; Kroll and Waggoner, “Dating the Earliest Coins of Athens, Corinth, and Aegina”。感謝美國錢幣學會的 Peter van Alfen 博士為我提供這錢幣的照片。
153. Aristophanes, *Birds* 301.
154. Davies, “Athenian Citizenship,” 106.
155. Rosivach, “Autochthony,” 303.
156. Davies, “Athenian Citizenship,” 106.
157. 英譯是本書作者自譯。
158. 歐里庇得斯，《厄瑞克透斯》F 359 Kannicht. 譯本：Collard and Cropp, *Euripides VII: Fragments,* 375.
159. 歐里庇得斯，《厄瑞克透斯》F 366 Kannicht. 譯本：Collard and Cropp, *Euripides VII: Fragments,* 385.
160. Rosivach, “Autochthony,” 302-3.
161. 同前注。
162. Fehr, *Becoming Good Democrats and Wives,* 145-49.
163. N. Loraux, The *Invention of Athens: The Funeral Oration in the Classical City (Cambridge, Mass.: Harvard University Press, 1986),* 15-24.
164. 歐里庇得斯，《厄瑞克透斯》F 360a Kannicht, and F 360.53-55 Kannicht.
165. 修昔底德，《伯羅奔尼撒戰爭史》trans. R. Crawley (New York: J. M. Dent, 1903).

第八章 細細刷洗過的遺產

1. R. Fry, "The Case of the Late Sir Lawrence Alma Tadema," in *A Roger Fry Reader,* ed. C. Reed (Chicago: University of Chicago Press, 1996), 147-49, reprinted from *Nation,* January 18, 1913, 665-67.
2. R. Ash, *Alma-Tadema* (Aylesbury: Shire, 1973); V. Swanson, *Alma-Tadema: The Painter of the Victorian Vision of the Ancient World* (London: Ash & Grant, 1977); R. Ash, *Sir Lawrence Alma-Tadema* (London: Pavilion Books, 1989; New York: Harry N. Abrams, 1990); V. Swanson, *The Biography and Catalogue Raisonné of the Paintings of Sir Lawrence Alma-Tadema* (London: Garton, 1990); J. G. Lovett and W. R. Johnston, *Empires Restored, Elysium Revisited: The Art of Sir Lawrence Alma-Tadema* (Williamstown, Mass.: Sterling and Francine Clark Art Institute, 1995), exhibition catalog; E. Becker and E. Prettejohn, *Sir Lawrence Alma Tadema* (Amsterdam: Van Gogh Museum, 1996), exhibition catalog.
3. Barrow, *Lawrence Alma-Tadema,* 192; E. Swinglehurst, *Lawrence Alma-Tadema* (San Diego: Thunder Bay Press, 2001); R. Tomlinson, *The Athens of Alma Tadema* (Stroud: Sutton, 1991).
4. 購入報導載於 G. Reitlinger, *The Economics of Taste,* vol. 1, *The Rise and Fall of Picture Prices, 1760-1960* (London: Barrie and Rockliffe, 1961), 243-44。
5. Barrow, *Lawrence Alma-Tadema,* 43-44.
6. *Athenaeum,* December 8, 1882, 779.
7. Newton and Pullan, *Halicarnassus, Cnidus, and Branchidae,* 72-264（描述紀念碑），78（作為古代世界的七大奇蹟之一），185（在其建築群上的顏色），以及 238-39（在浮雕上的顏色）。見 I. Jenkins, C. Gratziu, and A. Middleton, "The Polychromy of the Mausoleum," in *Sculptors and Sculpture of Caria and the Dodecanese,* ed. I. Jenkins and G. Waywell (London: British Museum, 1997)。
8. Newton and Pullan, *Halicarnassus, Cnidus, and Branchidae,* 238-39.
9. 這情形一直持續到十九世紀之末。見 R. R. R. Smith and R. Frederiksen, The Cast Gallery of the Ashmolean Museum: Catalogue of Plaster Casts of Greek and Roman Sculptures (Oxford: Ashmolean Museum, 2013); R. Frederiksen, ed., Plaster Casts: Making, Collecting, and Displaying from Classical Antiquity to the Present, Transformationen der Antike (Berlin: De Gruyter, 2010); D. C. Kurtz, The Reception of Classical Art in Britain: An Oxford Story of Plaster Casts from the Antique (Oxford: British Archaeological Reports, 2000);Yalouri, Acropolis, 176-83。
10. Winckelmann, *Geschichte der Kunst des Alterthums,* 147-48.
11. Stuart and Revett, *Antiquities of Athens,* 2: plate 6; 3: plate 9. For metal attachments on the Parthenon frieze, see Stuart and Revett's

Antiquities of Athens, 2:14.

12. M. J. Vickers and D. Gill, *Artful Crafts: Ancient Greek Silverware and Pottery* (Oxford: Clarendon Press, 1994), 1-32; M. J. Vickers, “Value and Simplicity: Eighteenth-Century Taste and the Study of Greek Vases,” *Past and Present* 116 (1987): 98-104.
13. J.-I. Hittorff, *Restitution du Temple d’Empédocle à Sélinonte* (Paris: Firmin Didot Frères, 1851).
14. M. Fehlmann, “Casts and Connoisseurs: The Early Reception of the Elgin Marbles,” *Apollo* 544 (2007): 44-51。一八一一年，當諾勒肯斯（Joseph Nollekens）的人馬準備用稀釋硫酸清洗「埃爾金大理石」時，雕刻家赫寧（John Henning）出面反對。見Jenkins, *Cleaning and Controversy,* 4。
15. Jenkins, *Cleaning and Controversy,* 16-19; Jenkins, “Casts of the Parthenon Sculptures”; Jenkins and Middleton, “Paint on the Parthenon Sculptures,” 202-5.
16. Jenkins, *Cleaning and Controversy,* 16; Jenkins and Middleton, “Paint on the Parthenon Sculptures,” 185-86.
17. 法拉第的發現受到珍金絲的質疑，見氏著 *Cleaning and Controversy,* 4-5, 16-17。
18. 同前注書目，4.
19. J. Goury and O. Jones, *Plans, Elevations, Sections, and Details of the Alhambra* (London: Jones, 1836-1845).
20. O. Jones, “An Apology for the Colouring of the Greek Court in the Crystal Palace,” *Papers Read at the Royal Institute of British Architects* (1854): 7。有關早期學界對帕德嫩神殿色彩的爭論，一個很好的綜覽是 Vlassopoulou, “New Investigations into the Polychromy of the Parthenon,” 219-20; Jenkins and Middleton, “Paint on the Parthenon Sculptures”。
21. G. H. Lewes, “Historical Evidence,” *Papers Read at the Royal Institute of British Architects* (1854): 19.
22. F. C. Penrose, *An Investigation of the Principles of Athenian Architecture; or, The Results of a Recent Survey Conducted Chiefly with Reference to the Optical Refinements Exhibited in the Constructions of the Ancient Buildings of Athens* (London: Society of the Dilettanti, 1851), 55. See Jenkins and Middleton, “Paint on the Parthenon Sculptures,” 書中主張雕像上色前會先塗一層底漆。
23. 一八五八年六月十八日，一封署名「馬莫爾」（Marmor）的讀者投書驚呼：「先生，他們正在刷埃爾金大理石！」理查德爵士用的清洗方法違背古代古物部主管霍金斯（Edward Hawkins）的建議，後者主張用「黏土水」溫和清洗。見 Jenkins, *Cleaning and Controversy,* 5-6。
24. 同前注書目，6；主席團報告：一八六八年六月二十五日（大英博物館）的「受託人文物部門管理人員報告」。
25. 紐頓建議以同樣方法保護三角楣牆的雕像。見 Jenkins, *Cleaning and Controversy,* 6；主席團報告：一八七三年十月八日（大英博物館）的「受託人文物部門管理人員報告」。
26. Jenkins, *Cleaning and Controversy,* 6.
27. 同前；主席團報告：一九三三年一月二十三日（大英博物館）的「受託人文物部門管理人員報告」。

28. David Lindsay, Earl of Crawford, *The Crawford Papers: The Journals of David Lindsay, Twenty-Seventh Earl of Crawford and Tenth Earl of Balcarres, 1871–1940, During the Years 1892 to 1940*, ed. J. Vincent (Manchester: Manchester University Press, 1984); See Jenkins, *Cleaning and Controversy*, 6.

29. 致大英博物館理事會的第一份中期報告（一九三八年十一月七日）指出，杜維恩的工頭（一個叫丹尼爾的人）表示「杜維恩爵士渴望把各雕像清潔得盡可能乾淨雪白。」見 Jenkins, *Cleaning and Controversy*, 8, 37-39。

30. 第二份中期報告（一九三八年十二月八日）指出，有兩個工人從一九三七年六月起便使用銅工具。見 Jenkins, *Cleaning and Controversy*, 46-47。有關這些工人如何用工具來清洗大理石，見同書 24-25, and plate 10。已退休的亞洲西部古物部主管巴尼特博士（Dr. R. D. Barnett）在一九八四年二月九日去信大英博物館館長，說他搞不懂為什麼會容許一個年老工人「日復一日（對帕德嫩柱間壁和橫飾帶石板）動用榔頭、鑿子和鋼絲刷。」關於這個文件的上下文背景，見 Jenkins, *Cleaning and Controversy*, 7，詹金斯將之視為「巧妙設計」，以抹黑除了巴尼特自己之外的所有人。完整文件（標記為「絕對私人及機密」文件）已發布於 Jenkins, *Cleaning and Controversy*, as app.5, 45。

31. 普倫德萊思一九三八年九月二十六日的信，載於 Jenkins, *Cleaning and Controversy*, 36。。

32. Jenkins, *Cleaning and Controversy*, app.2; First Interim Report, 27, 37-39.

33. 所有剪報載於 Jenkins, *Cleaning and Controversy*, 9, 57-65。

34. St. Clair, *Lord Elgin and the Marbles*, 280-313; W. St. Clair, "The Elgin Marbles: Questions of Stewardship and Accountability," *International Journal of Cultural Property* 8 (1999): 397-521. Jenkins, *Cleaning and Controversy*，提供了一個精采而詳盡的對帕德嫩神殿雕塑進行清洗之歷史的所有相關文件和檔案資料。

35. Vlassopoulou, "New Investigations into the Polychromy of the Parthenon"; C. Vlassopoulou, "Η πολυχρωμία στον Παρθενώνα," in Πολύχρωμοι Θεοί: *Χρώματα στα αρχαία γλυπτά*, ed. V. Brinkmann, N. Kaltsas, and R. Wünsche (Athens: National Archaeological Museum, 2007), 98-101。感謝 Christina Vlassopoulou 和我分享此資訊。

36. 在柱間壁和三槽板的飾線，還有在三槽板的三道凸槽，都找到藍色顏料。X 光衍射分析和電子光束微分析顯示，藍色顏料是「埃及藍」（$CaCuSi_4O_{10}$），紅色顏料是氧化鐵（Fe_2O_3）。見 Vlassopoulou, "Η πολυχρωμία στον Παρθενώνα,"（見上面注釋35），他援引了 K. Kouzeli 等人，見氏著 "Monochromatic layers with and without oxalates on the Parthenon," in *The Oxalate Films: Origins and Significance in the Conservation of Works of Art* (Milan: Centro CNR Gino Bozza, 1989) 198-202, esp.199, figs. 30-32。

37. 由衛城監督和新衛城博物館的建設組織與電子結構和激光研究所直接合作承擔。關於從雅典衛城雕像所使用的多彩顏料和顏料的研究之歷史，見 D. Pandermalis, ed., *Archaic Colors* (Athens: Acropolis Museum, 2012)。

38. 西橫飾帶的第十七號騎者有顏料殘留在左手和披風皺褶，第二十一號騎者有顏料殘留在他的半長袍（*chitoniskos*）。對東柱間壁的保護工作也發現帶狀裝飾（fillet）殘留油漆。

39. 還發現了雕刻雕像時留下的工具刻痕和漆於其表面的單色塗層。見 Vlassopoulou, "New Investigations into the Polychromy of the Parthenon," 221-23

40. R. Brooks, "High-Tech Athens Museum Challenges UK over Marbles," *Sunday Times,* June 21, 2009, 8.

41. Thompson, "Architecture as a Medium of Public Relations"; H. A. Thompson, "Athens and the Hellenistic Princes," *Proceedings of the American Philological Society* 97 (1953): 254-61; C. Habicht, "Athens and the Attalids in the Second Century B.C.," *Hesperia* 59 (1990): 561-77; C. Habicht, *The Hellenistic Monarchies: Selected Papers* (Ann Arbor: University of Michigan Press, 2006), 177-84.

42. E. S. Gruen, "Culture as Policy: The Attalids of Pergamon," in De Grummond and Ridgway, *From Pergamon to Sperlonga,* 17-31; Webb, "Functions of the Sanctuary of Athena and the Pergamon Altar"; R. A. Tomlinson, "Pergamon," in *From Mycenae to Constantinople: The Evolution of the Ancient City* (New York: Routledge, 1992), 111-21; Radt, *Pergamon,* 179-206, 216-24; J. Onians, *Art and Thought in the Hellenistic Age: The Greek World View, 350-50* B.C. (London: Thames and Hudson, 1979), 62-63; Hurwit, *Athenian Acropolis,* 264-66.

43. P. Thonemann, *Attalid Asia Minor: Money, International Relations, and the State* (Oxford: Oxford University Press, 2013); H.- J. Gehrke, "Geschichte Pergamons— ein Abriss," in Antikensammlung der Staatlichen Museen zu Berlin, *Pergamon: Panorama,* 13-20; Radt, *Pergamon,* 24-26.

44. Diogenes Laertius, Lives of the *Philosophers* 4.60. 一個對這時期哲學家的概述，見 C. Habicht, *Hellenistic Athens and Her Philosophers* (Princeton, N.J.: Princeton University Press, 1988); J. Dillon, *The Heirs of Plato: A Study of the Old Academy, 347-274 B.C.* (Oxford: Oxford University Press, 2003)

45. Pausanias, *Description of Greece* 1.8.1; Livy, *History of Rome* 38.16; Hansen, *Attalids of Pergamon,* 28, 59, 306-14.

46. Camp, *Athenian Agora,* 16; J. McK. Camp, *Gods and Heroes in the Athenian Agora* (Princeton, N.J.: American School of Classical Studies at Athens, 1980), 24-25;T. L. Shear, *The Monument of the Eponymous Heroes in the Athenian Agora* (Princeton, N.J.: American School of Classical Studies at Athens, 1970).

47. Stewart, *Attalos, Athens, and the Akropolis*，附有完整的參考書目：Ridgway, *Hellenistic Sculpture I,* 284-85; J. J. Pollitt, *Art in the Hellenistic Age* (Cambridge, U.K.: Cambridge University Press, 1986), 83-95。

48. Pausanias, *Description of Greece* 1.25.2.

49. M. Korres, "The Pedestals and the Akropolis South Wall," in Stewart, *Attalos, Athens, and the Akropolis,* 242-85.

50. L. Mercuri, "Programmi pergameni ad Atene: La stoa di Eumene," *Annuario della Scuola Archeologica di Atene e delle Missioni Italiane in Oriente* 82 (2004): 61-80; Camp, *Athenian Agora,* 171-72; E.-L. Schwandner, "Beobachtungen zur hellenistischen

Tempelarchitektur von Pergamon," in *Hermogenes und die hochhellenistische Architektur: Kolloquium Berlin 1988,* ed. W. Hoepfner and E.-L. Schwandner (Mainz: Philipp von Zabern, 1990), 93-102; Radt, *Pergamon,* 286-92; Thompson, "Architecture as a Medium of Public Relations," 182-83.

51. *IG* II2 3781, see Thompson and Wycherley, *Agora of Athens,* 107; H. A. Thompson, "Excavations in the Athenian Agora, 1949," *Hesperia* 19 (1950): 318ff.; Thompson, "Architecture as a Medium of Public Relations," 186. 但不能排除獻像者是兩個分別以阿塔羅斯和阿里阿拉特為名祖的雅典人的可能性。見 H. Mattingly, "Some Problems in Second Century Attic Prosopography," in *Historia* 20 (1971): 24-46, especially 29-32。

52. Athenaios, Deipnosophists 5.212e-f.

53. N. Sakka, "A Debt to Ancient Wisdom and Beauty": The Reconstruction of the Stoa of Attalos in the Ancient Agora of Athens," in *Philhellenism, Philanthropy, or Political Convenience? American Archaeology in Greece, Hesperia Special Issue* 82 (2013):203-27; M. Kohl, "La genèse du portique d'Attale II: Origine et sens des singularités d'un bâtiment construit dans le cadre de la nouvelle organisation de l'agora d'Athènes au IIe siècle av. J.- C.." in *Constructions publiques et programmes édilitaires en Grèce entre le IIe siècle av. J.-C. et le Ier siècle ap. J.-C.,* ed. J.-Y. Marc and J.-C. Moretti (Athens: École Française d'Athènes, 2001), 237-66; H. A. Thompson, *The Stoa of Attalos II in Athens* (Princeton, N.J.: American School of Classical Studies at Athens, 1992); Camp, *Athenian Agora,* 172-75 and plate 140; J. J. Coulton, *The Architectural Development of the Greek Stoa* (Oxford: Clarendon Press, 1976), 69, 219; Travlos, *Pictorial Dictionary,* 505-19; J. Travlos, "Restauration de la Stoa (portique) d'Attale," *Bulletin de l'Union des Diplômés des Universités et des Écoles de Hautes Études de Belgique* 7 (1955): 1-16; H. A. Thompson, "Stoa of Attalos," *Archaeology* 2 (1949): 124-30.

54. 一個充分的討論見 Shear, "Polis and Panathenaia," 873-78; J. Shear, "Royal Athenians: The Ptolemies and Attalids at the Panathenaia," in Palagia and Spetsieri-Choremi, *Panathenaic Games,* 135-45。關於在西元前一八二年或西元前一八六年於泛雅典節取得勝利的可能性，見 Hurwit, *Athenian Acropolis,* 271-72。

55. M. Korres, "Αναθηματικά και τιμητικά τέθριππα στηνΑθήνα και τους Δελφούς," in *Delphes cent ans après la grande fouille: Essai de bilan,* ed. A. Jacquemin (Athens: École Française d'Athènes, 2000), 293-329.

56. 參 Shear, "Polis and Panathenaia," 876-77.

57. Korres, "Architecture of the Parthenon" in *Acropolis Restoration*, 47, 177; Korres, "Recent Discoveries on the Acropolis," 177, 179; Korres, "Parthenon from Antiquity to the 19th Century." 139; Hurwit, *Athenian Acropolis*, 271- 72.

58. Pausanias, *Description of Greece*, 1.27.4; 9.30.1.

59. S. Agelides, "Kulte und Heiligtümer in Pergamon," in Antikensammlung der Staatlichen Museen zu Berlin, *Pergamon: Panorama,* 174-

83; Webb, "Functions of the Pergamon Altar and the Sanctuary of Athena," 241-44; Radt, *Pergamon,* 179-90; R. Bohn, *Das Heiligtum der Athena Polias Nikephoros* (Berlin: Spemann, 1885).

60. 圖109的衛城南坡復原圖只是方便讀者了解，不具有科學精確性。想多了解別迦摩劇場，可參考M. Maischberger, "Der Dionysos-Tempel auf der Theaterterrasse," in Antikensammlung der Staatlichen Museen zu Berlin, *Pergamon: Panorama,* 242-47。

61. V. Kästner, "Das Heiligtum der Athena," in Antikensammlung der Staatlichen Museen zu Berlin, *Pergamon: Panorama,* 184-93.

62. Queyrel, *L'autel de Pergame;* Ridgway, *Hellenistic Sculpture II,* 19-102; Stewart, "Pergamo Ara Marmorea Magna"; V. Kästner, "The Architecture of the Great Altar of Pergamon," in *Pergamon: Citadel of the Gods,* ed. H. Koester (Harrisburg, Pa.: Trinity Press International, 1998), 137-61; W. Hoepfner, "The Architecture of Pergamon," in Dreyfus and Schraudolph, *Pergamon,* 2:23-67 and 168-82; Kästner, "Architecture of the Great Altar and the Telephos Frieze."

63. 摘要和分析，見Stewart, "Pergamo Ara Marmorea Magna," 32-33; Andreae, "Dating and Significance of the Telephos Frieze"; A. Scholl, "Der Pergamonaltar—ein Zeuspalast mit homerischen Zügen?," in Antikensammlung der Staatlichen Museen zu Berlin, *Pergamon: Panorama,* 212-18。把大祭壇視為泰列福斯的英雄殿的意見，見Ridgway, *Hellenistic Sculpture II,* 67-102; Webb, "Functions of the Sanctuary of Athena and the Pergamon Altar"; Kästner, "Architecture of the Great Altar and the Telephos Frieze"; Webb, *Hellenistic Architectural Sculpture, 12*-13, 65-66; Radt, *Pergamon,* 55。把大祭壇詮釋為勝利紀念碑的意見，見W. Hoepfner, "Von Alexandria über Pergamon nach Nikopolis: Städtebau und Stadtbilder hellenistischer Zeit," *Akten* 13 (1990): 275-85。把大祭壇視為「宙斯之宮」的意見，見Scholl, "Der Pergamonaltar— ein Zeuspalast mit homerischen Zügen?"。

64. 卡拉漢（Callaghan）基於一九六一年出土的陶器（年代據他判定約為西元前一七二／一七一年），把別迦摩祭壇的啟建日期推遲至約西元前一六五年，認為這祭壇之建與歐邁尼斯二世在西元前一六七至西元前一六六年間打敗高盧人有關。他主張，阿塔羅斯人在戰前必然會把所有經濟資源用於備戰，所以大祭壇只可能是建於戰勝之後，也就是約西元前一六六至西元前一五六年。見P. J. Callaghan, "On the Date of the Great Altar of Pergamon," *BICS* 28 (1981): 115-21。德魯卡（De Luca）和拉茨（Radt）在一九九四年找到另一批陶器，年代為緊接西元前一七二年之後，有些還是晚至西元前一五七至西元前一五〇年的款式；見G. De Luca and W. Radt, "Sondagen im Fundament des Grossen Altars," *AJA* 105 (2001): 129-30。雷吉威（B. S. Ridgway）主張大祭壇啟建於西元前一五九年（即歐邁尼斯二世死前不久，其時阿塔羅斯二世是共同攝政），完工於阿塔羅斯三世駕崩的西元前一三三年；見Ridgway, *Hellenistic Sculpture II,* 19-76; Webb, *Hellenistic Architectural Sculpture,* 21-22, 62-63. See also Andreae, *Phyromachos-Probleme;* Andreae, "Dating and Significance of the Telephos Frieze"; F. Rumscheid, *Untersuchungen zur Kleinasiatischen Bauornamentik des Hellenismus,* 2 vols. (Mainz: Philipp von Zabern, 1994), 1:3-39。

65. Hesiod, *Theogony* 105-7; see Simon, *Pergamon und Hesiod*。「巨人之戰」橫飾帶的哲學、天文學和宇宙學面向，可參考F.-H. Massa-Pairault, *La gigantomachie de Pergame ou l'image du monde* (Athens: École Française d'Athènes, 2007); F.-H. Massa-Pairault,

"Sur quelques motifs de la frise de la gigantomachie: Définition et interprétation," in *Pergame: Histoire et archéologie d'un centre urbain depuis ses origines jusqu'* à *la fin de l'antiquité,* ed. M. Kohl (Villeneuved'Ascq: Université Charles de Gaulle-Lille III, 2008), 93-120。

66. 有意思的是，內廷獻牲祭壇的簷口花邊明顯是模仿泰耶阿的雅典娜祭壇，這讓別迦摩祭壇與它在希臘大陸的「家鄉」聖所（奧革曾在那裡擔任女祭司）發生直接關聯。見 E. Schraudolph, "Cornice of the Sacrificial Altar (cat. n. 34)," in Dreyfus and Schraudolph, *Pergamon,* 1:100：「這條兩階楣樑還裝飾著一串珠子、列斯伏斯風格波狀花邊、一個卵錨飾和一條帶有花卉橫飾帶的凹槽。這件異乎尋常多樣化的裝飾品的構圖次序與泰耶阿的雅典娜神廟（年代為西元前四世紀晚期）的祭壇幾乎一模一樣。」。另參見 Kästner, "Architecture of the Great Altar and the Telephos Frieze," 78-80 and fig. 7; N. J. Norman, "The Temple of Athena Alea at Tegea," *AJA* 88 (1984): 190-91 and plate 30, figs. 8a-b。卡茲納（Kästner）另外又指出，祭壇的花狀平紋橫飾帶除了可以追溯至厄瑞特透斯神廟的簷部，還可以〔假如莫比烏斯（Hans Möbius）的假設正確的話〕追溯至雅典娜的祭典。卡茲納因此主張：「有鑑於阿塔羅斯王朝與雅典人的良好關係，雅典衛城上的著名聖所也大有可能是一種罕見於小亞細亞的裝飾的藍本。」H. Möbius, "Attische Architekturstudien, II: Zur Ornamentik des Erechtheions," in *Studia varia,* ed. W. Schiering (Wiesbaden: Franz Steiner, 1967), 83-91. 感謝 Michael Anthony Fowler 提醒我注意這些關聯。

67. 把這人像詮釋為倪克斯者包括 L. Robert, "Archäologische Nachlese, XX: Die Götter in der pergamenischen Gigantomachie," *Hermes* 46 (1911): 232-35, and Simon, *Pergamon und Hesiod*。普凡納（M. Pfanner）主張她是珀爾塞福涅，乃根據她頭後面的絲帶綁著石榴花，見氏著 "Bemerkungen zur Komposition und Interpretation des Grossen Frieses von Pergamon," *AA 94* (1979): 53-55. 溫尼菲爾德（H. Winnefeld）認為她是德美特，見氏著 Die Friese des *grossen Altars* (Berlin: G. Reimer, 1910), 146。凱斯特納（V. Kästner）主張她是三位命運女神之一，見氏著 "Restaurierung der Friese des Pergamonaltars—zum Abschluss der Arbeiten am Nordfries," *Jahrbuch Preußischer Kulturbesitz* 37 (2000): 159, 170。奎瑞爾（Queyrel）同意此說，又進一步把人像認定為阿特羅普斯（Atrops），見氏著 *L'autel de Pergame, 71-73*。

68. 有關14號柱間壁，見 Schwab, "New Evidence for Parthenon East Metope 14."。

69. M. Kunze, "Neue Beobachtungen zum Pergamonaltar," in Andreae, *Phyromachos- Probleme,* 123-39. 想多了解這幾個妥里同，可參考 S. Lattimore, *The Marine Thiasos in Greek Sculpture* (Los Angeles: Institute of Archaeology, University of California, 1976); Webb, *Hellenistic Architectural Sculpture,* 65-66。

70. 帕德嫩橫飾帶長一百六十公尺，高一公尺多一丁點；泰列福斯橫飾帶則是長五十八公尺，高一點五八公尺。

71. Collard, Cropp, and Lee, *Euripides: Selected Fragmentary Plays*。有關泰列福斯，見 17-52；有關厄瑞特透斯，見 148-94。

72. 雷吉威（Brunilde Ridgway）強調神廟雕刻是一種永久的公共宣言，相當於「一個詩人的吟誦和一齣戲劇的演出。」見氏著 *Prayers in Stone,* 8, 82。

73. A. Scholl, "Zur Deutung des Pergamonaltars als Palast des Zeus," *JdI* 124 (2009): 257-64. 感謝蕭勒博士在我研究參訪別迦摩博物館期間對我的親切接待和幫忙。
74. Dreyfus and Schraudolph, *Pergamon,* 1:60, no. 5, panel 12.
75. 參 Connelly, *Portrait of a Priestess,* 59-64.
76. V. Käster, "Die Altarterrasse," in Antikensammlung der Staatlichen Museen zu Berlin, *Pergamon: Panorama,* 199-211; Hansen, *Attalids of Pergamon,* 239-40; Ridgway, *Hellenistic Sculpture II,* 38.
77. 把大祭壇詮釋為泰列福斯英雄祠的觀點，見 Radt, *Pergamon,* 55; K. Stähler, "Überlegungen zur architecktonischen Gestalt des Pergamonaltares," in *Studien zur Religion und Kultur Kleinasiens: Festschrift für Friedrich K. Dörner zum 65. Geburtstag am 28. Februar 1976,* ed. S. ahin, E. Schwertheim, and J. Wagner (Leiden: Brill, 1978), 838-67; Ridgway, *Hellenistic Sculpture II,* 27-32; Webb, *Hellenistic Architectural Sculpture,* 12-13。
78. Pausanias, *Description of Greece* 5.13.3, 3.26.10.
79. Pausanias. *Description of Greece* 8.4.9.
80. A. Stewart, "Telephos/Telepinu and Dionysos: A Distant Light on an Ancient Myth," in Dreyfus and Schraudolph, *Pergamon,* 2:109-20.
81. S. Brehme, "Die Bibliothek von Pergamone," in Antikensammlung der Staatlichen Museen zu Berlin, *Pergamon: Panorama,* 194-97; W. Hoepfner, "Die Bibliothek Eumenes' II in Pergamon" and "Pergamon—Rhodos—Nysa—Athen: Bibliotheken in Gymnasien und anderen Lehr-und Forschungsstätten," in *Antike Bibliotheken,* ed. W. Hoepfner (Mainz: Philipp von Zabern, 2002), 41-52, 67-80; G. Nagy, "The Library of Pergamon as a Classical Model," in H. Koester, ed., *Pergamon: Citadel of the Gods* (Harrisburg, Pa.: Trinity Press International, 1998), 185-232; L. Casson, *Libraries in the Ancient World* (New Haven, Conn.: Yale University Press, 2001).
82. Hurwit, *Athenian Acropolis,* 264-66.
83. *RC* 23 (*OGIS* 267)。這銘文是土耳其人在一八八三年要為別迦摩衛城建一大門時找到。見 J. Muir, *Life and Letters in the Ancient Greek World* (New York: Routledge, 2009), 98-99; Hansen, *Attalids of Pergamon,* 448; Ridgway, *Hellenistic Sculpture II,* 38。
84. Dreyfus and Schraudolph, *Pergamon,* 1:112, no. 54.
85. Camp, *Athenian Agora,* 26-27, 35, 202; J. McK. Camp, *The Athenian Agora: A Short Guide to the Excavations,* Agora Picture Book 16 (Princeton, N.J.: American School of Classical Studies at Athens, 2003), 35.
86. Lesk, "Erechtheion and Its Reception," 43.
87. 同前注書目，126-29.
88. A. L. Lesk, " '*Caryatides probantur inter pauca operum*': Pliny, Vitruvius, and the Semiotics of the Erechtheion Maidens at Rome," *Arethusa* 40 (2007):25-42; E. Perry, *The Aesthetics of Emulation in the Visual Arts of Ancient Rome* (Cambridge, U.K.: Cambridge

University Press, 2005), 92-93.

89. J. N. Svoronos, *Les monnaies d'Athènes* (Munich: F. Bruckmann, 1923–1926), 19-20.

90. Allen, *Why Plato Wrote,* 44. 想多了解柏拉圖的美學，可參考N. Pappas, *Stanford Encyclopedia of Philosophy,* http://plato.stanford.edu/entries/plato-aesthetics/, esp. sec. 2.4. 想多了解詩歌和視覺藝術中的模仿，可參考Pollitt, *Ancient View of Greek Art,* 37-41。

91. 修昔底德，《伯羅奔尼撒戰爭史》2.37.1.

92. 同前注書目，2.51.2; Hermann, *Morality and Behaviour,* 52, 395-414; Hermann, "Reciprocity, Altruism, and the Prisoner's Dilemma."

93. 歐里庇得斯，《厄瑞克透斯》F 360.10-50 Kannicht = Lykourgos, Against Leokrates 100.

94. Hermann, *Morality and Behaviour,* 342.

跋

1. V. Woolf, The Diary of Virgina Woolf, vol. 4, 1931-35 (New York: Harcourt Brace & Company, 1983), 90-91.

2. Balanos, *Les monuments de l'Acropole.* 有關百蘭諾斯的修復工作，見Mallouchou-Tufano, "History of Interventions on the Acropolis," 81, and "Restoration of Classical Monuments."。

3. Sourvinou-Inwood, *"Reading" Greek Culture,* 10-13; C. Sourvinou-Inwood, "Reading a Myth, Reconstructing Its Constructions," in *Myth and Symbol 2: Symbolic Phenomena in Ancient Greek Culture,* ed. S. des Bouvrie (Bergen: Norwegian Institute at Athens, 2004), 141, 146-47.

4.「衛城紀念碑保育委員會」的歷史，見Mallouchou-Tufano, "Restoration Work on the Acropolis." in *Proceedings of the Fifth International Meeting*。

5. Korres, *Study of the Restoration of the Parthenon;* Mallouchou-Tufano, Η Αναστύλωση των Αρχαίων Μνημείων; Toganidis, "Parthenon Restoration Project," 27-38.

6. Korres, *From Pentelicon to the Parthenon;* Korres, *Stones of the Parthenon.*

7. Korres, "Recent Discoveries on the Acropolis"; Korres, "Architecture of the Parthenon"; Korres, "History of the Acropolis Monuments"; Korres, "Parthenon from Antiquity to the 19th Century"; Korres, Panetsos, and Seki, *Parthenon,* 68-73; Korres, "Der Pronaos und die Fenster des Parthenon"; Korres, "Die klassische Architektur und der Parthenon."

8. Vlassopoulou, *Acropolis and Museum;* Bernard Tschumi Architects, *New Acropolis Museum;* K. Servi, *The Acropolis: The Acropolis Museum* (Athens: Ekdotike Athenon SA, 2011); Tschumi, Mauss, and Tschumi Architects, *Acropolis Museum*。無疑，一直有人批評衛城博物館沒有充分顯示衛城多時間向度和多文化向度的生活（包括中世紀和鄂圖曼統治時代）。見Hamilakis, "Museums of Oblivion," and other criticisms by D. Plantzos, "Behold the Raking Geison: The New Acropolis Museum and Its Context-Free

Archaeologies," *Antiquity* 85 (2011): 613-25。

9. Chaniotis, *Ritual Dynamics in the Ancient Mediterranean*。這書的引言指出了資料不足的難題和困擾古代史和古代儀式研究的各種偏見。
10. Bremmer, *Strange World of Human Sacrifice,* esp. J. Bremmer, "Human Sacrifice: A Brief Introduction," 1-8.
11. A. Parpola, "Human Sacrifice in India in Vedic Times and Before," in Bremmer, *Strange World of Human Sacrifice,* 157-77.
12. Judges 11:31-40.
13. Genesis 22.
14. Euripides, *Iphigeneia in Aulis* 1585-94; Apollodoros, *Library* 3.21.
15. Kaldellis, *Christian Parthenon,* 34-35; Korres, "The Parthenon from Antiquity to the Nineteenth Century," 14-161.
16. 同前注書目，40-41; G. Rodenwaldt, "Interpretatio Christiana," *AA* 48 (1933): 401-5.
17. Mokyr, *Gifts of Athena,* 218-83.
18. Mokyr, *Gifts of Athena,* 225-26. See also B. Barber, "Resistance by Scientists to Scientific Discovery," in *The Sociology of Science,* ed. B. Barber and W. Hirsch (New York: Macmillan, 1962), 539-56;
19. Mokyr, *Gifts of Athena,* 19, 266.
20. P. G. G. Joly de Lotbinière, "The Parthenon from the Northwest, 1839," in N. P. Lerebours, *Excursions daguerriennes: Vues et monuments les plus remarquables du globe* (Paris: H. Bossange, 1841-1842).
21. 對於十九世紀攝影帶來的衝擊，見 Hamilakis, "Monumental Visions," 5-12。第一次遊希臘期間，布瓦索納拍了幾千幅照片，分別收錄在 *La Grèce par monts et par vaux,* with D. Baud-Bovy (Geneva: F. Boissonnas, 1910)、*L'Acropole d'Athènes,* with G. Fougères (Paris: Albert Morance, 1914)、*La Grèce immortelle* (Geneva: Éditions d'Art Boissonnas, 1919) 和 *Dans le sillage d'Ulysse,* with V. Bérard (Paris: A. Colin, 1933)。他還去了埃及、努比亞、西奈半島和阿索斯山（Mount Athos），所拍的照片出版為五十部照片集。馬夫羅馬蒂斯的作品，見 A. Delivorrias and S. Mavrommatis, *The Parthenon Frieze: Problems, Challenges, Interpretations* (Athens: Melissa, 2004); A. Choremi, C. Hadziaslani, S. Mavrommatis, and E. Kaimara, *The Parthenon Frieze,* CD-ROM (Athens: Acropolis Restoration Service in collaboration with the National Documentation Centre, National Research Foundation, 2003); S. Mavrommatis, *Photographs, 1975-2002, from the Works on the Athenian Acropolis* (Athens: Acropolis Restoration Service, 2002); C. Bouras, K. Zambas, S. Mavrommatis, and C. Hadziaslani, *The Works of the Committee for the Preservation of the Acropolis Monuments on the Acropolis of Athens* (Athens: Ministry of Culture, Archaeological Receipts Fund, 2002); S. Mavrommatis and C. Hadziaslani, *The Parthenon Frieze, Photographic Reconstruction at Scale 1:20* (Athens: Acropolis Restoration Service, 2002); C. Hadziaslani and S. Mavrommatis, *Promenades at the Parthenon*. Films by S. Mavrommatis: *The Works on the Athenian Acropolis: The*

People and the Monuments; The Parthenon West Frieze, Conservation and Cleaning (2003–2004); The Restoration Works on the Acropolis Monuments (2003-2004)。

22. Lissarrague, "Fonctions de l'image"; F. Lissarrague，講座，在雅典的瑞典研究所所提供，. Lissarrague and Schnapp, "Imagerie des Grecs"; Connelly, "Parthenon and *Parthenoi,*" 55; Connelly, *Portrait of Priestess,* 20-21; Marconi, "Degrees of Visibility," 172; Ferrari, *Figures of Speech,* 17-25; Sourvinou-Inwood, *"Reading" Greek Death,* 140-43。

23. Hitchens, *Parthenon Marbles;* D. King, *The Elgin Marbles* (London: Hutchinson, 2006); Cosmopoulos, *Parthenon and Its Sculptures;* D. William, " 'Of Publick Utility and Publick Property': Lord Elgin and the Parthenon Sculptures," in *Appropriating Antiquity,* ed. A. Tsingarida and D. Kurtz (Brussels: Le Livre Timperman, 2002), 103-64; St. Clair, *Lord Elgin and the Marbles;* Vrettos, *Elgin Affair;* C. Hitchens, *Imperial Spoils: The Curious Case of the Elgin Marbles* (New York: Hill and Wang, 1988); T. Vrettos, *A Shadow of Magnitude: The Acquisition of the Elgin Marbles* (New York: G. P. Putnam, 1974).

24. D. Rudenstine, "The Legality of Elgin's Taking: A Review Essay of Four Books on the Parthenon Marbles," *International Journal of Cultural Property* 8 (1999): 356-76; J. H. Merryman, "Thinking About the Elgin Marbles," *Michigan Law Review* 83 (1985): 1898-99; J. H. Merryman, "Whither the Elgin Marbles?," in *Imperialism, Art, and Restitution,* ed. J. H. Merryman (Cambridge, U.K.: Cambridge University Press, 2006); C. Hitchens, *The Elgin Marbles: Should They Be Returned to Greece?* (London: Verso Books, 1998).

25. St. Clair, *Lord Elgin and the Marbles,* 338-41。照片和完整的翻譯在 http://www.britishmuseum.org/explore/highlights/article_index/t/translation_of_elgins_firman.aspx。

26. Nagel, *Mistress of the Elgin Marbles,* 134-35.

27. 同前注書目，136.

28. 蒙允許摘錄自 Nagel, *Mistress of the Elgin Marbles,* 134-39，轉錄自 Mary Hamilton Nisbet, Bruce Ferguson and Thomas Bruce, Earl of Elgin（now in the possession of Andrew, eleventh Earl of Elgin and fifteenth Earl of Kincardine, Mr. Julian Brooke, and Mr. Richard Blake）的書信和日記。另參見 R. Stoneman, *A Literary Companion to Travel in Greece* (Harmondsworth: Penguin, 1994), 139。

29. E. D. Clarke, *Travels in Various Countries of Europe, Asia, and Africa* (London: T. Cadell and W. Davies, 1810), sec. 2, 484.

30. Vrettos, *Elgin Affair;* F. S. N. Douglas, *An Essay on Certain Points of Resemblance Between the Ancient and Modern Greeks* (London: J. Murray, 1813), 89; Dodwell, *Classical and Topographical Tour Through Greece,* vol. 1, 322-24; T. S. Hughes, *Travels in Sicily, Greece, and Albania* (London: J. Mawman, 1820), sec. 1, 261; F.-A.-R. Chateaubriand, *Travels to Jerusalem and the Holy Land Through Egypt* (London: H. Colburn, 1835), sec. 1, 187.

31. Lord Byron, *Childe Harold's Pilgrimage* (1812), canto 2, stanzas 11-15.

32. A. Chaniotis, "Broken Is Beautiful: The Aesthetics of Fragmentation and the Cult of Relics," in Mylonopoulos and Chaniotis, *New*

Acropolis Museum, 44.

33. Bernard Tschumi Architects, *New Acropolis Museum;* Tschumi, Mauss, and Tschumi Architects, *Acropolis Museum.*

34. D. Pandermalis and S. Eleftheratou, *Acropolis Museum Short Guide* (Athens: New Acropolis Museum, 2009); Vlassopoulou, *Acropolis and Museum; M. Caskey,* "Perceptions of the New Acropolis Museum," AJA 115 (2011), http://www.ajaonline.org/online-review-museum/911.

35. 不過有些人對這種好意持非常不同看法。例如，哈密拉基斯（Y. Hamilakis）認為這種低聲下氣姿態只是殖民主義邏輯的持續，見"Nostalgia for the Whole: The Parthenon (or Elgin) Marbles," in *Nation and Its Ruins, pages 243-86, for the opinion that this approach only continues a submissive, subservient posture that exists within the logic of colonialism*。

36. "Students, Supported by Marbles Reunited, Stage a Peaceful Protest at the British Museum," PR Newswire, May 6, 2009, http://www.elginism.com/20090506/ 1942/。這些赴倫敦抗議的師生來自凱法利尼亞島阿爾戈斯托利（Argostoli）的第二綜合中學。

37. 有關於第八世埃爾金公爵和火燒圓明園一事，見W. T. Hanes and F. Sanello, *The Opium Wars: The Addiction of One Empire and the Corruption of Another* (Naperville, Ill.: Sourcebooks, 2002)。

38. 有關「普世博物館」，見二〇〇二年簽署的《普世博物館聯合聲明》（Declaration on the Importance and Value of the Universal Museum）。捍衛世界主義與普世博物館的意見，見K. A. Appiah, *Cosmopolitanism* (New York: W. W. Norton, 2006); J. Cuno, *Museums Matter: In Praise of the Encyclopedic Museum* (Chicago: University of Chicago Press, 2012); J. Cuno, *Who Owns Antiquity?* (Princeton, N.J.: Princeton University Press, 2008); J. Cuno, ed., *Whose Culture? The Promise of Museums and the Debate over Antiquities* (Princeton, N.J.: Princeton University Press, 2009). 對世界主義與地方主義有興趣者，參見D. Gillman, The Idea of Cultural Heritage,49-55.。批判普世博物館的意見，見G. Abungu, "The Declaration: A Contested Issue," *ICOM News* 1 (2004): 4; G. W. Curtis, "Universal Museums, Museum Objects, and Repatriation: The Tangled Stories of Things," *Museum Management and Curatorship* 21 (2006): 117-28。

39. C. Calhoun, *Nations Matter: Culture, History, and the Cosmopolitan Dream* (New York: Routledge, 2007); C. Calhoun, "Imagining Solidarity: Cosmopolitanism, Constitutional Patriotism, and the Public Sphere," *Public Culture* 14 (2002): 147-71; C. Calhoun, "Cosmopolitanism in the Modern Social Imaginary," *Daedalus* 137 (2008): 105-14。關於世界主義的進一步批判，見A. González-Ruibal, "Vernacular Cosmopolitanism: An Archaeological Critique of Universalistic Reason," in *Cosmopolitan Archaeologies,* ed. L. Meskell (Durham, N.C.: Duke University Press, 2009), 113-39。

40. 一項一九九六年的電視意見調查顯示非常相似的數字，見Hitchens, *Parthenon Marbles,* xxi。《衛報》在二〇〇九年的調查顯示有百分之九十五贊成歸還大理石，百分之五反對（http://www.guardian.co.uk/culture/poll/2009/jun/24/ elgin-marbles）。應該指出的是，這個調查的代表性有點局限性，只反映那些願意下決定的受訪者的意見。因為有非常多受訪者的回答是「不知道」或「沒聽說過這回事」，所以贊成／反對者的確切數字難於評估。二〇一二年六月十一日，一個英國廣播公司主辦的辯論會假卡杜甘音樂廳舉行，由演員佛萊和自由民主黨下議員喬治（Andrew George）代表正方，由工黨下議員亨特（Tristram Hunt）和聖母大學歷史教授阿梅斯托（Felipe Fernández-Armesto）代表反方。在場聽眾的投票結果是三百八十四票贊成歸還帕德嫩雕刻，一百二十五票反對。

41. 這個數字是從大英博物館報告的每年入館人數和進入杜維恩展廳參觀者的平均比例推算。http://www.bbc.co.uk/news/uk-18373312。

42. Lords Debates, "The Parthenon Sculptures," May 19, 1997.

43. 倫弗魯爵士大力主張讓文化遺產和考古文物保存在它們原有的層位脈絡和文化脈絡，見 C. Renfrew, *Loot, Legitimacy, and Ownership: The Ethical Crisis in Archaeology* (London: Duckworth, 2000); C. Renfrew, "Museum Acquisitions: Responsibilities for the Illicit Traffic in Antiquities," in *Archaeology, Cultural Heritage, and the Antiquities Trade,* ed. N. Brodie, M. Kersel, C. Luke, and K. W. Tubb (Gainesville: University of Florida Press, 2008), 245-57; N. Brodie and C. Renfrew, "Looting and the World's Archaeological Heritage: The Inadequate Response," *Annual Review of Anthropology* 34 (2005): 343-61; N. Brodie, J. Doole, and C. Renfrew, eds., *Trade in Illicit Antiquities: The Destruction of the World's Archaeological Heritage* (Cambridge, U.K.: McDonald Institute for Archaeological Research, 2001); C. Renfrew, "The Fallacy of the 'Good Collector' of Looted Antiquities," *Public Archaeology* 1 (2000): 76-78。

44. http://www.bbc.co.uk/news/uk-18373312.

45. M. Anderson, "Ownership Isn't Everything: The Future Will Be Shared," *Art Newspaper,* September 15, 2010.

46. 照片為麥克卡貝（Robert A. McCabe）所攝。我衷心感謝他的好意，讓他的美麗照片在這本書出版。

參考書目

Albersmeier, S., ed. *Heroes: Mortals and Myths in Ancient Greece.* Baltimore: Walters Art Museum, 2009.

Alcock, S. "Archaeologies of Memory," in S. Alcock, *Archaeologies of the Greek Past: Landscapes, Monuments, and Memories, 1-35.* Cambridge, U.K.: Cambridge University Press, 2002.

Allen, D. *Why Plato Wrote.* Chichester: Wiley-Blackwell, 2010.

Andreae, B. "Dating and Significance of the Telephos Frieze in Relation to the Other Dedications of the Attalids of Pergamon." In Dreyfus and Schraudolph, *Pergamon*, 2:120– 26.

—, ed. *Phyromachos-Probleme: Mit einem Anhang zur Datierung des grossen Altars von Pergamon*. Mitteilungen des Deutschen Archäologischen Instituts, Römische Abteilung, Supplement 31. Mainz: Philipp von Zabern, 1990.

Andrews, E. "How a Riddle of the Parthenon Was Unraveled." *Century Illustrated Monthly Magazine*, June 1897, 301– 9.

Antikensammlung der Staatlichen Museen zu Berlin. *Pergamon: Panorama der antiken Metropole: Begleitbuch zur Ausstellung.* Berlin: Michael Imhof, 2011.

Antonaccio, C. *An Archaeology of Ancestors: Tomb Cult and Hero Cult in Early Greece.* Lanham, Md.: Rowman & Littlefield, 1995.

Arrington, N. "Topographic Semantics: The Location of the Athenian Public Cemetery and Its Significance for the Nascent Democracy." *Hesperia* 79 (2010): 499–539.

Ataç, A. M. *The Mythology of Kingship in Neo-Assyrian Art.* Cambridge, U.K.: Cambridge University Press, 2010.

Austin, C. *Nova fragmenta Euripidea in papyris reperta.* Kleine Texte 187. Berlin: Walter de Gruyter, 1968.

—. "De nouveaux fragments de l'*Erechthée* d'Euripide." *Recherches de Papyrologie* 4 (1967): 11– 67.

Balanos, G. *Les monuments de l'Acropole: Relèvement et conservation.* Paris: Charles Massin et Albert Lévy, 1938.

Bancroft, S. "Problems Concerning the Archaic Acropolis at Athens." Ph.D. diss., Princeton University, 1979.

Barber, E. J. W. "The *Peplos* of Athena." In Neils, *Goddess and Polis*, 103– 17.

—. *Prehistoric Textiles: The Development of Cloth in the Neolithic and Bronze Age.* Princeton, N.J.: Princeton University Press, 1991.

Barletta, B. "The Architecture and Architects of the Classical Parthenon." In Neils, *Parthenon*, 67– 99.

Barringer, J. M. *Art, Myth, and Ritual in Classical Greece.* Cambridge, U.K.: Cambridge University Press, 2008.

—. "The Temple of Zeus at Olympia: Heroes and Athletes." *Hesperia* 74 (2005): 211– 41.

Barringer, J. M., and J. M. Hurwit, eds. *Periklean Athens and Its Legacy: Problems and Perspectives.* Austin: University of Texas Press, 2005.

Barrow, R. J. *Lawrence Alma-Tadema.* London: Phaidon Press, 2001.

Bastea, E. *The Creation of Modern Athens: Planning the Myth.* Cambridge, U.K.: Cambridge University Press, 1999.

Beard, M. *The Parthenon.* Cambridge, Mass.: Harvard University Press, 2002.

Becatti, G. "Il rilievo del Drago e la base della Parthenos." In *Problemi Fidiaci*, edited by G. Becatti, 53– 70. Milan: Electa, 1951.

Bérard, C., et al., eds. *La cité des images: Religion et société en Grèce antique.* Paris: Fernand Nathan— L.E.P., 1984 = *A City of Images: Iconography and Society in Ancient Greece.* Princeton, N.J.: Princeton University Press, 1989.

Berger, E., ed. *Parthenon-Kongreß Basel: Referate und Berichte 4. bis 8. April 1982.* Mainz am Rhein: Philipp von Zabern, 1984.

Berger, E., and M. Gisler-Huwiler, eds. *Der Parthenon in Basel: Dokumentation zum Fries des Parthenon.* Studien der Skulpturhalle Basel 3. Mainz: Philipp von Zabern, 1996.

Bernard Tschumi Architects, ed. *The New Acropolis Museum.* New York: Skira Rizzoli, 2009.

Beyer, I. "Die Reliefgiebel des alten Athena-Tempels der Akropolis." *AA* (1974): 639– 51.

Bierl, A. *Ritual and Performativity: The Chorus of Old Comedy.* Translated by A. Hollmann. Washington D. C.: Center for Hellenic Studies, 2009.

Blok, J. "Gentrifying Genealogy: On the Genesis of the Athenian Autochthony Myth." In *Antike Mythen: Medien, Transformationen und Konstruktionen*, edited by U. Dill and C. Walde, 251–75. New York: Walter de Gruyter, 2009.

—. "Perikles' Citizenship Law: A New Perspective." *Historia* 58 (2009): 141– 70.

Boardman, J. "A Closer Look." *RA* (1999) 305-30.

—. "The Naked Truth." *OJA* 10 (1991) 119-21.

—. "Notes on the Parthenon Frieze." In Schmidt, *Kanon*,9-14.

—. "The Parthenon Frieze." In Berger, *Parthenon-Kongreß Basel*,210–15.

—. "Herakles, Peisistratos, and Sons." *RA* (1972): 57-72.

—. "The Parthenon Frieze: Another View." In *Festschrift für Frank Brommer*, 39– 49. Mainz: Philipp von Zabern, 1970.

Boardman, J., and D. Finn. *The Parthenon and Its Sculptures.* Austin: University of Texas Press, 1985.

Bodnar, E. *Cyriacus of Ancona and Athens.* Collection Latomus, vol. 43. Brussels: Latomus, 1960.

Boegehold, A. L. "Group and Single Competitions at the Panathenaia." In Neils, *Worshipping Athena*, 95– 105.

—. "Perikles' Citizenship Law of 451/0 B.C." In *Athenian Identity and Civic Ideology*, edited by A. L. Boegehold and A. C. Scafuro, 57–66. Baltimore: Johns Hopkins University Press, 1994.

Boegehold, A. L., and A. C. Scafuro, eds. *Athenian Identity and Civic Ideology.* Baltimore: Johns Hopkins University Press, 1994.

Boersma, J. S. *Athenian Building Policy from 561/0 to 405/4 B.C.* Groningen: Wolters- Noordhoff, 1970.

Borgeaud, P. *The Cult of Pan in Ancient Greece.* Chicago: University of Chicago Press, 1988.

Boutsikas, E. "Greek Temples and Rituals." In Ruggles, *Handbook of Archaeoastronomy and Ethnoastronomy*, 2014.

—. "Astronomical Evidence for the Timing of the Panathenaia." *AJA* 115 (2011): 303– 9.

—. "Placing Greek Temples: An Archaeoastronomical Study of the Orientation of Ancient Greek Religious Structures, "*Archaeoastronomy: The Journal of Astronomy in Culture* 21 (2009): 4-16.

Boutsikas, E., and R. Hannah. "Aitia, Astronomy, and the Timing of the Arrhēphoria." *BSA* 107 (2012): 233– 45.

—. "Ritual and the Cosmos: Astronomy and Myth in the Athenian Acropolis." In Ruggles, *Archaeoastronomy and Ethnoastronomy*, 342– 48.

Boutsikas E., and C. Ruggles. "Temples, Stars, and Ritual Landscapes: The Potential for Archaeoastronomy in Ancient Greece," *AJA* 115 (2011): 55– 68.

Bremmer, J. N. *The Strange World of Human Sacrifice.* Leuven: Peeters, 2007.

—. "Pandora and the Creation of a Greek Eve." In *The Creation of Man and Woman in Jewish and Christian Interpretations*, edited by G. Luttikhuizen, 19– 34. Leiden: Brill, 2000.

—. *Greek Religion.* Oxford: Oxford University Press, 1994.

—, ed. *Interpretations of Greek Mythology.* London: Croom Helm, 1988.

Brommer, F. *Der Parthenonfries: Katalog und Untersuchung.* Mainz: Philipp von Zabern, 1977.

—. *Die Skulpturen der Parthenon-Giebel: Katalog und Untersuchung.* Mainz: Philipp von Zabern, 1963.

Broneer, O. *Isthmia: Topography and Architecture.* Vol. 2. Princeton, N.J.: Princeton University Press,1973.

—. "Eros and Aphrodite on the North Slope of the Acropolis in Athens." *Hesperia* 1 (1932): 31-55.

Brown, K. S., and Y. Hamilakis, eds. *The Usable Past: Greek Metahistories.* New York: Lexington Books, 2003.

Burford, A. "The Builders of the Parthenon. " In *Parthenos and Parthenon,* 23-35. Greece and Rome Supplement 10. Oxford: Clarendon Press, 1963.

Burtt, J. O. *Minor Attic Orators, H: Lycurgus, Demades, Dinarchus, Hyperides. Cambridge*, Mass.: Harvard University Press, 1982.

Buitron-Oliver, D., ed. *The Interpretation of Architectural Sculpture in Greece and Rome.* Washington, D.C.: National Gallery of Art, 1997.

Buxton, R. G. A., ed. *Oxford Readings in Greek Religion.* Oxford: Oxford University Press, 2000.

Calame, C. *Choruses of Young Women in Ancient Greece: Their Morphology, Religious Role, and Sacred Functions.* Lanham, Md.: Rowman & Littlefield, 1997.

Calder, W. M. "Prof. Calder's Reply." *GRBS* 12 (1971): 493-95.

—. "The Date of Euripides' *Erechtheus*." *GRBS* 10 (1969):147-56.

Camp, J. McK. *The Archaeology of Athens.* New Haven, Conn.: Yale University Press, 2001.

—. "Before Democracy: Alkmaionidai and Peisistratidai." In Coulson, Palagia, Shear, Shapiro, and Frost, *Archaeology of Athens and Attica Under the Democracy*, 9– 11.

—. *The Athenian Agora.* London: Thames and Hudson, 1986.

—. "Water and the Pelargikon." In *Studies Presented to Sterling Dow on His Eightieth Birthday*, edited by K. J. Rigsby, 37– 41. Durham, N.C.: Duke University Press, 1984.

Carpenter, R. *The Architects of the Parthenon.* Harmondsworth: Penguin Books, 1970.

Carrara, P. *Euripide: Eretteo.* Papyrologica Florentina 3. Florence: Gonnelli, 1977.

Carroll, K. K. *The Parthenon Inscription.* Durham, N.C.: Duke University Press, 1982.

Castriota, D. *Myth, Ethos, and Actuality: Official Art in Fifth-Century B.C. Athens.* Madison: University of Wisconsin Press, 1992.

Chaniotis, A. *Unveiling Emotions: Sources and Methods for the Study of Emotions in the Greek World.* Stuttgart: Franz Steiner, 2012.

—, ed. *Ritual Dynamics in the Ancient Mediterranean: Agency, Emotion, Gender, Representation.* Heidelberger althistorische Beiträge und epigraphische Studien 49. Stuttgart: Franz Steiner, 2011.

—. "Dynamic of Emotions and Dynamic of Rituals: Do Emotions Change Ritual Norms?" *In Ritual Matters: Dynamic Dimensions in Practice*, edited by C. Brosius and U. Hüsken, 208– 33. London: Routledge, 2010.

—."Dividing Art-Divided Art: Reflections on the Parthenon Sculpture." In Mylonopoulos and Chaniotis, *New Acropolis Museum*, 1:41-48.

—. "The Dynamics of Ritual Norms in Greek Cult." In *La norme en matière religieuse en Grèce antique*, edited by P. Brulé, 91– 105. *Kernos* Supplement 21. Liège: Centre International d'Étude de la Religion Grecque Antique, 2009.

—. "From Woman to Woman: Female Voices and Emotions in Dedications to Goddesses." In *Le donateur, l'offrande et la déesse*, edited by C. Prêtre, 51– 68. *Kernos* Supplement 23. Liège: Centre International d'Étude de la Religion Grecque Antique, 2009.

—. "Theater Rituals." In *The Greek Theatre and Festivals: Documentary Studies*, edited by P. Wilson, 48– 66. Oxford: Oxford University Press, 2007.

—. "Rituals Between Norms and Emotions: Ritual as Shared Experience and Memory." In *Ritual and Communication in the Graeco-Roman World*, edited by E. Stavrianopoulou, 211– 38. *Kernos* Supplement 16. Liège: Centre International d'Étude de la Religion Grecque Antique, 2006.

—. "Ritual Dynamics in the Eastern Mediterranean: Case Studies in Ancient Greece and Asia Minor." In *Rethinking the Mediterranean*, edited by W. V. Harris, 141-66. Oxford: Oxford University Press, 2005.

Childs, W. A. P. " The Date of the Old Temple of Athena on the Athenian Acropolis." In Coulson, Palagia, Shear, Shapiro, and Frost, *Archaeology of Athens and Attica Under the Democracy*, 1-6.

Clairmont, C. "Girl or Boy? Parthenon East Frieze 35." *AA* (1989): 495– 96.

—. "Euripides' *Erechtheus* and the Erechtheum." *GRBS* 12 (1971): 485– 93.

Cohen, A. "Mythic Landscapes of Greece." In *Greek Mythology*, edited by R. D. Woodland, 305– 30. Cambridge, U.K.: Cambridge University Press, 2007.

Collard, C., and M. Cropp. *Euripides VII: Fragments.* Loeb Classical Library 504. Cambridge, Mass.: Harvard University Press, 2008.

Collard, C., M. Cropp, and K. Lee, eds. *Euripides: Selected Fragmentary Plays.* Warminster: Aris & Phillips, 1995.

Connelly, J. B. "Ritual Movement Through Greek Sacred Space: Towards an Archaeology of Performance." In Chaniotis, *Ritual Dynamics in the Ancient Mediterranean,* 313– 46.

—. *Portrait of a Priestess: Women and Ritual in Ancient Greece.* Princeton, N.J.: Princeton University Press, 2007.

—. "Parthenon and *Parthenoi*: A Mythological Interpretation of the Parthenon Frieze." *AJA* 100 (1996): 53– 80.

—. "Narrative and Image in Attic Vase Painting: Ajax and Kassandra at the Trojan Palladion." In *Narrative and Event in Ancient Art*, ed. P. J. Holliday, 88-129. Cambridge, U.K.: Cambridge University Press, 1993.

—. "The Parthenon Frieze and the Sacrifice of the Erechtheids: Reinterpreting the'Peplos Scene.' " *AJA* 97 (1993): 309– 10.

Connerton, P. *How Societies Remember*, Cambridge, U.K.: Cambridge University Press, 1989.

Connolly, P., and H. Dodge. *The Ancient City: Life in Classical Athens and Rome.* Oxford: Oxford University Press, 1998.
Cook, R. M. *Greek Art: its Development, Character, and Influence.* New York: Farrar, Straus and Giroux, 1973.
Cosmopoulos, M. B., ed. *The Parthenon and Its Sculptures.* Cambridge, U.K.: Cambridge University Press, 2004.
Coulson, W., and H. Kyrieleis, eds. *Proceedings of an International Symposium on the Olympic Games.* Athens: Deutsches Archäologisches Institut Athen, 1992.
Coulson, W., O. Palagia, T. L. Shear Jr., H. A. Shapiro, and F. J. Frost, eds. *The Archaeology of Athens and Attica Under the Democracy.* Oxford: Oxford University Press, 1994.
Croissant, F. "Observations sur la date et le style du fronton de la gigantomachie, Acr. 631." *RÉA* 95 (1993): 61– 77.
—. *Les protomés féminines archaïques: Recherches sur les représentations du visage dans la plastique grecque de 550 à 480 av. J.*-C. Vol. 1. Paris: Écoles Françaises d'Athènes, 1983.
Crowther, N. B. "Male Beauty Contests in Greece: The *Euandria and Euexia.*" *L'Antiquité Classique* 54 (1985): 285– 91.
D'Alessio, G. B. "Textual Fluctuations and Cosmic Streams: Ocean and Acheloios." *JHS* 124 (2004): 16– 37.
Damaskos, D., and D. Plantzos, eds. *A Singular Antiquity: Archaeology and Hellenic Identity in Twentieth-Century Greece.* Athens: Benaki Museum, 2008.
Dankoff, R., and S. Kim. *An Ottoman Traveller: Selections from the Book of Travels of Evliya Çelebi.* London: Eland, 2010.
Davies, J. K. "Athenian Citizenship: The Descent Group and the Alternatives." *CJ* 73 (1977): 105– 21.
Deacy, S. *Athena: Gods and Heroes of the Ancient World.* New York: Routledge, 2008.
De Grummond, N. T., and B. S. Ridgway, eds. *From Pergamon to Sperlonga: Sculpture and Context.* Berkeley: University of California Press, 2000.
Delivorrias, A., " The Throne of Apollo at the Amyklaion: Old Proposals, New Perspectives." *British School at Athens Studies* 16 (2009): 133– 35.
Delivorrias, A. and S. Mavromatis, Η Ζωοφόρος του Παρθενώνα. Athens: Melissa Publications, 2004.
Deubner, L. *Attische Feste.* Berlin: Keller, 1932.
Diggle, J. *Tragicorum Graecorum Fragmenta Selecta.* Oxford: Oxford Classical Texts, 1998.
—. *Euripidea: Collected Essays.* Oxford: Oxford University Press, 1994.
Dillon, M. *Girls and Women in Classical Greek Religion.* New York: Routledge, 2002.
Dinsmoor, W. B. *The Architecture of Ancient Greece: An Account of Its Historical Development.* 3rd ed. New York: W. W. Norton, 1975.

—. "Two Monuments on the Athenian Acropolis." In *Charisterion eis Anastasion K. Orlandon* 4, 145– 53, 155. Athens: Library of the Archaeological Society at Athens, 1967– 1968.

—. "New Evidence for the Parthenon Frieze." *AJA* 58 (1954): 144– 45.

—. "The Hekatompedon on the Athenian Acropolis." *AJA* 51 (1947): 109– 51.

—. "The Older Parthenon, Additional Notes." *AJA* 39 (1935): 508–9.

—. "The Date of the Older Parthenon." *AJA* 38 (1934): 408– 48.

—. "The Burning of the Opisthodomus at Athens I: The Date," *AJA* 36 (1932): 143-172.

—. "The Burning of the Opisthodomus at Athens II: The Site," *AJA* 36 (1932): 307-326.

—. "Attic Building Accounts, IV: The Statue of Athena Promachos." *AJA* 25 (1921): 118– 29.

Djordjevitch, M. "Pheidias's Athena Promachos Reconsidered." *AJA* 98 (1994): 323.

Dodwell, E. A. A *Classical and Topographical Tour Through Greece, During the Years 1801, 1805, and 1806.* 2 vols. London: Rodwell & Martin, 1819.

Donohue, A. A. *Xoana and the Origins of Greek Sculpture.* Atlanta: Scholars Press, 1988.

Dontas, G. "The True Aglaurion." *Hesperia* 52 (1983): 48– 63.

Dörig, J., and O. Gigon. *Der Kampf der Götter und Titanen.* Otlen: Graf, 1961.

Dörpfeld, W. "Parthenon I, II und III." *AJA* 39 (1935): 497– 507.

Douglas, E. M. "The Owl of Athena." *JHS* 32 (1912): 174– 78.

Dreyfus, R., and E. Schraudolph, eds. *Pergamon: The Telephos Frieze from the Great Altar*. 2 vols. San Francisco: Fine Arts Museums of San Francisco, 1996.

Duncan, I. *My Life.* 1927. New York: Liveright, 1995.

Economakis, R., ed. *Acropolis Restoration: The CCAM Intervention.* London: Academy Editions, 1994.

Ehrhardt, W. "Zu Darstellung und Deutung des Gestirngötterpaares am Parthenon." *JdI* 119 (2004): 1– 39.

Ekroth, G. "The Cult of Heroes." In Albersmeier, *Heroes,* 120–43.

—. *The Sacrificial Rituals of Greek Hero-Cults: From the Archaic to the Early Hellenistic Periods.* Liège: Centre International d'Étude de la Religion Grecque Antique, 2002.

Evelyn-White, H. G., ed. *First Homeric Hymn to Athena.* Cambridge, Mass.: Harvard University Press, 1924.

Farnell, L. R. *The Cults of the Greek States.* Oxford: Oxford University Press, 1896.

Fehr, B. *Becoming Good Democrats and Wives: Civic Education and Female Socialization on the Parthenon Frieze.* Berlin: LIT Verlag, 2012.

Ferrari, G. *Alcman and the Cosmos of Sparta.* Chicago: University of Chicago Press, 2008.

—. "The Ancient Temple on the Acropolis at Athens." *AJA* 106 (2002): 11– 35.

—. *Figures of Speech: Men and Maidens in Ancient Greece.* Chicago: University of Chicago Press, 2002.

Ferrari Pinney, G. "Pallas and Panathenaea." In *Proceedings of the Third Symposium on Ancient Greek and Related Pottery: Copenhagen, August 31-September 4, 1987*, edited by J. Christiansen and T. Melander, 465– 77. Copenhagen: Nationalmuseet, Ny Carlsberg Glyptotek & Thorvaldsens Museum, 1988.

Fisher, N. R. E., and H. van Wees, eds. *Archaic Greece: New Approaches and New Evidence.* London: Duckworth, 1997.

Frantz, A. *Late Antiquity, A. D. 267-700.* Athenian Agora 24. Princeton, N.J.: Princeton University Press, 1988.

Fuchs, W. "Zur Rekonstruktion des Poseidon im Parthenon-Westgiebel." *Boreas* 6 (1983): 79– 80.

Furtwängler, A. *Meisterwerke der griechischen Plastik.* Leipzig: Geisecke & Devrient, 1893.

Gilman, D. *The Idea of Cultural Heritage.* Rev. ed. Cambridge, U.K.: Cambridge University Press, 2010.

Glowacki, K. "The Acropolis of Athens Before 566 B.C." In *Stephanos: Studies in Honor of Brunilde Sismondo Ridgway*, edited by K. J. Hartswick and M. C. Sturgeon, 79– 88. Philadelphia: University Museum, University of Pennsylvania, for Bryn Mawr College, 1998.

—. "Topics Concerning the North Slope of the Acropolis Athens." Ph.D. diss., Bryn Mawr College, 1991.

Godley, A. D. *Herodotus Histories.* Loeb Classical Library. Cambridge Mass.: Harvard University Press, 1924.

Goette, H. R. *Athens, Attica, and the Megarid: An Archaeological Guide.* Rev. ed. New York: Routledge, 2001.

Goldhill, S., and R. Osborne, eds. *Performance Culture and Athenian Democracy.* Cambridge, U.K.: Cambridge University Press, 2004.

Graf, F. "Lampadedromia." In *Brill's New Pauly: Encyclopaedia of the Ancient World*, 7:186– 87. Leiden: Brill, 2003.

—. "Pompai in Greece: Some Considerations About Space and Ritual in the Greek Polis." In *The Role of Religion in the Early Greek Polis*, edited by R. Hägg, 55– 65. Stockholm: Svenska Institutet i Athens, 1996.

Guarducci, M. "L'offerta di Xenokrateia nel santuario di Cefi so al Falero." In *Phoros: Tribute to Benjamin Dean Meritt*, edited by D. W. Bradeen and M. F. McGregor, 57– 66. Locust Valley, N.Y.: J. J. Augustin, 1974.

Habicht, C. *Athens from Alexander to Antony.* Translated by D. L. Schneider. Cambridge, Mass.: Harvard University Press, 1997.

Hadziaslani, C. ΤΩΝ ΑΘΗΝΗΘΕΝ ΑΘΛΩΝ. Athens: Acropolis Restoration Service, Department of Information and Education, 2003.

—. *Promenade at the Parthenon.* Athens: Hellenic Ministry of Culture, 2000.

Hägg, R. *Ancient Greek Hero Cult.* Stockholm: Svenska Institutet i Athen, 1999.

—. *Ancient Greek Cult Practice from the Archaeological Evidence.* Stockholm: Svenska Institutet i Athen, 1998.

Hägg, R., N. Marinatos, and G. Nordquist, eds. *Early Greek Cult Practice.* Stockholm: Svenska Institutet i Athen, 1988.

Hale, J .R. *Lords of the Sea: The Epic Story of the Athenian Navy and the Birth of Democracy.* New York: Penguin, 2010.

Hamilakis, Y. "Museums of Oblivion." *Antiquity* 85 (2011): 625– 29.

—. "Decolonizing Greek Archaeology: Indigenous Archaeologies, Modernist Archaeology, and the Post-colonial Critique." In *A Singular Antiquity: Archaeology and Hellenic Identity in Twentieth-Century Greece*, edited by D. Damaskos and D. Plantzos, 273– 84.

—. "Monumentalising Place: Archaeologists, Photographers, and the Athenian Acropolis from the 18th Century to the Present." In *Monuments in the Landscape,* edited by P. Rainbird 190– 98. Stroud: Tempus, 2008.

—. *The Nation and its Ruins: Antiquity, Archaeology, and National Imagination in Greece.* Oxford: Oxford University Press, 2007.

—. " Monumental Visions: Bonfils, Classical Antiquity, and 19th Century Athenian Society." *History of Photography* 25, no. 1 (2001): 5–12, 23– 43.

—. "Cyberpast/ Cyberspace/ Cybernation: Constructing Hellenism in Hyperreality." *European Journal of Archaeology* 3 (2000): 241–64.

—. "Sacralising the Past: The Cults of Archaeology in Modern Greece." *Archaeological Dialogues* 6 (1999): 115-35, 154-60.

Hamilakis, Y., and E. Yalouri. "Antiquities as Symbolic Capital in Modern Greek Society." *Antiquity* 70 (1996):117-29.

Hansen, E. V. *The Attalids of Pergamon*. Ithaca, N.Y.: Cornell University Press, 1971.

Hanson, V. D., *A War Like No Other: How the Athenians and the Spartans Fought the Peloponnesian War.* New York: Random House, 2006.

—, ed. *Hoplites: The Classical Greek Battle Experience.* New York: Routledge, 1991.

Harris, D. *Treasures of the Parthenon and Erechtheion*, Oxford: Clarendon Press, 1995.

Harrison, E. B. "Pheidias." In *Personal Styles in Greek Sculpture*, edited by O. Palagia and J. J. Pollitt, 16– 65. Cambridge, U.K.: Cambridge University Press, 1996.

—. "The Web of History: A Conservative Reading of the Parthenon Frieze. " In Neils, *Worshipping Athena*, 198– 214.

—. "Time in the Parthenon Frieze." In *Berger, Parthenon-Kongreß Basel*, 230– 34.

—. "The Iconography of the Eponymous Heroes on the Parthenon and in the Agora." In *Greek Numismatics and Archaeology: Essays in Honor of Margaret Thompson*, edited by O. Mørkholm and N. Waggoner, 71– 85. Belgium: Cultura Press, 1979.

—. “The South Frieze of the Nike Temple and the Marathon Painting in the Painted Stoa.” *AJA* 76 (1972): 353– 78.

—. “Athena and Athens in the East Pediment of the Parthenon.” *AJA* 71 (1967): 27– 58.

Harrison, J. E., *Ancient Art and Ritual*, New York: Greenwood Press, 1913.

—. *Primitive Athens as Described by Thucydides.* Cambridge, U.K.: Cambridge University Press, 1906.

—. *Prolegomena to the Study of Greek Religion*. Cambridge, U.K.: Cambridge University Press, 1903.

—. “Pandora’s Box.” *JHS* 20 (1900): 99– 144.

—. *Mythology and Monuments of Ancient Athens: Being a Translation of a Portion of the “ Attica” of Pausanias.* New York: Macmillan, 1890.

Heberdey, R. *Altattische Porosskulptur: Ein Beitrag zur Geschichte der archaischen griechischen Kunst.* Vienna: A. Hölder, 1919.

Henrichs, A. “Human Sacrifice in Greek Religion: Three Case Studies.” In *Le sacrifice dans l’antiquité,* edited by J. Rudhardt and O. Reverdin, 195– 235. Geneva: Entretiens Hardt, 1981.

Hermann, G. *Morality and Behaviour in Democratic Athens: A Social History.* Cambridge, U.K.: Cambridge University Press, 2006.

—. “Reciprocity, Altruism, and the Prisoner’s Dilemma: The Special Case of Classical Athens.” In *Reciprocity in Ancient Greece*, edited by C. Gill, N. Postlethwaite, and R. Seaford, 199– 225. Oxford: Oxford University Press, 1998.

Hintzen-Bohlen, B. *Die Kulturpolitik des Euboulos und des Lykurg: Die Denkmäler und Bauprojeckte in Athen zwischen 355 und 322 v. Chr.* Berlin: Akademie, 1997.

Hitchens, C. *The Parthenon Marbles: The Case for Reunification.* London: Verso, 2008.

Holloway, R. “The Archaic Acropolis and the Parthenon Frieze.” *Art Bulletin* 48 (1966): 223– 26.

Hölscher, T. “Architectural Sculpture: Messages? Programs?” In Schultz and Hoff, *Structure, Image, Ornament*, 54– 67.

Hughes, D. *Human Sacrifice in Ancient Greece.* New York: Routledge, 1991.

Humphreys, S. C. *The Strangeness of Gods: Historical Perspectives on the Interpretation of Athenian Religion.* Oxford: Oxford University Press, 2004.

Hurwit, J. M. *The Acropolis in the Age of Pericles.* Cambridge, U.K.: Cambridge University Press, 2004.

—. *The Athenian Acropolis: History, Mythology, and Archaeology from the Neolithic Era to the Present.* Cambridge, U.K.: Cambridge University Press, 1999.

—. “Beautiful Evil: Pandora and the Athena Parthenos.” *AJA* 99 (1995): 171– 86.

Iakovidis, S. E. *The Mycenaean Acropolis of Athens.* Archaeological Society at Athens Library. Athens: Archaeological Society at

Athens, 2006.

—. *Late Helladic Citadels on Mainland Greece.* Leiden: E. J. Brill, 1983.

Immerwahr, S. A. *The Neolithic and Bronze Ages.* Athenian Agora 13. Princeton, N.J.: American School of Classical Studies at Athens, 1971.

Inomata, T., and L. Coben, eds. *Archaeology of Performance: Theaters of Power, Community, and Politics.* New York: Altamira Press, 2006.

Isager, S., and J. E. Skydsgaard. *Ancient Greek Agriculture: An Introduction.* New York: Routledge, 1992.

Jenkins, I. D. *Cleaning and Controversy: The Parthenon Sculptures*, 1811– 1939. London: British Museum Press, 2001.

—. "The South Frieze of the Parthenon: Problems in Arrangement." *AJA* 99 (1995): 445– 56.

—. *The Parthenon Frieze.* London: British Museum Press, 1994.

—. "Acquisition and Supply of Casts of the Parthenon Sculptures by the British Museum, 1835– 1939." *BSA* 85 (1990): 89– 114.

—. "The Composition of the So-Called Eponymous Heroes on the East Frieze of the Parthenon." *AJA* 89 (1985): 121– 27.

Jenkins, I. D., and A. P. Middleton. "Paint on the Parthenon Sculptures." *BSA* 83 (1988): 183– 207.

Jeppesen, K. K. "A Fresh Approach to the Problems of the Parthenon Frieze," in E. Hallager and J. T. Jensen, *Proceedings of the Danish Institute at Athens V*. Athens: Aarhus University Press, 2007, 101– 72.

—. "Bild und Mythus an dem Parthenon: Zur Ergänzung und Deutung der Kultbildausschmückung des Frieses, der Metopen und der Giebel." *Acta Archaeologica* 34 (1963): 23– 33.

Jouan, F., and H. Van Looy, eds. *Fragments: Euripides*, vol. 8.2, *De Bellérophon à Protésilas*. Paris: Belles Lettres, 2002.

Jowett, B. *Thucydides: History of the Peloponnesian War.* New York: Bantam, 1963. (Original publication Oxford: Clarendon Press, 1881.)

Kagan, D. *Pericles of Athens and the Birth of Democracy.* New York: Free Press, 1991.

Kaldellis, A. *The Christian Parthenon: Classicism and Pilgrimage in Byzantine Athens.* Cambridge, U.K.: Cambridge University Press, 2009.

Kannicht, R., *Tragicorum Graecorum Fragmenta*, Vol. 5: *Euripides,* Göttingen: Vandenhoeck & Ruprecht, 2004, 390– 418.

Kardara, K. "Glaukopis, the Archaic Naos, and the Theme of the Parthenon Frieze." *ArchEph* 1961 (1964): 61– 158.

Kästner, V. "The Architecture of the Great Altar and the Telephos Frieze." In Dreyfus and Schraudolph, *Pergamon*, 2:68– 82.

Kavvadias, G., and E. Giannikapani. *North, East, and West Slopes of the Acropolis: Brief History and Tour.* Athens: Hellenic Ministry of

Culture, 2004.
—. *South Slope of the Acropolis: Brief History and Tour.* Athens: Hellenic Ministry of Culture, 2004.
Keane, J. "Does Democracy Have a Violent Heart?" In Pritchard, *War, Democracy, and Culture in Classical Athens*, 378– 408.
Kearns, E. *Ancient Greek Religion: A Sourcebook.* Oxford: Wiley-Blackwell, 2009.
—. "Order, Interaction, Authority: Ways of Looking at Greek Religion." In *The Greek World*, edited by A. Powell, 511– 29. London: Routledge, 1995.
—"Saving the City" In *The Greek City: From Homer to Alexander*, edited by O. Murray and S. R. F. Price, 323– 44. Oxford: Oxford University Press, 1990.
—. *The Heroes of Attica.* London: University of London, Institute of Classical Studies, 1989.
Kissas, K. *Archaische Architektur der Athener Akropolis: Dachziegel, Metopen, Geisa, Akroterbasen.* Wiesbaden: Reichert, 2008.
Knell, H. *Mythos und Polis: Bildprogramme griechischer Bauskulptur.* Darmstadt: Wissenschaftliche Buchgesellschaft, 1990.
Kondaratos, S. "The Parthenon as Cultural Ideal." In Tournikiotis, *Parthenon and Its Impact in Modern Times*, 18-53.
Korres, M. "Athenian Classical Architecture." In *Athens: From the Classical Period to the Present Day*, edited by M. Korres and C. Bouras, 2– 45. New Castle, Del.: Oak Knoll Press, 2003.
—. "Die klassische Architektur und der Parthenon." In *Die griechische Klassik: Idee oder Wirklichkeit*, edited by M. Maischberger and W.-D. Heilmeyer, 364– 84. Mainz am Rhein: Philipp von Zabern, 2002.
—. "On the North Acropolis Wall." In *Excavating Classical Culture: Recent Archaeological Discoveries in Greece*, edited by M. Stamatopoulou and M. Yeroulanomou, 179– 86. Oxford: Oxford University Press, 2002.
—. *The Stones of the Parthenon.* Los Angeles: J. Paul Getty Museum, 2000.
—. "Die Athena-Tempel auf der Akropolis." In *Kult und Kultbauten auf der Akropolis*, edited by W. Hoepfner, 218– 43. Berlin: Arch*ä*ologisches Seminar der Freien Universit*ä*t Berlin, 1997.
—. "The Parthenon." In Korres, Panetsos, and Seki, *Parthenon*, 12– 73.
—. *From Pentelicon to the Parthenon.* Athens: Melissa, 1995.
—. "The Architecture of the Parthenon." In Tournikiotis, *Parthenon and Its Impact in Modern Times*, 54– 97.
—. "The History of the Acropolis Monuments." In Economakis, *Acropolis Restoration*, 34– 51.
—. "The Parthenon from Antiquity to the 19th Century." In Tournikiotis, *Parthenon and Its Impact in Modern Times*, 137– 61.
—. "Der Plan des Parthenon." *AM* 109 (1994): 53– 120.

—. "Recent Discoveries on the Acropolis." In Economakis, *Acropolis Restoration*, 174– 79.

—. "The Restoration of the Parthenon." In Economakis, *Acropolis Restoration*, 110– 33.

—. "The Sculptural Adornment of the Parthenon." In Economakis, *Acropolis Restoration*, 29-33.

—. *Study for the Restoration of the Parthenon.* Vol. 4. Athens: Ministry of Culture, Committee for the Preservation of the Acropolis Monuments, 1994.

—. "Überzählige Werkstücke des Parthenonfrieses." In Schmidt, *Kanon*, 19– 27.

—. "Der Pronaos und die Fenster des Parthenon." In Berger, *Parthenon- Kongreß Basel*, 47– 54.

Korres, M., and C. Bouras, eds. *Studies for the Restoration of the Parthenon* (in Greek). Vol. 1. Athens: Ministry of Culture and Sciences, 1983.

Korres, M., G. A. Panetsos, and T. Seki, eds. *The Parthenon: Architecture and Conservation.* Athens: Foundation for Hellenic Culture, Committee for the Conservation of the Acropolis Monuments, 1996.

Korshak, Y. *Frontal Face in Attic Vase Painting in the Archaic Period.* Chicago: Ares, 1987.

Koutsadelis, C., ed. *Dialogues on the Acropolis: Scholars and Experts Talk on History, Restoration, and the Acropolis Museum.* Athens: Skai Books, 2010.

Kovacs, D. *Euripides: Children of Heracles. Hippolytus. Andromache. Hecuba.* Loeb Classical Library. Cambridge, Mass.: Harvard University Press, 1995.

Kretschmer, P. "Pelasger und Etrusker." *Glotta* 11 (1921): 276– 85.

Kroll, J. H. *The Greek Coins.* Athenian Agora 26. Princeton, N.J.: American School of Classical Studies at Athens, 1993.

—. "The Parthenon Frieze as a Votive Relief." *AJA* 83 (1979): 349– 52.

Kroll, J. H., and N. M. Waggoner. " Dating the Earliest Coins of Athens, Corinth, and Aegina." *AJA* 88 (1984):325-40.

Kron, U. "Die Phylenheroen am Parthenonfries." In Berger, *Parthenon-Kongreß Basel*, 235– 44.

—. *Die zehn attischen Phylenheroen: Geschichte, Mythos, Kult und Darstellungen.* Berlin: Mann, 1976.

Kyle, D. *Sport and Spectacle in the Ancient World.* Malden, Mass.: Blackwell, 2007.

—. "Gifts and Glory: Panathenaic and Other Greek Athletic Prizes." In Neils, *Worshipping Athena*, 106– 36.

—. *Athletics in Ancient Athens.* Leiden: Brill, 1987.

Lang, M. *Waterworks in the Athenian Agora.* Agora Picture Book 11. Princeton, N.J.: American School of Classical Studies at Athens, 1968.

Lapatin, K. *Chryselephantine Statuary in the Classical World.* Oxford: Oxford University Press, 2001.

—. "The Ancient Reception of Pheidias' Athena Parthenos and Zeus Olympios: The Visual Evidence in Context." In *The Reception of Texts and Images*, edited by L. Hardwick and S. Ireland. 2 vols. Open University, 1996, and at http://www2. open.ac.uk/ClassicalStudies/GreekPlays/conf96/lapatinabs.htm.

Larson, J. *Greek Nymphs: Myth, Cult, Lore.* Oxford: Oxford University Press, 2001.

—. *Greek Heroine Cults.* Madison: University of Wisconsin Press, 1995.

Lavelle, B. M. *Fame, Money, and Power: The Rise of Peisistratos and "Democratic" Tyranny at Athens.* Ann Arbor: University of Michigan Press, 2005.

Lawrence, A. W. *Greek and Roman Sculpture.* London: J. Cape, 1972.

—. "The Acropolis and Persepolis." *JHS* 71 (1951): 116– 19.

Leipen, N. *Athena Parthenos: A Reconstruction.* Ontario: Royal Ontario Museum, 1972.

Lesk, A. "A Diachronic Examination of the Erechtheion and Its Reception." Ph.D. diss., University of Cincinnati, 2004.

Linfert, A. "Athenen des Phidias." *AM* 97 (1982): 57– 77.

Lippman, M., D. Scahill, and P. Schultz. "*Knights* 843– 859, the Nike Temple Bastion, and Cleon's Shields from Pylos." *AJA* 110 (2006): 551– 63.

Lissarrague, F. "La Grèce antique. Civilization I: Fonctions de l'image." In *Encyclopaedia universalis*, 874– 77. Paris: Encyclopaedia Universalis France, 1991.

Lissarrague, F., and A. Schnapp, "Imagerie des Grecs ou Grèce des imagiers." *Le Temps de la Réflexion* 2 (1981): 286– 97.

López-Ruiz, C. *When the Gods Were Born: Greek Cosmogonies and the Near East.* Cambridge, Mass.: Harvard University Press, 2010.

Loraux, N. *The Children of Athena.* Princeton, N.J.: Princeton University Press, 1993.

Maass, M. *Das antike Delphi.* Munich: C. H. Beck, 2007.

Mallouchou-Tufano, F., ed. *Dialogues on the Acropolis.* Athens: SKAI editions, 2010.

—. " The Restoration of Classical Monuments in Modern Greece: Historic Precedents, Modern Trends, Peculiarities." *Conservation and Management of Archaeological Sites* 8.3 (2007):154-73.

—. "Thirty Years of Anastelosis Works on the Athenian Acropolis, 1975–2005." In *Conservation and Management of Archaeological Sites* 8 (2006): 27– 38.

—, ed. *Proceedings of the Fifth International Meeting for the Restoration of the Acropolis Monuments.* Athens: Acropolis Restoration

Service, 2004.

—. Η Αναστύλωση των Αρχαίων Μνημείων στην Σύγχρονη *Ελλάδα*[The restoration of ancient monuments in modern Greece]. Athens: Archaeological Society at Athens, 1998.

—. "The History of Interventions on the Acropolis." In Economakis, *Acropolis Restoration*, 68– 85.

—. " The Parthenon from Cyriacus of Ancona to Frédéric Boissonas: Description, Research, and Depiction." In Tournikiotis, *The Parthenon and Its Impact in Modern Times*, 164-99.

—. "Restoration Work on the Acropolis (1975– 1994)." In Economakis, *Acropolis Restoration*, 12-15.

Mallouchou-Tufano, F., Ch. Bouras, M. Ioannidou, and I. Jenkins, eds. *Acropolis Restored*. London: The Trustees of The British Museum, 2012.

Mansfield, J. " The Robe of Athena and the Panathenaic Peplos." Ph.D. diss., University of California, Berkeley, 1985.

Mantis, A. Προβλήματα της εικονογραφίας των ιερέων στην αρχαία ελληνική τέχνη. *ArchDelt* Supplement 42 (1990).

Marcadé, J. "Hélios au Parthenon." *Monuments et mémoires de la Fondation Eugène Piot* 50 (1958):11-47.

Marconi, C. "The Parthenon Frieze: Degrees of Visibility." *Res: Anthropology and Aesthetics* 55-56 (2009):157-73.

—. "Kosmos: The Imagery of the Archaic Greek Temple." *Res: Anthropology and Aesthetics* 45 (2004):211-24.

Martin, R. "Bathyclès de Magnésie et le 'thrône' d'Apollon à Amyklae." *RA* (1976): 205–18.

Martínez Díez, A. *Euripides, Erecteo: Introduccion, Texto Critico, Traducción y Comentario*. Granada: Universidad de Granada, 1976.

Martin-McAuliffe, S., and J. Papadopoulos. " Framing Victory: Salamis, the Athenian Acropolis, and the Agora." *Journal of the Society of Architectural Historians* 71 (2012): 332– 61.

Mattusch, C. *Greek Bronze Statuary*. Ithaca, N. Y.: Cornell University Press, 1988.

Mavrommatis, S., and C. Hadziaslani. *The Parthenon Frieze*. Athens: Hellenic Ministry of Culture and Sport, 2002.

Meineck, P. "The Embodied Space: Performance and Visual Cognition at the Fifth Century Athenian Theatre." *New England Classical Journal* 39 (2012): 3– 46.

Meritt, B. D., and F. Vernon. "The Epigraphic Notes of Francis Vernon." *Hesperia Supplement* 8 (1949): 213– 27.

Michaelis, A. *Der Parthenon*. Leipzig: Breitkopf und Härtel, 1871.

Mikalson, J. D. "Erechtheus and the Panathenaia." *AJP* 97 (1976): 141– 53.

—. *The Sacred and Civil Calendar of the Athenian Year*. Princeton, N. J.: Princeton University Press, 1975.

Miles, M. "The Lapis Primus and the Older Parthenon." *Hesperia* 80 (2011): 657– 75.

Miller, S. G., ed. *Nemea: A Guide to the Museum and the Site.* Berkeley: University of California Press, 1990.

—. "Excavations at Nemea, 1983." *Hesperia* 53 (1984): 171– 92.

Mokyr, J. *The Gifts of Athena: Historical Origins of the Knowledge Economy.* Princeton, N.J.: Princeton University Press, 2002.

Morgan, C. *Athletes and Oracles.* Cambridge, U.K.: Cambridge University Press, 2007.

Mountjoy, P. A. *Mycenaean Athens.* Jonsered: Paul Åströms, 1995.

Mylonas, G. E. *Eleusis and the Eleusinian Mysteries.* Princeton, N.J.: Princeton University Press, 1961.

Mylonopoulos, I. "Greek Sanctuaries as Places of Communication Through Rituals: An Archaeological Perspective." In *Ritual and Communication in the Graeco-Roman World*, edited by E. Stavrianopoulou, 69–110. *Kernos* Supplement 16. Liège: Centre International d'Étude de la Religion Grecque Antique, 2006.

Mylonopoulos, I., and A. Chaniotis, eds. *The New Acropolis Museum.* Vol. 1. New York: Miriam and Ira D. Wallach Art Gallery, Columbia University, 2009.

Nagel, S. *Mistress of the Elgin Marbles: A Biography of Mary Nisbet, Countess of Elgin.* New York: William Morrow, 2004.

Nagy, B. "Athenian Officials on the Parthenon Frieze." *AJA* 96 (1992): 62– 69.

—. "The Ritual in Slab V-East on the Parthenon Frieze." *CP* 73 (1978):136-41.

Nagy, G. *The Ancient Greek Hero in Twenty-four Hours.* Cambridge, Mass.: The Belknap Press, 2013.

—. *Homer the Classic.* Washington D.C.: Center for Hellenic Studies, 2010.

—. "The Performing and the Reperforming of Masterpieces of Verbal Art at a Festival in Ancient Athens," *Athens Dialogues,* 2010, http://athensdialogues.chs.harvard.edu/cgi-bin/WebObjects/athensdialogues.woa/wa/dis?dis=48.

—. *Plato's Rhapsody and Homer's Music: The Poetics of the Panathenaic Festival in Classical Athens.* Washington, D.C.: Center for Hellenic Studies. 2002.

—. *Poetry as Performance: Homer and Beyond.* Cambridge: Cambridge University Press, 1996.

—. *Pindar's Homer: The Lyric Possession of an Epic Past.* Baltimore: Johns Hopkins University Press, 1990.

—. *The Best of the Achaeans.* Baltimore: Johns Hopkins University Press, 1979.

Nehamas, A., and P. Woodruff. *Phaedrus*. Indianapolis: Hackett, 1995.

Neils, J. *The Parthenon Frieze.* Cambridge, U.K.: Cambridge University Press, 2001.

—, ed. *The Parthenon: From Antiquity to the Present.* Cambridge, U.K.: Cambridge University Press, 2005.

—, ed. *Worshipping Athena: Panathenaia and Parthenon.* Madison: University of Wisconsin Press, 1996.

—, ed. *Goddess and Polis: The Panathenaic Festival in Ancient Athens.* Princeton, N.J.: Princeton University Press, 1992.

Neils, J., and P. Schultz. "Erechtheus and the Apobates Race on the Parthenon Frieze (North XI– XII)." *AJA* 116 (2012):195-207.

Newton, C. T., and R. Popplewell Pullan. *A History of Discoveries at Halicarnassus, Cnidus, and Branchidae.* London: Day, 1862.

Norman, N. J. "The Panathenaic Ship." *Archaeological News* 12 (1983): 41– 46.

Ober, J. *Democracy and Knowledge: Innovation and Learning in Classical Athens.* Princeton, N.J.: Princeton University Press, 2010.

O'Connor-Visser, E. A. M. E. *Aspects of Human Sacrifice in the Tragedies of Euripides.* Amsterdam: B. R. Grüner, 1987.

Ogden, D. *Drakon: Dragon Myth and Serpent Cult in the Greek and Roman Worlds.* Oxford: Oxford University Press, 2013.

—, ed. *A Companion to Greek Religion.* Malden, Mass.: Wiley-Blackwell, 2007.

Osborne, R. "The Viewing and Obscuring of the Parthenon Frieze." *JHS* 107 (1987): 98– 105.

Pache, C. O. *Baby and Child Heroes in Ancient Greece.* Urbana: University of Illinois Press, 2004.

Palagia, O. " Not from the Spoils of Marathon: Pheidias' Bronze Athena on the Acropolis." In *Marathon: The Day After*, edited by K. Buraselis and E. Koulakiotis. Athens: European Cultural Center of Delphi, 2013, 117-37.

—. "Fire from Heaven: Pediments and Akroteria of the Parthenon." In Neils, *Parthenon*, 225– 59.

—. "Interpretations of Two Athenian Friezes." In Barringer and Hurwit, *Periklean Athens and Its Legacy*, 177– 92.

—. "First Among Equals: Athena in the East Pediment of the Parthenon." In Buitron-Oliver, *Interpretation of Architectural Sculpture.* 31-45.

—. *The Pediments of the Parthenon.* Monumenta Graeca et Romana 7. Leiden: Brill, 1992.

Palagia, O., and A. Spetsieri-Choremi. The Panathenaic Games. Oxford: Oxbow, 2007.

Pantelidou, M. Άι Προϊστορικάι Αθήναι: Διατριβή επί διδακτορία. Athens: Pantelidou, 1975.

Pappas, N. "Autochthony in Plato's *Menexenus*." *Philosophical Inquiry* 34 (2011): 66–80.

Parke, H. W. *Festivals of the Athenians.* Ithaca, N.Y.: Cornell University Press, 1977.

Parker, R. C. T. Polytheism and Society at Athens. Oxford: Oxford University Press, 2005.

—. *Athenian Religion.* Oxford: Oxford University Press, 1996.

—. "Myths of Early Athens." In Bremmer, *Interpretations of Greek Mythology*, 184– 214.

Parlama, L., and N. Stampolidis. *Athens, the City Beneath the City: Antiquities from the Metropolitan Railway Excavations.* Athens: Ministry of Culture, Museum of Cycladic Art, 2000.

Parsons, A. "Klepsydra and the Paved Court of the Pythion." *Hesperia* 12 (1943): 191–267.

Pasztor, E., ed. *Archaeoastronomy in Archaeology and Ethnography.* BAR International Series 1647. Oxford: Archaeopress, 2007.

Paton, J. M., L. D. Caskey, H. N. Fowler, and G. P. Stevens. *The Erechtheum.* Cambridge, Mass.: Harvard University Press, 1927.

Pedersen, P. *The Parthenon and the Origin of the Corinthian Capital.* Odense University Classical Studies. Oxford: Oxford University Press, 1989.

Pemberton, E. G. " The Gods of the East Frieze of the Parthenon." *AJA* 80 (1976): 113-24.

—. The East and West Friezes of the Temple of Athena Nike." *AJA* 76 (1972):303-10.

Petersen, E. *Die Kunst des Pheidias am Parthenon und zu Olympia.* Berlin: Weidmann, 1873.

Pettersson, M. "Cults of Apollo at Sparta: The Hyakinthia, the Gymnopaidiai, and the Kerneia." Ph.D. diss., Göteborg University, 1992.

Pierce, N. "The Placement of Sacred Caves in Attica. " Ph.D. diss., McGill University, 2006.

Plommer, W. H. "The Archaic Acropolis: Some Problems." *JHS* 80 (1960): 127– 59.

Podlecki, A. J. *Perikles and His Circle.* New York: Routledge, 1998.

Pollitt, J. J. "The Meaning of the Parthenon Frieze." *Studies in the History of Art* 49 (1995): 50– 65.

—. *The Ancient View of Greek Art: Criticism, History, and Terminology.* Yale Publications in the History of Art 26. New Haven, Conn.: Yale University Press, 1974.

Powell, B. *Athenian Mythology.* Chicago: Ares, 1976.

Preisshofen, F. *Untersuchungen zur Darstellung des Greisenalters in der frühgriechischen Dichtung.* Wiesbaden: Steiner, 1977.

Pritchard, D. M., ed. *War, Democracy, and Culture in Classical Athens.* Cambridge, U.K.: Cambridge University Press, 2010.

Pritchett, W. K. *The Greek State at War.* 5 vols. Berkeley: University of California Press, 1974.

Queyrel, F. *Le Parthénon: Un monument dans l'histoire.* Paris: Bartillat, 2008.

—. *L'autel de Pergame: Images et pouvoir en Grèce d'Asie.* Paris: A. et J. Picard, 2005.

Radt, W. *Pergamon: Geschichte und Bauten, Funde und Erforschung einer antiken Metropole.* Cologne: DuMont, 1988.

Rich, J., and G. Shipley, eds. *War and Society in the Greek World.* New York: Routledge, 1993.

Ridgway, B. S. *Hellenistic Sculpture I: The Style of ca. 331– 200 B.C.* Madison: University of Wisconsin Press, 2001.

—.*Hellenistic Sculpture II: The Style of ca. 200-100 B. C.* Madison: University of Wisconsin Press, 2000.

—. *Prayers in Stone: Greek Architectural Sculpture ca. 600– 100 B.C.E.* Berkeley: University of California Press, 1999.

—. *The Archaic Style in Greek Sculpture.* 2nd ed. Chicago: Ares, 1993.

—. "Images of Athena on the Akropolis." In Neils, *Goddess and Polis*, 119– 42.

—. *Hellenistic Sculpture*. 2 vols. Madison: University of Wisconsin Press, 1990.

—. "Parthenon and Parthenos." In *Festschriften für Jale Inan Armagani*, edited by N. Basgelen, 295– 305. Istanbul: Arkeoloji ve Sanat Yayinlari, 1989.

—. *Fifth Century Styles in Greek Sculpture*. Princeton, N.J.: Princeton University Press, 1981.

Robertson, M. *A Shorter History of Greek Art.* Cambridge, U.K.: Cambridge University Press, 1981.

—. *A History of Greek Art.* Cambridge, U.K.: Cambridge University Press, 1975.

—. *The Parthenon Frieze.* London: Oxford University Press, 1975.

—. "The Sculptures of the Parthenon." In *Parthenos and Parthenon*, edited by G. T. W. Hooker, 46–60. Oxford: Clarendon Press, 1963.

Robertson, M., and A. Frantz. *The Parthenon Frieze.* New York: Oxford University Press, 1975.

Robertson, N. " The Origin of the Panathenaea." *RhM* 128 (1985): 231– 95.

—. " The Riddle of the Arrephoria at Athens." *HSCP* 87 (1983): 273– 74.

Rosenzweig, R. *Worshipping Aphrodite: Art and Cult in Classical Athens.* Ann Arbor: University of Michigan Press, 2004.

Rosivach, V. J. " Autochthony and the Athenians." *CQ* 37 (1987): 294– 306.

Roux, G. "Pourquoi le Parthénon?" *REG* (1984): 301– 17.

Ruggles, C. L. N., ed. *Handbook of Archaeoastronomy and Ethnoastronomy*. New York: Springer Science and Business Media, 2014.

— , ed. *Archaeoastronomy and Ethnoastronomy: Building Bridges Between Cultures.* Cambridge, U.K.: Cambridge University Press, 2011.

Rykwert, J. *The Dancing Column: On Order in Architecture.* Cambridge, Mass.: MIT Press, 1999.

Säflund, M.-L. *The East Pediment of the Temple of Zeus at Olympia: A Reconstruction and Interpretation of Its Composition.* Studies in Mediterranean Archaeology 27. Göteborg: Paul Åströms, 1970.

Salt, A., and E. Boutsikas. "When to Consult the Oracle at Delphi." *Antiquity* 79 (2005): 564– 72.

Sanders, E. "Beyond the Usual Suspects: Literary Sources and the Historian of Emotions." In Chaniotis, *Unveiling Emotions*, 151– 73.

Santi, F. *I frontoni arcaici dell'Acropoli di Atene.* Rome: L'Erma Brentschneider, 2010.

Schmidt, M., ed. *Kanon: Festschrift Ernst Berger zum 60. Geburtstag am 26. Februar 1988 gewidmet.* Basel: Vereinigung der Freunde antiker Kunst, 1988.

Schnapp, A. "Why Did the Greeks Need Images?" In *Proceedings of the Third Symposium on Ancient Greeks and Related Pottery: Copenhagen, August 31-September 4, 1987*, edited by J. Christiansen and T. Melander, 568– 74. Copenhagen: Nationalmuseet, Ny

Carlsberg Glyptotek & Thorvaldsens Museum, 1988.
Schultz, P., and R. von den Hoff, eds. *Structure, Image, Ornament: Architectural Sculpture in the Greek World.* Oxford: Oxbow Books, 2009.
Schwab, K. "New Evidence for Parthenon East Metope 14." In Schultz and Hoff, *Structure, Image, Ornament*, 79– 86.
Scodel, R. "The Achaean Wall and the Myth of Destruction." *HSCP* 86 (1982): 33– 50.
Scott, M. *Delphi and Olympia: The Spatial Politics of Panhellenism in the Archaic and Classical Periods.* Cambridge, U.K.: Cambridge University Press, 2010.
Shapiro, H. A. *Art and Cult Under the Tyrants in Athens.* Mainz: Philipp von Zabern, 1989.
Shear, J. "Polis and Panathenaia: The History and Development of Athena's Festival." Ph.D. diss., University of Pennsylvania, 2001.
Shipley, G., and J. Salmon, eds. *Human Landscapes in Classical Antiquity.* New York: Routledge, 1996.
Siewert, P. "The Ephebic Oath in Fifth Century Athens." *JHS* 97 (1977): 102– 11.
Simon, E. *Festivals of Attica.* Madison: University of Wisconsin Press, 1983.
—. "Die Mittelszene im Ostfries des Parthenon." *AM* 97 (1982): 127– 44.
—. *Pergamon und Hesiod.* Mainz: Philipp von Zabern, 1975.
Smith, M. L. *Athens: A Cultural and Literary History.* Northampton, Mass.: Interlink Books, 2004.
Smoot, G. "The Poetics of Ethnicity in the Homeric *Iliad*." Ph.D. diss., Harvard University, in progress.
Snodgrass, A. "Interaction by Design: The Greek City State." In *Peer Polity Interaction and Socio-political Change*, edited by C. Renfrew and J. Cherry, 47– 58. Cambridge, U.K.: Cambridge University Press, 1986.
—. *Archaic Greece: The Age of Experiment.* London: J. M. Dent, 1980.
Sojc, N. *Trauer auf attischen Grabreliefs.* Berlin: Reimer, 2005.
Sonnino, M. *Euripidis Erechthei quae exstant.* Florence: F. Le Monnier, 2010.
Soros, S. W. *James "Athenian" Stuart, 1713– 1788: The Rediscovery of Antiquity.* New Haven, Conn.: Yale University Press, 2006.
Sourvinou-Inwood, C. *Athenian Myths and Festivals: Aglauros, Erechtheus, Plynteria, Panathenaia, Dionysia.* Edited by R. Parker. Oxford: Oxford University Press, 2011.
—. *Tragedy and Athenian Religion.* Lanham, Md.: Lexington Books, 2003.
—. *"Reading" Greek Death: To the End of the Classical Period.* Oxford: Clarendon Press, 1995.
—. *"Reading" Greek Culture: Texts and Images, Rituals and Myths.* Oxford: Clarendon Press, 1991.

Spaeth, B. S. "Athenians and Eleusinians in the West Pediment of the Parthenon." *Hesperia* 60 (1991): 331– 62.

Spivey, N., *Greek Sculpture.* Cambridge: Cambridge University Press, 2013.

—. *Understanding Greek Sculpture: Ancient Meanings, Modern Readings.* New York: Thames and Hudson, 1996.

Squire, M. *The Art of the Body.* New York: Oxford University Press, 2011.

St. Clair, W. *Lord Elgin and the Marbles: The Controversial History of the Parthenon Sculptures.* 3rd ed. Oxford: Oxford University Press, 1998.

Steinbock, B. "A Lesson in Patriotism: Lycurgus' *Against Leocrates*, the Ideology of the Ephebeia and Athenian Social Memory," *Classical Antiquity* 30 (2011): 269-317.

Steiner, D. T. *Images in Mind: Statues in Archaic and Classical Greek Literature and Thought.* Princeton, N.J.: Princeton University Press, 2001.

Steinhart, M. "Die Darstellung der Praxiergidai im Ostfries des Parthenon." *AA* (1997): 475– 78.

Stewart, A. Review of *I frontoni arcaici dell'Acropoli di Atene*, by F. Santi. *AJA* 116 (2012). www.ajaonline.org/sites/default/files/1162_Stewart.pdf.

—. "The Persian and Carthaginian Invasions of 480 B.C.E. and the Beginning of the Classical Style: Part 1, The Stratigraphy, Chronology, and Significance of the Acropolis Deposits," *AJA* 112 (2008): 377– 412.

—. *Attalos, Athens, and the Akropolis: The Pergamene "Little Barbarians" and Their Roman and Renaissance Legacy.* Cambridge, U.K.: Cambridge University Press, 2004.

—. "Pergamo Ara Marmorea Magna: On the Date, Reconstruction, and Functions of the Great Altar of Pergamon." In De Grummond and Ridgway, *From Pergamon to Sperlonga*, 32– 57.

—. *Greek Sculpture: An Exploration.* Vol. 1. New Haven: Yale University Press, 1990.

Stuart, J., and N. Revett. *The Antiquities of Athens.* vol. 4. Edited by Joseph Woods. London: T. Bensley for J. Taylor, 1816.

—. *The Antiquities of Athens.* Vol. 3. Edited by Willey Reveley. London: J. Nich ols, 1794.

—. *The Antiquities of Athens.* Vol. 2. Edited by William Newton. London: John Nichols, 1787. [Title page is dated 1787 but several plates are dated 1789; publication seems to have been backdated following Stuart's death in 1788.]

—. *The Antiquities of Athens.* Vol. 1. London: Haberkorn, 1762.

Thompson, D. B. *Garden Lore of Ancient Athens.* Agora Picture Book 8. Princeton, N.J.: American School of Classical Studies at Athens, 1963.

Thompson, H. A. "Architecture as a Medium of Public Relations Amongst the Successors of Alexander." In *Macedonia and Greece in Late Classical and Early Hellenistic Times*. Edited by E. N. Borza and B. Barr-Sharrar, 173– 90. Studies in the History of Art 10. Washington, D.C.: National Gallery of Art, 1982.

—. "The Panathenaic Festival." *AA* 76 (1961): 224– 31.

Thompson, H. A., and R. E. Wycherley. *The Agora of Athens: The History, Shape, and Uses of an Ancient City Center.* Athenian Agora 14. Princeton, N.J.: American School of Classical Studies at Athens, 1972.

Tilley, C. *Phenomenology of Landscape: Places, Paths, and Monuments* (Oxford: Berg, 1994).

Toganidis, N. " Parthenon Restoration Project." *XXI International CIPA Symposium, 01– 06 October 2007, Athens , Greece.* Athens: CIPA, 2007, http://www.isprs.org/proceedings/XXXVI/5-C53/papers/FP139.pdf.

Tournikiotis, P., ed. *The Parthenon and Its Impact in Modern Times.* Athens: Melissa, 1994.

Tracy, S. V., and C. Habicht. " New and Old Panathenaic Victor Lists." *Hesperia* 60 (1991): 187– 236.

Travlos, J. *Bildlexikon zur Topographie des antiken Attika.* Tübingen: Ernst Wasmuth, 1988.

—. *Pictorial Dictionary of Ancient Athens.* New York: Praeger, 1971.

Tréheux, J. "Pourquoi le Parthénon?" *RÉG* 98 (1985): 233– 42.

Tsakirgis, B., and S. F. Wiltshire, eds. *The Nashville Athena: A Symposium.* Nashville: Department of Classical Studies, Vanderbilt University, 1990.

Tschumi, B., P. Mauss, and B. Tschumi Architects, eds. *Acropolis Museum, Athens.* Barcelona: Polígrafa, 2010.

van Dyke. R. M., and S. E. Alcock, eds., *Archaeologies of Memory.* Malden, Mass.: Blackwell, 2003.

Vernant, J.-P. *Myth and Thought Among the Greeks.* London: Routledge & Kegan Paul, 1983.

—. Myth and Society in Ancient Greece. Translated by J. Lloyd. New York: Zone Books, 1980.

Vian, F. *La guerre des géants: Le mythe avant l'époque hellénistique.* Paris: Klincksieck, 1952.

Vlassopoulou, C. "New Investigations into the Polychromy of the Parthenon." In *Circumlitio: The Polychromy of Antique and Medieval Sculpture*, edited by V. Brinkmann and O. Primavesi, 219– 23. Munich: Hirmer, 2010.

—. *Acropolis and Museum.* Athens: Hellenic Ministry of Culture, 2004.

Vlizos, S., ed. *E Athena kata te Romaike Epokhe: Prosphates anakalypseis, nees ereunes.* Athens: Benaki Museum, 2008.

Vrettos, T. *The Elgin Affair: The Abduction of Antiquity's Greatest Treasures and the Passions It Aroused.* New York: Arcade, 1997.

Waterfield, R. *Plato's Phaedrus.* Oxford: Oxford University Press, 2009.

—. *Timaeus and Critias.* Oxford: Oxford University Press, 2008.

—. *Plutarch: Greek Lives.* Oxford: Oxford University Press, 1998.

Webb, P. A. "The Functions of the Sanctuary of Athena and the Pergamon Altar (the Heroon of Telephos) in the Attalid Building Program." In *Stephanos: Studies in Honor of Brunilde Sismondo Ridgway*, edited by K. J. Hartswick and M. C. Sturgeon, 241– 54. Philadelphia: University Museum, University of Pennsylvania for Bryn Mawr College, 1998.

—. *Hellenistic Architectural Sculpture: Figural Motifs in Western Anatolia and the Aegean Islands.* Madison: University of Wisconsin Press, 1996.

Webster, T. B. L. " Greek Theories of Art and Literature Down to 400 B.C." *CQ* 33 (1939):166-79.

Weidauer, L. "Poseidon und Eumolpos auf einer Pelike aus Policoro." *AntK* 12 (1969): 91– 93.

Wesenberg, B. "Panathenäische Peplosdedikation und Arrephorie: Zur Thematik des Parthenonfrieses." *JdI* 110 (1995): 149– 78.

West, M. L. *Indo-European Poetry and Myth.* Oxford: Oxford University Press, 2007.

—. *Homeric Hymns. Homeric Apocrypha. Lives of Homer.* Loeb Classical Library. Cambridge, Mass.: Harvard University Press, 2003.

—. *The East Face of Helicon: West Asiatic Elements in Greek Poetry and Myth.* Oxford: Clarendon Press, 1997.

—. *Ancient Greek Music.* Oxford: Oxford University Press, 1994.

—. *Hesiod: Theogony, Works and Days.* Oxford: Oxford University Press, 1988.

—. *The Hesiodic Catalogue of Women.* Oxford: Clarendon Press, 1985.

Whitley, J. " The Monuments That Stood Before Marathon: Tomb Cult and Hero Cult in Archaic Attica."*AJA* 98 (1994): 213– 30.

Wickens, J. " The Archaeology and History of Cave Use in Attica, Greece, from Prehistoric Through Late Roman Times." Ph.D. diss., Indiana University, 1986.

Wilkins, J. *Euripides: Heraclidae.* Oxford: Clarendon Press, 1993.

—. "The State and the Individual: Euripides' Plays of Voluntary Self-Sacrifice." In *Euripides, Women, and Sexuality*, edited by A. Powell, 177– 94. London: Routledge, 1990.

—. "The Young of Athens: Religion and Society in Herakleidai of Euripides." *CQ* 40 (1990): 329– 35.

Will, W. *Perikles.* Reinbeck bei Hamburg: Rowohlt, 1995.

Winckelmann, J. J. *Geschichte der Kunst des Althertums.* Dresden: Walther, 1764.

Winkler, J. J. *The Constraints of Desire.* New York: Routledge, 1990.

Wood, A., Athenae Oxonienses: *An Exact History of All the Writers and Bishops Who Have Had Their Education in the University of*

Oxford, to Which Are Added the Fasti, or, Annals of Said University. 2nd ed., with additions by P. Bliss. London: Printed for F. C. and J. Rivington,1813.

Yalouri, E. "Between the Local and the Global: The Athenian Acropolis as Both National and World Monument." In *Archaeology in Situ: Sites, Archaeology, and Communities in Greece*, edited by A. Stroulia and S. Buck Sutton, 131-58. Lanham, Md.: Lexington Books, 2010.

—. *The Acropolis: Global Fame, Local Claim.* Oxford: Berg, 2001.

Zachariadou, O. "Syntagma Station." In Parlama and Stampolidis, *Athens, the City Beneath the City*, 148– 61.

中外文對照及索引

戲劇詩篇、書籍文章、報紙期刊、雕塑畫作

八畫

九畫

十畫

人名

三畫

四畫

五畫

六畫

七畫

八畫

十畫

十一畫

十二畫

十五畫

十六畫

十七畫

十八畫

十九畫

二十

地名

二至三畫

四畫

五畫

六畫

七畫

八畫

九畫

十畫

十一畫

十二畫

十三畫

十四畫

十五畫

國家、城邦、民族、氏族

組織、機構

九畫

十畫

十一畫

十二畫

十三畫

十四畫

十五畫

十六畫

十七畫

十八畫

二十一畫

二十三至二十四畫

圖片來源

◆書前彩色圖片

彩圖1 衛城的正射影像鑲嵌圖 Orthophotomosaic of Acropolis, 2009. Acropolis Restoration Service, Hellenic Ministry of Education and Religious Affairs, Culture and Sports.

彩圖2 從東南方看到的雅典衛城 Acropolis, east and south slopes, east cave. Kevin T. Glowacki, 200,5.

彩圖3 原見於藍鬍子神廟三角楣牆（百尺殿？）的石灰石蛇雕 Limestone snake from Bluebeard Temple pediment (Hekatompedon?). Athens, Acropolis Museum. © Acropolis Museum. Socratis Mavrommatis.

彩圖4 古風時代雅典衛城的假想圖 Hypothetical visualization of Archaic Acropolis with Hekatompedon and Old Athena Temple. D. Tsalkanis, www.ancientathens3d.com.

彩圖5 藍鬍子怪物 Bluebeard monster, Bluebeard Temple pediment (Hekatompedon?). Athens, Acropolis Museum. © Acropolis Museum. Socratis Mavrommatis.

彩圖6 宙斯大戰堤豐 Zeus battling Typhon, Chalkidean hydria, Munich, Staatliche Antikensammlung 596. Bibi Saint-Pol, 2007-02-09.

彩圖7 海克力士與安里同摔角 Herakles wrestling Triton, Bluebeard pediment (Hekatompedon?). Athens, Acropolis Museum. © Acropolis Museum. Socratis Mavrommatis.

彩圖8 刻有蓮花圖案的斜挑簷 Raking cornice with lotus flowers, Bluebeard Temple pediment (Hekatompedon?). Athens, Acropolis Museum. © Acropolis Museum. S. Mavrommatis.

彩圖9 雅典娜的誕生 Birth of Athena, east pediment, Parthenon. Nointel Artist and S. Mavrommatis. After C. Hadziaslani and S. Mavrommatis, *Promenades at the Parthenon* (2000), 132-33.

彩圖10 雅典娜與波塞冬的較勁 Contest of Athena and Poseidon, west pediment, Parthenon. Nointel Artist and S. Mavrommatis. After C. Hadziaslani and S. Mavrommatis, *Promenades at the Parthenon* (2000), I 34-35.

彩圖11 一個提籃閨女帶領獻祭隊伍走向雅典娜神廟最左邊的祭壇 Sacrificial procession to altar of Athena, Attic kylix, private collection, London. Widmer 837.

彩圖12 帕德嫩神廟莨苕造型的頂端飾 Akanthos akroterion, Parthenon. Athens, Acropolis Museum. © Acropolis Museum. Nikos Danilidis.

彩圖13 泛雅典節的遊行路線 Processional route along the Panathenaic Way. akg-images/P. Connolly.

彩圖14 菲迪亞斯的「帕德諾斯雅典娜」神像的原尺寸複製品 Replica of Athena Parthenos Statue by A. LeQuire, 1982-2002. Nashville, Tennessee, Parthenon. Metropolitan Government of Nashville/Gary Layda.

彩圖15 一個男人走近有貓頭鷹站在頂端的祭壇，綿羊和公牛站在一旁等著獻牲 Man approaching altar on which owl is perched, sheep and bull await sacrifice, hydria. Uppsala, Uppsala University (352), © Uppsala University.

彩圖16 《菲迪亞斯帶朋友參觀帕德嫩橫飾帶》*Pheidias Showing the Frieze of the Parthenon to His Friends*, Sir Lawrence Alma-Tadema, 1868. Birmingham, Birmingham Museum and Art Gallery. © Birmingham Museum and Art Gallery.

◆內文黑白圖片

頁三三圖1　《雅典衛城和戰神丘的理想景觀》Leo von Klenze, *Ideal View of the Acropolis and the Areopagus in Athens*, 1846. bpk, Berlin/Neue Pinakothek, Bayerische Staatgemaeldsammlungen, Munich/ Art Resource, New York.

頁三四圖2　巴伐利亞的「名人堂」Walhalla memorial, Regensburg, Bavaria, 1830-1842, Leo von Klenze, architect. Monika Häberlein.

頁三六圖3　納什維爾帕德嫩神廟 Nashville Parthenon, Centennial Park, Nashville, Tenn., 1920-1931. Metropolitan Government of Nashville/Gary Layda.

頁五二圖4　從西面看到的破曉時分衛城 Acropolis at dawn from west. © Robert A. McCabe, 1954-1955.

頁五四圖5　阿提卡地圖 Map of Attica. Matt Kania.

頁五六圖6　雅典地圖 Map of Athens. Matt Kania.

頁六七圖7　基菲索多德斯奉獻的浮雕石碑 Marble relief stele dedicated by Kephisodotos. Athens, National Archaeological Museum 1783. DAI Athens (NM 4018).

頁六八圖8　色諾格拉蒂婭奉獻的大理石浮雕石碑正面 Marble relief stele dedicated by Xenokrateia. Athens, National Archaeological Museum 2756. DAI Athens (NM 4019).

頁七四圖9　從西南看到的衛城 View of the Acropolis from southwest. © Robert A. McCabe, 1954-1955.

頁七七圖10　史前的衛城 Prehistoric Acropolis. Matt Kania after John Travlos (1967).

頁七八圖11　帕德嫩神廟，前景是邁錫尼時代的防護牆 Parthenon with Mycenaean wall in foreground. Alison Frantz, American School of Classical Studies at Athens.

頁八〇圖12　從西北面看見的衛城北坡及其四個山洞 Acropolis, north slope, caves A-D, from northwest.

Kevin T. Glowacki, zoo,5.

頁八二圖13 從北面看到的「長岩下阿波羅」山洞 Cave of Apollo Hypo Makrais, from north. Kevin T. Glowacki, 2005.

頁一〇六圖14 藍鬍子神廟立面還原圖 Reconstruction drawing of façade of Bluebeard Temple (Hekatompedon?). Manolis Korres.

頁一〇八圖15 藍鬍子神廟三角楣牆 Bluebeard pediment(Hekatompedon?). Athens, Acropolis Museum. © Acropolis Museum. Socratis Mavrommatis.

頁一一三圖16 刻畫海克力士與許德拉戰鬥的石灰石三角楣牆 Herakles battling the Lernaean Hydra, small pediment. Athens, Acropolis Museum. © Acropolis Museum. Socratis Mavrommatis.

頁一一八圖17 從南面看到的舊雅典娜神廟地基和厄瑞克透斯神廟 Erechtheion and foundations of Old Athena Temple. Alison Frantz, American School of Classical Studies at Athens.

頁一一九圖18 雅典娜誅殺巨人 Athena slaying giant, Gigantomachy pediment, Old Athena Temple. Athens, Acropolis Museum. © Acropolis Museum. Nikos Danilidis.

頁一一九圖19 「巨人戰爭」三角楣牆上的雅典娜 Athena from Gigantomachy pediment, Old Athena Temple. Athens, Acropolis Museum. © Acropolis Museum. Socratis Mavrommatis.

頁一二〇圖20 馬車御者浮雕，疑為舊雅典娜神廟橫飾帶一部分 Charioteer from frieze (?), Old Athena Temple. Athens, Acropolis Museum. © Acropolis Museum. Socratis Mavrommatis.

頁一二二圖21 西元前四八〇年的雅典衛城平面圖 Plan of Athenian Acropolis in 480 B.C. Angela Schuster after John Travlos (1967).

頁一二三圖22 西元前八世紀的青銅蛇髮妖女 Bronze Gorgon akroterion. Athens, Acropolis Museum NM 13050. © Acropolis Museum. Nikos Danilidis.

頁一二六圖23　遭西元前四八〇年波斯兵燹前的舊帕德嫩神廟和舊雅典娜神廟的還原圖 Hypothetical visualization of Older Parthenon and Old Athena Temple in 480 B.C. D. Tsalkanis, www.ancientathens3d.com.

頁一二七圖24　被回收再利用於雅典衛城北防護牆的鼓形柱石 Display of reused column drums, north fortification wall, Athenian Acropolis. Socratis Mavrommatis.

頁一二八圖25　還原後的舊雅典娜神廟西廳 Hypothetical visualization of surviving opisthodomos of Old Athena Temple with Erechtheion. D. Tsalkanis, www.ancientathens3d.com.

頁一三九圖26　古典時代至希臘化時代雅典衛城的還原圖 Reconstruction drawing of Athenian Acropolis. Manolis Korres.

頁一四〇圖27　從西北面看見的帕德嫩神廟 Parthenon from northwest, 1987. Socratis Mavrommatis.

頁一四六圖28　帕德嫩神廟平面藍圖 Plan of Parthenon, showing outline of Older Parthenon beneath. Manolis Korres.

頁一四八圖29　北柱廊、小型神龕和祭壇的還原圖 Reconstruction drawing of Parthenon’s north peristyle with *naiskos* and altar by Manolis Korres.

頁一五〇圖30　微微弓起的帕德嫩神廟北基座 Curvature of *krepidoma*, north side of Parthenon. Socratis Mavrommatis.

頁一五四圖31　帕德嫩神廟東北簷口的還原圖 Reconstruction drawing of northeast cornice of Parthenon by Manolis Korres.

頁一五六－一五七圖32　拉庇泰人與馬人之戰，見於帕德嫩神廟南柱間壁 Battle of Lapiths and Centaurs, south metopes, Parthenon. Nointel Artist and S. Mavrommatis. After C. Hadziaslani and S. Mavrommatis, *Promenades at the Parthenon* (2000), 136-137.

頁一六四圖33 東三角楣牆一景 East pediment, figures K, L, M. London. British Museum. Socratis Mavrommatis.

頁一六六圖34 從西面看到的厄瑞克透斯神廟 Erechtheion, from west, showing olive tree of Athena replanted by the American School of Classical Studies at Athens in 1952. © Robert A. McCabe, 1954-1955.

頁一六八圖35 厄瑞克透斯神廟北門廊天花板上的天窗 Aperture in ceiling of north porch, Erechtheion. J. B. Connelly.

頁一七〇圖36 基菲索斯河，原見於帕德嫩神廟西三角楣牆 Kephisos River, west pediment, Parthenon. London, British Museum. Socratis Mavrommatis.

頁一七〇圖37 基菲索斯河，原見於帕德嫩神廟西三角楣牆 Kephisos River, west pediment, Parthenon. London, British Museum. Socratis Mavrommatis.

頁一七二圖38 喀克洛普斯和潘朵洛索斯，原見於帕德嫩神廟西三角楣牆 Kekrops and Pandrosos, west pediment, Parthenon. Athens, Acropolis Museum. © Acropolis Museum. Socratis Mavrommatis.

頁一九〇圖39 焦凱審視一片木乃伊外殼碎塊 Pierre Jouguet. *La Revue du Caire 13*, no. 130 (1950).

頁一九一圖40 巴塔伊和妮科爾・帕里雄教授從木乃伊外殼分離出《厄瑞克透斯》的殘篇 Life, November 15, 1963, 65. Professor André Bataille and Mlle Nicole Parichon with *Erechtheus* fragments. Copyright 1963. Time Inc. Reprinted with permission. All rights reserved. Photo: © Pierre Bouat/ Ass. Pierre & Alexandra Boulat.

頁一九三圖41 包含《厄瑞克透斯》殘篇的「莎草紙 2338a」The Erechtheus papyrus. Pap. Sorbonne 2328a.

頁一九三圖42 包含《厄瑞克透斯》殘篇的「莎草紙 2338b」至「莎草紙 2338d」The Erechtheus papyrus. Pap. Sorbonne 2328b-d. ,

頁一九七圖43 厄里克托尼俄斯的誕生 Birth of Erichthonios, kylix by Kodros Painter. Berlin, Antikensammlung, Staatliche Museen F2537. bpk, Berlin/ Antikensammlung, Staatliche Museen, Berlin, Germany/

Archaeological Museum, Olympia, Greece. Marie Mauzy/Art Resource, New York.

頁二三五圖53 雅典衛城出土的「表彰浮雕」Honorary relief, Athena with Victory crowning her priestess. Berlin, Antikensammlung, Staatliche Museen SK 881.bpk, Berlin/Antikensammlung, Staatliche Museen, Berlin, Germany/Art Resource, New York.

頁二三七圖54 古典時代晚期的阿提卡喪葬浮雕 Funerary relief of priest named Simos. Athens, National Archaeological Museum 772 (photographer: Kostas Konstantopoulos). © Hellenic Ministry of Culture and Sports/ Archaeological Receipts Fund.

頁二三八圖55 厄瑞克透斯與女兒攤開她的殮服 Erechtheus and daughter displaying funerary dress, east frieze, slab 5, Parthenon. London, British Museum. Socratis Mavrommatis.

頁二三九圖56 在角力學校做運動的女性 Women exercising in palaistra. Bari, Museo Civico 4979. Provincia di Bari, Servizio Beni, Attivita Culturali, Biblioteca Orchestra, Sporte Turismo.

頁二四一圖57 波呂克塞娜在阿基里斯墓塚被涅俄普托勒摩斯獻祭的情景Polyxena sacrificed by Neoptolemos at tomb of Achilles, Tyrrhenian amphora by Timiades Painter. London, British Museum 1897.0727.2. ©. The Trustees of the British Museum/Art Resource, New York.

頁二四四圖58 一個侍僮把乾淨衣服帶給卡斯托爾和波呂杜克斯兄弟 Serving boy bringing clean clothes to Kastor and Polydeukes, amphora by Exekias. Museo Gregoriano Etrusco, Vatican Museums 344, Vatican State. Scala/ Art Resource, New York.

頁二四六圖59 兩個女人在熏香一件放在掛凳上的織物 Women perfuming fabric on swinging stool, oinochoe by Meidias Illustration Credits / 481 Painter. New York, Metropolitan Museum of Art 75.2.11. Image copyright © Metropolitan Museum of Art. Image source: /Art Resource, New York.

頁二四九圖60 新娘著裝圖：兩個婢女為新娘展示婚衣和首飾 Bridal *kosmos* with dress and jewelry displayed before bride, pyxis by Painter of the Louvre Centauromachy. Paris, Musée du Louvre CA 587. Erich Lessing/Art Resource, New York.

頁二五〇圖61 安朵美達為了獻祭給海怪而著裝 Andromeda dressed for sacrifice to sea dragon, pelike. Boston, Museum of Fine Arts 63.2663. © 2014, Museum of Fine Arts, Boston.

頁二五一圖62 國王克甫斯監督著女兒安朵美達梳妝 King Kepheus oversees sacrifice of Andromeda, pelike. Boston, Museum of Fine Arts 63.2663. © 2014, Museum of Fine Arts, Boston.

頁二五二圖63 帕德嫩神廟東橫飾帶裡的波塞冬、阿波羅和阿耳忒彌斯。Poseidon, Apollo, and Artemis, east frieze, slab 6, Parthenon. Athens, Acropolis Museum. © Acropolis Museum. Socratis Mavrommatis.

頁二五二圖64 帕德嫩神廟東橫飾帶，神廟厄瑞克透斯和女兒展示織物 Erechtheus and daughter, Athena and Hephaistos, east frieze, slab 6, Parthenon. After J. Stuart and N. Revett, *The Antiquities of Athens* (1787), vol. 2, plate 24.

頁二五三圖65 德爾斐錫弗諾斯寶庫東橫飾帶上的神祇 Assembly of gods, east frieze, Siphnian Treasury, Delphi. Alison Frantz, American School of Classical Studies at Athens.

頁二五四圖66 帕德嫩神廟的東橫飾帶 East frieze, slabs I-9, Parthenon. Nointel Artist and S. Mavrommatis. After C. Hadziaslani and S. Mavrommatis, *Promenades at the Parthenon* (2000), 138.

頁二五八圖67 帕德嫩神廟東飾帶的男性群組 Group of men, east frieze, slab 4, Parthenon. London, British Museum. Socratis Mavrommatis.

頁二五八圖68 帕德嫩神廟東飾帶的閨女群組 Group of maidens, east frieze, slab 8, Parthenon. London, British Museum. Socratis Mavrommatis.

頁二六〇圖69 年輕人驅趕牛隻前往獻祭 Youths leading cattle to sacrifice, north frieze, slab 2., Parthenon.

Athens, Acropolis Museum. © Acropolis Museum. Socratis Mavrommatis.

頁二六一圖70 年輕人驅趕母羊前往獻祭 Youths leading ewes to sacrifice, north frieze, slab 4, Parthenon. Athens, Acropolis Museum. © Acropolis Museum. Socratis Mavrommatis.

頁二六二圖71 帕德嫩神廟北橫飾帶 North frieze, Parthenon, reconstruction drawing by George Marshall Peters.

頁二六二圖72 扛托盤者的石膏模型 Tray bearer carrying honeycombs, plaster cast of north frieze, slab 5, fig. I 5, Skulpturhalle, Basel Antikensmuseum, original in Vatican Museum. J. B. Connelly.

頁二六四圖73 扛托盤者和扛水罈者 Tray bearer and men carrying water jars, north frieze, slab 6, Parthenon. Athens, Acropolis Museum. © Acropolis Museum. Socratis Mavrommatis.

頁二六五圖74 老者群組，其中一人給自己戴上頭冠 Elders, with one crowning himself, north frieze, slab Io, Parthenon. Athens, Acropolis Museum. © Acropolis Museum. Socratis Mavrommatis.

頁二六八－二六九圖75 帕德嫩神廟的南橫飾帶 South frieze, Parthenon. Nointel Artist and S. Mavrommatis. After C. Hadziaslani and S. Mavrommatis, *Promenades at the Parthenon* (2000), 142-43.

頁二七〇圖76 馬車御者和全副武裝的乘車者 Charioteer and armed rider, south frieze, slab 31, Parthenon. London, British Museum. Socratis Mavrommatis.

頁二七〇圖77 「躍馬車」比賽的勝利紀念碑 Victory monument from *apobates* race, found near the City Eleusinion. Athens, Agora Excavations S399. American School of Classical Studies at Athens, Agora Excavations.

頁二七一圖78 騎馬者 Horse rider, north frieze, slab. 41, fig. 114, Parthenon. London, British Museum. Socratis Mavrommatis.

頁二七二圖79 正在為泛雅典節遊行做準備的馬匹和騎者 Horse riders and preparation for procession, west frieze, Parthenon. Socratis Mavrommatis. After C. Hadziaslani and S. Mavrommatis, *Promenades at the Parthenon* (2000), I 39.

頁二七五圖80 波塞冬和攸摩浦斯騎馬前赴戰場 Poseidon and Eumolpos ride into battle, Lucanian pelike. Policoro, Museo della Civiltà 35304. DAI Rome (68.1525).

頁二七六圖81 雅典娜與厄瑞克透斯之女驅車前赴戰場 Athena and daughter of Erechtheus ride into battle, Lucanian pelike. Policoro Museo della Civiltà 35304. DAI Rome (68.1526).

頁二八〇圖82 帕德嫩神廟北橫飾帶的裸體男性、騎馬者、少年和小孩 Nude male, horse rider, adolescent, and boy, north frieze, slab 47, Parthenon. London, British Museum. Socratis Mavrommatis.

頁二八四圖83 安德魯斯在帕德嫩神廟東楣樑取木釘孔印模 Eugene Andrews taking squeeze of inscription on Parthenon's east architrave, 1895. Division of Rare and Manuscript Collections, Cornell University.

頁二九二圖84 希臘地圖 Map of Greece. Matt Kania.

頁二九八圖85 帕奧涅斯雕刻的勝利女神像 Statue of Nike, Paionios, sanctuary of Zeus at Olympia. Alison Frantz, American School of Classical Studies at Athens.

頁二九九圖86 勝利女神雅典娜神廟和它的墩座 Athena Nike temple and bastion, from northwest. Alison Frantz, American School of Classical Studies at Athens.

頁三〇〇圖87 坐著的雅典娜 Seated Athena from Nike parapet. Athens, Acropolis Museum. © Acropolis Museum. Nikos Danilidis.

頁三〇一圖88 青銅雅典娜和衛城上的其他奉獻品的還原圖 Bronze Athena with other dedications on the Acropolis, reconstruction drawing by G. P. Stevens, 1936. American School of Classical Studies at Athens, Agora Excavations.

頁三〇六圖89 見於古典時代與希臘化時代紀念碑上的衛城平面圖 Plan of classical Acropolis. Angela

Schuster after John Travlos (1984).

頁三〇八圖90 帕德嫩神廟西廳和四根早期的科林斯式立柱的還原圖 Western room of Parthenon with proto-Corinthian columns, reconstruction drawing by P. Pedersen, The Parthenon and the Origin of the Corinthian Capital (1989), 30.

頁三一六圖91 涅俄普托勒摩斯神龕的位置 Shrine of Neoptolemos and Akanthos Column, sanctuary of Apollo, Delphi. Angela Schuster after M. Maass, *Das antike Delphi* (1993).

頁三一八圖92 以許阿鏗托斯／許阿得斯星座身分跳舞的厄瑞克透斯家三女兒 Daughters of Erechtheus as dancing Hyakinthides/Hyades, Akanthos Column, Delphi Museum. Constantinos Iliopoulos.

頁三二四圖93 伊莎朵拉・鄧肯站在帕德嫩神廟的門廊內 Isadora Duncan in peristyle of Parthenon. Gelatin silver print. Edward Steichen, 1920. Courtesy of the Davison Art Center, Wesleyan University. Copy photo: R. J. Phil.

頁三三二圖94 泛雅典節獎瓶，瓶身繪著持盾揮矛的雅典娜，正反面瓶頸分別繪有塞壬和貓頭鷹 Panathenaic prize amphora of Burgon type, showing Athena, with siren on neck. London, British Museum B 130. The Trustees of the British Museum/Art Resource, New York.

頁三三三圖95 泛雅典節獎瓶，瓶身繪著持盾揮矛的雅典娜，一隻貓頭鷹飛落在盾牌頂部 Athena brandishing spear and shield, accompanied by her owl, krater of Panathenaic shape by the Princeton Painter. New York, Metropolitan Museum of Art 1989.281.89. Image copyright © Metropolitan Museum of Art. Image source: Art Resource, New York.

頁三三八圖96 精壯運動員進行「自由搏擊」的情景 Pankration competition, Panathenaic prize amphora by the Kleophrades Painter. Metropolitan Museum of Art, 19L6 (16.71). Image copyright © Metropolitan Museum of Art. Image source: Art Resource, New York.

頁三四一圖97 厄瑞克透斯神廟平面圖 Plan of Erechtheion with foundations of Old Athena Temple. After H. Berve and G. Gruben, *Griechische Tempel und Heiligtümer* (1961), 182, fig. 69.

頁三四八圖98 從雅典衛城東南方看見的厄瑞克透斯神廟女像柱柱廊 Erechtheion, karyatid porch, from southeast. © Robert A. McCabe, 1954-1955.

頁三五六圖99 帕德諾斯雅典娜神像底座浮雕的還原圖 Reconstruction drawing of base of Athena Parthenos statue by George Marshall Peters after Neida Leipen, *Athena Parthenos*, 1971, plate 6.

頁三五六圖100 雅典娜為厄瑞克透斯的女兒加冠 Athena crowning daughter of Erechtheus, in the company of gods, calyx krater by the Niobid Painter. London, British Museum GR 1856,1213.1. © The Trustees of the British Museum/Art Resource, New York.

頁三五九圖101 雅典娜與黑淮斯托斯為畫面中央的安納絲朵拉加冠 Anesidora crowned by Athena and Hephaistos, Tarquinia Painter, London, British Museum D 4. © The Trustees of the British Museum.

頁三六二圖102 稱為「夜之后」的赤陶土浮雕 "Queen of the Night," terra cotta relief, Old Babylonian period. London, British Museum GIR 2003,0718.Io. © The Trustees of the British Museum/Art Resource, New York.

頁三六三圖103 普洛克麗斯的死亡 Death of Prokris, column krater by Hephaistos Painter. London, British Museum GR 1772,0320.36. © The Trustees of the British Museum/Art Resource, New York.

頁三六四圖104 雅典娜與三貓頭鷹坐在神廟裡 Athena seated in her sanctuary with three owls, white-ground lekythos by Athena Painter. Kansas City, Mo., Nelson-Atkins Museum of Art (34.289). C. Nelson-Atkins Museum of Art.

頁三六六圖105 持盾揮矛的擬人化的戰士貓頭鷹 Warrior owl, with spear, shield, and crested helmet, ca. 475-

450 B.C. Paris, Musée du Louvre CA 2192. © RMN-Grand Palais/Art Resource, New York.

頁三六七圖 106 長有手臂的「女孩貓頭鷹」正在紡紗桿上紡線 Anthropomorphized owl shown spinning, terracotta loom weight. Bryn Mawr, Pa., Bryn Mawr College, T-182. © Bryn Mawr College Special Collections.

頁三六八圖 107 雅典的「四德拉克馬」銀幣 Athenian silver tetradrachm, ca. 454-449 B.C. American Numismatic Society, 1935.117.226.rev.

頁三八四圖 108 別迦摩衛城的還原模型 Reconstruction model of fortified acropolis at Pergamon, view from west. Berlin, Antikensammlung, Staatliche Museen. bpk, Berlin/ Antikensammlung, Staatliche Museen, Berlin Germany/Art Resource, New York.

頁三八六圖 109 希臘衛城的南坡 South slope of Athenian Acropolis, hypothetical 3-D visualization. D. Tsalkanis, www.ancientathens3d.com.

頁三九〇圖 110 阿塔羅斯二世勝利紀念碑的還原圖 Reconstruction drawing of victory monument of Attalos II, set at northeast corner of the Parthenon, by Manolis Korres.

頁三九三圖 111 別迦摩的宙斯大祭壇 Pergamon Altar. Berlin, Antikensammlung, Staatliche Museen. bpk, Berlin/ Antikensammlung, Staatliche Museen, Berlin, Germany/Art Resource, New York.

頁三九四圖 112 別迦摩祭壇平面圖 Plan of Pergamon Altar showing disposition of Gigantomachy and Telephos friezes, A. Schuster after V. Kastner (1988).

頁三九五圖 113 雅典娜大戰一個有翼巨人 Athena (crowned by Nike) fights winged giant; Ge emerges from below, east frieze, Pergamon Altar. Berlin, Antikensammlung, Staatliche Museen. bpk, Berlin/ Antikensammlung, Staatliche Museen, Berlin, Germany/Erich Lessing/Art Resource, New York.

頁三九六圖 114 宙斯作勢要向三個巨人擲出雷電 Zeus battles Giants, east frieze, Pergamon Altar. Berlin,

Antikensammlung, Staatliche Museen. bpk, Berlin/ Antikensammlung, Staatliche Museen, Berlin, Germany/Erich Lessing/Art Resource, New York.

頁三九七圖115 「倪克斯」把蛇擲向天空 "Nyx" hurls orb encircled by serpent, north frieze, Pergamon Altar. Berlin, Antikensammlung, Staatliche Museen. bpk, Berlin/ Antikensammlung, Staatliche Museen, Berlin, Germany/Erich Lessing/Art Resource, New York.

頁三九八圖116 大圖：在祭壇樓梯上與宙斯之鵰纏鬥中的大蟒；小圖：魚怪 Serpent attacking eagle, monstrous fish (inset), Gigantomachy frieze, Pergamon Altar, Pergamon. Berlin, Antikensammlung, Staatliche Museen, Berlin, Germany. J. B. Connelly.

頁三九九圖117 疾走的雅典娜 Athena akroteria, Pergamon Altar. Berlin, Antikensammlung, Staatliche Museen. bpk, Berlin/ Antikensammlung, Staatliche Museen/Art Resource, New York.

頁三九九圖118 從海中冒出的波塞冬 Poseidon akroteria, Pergamon Altar. Berlin, Antikensammlung, Staatliche Museen. bpk, Berlin/ Antikensammlung, Staatliche Museen/Art Resource, New York.

頁三九九圖119 穿著海草「裙子」的妥里同 Triton akroteria, Pergamon Altar. Berlin, Antikensammlung, Staatliche Museen. bpk, Berlin/ Antikensammlung, Staatliche Museen/Art Resource, New York.

頁四〇二圖120 海克力士駐足欣賞自己兒子泰列福斯 Herakles and the infant Telephos, Telephos frieze, Pergamon Altar. Berlin, Antikensammlung, Staatliche Museen. bpk, Berlin/ Antikensammlung, Staatliche Museen/Art Resource, New York.

頁四〇四圖121 泰列福斯在密西亞受到歡迎 Telephos welcomed in Mysia, receiving arms from Auge, Telephos frieze, Pergamon Altar. Berlin, Antikensammlung, Staatliche Museen. bpk, Berlin/ Antikensammlung, Staatliche i Museen/Art Resource, New York.

頁四一六圖122 重建中的帕德嫩神廟 Parthenon during reconstruction work, from east, 1987. Socratis Mavrommatis.

頁四一八圖123 果赫斯站在帕德嫩神廟的東北簷口上 Manolis Korres atop northeast cornice of Parthenon, 1986. Socratis Mavrommatis.

頁四二一圖124 帕德嫩神廟在十二世紀模樣的還原圖 Reconstruction drawing of east end of twelfth-century; Parthenon as church with apse, by Manolis Korres.

頁四二二圖125 洛特比尼埃拍攝的銀版照片 Daguerreotype, P. G.G. Jolyde Lotbiniere, 1839, *Excursions daguerriennes* (1842). © Rheinisches Bildarchiv Köln.

頁四二三圖126 布瓦索納給帕德嫩神廟的西北角拍照 Frédéric Boissonnas photographing Parthenon, 1907. © Hellenic Culture Organisation S.A./Depository: Museum of Photography Thessaloniki.

頁四二三圖127 馬夫羅馬蒂斯為帕德嫩神廟拍照 Socratis Mavrommatis photographing Parthenon, 1988, by Tina Skar.

頁四二五圖128 紐約的美國關稅大樓 U.S. Custom House, New York, 1833-1842. Ithiel Town and Alexander Jackson Davis, architects. © Lawrence A. Martin/Artifice Images.

頁四三一圖129 展示於衛城博物館的帕德嫩橫飾帶 Parthenon frieze and plaster casts of frieze. Athens, Acropolis Museum. © Acropolis Museum.

頁四三一圖130 展示於大英博物館杜維恩展廳的帕德嫩橫飾帶 Parthenon frieze in Duveen Gallery. London, British Museum. Public domain, Wikimedia Commons.

頁四三六圖131 從蒙納斯提拉奇廣場看到的衛城北面 Acropolis, view from Monastiraki Square. © Robert A. McCabe, 1954-1955.

東段與北段

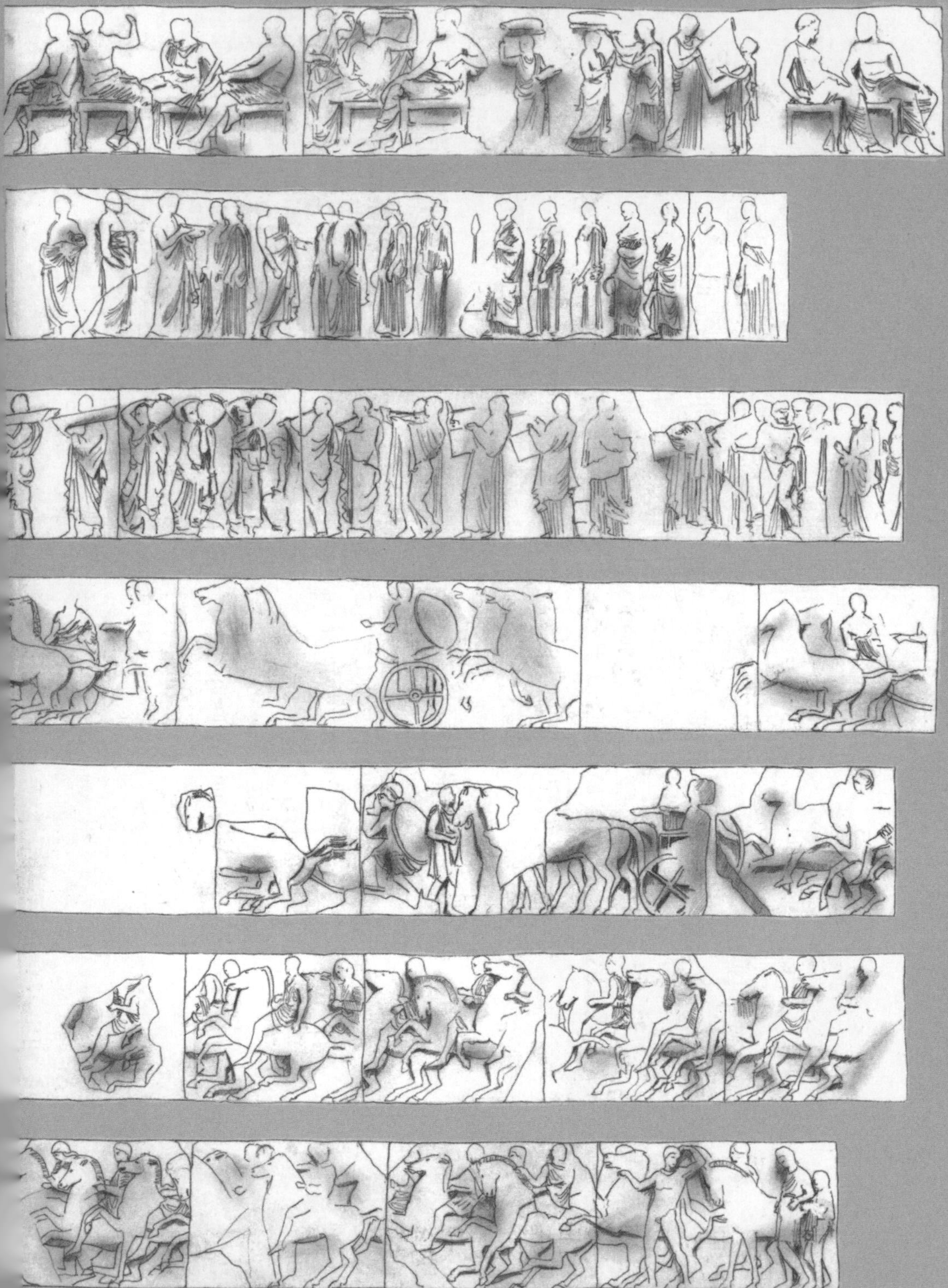

帕德嫩神廟橫飾帶

東橫飾帶（約21.24公尺）

北橫飾帶（約58.70公尺）

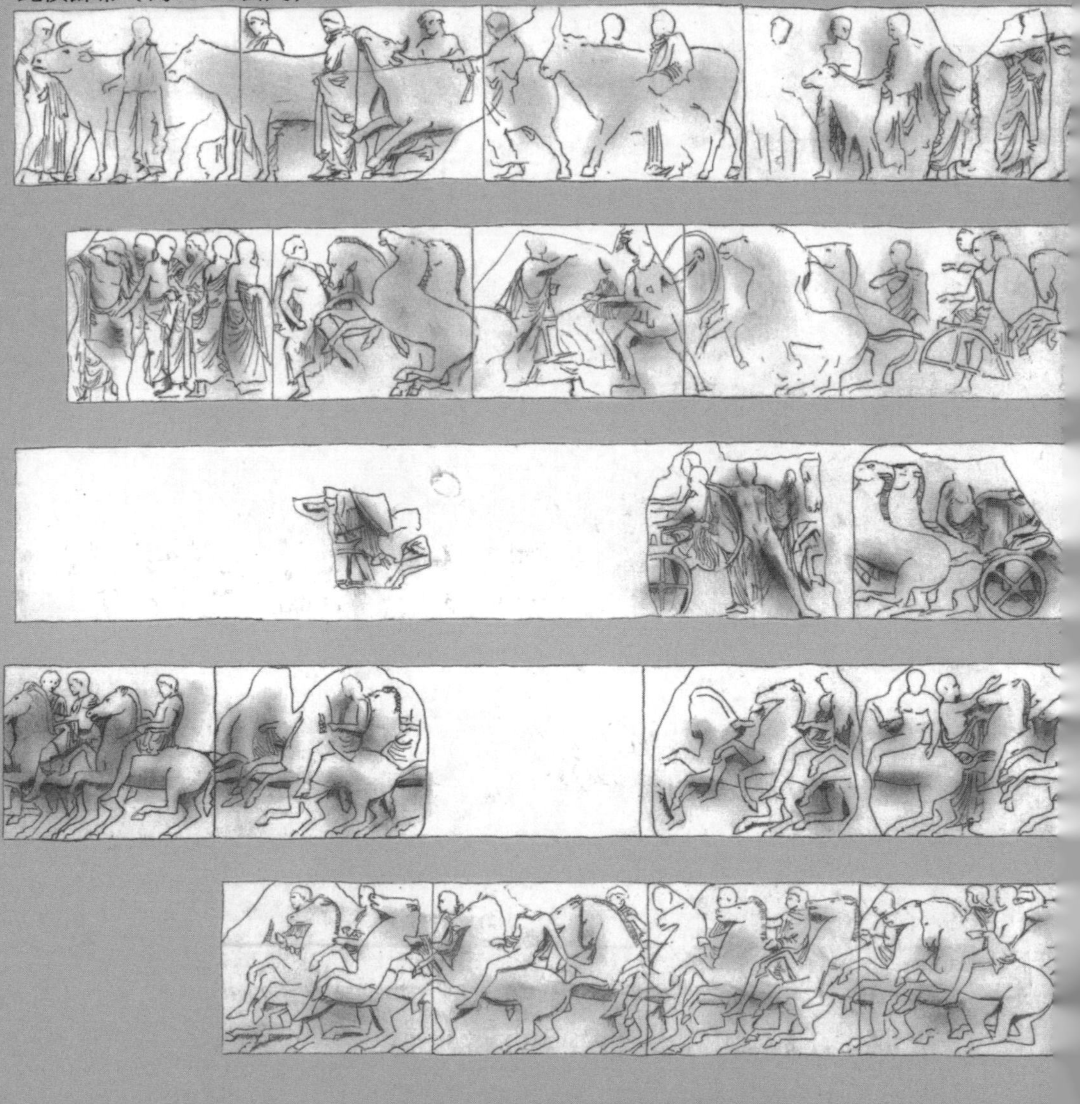

西段與南段

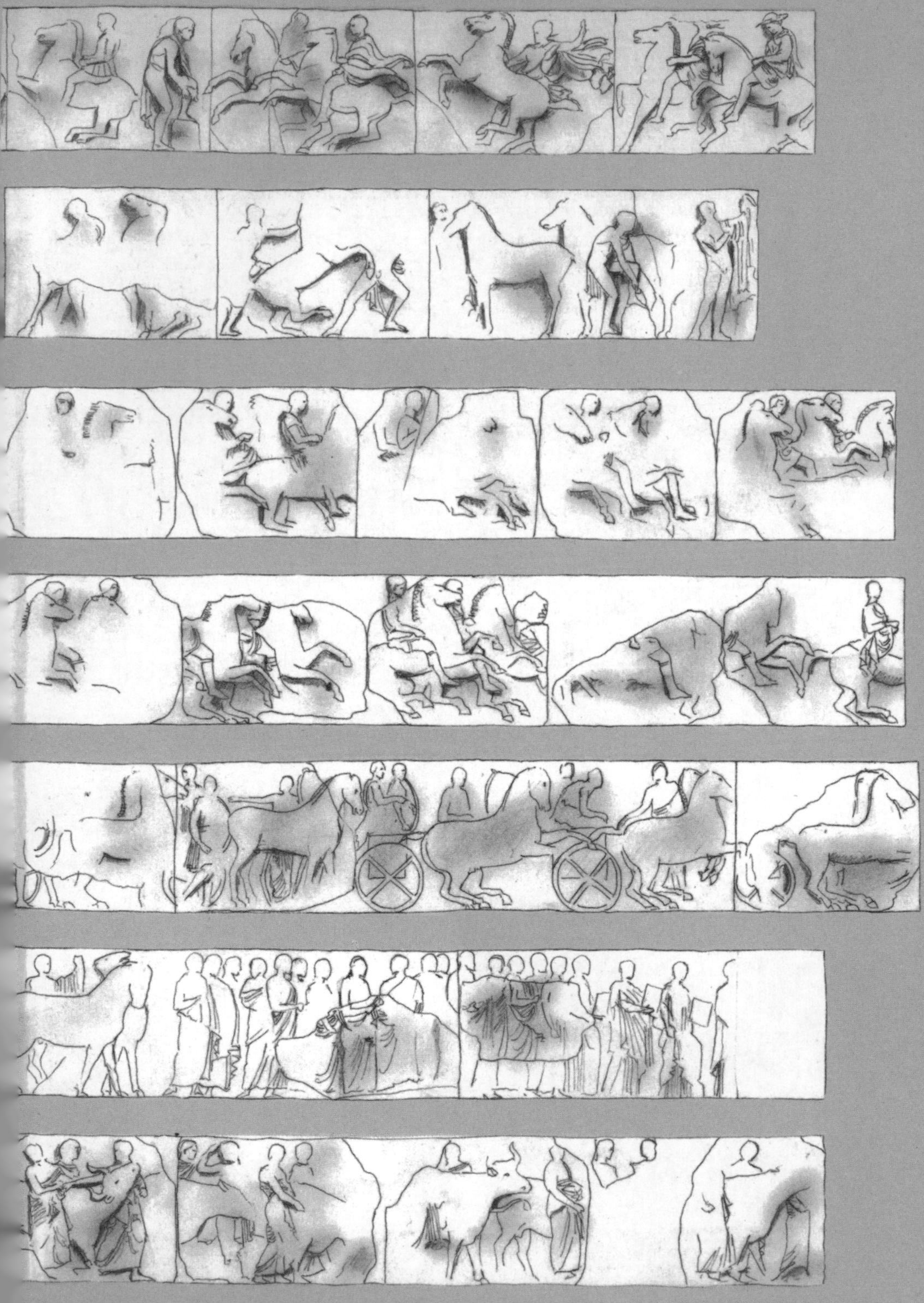

帕德嫩神廟橫飾帶

西橫飾帶（約21.24公尺）

南橫飾帶（約58.70公尺）

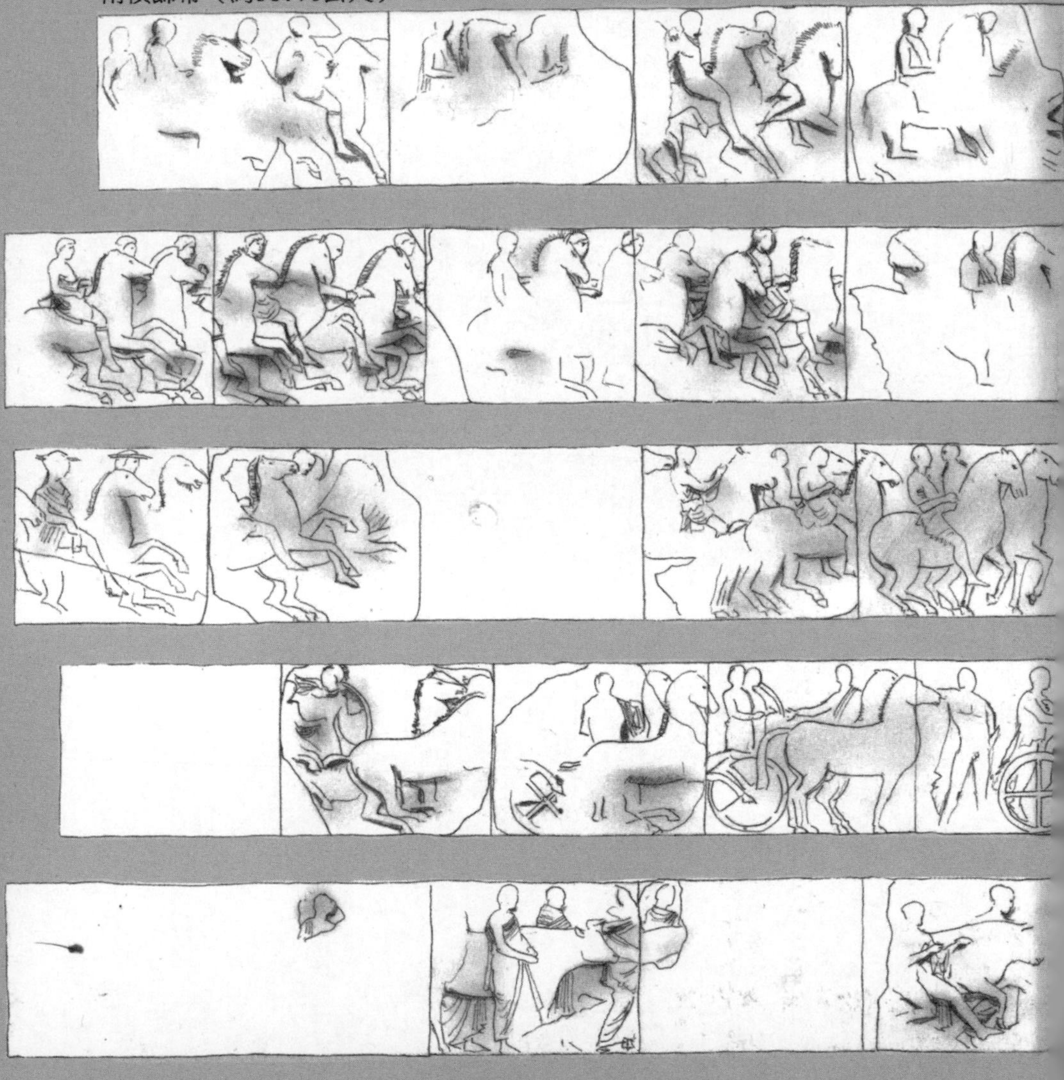